경기도의 고고학

최몽룡 편저

주류성출판사

序 文

　이 글은 2006년 9월 13일(수) 回甲을 맞아 京畿道에서 활약하고 있는 考古學者들이 모여 만들어준 "京畿道의 考古學"이란 책의 序文이다. 編著者도 "京畿道의 考古學 -通時的으로 본 漢江유역의 通商圈-"이란 卷頭論文을 실었다. 이 책이 처음 만들어지게 된 動機는 編著者의 回甲을 祝賀하기 위한 것이었다. 여기에는 碩士·博士學位 論文指導와 遺蹟發掘 現場指導委員會에서와 같이 編著者와 直·間接的으로 學緣이 닿은 사람들의 글들이 실려 있다. 이 재(한국국방문화재연구원), 최병식(운주문화연구원), 강봉원(경주대학교), 장호수(충청북도문화재연구원), 하문식(세종대학교), 황보경(세종대학교 박물관), 백종오(경기도박물관), 유태용(경기대학교 박물관), 강동석(문화재청 발굴조사과), 정태은(국립경주문화재연구소), 윤용희(국립부여박물관), 이상엽(충남역사문화원), 황정욱(강원문화재연구소), 현남주(한국문화재보호재단), 김현준(한국국방문화재연구원), 신영문(국민대학교 박물관), 이동희(순천대학교 박물관), 박영재(한국국방문화재연구원)와 강진주(경기도박물관) 등 19명에 이른다. 따라서 回甲論叢의 성격을 띠었으나 그 내용의 중심은 경기도의 고고학에 관한 研究論文들과 關係 資料集에 해당한다. 여기에 소개된 글들은 기획논문과 연구논문으로 나뉘어 시대순으로 배열되었다. 編著者와 學緣으로 인해 무척 가깝게 된 이들 筆者들에게 감사를 드린다. 올해는 編者가 36년만에 처음으

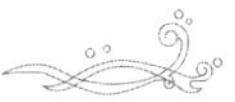

로 安息年을 맞아 외부와 因緣을 거의 끊고 蟄居하여 讀書로 시간을 보내다시피 했다. 그래도 이런 책의 출간을 계기로 하여 외부와의 접촉이 조금씩 있어 왔다. 나는 좋은 同學들과 弟子들이 항상 주위에 있어 마음이 무척 든든하고 흡족하다. 孟子의 "君子有三樂而王天下不與存焉 父母俱存兄弟無故一樂也 仰不愧於天俯不怍於人二樂也 得天下英才而敎育之三樂也"라는 구절이 새삼 떠오른다. 또 孔子의 論語 子罕에 "后生可畏, 焉知來者之不如今也? 四十, 五十而無聞焉, 斯亦不足畏也已"라는 글도 있다. 이 글들을 요즈음 공부를 직업으로 택한 사람들의 생각으로 바꾸어 解釋해보자면 私利私慾 때문에 分數도 모르고 날뛰다가 변변한 學問的 業績도 이루지 못하고 쓸모없이 사라져버리는 40~50대보다는 學問을 꾸준히 해나가고, 弟子를 키우는데 있어 每事 勞心焦思하고 最善을 다하는 모습을 지니면서 60대 이후까지 淸貧한 學者의 모습으로 살아가는 것이 더 바람직하다는 이야기가 되겠다. 그러한 의미에서 나는 同僚·弟子들에게서부터 回甲記念 論叢을 얻어 볼 수 있는 60대가 된 점에 대해 무척 多幸으로 여긴다. 바쁜 시간 중에 틈을 내어 玉稿를 내준 筆者들에게 다시 한번 깊은 고마움을 표한다.

2007년 1월 1일(월)

編著者 希正 崔夢龍 씀

차 례

Ⅲ부. 연구논문

Archaeology of Gyeonggi-do

Ⅰ부
권두논문

京畿道의 考古學
- 通時的으로 본 漢江유역의 通商圈 -

최몽룡*

 일제시대에 조성된 한국문화의 식민사관을 대표하는 단어로 타율성, 사대성, 정체성과 반도성이 있다. 그 중 반도성은 한반도의 지정학상 문화의 교량 역할을 의미한다. 그러나 한반도에서 확인되는 고고학 자료는 한반도 지역이 '문화가 통과하여 남의 나라에 전파만 시켜 주었던 단순한 다리' 역할만을 수행했다기보다는 선사시대 이래 북방 초원지대, 중국 동북삼성(요녕성, 길림성과 흑룡강성)과 러시아의 바이칼호-아무르강-연해주 지역에서부터 전래되는 시대에 따라 여러 지역에서 발생한 다양한 문화를 수용해 왔으며, 또 이를 토대로 나름대로 독특한 특징이 있는 문화를 형성하였음을 보여준다. 비록 이러한 증거들이 아직은 영세하고 구체적이지 못하나 최근 발굴 조사된 자료들은 선사시내 이래 한반도 지역에서 발생했던 문화의 전파 및 수용과정을 시대별로 파악하는 것을 가능하게 한다. 일본에로의 문화 전파를 고려하지 않더라도, 한국 문화는 마치 문화 전파라는 철도의 종착역에 다다른 듯한 복합적이고 多元(源)的인 요소를 갖추고 있다.

 경기도 일대, 특히 한강유역에서 지금까지 확인된 선사시대, 즉 구석

---

* 서울대학교 고고미술사학과 교수.

기, 신석기 및 청동기시대 유적의 절대수자는 아직 그리 많지 않다. 따라서 한반도의 중심부라는 지정학적 조건을 갖춘 경기도 지역이 선사시대의 한반도 또는 한반도를 포함한 동북아시아 지역에서 담당하고 수행했던 역할을 파악할 수 있는 고고학적 증거 역시 아직은 미미하다 하겠다. 그러나 역사시대에 이르러서는 그 양상에 상당한 변화가 있었다. 즉, 경기도 지역은 철기시대 전기(기원전 400~기원전 1년), 철기시대 후기(삼국시대 전기, 서기 1~300년), 삼국시대 후기(서기 300~660/668년)의 전 기간에 등장했던 한국 최초의 국가인 위만조선(기원전 194~기원전 108년)과 낙랑과 대방(기원전 108~서기 313년), 마한(기원전 3/2세기~서기 5세기 말/6세기 초), 한성시대의 백제(기원전 18~서기 475년)를 비롯하여 고려(서기 918~1392년)와 조선(서기 1392~1910년)에 이르기까지 한강유역을 중심으로 한 경기도는 한국사의 중심무대로 대두되었다. 여기에 통상권의 개념을 추가하면 경기도의 문화권이 좀더 구체화 될 것이다. 다시 말해 상품(goods)과 용역(service)의 집합 및 분산 그리고 이동을 의미하는 용어로는 '직접 접촉에 의한 교역 또는 무역'(direct contact trade), 교역(trade)과 중심지 교역(central place trade) 등 세 가지를 들 수 있는데, 여기에 문화적인 의미를 부여한다면 Joseph Caldwell이 기원전 300년~서기 700년경 오하이오, 뉴욕과 미시시피주에서 융성했던 중기 우드랜드(Middle Woodland)의 호프웰문화를 설명하면서 제시한 용어인 Hopewellian Interaction Sphere(호프웰 通商圈)를 적용할 수 있겠다. 다시 말해 衛滿朝鮮(기원전 194년~기원전 108년)은 중심지 무역, 마한과 낙랑 대방과는 직접 접촉에 의한 무역 또는 교역을 했다고 표현할 수 있겠다. 그래서 경기도 지역은 통상권으로도 이야기할 수 있는 고고학적 배경이 무척 많다고 하겠다.

최근 경기도 지방에서 발견된 구석기 유적으로는 이제까지 잘 알려진 대표적인 연천 전곡리(사적268호), 파주 가월리·주월리(사적389호)와 광주 실촌면 삼리(경기도기념물 188호)유적 이외에도 남양주시 호평동, 와부읍 덕소리, 강화도 내가면 오상리, 양평 오빈리, 인천 서구 불로 3지구와 원당 4지구 등을 들 수 있다. 그 중 남양주 호평동 제2 문화층(3b지층)에서 벽옥(jasper), 옥수(chalcedony)를 비롯한 흑요석(obsidian)으로 만들어진 석기들이 많이 출토되었으며, 유적의 연대는 33,000~16,000 B.P.로 후기 구석기시대에 속한다. 옥수와 흑요석의 돌감 분석결과가 아직 발표되지 않았고, 비교가 가능한 고고학 자료의 축적이 부족해 그 원산지나 기원을 이야기하기는 아직 이르나 지금까지의 연구 결과에 따르면, 내몽고, 중국 그리고 백두산 등 다양한 지역으로부터 반입되었을 가능성이 크다. 그리고 당시 文身用으로 이용되었을 가능성이 있는 흑요석제 도구에 나있는 혈흔이 현미경 분석으로 새로이 확인되고 있다. 최근 발굴 조사된 중국 산서성(山西省) 벽관(薛關) 하천(下川), 산서성(山西省) 치욕(峙峪, 28135±1330 B.P.)과 내몽고 사라오소(薩拉烏蘇)골, 러시아의 알단강 유역, 쟈바이칼과 우스티까라꼴(Ustikaracol) 등이 이 유적과 관련이 있을 것으로 추정되고 있다.

최근 확인된 주목할 만한 신석기시대 유적으로 파주 주월리유적을 들 수 있다. 교란된 집자리에서 연옥(軟玉, nephrite) 장식품이 세 점 출토되었는데, 이들은 중국의 내몽고 요녕 건평현과 능원현의 우하량과 객좌현 동산취유적으로 대표되는 紅山문화 또는 절강성 양저(良渚)문화와 비교될 수 있는 외래적인 것으로 인식되고 있다. 강원도 고성 문암리(사적 제426호)에서 출토된 결상이식(玦狀耳飾) 역시 중국 능원 우하량(凌源 牛河梁)과 객좌 동산취(喀左 東山嘴)로 대표되는 홍산문화와의 관련성 여부가 논의되고 있다. 우리나라 신석기시대의 옥산지에 대해서는 별로 알려진 바가 없으며, 춘천 및 해남 등지에서 최근 옥이 출토되어 유통되고 있기는 하지만 신석기시대까지 오르지 못한다. 청동기시대에 이르러서는 진주 남강댐 수몰지구에서 조사된 옥방(玉房) 유적에서 옥이 가공되어 다른 지역으로 전달되었음이 알려진 정도이다. 또 최근 안성 공도 만정리 5·6지구와 의왕 고천 의왕 ICD 진입로에서 비취옥에 가까운 연옥 장식품(모자에 붙는 장신구일 가능성이 있음)이 출토된 바 있는데, 그 원산지는 중국 요녕성 안산시(鞍山市) 수암(岫岩)이나 감숙성(甘肅省) 주천(酒泉), 섬서성(陝西省) 남전(藍田), 신강성(新疆省) 위굴[維吾爾] 자치구의 허탄(和田) 중에 하나가 될 가능성이 높다. 특히 수암지구가 가능성이 높다. 또 안성 원곡 반제리, 제주 삼양동(사적 제416호)이나 풍납동토성(사적 제11호) 내 미래마을에서 출토된 연옥제 장식품과 이 시기 여러 다른 유적들에서 출토된 옥들은 낙랑 및 대방과의 교역을 통해 유입된 중국제, 즉 하남성 남양(河南省 南陽)의 독산(獨山)과 밀현(密縣) 옥산지(玉産地)에서 나온 제품일 가능성이 있는 것으로 알려져 있는데, 이러한 내용을 입증하기 위한 과학적 분석이 시급하다.

청동기시대(기원전 2000년~기원전 400년)의 한반도 토착민들은 주된 묘제로 지석묘를 채택하였다. 다시 말해 이들은 청동기시대 중 기원전 약 15세기부터 기원전 1년까지 약 1500년간 한반도에 살았던 청동기시대와 철기시대시대 전기(기원전 400~기원전 1년) 문화의 주역이었다. 앞선 구석기 및 신석기시대와 달리 청동기시대 이래 주변의 문화를 다원적으로 수용한 한반도의 문화는 여러 면에서 다양성을 창출해 나가기 시작했던 것 같다. 돌대문(突帶文·덧띠새김무늬)토기는 강원도 춘성군 내평 유적에서 신석기시대 후/말기의 전면 또는 부분빗살문토기와 함께 기원전 2000~1500년경 처음 등장하는데, 최근에는 인천 계양구 동양동, 가평군 상면 연하리, 춘천 천전리, 홍천 두촌면 철정리, 홍천 화촌면 외삼포리, 정선 북면 여량2리(아우라지)와 경주 충효동(신라문화유산조사단 2007년

1월 발굴) 등지에서도 확인된 바 있다. 이들 두 토기집단들은 신석기시대 말기에서 청동기시대 조기에 이르는 약 500년간 공존해 나가면서 서서히 문화 접촉을 해온 것 같다. 이러한 양상의 유적들이 인천 백령도, 연평 모이도, 소야도, 용유도, 산청 단성면 소남리(101호 주거지), 파주 육계토성, 원주 가현리와 대구 달서구 대천동 등지에서 보인다. 다시 말해 이들은 신석기시대 후/말기에 무문토기인들이 빗살문토기인과 공존했거나 문화를 계승하는 양상을 보여준다는 측면에서 매우 중요하다. 그리고 청동기시대 전기(기원전 15세기~기원전 10세기) 말~중기(기원전 10세기~기원전 7세기) 유적으로는 여주군 점동면 흔암리(경기도기념물 155호)를 들수 있다. 이 시기에 수전과 화전민식 농경(slash and burn agriculture)을 기반으로 인구가 급격히 증가하였고 따라서 전국에서 유적의 수가 급증하였다. '요(凹)' 자형 바닥의 토기는 경기도 가평군 외서면 청평 4리, 경기도 광주시 장지동, 의왕시 고천 의왕 ICD 진입로 예정지, 연천 청산면 초성리, 강원도 횡성군 공근면 학담리와 춘천 거두리와 충청남도 아산 탕정면 갈산리 등지에서도 출토되는데, 이들은 아무르강 중·상류의 얀콥스키, 리도프카, 끄로우노프카(北沃沮, 團結)와 뽈체(挹婁) 등지에서 자주 보이는 러시아 연해주 계통의 문화로 알려져 있다. 특히 끄로우노프카(북옥저)가 밀접한 관련이 있을 것으로 추정된다. 최근 뽈체(읍루)의 토기가 풍납동(사적 11호) 197번지에서 발굴되고, '凸' 자형집자리는 올레니 A, '몸' 자형집자리가 끄로우노프까유적에서 확인되고 있어 더욱 그러하다. 뿐만 아니라 키토이-이자코보-세로보-아파나시에보-오꾸네보-안드로노보-카라스크-따가르를 잇는 문화 계통 중 카라스크와 따가르의 석관묘도 북방 초원지대에서 몽고와 바이칼 루트를 따라 내려와 한반도 청동기시대 지석묘 사회와 합류했다. 또 아무르강 유역에서 발현한 암각화문화 역시 울주 언양 대곡리(국보 제285호)와 울주 두동면 천전리(국보

제147호), 고령 양전동(보물 제605호), 포항 인비동, 밀양 상동 안인리를 거쳐 남원 대곡리에 이르면서 기존의 토착 지석묘사회에 융화되었다. 우리나라 철기시대의 시작을 알리는 지표로 인식되는 점토대토기는 기원전 5세기경으로 편년되는 중국 심양(瀋陽) 정가와자(鄭家窪子) 토광묘에서 기원한 것으로 이해되는데, 최근 양평 미금리와 용문 삼성리 그리고 멀리 강릉 사천 방동리와 송림리, 홍천 두촌면 철정리, 화성 동탄 동학산, 안성 원곡 반제리와 공도 만정리, 수원 고색동, 양평 삼성리, 파주 탄현면 갈현리 그리고 전라북도 완주 이서 반교리 갈동, 경주 견곡 하구리와 금장리, 경남 사천 방지리 등에서 이에 해당되는 유적들이 나타나고 있다. 이러한 양상들을 통해 한반도의 청동기 및 철기시대 전기에 북방계통의 문화들이 폭넓게 수용되었음을 알 수 있다. 그러나 앞으로 철기시대 연구의 문제점은 최근의 가속기질양분석(AMS)이 강릉 송림리 유적은 기원전 700~기원전 400년, 양양 지리유적은 기원전 480년~기원전 420년, 그리고 안성 원곡 반제리의 경우는 기원전 875년~기원전 450년이 나오고 있어 철기시대 전기의 상한 연대가 기원전 5세기에서 더욱 더 올가갈 가능성이 있다는 것이다.

한반도 최초의 고대국가였던 위만조선이 존재했던 기원전 194년부터 기원전 108년까지의 시간대는 한국 고고학의 시대구분상 철기시대 전기에 해당한다. 위만조선이 한나라 무제의 원정군에 의해 멸망한 해는 기원전 108년으로 『史記』를 편찬한 司馬遷(기원전 145~기원전 87년)이 37세 때이다. 위만조선의 도읍지였던 평양에 낙랑, 그 아래 지역에 대방이 설치되었고, 이들을 통해 한나라의 발달된 문물이 한반도로 쏟아져 들어온다. 한나라로부터 유입된 대표적인 문물로 토광묘와 한자를 꼽을 수 있으며, 진나라와 한나라에서 사용되던 무기, 특히 과(戈)와 한식도기(漢式陶器)의 유입 역시 당시 상황을 고고학적으로 입증해 준다. 가평 달전 2리

(asylum)으로 여겨져 왔으며, 天君을 중심으로 다스리던 祭政分離의 사회를 반영한다. 철기시대 전기 말에는 북쪽 평양 근처에 위만조선(기원전 194년~기원전 108년)이라는 최초의 국가가 형성되었다. 그리고 남쪽 마한의 고지에는 청동기시대 이래 내려오던 족장사회가 기원전 3~기원전 2세기 마한의 시작 단계에까지 그대로 존속해 와서 사회진화의 발전과 함께 단순 족장사회(simple chiefdom)와 여기에서 좀더 발달한 복합 족장사회(complex chiefdom)가 공존해 있었다. 여기에는 별읍의 우두머리인 天君과 달리 단순 족장사회의 우두머리는 정치진화론상 族長(chief)으로, 그리고 복합 족장사회의 우두머리는 『三國志』 위지 동이전의 기록대로 渠帥·君長으로도 불릴 수 있겠다. 여기에는 영토의 규모나 혈연의 서열 또는 순서대로 군장격인 족장의 거수(渠帥) 밑에 신지(臣智), 검측(險側), 번예(樊濊), 살계(殺奚)와 읍차(邑借)가 있었다. 또 여러 복합 족장사회들을 대표하는 王이 다스리는 국가단계의 目支國도 있었다. 이는 기원전 18년 백제의 국가형성 당시 溫祚가 영역을 할당받기 위해 사신을 보낸 나라는 마한왕이 다스리던 목지국이었고 이러한 관계 속에서 마한과 백제와의 역사적 맥락도 형성되었던 것이다. 비록 철기시대 전기에 祭政이 기록상으로는 이미 분리되고 있었지만 이러한 별읍 또는 소도의 전신으로 생각되는 환호 또는 별읍을 중심으로 하여 직업적인 제사장이 다스리던 신정정치(theocracy)도 가능했을 것이다. 그 다음 삼국시대 전기에는 세속왕권정치(secularism)가 당연히 이어졌을 것이다. 즉 고고학자료로 본 한국의 종교는 정령숭배(animism)-무교(shamanism) -조상숭배(ancestor worship)로 이어지면서 별읍의 환호와 같은 전문 종교인인 천군이 이 다스리는 소도의 형태로 발전하는 것으로 보면 무리가 없을 것이다.

한성백제(기원전 18년~서기 475년)는 마한의 바탕 위에서 성립하였다.

마한을 특징짓는 고고학 자료로는 토실과 주구묘, 조족문 및 거치문 등의 문양이 시문된 토기 등을 들 수 있다. 마한의 존속 시기는 기원전 3~기원 전 2세기에서 서기 5세기 말~6세기 초로 볼 수 있으며, 공간적으로는 경 상도 지역을 제외한 한반도 중남부지역, 즉 경기도에서 전남에 걸친 지역 에 걸쳐 분포하는 것으로 알려져 있다. 구체적으로는 고양 멱절산, 화성 동탄 오산리 감배산, 남한산성 행궁지, 용인 죽전과 보정리 수지 빌라트, 화성 태안읍 반월리 신영통, 동탄 석우리 능리, 안성 공도읍 용두리, 용인 구성면 마북리, 기흥 구갈리, 가평 대성리와 인천 계양구 동양동 등지에 서부터 멀리 군산 내흥동과 전북 익산 왕궁면 구덕리 사덕에 이르는 경기 도, 충청도와 전라도 지역에서 마한의 특징적인 土室과 주구묘(분구묘)가 확인되었다. 이들은 마한 54국을 대표하는 주거지와 묘제이다. 이들은 북 쪽 읍루와의 관련성이 있다. 三國志 魏志 東夷傳 挹婁조에 보면 '...常穴居 大家深九梯以多爲好土氣寒...(...큰 집은 사다리가 9계단 높이의 깊이이며 깊이가 깊을수록 좋다...)'라는 기록에서 사다리를 타고 내려가 사는 토 실에 대한 언급이 나온다. 또 1755년 Stepan Krasheninnikov나 1778 년 Stepan James Cook의 탐험대에 의해 보고된 바로는 멀리 북쪽 베 링해(Bering Sea) 근처 캄챠카(Kamtschatka)에 살고 있는 에스키모인 꼬략(Koryak)족과 오날라쉬카(Oonalaschka)의 원주민인 알류산 (Aleut)인들은 수혈 또는 반수혈의 움집을 만들고 지붕에서부터 사다리 를 타고 내려가 그 속에서 살고 있다고 한다. 이들 모두 기후환경에 대한 적응의 결과로 볼 수 있다. 아울러 우리 문화의 원류도 짐작하게 한다.

온조왕 13년(기원전 6년) 마한으로부터 영토를 할양받은 이후 백제는 마한세력을 점차 잠식해 들어갔다. 즉, 백제가 한성-공주-부여로 수도를 옮겨감에 따라 마한의 중심지 역시 천안 · 성환 · 직산-익산-나주 등으로 그 세력이 축소 이동되어 갔다. 초기의 백제는 마한의 일부라고 해도 과

언이 아니어서 고고학적으로 마한과 구분할 수 없을 정도로 유물이 마한
과 유사하나 매우 빈약하다. 이런 점에서 『三國史記』 백제본기 온조왕 15
년조의 '춘정월(春正月) 신작궁실(新作宮室) 검이부루(儉而不陋) 화이부치
(華而不侈)' 라는 기록이 이해된다. 온조왕 41년(서기 23년)에는 위례성을
수영(修營)하였다는 기사가 있는데, 이 기사는 풍납동토성의 동벽과 서벽
아래에서 출토된 경질무문토기와 관련하여 주목할 필요가 있다. 즉 이들
경질무문토기를 성벽의 축조와 관련지어 생각해 볼 때 이들 무문토기의
연대는 아무리 늦어도 서기 1세기 이상 내려갈 수 없으며, 함께 출토된
개와의 문양도 진, 한나라나 낙랑의 영향을 받은 것 역시 주목된다.

　낙랑과 대방을 통해 전래된 중국 한나라의 도기는 마한, 변한, 진한 및
동예인들에게 있어 상당한 문화충격을 주었을 것이다. 기껏해야 섭씨
573~700도 내외의 화도(火度)로 앙천요(최근 안성 공도 만정리 5·6지구
에서 그 예가 발견됨)에서 소성되던 무문토기와 섭씨 1,000도 정도의 고
온으로 등요에서 소성된 한나라도기의 비교는 엄청난 기술적인 격차를
실감하게 했을 것이다. 처음에는 직접 교역에 의존해 힘들게 얻은 한나라
도기와 재래의 무문토기가 함께 사용되었을 것이다. 당시 한나라도기는
매우 구하기 힘든 고가품이었을 것이다. 전술하였듯이 무문토기와 한나
라도기 사이에는 상당한 기술적 차이가 존재했으며, 이 기술적 차이를 극
복하고 한나라도기를 모방해 자체적으로 제작하는 데는 적어도 100~200
년이라는 긴 시간이 필요했을 것으로 생각된다. 진천 삼룡리(사적 제344
호)와 산수리(사적 제325호) 유적에서 확인된 요지(窯址)들은 당시 한반도
주민들이 한나라도기를 모방 제작했음을 보여주는 고고학적 증거들이다.
이러한 토기편은 최근 연천 堂浦城(사적 468호)과 은대리성(사적 469호)
의 고구려석성에 앞서는 백제시대의 판축토성에서 발견된 바 있다. 따라
서 마한 또는 백제유적에서 출토되는 진품의 한나라도기 혹은 모방품들

은 해당 유적의 편년 근거를 제공한다.

한편 마한 54국 상호 간의 지역적 통상권 및 그 고고학적 증거를 확인하는 작업은 매우 중요하며, 또 그 내부에서 발전해 나온 백제와 마한과의 문화적 상사성과 상이성을 밝혀내는 작업 역시 매우 중요하다. 이러한 관점에서 볼 때 전남 함평 대창리 창서 유적에서 발견된 토기 바닥에 그려진 인물도는 매우 흥미롭다. 그 인물은 우리 마한인의 전형적인 모습이라기보다는 코가 큰 백인종에 가까운데, 이는 당시 마한의 통상권이 한반도와 중국을 포함한 동북아시아에 국한되지는 않았음을 의미하며, 앞으로 이에 대한 연구가 진행되어야 할 것이다. 백제 제13대 근초고왕, 고구려 제19대 광개토왕과 제20대 장수왕 그리고 신라 제24대 진흥왕 등은 각각 가장 활발한 영토 확장을 꾀한 삼국의 왕들이다. 백제의 근초고왕은 서기 369년경 천안 용원리에 있던 마한의 목지국 세력을 남쪽으로 몰아내고, 북으로는 평양에서 제16대 고국원왕을 전사시켰다. 고구려의 광개토왕과 장수왕은 그 보복으로 해로로 강화도 대룡리에 있던 것으로 추정되는 화개산성과 인화리 분수령을 거쳐 한강과 임진강이 서로 만나는 지점에 위치한 백제시대의 퇴뫼식 산성인 관미성(사적 351호)을 접수하고, 육로로는 파주 월롱산성과 덕진산성을 거쳐 임진강과 한강을 관장하고 계속 남하하여 하남 이성산성(사적 422호)까지 이르렀다. 또 최근 새로이 발견된 서울 근교의 삼성동토성, 아차산성(사적 234호 및 고구려 보루), 광동리, 태봉산, 도락산, 불곡산, 수락산, 국사봉, 망우산, 용마산, 홍련봉, 구의동, 자양동과 시루봉 등의 고구려유적(대개 제20대 장수왕 63년 서기 475년경에서 제24대 진흥왕 12년 551년경으로 추정됨)을 볼 때 고구려군이 남하한 육로를 알 수 있다. 그리고 고구려는 남쪽으로 포항 냉수리, 순흥 읍내리와 대전 월평동 산성과 멀리 부산 복천동(福泉洞)까지 도달했다. 한편 신라는 제24대 진흥왕 12년(551년) 또는 14년(553년) 한강유역에 진출하여 신주를 형성했는데, 근초고왕 때(371년경) 이후 고구려산성을 모방하여 처음 쌓은 석성인 하남 이성산성에서 보이는 신라 유물들이 이를 입증한다. 신라, 고구려와 백제 삼국은 모두 임진강과 한강유역을 점유하려 노력했음을 알 수 있다. 이 일대는 전쟁을 통해 자연스럽게 통상권 또는 물류유통망이 형성되었던 지역으로 정치·사회·경제적으로 매우 중요했음을 알 수 있다. 이를 입증하는 고고학적 증거들이 최근 활발하게 보고되고 있는데, 하남시 광암동 고분을 비롯하여, 인천 영종도 퇴뫼재토성, 청원 부강동 남성골 산성, 이천 설성산성과 설봉산성(사적 423호), 고양 멱절산성, 파주 월롱산성, 연천 호로고루성(사적 467호), 당포성(사적 468호)과 은대리성(사적 469호) 그리고 파주 덕진산성 등이 그 좋은 예들이다. 그 중 연천 당포성과 은대리성은 처음 백제의 판축토성이었다가 475년 전후 고구려에 함락당한 후 고구려석성으로 다시 개축되었음이 밝혀지고 있다. 최근 조사된 호로고루성에서는 판축토성과 그 앞에 나있는 一列의 永定柱 그리고 木製의 集水址 흔적이 확인된 것으로 보아 이 성도 이웃의 당포성과 은대리성과 마찬가지로 처음에는 백제의 판축성이었다가 475년경 고구려의 석성으로 改造된 것 같은 가능성이 많다. 그 이후 고구려군은 육로로 연천 瓠蘆古壘城, 파주 月籠山城과 德津山城을 거쳐 임진강과 한강을 관장하고 계속 남하하여 하남 二聖山城(사석 422호)까지 다다른다. 그리고 남한강을 따라 영토를 확장하여 최후의 고구려의 남쪽 경계는 중원(충주) 고구려비(국보 205호), 정선 애산성지, 포항 냉수리와 부산 복천동까지 이른다. 이런 경로 중 고구려의 묘제 중 석실묘는 연천 신답리(가속기질량분석 AMS 연대는 서기 520/535년이 나옴), 포항 냉수리와 춘천 천전리에서 나타난다. 고구려의 영향을 받거나 고구려의 것으로 추측될지 모르는 것으로는 영풍 순흥 태장리(乙卯於宿知述干墓, 서기 499/559년, 사적 238호)와 순흥 읍내리(사적 313호) 벽화분들을 들 수 있으며, 고구려 유물이 나온 곳은 대전 월평동 산성, 화성 장안 3리, 서천 봉선리(사적 473호)와 홍천 두촌면 역내리 유적 등이 있다. 그리고 경주 호우총의 경우 '國岡上廣開土地好太王壺十'이라는 명문이 나와 고구려에서 얻어온 祭器가 부장된 것으로 보인다. 또 최근 月城 垓子(사적 16호) 유구에서 고구려 계통의 개와(숫막새)와 土製方鼎이 나왔는데 방정의 경우 표면에 於宿墓(499/599년) 문입구의 力士像과 427년 평양 천도 후 나타나는 벽화분에서 보이는 四神圖 중 玄武의 양각상이 보인다. 이는 서기 488년 신라 제21대 炤知王이 月城을 수리하고 大宮을 지어 옮긴 사실과도 관계가 있을 것이다. 이 시기는 고구려가 가장 강하던 제19대 광개토왕(서기 391~413년)과 제20대 장수왕(서기 413~491년 재위) 때로, 신라와 남쪽 경계선에서 일어난 일이라고 해도 무방하다. 이는 서기 4~5세기 때이다. 광개토왕과 장수왕 때 백제를 침공하기 위한 해로와 육로의 경유지를 살펴보면 선사시대 이래 형성된 通商圈(interaction sphere) 또는 貿易路와도 부합한다. 주로 바다나 강을 이용한 水運이 절대적이다. 이러한 관계는 고구려 소수림왕(372년), 백제 침류왕(384년)과 신라 제23대 법흥왕(527년) 때 정치적 기반을 굳게 하기 위한 불교의 수용과 전파를 통해 확대된다. 백제의 불교 수용 초기 절터로는 하남 천왕사(天王寺)를 들 수 있다.

삼국시대 후기(서기 300년~660/668년)와 고려시대(서기 918년~1392년)에는 한자의 전반적인 보급과 더불어 중국 일변도의 문화 수용이 이루어졌다. 그리고 신라 제24대 진흥왕의 서기 551년/553년의 북진정책도 여기에 포함될 수 있다. 이의 고고학적 증거로는 신라의 석곽묘, 횡구식과 횡혈식 석실묘를 들 수 있는데 이들은 경기도 광주 초월읍 대쌍룡리,. 의왕시 고천 ICD 진입로, 안성 원곡 반제리, 용인 보정리, 부천 고강동과 하남시 고광동, 화성 장안리와 이성산성(사적 422호) 등을 들 수 있다. 화성시 송산면 상안리의 당성[唐城, 당항성(唐項城), 고당성, 사적 제217호]은 신라 말~고려 초에 축조된 성으로 여겨지나 그 주위의 자성(子城)들은 삼국시대에 만들어지기 시작했다. 이 일대는 남양리성–당성–광평리로 이어지는 남양장성의 남양반도 해양 방어체계의 중심지이며, 안성천 하류와 아산만 등은 당시 중국과의 무역 중심지이자 중요한 해안 무역기지였다. 이웃하여 백제시대의 화성 장안 3리, 백곡리 고분과 평택 자미산성, 통일신라–고려시대의 안성 봉업사(奉業寺), 12~14세기 고려 무역항구 중의 하나인 안산 대부도 육곡(12~14세기경)과 2~4品 벼슬인 大夫의 무덤으로 여겨지는 석실묘가 있는 안성 매산리 소재 고려고분(석곽묘와 토광묘도 그 주위에 분포함) 등이 모두 당성을 중심으로 분포하고 있음은 이 일대가 삼국시대 이래 군사·교통·무역의 중심지였음을 방증해 준다. 또 남양주 호평(서기 1270년~1370년 사이 축조)과 강화 하점면 창후리와 경기도 광주 초월읍 대쌍령리 등지의 고려시대 후기의 석곽묘들도 최근 조사되어 주목을 받고 있다. 최근 남양주 와부읍 덕소리에서 평택 자미산성에서 출토하는 건덕 3년명(송태조 3년, 고려 광종 16년, 서기 965년)이 있는 개와가 출토하였고, 또 개와가마의 부속시설인 수비와 반죽(꼬박밀기)시설도 발견되었다. 여기에서 만들어진 개와의 일부가 북한강과 남한강이 합수하는 양수리를 지나 남쪽 안성 봉업사와 여주 원향사까지 운반된 것으로 추측된다. 안성 봉업사에서는 오대(五代) 형요(邢窯)와 정요(定窯), 북송(北宋)대의 정요(定窯), 북송 말~남송 초의 경덕진요(景德鎭窯) 등 중국계 도자기가 다량으로 출토되는데, 이들 도자기들은 이웃한 여주(驪州) 원향사지[元香寺址, 사자산파 징효대사 절중(折中)이 영월 흥녕사에서 옮김]에서 출토된 도자기들과 쌍벽을 이룰 정도인데, 이들은 모두 중국에서 수입된 것들이다. 그리고 안산 대부도 육곡은 12~14세기에 활약하던 6품 이하의 지위가 낮은 고려시대 무역상인들의 근거지 중의 하나로 상등품(上等品)은 아니지만 베개를 비롯한 질 좋은 여러 가지 형태의 고려자기, 숭녕중보와 같은 중국화폐 그리고 오늘날의 택배와 같은 의미가 있는 '돈수성봉(頓首誠封)'이라는 글자가 확인된 봉니용(封泥用) 인장(印章)이 출토된 바 있다. 이 시기에는 김윤후(金允侯)가 몽골 장수 살리타이[撒禮塔]를 사살했던 용인 처인성(處仁城) 전투(고종 19년 1232년), 최충헌(崔忠獻)-최우(崔瑀, 또는 怡)-최항(崔沆)-최의(崔宜)로 이어지는 최씨 집권 및 강화천도(고종 19년, 1232년~원종 1년, 1260년) 등이 있었던 국내외의 급박한 정치 상황이 겹치는 때이기도 했다. 한편 파주 진동면 서곡리의 권준 벽화묘(1352년)는 중요한 고려 말의 고고학 자료이다.

현재의 영세한 자료를 가지고 선사 및 역사시대 경기도의 통상권을 포함한 물류 유통과 그 중심지를 구체적으로 논의하는 데는 상당한 무리가 따르는데, 이는 시간과 공간 즉 시대와 환경에 따라 많은 변화가 있기 때문이다. 19세기 말의 일련의 사건들, 즉 제물포조약(1882년, 고종 19년), 인천 개항(開港, 1883년, 고종 20년)과 경인선 개통(1899년, 광무 3년) 등이 있은 이후 인천은 오랫동안 우리나라의 물류 유통 중심지가 되었다. 또 1679년(숙종 5년) 초축된 강화도 돈대를 비롯한 12진보 53개의 돈대도 중요한 연구 대상이 된다. 최근에는 통일 이후를 대비한 임진강 및 한강 유역의 파주와 개성단지(봉읍동, 삼국시대 전기 유적), 그리고 앞으로 예상되는 중국과의 무역창구로서의 서해안 무역 중심지로 떠오르고 있는 평택 등이 각광을 받고 있다. 이는 현재 서해의 방어를 책임지는 해군 제2 함대가 평택에 본부를 두고 있음으로도 입증되는데 통상권 및 무역루트로는 일찍부터 육로보다는 해로에 더 무게가 실려져 왔다. 따라서 경기도에는 時空을 달리하여 연구할 고고학 소재가 많다. 이런 점에서 경기도의 고고학이 한반도에서 차지하는 중요성은 매우 높다.

그러나 앞으로 경기도의 고고학을 언급할 때에는 진화론, 통시론, 역사적 맥락과 문화사적 관점, 그리고 고고학, 고대사와 인류학의 학제적 연구가 바탕이 되어야 한다. 특히 역사적 맥락, 통상권과 계급사회의 성장과 발전 그리고 종교적인 측면의 고려가 그러하다. 이러한 관점에서 청동기시대에서 삼국시대 후기까지 문제가 되고 있는 경기도의 고고학에 대한 연구방향을 앞으로 좀더 구체적으로 언급하자면 다음과 같은 생각이 바탕이 되어야 하겠다.

1) 구석기시대와 신석기시대는 좀더 구체적인 연구가 필요하다. 그러나 청동기시대의 상한은 기원전 2000년까지 거슬러 올라가며 기원전 2000년~기원전 1500년의 약 500년간은 신석기시대의 빗살문토기와 청동기시대 조기의 돌대문토기집단이 상호 공존해 문화적 교류를 보인다.

2) 지석묘는 한반도에서 기원전 약 1500년경부터 존재해 한반도의 토착사회를 형성하면서 철기시대 전기 말인 기원전 1년까지 존속한다. 다시 말해 지석묘사회는 지역적인 차이는 있지만 청동기시대와 철기시대 전기까지 약 1500년간 지역에 따라 구조적 형태를 달리하며 존속해왔다. 지석묘사회는 혈연을 기반으로 하는 계급사회인 족장사회(chiefdom society)로서 재분배경제, 전문장인의 존재, 조상숭배와 세습신분제를 바탕으로 하였다.

3) 청동기시대의 精靈崇拜(animism), 巫敎(shamanism)와 조상숭배(ancestor worship)를 거쳐 철기시대에는 환호를 중심으로 전문제사장인 天君이 다스리는 별읍(別邑)인 蘇塗가 나타난다. 이것도 일종의 무교의 형태를 띤 것으로 보인다. 마한의 고지에는 기원전 3~2세기부터의 단순족장사회에서 좀더 발달한 복합족장사회가 있었다. 여기에는 『三國志』魏志 弁辰條에 보이는 族長격인 渠帥가 있으며 이는 격이나 규모에 따라 신지(臣智), 검측(險側), 번예(樊濊), 살계(殺奚)와 읍차(邑借)로 불리어지고

있었음을 알 수 있다. 마한에도 마찬가지 경우로 생각되나, 馬韓은 특히 王이 다스리는 국가단계의 目支國도 있었다. 그러나 天君이 다스리는 종교적 別邑인 蘇塗는, 당시의 복합 단순 족장사회의 우두머리인 渠帥의 격이나 규모에 따른 이름인 신지, 검측, 번예, 살계와 읍차가 다스리는 세속적 영역과는 별개의 것으로 보인다.

4) 철기시대의 상한은 기원전 5세기경까지 올라가며 이 시기에는 점토대토기가 사용된다. 철기시대 전기 중 말기인 기원전 1세기경에는 다리가 짧고 두터운 두형(豆形)토기가 나타나며, 이 시기 남쪽 신라에서는 나정(사적 245호)에서 보여주는 바와 같이 국가가 형성된다.

5) 한반도에서 현재까지 나타난 최초의 국가 형성은 철기시대 전기 중 위만조선(기원전 194년~기원전 108년)으로 왕을 정점으로 하는 혈연을 벗어난 계급사회, 세습신분제, 무력의 합법적 사용, 전문화된 중앙정부, 중앙관료체제와 장거리무역 등으로 대표된다. 그 다음 樂浪을 포함한 漢四郡(기원전 108년~서기 313년)이 설립되어 漢(기원전 206년~서기 220년)나라의 발달된 문물이 한반도에 상당한 영향을 미치었다.

6) 기원전 3~2세기경부터 馬韓이 존재해 있었으며 이를 바탕으로 고구려에서 온 백제의 국가 형성이 조성된다. 현재까지의 마한의 고고학 자료로는 토실(土室), 굴립주(掘立柱)건물, 주구묘(周溝墓) 그리고 조족문(鳥足文) 및 거치문(鋸齒文)토기 등을 들 수 있다. 그리고 마한의 54국은 각자의 지리적 환경, 잉여농산물의 확보와 통상권의 이점 등을 활용하여 각기 발전의 궤를 달리한 것 같다. 백제와 마한은 처음부터 거의 전 기간 공존한다. 그러나 백제의 세력이 커감에 따라 마한의 세력은 축소되어 서기 5세기 말~6세기 초 마한은 멸망한다. 중심지의 변천도 백제의 한성시대-공주-부여로 천도함에 따라 마한도 천안-익산-나주로 옮겨간다. 마한 54국도 정치와 지리적 환경과 여건의 이점을 최대한 활용함에 따라 각기

발전 속도에서 차이가 있었을 것이다. 따라서 단순 족장사회에서부터 목지국과 같은 국가단계도 공존했을 것이다.

7) 따라서 『三國史記』의 신라, 고구려와 백제의 국가 형성 연대는 그대로 인정해도 무방하다 하겠다. 그리고 앞으로 이들 국가 형성에 미친 漢/樂浪의 영향도 고려해야 한다. 따라서 『三國史記』의 초기 기록을 무시하고 만든 원삼국시대란 용어의 적용은 적합하지 않다. 여기에 대해 삼국시대 전기(서기 1년~서기 300년)란 용어를 대체해 쓰는 것이 좋겠다. 최근 고구려사의 연구가 활발하며 『三國史記』에 기록된 고구려 관계 기사는 그대로 인정이 되고 있다. 고구려, 백제와 신라의 역사적 맥락으로 볼 때 고구려의 主敵은 백제와 신라이지 원삼국이 아니라는 점이다.

8) 한성시대 백제(기원전 18년~서기 475년)에도 산성이 축조되었으며, 현재까지의 자료는 서기 371년 13대 근초고왕(서기 346년~375년)과 고구려 16대 고국원왕(서기 331년~371년)과의 전쟁 이후인 4세기 후반경에 처음 축조되었음을 보여주는데(371년경으로 추정), 하남 이성산성(사적 422호), 이천 설봉산성(사적 423호)과 설성산성(경기도 기념물 76호) 등이 그 증거들이다. 특히 하남시 광암동 산 26-6번지 이성산성 하 산록에서 발굴된 백제시대의 4세기대 횡혈식 석실분(1호·2호)은 이성산성이 백제시대 4세기대(371년경 축조 추정)에 축조되었다는 점을 이야기해준다.

■참고문헌■

강동석·이희인, 2002, 「강화도 교동 대룡리 패총」, 『임진강 유역의 고대사회』.

강릉대학교 박물관, 2000, 『발굴유적유물도록』.

강원문화재연구소, 2004, 「동해송전지구 주택건설사업지구 내 문화유적-시굴조사지도위원회 자료」.

__________ , 2005, 『정선 아우라지 유적』 .

__________ , 2006, 『홍천 철정유적 Ⅱ』.

__________ , 2006, 「춘천 우두동 유적 -춘천 우두동 직업훈련원 진입도로 확장구간 내 유적 발굴조사 3차 지도위원회 자료-」.

강진주, 2006, 「한강유역 신라토기에 대한 고찰」, 단국대학교 대학원 석사학위논문 .

경기대학교박물관, 2004, 「화성 동탄면 풍성주택 신미주아파트 건축부지 문화유적 발굴조사 현장설명회 자료」.

__________ , 2005, 『수원 고색동 유적』.

__________ , 2005, 『양평 공세리 유적』.

__________ , 2005, 「중앙선(원주-덕소) 복선전철화구간 내 4-5지구 문화유적 발굴조사 지도위원회 자료집」.

__________ , 2005, 「중앙선(덕소-원주) 복선전철화구간 내 4-2·3지구 문화유적 발굴조사 지도위원회 자료집」.

경기도박물관, 1999, 『파주 주월리 유적』.

__________ , 2001, 『봉업사』.

__________ , 2004, 『포천 자작리 유적 Ⅱ』.

__________ , 2004, 『안성 봉업사 3차 발굴조사 약보고서』.

__________ , 2005, 「안성 매산리 고분군 발굴조사 현장설명회자료」.

__________ , 2005, 「파주 육계토성 시굴조사 지도위원회자료」.

___________, 2005, 『우리곁의 고구려, 경기도박물관』.

___________, 2005, 「연천 동이리 유적 학술발굴조사 지도위원회자료」.

경기문화재단 부설 기전문화재연구원, 2002, 『연천 학곡리 개수공사지역 내 학곡
  리 적석총 발굴조사』.

___________________________, 2003, 『화성 발안리 마을유적 · 기안리 제
  철유적 발굴조사』.

___________________________, 2003, 「서울 EMS테크센터 부지내 유적
  발굴조사 지도위원회자료」.

___________________________, 2004, 「평택 현곡 지방산업단지내 문화유
  적 발굴조사 3차 지도위원회 자료집」.

___________________________, 2004, 「남양주 호평동 구석기 유적(3차) 발
  굴지도위원회 자료」.

___________________________, 2004, 『화성 지방산업단지 내 동학산 유적
  발굴조사』.

___________________________, 2004, 『경춘선 복선전철사업구간(제4공구)
  내 대성리 유적 발굴조사』.

___________________________, 2004, 『화성 동탄지구 내 석우리 먹실유적
  발굴조사 Ⅱ』.

___________________________, 2004, 「안성 공도 택지개발 사업부지 내
  유적 발굴조사 1차 자도위원회자료(5 · 6지점)」.

___________________________, 2005, 「화성 신영통 현대타운 2-3단지 건
  설공사부지 문화재 발굴조사 지도위원회 자료」.

___________________________, 2005, 「안성 공도 택지개발 사업부지 내
  유적발굴조사 4 · 5차 지도위원회 자료(2/3지점)」.

___________________________, 2005, 「성남-장호원 도로건설구간 내(2공

구) 문화유적 발굴조사 지도위원회 회의자료」.

______________________________, 2006, 「성남-장호원 도로건설구간(2공구) 문화유적 발굴조사 지도위원회 회의자료」.

국립경주문화재연구소, 2006, 『경주 월성해자 유적 문화재 발굴조사』.

국립문화재연구소, 2002, 「고성 문암리 선사유적 발굴조사 지도위원회의 자료」.

______________, 2006, 『풍납토성, 197번지 일대 3차 발굴조사』.

고려대학교 고고환경연구소, 2004, 『홍련봉 1보루 2차 발굴조사 약보고』.

______________________, 2005, 『홍련봉 2보루 1차 발굴조사 약보고』.

______________________, 2005, 『아차산 3보루 1차 발굴조사 약보고』.

경희대학교 고고 미술사연구소, 1991, 「오두산성 일차발굴 지도위원회자료 I」.

단국대학교 매장문화재연구소, 2003, 「연천 은대리성 지표 및 발굴조사 지도위원회자료집」.

______________________, 2004, 「평택 서부 관방산성 시·발굴조사 지도위원회자료집」.

______________________, 2004, 「안성 죽주산성 남벽 정비구간 발굴조사 지도위원회자료집」.

______________________, 2005, 「의왕 ICD 진입로 개설공사구간 연장발굴조사 1·2·3차 지도위원회 자료집」.

______________________, 2005, 「안성 망이산성 3차 발굴조사 지도위원회 자료집」.

______________________, 2005, 「이천 설성산성 4차 발굴조사 지도위원회 자료집」.

문화공보부 문화재관리국, 1974, 『팔당·소양수몰지구 유적발굴종합조사보고』.

백종오, 2005, 「고구려 기와연구」, 단국대 대학원 박사학위논문.

______, 2005, 「최근 발견된 경기지역 고구려 유적」, 『북방사논총』 7.

______, 2006, 『고구려 기와의 성립과 왕권』.

______, 2006, 『남녘의 고구려 문화유산』.

백종오 · 신영문, 2005, 『고구려 유적의 보고』, 경기도박물관.

서울대학교 박물관, 1998, 『아차산 보루성 유적 발굴조사 중간보고』.

______________, 2002, 『용유도 유적』.

______________, 2004 · 5, 『흔암리유적 출토 보고서』.

______________, 2005, 『초원의 지배자 −시베리아 고대문화 특별전−』.

______________, 2006, 『용마루 제 2보루』.

서울경기고고학회 · 기전문화재연구원, 2004, 『경기지역 고구려 유적 정비 · 활용을 위한 학술토론회』.

서울역사박물관, 2002, 『풍납토성』.

성균관대학교 박물관, 2003−4, 「경기도 양평군 양수리 상석정마을 발굴조사 1−3차 지도위원회자료」.

세종대학교 박물관, 2003, 『포천 일동−영중간 도로확장구간내 유적(금주리 유적)』.

______________, 2005, 『하남 덕풍골 유적』.

______________, 2005, 『하남 덕풍−감북간 도로확포장구간 중 4차 건설구간 문화유적 발굴조사 약보고서』.

수원대학교 박물관, 2005, 『화성 장안리 유적』.

______________, 2005, 「남양주 덕소 초등학교 신축부지 내 문화유적 발굴조사 지도위원회자료」.

안산시 · 한양대학교 박물관, 2004, 「안산대부도 육곡 고려고분 2차 발굴조사 현장설명회」.

육군사관학교 화랑대연구소 국방유적연구실, 2003, 「연천 당포성 지표 및 발굴조사 지도위원회 자료집」.

______________________________, 2004, 「파주 덕진산성 시굴조사 지

도위원회자료」.

_______________________________, 2005, 「포천 화현리 분청사기 요지 발굴조사 -지도위원회 현장설명회 회의자료-」.

육군사관학교 · 경기도박물관, 2006, 「연천 당포성2차 발굴조사 현장설명회자료」.

예맥문화재연구원, 2006, 『춘천 율문리 75-2번지 창고신축부지 내 유적 발굴(시굴)조사 약보고서』.

이숙임, 2003, 「강원도 지역 점토대토기문화 연구」, 한림대 사학과 석사학위논문.

인천광역시립박물관, 1994, 『영종 · 용유지구 지표조사 보고서』.

_______________, 2005, 『강화 창후리 청소년 유스호스텔 부지내 문화유적 발굴조사』.

인하대학교 박물관, 2000, 「인천 문학경기장 내 청동기 유적 발굴조사 현장설명회 자료」.

전남문화재연구원, 2007, 「해남 남창-삼산간 국도 확 · 포장공사 구간내 문화유적 발굴조사-해남 분토리 유적-」.

중앙문화재연구원, 2005, 「안성 공도물류단지 조성사업부지 내 유적 발굴조사 지도위원회의 자료」.

_______________, 2004, 『안성 반제리 유적 발굴조사』.

_______________, 2005, 「중앙선 덕소-원주간 복선 전철 제 5-17지구 삼성리 유적 발굴조사 지도위원회자료」.

_______________, 2006, 「청원 I.C.~부용간 도로공사 구간내 남성골 유적 시 · 발굴조사 -지도위원회 및 현장설명회자료」.

중원문화재연구원, 2005, 「중앙선 덕소-원주간 복선전철 제5-17지구 삼성리유적 발굴조사 지도위원회 자료」.

_______________, 2006, 『양평 오빈리유적, 중앙선 덕소-원주간 복선전철구간 내 제5공구 1지역 문화유적 발굴조사』.

충청남도역사문화원, 2003, 『공주의당리공단지 조성부지 내 발굴조사-공주 수촌리 유적』.

　　　　　　　　　, 2006, 「아산 탕정 LCD 조성부지(2구역) 내 문화유적 시굴조사 현장설명회」.

최몽룡, 1985, 「고대국가성장과 무역」, 『한국고대의 국가와 사회』, 역사학회편.

　　　, 1989, 「상고사의 서해교섭사연구」, 『국사관논총』 3집.

　　　, 2003, 「한성시대백제와 마한」, 『문화재』 36호.

　　　, 2004, 「한국문화의 계통」, 『동북아 청동기시대 문화 연구』, 주류성.

　　　, 2005, 『한성시대의 백제와 마한』, 주류성.

　　　, 2006, 「다원론의 입장에서 본 한국청동기·철기시대연구의 새로운 연구방향」, 『동북아 청동기시대 문화 연구 Ⅱ』, 주류성.

　　　, 2006, 「최근 경기도에서 발굴·조사된 고구려 유적과 그 역사적 맥락」, 경기도박물관 1월 19일(목) 우리곁의 고구려전 기조강연.

　　　, 2006, 『최근 고고학 자료로 본 한국고고학과 고대사의 신연구』, 주류성.

　　　, 2006, 「위만조선 연구의 신국면을 맞아」, 계간 『한국의 고고학』 창간호, 주류성.

　　　, 2006, 「다원론의 입장에서 본 한국문화의 기원과 시베리아」, 『한·러 공동발굴특별전 아무르·연해주의 신비』, 국립문화재연구소.

　　　, 2006, 『영산강유역의 고대문화-청동기, 철기시대와 마한-』, 나주시·동신대학교박물관.

　　　, 2006, 『마한연구의 새로운 방향과 과제』, 충청남도역사문화원.

　　　, 2006, 「장사 마왕퇴 전한고분-고구려 고분벽화와 관련된 몇 가지 단상-」, 계간 『한국의 고고학』 겨울호, 주류성.

　　　, 2006, 「철기시대의 새로운 연구방향」, 강원고고학회 2006년 추계학술대회.

최몽룡·신숙정·이동영, 1996, 『고고학과 자연과학-토기편』, 서울대 출판부.

최몽룡 외, 1999, 『덕적군도의 고고학적조사연구』, 서울대학교박물관.

최몽룡 · 김선우, 2000, 『한국지석묘 연구이론과 방법-계급사회의 발생-』, 주류성.

최몽룡 · 이헌종 · 강인욱, 2003, 『시베리아의 선사고고학』, 주류성.

한국문화재보호재단, 2004, 「인천 동양택지 개발사업지구(I)지구 문화유적 발굴
　　　　조사 지도위원회 자료」.

한국문화재보호재단, 2004, 『시흥 목감동 유적』.

　　　　　　　　　　, 2004, 「인천 불로지구 문화유적 시굴조사-2차 지도위원회
　　　　자료-」.

　　　　　　　　　　, 2005, 「신갈-수지간 도로 확 포장공사 예정구간 문화유적
　　　　발굴조사 -3차 및 6차 지도위원회 자료-」.

한국토지공사 · 한국토지박물관 · 사회과학원 고고학연구소, 2004, 「개성공업지구
　　　　문화유산조사 현장설명회자료」.

　　　　　　　　　　　　　　　　　　　　　　, 2005, 『개성공업지구
　　　　1단계 문화유적 남북공동조사보고서』.

　　　　　　　　　　　　　　　　　　　　　　, 2006, 「연천 호로고
　　　　루(2차 발굴조사 현장 설명회자료)」.

한림대학교 박물관, 2002, 「경춘선 복선전철 제6공구 가평역사부지 문화유적 시
　　　　굴조사지도위원회자료」.

　　　　　　　　　　, 2003, 「경춘선 복선전철 제6공구 가평역사부지 내 문화유적
　　　　발굴조사 지도위원회자료」.

　　　　　　　　　　, 2003, 『동해고속도로 확장 · 신설구간(송림리) 문화유적 발굴
　　　　조사 보고서』.

　　　　　　　　　　, 2004, 「경춘선 복선전철 제5공구 내 청평리 유적 문화재시굴
　　　　지도위원회자료집」.

　　　　　　　　　　, 2005, 「청평-현리 도로건설공사구간 중 매장문화재 발굴조

사(C지구)지도위원회의 자료집」.

______________, 2006, 「춘천 천전리 121-16번지 내 문화유적 발굴조사 지도위원회 자료집」.

한백문화재연구원, 2006, 「서울-춘천고속도로 5공구 내 유적 발굴조사 1차 지도위원회 자료집」.

______________, 2006, 「청평-현리 도로공사 예정구간 문화재 연장 발굴조사 (A-다지구) 지도위원회자료집」.

한양대학교 박물관 · 한양대 문화재연구소, 1998/2001, 『당성』.

______________, 2004, 「안산대부도 육곡 고려고분 2차 발굴조사 현장설명회」.

______________, 2004, 『선사와 고대의 의례고고학』.

______________, 2005, 『부천 고강동 선사유적 제7차 발굴조사』.

호남문화재연구원, 2003/5, 『익산-장수간 고속도로건설구간 내 사덕유적 발굴조사(1~3차)』.

______________, 2004, 『광주 동림 2택지 개발사업지구내 문화유적 발굴조사』.

洪美瑛 · 金起兌, 2003, 「韓國 南楊州市 好坪洞 舊石器遺蹟 發掘調査槪要」, 『黑耀石文化研究』 第2號, 明治大學.

홍미영 · 니나 코노넨코, 2005, 「남양주 호평동 유적의 흑요석제 석기와 사용」, 『한국구석기학보』 제12호.

홍형우, 2006, 「아무르강 유역 및 연해주의 철기시대」, 『한 · 러 공동발굴특별전 아무르 · 연해주의 신비』, 국립문화재연구소.

Colin Renfrew, 1973, Monument, mobilization and social organization in neolithic Wessex, *The Explanation of culture change : Models in prehistory*, London, pp.539~558.

Kent Flannery, 1972, The Cultural Evolytion of Civilization, *Annual Review of Ecology & Systematics* vol.3 pp.399~426.

William Sanders & Joseph Marino, 1970, *New World Prehistory*, Prentice-Hall, INC, Englewood Cliffs, New Jersey.

William W. Fitzhugh & Aron Crowell, 1988, *Crossroads of Continents*, Smithonian Institution Press.

張之恒 · 黃建秋 · 吳建民, 2003, 『中國舊石器時代考古』, 南京出版社.

II부 **기획 논문**

강화도 지석묘의 분포유형과 사회성격에 대하여

강동석*

目　　次

Ⅰ. 머리말

우리나라의 지석묘는 19세기 말 외국인들에 의해 처음 알려지기 시작한 이래 그동안 수많은 지표조사와 빌굴조사를 동하여 약 4만여 기 이상의 지석묘가 공식적으로 조사되었으며, 이에 대한 연구도 활발히 진행되었다. 지금까지 지석묘 연구는 크게 기능과 용어, 형식과 구조, 편년 등에 대한 연구와 이를 기초로 지석묘 사회의 성격을 구체적으로 복원하려는 시도가 있었다. 지석묘사회 복원에 관한 연구는 주로 신진화론의 사회발전단계설에 근거하여 지석묘사회를 족장사회로 규정하고 사회적 성격을

---

* 문화재청 발굴조사과.

이해하고자 하는 것으로서 최몽룡에 의해 본격적인 논의가 시작된 이래[1] 지석묘의 규모, 묘실의 배치 상태, 주거지 및 부장품의 분석을 통하여 족장사회의 제 속성인 노동력의 통제와 재분배, 신분세습, 전문장인의 등장 등을 증명하려고 노력해 왔다.

1990년대 이후에는 족장사회를 정체된 실재가 아닌 변화하는 일련의 과정에 위치하는 개념으로 인식하고, 사회복합도의 정도에 따라 단순족장사회, 복합족장사회, 최상족장사회 등으로 구분하여 설명하고 있다.[2] 사회복합도를 측정할 수 있는 구체적인 고고학적 기준으로는 대규모의 건축물과 무덤의 존재, 사치 외래품의 존재, 전문집단의 출현을 보여주는 유물의 존재, 그리고 주거 유형의 차이 등이 있으며[3], 지역사회의 통합규모, 의사 결정의 집중성, 사회의 계층화도 중요한 기준이 된다.[4]

여기에서는 이러한 여러 가지 사회복합도 측정 기준을 강화도 지석묘가 분포하고 있는 공간 상에 투영해 봄으로써 강화도 지석묘사회의 성격을 밝혀보고자 한다. 강화도는 지석묘가 축조될 당시 지석묘 외에 구체적으로 사회 구조를 엿볼 수 있는 취락유적이나 유물이 없기 때문에 그 동안 활발히 이루어진 지표조사 및 현황조사[5]를 통하여 축적된 지석묘의 공

---

1) 최몽룡, 1981, 「전남지방 지석묘사회와 계급의 발생」, 『한국사연구』 35.
2) Rhee S.N, and M.L. Choi, 1992, "Emergence of Complex Society in Prehistory Korea" Journal of World Prehistory, vol.6, no1.
3) 최성락, 1999, 『한국고대국가형성론』, pp.126~127.
4) 최정필, 1997, 「한국상고사와 족장사회」, 『선사와고대』 8.
5) 李亨求, 1992, 『江華島 고인돌무덤(支石墓)調査研究』, 韓國精神文化研究院.
   강화군·서울대학교인문학연구소, 1999, 『강화도 고인돌군 정밀지표조사보고서』.
   서영대·김석훈, 2000, 『江華地域의 先史遺蹟·遺物』, 仁荷大學校博物館學術叢書 第2集.
   김석훈, 2000, 「강화도의 선사문화」, 『博物館誌』 3, 仁荷大學校博物館, pp.73~108.
   인천광역시·(재)불교중앙교원 문화유산발굴조사단, 2002, 『강화의 문화유적』.

간정보를 최대한 활용하여 지석묘의 분포유형 간의 위계관계와 각 계층 간의 통합 정도를 규정하고, 사회복합도 수준을 살펴보기로 하겠다.

II. 강화도 지석묘 분포와 입지

1. 지석묘 분포 현황

강화도는 섬이라는 특수성 때문에 지리적 경계가 명확하고, 북방식, 개석식 지석묘 등 각 형식별로 분포공간과 입지가 다양하게 나타나고 있어 지석묘사회의 통합수준 및 계층 구조를 이해하는 데 유리한 조건을 지니고 있다.

강화도 지석묘는 [지도 1]에서 보는 바와 같이 주로 고려산 이북의 북부 지역에 집중되어 있다. 총 개체수는 160여 기로 이 중에는 형식을 구분하기 힘들 것들도 상당 수 포함되어 있다. 각 지석묘 군별로 지석묘의 위치, 입지, 형식 분포 등을 살펴보면, 먼저 삼거리 지석묘군의 경우 강화도 내에서 가장 많은 지석묘가 분포하고 있는 지역이다. 이 지역은 고려산 북사면의 경사가 비교적 완만하고 넓은 곡간대지가 형성된 곳으로, 소하천이 발달한 선상지 지형을 이루고 있다. 이러한 지형조건으로 인해 일조량의 확보가 힘든 북사면이라는 점을 제외하면, 농경지, 연료, 음료수 확보가 용이하여 취락이 입지할 수 있는 최적의 조건을 갖추고 있다[6].

삼거리 지석묘군[7]에는 모두 30기의 지석묘가 분포하며, 4개의 소군집

---

6) 오홍석, 1994, 『취락지리학-농어촌의 지역성격과 재편성』, p.307.
7) 삼거리 지석묘군은 1967년에 국립박물관이 발굴조사를 실시하여 북방식 지석묘의 하부 구조를 확인하였으며, 마제석촉 4점과 무문토기편, 방추차, 유구유경식석검이

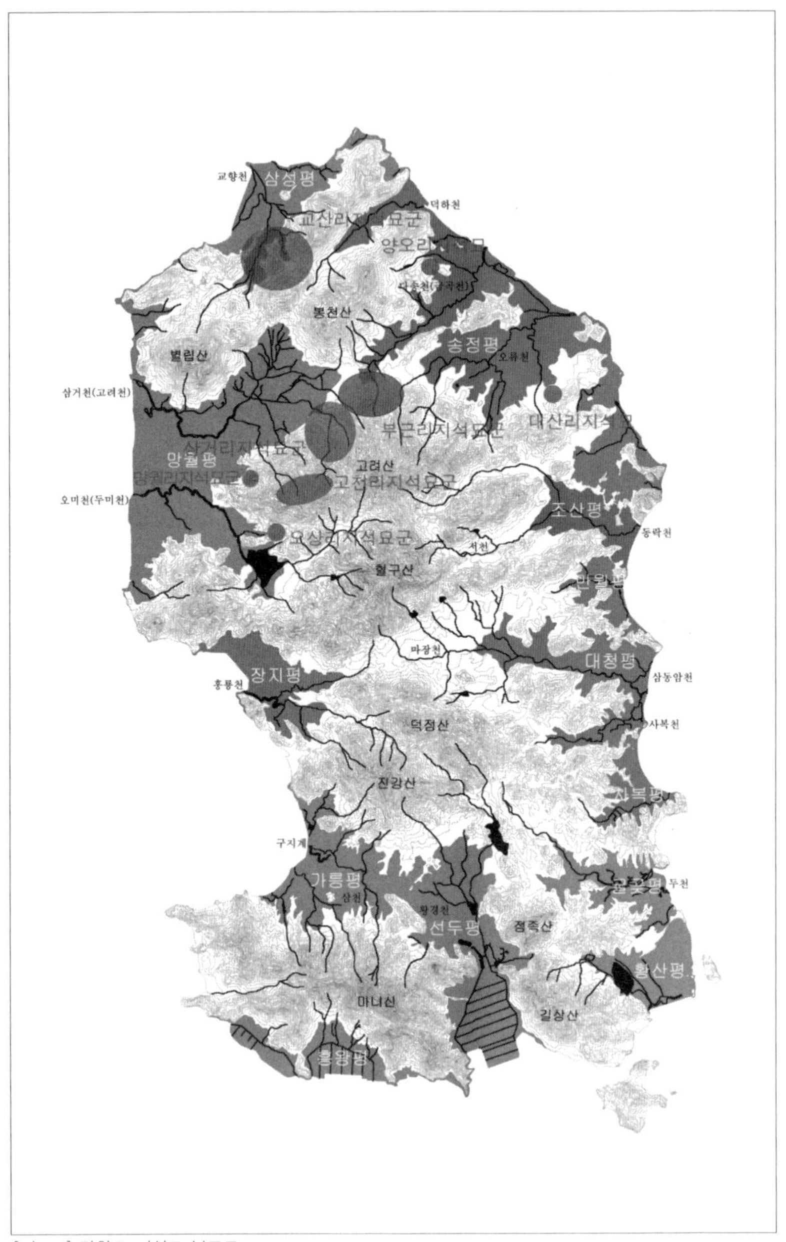

[지도 1] 강화도 지석묘 분포도

과 개별 분포 양상을 보이는 지석묘들로 구성되어 있다. 개별 분포를 보이는 지석묘는 대부분 북방식으로, 군집들과 분리된 장소에 축조되었다. 점골 지석묘와 신삼리 지석묘은 이러한 유형의 대표적인 예인데, 이들 지석묘는 개석 크기가 중형에 속하는 것들로 지형적으로 볼 때 삼거리 지석묘군의 경계 지점에 분포하고 있어 영역 표시적인 성격이 강한 지석묘로 생각된다. 삼거리 지석묘군의 입지는 산기슭과 능선, 그리고 산사면에 입지하는데, 대개 개석식 지석묘로 구성된 소군집들은 산기슭에 입지하고 있는 반면, 북방식 지석묘는 능선상에 분포하는 양상을 보이고 있다.

삼거리 지석묘군에서 이어지는 능선의 정상부에는 고천리 지석묘군이 위치하고 있다. 이 지석묘군이 입지한 곳은 고려산(436m) 정상부에 해당된다. 강화도의 대부분 지석묘는 능선이나 산기슭, 평지 또는 구릉에 분포하지만, 이 지석묘의 경우 해발 250~300m의 산마루에 입지하고 있어 다른 지석묘군과 차별성을 보인다.

고천리 지석묘군은 20기의 지석묘가 3개의 소군집을 이루고 있는데, 북방식 16기, 개석식 4기가 동서 방향의 산마루를 따라 입지한다. 이 고천리 지석묘군의 축조 집단은 분포와 입지적인 면에서 볼 때 삼거리 지석묘의 축조 집단에 의해 형성된 것으로 보인다. 비록 이 지석묘군은 삼거리와 오상리 지석묘군의 중간 지점에 위치하지만, 삼거리 지석묘가 분포하는 능선과 연결되어 있고 모두 능선과 산마루라는 조망권의 확보가 유리한 곳에 지석묘가 축조된 점등으로 미루어 보아 한 집단에 의해 축조된 것으로 볼 수 있기 때문이다.

한편 고려산 일대에서 삼거리 지석묘 다음으로 가장 많은 지석묘가 부

출토되었다. 인접지역에서 각형토기 주거지가 조사되어 강화도 청동기문화의 지역적 성격을 서북한지역과 연결시킬 수 있었다.

근리 일대에 위치하고 있는데, 하점면 부근리와 송해면 상도리·하도리에서 28기의 지석묘가 확인되었다. 주로 2~5기의 개석식 지석묘군이 소군집을 이루며 분포하며, 특히 강화도 지석묘를 대표하는 강화 지석묘(사적 제137호)가 분포하고 있다. 부근리에는 강화 지석묘와 같이 평지에 축조된 경우도 있으나, 대부분 구릉이나 산기슭과 같은 지석묘 축조 집단의 생활공간으로 추정되는 지역에 분포하고 있다. 이곳은 소하천이 발달하여 물을 비교적 손쉽게 확보할 수 있는 곳으로 취락의 형성과 농경지 확보 과정에서 중요한 입지 요인을 작용하였을 것으로 생각된다.

이상 고려산 이북지역의 지석묘군을 살펴보았는데, 이남지역에도 3개의 소군집으로 이루어진 오상리 지석묘군이 분포하고 있다. 가장 중심이 되는 소군집은 과거 중요한 교통로로 생각되는 능선 상에 축조된 것으로 10기의 북방식 지석묘[8]와 2기의 개석식 지석묘가 축조되어 있다.

망월리 지석묘군은 가장 최근에 발견된 유적으로 고려산의 서쪽 사면에 분포하고 있다. 이 지석묘군은 정밀지표조사가 이루어지지 않아 정확한 개체수와 형식을 파악할 수 없지만, 두 개의 소군집이 확인되었으며 약 20여 기의 지석묘가 축조되어 있는 것으로 추정된다.

앞서 지도에서 살펴보았듯이, 강화도 북부지역에는 고려산과 별립산-별악봉 일대에 지석묘군이 집중분포하고 있다. 별립산과 별악봉은 강화의 최북단에 위치한 산지로 고려산과 마찬가지로 강화도를 동서로 횡단하고 있는데, 간척 이전에는 현재 사적 제137호인 강화 지석묘가 입지한 좁은 평지로 연결되어 있었던 것으로 보인다. 이 일대에서는 모두 42기의 지석묘가 발견되었는데, 주로 별립산과 별악봉 사이의 구릉성 산지에 집

---

8) 선문대발굴단에서 2000년~2001년에 걸쳐 발굴조사를 실시하였으며, 각형토기편을 비롯하여 마제석촉, 환상석부, 관옥, 마제석검편, 반월형석도 등 다양한 유물이 출토되었다.

중되어 있으며, 일부는 별립산 남록에 일정한 거리를 유지하여 분포한다.

별립산-별악봉 일대의 중심 지석묘군은 교산리 지석묘군으로 구릉성 산지의 능선과 산기슭에 입지한다. 모두 30기의 지석묘가 확인되었는데, 삼거리 지석묘군과 함께 강화도에서 가장 많은 개체수를 보이고 있다. 이 지석묘군은 7개의 소군집과 개별 분포를 보이는 5기의 지석묘로 이루어 져 있다. 이들 소군집들은 구릉과 산기슭, 능선상에 분포하고 있는데, 개 석식 지석묘로 이루어진 소군집들은 대개 구릉과 산기슭에 분포하는 반 면, 북방식 지석묘는 해발 100m 이상의 전망이 좋은 능선 상에 주로 분 포하고 있다. 이러한 교산리 지석묘군의 형식에 따른 입지 분포, 밀집도 는 삼거리 지석묘군와 매우 유사한 양상을 보이고 있어 주목된다.

한편 별립산-별악봉 일대에서 밀집된 양상을 보이는 교산리 지석묘군 과 다르게 별립산 남록에는 1~2기의 지석묘들이 일정한 거리를 유지하 며 분포하고 있다. 지석묘들은 모두 간척 평야와 접한 해발 20m 내외의 낮은 산기슭에 위치해 있어 간척 이전에는 해안과 인접해 있었던 것으로 추정된다.

이밖에 고려산, 별립산 일대에 분포하는 지석묘들 외에 강화도 북부지 역에는 지석묘군과 분리되어 개별 분포 양상을 보이는 지석묘가 있다. 이 들 지석묘는 대형 북방식 지석묘인 양오리와 대산리 지석묘이다.

양오리 지석묘는 사적 제137호인 부근리 지석묘와 함께 강화 지석묘를 대표하는 대형의 북방식 지석묘로, 봉천산과 송악산 사이에 형성된 얕은 산지성 구릉의 선단부에 위치한다. 이곳은 한강과 임진강이 합류하여 형 성된 조강과 직접적으로 접하는 지역인데, 청동기시대 당시 주변지역에 는 모두 넓은 간석지가 형성되어 있었을 것으로 추정된다. 한편 대산리 지석묘는 송악산의 북사면에 뻗어내린 야트막한 구릉의 정상부에 축조된 것으로 주변에서 지석묘군이 발견되지 않고, 전망이 좋은 장소에 단독으로 입지하고 있는 점 등으로 미루어 보아 양오리 지석묘와 함께 상징적인 의미를 지니고 있는 것으로 생각된다.

이상으로 강화도 지석묘의 분포현황을 살펴보았는데, [표 1]에서 보면, 별립산-별악봉 일대의 교산리 지석묘군에 가장 큰 군집을 이루고 있음을 알 수 있다. 그리고 고려산 일대의 삼거리와 부근리 지석묘군에 지석묘가 밀집해 있다. 삼거리 지석묘군은 일정한 점유 공간이 다르지만 입지와 분포 정황을 볼 때 고천리 지석묘군과 하나의 군집으로 볼 수 있는데, 이렇게 된다면 빈도는 37.9%로서 강화도 지역 지석묘군 중 가장 높은 분포 비율을 보이게 된다. 삼거리 지석묘군은 다른 지석묘와 밀집도에서도 차별성을 보인다. 이 지석묘군은 고려산에서 뻗어 내린 능선사이에 형성된 곡간대지를 중심으로 밀집된 양상을 보이는 반면, 부근리 · 오상리 지석묘군은 각기 곡간지나 산기슭, 구릉에 일정한 거리를 유지하며 분포하고 있어 삼거리 지석묘군에 비해 밀집도가 떨어진다.

한 단위지역의 지석묘 분포수는 그 지역을 기반으로 성장한 지석묘 축조 집단의 공간 점유 기간을 간접적으로 보여주는 것이라 할 수 있다. 즉

[표 1] 강화도 지석묘 분포

	지석묘수	퍼센트	누적 퍼센트
교산리	43	32.8	32.8
삼거리	33	25.2	58.0
부근리	26	19.8	77.9
오상리	17	13.0	90.8
창후리	4	3.1	93.9
고천리	3	2.3	96.2
이강리	2	1.5	97.7
대산리	1	.8	98.5
신봉리	1	.8	99.2
양오리	1	.8	100.0
합계	131	100.0	

지석묘 분포수가 많을수록 그 만큼 오랫동안 지석묘 축조 집단의 취락 형성 등 공간 점유가 이루어졌다는 것을 의미하며, 이 과정에서 각 지석묘 군 사이에는 일정한 계층관계가 성립되었을 것으로 생각된다. 전남지방의 경우, 대규모의 지석묘 군집을 이룰수록 위세품의 부장 비율이 높고 지석묘 분포수가 적은 군집일수록 부장 유물 비율이 현저하게 떨어지는 경향이 있어 이를 뒷받침해 준다.[9] 그러므로 여기에서는 이러한 각 지석묘 군집의 분포수 차이를 지석묘 축조집단 간의 우열의 차이로 해석될 수 있는 것으로 보인다.[10]

2. 지석묘 분포지역의 지형조건

지석묘는 농경사회의 기념물로서 취락 및 경작지와 함께 일정한 공간을 점유하며 축조되었다.[11] 이것은 지석묘의 군집 규모와 주변지역의 입지적 조건은 취락의 위치 정보를 제공해 줄 뿐만 아니라, 취락의 발달 정도, 지석묘 축조집단의 사회 규모 등을 추정할 수 있는 근거가 될 수 있다는 것을 의미한다. 즉, 지석묘 분포지역의 지형조건 분석을 통하여 취락형성의 유리한 자연입지 조건을 살펴봄으로써 단위 지역 사회의 규모와 위계관계를 추론해 볼 수 있을 것이다.

취락의 입지는 자연 또는 사회 · 경제적 조건을 고려하여 결정되기도 하지만 지형적인 조건이 무엇보다 중요시되며, 특히 경작지와 물(하천)은

---

9) 이영문, 2002, 『한국 청동기시대 연구』, 주류성, pp.328~345.

10) 이영문, 1993, 「전남지방 지석묘사회의 연구」, 한국교원대학교 박사학위논문, p.51.

11) 이성주, 2000, 「지석묘:농경사회의 기념물」, 『한국 지석묘 연구의 이론과 방법』, 주류성, pp.156~158.

취락의 입지를 결정하는 1차적인 요인으로 작용한다.[12] 더군다나 강화도와 같이 산지가 많고 물을 확보하기 힘든 도서지역에서는 이러한 자연조건들이 취락 형성과 규모를 결정하는 데 더욱 중요한 역할을 하였을 것으로 생각된다. 그렇기 때문에 지석묘 분포지역 중 최적의 취락 입지 조건을 갖춘 지역은 대규모 취락이 발달할 수밖에 없었을 것이고, 이 취락은 강화 북부지역에서 최상위 계층의 중심취락으로서 역할을 함으로써 하나의 통합된 지역공동체를 형성하는 배경이 되었을 것이다.

강화도 북부지역의 취락 입지 조건을 살펴보기 전에 먼저 강화도의 지석묘 축조 당시의 지형 복원이 반드시 필요하다. 왜냐하면 강화도는 고려시대 이후 지속적인 간척사업으로 해안선의 변화가 극심히 이루어진 지역으로 현재의 지형과 많은 차이를 보이기 때문이다. 강화도의 경관 변화에 관한 연구는 최영준[13]과 최강원[14] 등에 의해 이루어졌다. 특히 최영준은 [지도 3]에서 보는 바와 같이, 조선 후기의 읍지도, 일제강점기 및 현대의 지형도, 1:50,000 개략토양도와 현지답사를 통해 강화도 간척지의 확대와 해안선의 전진에 따른 경관 변화 과정을 복원하였다. 지도에서 보면 간척이 시작되기 전까지 강화지역에는 수많은 섬들이 있었으며, 마니산이 있는 화도면 일대도 고가도라는 별개의 섬이었으나 간척사업으로 강화본도에 편입되었다. 이렇게 간척 이전의 강화도는 해안선의 굴곡이 매우 심하고 산지 사이로 넓고 깊은 간석지가 발달한 지형을 이루고 있다. 이 간석지는 대부분 현재 간척평야로 활용되고 있는데, 과거 해안선

---

12) 오홍석, 1994, 앞의 책, p.286.

13) 최영준, 1997, 「강화지역의 해안저습지 간척과 경관의 변화」, 『국토와 민족생활사』, 한길사.

14) 최강원외, 1998, 「간척사업과 지형진화(Ⅰ) -강화도-」, Journal of Agricultural Engineering No.58.

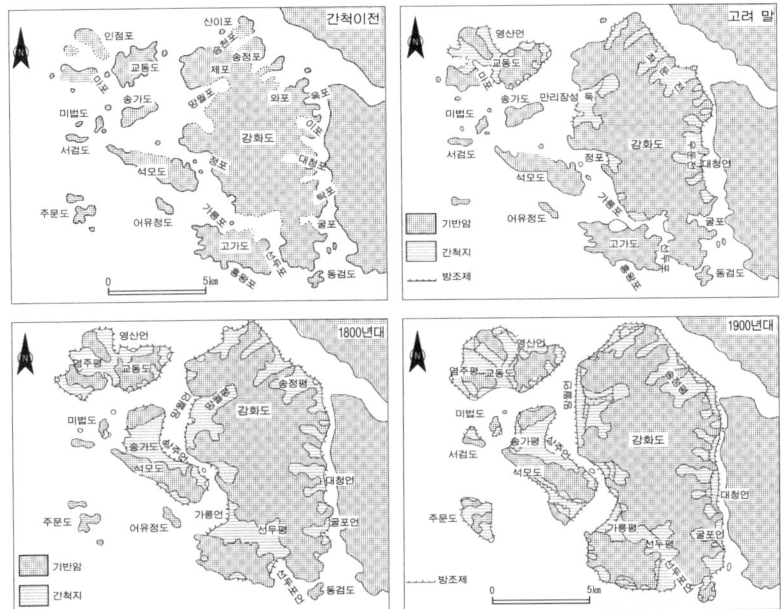

[지도 2] 간척사업에 따른 강화도 해안선 변화 과정
(최영준, 1997, 「강화지역의 해안저습지 간척과 경관의 변화」, 『국토와 민족생활사』, 한길사, 186~187
쪽에서 전제)

을 좀더 자세히 복원하기 위해서는 간척평야의 범위를 명확히 밝혀야 한
다. 강화도 간척평야의 범위를 정확하게 밝히는 것은 매우 힘들지만, 정
밀토양도에 나타나는 해안저습지성 토양의 분포와 1:50,000 지형도상의
기반암 분포를 대조해 보면 과거에 조수의 영향을 받았던 갯벌의 범위가
거의 해발 10m 등고선까지 미친다[15]는 것을 알 수 있다. 이와 같은 해안
선 복원을 통해 보면, 거의 모든 지석묘군이 바다와 직접 접해 있다.

　한편 강화도의 산지를 살펴보면, 마니산(486m) · 고려산(436m) · 혈구
산(466m) · 진강산(366m) · 별립산(400m), 봉천산(291m) 등 저지성 구릉

---

15) 최영준, 1997, 앞의 책, p.81.

지로된 서해안의 다른 지역에 비해 훨씬 많은 산지가 분포되어 있으며, 산지의 사면경사도 급한 편이다[16]. 특히 지석묘가 집중 분포하는 강화도 북부의 고려산과 봉천산, 별립산 일대는 능선 사이의 곡간지대에 형성된 저위 평탄면을 제외하고는 거의 완사면이 없다. 이러한 지형조건을 볼 때 지석묘 축조 당시 강화도는 절대적으로 농지 면적이 부족한 지역이었으며, 내륙과 같이 하천이 발달하지 못해 용수 확보 또한 어려운 여건을 지니고 있다.

취락의 입지조건은 물, 경지, 연료, 일조량의 확보 등 여러 가지 요소들이 있지만 이 중에서도 물은 가장 기본적인 취락의 입지 요인 중 하나이다.[17] 물은 음료수의 확보와도 관련있지만, 청동기시대에 농경이 본격적으로 실시되면서 농업용수의 확보가 보다 더 절대적으로 요구되었을 것으로 생각된다. 강화도는 내륙지역과 같은 하천이 발달하지 못하였기 때문에 이에 대한 중요성이 더욱 컸을 것이다. 그러나 강화도에는 비록 대규모 하천이 존재하지 않지만, 산지의 골짜기로부터 형성된 소하천이 곳곳에 발달해 있다. 강화 북부지역 지석묘군의 대부분은 이러한 소하천을 중심으로 분포하는데, 이 중에서도 삼거리 지석묘군이 위치한 지역은 강화 북부지역에서 소하천이 가장 발달한 지역이다. 이 지역은 고려산의 깊은 골짜기에서 형성된 하천이 넓은 곡간대지를 따라 계절과 관계없이 흐르고 있어 농업용수나 음료수로 충분히 활용할 수 있으며, 현재도 샘골, 샘말이라는 지명이 있는 점으로 미루어 보아 과거부터 용수가 풍부한 지역이었던 것으로 생각된다. 이밖에 오상리, 부근리, 교산리 지석묘군도 소하천과 인접하여 분포하고 있지만, 이 하천들은 좁은 곡간지에 형성된

---

16) 환경부, 1999, 「강화도(여차리)해안의 지형경관」, 『경기도 해안의 자연환경』, p.8.
17) 홍경희, 1999, 『촌락지리학』, 법문사, p.62.

것으로 대부분 계절적인 강수량에 따라 일시적으로 형성되는 것들이다. 이렇게 삼거리 지석묘군의 분포지역은 다른 지역에 비해 용수의 확보가 용이하여 대규모 취락이 형성될 수 있는 여건을 갖추고 있다.

한편 취락 발생에 필요한 자연조건으로 용수 확보 이외에 중요한 요소로 작용하는 것은 가용농지의 확보이다. 이는 토지로부터 안정된 보상을 받을 수 있는 정주농업이 이루어질 때 비로소 취락이 발달할 수 있기 때문이다.[18] 더욱이 농경생활을 바탕으로 성장한 지석묘사회에서는 안정된 식량자원을 획득할 수 있는 경지의 확보야말로 가장 중요한 요소로 작용하였을 것이다. 강화도 북부지역은 취락의 입지조건과 연관지어 볼 때, 용수의 확보도 어렵지만 고려산, 별립산-별악봉과 같이 비교적 높은 산지가 형성되어 있고, 산사면의 경사도 또한 크기 때문에 농경지가 절대적으로 부족한 지역이다. 때문에 대부분의 지석묘는 이러한 경작 여건을 고려하여 용수를 확보할 수 있고 경작이 가능한 곡간지나 산록 경사면, 선상지 등에 분포하고 있다. 지석묘군 중에서 경지 면적이 가장 넓은 지역은 삼거리 지석묘군이 위치한 곳이다. 삼거리 일대는 능선 사이의 간격이 비교적 넓고 2~15%의 경사도를 유지하고 있는 곡간지나 산록경사지 지형이 발달해 있기 때문에 경작지 확보에서 절대적인 우위를 점할 수 있는 지역이다. 이것은 이 지역을 중심으로 대규모 취락이 발달될 수 있는 경제적 배경으로 작용하였을 것으로 생각된다.

삼거리 지석묘군 이외 지역의 지형조건을 살펴보면, 삼거리 지석묘군 분포지역과 마찬가지로 2~15%의 경사도를 가지고 있고, 밭으로 이용가능한 토양조건을 갖추고 있다. 그러나 산지에서 뻗어내린 능선과 산록 경사면이 직접 바다와 접해 있어 농지로서 활용 가능한 지면이 삼거리에 비

---

18) 홍경희, 1999, 앞의 책, p.60.

해 매우 적은 편이다. 이러한 현상은 오상리나 부근리 지석묘군의 분포지역도 마찬가지로 나타난다.

이와 같은 농경이나 취수와 관련된 취락 입지 조건 외에 강화도와 같은 도서지역에서 반드시 고려되어야 할 요소는 바다를 이용한 수산자원의 획득이다. 청동기시대의 어업 형태는 신석기시대의 외양성 어업에서 벗어나 내만·내수면 어업이 본격적으로 개시된 시기이며, 이것은 본격적인 농경의 실시와 연관이 있는 것으로 생각된다.[19] 강화도의 경우에는 넓고 깊은 간석지가 발달하여 얕은 수심을 이용한 내만업과 어패류 채집이 성행하였던 것으로 추정된다. 갯벌은 유기물이 풍부하고 해수의 유동으로 산소의 공급이 원활하기 때문에 풍부한 수산물을 획득할 수 있는 천혜의 자원보고라 할 수 있다.[20] 특히 [지도 3]의 복원된 해안선을 보면, 삼거리 지석묘군 분포지역의 북쪽지역은 넓은 갯벌이 펼쳐져 있고, 고려산-봉천산-별립산을 따라 깊은 만이 형성되어 있어 내만 어업을 통해 수자원의 획득이 용이한 곳이다.

이렇듯 삼거리 일대의 농경지 면적, 수자원 획득, 취수조건 등은 타 지역에 비해 보다 유리한 조건들을 갖추고 있어 중심취락으로서 성장할 수 있는 배경을 지니고 있다고 할 수 있겠다.

---

19) 김건수, 2000, 『한국 원시·고대의 어로문화』, 학연문화사, p.255.
20) 환경부, 1996, 『갯벌보전과 이용의 경제성 평가』.
   인하대학교 해양과학기술연구소, 1997, 『인천 연안도서 자연경관 및 자연생태계 : 기초현황 및 자연 환경 보전 방안』.

III. 분포유형과 계층관계

1. 지석묘 분포유형의 설정

지석묘의 유형은 지석묘의 제 속성, 즉 규모나 입지, 형식, 출토 유물, 군집 양상 등을 고려하여 설정할 수 있으며, 이것은 각 유형 간의 위계를 결정하는 요소로 작용하여 시·공간적인 틀 속에서 지석묘사회의 발전 단계를 보여주고 있다. 각 지역별로 지석묘 유형 설정 방식은 약간씩 차이를 보이는데, 전남지방은 지석묘 출토 유물이 풍부하여 지석묘의 여러 속성과 출토 유물을 함께 고려하여 유형을 설정하였다.[21] 그러나 경상도, 경기도처럼 지석묘의 개체수가 적고 출토 유물 또한 빈약한 곳에서는 단순히 소군집의 분포 양상 등 지석묘의 공간 분포 정보만을 활용하여 분포 유형을 설정하고, 이와 관련지어 각 지역 지석묘사회의 성격과 성장 과정을 말하기도 한다.[22]

강화도 지석묘 역시 1967년과 2000년대 초반에 발굴조사가 이루어져 유물이 출토되었지만, 지석묘의 계층관계를 설정할 정도의 자료가 축적되지 않았기 때문에 출토 유물을 통한 유형 분류는 어려운 실정이다. 그러므로 여기에서는 지석묘의 형식과 입지, 규모 등 주로 공간 정보를 활

---

21) 이영문, 1993, 「전남지방 지석묘사회의 연구」, 한국교원대학교 박사학위논문.

　　이영문, 2002, 『한국 청동기시대 연구』, 주류성.

　　이동희, 2002, 「전남지방 지석묘사회와 발전단계-전남 동부지역을 중심으로-」, 『호남고고학보』 15.

22) 박순발, 1997, 「한강유역 기층문화와 백제의 성장과정」, 『한국고고학보』 36.

　　이성주, 2002, 앞의 논문, 주류성.

　　김광명, 2003, 「영남지방의 지석묘사회 예찰-대구·경산을 중심으로-」, 『영남고고학보』 33.

용하여 분포유형을 설정하고 각 유형 간의 계층관계를 규명하고자 한다.

먼저 강화도 지석묘의 형식 분포는 북한지역과 마찬가지로 북방식과 개석식만이 발견되었을 뿐, 남방식 지석묘는 확인되지 않고 있다. 강화도에는 160여 기의 지석묘가 분포하는데, 이 중에서 형식 구분이 어려운 것을 제외하면 모두 136기가 축조되어 있다. 이 지석묘를 형식별로 나누어 보면 북방식 지석묘가 76기, 개석식이 56기로 개석식보다 더 많은 수를 차지하고 있다.

강화도는 1913년 이래 지속적으로 실시된 지표조사로 인해 대부분 지석묘 크기에 대한 계측치가 조사되어 각 형식별로 규모를 파악할 수 있는데[23], 이 글에서는 그 중에서도 계측치가 정확한 지석묘를 대상으로 크기를 측정하였다.

각 지석묘 형식별 개석 크기는 북방식 지석묘의 경우 대체로 대·중·소의 구분이 뚜렷하게 나타난다. 가장 빈도수가 높은 0~2.5 m³을 비롯하여 8.0m³까지는 소형으로 분류 가능하다. 중형은 10.0~15.0m³의 크기에 해당되며, 양오리와 부근리 점골 지석묘가 대표

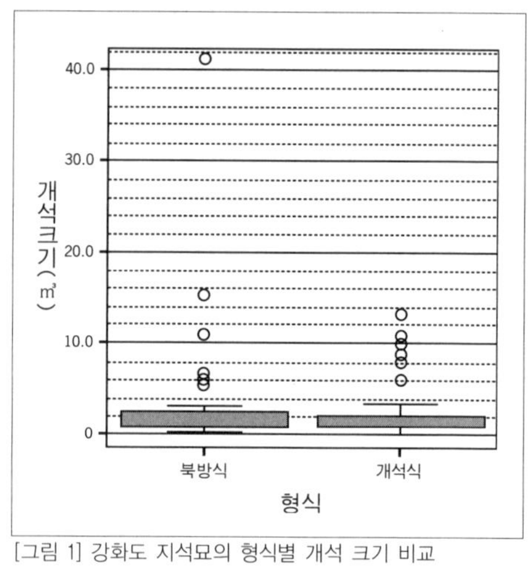

[그림 1] 강화도 지석묘의 형식별 개석 크기 비교

---

23) 이 글에서 지석묘 개석 크기 측정은 1999년에 서울대 인문학연구소에서 조사한 『강화의 고인돌』과 2002년의 조계종 문화유산발굴조사단의 『강화의 문화유적』에 근거하여 이루어진 것으로, 개석의 가로×세로×높이를 계산한 부피를 개석의 크기로 보았다.

적인 예이다. 대형으로 분류되는 지석묘는 40.0∼42.5㎥ 구간에 속하는 것으로 사적 제317호로 지정된 강화 지석묘이다. 반면 개석식 지석묘의 크기는 분석 대상의 약 85%가 0∼4.0㎥에 해당되는 소형의 지석묘들로 북방식과 같이 대형의 지석묘는 보이지 않는다.

지석묘의 크기는 족장사회의 계층구조를 추론하는 속성 중 하나이다. 즉, 지석묘의 크기는 채석상의 기술, 운반의 규모로 보아 대규모 노동력의 투입 및 통제, 잉여생산물의 축적이 가능한 사회구조를 반영하는 것이기 때문에 피장자의 정치·경제적 능력을 상징하는 것이며, 사회 진화의 경향과 밀접하게 연관된 계층사회의 물질적, 상징적 표현으로 이해된다.[24] 그러므로 사적 제137호와 같은 대형 북방식 지석묘는 당시 지석묘 축조집단이 대규모 인력의 통제가 가능하였던 사회구조를 갖추고 있었으며, 피장자는 계층구조에서 막대한 정치적·경제적 영향력을 행사할 수 있었던 최상위 계층이었던 것으로 볼 수 있다.

한편 지석묘 형식별 입지 분포 양상을 살펴보면, [표 2]와 [그림 2]와 같다. 이것은 북방식 지석묘 77기, 개석식 52기를 대상으로 입지와 형식을 교차분석하고, 형식에 따른 입지 분포 비율을 알아본 것이다. 분석 결과, 구릉과 산기슭에서는 북방식 20기, 개석식 28기로 거의 같은 비율을 차지하고 있지만, 능선·산마루·산사면 등 해발고도가 높아질수록 개석식 지석묘의 분포 비율은 낮아지고, 북방식 지석묘의 수가 월등히 많음을 알 수 있다. 또한 평지에는 북방식 지석묘만이 입지할 뿐 개석식은 전혀 보

---

24) 최몽룡, 1999, 「호남지방의 지석묘사회」, 『한국고대국가형성론』, 서울대출판부, p.191.
유태용, 2000, 「지석묘의 축조와 엘리트 계층의 등장에 대한 이론적 검토」, 『한국지석묘연구의 이론과 방법』, 주류성, pp.196∼202.
하문식, 1999, 『고조선지역의 고인돌 연구』, 백산자료원, pp.180∼182.

구분	형식		전체
	개석식	북방식	
입지 구릉	16	15	32
능선	3	16	21
산기슭	30	18	48
산마루	4	16	20
산사면	2	6	8
평지		2	2
전체	55	73	131

[표 2] 지석묘 형식별 입지교차분석표

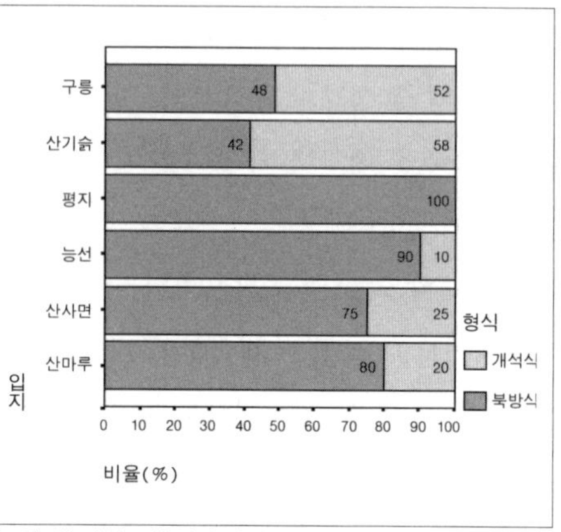

[그림 2] 지석묘 형식별 입지분포 비율

이지 않는다. 이러한 현상은 [그림 2]을 통해 보다 확실히 알 수 있다. 지석묘 형식별로 능선과 산마루, 산사면의 분포 비율을 살펴보았을 때, 거의 대부분이 북방식 지석묘이고 개석식은 25% 미만으로 나타난다.

지석묘의 축조는 결코 임의적인 것이 아니라, 환경적 · 사회적 여건에 따라 주변의 지형과 공간을 이해하고 그 이해 방식에 따라 지형적으로 입지하고 공간적으로 분포한다는 사실[25]을 감안할 때 산능선이나 산마루, 산사면, 평지와 같이 매우 현저한 지형적 요건을 갖춘 곳에 북방식 지석묘가 주로 입지하고 있다는 것은 북방식 지석묘가 당시 지석묘 축조집단의 사회정치적 상징성을 내포하고 있는 것으로 생각할 수 있다. 특히 부근리 점골, 양오리, 대산리, 부근리 강화 지석묘와 같이 대형지석묘들은 모두 북방식으로 구릉의 정상부나 능선, 해안가와 접한 평탄지에 단독으로 축조되어 의도적으로 특정 장소에 대한 공간적인 배려가 있었던 것으로 보인다.

---

25) 이성주, 2000, 앞의 논문, 주류성, p.157.

　　강화도 지석묘의 분포유형 설정을 위하여 또 하나 다루어야 할 것은 각 지석묘군의 소군집 분포 양상이다. 강화도에서 지석묘들은 부근리·삼거리·망월리·오상리·교산리·고천리 지석묘군 등 크게 지역군을 형성하고 있지만, 이들 지석묘들은 다수의 소군집[26]들로 구성된 것들이다. [표 3]은 각 지석묘군별로 소군집들의 분포 현황을 정리한 것으로, 강화 북부 지석묘군에는 모두 26개의 소군집이 분포하고 있음을 알 수 있다. 대부분의 소군집들은 삼거리와 교산리, 부근리에 집중되어 있는데, 삼거리 지석묘군에 6개, 교산리와 부근리에 각각 7개의 소군집들이 분포하고 있다. 그러나 단위지역 내의 소군집 밀집도는 삼거리와 교산리 지석묘군에서 가장 높게 나타난다. 이들 지석묘군의 경우, 구릉과 곡간대지 등 지형적으로 한정된 범위 내에 소군집들이 밀집되어 있으나, 모두 7개의 소군집이 분포하고 있는 부근리는 고려산의 동록에 형성된 소규모의 곡간대지나 구릉 등에 군집들이 일정한 거리를 유지하며 분포하는 양상을 보인다.

[표 3] 지석묘 소군집 분포 현황표

군집수	지석묘군						전체
	삼거리	고천리	교산리	부근리	오상리	창후리	
2	2		2	2		1	7
3		1	3	3			7
4	1			1	1		3
5	2		1	1			1
6		1					2
8	1		1				1
11		1					1
12					1		1
전체	6	3	7	7	2	1	26

---

26) 이 글에서 소군집은 2기 이상의 지석묘들이 밀집되어 모든 지석묘군을 소군집으로 포함시켰다.

한편 이들 소군집들의 입지 분포 현황을 살펴보면 [그림 3]과 같이 전체 소군집의 57.1%가 산기슭이나 구릉에 분포하며, 산마루, 산사면과 같은 산지로 갈수록 소군집 분포 비율이 낮아지는 것을 알 수 있다.

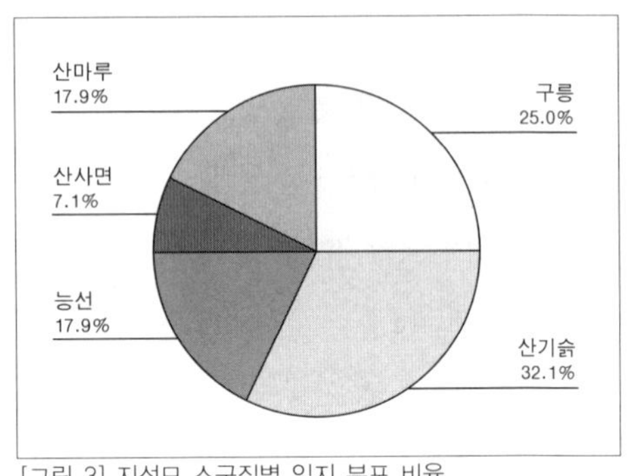

[그림 3] 지석묘 소군집별 입지 분포 비율

이것은 소군집들이 취락, 경작지와 같은 생활공간과 분리되지 않은 장소에 축조되었다는 것을 의미한다.

지석묘는 축조집단의 취락이나 경작지의 규모 혹은 피장자의 정치적인 권위에 따라 특정 장소에 배려되어 축조되기도 하며, 군집 규모에서도 차이를 보일 수 있는데, 이것은 지석묘의 입지나 공간 분포, 지석묘 자체의 규모, 밀집도에 따라 구분되는 지석묘 분포유형에 반영된다.[27] 그러므로 지석묘 분포유형은 지금까지 유물의 조합상을 분석하여 지석묘군 간의 위계와 지역집단의 세력 정도를 평가하는 방식[28]이나 묘역시설의 유무에 따라 계층적 관계를 규명하는 방법[29]과 같이 직접적인 발굴 자료에 의존하지 않더라도 한 지역의 계층적 구조를 밝힐 수 있는 근거를 제공해 줄 수 있다.

그러나 이러한 지석묘 분포유형의 설정은 지역적인 차원의 연구에서 가능하기 때문에 한 지석묘 축조집단의 지역적 범위가 성립되지 않으면

---

27) 이성주, 2000, 앞의 논문, 주류성, pp.157~162.

28) 이영문, 1993, 「전남지방 지석묘사회의 영역권과 구조에 관한 검토」, 『선사와 고대』 5.

29) 이상길, 1996, 「청동기시대 무덤에 대한 일시각」, 『석오윤용진교수정년기념논총』.

쉽게 접근하기 힘들다. 최근에 창원과 그 주변지역의 지석묘를 대상으로 분포유형을 설정하고, 지석묘의 규모, 밀집도, 출토 유물들을 고려하여 지석묘군 간의 계층관계를 파악한 예가 있으나[30], 이 또한 가장 중요하다고 생각되는 지역적 범위의 설정이 명확히 이루어지지 않았다. 반면 강화도는 한정된 지역적인 범위 내에 지석묘가 밀집 분포하고 있는 지역으로, 지석묘의 형식, 규모, 입지, 밀집도 등 제 양상들이 비교적 다양하게 나타나고 있어 분포유형 설정에 매우 유리한 조건을 갖추고 있다. 위에서 살펴본 지석묘의 형식과 규모, 소군집 지석묘의 분포양상, 입지 등을 고려해 볼 때 I, II, III의 세 가지 분포유형의 설정이 가능한데, 이들 분포유형들 사이에는 일정한 위계관계도 발견된다.

1) I 유형

먼저 I 유형은 2~8기의 개석식 혹은 북방식 지석묘들이 소군집을 이루고 있는 것들로, 산기슭, 구릉과 같이 주거지, 경작지로 주로 사용되었을 생활공간 내에 분포하고 있다. 삼거리, 부근리, 교산리, 오상리 등 거의 모든 지석묘군에서 나타난다. 입지적으로 이 유형의 지석묘들은 산지의 계곡에서 형성된 소하천과 같이 음료수나 농업용수의 확보가 쉬운 곳에 인접하여 축조되는 경향이 있으며, 단독으로 축조된 북방식 지석묘와 같이 차별화된 장소에 입지하지 않고 생활공간 내에 위치해 있는 점으로 보아 사회 내부적으로 수직적 분화가 덜 진전된 단계에 축조된 것으로 추정된다.

---

30) 이성주, 2000, 앞의 논문, 주류성.

2) II유형

II유형은 I유형에 비해 무엇보다도 입지적인 차별성을 지니고 있다. I유형의 지석묘들이 소군집을 이루며 산기슭이나 구릉과 같은 생활공간 내에 축조되었다면, II유형은 능선이나 산마루, 구릉의 정상부 등 전망이 좋은 곳에 입지한다. 또한 이 유형의 지석묘들은 교산리와 고천리의 일부 지석묘를 제외하면 거의 모든 지석묘들이 북방식의 형식을 보이고 있다. 이렇게 채석과 축조 과정에서 개석식보다 정교한 축조기술과 많은 노동력이 투입되는 북방식의 지석묘가 해발 100m 이상의 산마루·능선과 같은 주변지역을 조망할 수 있는 전망 좋은 곳에 차별적으로 축조되었다는 것은 지석묘 축조집단 내부의 계층분화가 심화되었다는 것을 의미하며[31], 이 유형의 지석묘 피장자는 이러한 계층화된 사회에서 정치적 권위를 소유하고 있었던 계급으로 추정된다. 그런데 한 가지 주목할 만한 것은 이 유형의 지석묘들은 모두 삼거리와 교산리 지석묘군에 속하는 것들로 지역적인 편중을 보이고 있다는 것이다.

한편 산지에 축조된 지석묘 외에 삼거리 지석묘군의 점골·신삼리 지석묘도 이 유형에 포함시킬 수 있다. 이 지석묘는 소군집과 분리되어 단독으로 축조된 중형의 북방식 지석묘인데, 삼거리 지석묘군을 감싸고 있는 능선의 최하단부에 입지하고 있고, 간척 이전의 지형을 보았을 때 주변지역에서 삼거리로 진입하는 교통로 상에 축조되어 지역 경계를 나타내는 표시적인 의미를 지니고 있었던 것으로 생각된다. 이와 같이 II유형의 지석묘는 단순히 분묘유구로서의 성격에서 벗어나 피장자의 정치적인 권위나 영역표시와 같은 상징적인 의미에서 축조되었던 것으로 보인다.

---

31) 유태용, 2001, 앞의 논문, p.319.

3) Ⅲ유형

Ⅲ유형의 지석묘들은 사적 제137호인 부근리 지석묘, 양오리, 대산리 지석묘와 같은 대형 북방식 지석묘들이다. 이 지석묘들은 고려산 일대의 지석묘군과 일정한 거리를 두고 구릉의 정상부와 평지에 입지하고 있다.

사적 제137호 강화 지석묘는 고려산과 봉천산-별립산을 연결하는 강화 북부지역 유일의 평지에 축조되었는데, 이 지석묘는 이러한 입지와 규모를 볼 때 사회적·이념적 행위의 반복을 위해 배려된 특정한 공간에 배치되어 기념물과 같은 성격을 지녔던 것으로 보인다. 즉 지석묘 축조 과정에서 이루어지는 공동의 의례 수행을 통해 집단 간의 단일한 정체성을 확립시키고, 지역적인 통합을 확인하는 중요한 의미를 가졌던 것이다. 강화 지석묘의 개석 크기는 길이 6.5m×폭 5.2m, 지석이 5.5m×1.5m인 대형 지석묘로서 이러한 지석묘는 축조 과정에서 대규모의 노동력을 동원하고 통제할 수 있는 정치력과 경제력이 절대적으로 요구되며[32], 또한 입지적으로도 어느 지석묘보다 차별성을 보이고 있다. 이와 같은 지석묘 형식과 규모, 공간 분포와 입지를 통해 볼 때 Ⅲ유형의 지석묘는 강화 북부지역의 지석묘 사회에서 최상위 계층의 무덤으로 볼 수 있을 것이다.

양오리 지석묘는 강화도에서 두 번째로 규모가 큰 지석묘이다. 이 지석묘는 주변에 어떠한 지석묘군도 형성되어 있지 않고 단독으로 구릉의 정상부에 축조되었다. 대산리 지석묘도 동일한 분포 양상을 보인다. 양오리와 대산리 지석묘는 한강과 임진강이 합류하여 형성된 조강이 지금의 송정평이 있는 깊은 만을 따라 고려산과 접하는 입구에 단독으로 축조된 것

---

32) 유태용, 2000, 앞의 논문, pp.196~202.
　　최정필, 1999, 「한국 상고사와 족장사회」, 『한국고대국가형성론』, 서울대출판부, pp.177~182.

들이다. 이러한 지석묘의 위치로 볼 때, 이것은 각형토기문화를 기반으로
[33] 하나의 독립된 세력을 이루고 있었던 강화도의 거주집단이 한강유역과
강화도 인접지역에서 성장한 집단의 유입으로부터 자신의 영역 표시를
하기 위해 상징적인 조형물로서 의도적으로 축조한 것으로 볼 수 있다.
그러므로 이렇게 지역적인 차원에서 축조된 이러한 유형의 지석묘가 축
조되던 시기의 강화 북부지역 지석묘사회는 하나의 통합된 세력을 발전
하여 독립된 조직체를 형성하고 있었던 것으로 추정된다.

이와 같은 Ⅲ유형의 규모, 입지 등을 고려해 볼 때 하나의 지역적 통합
세력의 존재를 보여주는 것으로 볼 수 있다. 따라서 비록 Ⅲ유형의 지석
묘들은 비록 부근리 지석묘군에 포함되어 있거나, 인접지역에 분포하지
만 한 단위지역의 지석묘 축조집단에 의해서 축조된 것이 아니라, 강화
북부지역을 통합한 집단에 의해 기념물로서 축조된 것으로 생각된다.

3. 분포유형의 위계 및 축조 단계 검토

이와 같이 세 유형으로 나누어지는 강화도 지석묘는 유형별로 지석묘
의 개체수를 분석해 보면 아래의 그림과 같이 Ⅰ→Ⅱ→Ⅲ유형으로 갈수
록 개체수가 줄어드는 것을 알 수 있다. 각 분포유형에 따라 개체수를 살
펴보면 소군집으로 이루어진 Ⅰ유형의 지석묘가 83기로 가장 많고 Ⅱ유
형은 45기, Ⅲ유형은 3기뿐이다. 이것은 강화 북부지역 지석묘사회가 내
부적으로 수직적 분화와 지역적인 통합 과정을 거치면서 점차 지석묘가

---

33) 한영희는 1967년 삼거리 지석묘 발굴조사 과정에서 출토된 각형토기를 근거로 하
여 1983, 「角形土器考」, 『한국고고학보』 14 · 15에서 강화도를 각형토기문화권으로
설정하였다. 이후 2000년의 오상리 발굴조사에서도 각형토기편이 출토되어 이러한
견해를 뒷받침해 주었다.

소수 특권계층의 매장유구로서 기능하게 되었다는 것으로 볼 수 있다.

한편 지석묘 분포유형과 입지의 관계를 살펴보면, [그림 5]에서 보듯이 Ⅰ유형은 산기슭, 구릉과 같은 해발고도가 낮은 생활공간 내에 주로 분포하지만, Ⅱ유형은 해발 100m이상의 산능선이나 산마루의 전망이 좋고, 주변지역을 조망할 수 있는 곳에 입지하고 있다. 이러한 입지는 당시 지석묘 축조집단의 사회적·환경적 여건에 따라 특별히 배려된 공간에 지석묘를 의도적으로 축조한 것으로 이해할 수 있다. 그러므로 이러한 Ⅱ유형의 입지적 특징은 위에서 본 바와 같이 Ⅱ유형이 Ⅰ유형에 비해 빈도수가 적은 점과 연관지어 볼 때 Ⅱ유형은 계층화된 사회의 특권계층에 대한 일정한 공간적인 배려로 생각할 수 있겠다.

이상의 분포유형별 개체수와 입지를 살펴보았을 때 지석묘 분포유형 사이에는 Ⅰ-Ⅱ-Ⅲ유형 순의 위계관계를 설정할 수 있다. 그런데 이와 같은 분포유형의 위계는 사회 내부의 수직적 분화 정도를 반영하고 있는 것이기 때문에 사회 발전이라는 측면에서 본다면 일정한 시기적 변천과정을 보여주는 것으로 이해할 수 있겠다. 즉, 비록 지석묘 출토 유물이 절대적으로 빈약하여 물질적인 자료로 증명하기 어려운 점이 있지만, 강화

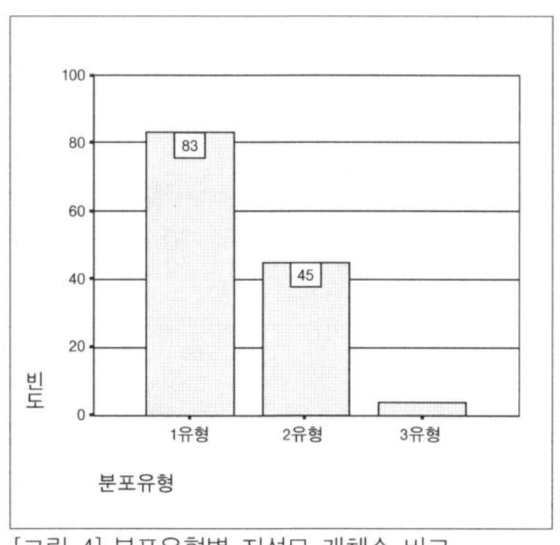

[그림 4] 분포유형별 지석묘 개체수 비교

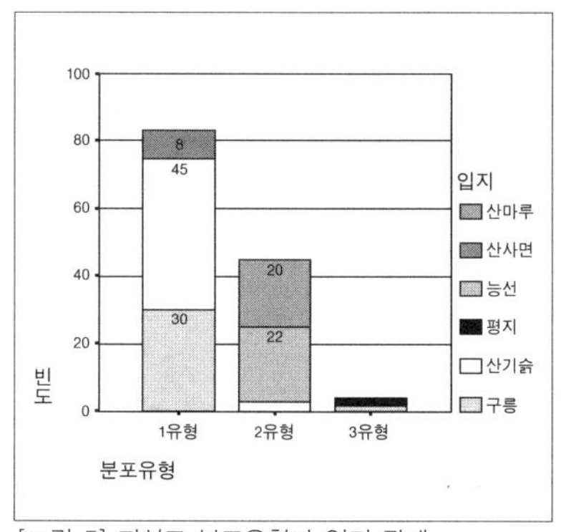

[그림 5] 지석묘 분포유형과 입지 관계

북부 지역 지석묘 분포유형의 입지와 형식, 규모 등에서 보여지는 위계적 관계는 사회 내부의 수직적 분화 과정과 연관지어 볼 때 시기적인 선후관계로 파악할 수 있으며, 이것은 위계적 관계와 마찬가지로 I→II→III의 단계를 거치면서 축조되었다고 볼 수 있다. 그러나 이러한 축조 단계의 분기 설정은 각 유형 지석묘들의 외형적 속성인 형식과 입지, 규모 등을 고려하여 단계를 설정한 것이기 때문에 단지 지석묘 분포유형의 형성 과정을 보여주는 것일 뿐, 세부적인 편년 설정의 기준은 될 수 없을 것으로 보인다.

IV. 지석묘 분포유형과 사회성격

강화도 지석묘를 세 가지 유형으로 나누고 각 유형 간의 계층 구분을 시도해 보았다. 이러한 위계관계를 이루고 있는 지석묘 분포유형을 지역별로 살펴보면 어느 지역이 강화도 지석묘사회에서 중심세력으로 성장하였고, 지역적 통합의 주체였는지 알 수 있을 것이다. 또한 이 과정에서 위에서 살펴본 각 군지별 지석묘 분포수, 지역별 지형조건과 분포유형 등을 비교해 본다면 보다 명확히 중심세력의 분포지역을 밝힐 수 있을 것으로 보인다.

먼저 강화 북부지역에 분포하고 있는 각 지석묘군의 분포수를 살펴보았을 때, 삼거리와 부근리, 교산리 지석묘군에 가장 많은 지석묘가 밀집해 있는 것을 알 수 있었다. 이 중에서 삼거리의 경우 고천리 지석묘군을 포함해서 모두 50기가 분포하며, 교산리 지석묘군은 30기, 부근리는 28기의 지석묘가 분포하고 있다. 삼거리 지석묘군은 분포수 뿐만 아니라 밀집도에서도 다른 지역과 차별성을 보인다. 교산리와 부근리 지석묘군은 소군집들이 구릉이나 산기슭, 곡간지에 산재해 있는 반면, 삼거리는 능선사이에 형성된 곡간지에 밀집된 양상을 보인다. 이처럼 각 군집마다 지석묘 분포수와 밀집도가 달리 나타나는 것은 취락의 규모나 생활의 영위를 위해 필수적인 농경지의 확보와 같은 경제적 배경의 차이에서 기인한 것으로 생각된다.

지석묘 분포지역의 지형조건은 이러한 사회경제적 배경을 결정하는데 중요한 요소로 작용한다. 왜냐하면 한 지역의 지석묘의 분포 범위는 지석묘 축조집단의 생활권으로 볼 수 있으며[34], 이 생활권의 지형조건, 즉 물과 토지는 농경지와 관련하여 취락 형성·발달의 1차적인 요인이 되기 때문이다. 앞서 본 바와 같이 강화 북부지역에서 이러한 지형조건을 가장 잘 갖추고 있는 곳은 삼거리와 교산리 일대이다. 삼거리는 고려산의 북사면으로 따라 농지로서 활용가능한 넓은 곡간대지가 형성되어 있고, 소하천이 잘 발달해 있으며, 교산리 역시 삼거리와 같이 곡간지나 선상지를 이루고 있지 않지만 별립산과 별악봉 사이에 저평한 구릉들이 형성되어 있고, 간석지로 흘러 들어가는 소하천이 발달한 지역이다. 이러한 삼거리와 교산리 지석묘군의 입지조건은 이 지역을 중심으로 지속적으로 취락이 발달할 수 있었던 배경을 제공하였으며, 취락의 발달과 함께 사회조직이 확대되면서 주변지역 취락과의 계층적 관계가 성립되었을 것으로 보인다.

마지막으로 위계적 관계를 보이는 지석묘 분포유형의 지역적 분포 현황을 보면 이러한 지석묘 군집별 계층관계는 보다 명확히 드러난다. [그림 6]을 보면, 가장 하위계층에 속하는 I유형은 삼거리, 교산리, 부근리, 오상리 지석묘군 등 모든 지석묘군에서 나타난다. 반면에 II유형은 삼거

---

34) 이영문, 2002, 앞의 책, pp.317~327.

리와 고천리, 교산리 지석
묘군에서만 보이고 있다.
이렇게 지석묘사회의 수직
적 분화의 산물로 생각되는
Ⅱ유형의 지석묘가 이 지역
에 분포해 있다는 것은 다
른 지석묘군에 비해 사회의
계층화가 보다 진전되어 있
었음을 의미하는 것으로 볼
수 있다. 한편 부근리 지석

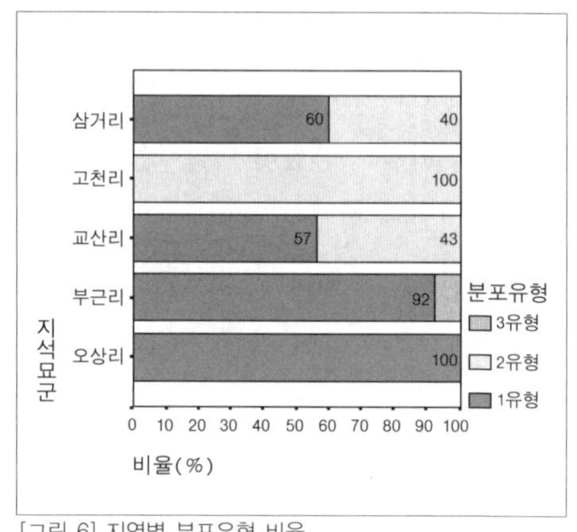

[그림 6] 지역별 분포유형 비율

묘군에서 Ⅲ유형이 보이지만, 이것은 앞서 말해 듯이 지석묘의 규모와 입
지를 보았을 때 하나의 단위지역에 거주하는 지석묘 축조집단에 의해 축
조되었다기보다는 강화 북부지역을 단일한 지역공동체로 통합한 족장의
무덤으로 간주되므로 이를 기준으로 부근리 지석묘군을 최상위 계층으로
볼 수는 없을 것 같다.

이러한 지석묘 분포유형의 지역 분포 현황은 [지도 3]을 보면 보다 자세
히 알 수 있다. 이 지도는 강화 북부지역의 지석묘 분포와 분포유형을 동
시에 보여주는 것인데, 삼거리와 교산리 지석묘군에서만 Ⅱ유형의 지석
묘가 축조되었다는 것을 알 수 있다.

이상의 지석묘 분포수와 밀집도, 지석묘 분포지역의 지형조건과 분포
유형의 지역 분포 현황을 정리해 보면, 강화도에서 유력한 지석묘 축조집
단은 삼거리와 교산리 일대를 기반으로 성장하였음을 추정할 수 있겠다.
그리고 이러한 중심세력권은 강화 북부지역의 지형을 볼 때 산지를 기준
으로 자연 경계를 이루고 있었던 것으로 보인다. 삼거리가 위치한 고려산
과 교산리의 별립산-별악봉 · 봉천산은 [지도 3]에서 보는 바와 같이 좁

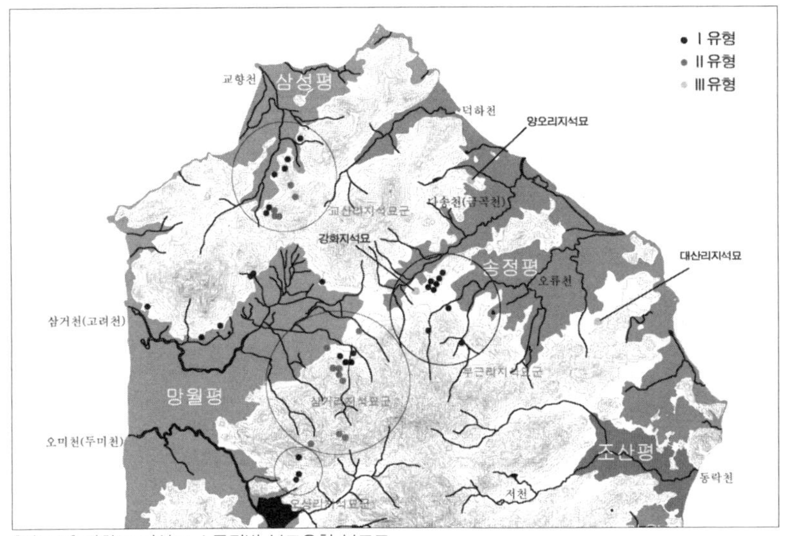

[지도 3] 강화도 지석묘 소군집별 분포유형 분포도

은 평지에 의해 연결되었을 거의 분리되어 형성된 동서주향산지이다. 그러므로 삼거리와 교산리는 각기 산지를 중심으로 형성된 취락들 사이에서 중심취락의 역할을 수행하며, 각기 하나의 세력권을 형성하고 있었던 것이다.

그러나 교산리 지석묘군은 삼거리에 비해 지석묘 분포수와 밀집도가 낮으며, 지형조건에 따른 취락 발달이나 경작지의 확보 여건에서 삼거리보다 불리한 조건을 갖추고 있다. 그리고 삼거리의 경우 고려산 일대에 형성된 부근리, 오상리, 망월리 지석묘군을 하나의 세력권에 두고 있지만, 교산리 일대에는 소수의 지석묘 소군집만이 분포한다. 이러한 차이를 기초로 판단할 때 교산리 지석묘 축조집단은 삼거리보다 하위에 속하였던 것으로 보인다.

이러한 삼거리와 교산리 일대를 중심으로 한 사회 성장은 생활공간의 사회경제적 조건과 밀접한 연관을 맺고 있었던 것으로 추정된다. 즉, 취락의 형성·발전과 연관지어 볼 수 있을 것이다. 기본적으로 취락은 비록 주거 및 생산활동의 공간이지만 각 취락단위들은 독자적으로 주민이 필요로 하는 모든 기본적인 수요를 제공할 수 없는 불완전한 구성단위이다.[35] 그러므로 취락들은 상위의 중심지와 공간적으로 연계되어 유기적 또는 계층적 관계를 맺음으로써 부족한 재화를 충족할 수밖에 없다.[36] 이 때문에 다른 지석묘 분포지역보다 비교적 농업생산조건이 양호한 삼거리와 교산리에 중심취락이 형성되고 이를 중심으로 하위취락이 분포하는 양상을 보이는 것이다. 이러한 중심지의 형성 과정은 일반적으로 [그림 8]의 Hagget의 공간조직 구조 분석[37]을 통해 설명된다.이 이론에 의하면, 토지는 비옥도나 생산성, 기타 여러 가지 여건상 균등한 조건을 보일

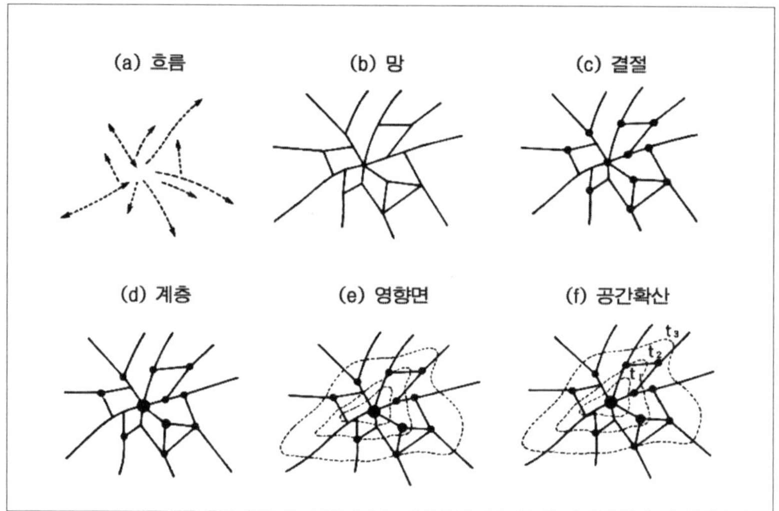

[그림 7] 지역의 공간조직체계에 관한 단계적 분석개념도

(김 인, 2001, 『현대인문지리학 -인간과 공간조직』, 법문사, p.55에서 전제)

---

35) 곽종철, 1992, 앞의 논문, p.66.

36) 김　인, 2001, 『현대인문지리학-인간과 공간조직-』, 법문사, p.49.

37) 장재훈, 허우선, 김주환, 1981, 『공간구조-지리학입문서』, 대학교재출판부.

수 없기 마련인데, 이런 격차를 해소하기 위해 각 취락들 사이에는 선이 형성되고, 이 선들은 일정한 교통망을 형성하게 된다. 한편 선과 선이 만나는 지점에 결절들이 만들어지는데, 이 결절들은 물자 유통의 양과 비중에 따라 서로 그 크기가 다를 뿐만 아니라 계층을 형성하게 된다. 일단 계층이 형성되면 각 결절의 배후지들의 규모 역시 계층에 따라 달라지고, 높은 계층의 결절은 하위 계층의 결절과 배후지를 포섭하는 관계를 맺어 공간 전체가 최대 결절을 중심으로 하나의 유기적인 조직을 이룬다는 것이다.

여기서 결절지역은 중심지를 의미하는데, 강화도의 경우 삼거리와 교산리가 대표적인 결절지역이라고 할 수 있겠다. 이 지역은 결절지역으로서 그 지역의 사회, 경제, 정치행정의 중심축으로서 기능할 뿐만 아니라, 경제활동의 결절지로서 소군집이 분포지역과 유기적·계층적 관계를 맺은 하나의 사회를 이루고 있었던 것이다.

이러한 취락의 형성과 확산, 발전과정은 강화 북부지역 지석묘 분포유형의 축조단계와 연관지어 보면, 보다 명확하게 설명할 수 있을 것으로 보인다. 위에서 지석묘 분포유형 중 가장 선행하는 유형은 Ⅰ유형으로 보았는데, Ⅰ유형의 지석묘들은 개석식과 북방식 지석묘가 소군집을 이루고 있는 것으로 [지도 3]에서 볼 수 있는 것과 같이, 강화 북부지역의 전역에 분포하고 있다. 그러나 이들 모두를 최초 취락 형성 지역으로 보기는 어려울 것 같다. 청동기시대는 신석기시대의 채집경제에서 벗어나 농경에 대한 의존도가 높은 사회였다. 그러므로 초기의 취락 형성은 농경지 확보가 유리한 지역을 중심으로 이루어졌을 것으로 생각된다. 강화도의 선사유적 분포는 신석기시대 유적이 해안가를 중심으로 강화 전역에 분포하고 있는 반면, 지석묘들은 강화 북부지역에 밀집해 있다. 이는 청동기시대에 접어들면서 농경에 유리한 입지를 중심으로 취락 분포가 재편성된 것으로 이해된다. 특히 초기의 취락 형성은 위에서 살펴보았듯이, 중심취락으로 추정되는 지역에서 다양한 지석묘 분포유형들이 보이고 있고, 타지역보다 유리한 지형조건을 갖추고 있기 때문에 삼거리, 교산리에서 먼저 취락이 형성되고 주변지역으로 확산이 이루어진 것으로 추정된다. 그렇지만 하위취락들 자체적으로 경제적인 수요를 충족할 수 없기 때문에 중심취락과의 유기적 관계를 맺을 수밖에 없었을 것이다. 이 과정에서 중심취락들은 취락의 규모가 발달하고, 사회의 기능적 분화가 이루어지면서 사회 내부적으로 계층적 분화가 심화되었을 것으로 여겨지며, 이것은 지석묘 축조에 반영되는데 바로 이 단계에서 축조된 분포유형은 Ⅱ유형으로 생각된다. Ⅱ유형의 지석묘가 삼거리와 교산리에만 분포하고 있는 현상도 이러한 맥락에서 이해될 수 있을 것이다.

이와 같이 지석묘의 분포유형 분석을 통하여 강화도 지석묘사회의 지역별 계층관계와 통합 정도를 살펴보았을 때, 강화도 내에서 삼거리와 교산리는 각각 고려산과 별립산-별악봉을 중심으로 형성된 취락들 사이에서 중심취락으로 작용하였으며, 특히 삼거리는 지석묘의 분포와 입지분석을 기초로 최상위의 계층으로 보인다. 이러한 취락 간의 계층적 구조를 도식화하면 [그림 8·9]과 같다.

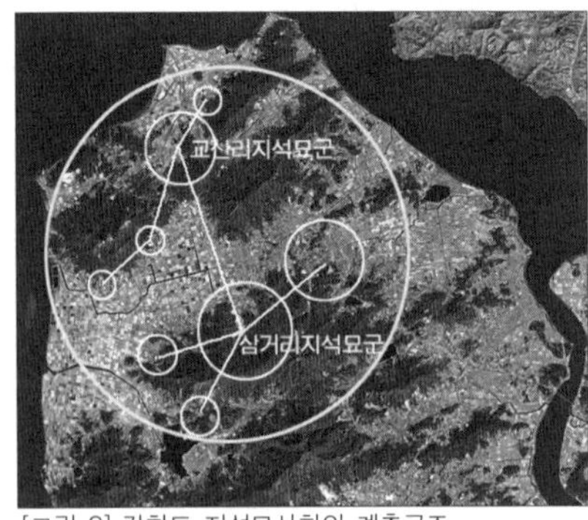

[그림 8] 강화도 지석묘사회의 계층구조

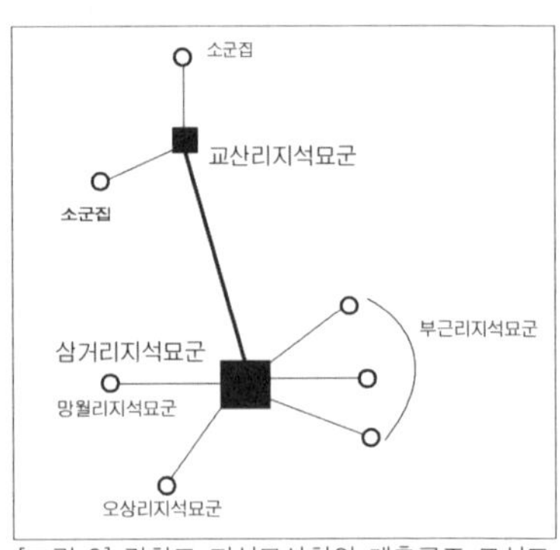

[그림 9] 강화도 지석묘사회의 계층구조 모식도

　이와 같은 계층 구조는 도식적인 모형이 아니라 지석묘 축조 당시의 공간조직 뿐만 아니라 각 단위지역 지석묘 축조집단의 계층적 관계를 보여주는 것으로 강화도 지석묘사회가 하나의 통합된 조직체를 이룰 수 있는 배경이 되었으며, 이러한 배경 하에서 Ⅲ유형의 대형 북방식 지석묘 축조가 가능하였던 것이다. 대형의 북방식 지석묘는 채석과 운반 과정에서 막대한 노동력이 투입될 수밖에 없으며, 이를 통제하고 운용할만한 행정력이 존재해야만 하는데, 이것은 지역적 차원에서 유기적으로 통합된 계층구조 기초로 조직적으로 인력동원을 이루지 않고서는 불가능한 것이다. 그러므로 Ⅲ유형의 지석묘가 축조될 당시 강화도의 지석묘사회는 삼거리 지석묘군을 중심으로 한 하나의 통합된 사회체계를 형성하고 있었던 것이며, 이것은 최상위 계층과 하위계층과의 유기적 관계를 중심으로 통합된 단일 공동체가 형성되어 복합사회의 출현배경이 되었던 것이다. 다시 말해서 지석묘사회를 족장사회로 규정하고, 족장사회가 정체된 사회가 아닌 과정적인 성격으로 보고 단순족장사회, 복합족장사회, 최상족장사회 등으로 나누어 본다면[38] 이 단계의 강화도 지석묘사회는 경제적 생산과 물품교환이 혈연의 연계망을 통하여 형성된 단순족장사회에서 사회의 계층분화가 진행되어 적어도 두 단계 이상의 계층구조가 형성되기 시작하면서 복합족장사회로 발전하는 단계로 볼 수 있을 것이다.

---

38) 최성락, 1997, 「전남지방에서 복합사회의 출현」, 『한국고대국가형성론』, 서울대학교 출판부, p.126.

V. 맺음말

강화도 지석묘는 분포수에 비해 발굴조사 자료가 상대적으로 빈약하여 당시 사회상을 복원하는데 다소 어려움이 있다. 그러나 그동안 여러 차례의 지표조사를 통해 축적된 지석묘의 분포와 형식, 입지 등에 대한 공간정보를 활용하여 지석묘 분포유형을 설정하고, 사회적 성격을 어느 정도 복원할 수 있었다.

강화도 지석묘사회는 분포유형의 위계관계를 통하여 볼 때, 삼거리 지석묘군 축조집단을 최상위 계층으로 하여 하나의 통합된 구조를 이루고 있다. 삼거리와 교산리는 각각 고려산, 별립산-별악봉 일대의 산지를 기준으로 중심취락과 같은 기능을 하였지만, 다른 지역에 비해 보다 유리한 지형조건을 갖추고 있던 삼거리지석묘 축조집단이 최상위 집단으로 작용하고 하위에 교산리, 그리고 지석묘 소군집들로 이어지는 3단계의 계층구조를 지니고 있었다. 이러한 계층구조는 대규모의 노동력 동원과 이를 운용할 만한 행정력이 절대적으로 필요한 대형 지석묘의 축조를 가능하게 하였던 사회적 배경이 되었으며, 그 결과로서 사적 제137호인 강화지석묘와 양오리, 대산리 지석묘와 같은 대형 북방식 지석묘가 축조되었던 것이다. 이러한 유형의 출현한 시기에 강화도 지역은 하나의 통합된 조직체를 형성하고 있었던 것으로 볼 수 있다.

이처럼 지석묘 분포유형 분석을 통하여 강화도 지석묘사회의 구조와 성격을 살펴보았다. 분석 대상으로 삼은 지석묘의 공간 정보는 단지 단편적인 정보만을 지니고 있기 때문에 발굴조사를 통하여 출토된 유물과 취락의 위치, 취락 내의 주거지 배치상태, 규모 등 직접적인 발굴 자료가 보다 축적된다면 강화도 지석묘사회의 성격, 그리고 우리나라 지석묘 축조집단의 성격에 대하여 보다 구체적으로 규명할 수 있을 것으로 보인다.

安城 馬井里 靑銅器時代 住居址의 硏究

김현준*

Ⅰ. 調査經緯

안성시 일대의 청동기시대 유적은 그동안의 조사과정에서 많이 알려져 있다. 이곳에서 조사된 대표적인 유적으로는 반제리·방신리유적과 승두리·만정리 지석묘, 그리고 내우리 선돌유적 등이 있다. 이 가운데 특히 반제리유적은 최근 발굴조사가 이루어지면서 초기 철기시대의 중요 유적으로 새롭게 조명받고 있다.[1]

본고에서 검토하고자 하는 안성 마정리 청동기시대 주거지가 발굴된

---

* 한국국방문화재연구원.

[1] 중앙문화재연구원, 2003, 『안성-음성간 고속도로(5공구) 반제리 지역외 3지역 시굴조사 현장설명회의 자료집』.

곳은 경기도 안성시 공도읍 마정리 62번지 일대의 임광 아파트 건축부지이다. 안성시 일대에는 많은 문화유산이 散在한 것으로 알려져 있다. 그러나 그동안 체계적인 조사가 이루어지지 않고 있다가 1999년에 단국대학교 박물관에 의해 처음으로 체계적이고도 종합적인 조사가 이루어졌으며, 이 과정에서 안성관내의 봉업사지와 망이산성 등에 대한 발굴조사가 활발하게 이루어지면서 안성시의 考古學的 발굴성과들이 학계에 보고되기 시작하였다.

안성 마정리 청동기시대 주거지 유적은 2004년 7월 14일부터 9월 13일까지 고려문화재연구원에 의해 문화유적 지표조사가 실시되었으며, 당시 이곳에서 軟質土器와 硬質陶器 등이 출토되는 유물 산포지가 확인되었다. 이러한 지표조사 결과를 토대로 경기대학교 박물관은 2005년 3월 16부터 4월 14일까지 발굴조사를 실시하였다.[2] 안성 마정리유적은 경기도 남부지역에 있어서의 청동기시대 聚落의 입지와 주거 패턴을 고찰하는데 중요한 자료로 판단되고 있다. 따라서 본고에서는 안성 마정리유적에서 조사된 遺構들 가운데 청동기시대의 주거지를 입지와 구조적 측면에서 살펴보고자 한다.

II. 調査地域의 環境

1. 位置와 自然環境

경기도 최남단에 위치한 안성시는 위경도상 동경 127°07′ ~31′, 북위

---

2) 경기대학교 박물관, 2005, 『안성 마정리유적』.

36°53′~37°09′에 해당하며, 전체면적은 552.79㎢이다. 시의 경계는 북쪽으로는 용인시, 북동쪽 이천시, 서쪽 평택시, 남쪽 충청남도 천안시, 남동쪽은 충청북도 진천군·음성군과 접하고 있으며, 인접도시인 평택·용인·장호원·음성·진천·천안 등과의 왕래가 빈번하여 예로부터 내륙교통의 중심지로 상권이 발달된 고장이다.[3]

안성시의 지형은 중생대 쥬라기 이후 오랜 동안의 침식으로 400~500m 정도의 구릉성 산지가 전체 면적의 60%를 차지하고 있으며, 노년기 구릉성 산맥인 차령산맥이 남동쪽으로 뻗어 충청남·북도와 경계를 이룬다. 대표적인 산지로는 시 서쪽의 瑞雲山(547m), 동쪽의 白雲山(345m), 마이산(471m), 시궁산(514m), 구봉산(465m), 쌍령산(512m), 국사봉(447m), 관해봉(453m) 등이 있으며, 전체적인 산맥의 형상이 시의 동남쪽에서 북쪽으로, 북쪽에서 다시 서쪽으로 뻗어 있어 동북쪽은 높고 서남쪽은 낮은 지형을 이루고 있다. 또한 산맥이 시의 중앙부를 남북으로 횡단함으로써 시를 동서로 나누는 분수령이 된다.

지질은 대부분 쥬라기의 대보화강암으로 구성되어 있는데, 남쪽에는 선캠브리아기의 편마암과 부쪽은 단산층군에 속하는 현암도 일부 나타나고 있다. 충청북도 진천군과 경계를 이루고있는 이죽면·금광면·서운면의 경우 선캠브리아기에 셰일과 사암의 교호층이 광억변성작용에 의힌 편마암화 작용을 받아 거의 현재와 같은 암상이 형성된 것으로 생각된다.

이 일대의 흑운모 편마암의 암상은 중립질로 엽리가 잘 발달되어 있다. 청룡리 일대에 분포한 화강암질 편마암의 암상은 대체로 혼상이며, 자유석과 장석이 변정을 함유하고 있고, 흑운모편마암에서 나타나는 규질암

---

3) 安城郡誌 編纂委員會, 1990, 『安城郡誌』.
　　단국대학교 중앙박물관·안성시, 1999, 『안성시의 역사와 문화유적』.

을 Xenolith로 갖고 있다. 또한 이 암체 내에는 pegmatiticvein이 도처에 발달되어 그 부근에서는 백운모가 보인다.

엽리는 흑운모의 배열에 의하여 잘 보이며 부분적으로 흑운모편마암상을 보이는데, 이런 경우 약간의 연리성을 보일 정도로 엽리가 발달되어 있다. 엽리의 주향은 대체로 N50~E75°이나 부분적으로 변화된다. 경사는 일반적으로 북서에서 북동 방향이나 청룡리 부근에서는 남동방향으로도 나타난다.

하천은 안성천, 한천, 청룡천 등이 주요 하천으로, 안성천은 용인시에서 발원하여 조사지역인 공도면을 남류하며 평택시를 거쳐 아산만으로 유입하고 있으며, 하천 주변의 지형은 고지대가 적고 비교적 평탄지가 많다. 또한 유역경사가 완만하여 농경지가 발달하였으며 본류와 중·하류부에 유입되는 11개 지류로 형성되어 있다.

기후는 안성시가 중부지방에 위치하고 있어 북부와 남부 사이의 점이적 기후 형태를 나타내고 있다. 연평균 기온은 11.2℃이고 한서의 차가 큰 대륙성기후이며, 연교차는 27.1℃로 큰 편이다. 연평균 강수량은 1,210㎜로 벼농사 및 기타 작물 재배에 적당하며, 강수량은 6·7·8월에 집중되어 있다.

조사지역이 위치한 안성시 공도면 마정리 일대는 무안산성이 있는 무안산(207.5m)에서 남동쪽으로 이어지는 능선 상으로 이중 조사대상지역은 해발 30m정도의 남북방향으로 뻗은 능선의 사면과 곡간부로 구성되어 있다. 조사지역의 동쪽으로는 한천이 남북으로 흐르고 있으며, 한천을 건너서는 안성천변에 형성된 저평한 평야지대와 연접하고 있으나 현재 주변지역은 아파트 및 가옥 신축 등으로 능선 정상부를 중심으로 훼손이 심한 상태였다. 능선의 사면과 정상부 일부는 경작지로 이용되고 있다.

2. 歷史 · 考古學的 背景

안성시의 문화유적 광역 조사[4]를 통해 알려진 주요 유적은 선사유적 11개소, 관방유적 12개소 등과 각종 유·불교 유적 등이 있다. 그러나 이러한 유적 이외에도 최근 시행되고 있는 각종 개발 사업을 통해 대규모의 청동기시대와 초기 철기시대의 유적이 보고되고 있어, 추후 조사가 거듭되면 더욱 많은 유적이 확인될 것으로 기대된다.

안성 지역 내에서 가장 이른 시기의 유적은 구석기시대 유적으로, 고삼면 고삼저수지, 공도면 용두리·승두리 등지에서 몸돌과 격지를 비롯하여 찍개 등이 수습되었으며, 최근 조사된 공도읍 만정리[5]와 반제리[6] 등지에서 석영제의 찍개와 긁개 같은 구석기시대 유물이 출토되었다. 그리고 만제리유적에서는 고통양층이 확인된 바 있다.

신석기시대의 유적이 안성지역에서 발견된 예는 아직 없고, 공도 마정리 청동기시대 문화층에서 경기대 박물관에서 발굴한 빗살무늬토기 1점이 출토된 것이 유일한 사례다. 그러나 안성 일대도 안성천을 비롯한 하천의 주변으로 강안 단구의 지형이 확인되는 것으로 보아 신석기시대의 유적이 立地할 가능성이 높은 것으로 보인다.

안성지역은 낮은 능선과 낮은 평야지대가 발달한 지역으로 청동기시대 유적이 입지하기 매우 유리한 지형으로, 대표적인 유적으로는 반제리·방신리유적과 승두리·만정리 지석묘, 내우리 선돌유적 등이 있다. 반제리유적은 현재 안성-평택 간 고속도로 개설공사 과정에서 발굴조사가 이

---

4) 단국대학교 중앙박물관, 1999, 『안성시의 역사와 문화유적』.

5) 기전문화재연구원, 2004, 『안성 공도 택지개발 사업부지내 유적 발굴조사』, 지도위원 자료집.

6) 중원문화재연구원, 2004, 『안성 반제리유적 발굴조사』, 지도위원회 자료집.

루어지고 있는 유적으로 청동기시대 유구와 함께 초기 철기시대 점토대토기가 출토되고 있다.[7] 또한 인근에 위치한 공도택지개발지구내에서도, 지석묘를 비롯한 청동기시대 유구와 초기 철기시대의 점토대토기가 출토되는 토광묘 등이 확인되고 있어[8] 이 지역 청동기-초기 철기시대 문화상 규명에 중요한 기초자료로 활용될 수 있을 것으로 기대된다.

안성지역이 문헌에 등장 하는 것은 고구려때 부터로『삼국사기』지리지에 의하면 '안성'은 고구려의 奈兮忽로 신라 경덕왕대에 白城郡으로 개명되었다가 고려시대에 안성으로 다시 개명되었다고 기록되어 있다. 그러나 아마도 삼한시대 마한의 소국 중 하나가 백제의 세력 확장 당시 백제에 복속되었을 것이며, 이때의 소국은 천관우 선생에 의하여 양성에 비정된 臣濆活國, 혹은 안성은 아니지만 인접지역인 직산지역에 비정된 目支國의 영향권으로 추정할 수 있다.

백제가 건국되면서 안성지역은 백제의 영역으로 통합되는데, 현존 기록에는 나타나지 않으나, 비봉산성에서 4~5세기경의 百濟土器가 출토되고 있어, 안성지역에 있어서 백제의 문화적 살펴 볼 수 있다.

이후 고구려가 한강유역으로 세력을 확장하면서 안성지역은 고구려의 영역에 속하였음은 앞서 삼국사기의 기록에서 확인할 수 있다. 삼국사기에 나타나는 이 지역의 지명은 奈兮忽, 沙伏忽, 介次山郡 등이 있으며, 백제가 잠시 한강유역을 회복하면서 다시 백제의 영역에 속하기도 하였지만 곧 6세기 신라의 한강유역 진출과 더불어 신라의 영향권에 속하게 되었을 편입되었다.

---

7) 중앙문화재연구원, 2003,『안성-음성간 고속도로(5공구) 반제리 지역외 3지역 시굴조사 현장설명회의 자료집』.

8) 기전문화재연구원, 2002,『안성 공도 택지개발지구내 문화재 지표조사보고서』.
   중원문화재연구원, 2004,『안성 반제리유적 발굴조사』.

안성지역에서 현재까지 확인된 삼국시대 유적은 12개소의 고한방유적이 있다. 이는 안성지역이 삼국시대 한강유역을 중심으로 한 각축전에서 교통의 요지로 그 중요성이 높다는 것을 반영하고 있는 것이다. 이 중 망이산성, 죽주산성 등이 발굴조사 되어 그 성격의 일단을 짐작케 하고 있다. 물론 대부분의 관방유적이 정밀학술조사가 이루어지지 않아 정확한 성격을 규명할 수는 없지만, 이 지역에 고구려의 한강 진출 당시 백제와 고구려의 격전지로, 또 신라의 한강유역 진출 당시에는 백제와 신라의 격전지로서 중요성이 높았던 것을 고려하면 이와 관련된 유적도 상당수 확인될 것으로 기대된다.

안성지역은 고려가 건국되면서 양성으로 改稱되었다. 고려 현종 9년(1018) 수원의 소속이 되었고, 명종 5년(1175)에 감무가 설치되기에 이르고 이후 고려왕조 내내 이러한 체제를 유지하였다. 현종 초 거란의 침입으로 왕이 나주까지 피신하였다 돌아오는데, 이때 거쳐간 곳 중 하나가 양성이다. 당시 이동에 이용된 교통로는 현재의 호남고속도로와 유사한 경로로 안성지역이 고려시대에도 교통로 상 중요한 위치에 있었음을 추정할 수 있다.

현재의 안성은 조선시대 안성군과 죽산군, 양성현 등을 포괄하는 지역이다, 안성군은 조선의 건국과 함께 태종 13년(1413) 충청도에서 경기도로 이전하여 소속되면서 수원도호부의 관할지역으로 들어갔다. 중종 13년 죄인이 거주하였다는 이유로 邑號의 降等問題가 거론된 바 있고, 선조 때에는 죽산산성을 쌓으면서 죽산부에 合屬되었다가 光海君 즉위 원년 다시 복구되었다.

죽산지역은 태종 때까지 충청도의 관할 구역으로 청주목의 管轄縣이었지만 세종 16년 경기도로 移屬되었다. 죽산은 교통의 요지로서 세종과 세조가 청주지역을 왕래하던 交通路로 이용되었다. 인조 6년 역적의 발생지

역이라 하여 현감으로 강등되었다가 영조 31년에는 양주 소속의 과천과
금천이 수원에 소속되면서 수원 소속이던 용인이 죽산으로 이속되었다.

1895년에 공주부 안성군의 개편되었다가 1896년에 경기도 안성군으로
再編되었고, 1914년에 安城郡, 竹山郡, 陽城郡이 통합되어 현재의 安城市
體制를 갖추었다. 1963년 1월 행정구역 개편으로 용인군 고삼면이 안성시
로 편입되었고, 1983년 2월에 원곡면 용이리, 죽백리, 청룡리, 월곡리와
공도면 소사리가 평택군 평택읍으로 분리되었다. 그러다가 1998년 5월에
현재의 安城市로 승격되었다.

Ⅲ. 靑銅器時代 住居址의 調査

1. 調査槪要

조사지역의 지형은 동남쪽에 漢川이 북쪽에서 남쪽으로 흐르고, 있으
며, 해발 35m의 낮은 야산 능선이 동북쪽에서 서남쪽으로 이어져 있으
며, 서북쪽에도 같은 높이의 능선이 서북에서 동남쪽으로 길게 자리잡고
있다. 이들 두 능선의 가운데에는 한천과 연결된 늪지대가 넓게 형성되어
있다. 발굴조사는 전체 지역을 지형에 따라 동남쪽 경사면을 A지구, 동남
쪽 능선지역을 B지구, 서남쪽 경사면을 C지구, 그리고 동북쪽 경사면을
D지구로 구역을 나누어 실시하였다.

청동기시대 주거지 遺構가 노출된 A지구의 지형은 남쪽이 높고 북쪽이
낮은 급경사 지형을 이루고 있다. 특히 A지구의 동쪽과 동북쪽은 경사도
가 매우 높고 가파른 지형을 형성하고 있으며, 동쪽에서 서쪽으로 가면서
높이가 불규칙한 계곡을 형성하고 있다.

A지구의 토층은 모두 5개의 층위로 나타나고 있다. 제1층은 암갈색 표토층이며, 제2층은 적갈색 점토층이고, 제3층은 암갈색의 점토층으로 청동기시대 토기 포함층이다. 제4층은 짙은 암갈색 점토질의 古土壤層이며, 제5층은 옅은 적황색의 풍화암반층이다.

A지구에서는 청동기시대 주거지 2기와 수혈유구 1기 등의 유구가 발굴되었고, 이곳에서 無文土器片과 紅陶 底部片 등의 토기와 함께 磨製石斧 1점이 출토되었다. 그리고 동쪽 傾斜面 고토양층에서 多面石器와 剝片石器 등의 구석기시대 유물이 출토되었으며, 청동기시대 문화층에서 빗살무늬 토기편 1점이 수습되었다. 그러나 구석기시대와 신석기시대 문화층은 청동기시대 주거지가 조성되면서 완전히 파괴된 것으로 밝혀졌다.

2. 調査遺構

1) 1호 住居址

1호 주거지는 A지구의 Tr5를 除土하던 도중 무문토기편이 출토되면서 露出되었다. 장축의 길이는 900㎝이나 폭은 등고선 아래쪽이 파괴되어 자세히 알 수 없다. 전체 평면은 말각 장방형이며, 장축 방향은 등고선 방향과 不行한다. 주거지의 내부는 가장자리에서 약 58㎝ 정도 간격을 두고 약 22㎝ 가량 낮게 되어 있다. 주거지의 내부 바닥은 단단하게 다진 것으로 판단되나 특별한 바닥시설을 한 흔적은 보이지 않는다.

주거지의 가장자리를 따라 기둥을 세웠던 것으로 파악되나, 조사 당시 노출된 柱穴은 3개뿐이다. 柱穴의 크기는 직경이 20~25㎝이고, 깊이는 2~5.5㎝이다. 爐址는 주거지의 중앙에서 약간 동쪽으로 떨어진 지점에서 조사되었다. 爐址의 규모는 직경 약 60㎝ 정도의 둥근 범위 안에 검은 목탄이 바닥에 얇게 깔려 있었다. 주거지 내부에서 紅陶片과 無文土器片 등이 다수 출토되었다.

2) A-2호 住居址

2호 주거지는 1호 주거지의 북쪽 아래쪽에서 동남쪽 가장자리 일부만 확인되었다. 2호 주거지와 1호 주거지가 매우 근접해 있어, 두 주거지가 서로 중첩되어 축조되어졌을 가능성이 있다. 그러나 2호 주거지의 위치가 1호 주거지보다 낮은 지점에 위치해 있고, 또한 북쪽의 가장자리가 완전히 파손되어 정확한 중첩 여부는 알 수 없다.

2호 주거지는 등고선에서 위쪽에 해당하는 동남쪽의 가장자리와 爐址 부분만 殘存하고 있다. 따라서 정확한 평면형태를 알 수 없으나, 대개 1호 주거지와 같은 구조일 것으로 판단된다. 주거지의 동쪽에서 안쪽으로 약 310㎝ 지점에 직경 약 50㎝의 장타원형으로 목탄이 바닥에 얇게 깔려 있는데, 爐址였던 것으로 판단된다. 주거지의 내부에서 孔列土器 口緣部片과 다수의 無文土器片이 출토되었다.

3) 長方形 竪穴遺構

長方形 竪穴遺構는 A지구의 Tr6에 대한 除土작업을 하던 도중 북쪽 아래 지점에서 노출되었다. 전체적인 평면형태는 장방형으로 판단되나 서남쪽 모서리 부분은 약간 둥글게 되어 있다. 장축의 길이는 335㎝이고, 단축의 길이는 275㎝이며, 깊이는 138㎝이다. 竪穴遺構의 장축 방향은 등고선과 平行한 동서방향이다.

이 竪穴遺構는 A-1호나 A-2호 주거지와는 약 7m 정도 서북쪽 아래 지점에 위치하고 있으며, 遺構의 내부에서 특별히 출토된 유물은 없다. 그러나 이 遺構가 A지구에서 조사된 2基의 주거지들과 근거리에 위치하고 있으며, 북쪽의 급경사가 이루는 바로 위쪽에 위치하고 있다는 점에서

A지구에서 조사된 靑銅器時代 住居址의 부속시설로 생각된다.

3. 出土遺物

1) 紅陶

紅陶는 2기의 주거지에서 출토된 59점의 無文土器片들 가운데, 1호 주거지 내부에서 底部片 단 1점(1.7%)만이 출토되었다. 홍도편은 1호 주거지의 서남쪽 모서리 부분에서 무문토기편들과 함께 출토되었다. 전체 출토비율로 볼 때, 홍도가 차지하는 비율은 매우 낮은 편이다. 그러나 청동기시대 중기에는 홍도가 지석묘의 부장품으로 사용되고 있는 점을 고려하면, 1호 주거지에서 출토되는 生活容器로서의 홍도의 성격은 매우 이례적인 것이라 하겠다.

1호 주거지에서 출토된 紅陶의 底部片은 정선된 태토를 사용하여 토기를 제작하였고, 표면에는 磨硏된 후 붉은 색 슬립이 입혀 마무리 작업을 하였다. 토기의 底部는 平底이고, 底部의 접합부에는 약간 축약된 후 동체부와 연결된 흔적이 나타나 있다. 크기를 보면, 底部의 殘高는 1.5cm이고, 폭은 4.9cm이며, 두께는 0.6cm이다.

2) 孔列土器

공렬토기는 A지구의 2호 주거지에서 1점(1.7%)이 출토되었으며, 현재 토기의 口緣部 일부만 남아있다. 공렬토기도 홍도와 마찬가지로 출토 수량에 있어서 매우 미미한 편이다. 이렇듯 비록 공렬토기의 출토량은 稀少하나 홍도와 더불어 이곳에서 발굴된 주거지의 시대적 편년이나 성격을 이해하는데 있어서 중요한 자료로 활용될 수 있을 것이다.

공렬토기의 外面은 적갈색의 색조를 띠고 있고, 內面은 황갈색의 색조를 띠고 있으며, 속심은 흑갈색의 색조를 띠고 있다. 태토는 사립과 가는 石砬이 다량 함유된 점토질이다. 현존 구연부에 2개의 透孔이 있으며, 투공은 안에서 밖으로 뚫었다. 구멍의 지름은 0.3cm이며, 구멍과 구멍 사이의 간격은 1.3cm이다. 내면에는 물손질흔이 확인된다. 殘存 길이는 3.5cm이고, 폭은 3.3cm이며, 두께는 0.5~0.7cm이다.

3) 無文土器

이곳에서 출토된 無文土器片은 모두 57점(96.6%)이며, 이 가운데 42점(71.2%)은 1호 주거지에서 출토되었고, 15점(25.4%)은 2호 주거지에서 출토되었다. 따라서 이들 두 주거지에서 차지하는 무문토기의 비율은 절대적이라 하겠다. 그런데 이곳 주거지에서 출토된 무문토기는 대부분이 동체부와 底部뿐이며, 口緣部는 전혀 수습되지 않았다.

무문토기의 동체부를 보면, 토기의 외면은 적갈색이나 암갈색의 색조를 띠고 있으며, 내면은 주로 황갈색의 색조를 띠고 있고, 속심은 흑갈색의 색조를 띠고 있다. 태토는 사립과 石英系 石砬이 다량 함유된 점토질이다. 底部片는 內外面은 적갈색의 색조를 띠고 있으며, 태토는 사립과 석영계 석립이 다량 함유된 점토질이다. 底部는 平底이고, 접합부는 약간 축약된 후 동체부와 연결되었다. 내면에는 指頭痕이 확인되며, 외면에는 물손질흔과 목리흔이 확인된다.

4) 磨製石斧

磨製石斧는 A지구 1호 주거지에서 유일하게 1점이 출토되었다. 돌을 세밀하게 磨研하여 石斧를 만든 것이나 한쪽 면은 완전히 파손되어 缺失되었다. 형태는 蛤刃 石斧이며, 莖部는 파손으로 缺失되어 알 수 없다. 刃部의 반대쪽에는 다시 마연한 흔적이 있는데, 잔존 상태를 보면, 1차 사용 후 다시 마연하여 사용한 것으로 추정된다. 殘存 길이는 9.1㎝이고, 폭은 5.0㎝이며, 두께는 3.0㎝이다.

Ⅳ. 馬井里 遺蹟의 性格

1. 馬井里 遺蹟의 立地的 特徵

최근 안성천 유역에서는 많은 수의 선사유적이 조사되고 있는데, 그 중에서 청동기시대 취락의 조사가 많이 이루어지고 있어 경기남부지역의 문화양상이 점차 밝혀지고 있다.

조사된 유적은 평택 소사동·현화리·토진리, 안성 공도·반제리유적으로 모두 구릉 사면부 혹은 능선, 곡간부에 위치하고 있는 입지 양상을 띠고 있다. 모두 하천과 일정 거리를 두고 형성되어 있으며, 고도는 20～90m상에 입지하고 있다. 반제리유적을 제외하고는 20～40m의 고도상에 조성되어 있다.

이들 유적 중, 평택 소사동유적은 대규모 취락으로 송국리형 문화 양상이 확인되고 있어 송국리 문화의 인성천 이북으로의 접근을 보여주고 있다.

마정리유적은 해발 35m의 동북편에서 서남편으로 이어져 형성된 능선의 정상부 주변에 입지하고 있다. 주변으로는 한천이 약 230m 떨어져서 북쪽에서 남쪽으로 흐르고 있으며 안성천은 남쪽으로 약 3km 떨어져서 위치하고 있다.

조사지역은 모두 4개지구로 나누어 조사를 실시하였는데 그 중 청동기시대 주거지가 나온 곳은 A지구로 하천과 가장 인접한 곳에 위치하고 있다.

마정리유적에서는 청동기시대 주거지가 2기만 확인되었는데, 주거지가 입지하고 있는 사면이 능선에서 약간 북사면에 치우쳐 형성되어 있기 때문으로 풀이된다. 따라서 오히려 정상부에서 남사면 방향으로 주거지가 많이 분포하였을 것으로 생각된다.

마정리유적은 구릉의 완사면에 형성된 전형적인 청동기시대 취락의 입지이며, 주변으로 한천이 근접하여 위치하고 있기 때문에 하천과 관련한 생업활동을 상정할 수 있다. 하지만 유적에서는 어로와 관련한 유물이 출토되지 않았기 때문에 직접적인 어로 관련 여부를 언급할 수는 없다. 주거지에서 출토된 유물 중 생업 여부를 판단할 수 있는 석기는 마제석부 1점만 출토되었기 때문이다.

하지만 하천과 가까운 거리에 인접한 유적에서는 어김없이 어망추가 출토되는 현상을 간취할 수 있다.

화성 천천리유적, 수원 이목동유적, 안양 관양동유적에서는 어망추가 출토되어 어로활동 여부를 논할 수 있다. 천천리유적은 황구지천(1.2km이격), 이목동유적은 서호천(400m이격), 관양동유적은 학의천(800m이격)과 연계되어 있어 어로활동 여부를 상정할 수 있다.[9] 따라서 마정리유적에서도 비록 조사지역 제한으로 인하여 어로관련 유물이 출토되지 않았지만 충분히 출토될 잠재력이 있다고 본다.

---

9) 김현준, 2006, 「京畿 南部地域 靑銅器時代 聚落에 대한 一 考察」, 『白山學報 第75號』. 이 글에서 필자는 안성천유역과 황구지천유역으로 나누어 유적을 검토하였는데, 마정리유적은 이 중 안성천유역에 해당된다고 할 수 있다.

2. 紅陶의 성격 및 遺蹟의 編年

마정리유적의 성격 및 시기를 추정할 수 있는 단서로서 유구와 유물의 자료가 소략하여 주거지의 형태와 유물에 근거하는 방법밖에는 없다.

장방형주거지는 이른 시기로 대략 편년되지만 너무 광범위하다. 하지만 홍도가 비록 1점이지만 출토되었기 때문에 이의 성격 및 주변지역의 출토예와 비교를 통하여 서술해 나가고자 한다.

경기남부지역에서 홍도가 확인된 유적은 평택 현화리, 화성 동학산유적, 안양 관양동유적, 화성 천천리유적이다. 이 중 천천리유적을 제외하고는 소량으로 출토가 되고 있다.

특히, 동학산유적은 대규모 취락임에도 불구하고 홍도가 1점만 확인되는 것은 시사하는 바가 크다고 할 수 있다.

평택 현화리유적은 청동기시대 전기~중기에 걸쳐 형성된 유적으로 모두 5동의 주거지가 조사되었다. 주거지 양상은 무시설식 노지, 저장공을 특징으로 하는 장방형주거지이며, 출토유물은 공렬, 구순각목, 이중구연 단사선문이 시문된 토기가 특징이다.

석기로는 석촉, 석부등의 마제석기와 지석, 타제석기도 일부 확인되고 있다.

홍도는 2호주거지에서 모두 4점이 출토되었는데 구순각목이 시문된 것 1점, 굽달린 것 1점 등이 출토되었다.[10]

화성 동학산유적은 청동기시대 전기에서 후기에 걸쳐 조성된 유적으로 전기 주거지와 후기의 환호가 공반되어 나타나고 있다. 대상 유구는 주거지, 환호, 수혈유구, 구상유구 등 다양하게 확인되고 있다. 동학산유적에

---

10) 平澤市 公營開發事業所 · 忠北大學校 先史文化研究所, 1996,『平澤 玄華里 遺蹟』.

서 홍도는 B9 주거지와 D4 주거지에서 출토되었다. B9주거지는 화재로 인하여 폐기되었으며 후대에 장비로 인하여 교란되었으며, D4주거지는 형태는 장방형으로 구순각목 공렬문토기와 공반되어 출토되었다. 역시 화재로 인하여 폐기되었으며 환호와 중복되었다.

안양 관양동유적은 학의천 주변의 구릉사면에 입지한 유적으로 청동기시대 전기~중기에 걸쳐 조성된 유적이다. 주거지는 모두 8동이 조사되었으며 이 중 홍도는 8호 주거지에서 출토되었으며 완의 형태를 띄고 있다.[11]

화성 천천리유적은 안성천 이북에서 송국리형 문화요소가 최초로 확인된 유적으로 모두 12동의 주거지가 조사되었다.

홍도는 1호, 2호, 7호주거지에서 총 32점이 확인되었다. 대부분 편으로 출토되었지만 2호주거지(송국리형주거지〈타원형〉) 출토품의 홍도를 조사자는 유공대부발로 가칭하였으며, 1호 · 7호주거지는 평면 세장방형으로 유물은 대부소호로 판단되는 대각이 2점 출토되었다.[12] 따라서 천천리유적에서 홍도는 비교적 풍부하게 출토된 양상인데, 특히, 7호 주거지에서의 옥 · 성형석부의 존재, 2호주거지의 유공대부발 등으로 미루어 권위적, 의례적인 성격을 띄고 있을 가능성이 높다고 사료된다.[13]

각 유적에서 얻은 방사성탄소연대값을 서로 비교해보기로 한다.

마정리유적의 장방형주거지와 형태가 비슷한 평택 현화리유적 2호주거지는 장방형주거지로 노지 중앙을 기준으로 양쪽에 균일한 간격으로 배치되어 있으며 벽가의 목탄 흔적으로 보아 기둥구멍자리가 있었던 것으로 판단된다. 방사성탄소연대는 3110±130B.P.이다. 천천리유적의 7호주

---

11) 기전문화재연구원, 2002, 『안양 관양동유적』.

12) 한신대학교박물관, 2006, 『華城 泉川里 靑銅器時代 聚落』.

13) 주 12), 앞 보고서, 2006.

거지는 장축비 7.0 이상의 초세장방형으로서 기존에 조사된 것중 가장 긴 형태이다. 내부시설로는 저장구덩이, 노지, 주공 등이 확인되고 있다.

노지는 모두 9개가 확인되었는데 중앙으로 일렬로 정연하게 배치되는 것은 7개이며, 유물은 공렬, 공렬+구순각목토기가 출토되었다. 방사성탄소연대는 2770±40B.P., 2800±60B.P., 2850±60B.P., 2900±40B.P. 이다. 2호주거지는 평면 타원형의 주거지로 내부시설로는 타원형 작업공, 주공, 벽구등이 확인되는데, 타원형 작업공은 송국리형 주거지에서 일반적으로 확인되는 양상이다. 유물은 공렬, 공렬+구순각목토기가 출토되었다. 방사성탄소연대는 2480±60B.P., 2560±80B.P. 이다. 따라서 탄소연대 측정 결과 현화리유적이 천천리유적보다 이른 시기로 나타나고 주거지 내부 출토유물은 공렬, 공렬+구순각목으로 비슷하다.

또한, 천천리유적에서는 송국리 문화요소가 간취되므로 현화리유적이 앞선 시기로 판단된다. 화성 동학산유적의 D4 주거지는 연대측정 결과는 없지만 평면 장방형이며 구순각목 공렬토기가 출토되므로 현화리유적과 시기적으로 큰 차이는 없는 것으로 보인다.

따라서, 마정리유적의 홍도는 장방형 주거지의 평면형태·연대측정 결과와 더불어 고려하면 평택 현화리유적과 시기가 비슷한 BC 10세기 정도로 파악된다.[14]

---

14) 마정리유적의 주거지는 정확하게 판단하긴 힘들지만, 유구 배치 양상으로 보아 1호 주거지가 축조되고 이후에 2호주거지가 조성된 것으로 보인다. 주거지가 서로 근접해 있을 뿐 더러 2호주거지가 1호주거지 위로 축조된 양상으로 추정된다.

V. 考察

　안성 마정리유적은 해발 35m 구릉 능선의 정상부 주변에 위치하고 있는 전형적인 청동기시대 취락의 입지조건이다. 마정리유적은 말각장방형 주거지 2동이 조사되었다. 그러나 이는 조사지역의 제한으로 인한 것이고 남쪽 사면으로는 많은 수의 주거지가 위치하고 있을 것으로 추정된다. 더욱이 주변으로 한천이 가까운 거리에 위치하고 있어 비록 주거지내에서 어로관련 유물이 출토되지는 않았지만 하천을 이용하여 어로활동을 했을 것으로 사료된다.

　1호주거지에서는 홍도가 1점, 2호주거지에서는 공렬토기 구연부편이 1점이 출토되었다. 따라서 경기남부지역의 청동기시대 취락에서 홍도가 출토된 유적과 비교하여 대략적인 편년을 내린 결과 평택 현화리유적과 주거지와 유물이 유사한 양상으로 보아 비슷한 시기로 파악하였다.

　또한, 마정리유적에서는 고토양층의 존재가 확인되었으나, 구석기시대의 문화층이 확인되지는 않았다. 다만 청동기시대 문화층에서 多面石器와 약간의 剝片石器가 출토되었다. 조사지역 가운데 A지구의 동쪽 사면에 대한 제토를 하던 도중 청동기시대 문화층에서 신석기시대의 빗살무늬토기 1점이 출토되어 유물포함층만 확인되었을 뿐, 신석기시대의 유구나 유구와 관련 있는 유물은 확인되지 않았다.

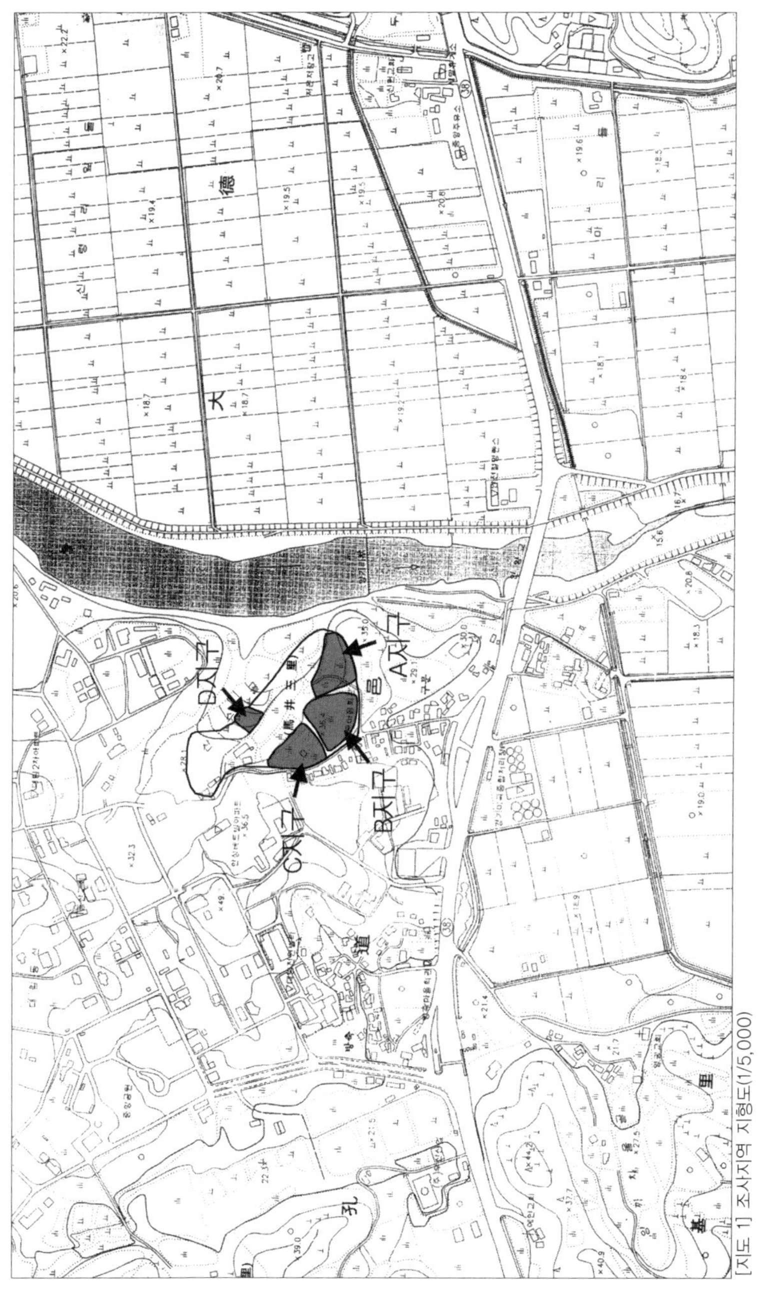

[지도 1] 조사지역 지형도(1/5,000)

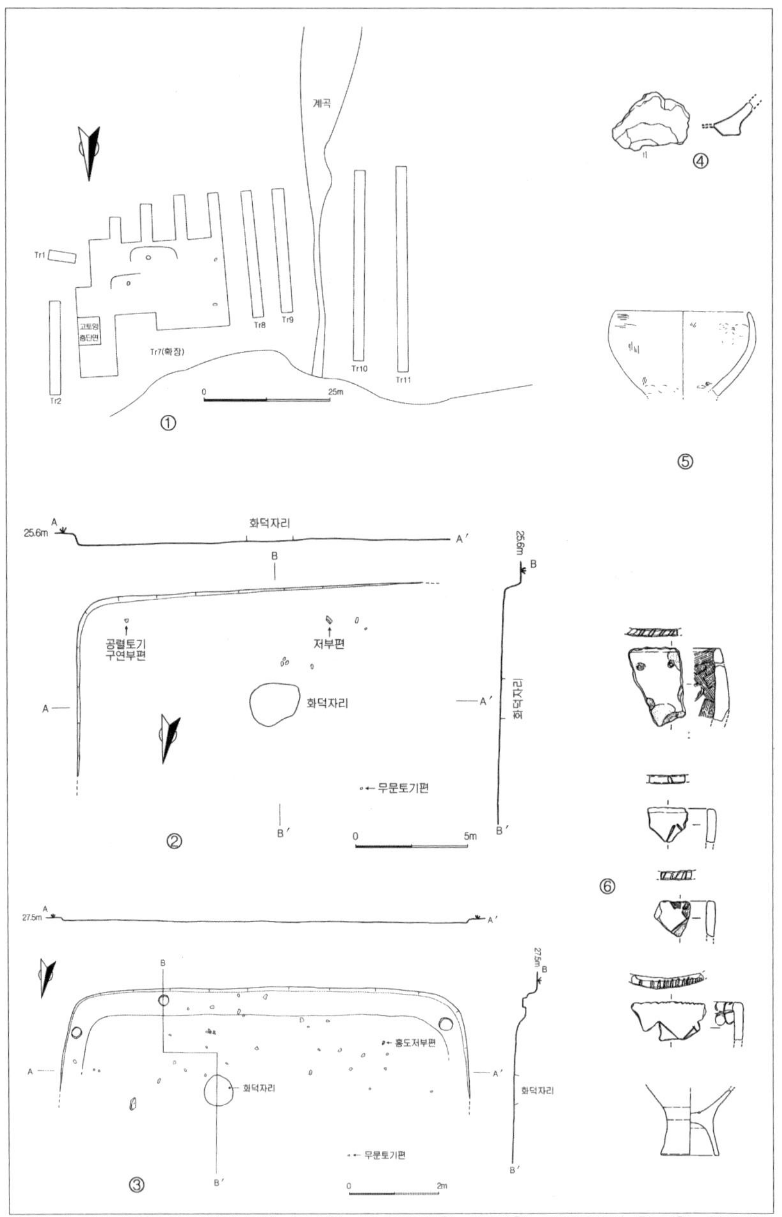

[도면 1] 마정리유적 유구배치도(①), 2호(②) · 1호주거지(③), 홍도(④), 관양동유적 홍도(⑤), 현화리유적 홍도(⑥)

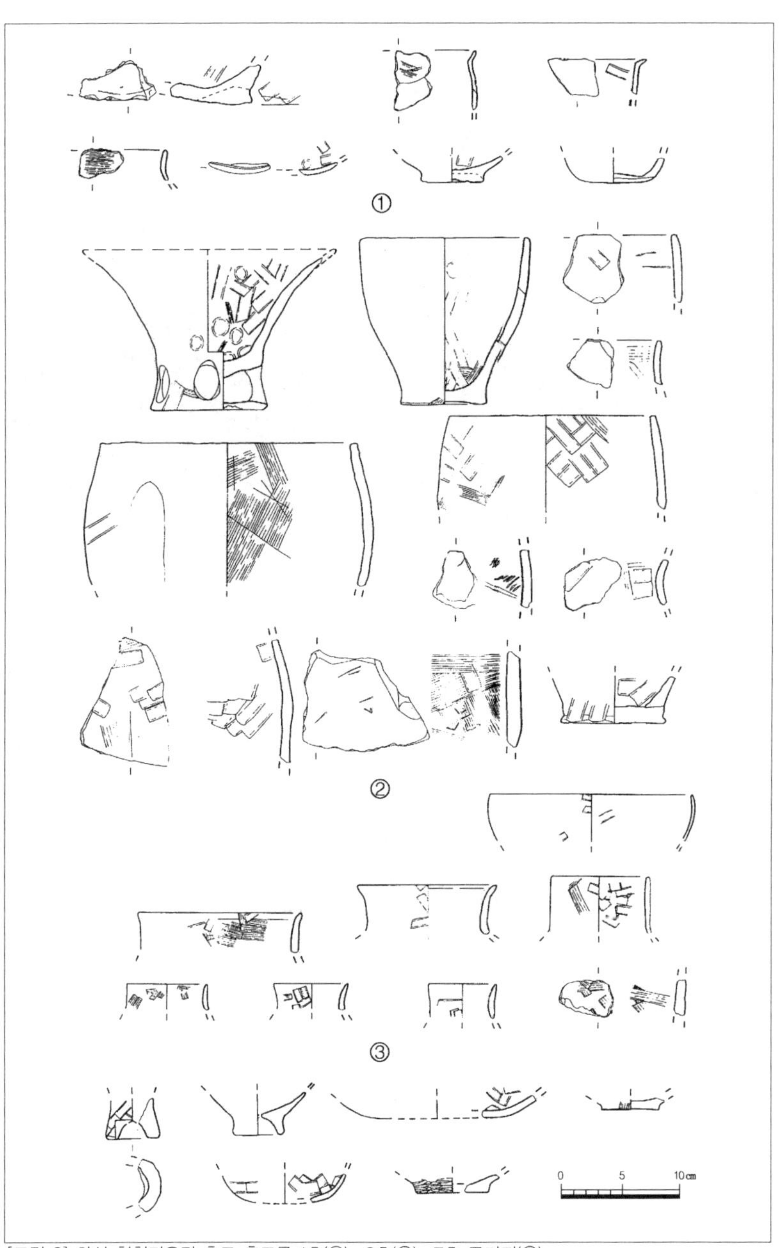

[도면 2] 화성 천천리유적 출토 홍도류 1호(①)·2호(②)·7호 주거지(③)

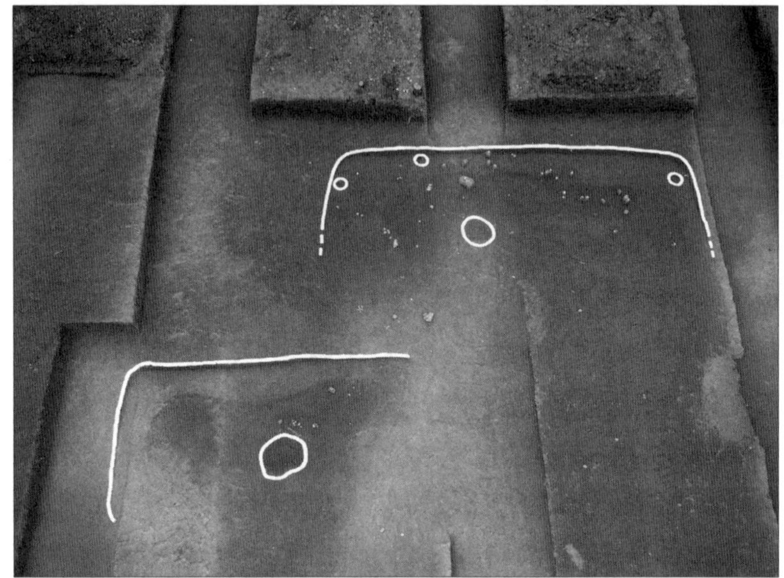

[사진 1] A지구 청동기시대 주거지 조사후(1·2호 주거지)

[사진 2] A지구 1호 주거지 출토 홍도

[사진 3] A지구 2호 주거지 출토 공렬토기편

[사진 4] A지구 수혈유구(조사완료후, 북→남)

京畿地域 環濠의 性格 檢討

이상엽*

目　次

Ⅰ. 머리말

환호는 남강댐 수몰지구 상촌리유적을 통해 한반도 및 중국을 비롯하여 저세계적으로 신석기시대부터 조성되고 있음을 살필 수 있다. 경기지역에서 확인된 환호는 시기적으로 대부분 철기시대 전기[1]에 해당되고, 한반도의 경우 나말여초[2]까지 조성되고 있어 시기와 문화를 초월한 분포양

---

* 충남역사문화원 책임연구원.

본고는 2006, 「중부지역 환호유적에 대한 일 검토-안성 반제리유적 환호를 중심으로-」, 『서울·경기지역 청동기문화의 유형과 변천』, 서울경기고고학회 발표 논문을 수정·보완한 내용의 글이다.

1) 최몽룡 외, 2005, 『한성시대 백제와 마한』, 주류성.

상[3]을 보이고 있다. 환호란 溝를 굴착한 시설물로 다른 공간과 구별하기 위해 일정범위를 구분하는 표시 방법 중의 하나이다.[4] 최근까지 확인된 대부분의 환호는 일반적으로 취락과 동반되며, 이를 통해 취락의 주거지역과 외부를 구별하고자 하는 의미와 외부로부터 취락을 방어하고자 하는 의미가 내포되어 있다.[5](圖面 1)

한반도에서 확인된 환호유적은 1990년대 후반까지 대부분 영남지역을 중심으로 분포하고 있는 특징을 보였다. 그러나 2000년대 이후 조사의 증가에 따라 경기지역을 비롯한 중부지역[6]에서도 다수의 환호유적이 확인되고 있다.

환호에 대한 연구는 1990년대 이후 유적이 다수 확인됨으로써 다각적인 측면에서 연구가 이루어져 왔다. 환호는 분포상 전세계적으로 자리하고 있으며, 일부 예를 제외한 대부분은 취락과 동반되어 확인되고 있다. 이러한 환호와 취락과의 동반관계에 있어 환호의 기능이 무엇이었는지 명확하게 규명되지 못한 실정이나, 현재까지의 연구결과를 통해 크게 防禦說 · 區劃說[7] · 境界 · 儀禮의 기능을 수행한 것으로 이해되고 있다.

본고는 최근까지 경기지역에서 확인된 환호의 현황을 살펴보고, 이들

---

2) 현대환, 2005, 「淸原 五松 雙淸里遺蹟−靑銅器時代를 中心으로−」, 『호서지역 문화유적 발굴성과』제12회 호서고고학회 학술대회, 호서고고학회.

3) 崔鍾圭, 1996, 「한국 원시의 방어집락의 출현과 전망」, 『韓國古代史論叢−8−』, 韓國古代史硏究所編.

4) 國立文化財硏究所, 2004, 『韓國考古學專門事典−靑銅器時代篇−』, 학연문화사.

5) 石川日出志 編, 1990, 『彌生人とまつり』, 六興出版.

6) 金吉植, 1993, 『松菊里Ⅴ−木柵(1)−』, 國立公州博物館.
공민규, 2004, 「청원 대율 유적」, 『호서지역의 최근 발굴사례』제10회 호서고고학회 학술대회, 호서고고학회.
강원문화재연구원, 2004, 「강릉 과학일반지방산업단지 문화유적 발굴조사」.

7) 禰﨑田 佳男, 2005, 「彌生時代 聚落 硏究史−現況과 課題−」, 『韓日 聚落硏究의 現況과 課題(Ⅰ)』第1回 共同硏究會, 韓日聚落硏究會.

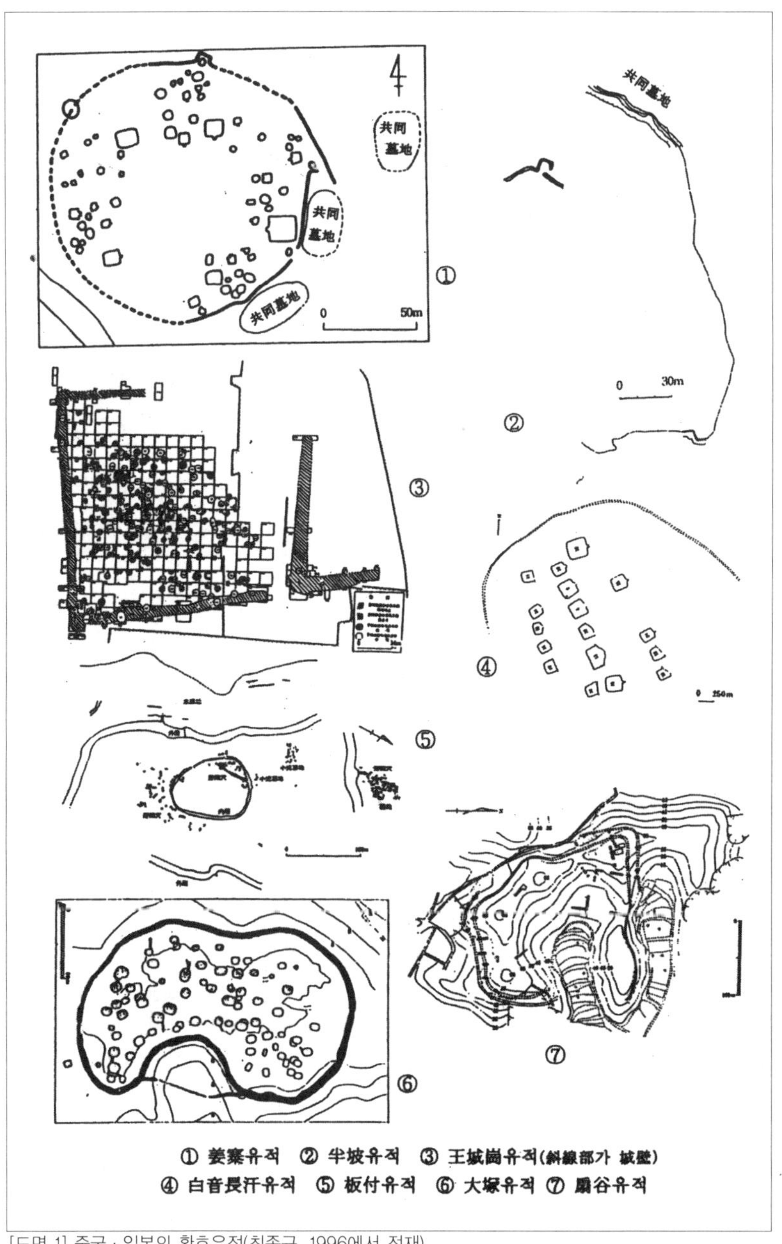

[도면 1] 중국 · 일본의 환호유적(최종규, 1996에서 전재)

의 입지, 형태, 규모와 기능을 파악한 후, 이를 통해 경기지역 환호의 성격에 대해 살펴보고자 한다.

II. 京畿地域 環濠遺蹟 現況

1. 安城 盤諸里遺蹟[8](圖面 2)

안성 반제리유적은 한국도로공사 경기건설사업소에서 시행하는 고속국도 40호선 안성–음성간(제5공구) 건설공사 사업부지에 대한 발굴조사를 통해 확인되었으며, 경기도 안성시 원곡면 반제리의 매봉산 정상부에 위치한다.

조사결과 청동기시대 주거지 9기와 철기시대 전기 주거지 72기, 환호 1기, 주공열 1개소, 구상유구 7기, 토광묘 3기, 미상 수혈유구 10기, 신라

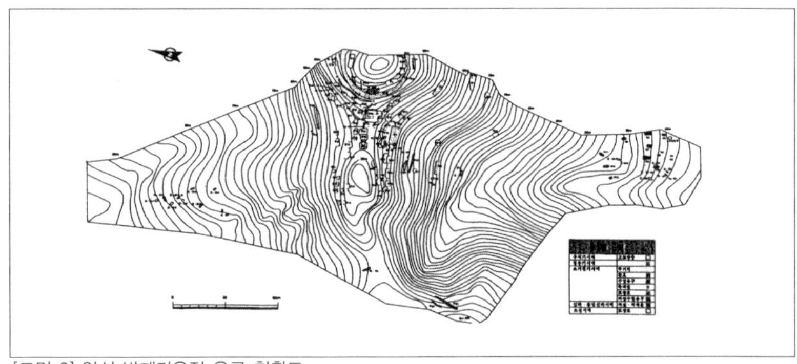

[도면 2] 안성 반제리유적 유구 현황도

8) 李尙燁, 2005, 「安城 盤諸里 住居遺蹟」, 『第48回 全國歷史學大會 考古學部 發表資料集』, 韓國考古學會.

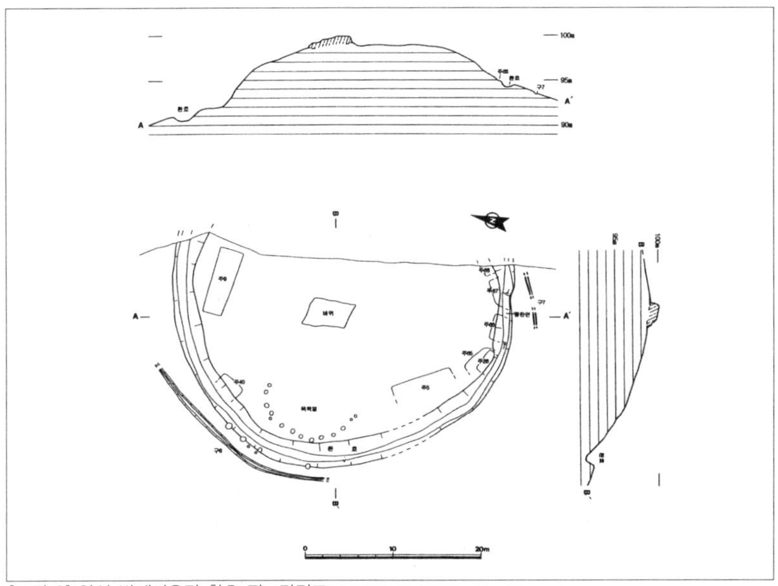

[도면 3] 안성 반제리유적 환호 평·단면도

및 통일신라시대 석실분과 석곽분 14기, 조선시대 토광묘 17기, 시대미상 소성유구 1기, 수혈유구 1기를 포함하여 총 136기의 유구가 확인되었고, 유물은 고토양층에서 석영제 긁개 1점과 이중구연단사선문토기, 구순각 목+이중구연+공열문토기, 이중구연+공열문토기, 원형점토대토기, 환상 피수장경호, 흑도장경호, 두형토기 등의 토기류와 옥 및 석기류가 출토되었다.(圖面 4 · 5)

유적은 조사구역의 동쪽에 자리하고 있는 99m의 매봉산 정상부에서 서쪽으로 능선이 완만하게 흘러내려 馬鞍形을 이루고 있으며, 정상부는 평탄면을 이루고 있다. 유구는 99m의 정상부에서 남·북·서쪽의 경사면과 마안형의 정상부 평탄면 그리고 서쪽으로 흘러내린 능선의 남·북쪽 경사면에 자리하고 있으며, 유구는 대부분 능선의 중상단부에 집중적으로 분포하고 있다.

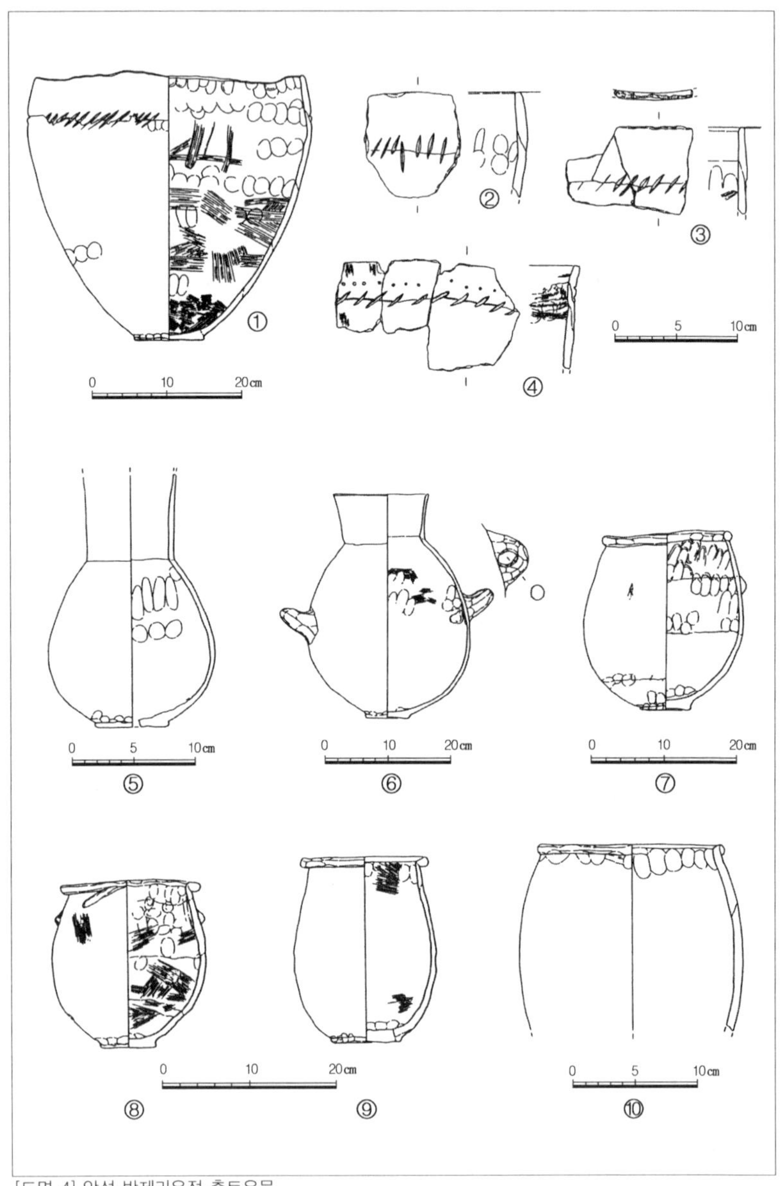

[도면 4] 안성 반제리유적 출토유물
(① 29호 주거지, ② · ③ 4호 주거지, ④ 56호 주거지, ⑤ · ⑩ 주공열 퇴적토, ⑥ · ⑦ 75호 주거지,
⑧ 65호 주거지, ⑨ 9호 주거지)

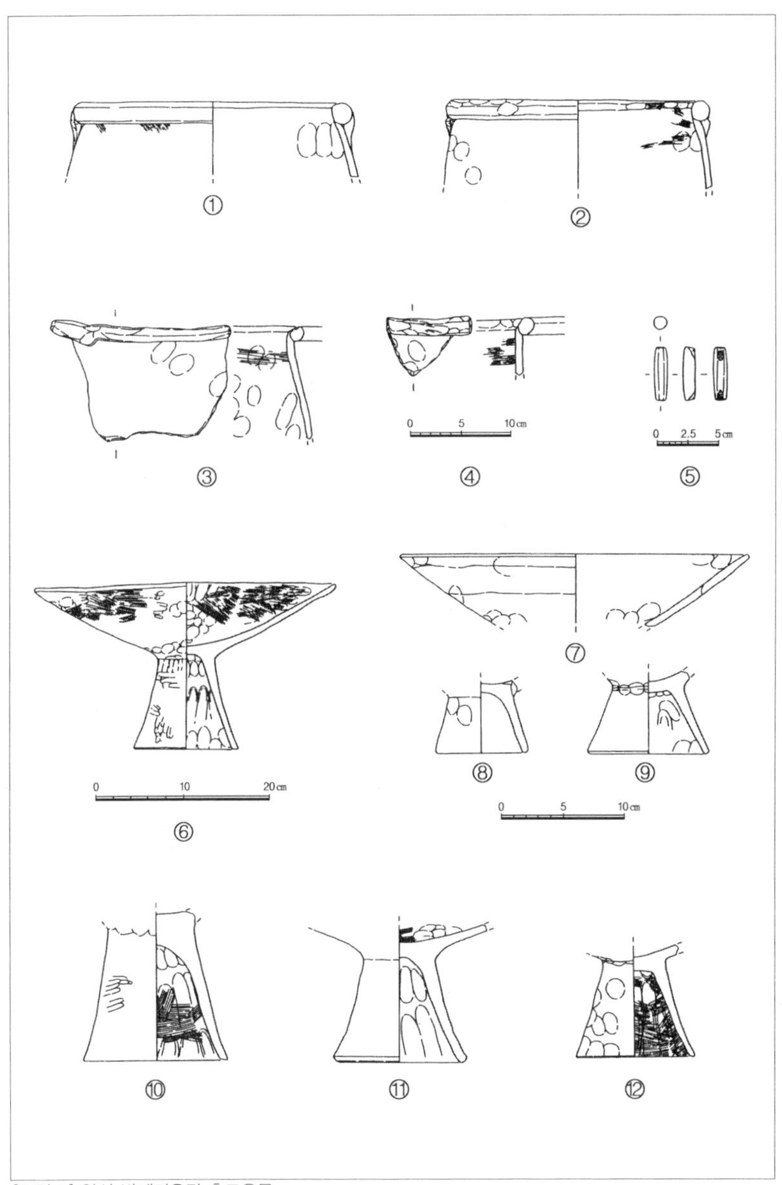

[도면 5] 안성 반제리유적 출토유물

(① · ③ 주공열 퇴적토, ② · ④ · ⑦ 환호 퇴적토, ⑤ 40호 주거지, ⑥ 6호 주거지, ⑧ 50호 주거지, ⑨ 61호 주거지, ⑩ 13호 주거지, ⑪ 지표수습, ⑫ 55호 주거지)

환호(圖面 3)는 매봉산의 상단부를 원형의 머리띠모양으로 둘러싸고 있으며, 해발 94~95m 지점에 위치하고 있다.

환호는 풍화암반토를 단면 "U"자상으로 굴착하였으며, 일부의 경우 자연암반층을 굴착하였다. 현재 확인되는 환호의 규모는 길이 약 71m, 너비 남북 최대 약 38.5m이며, 환호의 최대 폭은 약 3m이다. 환호의 서쪽 내부에서는 환호와 근접하여 반원형의 주공열이 1개소 확인되었다. 환호 내부의 바닥면에서는 물과 관련된 점토층은 확인되지 않았으며, 퇴적토를 제거하는 과정에서 원형점토대토기 구연부편과 석부가 출토되었다. 한편 환호 폐기후, 환호 안쪽과 폐기된 환호를 파괴하고 주거지들이 축조되었으며, 이들 주거지의 내부에서는 원형점토대토기편이 출토되었다.

이외에도 환호가 위치한 정상부 평탄면에는 북서쪽에 치우쳐 자연암반이 자리하고 있다. 암반의 전체적인 형태는 부분적으로 말각되어 있으나, 장방형으로 규모는 최대 길이 약 414㎝, 최대 너비 약 320㎝, 최대 높이 86㎝이다. 암반 주변에서는 유물이 출토되지 않았다.

2) 富川 古康洞遺蹟[9](圖面 6~9)

부천 고강동유적의 적석환구유구는 고강동유적에 대한 역사유적 테마파크로 조성하기 위한 과정에서 확인되었으며, 경기도 부천시 고강동 산 94-4일원과 오정구 작동 산 3번지 일원에 위치한다.

조사결과 청동기시대 주거지 3기, 적석환구유구, 삼국시대 석곽묘 5기가 확인되었다.

---

9) 배기동 · 강병학, 2000, 『富川 古康洞 先史遺蹟 第4次 發掘調査報告書』, 漢陽大學校博物館 · 文化人類學科.
　배기동, 2004, 「고강동 청동기 주거유적 발굴성과와 의의」, 『先史와 古代의 儀禮考古學』, 한양대학교 문화재연구소.

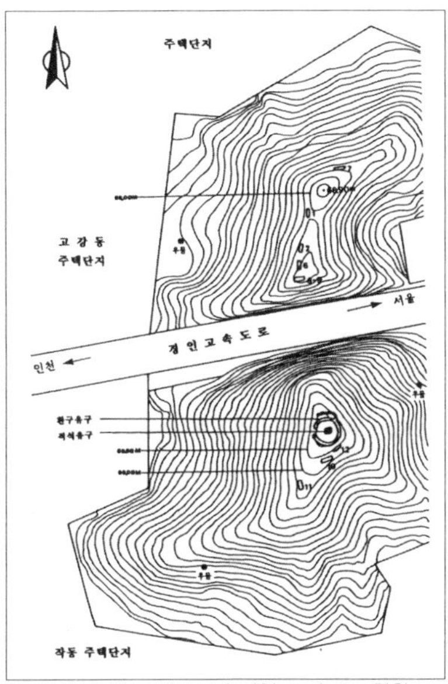

[도면 6] 부천 고강동유적 지형도 및 유구현황도

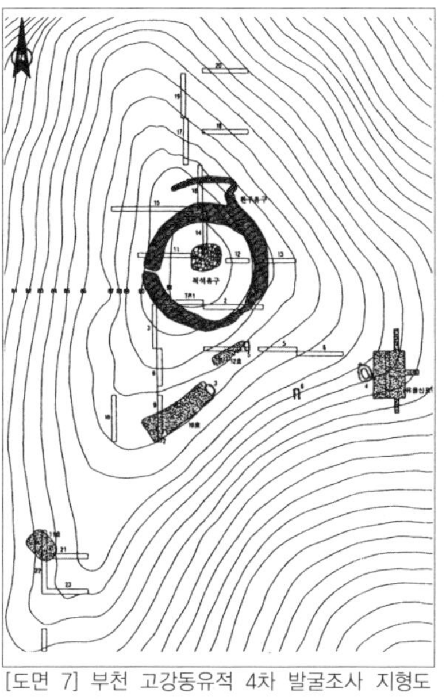

[도면 7] 부천 고강동유적 4차 발굴조사 지형도 및 유구현황도

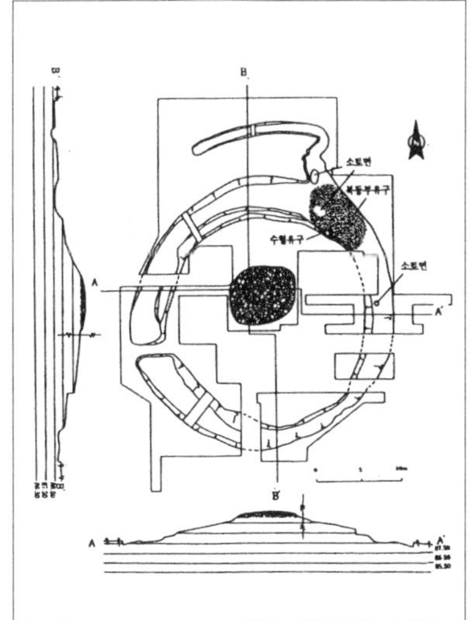

[도면 8] 부천 고강동유적 적석환구유구 평·단면도

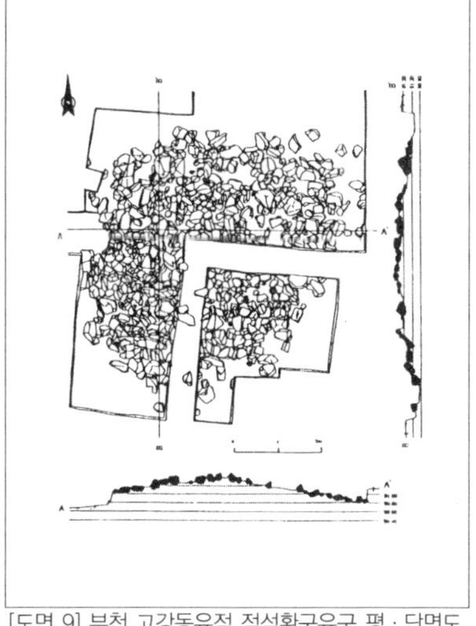

[도면 9] 부천 고강동유적 적석환구유구 평·단면도

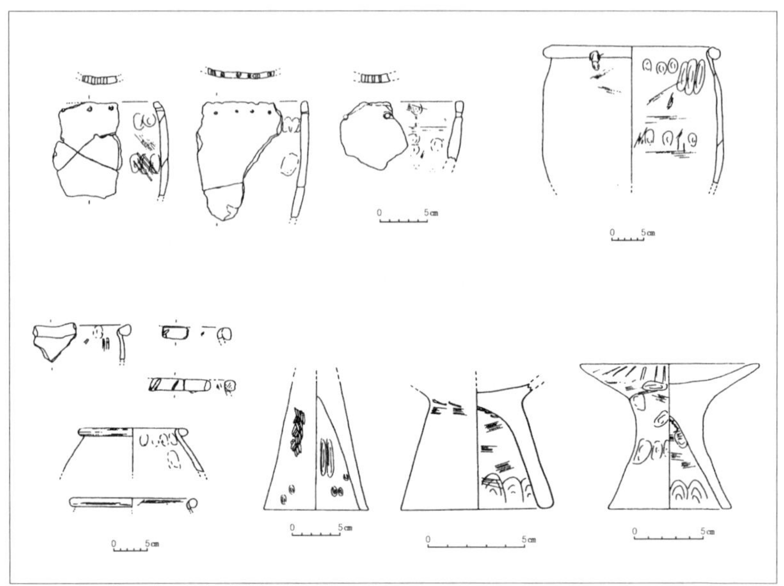

[도면 10] 부천 고강동유적 적석환구유구 출토유물

유적은 장갯마을 뒷산에서 작동으로 이어지는 해발 91.6m의 능선 정상부에 위치하며, 주변지역을 조망하기에 좋은 지형적 조건을 이루고 있다.

적석환구유구는 해발 91.6m의 정상부에 위치하고 있으며, 유구의 중심에 적석시설이 자리하고 그 주위를 반원형의 호가 감싸고 있다. 적석유구는 평면형태가 방형이며, 규모는 남북 6m, 동서 6m이다.

환구유구는 적석유구를 중심으로 원형의 형태로 돌아가고 있으며, 북쪽에는 휘어진 구가 이중으로 돌아가고 있다. 서쪽에는 폭 1m 정도 끊어져 있어 입구시설로 추정된다. 환구의 규모는 서쪽의 이중 구를 제외하면 약 63m에 달하며, 폭은 대부분 3~4m정도이나 남동쪽이 1m로 가장 좁고, 깊이는 0.8~1m로 일정하다. 유구의 단면은 전체적으로 "U"자형이다.

유물은 적석환구유구에서 구순각목+공열문토기편, 원형점토대토기편

및 두형토기와 석기류가 출토되었다.(圖面 10)

3) 水源 栗田洞遺蹟[10](圖面 11)

율전동유적은 주택건설사업 부지에 대한 조사를 통해 확인되었으며, 경기도 수원시 장안구 율전동 산 38-2번지 일대에 위치한다.

조사결과 청동기시대 전기 주거지 3기, 철기시대 전기의 환호 및 수혈유구 7기, 고려시대 건물지 1기 및 석곽묘 2기, 조선시대 주거지 8기, 야외노지 3기, 분묘 3기, 고려~조선시대로 추정되는 단야로 1기가 확인되었다.

유적은 구릉성 산지의 남쪽 끝단에서 가장 높은 정상부에 위치하고 있

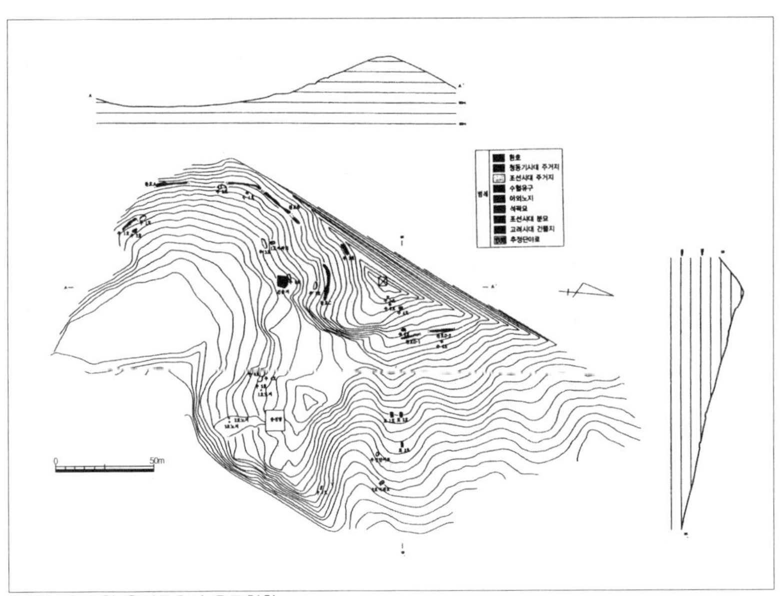

[도면 11] 수원 율전동유적 유구현황도

---

10) 기전문화재연구원, 2004, 『수원 율전동유적』, 기전문화재연구원.

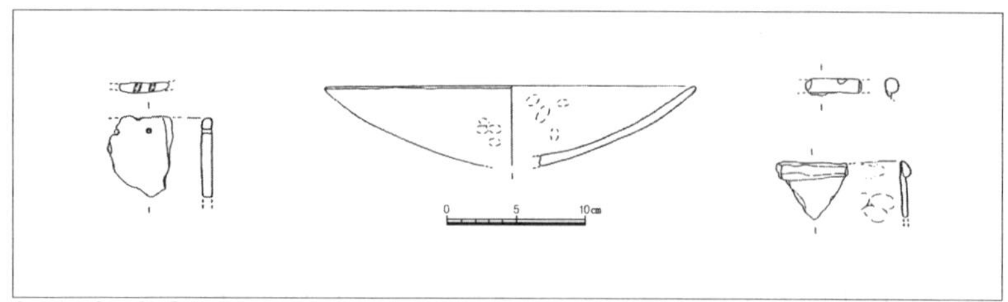

[도면 12] 수원 율전동유적 환호 출토유물

어 주변을 조망하기에 좋은 위치에 입지하고 있으며, 유구는 정상부 및 사면에 고르게 분포하고 있다.

환호는 동쪽 사면부인 해발 101~104m에 걸쳐 자리하고 있는데, 등고선과 평행하게 진행하면서 구릉의 능선부를 에워싸고 있다. 환호는 전체를 A~D까지 4구간으로 구분하였으며, 이중 환호 A의 경우 남쪽으로 연장되고 있으나, 조사범위에 포함되지 않아 조사가 이루어지지 못하였다. 환호의 규모는 현 길이 101.6m, 최대 폭 2m, 최대 깊이 1.07m이다. 단면 형태는 "U"자형이며, 내부에는 폐기후 유수에 의한 퇴적현상이 확인되었다.

유물은 환호의 내부 혹은 바닥면에서 구순각목+공열문토기편과 점토대토기편, 두형토기편이 출토되었다.(圖面 12)

4) 烏山 佳長洞遺蹟[11](圖面 13)

가장동유적은 오산 가장지방산업단지 조성부지에 대한 조사를 통해 확인되었으며, 경기도 오산시 가장동 46-1번지 일원이다. 조사지역은 자연적으로 형성되어 있는 깊은 谷間을 통해 A · B지역으로 구분하였고, 환호

---

11) 기전문화재연구원, 2005, 「烏山 佳長地方産業團地內 文化遺蹟 試 · 發掘調査 3次 指導委員會議 資料(B地域)」.

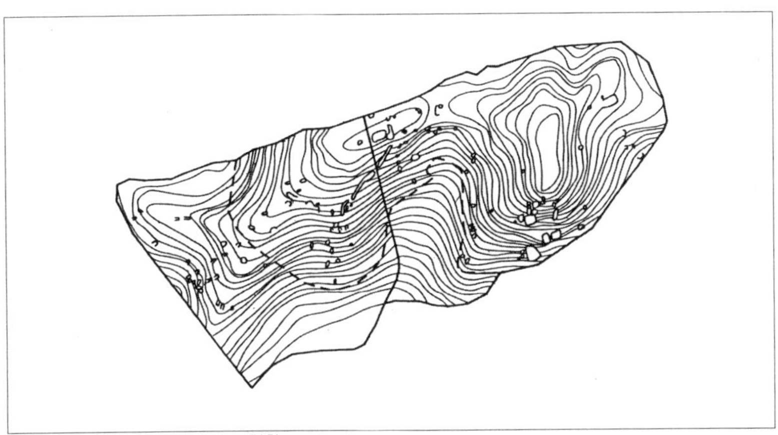

[도면 13] 오산 가장동유적 유구현황도

는 A지역과 B지역에서 확인되었다.

조사결과 B지역에서는 주거지 2기, 환호 1기, 토광 및 수혈유구 26기, 고려시대 석곽묘 3기, 조선시대 분묘 11기가 확인되었다.

B지역에서 확인된 환호는 A지역에서 확인된 환호와 연결되고 있으며, 주거지와 수혈유구보다 약간 아랫부분에서 정상부를 감싸듯 축조되어 있다. 유구는 풍화암반층을 굴착하고 조영되었으며, 정확한 규모 및 형태는 조사가 완료되지 않아 확인할 수 없다. 한편 주변에 유구가 확인되지 않은 자연암반 사이에서 石斧 1점이 출토되어 주목되는 바이다.

유물은 주거지와 수혈유구에서 점토대토기와 무문토기편이 출토되었다.

5) 華城 東鶴山遺蹟[12](圖面 14)

동학산유적은 화성지방산업단지 조성예정부지에 대한 조사를 통해 확인되었으며, 경기도 화성시 동탄면 석우리 산 154-2번지 일대에 위치한다.

[도면 14] 화성 동탄 동학산유적 유구 현황도

조사결과 청동기시대 주거지 42기, 환호 4열, 수혈유구 25기, 도랑유구 5조, 고상건물지 2동과 고려·조선시대 건물지 5동, 석곽묘 1기, 민묘 5기, 탄요 6기 등 106기가 확인되었다.

유적의 지형적 조건을 살펴보면, 유적이 위치한 동학산은 해발 122.2m에 자리하고 있어 주변을 조망하기에 유리한 지형적 조건을 이루고 있다. 유구는 대부분 해발 105m 이상의 산 정상부 및 정상부에 근접한 사면에 집중적으로 분포하고 있다.

환호는 조사지역의 B, D, E지구 정상부와 사면에서 확인되었으며, 환호의 평면형태는 B지구를 제외하고 대부분 장타원형의 형태로 단면은 모두 "U"자형이다. 환호는 잔존상태가 미약하나 일주한 것으로 추정되며, 잔존 폭과 일주형태에 따라 장축이 짧은 것을 기준으로 환호 1, 환호 2,

---

12) 金載衍, 2004, 「華城 東鶴山遺蹟 發掘調査 槪報」, 『통일신라시대고고학』제28회 한국 고고학전국대회.

환호 3으로, 서쪽 사면의 4열 중 가장 하단부에 있는 2열의 환호를 환호 3-1, 환호 3-2호로, C지구로 연결되는 환호는 환호 4로 명명하였다.

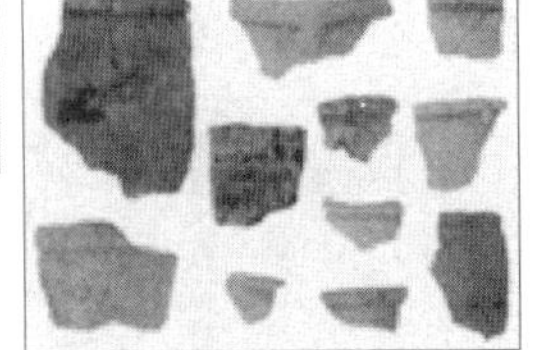

[도판 1] 화성 동탄 동학산유적 출토유물

환호 1은 B지구 정상부와 동·서쪽사면에서 일부 확인되었으며, 환호 2와 중복됨과 더불어 환호 2보다 시기적으로 후행한다. 환호는 일부 주거지와 중복되었으며, B6호 주거지와 중복된 부분에는 출입구 1개소가 확인되었다. 환호는 최대 길이 동서 50m, 최대 폭 2.5m, 최대 깊이 1.2m 정도이다.

환호 2는 잔존상태가 가장 양호하며, B7호 주거지와 중복된 곳과 D지구 남쪽 사면에서 각각 출입구 1개소가 확인되었다. 규모는 최대 길이 남북 104m, 최대 폭 동서 71m, 최대 깊이 3.7m 정도이다.

환호 3은 B9호 주거지 중복 부분과 동·남쪽 사면 D4호 주거지와 중복된 환호 및 서쪽 사면에 중복 환호 일부만이 잔존되어 있다. 규모는 최대 길이 남북 112m, 최대 너비 동서 85m 정도이다.

환호 4는 B지구 북쪽 일부에서 확인되었으며, 보존지역인 C지구 환호와 연결될 가능성이 높다. 규모는 길이 약 30m 정도가 확인되었다.

환호에서는 원형점토대토기, 뚜껑, 두형토기, 흑도장경호, 조합식우각형파수, 소형토기 등의 토기류와 방추차, 석촉, 공이돌, 연석 석도 등의 석기류가 출토되었다.

[표] 京畿地域 環濠遺蹟 現況

遺 蹟 名		規 模			出 土 遺 物
		현 길이	최대 너비	깊 이	
1	安城 盤諸里遺蹟	71m	남북 38.5m	약 1m	두형토기 대각편, 원형점토대토기편 등
2	富川 古康洞遺蹟	구 제외 63m	3-4m	0.8-1m	구순각목+공열문토기편, 원형점토대토기편, 두형토기, 석기류
3	水源 栗田洞遺蹟 (4구간으로 구분)	101.6m	2m	1.07m	구순각목+공열문토기편, 점토대토기편, 두형토기편
4	鳥山 佳長洞遺蹟	조사중			점토대토기, 무문토기편
5	華城 東鶴山遺蹟	환호 1 동서 50m	2.5m	1.2m	원형점토대토기, 두형토기 흑도장경호 등 토기류와 석기류
		환호 2 남북 104m	동서 71m	3.7m	
		환호 3 남북 112m	동서 85m	·	
		환호 4 약 30m(C지구와 연결)			

III. 京畿地域 環濠遺蹟 檢討

1. 立地에 따른 分類

경기지역에서 확인된 환호의 입지는 일반적으로 산의 정상부 근처에 조성되어 있으며, 대부분이 주거유적과 동반되고 있어 주거지의 입지에 따라 환호의 입지 역시 구분된다. 그러나 이러한 환호의 입지에 따른 구분은 최근의 조사 예를 통해 주거지와의 동반관계와는 별개로 구분되어져야 할 것으로 판단[13]된다.

따라서 본고에서는 주거지가 아닌 환호의 입지를 중심으로 山頂形과 盤諸里形으로 구분[14]하여 살펴보고자 한다.

1) 山頂形(圖面 7 · 11 · 14)

산정형은 최근까지 경기지역에서 확인된 환호의 대부분이 이 유형에 해당된다. 이 유형의 가장 큰 특징은 주변지역보다 해발고도가 상대적으로 높은 지역에 자리하고 있어 유적의 주변을 조망하기에 매우 유리한 지형적 조건을 이루고 있다. 이와 같은 산정형의 해발고도를 살펴보면, 대부분 고지성으로 80m 이상의 산 정상부 가까이에 조성되어 있음을 살필 수 있다.

산정형 환호는 입지상 산의 정상부 사면 및 계곡부에 조성되어 있어 부천 고강동유적을 제외한 대부분의 경우 자연 유실로 인해 환호의 일부만이 확인되고 있다. 이들 산정형의 사용시기에 대해서는 정확하게 밝혀지지 않은 상태이나 유적에서 확인된 주거지 및 유물을 통해(圖面 10 · 12, 圖版 1) 철기시대 전기에 이용된 것으로 추정된다.

한편 환호는 주거지군과 동반 확인되는 것이 일반적 형태로 주거지가 환호의 내부에 위치하는 경우와 주거지가 환호의 내 · 외부에 위치하는 경우로 구분할 수 있다. 이러한 구분을 통해 경기지역에서 확인되고 있는 환호유적 중 화성 동학산유적, 수원 율전동유적, 오산 가장동유적은 환호 내부와 외부에서 주거지가 확인되며, 내부에 주거지가 전혀 확인되지 않는 유적으로 부천 고강동유적을 살필 수 있다.

이와 같이 산정형 환호는 유적에서 동반되어 확인된 주거지군과의 관계를 통해 防禦의 기능보다 境界 또는 儀禮와 관련된 역할을 수행했던 것

---

13) 경기지역에서 최근 확인되고 있는 환호의 경우 기존 주거지와의 동반관계와는 별도의 성격으로 파악해야 할 것으로 판단되는 유적이 확인되고 있다. 즉 환호의 내부에서 동시기 또는 이른 시기에 조성된 것으로 보여지는 주거지가 확인되지 않는 예가 있기 때문이다.
14) 영남지역 및 중부지역(충청도, 강원도)에서는 구릉형 환호가 확인되었으나, 현재까지 경기지역에서는 확인되지 않았다.

으로 판단된다.

2) 盤諸里形[15](圖面 2)

반제리형은 凸자형으로 돌출된 산의 정상부에서 약간 아랫부분을 머리띠모양으로 에워싸고 있는 형태를 말하며, 현재까지 안성 반제리유적이 유일한 예이다.

반제리형 역시 산정형과 같이 주변지역보다 해발고도가 상대적으로 높은 지역에 자리하고 있어 유적의 주변을 조망하기에 매우 유리한 지형적 조건을 이루고 있다.

환호는 입지상 凸자상으로 돌출된 산 정상부의 아랫부분에 조성되어 있어 산정형과 달리 잔존상태가 양호하다. 반제리형의 사용시기는 환호의 퇴적토에서 출토된 유물을 통해(圖面 3 · 4) 철기시대 전기에 이용된 것으로 판단된다. 한편 반제리형 환호는 산정형과 달리 내부에 환호의 조성시기에 해당하는 주거지가 확인되지 않는다.

이와 같이 반제리형 환호는 환호의 조성시기에 해당하는 주거지가 조성되지 않아 儀禮의 기능을 수행했던 것으로 판단된다.

2. 形態에 따른 分類[16]

1) 테뫼형 環濠(圖面 2 · 7)

테뫼형 환호는 산의 정상부를 머리띠모양으로 둥그렇게 에워싼 형태의

---

15) 넓은 의미에서는 산정형에 포함시킬수 있으나, 일반적인 산정형과 형태상으로 차이를 나타내고 있어 잠정적으로 반제리형이란 용어를 사용하고자 한다.

16) 환호의 형태구분은 자연지형을 이용하여 축성한 산성의 구조, 즉 테뫼식, 포곡식, 복합식의 구조와 유사함이 보이고 있어 이를 토대로 하였다. 다만 산성에서 보이는

환호를 의미하며, 2개 이상의 환호가 아닌 하나의 환호로 이루어져 있다. 이와 같은 테뫼형 환호는 안성 반제리유적의 환호와 부천 고강동유적의 적석환구유구(圖面 7·8)가 해당된다.

테뫼형 환호인 안성 반제리유적 환호와 부천 고강동유적 적석환구유구는 입지상으로 차이점이 확인되나, 공통적으로 확인되는 몇 가지 특징이 살펴진다. 첫째 산의 정상부 가까이를 원형의 형태로 에워싸고 있는 점, 둘째 내부에 인위적으로 조성된 적석유구 또는 자연적으로 형성되어 있는 바위 등와 같은 구조물이 있는 점, 셋째 내부에 조성된 적석유구 또는 바위(圖面 2·7·8) 등은 환호의 중심에서 약간 북쪽에 자리하고 있는 점[17], 넷째 적석유구나 바위의 평면형태에 있어 방형계통의 형태를 띠고 있는 점[18], 다섯째 이들 구조물을 중심으로 주변지역이 인위적으로 조성된 듯한 평탄면을 이루고 있는 점, 여섯째 환호의 사용시기에는 내부에 주거지가 조성되지 않는 점, 일곱째 두 유적 모두 출입을 위한 시설이 서쪽에 자리하고 있는 점이다. 위와 같이 안성 반제리유적과 부천 고강동유적에서 확인된 테뫼형 환호에서는 부분적으로 공통점이 파악된다. 다만 테뫼형 환호로 확인된 유적이 2개소에 불과하여 논리의 비약 가능성이 높으나, 차후 자료의 증가를 통해 수정하고자 한다.

복합식, 즉 포곡식+퇴뫼식은 현재까지 확인된 환호유적에서는 보이지 않으므로 본고의 형태구분에서는 제외하였다.

17) 李盛周, 2002, 「世界史的 見地에서 본 蔚山의 環濠」, 『울산연구』第2輯-청동기시대 울산의 집과 마을-, 울산대학교 박물관.
환호유적은 아니지만 영종도 는들 신석기유적의 발굴조사에서 확인된 방형구 내부의 원형적석유구를 의례와 관련된 것으로 이해하였으며, 원형적석유구는 방형구의 중앙에서 약간 북쪽으로 치우쳐 자리하고 있다.(圖面 16)

18) 다만 바위의 경우 자연적으로 형성된 관계로 인해 방형으로 보기에 약간 어려운 점도 있으나, 전체적인 평면형태는 방형으로 보아도 크게 무리가 없을 것으로 판단된다.

그러나 테뫼형 환호에 있어 확인되는 공통점에도 불구하고 몇 가지 측면에서 차이점이 나타나고 있다. 첫째 두 유적 모두 출입구라는 시설물이 환호의 서쪽부분에서 확인되었다. 그런데 부천 고강동유적에서는 출입을 위한 개구부가 조성되어 환호의 연결부가 일부 끊겨진 구조(圖面 8)인데 비해, 반제리유적의 환호는 주공열이 확인되어 가교와 같은 시설을 출입구로 이용하여 환호가 결절되지 않은 연결된 구조(圖面 3)를 보이고 있다. 둘째 부천 고강동유적의 환호 내부에는 환호가 폐기되어 원형점토대토기가 유입된 이후에도 주거지가 전혀 조성되지 않는다. 이에 비해 반제리유적의 환호 내부에는 환호가 사용되었던 동일 시기에는 주거지가 조성되지 않은 듯 하나 환호 폐기후, 환호를 파괴하고 조성된 주거지(圖面 3) 외에 환호 내부에 원형점토대토기 및 원형에서 사각형으로 변화되는 과도기의 점토대토기(圖面 4)가 출토되는 주거지가 확인되어 일부 지역은 주거공간으로 사용되었고, 이를 통해 두 유적을 조성한 집단 간 또는 축조방법상의 차이점이 살펴진다.

2) 포곡형 環濠(圖面 11 · 13~14)

포곡형 환호는 산성의 포곡식과 동일한 개념으로 산 정상부 및 계곡부를 포함하여 조성된 구조이다. 포곡형 환호는 환호의 조성 개수에 따라 1개일 경우 單數形, 2개 이상일 경우 複數形으로 구분하였다.

(1) 單數形(圖面 11)

현재까지 경기지역에서 확인된 단수형 환호유적은 오산 가장동유적과 수원 율전동유적이 해당되며, 출토유물 및 유구를 통해 철기시대 전기에 조성된 것으로 추정된다.

단수형 환호 내부에서는 주거지가 많이 확인되지 않는 점이 주목된다.

즉 수원 율전동유적의 환호 내부 정상부에는 주거지 1기와 수혈유구 4기가 분포하고 있으며, 오산 가장동유적 역시 B지역에 1기의 주거지와 수혈유구가 정상부에 자리하고 있을 뿐이다. 이에 비해 위 유적의 환호 외부에는 내부보다 많은 수의 주거지가 확인되고 있어 환호를 경계로 분포상의 차이를 나타내며, 율전동유적의 경우는 중복 또는 약간의 이격거리가 있지만 2~3동의 주거지가 군을 이루고 있다.

이와 같이 환호를 경계로 내부와 외부에서 주거지의 분포 차이가 확인된다. 이렇듯 이러한 분포상의 차이가 환호를 경계로 특수계층 또는 일반계층과 구분을 짓기 위한 것인지, 또는 특수한 목적 즉, 儀禮 등과 관련된 장소였는지의 여부는 현재의 한정된 자료로써는 명확하게 규명되지 못한 실정이나, 환호 내부에 거주와 관련된 유구가 확인되지 않고 있어 후자의 기능이 높았을 것으로 보여진다.

(2) 複數形(圖面 14)

복수형은 단수형과 달리 환호가 2열 이상으로 조성되어 있는 구조를 의미한다. 경기지역에서는 화성 동탄 동학산유적이 유일하며, 전체적으로 4열이 확인되었다.

동학사유적에서는 환호의 사용시기에 조성된 것으로 판단할 수 있는 주거지가 환호 내부에서 확인되지 않았다. 더불어 환호는 정상부 능선 평탄면에 자리하고 있는 청동기시대 전기 세장방형 주거지를 파괴하고 조성되었으며, 출토된 유물이 원형점토대토기, 두형토기, 흑도장경호, 조합식우각형파수(圖版 1) 등을 통해 철기시대 전기에 조성된 것으로 추정된다.

현재까지 경기지역에서 확인된 복수형은 동학산유적이 유일하며, 내부에 환호와 동일시기에 조성된 주거지가 확인되지 않아 儀禮와 관련된 기능을 담당한 것으로 판단된다.

3. 規模에 따른 環濠의 機能 檢討

환호는 내부의 활용공간 즉, 가용면적을 통해 당시 환호가 담당하였던 기능을 일부 유추해 볼 수 있을 것으로 판단된다.

테뫼형 환호는 산의 정상부를 원형의 머리띠모양으로 에워싸고 있어 포곡형보다 내부 면적이 소규모이다. 즉 내부 면적이 협소함으로써 주거지 등의 생활 공간과 이와 관련된 활동 공간이 용이하지 않았음을 살필수 있다. 이에 비해 포곡형은 계곡부를 포함하여 축조함으로써 테뫼형보다 내부 활용면적이 넓으며, 유적별 주거지의 수적인 차이가 확인되나, 환호 내부에서 주거지가 확인되고 있다.

이러한 환호의 내부 공간 차이는 당시 조성된 환호의 기능과도 밀접한 관련성이 있을 것으로 판단된다. 먼저 테뫼형인 반제리유적과 고강동유적을 살펴보면 이들 유적에서는 환호가 축조되어 사용되었던 동일시기의 주거지가 확인되지 않아 취락을 보호하기 위한 기능 즉, 防禦[19]를 위해 조성된 것으로 이해하기 어려운 상황이다. 또한 동반된 취락에 사용되는 생활용수의 공급 또는 취락의 排水[20]를 위한 기능 역시 환호의 퇴적토 제거 과정에서 물과 관련된 것으로 볼 수 있는 층위가 확인되지 않아 생활용수 공급 또는 주거지의 배수 기능과의 관계설정은 어려울 것으로 판단된다. 따라서 테뫼형 환호는 내부에서 사람의 생활과 관련된 유구가 확인되지

---

19) 崔鍾圭, 1996, 앞의 註 4) 참조

　　李盛周, 1998, 「韓國의 環濠聚落」, 『環濠集落과 農耕社會의 形成』嶺南考古學會 · 九州考古學會 第3回 合同考古學大會, 嶺南考古學會 · 九州考古學會.

20) 裵德煥, 2000, 「嶺南地方 靑銅器時代 環濠聚落研究」, 東亞大學校 文學碩士學位論文.

않으므로 의례와 같은 祭儀행위를 수행하기 위한 공간이었을 가능성이 높은 것으로 판단된다.

이에 비해 포곡형인 동학산유적, 가장동유적, 율전동유적은 계곡부를 포함하여 조성되었으므로 테뫼형에 비해 내부의 활용면적이 넓으며, 주거지가 자리하고 있음에도 불구하고, 내부에 소수의 주거지만이 확인되고 있어 환호의 기능이 防禦보다는 境界[21] 또는 儀禮를 담당했던 것으로 추정된다. 또한 동학산유적의 경우 환호가 조성되어 사용된 시기의 주거지가 확인되지 않아 형태적으로는 상이하나 테뫼형와 같은 祭儀의 기능을 담당[22]했던 것으로 판단된다. 이는 환호 내부의 정상부에서 환호와 동일시기의 주거지가 아닌 수혈유구만이 확인되고 있기 때문이다.

이와 같이 경기지역에서 확인된 환호는 규모를 통해 테뫼형은 祭儀와 관련된 것으로 판단되며, 포곡형 역시 境界 및 儀禮와 관련된 기능을 담당했던 것으로 이해할 수 있다.

---

21) 김영희, 1998, 「중국 동북지역 신석기시대 조, 전기의 취락지문석-서료하유역을 중심으로-」, 『科技考古研究』第4號, 아주대학교 박물관.
李相吉, 2000, 「靑銅器時代 儀禮에 관한 考古學的環 研究」, 大邱曉星카톨릭大學校 大學院 博士學位論文.
22) 경남문화재연구원, 2004, 「蔚山 産業路 背面圖路 蓮岩 I.C 開設區間內 遺蹟 發掘調査 現場說明會資料」.
영남지방에서 최근 확인된 2중의 환호로 내부에는 수혈유구 1기가 자리하고 있으며, 수혈유구는 반제리유적이나 고강동유적에서 확인된 구조물과 같이 중앙에서 약간 북쪽에 치우쳐 자리하고 있어 공통점이 보이며, 동·서쪽에는 출입을 위한 출입구가 확인된다. 조사단에서는 수혈유구가 주거와 과련된 것이 아닌 제의와 관련된 특수한 목적을 가진 공간으로 추정하였다.(圖面 15)

IV. 京畿地域 環濠의 性格

경기지역에서 확인된 환호는 입지상 산정형과 반제리형으로, 형태상 테뫼형과 포곡형으로 구분하였다.

환호의 기능은 크게 防禦說·區劃說·儀禮·境界를 위해 축조된 것으로 이해하고 있으며, 영남지방의 경우 청동기시대 환호는 방어적인 성격보다 儀禮와 境界的 측면이 강하고 철기시대 전기 이후의 환호는 防禦的인 기능으로의 변화를 상정하고 있다.[23]

이러한 환호의 제 기능 중 최근까지 경기지역에서 확인된 환호는 당시 어떠한 기능을 수행하였는가의 문제이다. 먼저 환호가 초축되었던 시기의 내부공간을 살펴보면, 사람의 생활과 관련된 주거지 및 생활 유구가 전혀 확인되지 않거나 또는 소수만이 확인된다. 이를 통해 당시 환호가 취락을 보호하기 위한 防禦기능이 아닌 취락과의 구분을 위한 境界 또는 신성한 의식 즉, 儀禮를 수행하기 위한 장소로 이용되었을 가능성이 매우 높았음을 추정할 수 있다. 또한 테뫼형인 반제리유적과 고강동유적의 환호 내부와 오산 가장동유적에서는 각각 비교적 규모가 큰 자연암반과 인위적으로 축조한 방형의 적석유구가 자리하고 있어 주목된다.

이러한 암반 및 적석유구와 관련하여 인류는 신석기시대 이후 원시신앙을 통해 인간의 미약함을 보완[24]하고자 하였다. 따라서 반제리유적 및 오산 가장동유적의 자연암반이나, 고강동유적의 적석유구는 지상에서 바위, 나무 등의 자연물을 숭배하는 대상물[25]이었던 것으로 판단된다. 더불

---

23) 李盛周, 2002, 앞의 註 17) 참조.
24) 韓永熙, 1997, 『한국사2-구석기문화와 신석기문화-』, 국사편찬위원회.
25) 韓相福·李文雄·金光億, 1995, 『文化人類學槪論』.
    인류학에서는 堂나무 등과 같은 자연물이 있는 어떤 일정한 지역을 초자연적 힘이

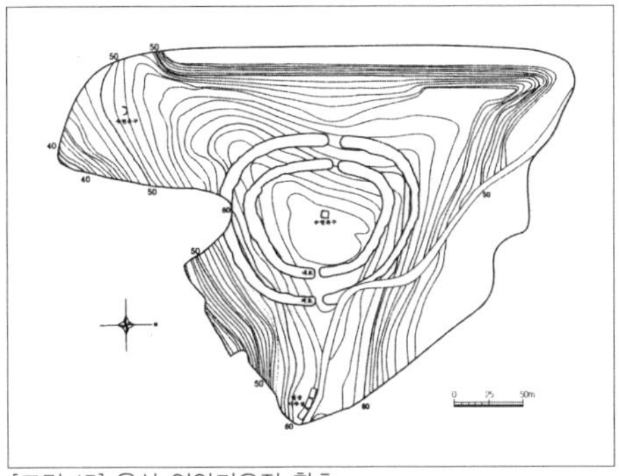

[도면 15] 울산 연암리유적 환호

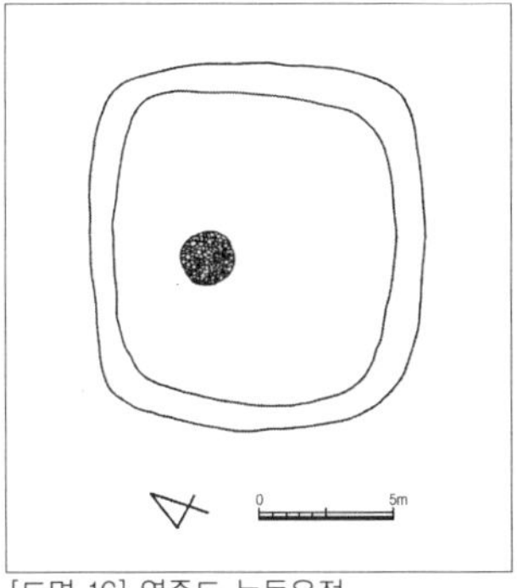

[도면 16] 영종도 는들유적

어 이들이 위치하고 있는 주변지역을 인위적으로 평탄화하였는데, 위에서 언급하였듯이 주거생활을 영위하기 위한 공간으로는 협소하기 때문에 신성한 의식 즉, 祭儀를 수행하기 위한 공간으로 보여진다.

위와 같이 자연물인 바위 또는 적석유구를 통해 祭儀를 행했던 유적으로 신석기시대의 영종도 는들유적[26]과 청동기시대의 하남시 덕풍골유적[27]을 들 수 있다. 전자는 방형의 구와 함께 원형의 적석노지가 확인되었는데, 祭儀를 위한 시설물일 가능성을 상정하였고[28], 후자는 출토유물을 통해 자연암반에 단을 조성하여 祭儀행위를 행했던 것으로 확인되었다.

더불어 환호유적의 출토유물을 살펴보면, 대부분 철기시대 전기의 원

나 존재가 있는 곳으로 성역화하여 제사를 지낼 때 향을 피우거나, 산신제·부락제 등을 지낼 경우 새끼줄을 친다든가 황토를 깔아서 금지구역임을 표시한다. 이를 통해 안성 반제리유적과 오산 가장동유적의 자연 암반, 부천 고강동유적의 적석환구유구는 새끼줄이나 황토가 아닌 환호라는 시설물을 통해 금지지역을 표시, 성역화한 것으로 추정된다.

26) 임효재·양성혁, 1999, 『영종도 는들 신석기유적(신공항고속도로 건설지역 발굴조사 보고서)』, 서울대학교 인문학연구소.(圖面 16)

27) 세종대학교 박물관, 2005, 「하남 덕풍골유적－청동기시대 집터·제의유적 및 고분 조사」.

28) 李盛周, 2002, 앞의 註 17) 참조.

형점토대토기와 두형토
기편이 높은 출토빈도
수를 나타내고 있다. 이
중 주목되는 것이 두형
토기로서 청동기시대에
는 일상 생활용과 儀禮
용기로서의 사용 가능
성을, 철기시대 전기에
는 儀禮 관련 유구 및
墳墓유구에서의 출토빈
도수가 높아 儀禮와 副
葬用으로서의 기능변화
를 제시하였다.[29] 이러
한 연구성과를 통해 경

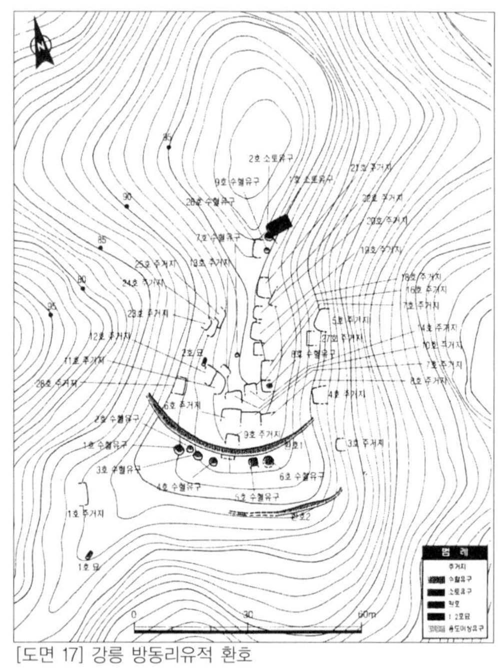

[도면 17] 강릉 방동리유적 환호

기지역에서 확인된 환호에서는 공통적으로 두형토기가 출토되고 있으며,
두형토기 역시 의례와 관련되어 사용된 것으로 볼 때, 환호의 성격은 신
성한 의식, 즉 儀禮 또는 祭儀와 관련된 것으로 보여진다. 한편 두형토기
와 같은 의례와 직접적으로 관련된 유물로 이해하기 어려우나, 가장동유
적의 자연암반 사이에서 석부가 출토되어 주목된다.[30]

위와 같이 경기지역에서 확인된 환호가 신성한 의식, 즉 의례 또는 祭
儀[31]와 관련되어 사용되었다면 어느 시기에 조성되어 언제까지 사용되었
는지가 고려되어야 할 것이다. 이는 유적에서 출토된 유물인 원형점토대

---

29) 姜秉學, 2002, 「韓半島 無文굽다리土器 研究-형식분류를 통한 편년 및 성격 추론-」,
  漢陽大學校 大學院 碩士學位論文.

30) 畿甸文化財研究原, 2005, 앞의 註 11)참조.

토기와 두형토기 등을 통해 철기시대 전기에 조성된 것으로 판단된다. 이는 출토유물인 원형점토대토기의 기형변화를 통해 살필 수 있다. 즉 원형점토대토기의 구연부 단면이 원형 및 원형에서 방형으로 이행되는 단계의 토기가 확인되고 있으므로, 경기지역 환호는 B.C. 5세기부터 B.C.2세기[32]까지 사용된 것으로 추정된다.

이상과 같이 경기지역의 환호는 기존에 확인된 영남과 중부지역의 송국리유적 및 강릉 방동리유적[33]과 달리 형태, 규모, 출토유물 등을 통해 동반된 취락을 위한 防禦기능보다 취락의 거주자 또는 취락의 안녕 등을 기원하는 儀禮 및 祭儀[34]와 관련된 유적으로 보여진다.

V. 맺음말

한반도에 있어 환호유적은 영남지역에서 대부분 확인되었다. 그러나 2000년 이후 경기지역을 중심으로 다수의 환호유적이 확인되고 있다. 따라서 본고에서는 최근까지 경기지역에서 확인된 환호의 성격에 대해 살

---

31) 최봉룡, 2005, 앞의 註 1)참조.

32) 朴辰一, 2002, 「圓形粘土帶韓土器 文化硏究-湖西 및 湖南地方을 中心으로-」, 釜山大學校 碩士學位論文.
朴辰一, 2006, 「서울·경기지방 점토대토기문화 試論」, 『서울·경기지역 청동기문화의 유형과 변천』제4회 서울경기고고학회 학술대회, 서울경기고고학회.
李姎任, 2002, 「江原地域 粘土帶土器文化 硏究」, 翰林大學校 大學院 文學碩士學位論文.
李和鍾, 2004, 「中部地方 粘土帶土器文化 硏究」, 漢陽大學校 大學院 碩士學位論文.

33) 강원문화재연구소, 2004, 「강릉 과학일반지방산업단지 문화유적 발굴조사」.(圖面 17)

34) 武末純一, 2005, 「韓國無文土器·原三國時代の集落構造硏究」-平成14~16年度科學硏究費補助金〈基盤硏究(C)(2)〉硏究成果報告書-.

펴보고자 하였다.

경기지역에서 확인된 환호는 입지상 산정형과 반제리형으로, 형태상 테뫼형 환호와 포곡형 환호로 구분하였으며, 포곡형은 환호의 수에 따라 단수형과 2개 이상의 복수형으로 세분하였다. 이러한 구분을 통해 형태상 테뫼형 환호인 반제리유적과 고강동유적은 산의 정상부를 원형으로 에워싸고 있는 구조인 점, 내부에 인위적 적석 또는 자연물인 바위가 존재한다는 점, 이들 구조물이 중심에서 약간 북쪽에 자리하고 있는 점, 평면형태가 약간의 차이는 있으나 방형계통인 점, 이들 주변지역이 인위적으로 평탄면인 점, 환호의 사용시기 내부에 주거지가 조성되지 않는 점, 환호 내부의 출입을 위한 시설이 있는 점 등의 공통점이 확인되었다. 포곡형 환호는 단수형으로 오산 가장동유적, 수원 율전동유적이 해당되며, 환호 내외의 주거지 분포를 통해 환호의 기능이 境界 또는 儀禮와 관련된 것으로, 복수형인 동학산유적은 환호와 관련된 주거지가 확인되지 않아 儀禮와 관련된 것으로 추정하였다. 또한 규모에 따른 기능을 살펴볼 때, 면적이 좁은 테뫼형 환호를 儀禮와 관련된 것으로, 면적이 넓은 포곡형 환호 역시 境界 또는 儀禮와 관련된 것으로 추정하였다. 축조시기는 출토유물을 통해 B.C. 5세기부터 B.C. 2세기 사이에 조성 또는 사용된 것으로 보여진다.

이상과 같이 본고에서는 경기지역에서 확인된 환호의 입지 및 형태, 규모를 통해 경기지역 환호가 방어기능이 아닌 신성한 의식 즉, 儀禮 또는 祭儀와 관련된 기능을 담당했던 것으로 판단된다. 그러나 자료의 한계로 인해 논리의 비약이 내포되어 있을 것으로 판단되며, 이는 차후 자료의 증가를 통해 보완하고자 한다.

安養川 流域의 百濟 漢城時期 城郭과 關防體系

신영문*

目　　次

Ⅰ. 머리말

한강의 하류로 유입하는 안양천은 오늘날의 서울-안양-군포-의왕 등 수도권의 서남부를 가로지르는 중소 하천이다. 관악산과 삼성산, 백운산 등에서 발원해서 34.8km를 흐르면서 鶴儀川, 山本川 등의 지류를 받아들여 한강으로 유입한다. 조선시대에는 大川, 岐灘이라고도 불려 오늘날보다 더욱 중요시 여겨졌음을 알 수 있다. 안양천은 자연교통로로서의 역할을 담당하였는데 삼국시대 이래로 경기 서남지역의 간선도로로 활용되어 왔다. 안양천을 따라 형성된 안양천로는 조선시대 始興路의 근간이 되었

---

* 국민대학교 박물관 학예사.

는데 조선시대의 고지도를 비롯하여 화성성역의궤 등 문헌기록에 잘 남아 있으며 조선 정조의 화성 행차시 주요 교통로로 활용되었던 것 등을 통해 그 중요성이 확인된다.[1]

이처럼 안양천과 안양천로가 중요시 되었던 시기는 오래전인 삼국시대로 거슬러 올라가 볼 수 있다. 경기 남부와 경기 서부의 문화와 문물이 이 안양천을 통해 서울지역으로 유입되었기 때문이다. 따라서 오늘날의 강남지역에 자리 잡은 백제는 안양천을 매우 중시 여겼을 것으로 짐작된다. 그러나 정작 안양천 유역에서 백제시대의 유적을 꼽기란 쉽지 않다. 그동안의 백제 한성기 성곽 연구가 백제 왕도인 하북위례성과 하남위례성의 위치를 비정하는 것에 집중되거나 대부분의 관심이 서울에 있는 백제유적에 편중되어 있었기 때문이기도 하겠다. 게다가 서울의 외곽지역에 해당하는 이 일대는 개발지상주의로 인한 일차적인 피해를 입었으며 그 이후에도 유적에 대한 보존과 보호조치보다는 산업화와 도시화를 위한 배후기지로 활용되었기 때문이다.

이러한 배경 때문인지 안양천 일대의 백제유적은 세간의 주목을 받고 있지 못하고 있으며 그 존재가 일찍부터 알려진 한강 이북 백제 성곽에만 관심이 집중되고 있는 형편이다. 사정이 이러하다 보니 고구려 광개토왕 남진시 점령한 백제 58성의 위치비정도 한강 이북의 백제 성곽에 집중되는 결과를 낳고 말았다. 따라서 백제 한성기 서부지역에 해당하는 안양천 일대의 백제 성곽에 대한 연구는 한성기 백제의 영역과 관방 체계를 연구하는 데에도 의미를 둘 수 있지만 반면에 고구려의 남진로나 신라의 북진로를 이해할 때에도 큰 도움을 줄 것으로 전망해 볼 수 있다. 요컨대 삼국시대 성곽 연구의 공백지대로 남아있는 안양천 유역의 백제 성곽의 현황

---

1) 경기문화재단, 2005, 『화성성역의궤 국역증보판』.

과 관방체계를 정리하는 것은 삼국시대 군사관계사 연구의 공백을 채우는 중요한 연구가 된다고 지적할 수 있는 것이다.

따라서 이 글에서는 백제 한성기에 안양천 유역에 축조된 백제의 성곽 유적을 개관하기에 앞서 한성기의 백제성곽 축조양상에 대한 전반적인 내용을 문헌을 통해 검토해보고 고고학적 자료를 통해 확인된 안양천 유역의 백제 성곽을 개관한 뒤 안양천로를 둘러 싼 백제 관방체계의 실제에 접근해 보도록 하겠다.

II. 문헌자료를 통해 본 한성시기의 축성

『三國史記』를 통해 확인된 백제 한성기 성곽의 명칭은 위례성을 비롯하여 모두 32개소이다. 그 중에서 성곽의 축조기사는 馬首城·漢山城·石頭城·高木城·大豆山城·湯井城·古沙夫里城·牛谷城·北漢山城·赤峴城·沙道城·靑木嶺城·關防城·雙峴城·沙口城 등 모두 15회가 확인되며 목책을 시설하고 있는 기사가 瓶山柵·熊川柵 등 8회를 나타내고 있다. 그리고 수축 및 수리기사가 7회에 이르고 있어 성곽관리 및 방어시설에 많은 노력을 기울이고 있음을 알 수 있다. 이 시기에는 축성과 관련하여 도성의 천도로 인한 分民·分軍의 기사가 6회에 걸쳐 등장하고 있는데 적

---

2) 한성기의 가장 큰 특징은 기원 전·후를 중심으로 한 시기에 무려 12회에 이르는 성곽축조가 이루어지고 있으며 이는 같은 기간 신라의 2회나 고구려의 3회에 비해서 월등히 많은 것이다. 특히 이 축성기사는 시조인 溫祚王대에 집중적으로 나타나고 있다. 같은 시기 신라나 고구려와 비교해 볼 때 월등히 높은 집중도를 보인다. 사료에 전하는 기사를 모두 사실로 취인하기 위해서는 철저한 사료비판이 선행되어야 할 것이다. 하지만 신라나 고구려와 판이하게 다른 축성양상이 나타나는 현상은 당시 백제가 처한 여건을 고려하여 이해되어야 한다고 생각된다.

침입로의 분산방어 및 영토 팽창에 따른 국가시책의 일환이라 하겠다[2].

1. 대낙랑 교통로의 통제

이 시기에 집중된 낙랑, 말갈, 마한에 대한 국경문제와 침입사실은 백제가 한반도의 중앙에 위치하고 있던 입지적인 특수성에서 비롯된 결과라고 생각된다. 백제로서는 지정학적인 상황으로 인한 낙랑, 말갈, 마한으로부터의 계속적인 위협에 대한 극복이 최대 현안 문제였던 것이다. 백제 건국 초기 낙랑과의 관계를 알기 위해 다음의 사료가 참고 된다.

8년 가을 7월에 馬首城을 쌓고 甁山柵을 세웠다. (中略) 이로 말미암아 낙랑과 우호를 잃게 되었다[3].

11년 가을 7월에 禿山柵과 狗川柵의 두 목책을 세워 낙랑과의 통로를 막았다[4].

溫祚王 7년에 馬首城을 쌓고 甁山柵을 세운데 뒤이어 낙랑의 사주를 받은 말갈의 침입이 잦아지자 온조왕 11년(B.C. 8)에 禿山, 狗川 두 柵을 축조하고 樂浪路를 봉쇄하여 낙랑의 침입에 대비하였다. 백제와 낙랑 간에 직접적인 국경분쟁은 없었으나 이를 계기로 백제와 낙랑은 화친관계를 잃게 된다. 이것으로 보아 백제 건국 초 낙랑세력은 경계의 대상이었음이 분명하다.

---

3) 『三國史記』 卷 第23 百濟本紀 第1 始祖 溫祚王 8年條 '秋七月 築馬首城 竪甁山柵 樂浪太守使告曰 (중략) 由是 與樂浪失和'

4) 『三國史記』 卷 第23 百濟本紀 第1 始祖 溫祚王 11年條 '秋七月 設禿山·狗川兩柵 以塞樂浪之路'

2. 마한에 대한 견제

낙랑과의 관계가 악화일로에 다다를 무렵 온조왕 24년(A.D. 6)에는 熊川柵 설치와 관련된 마한과의 분쟁이 일게 된다.

24년 가을 7월에 왕이 熊川柵을 세우자 마한 왕이 사신을 보내 나무라며 말하였다. (중략) 왕은 부끄러워서 드디어 목책을 헐어버렸다[5].

가을 7월에 大豆山城을 쌓았다[6].

36년 가을 7월에 湯井城을 쌓고 大豆城의 민가들을 나누어 살게 하였다. 8월에 圓山城과 錦峴城의 두 성을 수리하고, 古沙夫里城을 쌓았다[7].

웅천책은 마한의 요구로 철거되었으나 마한의 침입에 대비하여 大豆山城, 湯井城을 축조하는 등 마한에 대한 대비책을 게을리하지 않았다. 특히 오늘날의 온양 인근에 축성되었을 것으로 보이는 대두산성은 마한의 마지막 잔여세력인 圓山城과 錦山城을 견제하기 위한 것으로 풀이할 수 있다. 특히 마한의 멸망 이후 위의 두 성을 수리하여 재사용하는 기사를 통해 두 성의 전략적 가치가 높았던 것을 알 수 있다.

---

5) 『三國史記』 卷 第23 百濟本紀 第1 始祖 溫祚王 24年條 '二十四年 秋七月 王作熊川柵 馬韓王遣使責讓曰 (중략) 王慙遂壞其柵'
6) 『三國史記』 卷 第23 百濟本紀 第1 始祖 溫祚王 24年條 '秋七月 築大豆山城'
7) 『三國史記』 卷 第23 百濟本紀 第1 始祖 溫祚王 24年條 '三十六年 秋七月 築湯井城 分大豆城民戶居之 八月 修葺圓山・錦峴二城 築古沙夫里城'

3. 대말갈 축성

낙랑, 마한과의 분쟁과 갈등 이외에도 동북방에 자리잡은 말갈은 또 다른 위협세력이었다. 말갈은 온조왕대 9회, 多婁王대 4회, 己婁王대에 1회에 이르는 내침기사를 보이고 있다.

가을 9월에 말갈이 북쪽 경계를 쳐들어 왔다. 왕은 굳센 군사를 거느리고 이를 급히 쳐서 크게 이겼다. 적으로서 살아 돌아간 자가 열에 한둘이었다[8].

2월에 말갈 적병 3천 명이 와서 慰禮城을 포위하자 왕은 성문을 닫고 나가 싸우지 않았다. 열흘이 지나 적이 양식이 다 떨어져 돌아가자, 왕은 날랜 군사를 뽑아 大斧 峴까지 쫓아가 한번 싸워 이겼으며, 500여 명을 죽이거나 사로잡았다[9].

11년 여름 4월에 낙랑이 말갈을 시켜 瓶山柵을 습격하여 깨뜨리고는 100여 명을 죽이거나 사로잡았다[10].

18년 겨울 10월에 말갈이 갑작스레 습격하여 왔다. 왕은 군사를 거느리고 七重河에서 맞아 싸워 추장 素牟를 사로잡아 마한에 보내고 그 나머지 적들은 모두 구덩이에 묻어 버렸다[11].

---

8) 『三國史記』 卷 第23 百濟本紀 第1 始祖 溫祚王 3年條 '三年 秋九月 靺鞨侵北境 王帥勁兵 急擊大敗之 賊生還者十一二'

9) 『三國史記』 卷 第23 百濟本紀 第1 始祖 溫祚王 8年條 '八年 春二月 靺鞨賊三千 來圍慰禮 城 王閉城門不出 經旬 賊糧盡而歸 王簡銳卒 追及大斧峴 一戰克之 殺虜五百餘人'

10) 『三國史記』 卷 第23 百濟本紀 第1 始祖 溫祚王 11年條 '十一年 夏四月 樂浪使靺鞨襲破 瓶山柵 殺掠一百餘人'

40년 가을 9월에 말갈이 述川城을 침공해 왔다. 겨울 11월에 또 斧峴城을 습격하여 100여 명을 죽이고 약탈하였다[12].

  3년(30) 겨울 10월에 동부의 屹于가 말갈과 馬首山 서쪽에서 싸워 이겼는데 죽이고 사로잡은 것이 매우 많았다[13].

가을 9월에 말갈이 馬首城을 공격하여 함락시키고, 불을 놓아 백성들의 집을 태웠다. 겨울 10월에 또 瓶山柵을 습격하였다[14].

  가을 8월에 말갈이 북쪽 변경에 쳐들어 왔다[15].

가을 7월에 말갈이 牛谷에 들어와서 民口들을 약탈하여 돌아갔다[16].

  말갈은 한때는 위례성까지 쳐들어와 성을 포위하는 등 적극적인 공격을 계속하였다. 특히 말갈은 낙랑의 사주를 받아 침략한 사례가 있어 주목된다. 이들은 주로 北境, 慰禮城, 七重河, 瓶山柵, 述川城 등지에 침입하여 백제와 대립하는데 이 지역에 말갈에 대비한 축성과 성곽의 수축이 이

---

11) 『三國史記』卷 第23 百濟本紀 第1 始祖 溫祚王 18年條 '十八年 冬十月 靺鞨掩至 王帥兵 逆戰於七重河 虜獲酋長素牟 送馬韓 其餘賊盡坑之'
12) 『三國史記』卷 第23 百濟本紀 第1 始祖 溫祚王 40年條 '四十年 秋九月 靺鞨來攻述川城 冬十一月 又襲斧峴城'
13) 『三國史記』卷 第23 百濟本紀 第1 多婁王 3年條 '三年 冬十月 東部屹于與靺鞨戰於馬首 山西 克之 殺獲甚衆'
14) 『三國史記』卷 第23 百濟本紀 第1 多婁王 7年條 '秋九月 靺鞨攻陷馬首城 放火燒百姓廬 屋 冬十月 又襲瓶山柵'
15) 『三國史記』卷 第23 百濟本紀 第1 多婁王 28年條 '秋八月 靺鞨侵北鄙'
16) 『三國史記』卷 第23 百濟本紀 第1 己婁王 32年條 '靺鞨入牛谷 奪掠民口而歸'

루어졌을 것으로 보인다.

4. 축성내용의 검토

이처럼 백제는 건국 초부터 주변의 강력한 견제를 받게 되었다. 따라서 이의 해결을 위해 노력한 흔적으로 나타나는 축성기사가 백제 초기에 집중되어 『삼국사기』에 수록된 것으로 이해된다. 또한 이러한 난관을 극복하는 과정에서 응집력이 발생하여 백제가 고대국가로 급성장 할 수 있는 밑바탕이 되었다.[17]

고대국가의 기틀을 마련한 이후 새롭게 대두되는 것이 고구려이다. 漢郡縣의 약화와 이에 따른 백제의 영토확장은 고구려와의 필연적인 접촉을 야기하였다. 責稽王은 고구려의 침입에 대비하여 阿且城과 蛇城을 축조하였고[18], 辰斯王은 靑木嶺에서 八關城을 거쳐 서해에 이르는 장성을 축조하기에 이르렀다.[19] 이러한 백제와 고구려의 대결양상은 평양성을 공격하여 고국원왕을 전사시키는 등 근초고왕대 절정을 이루었지만 이후 백제는 계속되는 수세를 유지하게 된다. 광개토대왕릉비에는 '왕이 직접 수군을 이끌고 백제를 정벌하여 58개 성, 7백 개의 촌을 얻었다[20]' 라고 기록되어 있다. 또한 아신왕은 '고구려의 奴客이 될 것을 다짐하였다' 라고 한다. 이와 같은 위기상황을 타개하고자 백제는 왜와 우호관계를 맺고 군사

---

17) 한성기 초기의 백제국가 형성과정은 각 소국의 내부 결속력이 해체되면서 각 소국의 지배세력이 관료체제 내부로 흡수되는 방향에서 진행되었다(權五榮, 1995, 「백제의 성립과 발전」, 『한국사』6, 국사편찬위원회, p.28).

18) 『三國史記』卷 第24 百濟本紀 第2 責稽王 元年條 '高句麗伐帶方 帶方請救於我 (中略) 王慮其侵寇 修阿且城·蛇城備之'

19) 『三國史記』卷 第25 百濟本紀 第3 辰斯王 2年條 '二年 春 發國內人年十五歲已上 設關防 自靑木嶺 北距八坤城 西至於海'

력을 강화하여 고구려의 세력과 어느 정도 대항할 수 있는 기반을 마련하였던 것으로 보인다. 이후 雙峴城을 수축하고, 靑木嶺에 大柵을 설치하는 등 한강 이북의 성곽에 대한 수축이 이루어지고 있다. 이어 광개토대왕릉비에 등장하는 교전지도 한수이북에 집중되고 있어 한강, 임진강 유역과 서해안 일대가 고구려와 백제의 경계선이었을 것으로 추정되고 있다[21]. 한성기에 고구려와 말갈에 대비하여 축조된 성곽인 漢山城, 漢城, 高木城, 圓山城 등이 웅진천도 이후에도 등장하는 것으로 보아 북쪽의 고구려와의 경계선은 큰 차이 없이 유지되고 있었음을 짐작할 수 있다.

이와 같은 축성 및 수리 시에 동원된 노동력은 15세 이상의 장정을 대상으로 하는 기록이 있다.

2월에 한수 동북쪽의 여러 부락 사람으로 나이 15세 이상을 징발하여 慰禮城을 수리하고 조영하였다.[22]

---

20) 韓國古代社會硏究所 編, 『譯註 韓國古代金石文』I , 「廣開土王陵碑」, 1992, ‘六年丙申
王躬率□軍討伐殘國軍□首攻取寧八城臼模盧城各模盧城幹氏利城□□城閣彌城牟盧城
彌沙城□舍蔦城阿旦城古利城□利城雜珍城奧利城勾牟城古模耶羅城頁□□□□城□而
耶羅城瑑城於利城□□城豆奴城沸□□利城彌鄒城也利城太山韓城掃加城敦拔城□□□
城婁賣城散那城那旦城細城牟婁城于婁城蘇灰城燕婁城析支利城巖門□城林城□□□□
□□□利城就鄒城□拔城古牟婁城閨奴城貫奴城彡穰城曾□城□□盧城仇天城□□□□
□其國城殘不服義敢出百戰王威赫怒渡阿利水遣刺迫城□□歸穴□便圍城而殘主困逼獻出
男女生口一千人細布千匹跪王自誓從今以後永爲奴客太王恩赦□迷之愆錄其後順之誠於是
得五十八城村七百將殘主弟并大臣十人旋師還都’
21) 이와 관련해서 광개토왕의 점령지인 58성의 분포를 임진강유역~중원 일대로 광역
적으로 보는 견해도 제시되고 있다(이도학, 2006, 『고구려 광개토왕릉 비문 연구–
광개토왕릉비문을 통한 고구려사』, pp.255~280).
22) 『三國史記』 卷 第23 百濟本紀 第1 始祖 溫祚王 41年條 ‘二月 發漢水東北諸部落人年十五
歲以上 修營慰禮城’

2년 봄에 나라 안 사람으로 나이 15세 이상을 징발하여 국경을 방비하는 관문[關防]을 설치하였는데 靑木嶺에서부터 북쪽으로는 八坤城에 닿았고, 서쪽으로는 바다에 이르렀다.[23]

가을 7월에 東部와 北部 두 部의 사람으로 나이 15세 이상을 징발하여 沙口城을 쌓았는데 병관좌평 解丘로 하여금 공사를 감독하게 하였다.[24]

또한 성곽축조시에는 兵官佐平으로 하여금 役事를 감독하도록 한 것으로 볼 때 축성에 관한 업무를 매우 비중있게 인식하고 있었음을 알 수 있고 파견되는 관리의 직위도 성의 규모와 중요도에 따라 선정되었을 것으로 판단된다. 축조시기는 봄이나 2 · 7월로 대체로 농한기를 이용하여 백성들의 부담을 덜게 하였음을 알 수 있다.

이상 한성백제기의 성곽축조기사를 검토하여 얻어진 내용을 종합하면 백제는 초기에 낙랑, 말갈, 마한 등과 대항하여 산성과 목책을 축조하였고 이들과 끊임없는 갈등관계가 지속되었음을 알 수 있다.

Ⅲ. 안양천 유역의 백제 성곽

안양천 일대의 백제성곽은 서울 소재 백제 성곽이나 미추홀로 여겨지는 인천소재 백제 성곽에 비해 관심의 대상에서 제외되었기 때문에 연구

---

23) 『三國史記』 卷 第25 百濟本紀 第3 辰斯王 2年條 '二年 春 發國內人年十五歲已上 設關防 自靑木嶺 北距八坤城 西至於海'

24) 『三國史記』 卷 第25 百濟本紀 第3 腆支王 13年條 '秋七月 徵東北二部人年十五已上 築 沙口城 使兵官佐平解丘監役'

된 바가 적은 편이다. 또한 이들 성곽은 대개 서울인 위례성의 외곽에 해당하는 성곽으로 이해되거나 미추홀 주변의 성곽으로 이해되어 왔다. 여기서는 이러한 입장에서 벗어나 안양천이 백제국가의 성장을 위한 발판이었을 뿐만 아니라 백제 수도 방위체계의 한 축을 담당하고 있다는 입장 하에 백제 성곽으로 이해되고 있는 성곽들의 조사 현황을 정리해보고자 한다.

1. 양천고성

강서구 가양동에 자리 잡은 양천고성은 조선시대 양천현의 주산인 宮山(78m)의 주변을 둘러싼 테뫼식 산성이다. 궁산은 안양천과 한강이 합류되는 지점에 자리 잡고 있는데 한강하류로 이어지는 요새지에 해당한다. 궁산의 북쪽은 한강 쪽으로 급경사를 이루며 남쪽은 완경사를 이루고 있다. 『新增東國輿地勝覽』을 위시한 조선시대의 지리지류에는 '성산이 현의 북쪽 1리 지점에 있는데 성산고성은 둘레 26척이고 지금은 폐지되었다'라고 전한다. 이를 통해 궁산은 조선시대에는 성산으로 불렸음을 알 수 있는데 이밖에도 關山, 鎭山 등으로 불렸다고 한다[25].

양천고성은 조선시대에는 폐성되어 사용되지 않다가 일제강점기와 해방 직후 일본군과 미군이 주둔하면서 심하게 훼손되었고 많은 유구가 남아 있으리라 추정되는 성의 정상부 평탄지는 적심석이 일부 지표에 노출되어 있다.

성의 둘레에는 축성시기를 가늠할 수 없는 성돌이 남아 있으며 남벽 일부 구간의 성벽은 잔존상태가 비교적 양호한 편이다. 양천고성은 1977년

---

25) 서울시사편찬위원회, 2004, 『서울의 성곽』, pp.151~159.

공원화 사업이 진행되어 근린공원으로 활용되고 있으며 1992년 사적 제 372호로 지정되었다. 최근에는 서울역사박물관에 의한 지표조사가 실시되었는데 이 때 토기편과 기와편 등이 수습되었다[26].

유적의 북쪽으로는 한강이 흐르고 있으며 남쪽으로는 양천구 강서구 일대의 넓은 평야가 펼쳐져 있다. 이곳에서 멀지 않은 지점에 안양천이 한강과 합류하는데 안양천은 잘 알려진 대로 경기 서부지역을 남-북으로 흐르면서 자연적인 교통로 역할을 하였다. 궁산의 동남쪽 방면에서 시멘트 길을 따라 성으로 오르면 성벽이 절개된 부분이 나오는데 이곳이 축성 당시의 동문지로 추정되고 있다. 그러나 현재는 심하게 파괴되어 원상을 확인할 수 없다. 이곳을 통해 성내로 진입하면 성의 초입에 성황사가 있으며 남문지와 동문지의 사이에 저수시설로 추정되는 20×10m 가량의 유구를 확인할 수 있고 정상부에는 오랫동안의 군사 주둔으로 인해 크게 훼손되었으나 지표 위로 적심의 일부로 노출되는 시설과 토기편, 기와편 등이 노출되어 있다.

채집되는 유물은 토기편을 비롯하여 기와편이 다수 채집되는데 회색 경질의 태사격자문 변형 어골문 태선문등이 확인되며 황갈색 연질에 내면에는 모골흔이 있으며 태선문이 있는 기와도 채집되었다. 대부분 통일신라~고려시대의 유물로 추정할 수 있으며 일부 유물에서는 백제적인 요소가 눈에 띄어 주목된다. 이밖에 회청색 경질토기와 대각편 등이 수습되었는데 대개 신라 진출 이후의 유물로 평가되고 있다.

양천고성 내에서 수습되는 유물은 대부분 통일신라 이후의 유물로 평가되고 있어 초축국을 신라로 보기도 하나 백제시대에 고구려의 남하를

---

26) 서울역사박물관, 2005, 『서울특별시 문화유적 지표조사 종합보고서』제Ⅲ권, pp. 463~469.

[사진 1] 양천고성 전경

[사진 2] 양천고성 내 평탄지

[사진 3] 양천고성 성벽

[사진 4] 양천고성에서 본 난지도 일대와 안산보루

막기 위해 활용되었을 가능성도 배제할 수 없다. 한강을 거슬러 오르는 고구려 군을 상대하기에 매우 적합한 장소였을 것으로 추정되기 때문이다[27]. 특히 이곳을 점령하면 동으로는 한강 중-상류 유역으로 진출할 수 있고 남으로는 안양천을 거슬러 올라 수원 일대까지 넘볼 수 있기 때문이다. 따라서 이 유적의 축성시기를 추정하기 위해서는 약간의 탄력성을 부여해야 할 것으로 생각된다.

2. 신정동 토성

양천구 신정동에 위치한 신정동 토성은 관악산과 한강-안양천 일대가 잘 조망되며 북으로는 양천고성과 응하고 있다. 한강을 넘어서는 남산과 인왕산등 강북의 주요 고지들이 관측되며 노량진, 여의도 일대의 평야지대까지 관망된다. 이곳을 지나는 옛 길은 경인철도가 생기기 전에는 서울에서 부천과 인천을 오가던 지름길이었던 것으로 전해지고 있다.

유적은 해발 61.9m와 66.4m의 낮은 구릉이 잇닿아 있는 형태로 토축으로 추정되는 둘레 약 540m, 높이 2m 내외의 토루가 잔존해 있다. 이곳은 오래전부터 판축, 삭토를 이용한 축성으로 알려져 왔으나 1998년 서울대학교 인문과학연구소에 의해 시굴조사 되어 유직의 성격이 일부나마 밝혀지게 되었다. 조사결과에 의하면 성의 축성기법상 바닥의 석렬이나 영정주의 흔적 등이 확인되지 않았고 인위적으로 축성된 구간이 확인되지 않아 백제 초기의 축성이라고 주장되던 근거 등이 찾아지지 않았다[28]. 유물은 회백색의 연질토기가 출토되었다고 전해지며 시굴조사 당시에는

---

27) 吳舜濟, 2005, 『漢城百濟의 都城體制 研究』, pp.230~233.
28) 서울대학교 인문학연구소, 『新亭洞土城 試掘調査 報告書』, pp.16~27.

[사진 5] 신정동 토성 성벽

[사진 6] 신정동 토성 내부 평탄지

토기 등이 출토되지 않았다. 다만 이곳에서 1km 떨어져 있는 신정동 약수
터주변에서는 격자문이 있는 경질의 토기편과 기와편이 나와 이 유적과
의 연관성이 있는 것으로 보인다.

이곳은 전면적인 조사가 이루어지지 않아 유적의 성격이 불분명하지만
주변에 펼쳐진 넓은 평야지대와 유리한 교통여건 등을 통해 볼 때 중·소
규모의 취락 내지 성곽이 위치하고 있었을 가능성을 배제하기 어렵다. 특
히 신정동 토성 앞 정랑고개를 넘으면 뱃길을 이용할 수 있는 안양천이나
한강으로 이어질 수 있었고 한강이나 안양천이 범람할 때에는 신정동토
성에서 쉬어가야 했다는 이 지역의 구전을 통해 볼 때 신정동 토성은 백
제 이후에도 홍수시의 대피성이나 전란시의 入堡城으로 기능하였을 가능
성이 높다[29].

3. 호암산성

虎巖山城은 관악산의 줄기인 호암산(347m)에 자리 잡은 산성이다. 이
곳은 서울의 남서쪽에 해당하며 유적의 동쪽으로 약 2km 지점에 관악산
연주대(629m)가 위치하고, 동남방 1km 지점에 삼성산(460m) 정상이 위치

---

29) 이밖에 정식적인 지표조사 결과는 아니지만 강서구 매봉산에서 유물산포지가 확인
된 것으로 전해지는데 강서구 화곡동 강서구청 뒤의 매봉산(116.8m)에 있는 유적
으로 정상에는 봉수대가 남아있고 북쪽에는 토루가 남아있으며 남쪽 골짜기에는
"군골"이라는 지명이 남아 있다. 이곳의 저장구덩이에서 백제 토기 7점이 채집되었
다고 전해지는데 남쪽으로 신정동토성과 서북으로 한강변의 양천고성을 바라 볼
수 있는 위치로 군사적 성격도 지니고 있었던 것으로 추정된다. 특히 유적이 위치
한 매봉산은 서쪽인 인천, 부천, 김포 방면에서 서울로 들어오는 길목에 해당하는
지점이기 때문에 앞으로의 지속적인 관심이 요구된다(韓宗燮, 1992, 「백제 하남위
례성지에 대한 연구－自然 經濟 遺物을 중심으로－」, 제7회 향토문화연구발표회논
문).

하고 있다. 호암산은 이 삼성산의 지봉으로 호랑이가 엎드린 모양을 하고 있어 이 일대에서는 이 산을 '범뫼' 라고 부른다. 산성의 정상에서는 남쪽으로는 안양일대의 평야지대가 관측되고 서쪽과 서북쪽으로는 금천·양천일대의 평지가 잘 조망되며 안양천이 북류하며 발달된 하천로가 형성되어 있다. 이러한 산성의 입지조건으로 볼 때 호암산성은 안양 금천 일대의 평야를 관할하며 안양천로를 따라 침입하는 적에 대한 방어를 위해 축조되었음을 알 수 있다. 호암산성에 대한 문헌기록으로는 『增補文獻備考』에 '금천의 동쪽 5리 虎巖 부근에 있으며 석축이다. 龍湫가 있어 기우제를 지낸다' 고 하였고 『大東地志』에는 '虎岬寺가 있는 虎岩山에 있는 산성으로 주위가 1,681척이다. 한우물[大池]이 있다' 라고 하였다. 호암산성과 한우물이라 불리는 연지는 사적 제343호로 지정되었으며 1989년 10월과 1990년 3월 서울대학교 박물관의 의해 발굴 조사가 실시되었다[30].

호암산성의 평면 형태는 남북으로 길쭉한 마름모꼴이며 해발 325m의 능선을 따라 테뫼식으로 축조되었다. 성벽의 총 연장은 약 1,250m로 이 중 약 300m 구간에 석축이 남아 있다. 산성내부에서는 우물지 2개소와 건물지 4개소가 확인되었다.

성 내부의 건물지에서는 약 6,556개체분의 와편이 출토되었는데 이 가운데에는 백제 초기의 것으로 추정되는 와편도 소량 출토되어 이 산성이 백제 때부터 사용되었다는 것을 추정케 해준다[31].

한우물이라 불리는 제1우물지는 조선시대에 쌓아 올린 석축이 남아 있

---

30) 서울시사편찬위원회, 2004, 『서울의 성곽』, pp.221~230.

31) 성내의 시설물 조사에서는 신라 때의 유물이 대부분을 차지하고 있지만 백제의 기와편이 출토되었다는 사실은 이곳에 백제의 관방유적을 비롯한 중요 시설이 자리잡고 있었음을 암시해주며 이 일대가 백제 때에도 사용되었음을 알려준다(서울시사편찬위원회, 2004, 『서울의 성곽』, p.230).

는데 그 아래에서 통일신라시대의 석축이 확인되었다. 한우물의 조선시대 석축지는 동서 22m, 남북 12m, 깊이 1.2m의 장방형이고 石狗池라는 명문이 새겨져 있다. 통일신라 때의 석축은 동서 17.8m, 남북 13.6m, 깊이 2.5m이다. 한우물에서 남쪽으로 약 200m 떨어진 곳에서도 남북 18.5m, 동서 10m이상으로 석축된 제 2우물지가 확인되었다[32].

우물지의 내부 퇴적토에서는 백자편을 비롯한 조선시대 유물과 함께 7~8세기 통일신라시대 유물이 출토되었다. 제2우물지에서는 '仍伐內力只乃末' 이라는 명문이 새겨진 청동숟가락이 출토되었다. '잉벌' 은 고구려의 영토로 편입된 이후의 지명인 仍伐奴縣을 가리키는 것으로 잉벌노현은 신라 경덕왕 때 곡양현으로 바뀌었다. 따라서 우물지에서 나온 유물을 통해 볼 때 신라 때의 축성 하한선은 경덕왕 16년으로 추정할 수 있다. 그런데 문무왕 12년(672)에 한산주에 晝長城을 쌓은 기록과 산성 내 축조된 제

[사진 7] 호암산성 정상부

---

32) 서울대학교박물관, 1990, 『한우물-호암산성 및 연지 발굴조사보고』 參照.

1우물지의 석축 구조가 문무왕 14년에 만들어진 경주 안압지의 석축 구조와 거의 유사한 점에 미루어, 문무왕대 대당전쟁을 대비한 관방시설이라고 추정되고 있다. 출토된 유물과 입지조건을 토대로 살펴본다면 호암산성은 백제때부터 관방시설로 사용되다가 문무왕 12년을 전후한 시기에 크게 수축되어 대당전쟁기 남양만과 한강유역을 잇는 안양천로를 방어하기 위한 중요한 역할을 담당했음을 것으로 추정할 수 있다.

또한 이 산성에서는 통일신라시대 이외에 고려시대의 유물도 많이 출토되고 있으며, 임진왜란 당시 한성 수복을 위해 행주산성과 연합한 전라병사 宣居怡 장군이 인솔하는 조선 군사들이 이곳에 주둔했다고 전해진다[33].

4. 모락산성

모락산성은 경기도 의왕시 오전동과 내손동에 위치하는 모락산에 축조된 테뫼식 산성이다. 이곳은 한강이남 지역의 경기 중서부 일대로 경기남부와 서울지역을 연결하는 통로에 해당한다. 즉, 북쪽으로는 마포 일대로 이어지는 안양천로와 강남 일대로 이어지는 양재천로가, 남쪽으로는 평택 아산만 일대로 이어지는 황구지천로와 진위천로가 각각 발달하였다. 이러한 하천로를 따라 발달한 교통로를 통제하기 위한 목적으로 모락산에 관방유적이 축조되었다고 할 수 있다.

성의 전체 둘레는 820m이며 성벽은 산의 정상부(385m)와 남봉(374m)의 능선 및 서쪽으로 뻗은 능선의 사면을 이용하여 축조하였다. 장축은 동서 250m, 단축은 남북 175m이며 북벽이 길고 남벽이 짧아 북서쪽이 돌출된 형태이다. 성벽은 자연지형을 이용하여 경사가 가파른 곳은 자연

---

33) 서울시사편찬위원회, 2004, 『서울의 성곽』, p.230.

[사진 8] 모락산성 전경(항공사진)

[사진 9] 모락산성 출토 백제토기

암반을 최대한 이용하였고 경사가 완만한 곳은 안팎으로 석축을 쌓아 올렸다. 성내의 시설물로는 서문지 1개소, 치성 3개소, 망대지 1개소, 건물지 5개소 등이 확인된다[34].

성내에서는 토기류가 집중되어 수습되었으며, 기종은 호, 옹, 심발형토기, 장란형토기, 배, 완 등으로 한성기 백제토기의 형성이 완료된 시기의 모습을 보여준다. 수습되는 토기의 제작기법으로 볼 때, 성의 중심 사용연대는 4세기에서 5세기 무렵으로 생각된다. 즉, 백제 한성기의

---

34) 세종대학교 박물관, 2005, 『의왕 모락산성』.

전성기인 근초고왕(346~374)을 전후한 시기부터 고구려 장수왕(413~491)의 남진정책으로 인해 전사하는 개로왕(455~474)을 전후한 시기까지로 추정할 수 있다.

당시 도성인 풍납토성에서 남서쪽으로 직선거리로 20㎞ 떨어진 곳에 위치하고 있는 모락산성은 안양천로를 통하여 강서 일대로 나가 한강 하류를 지나서 도성으로 진격하는 적군의 배후를 공격하거나, 양재천로를 통해 도성을 직접 방어할 수 있는 곳에 해당한다. 그러므로 모락산성은 백제가 고대국가의 기틀을 확립한 뒤에 풍납토성을 방어하는 도성방어체제에서 도성에서 서남부지방으로 통하는 교통로를 통제하는 한편 적의 침투로를 배후에서 견제하는 등 도성방어를 위하여 축조된 경기 서남부 지역 관방체계의 핵심을 이루는 중요한 거점성이었다. 또한 초기 백제의 국가 성장과 발전 과정의 실마리를 제공해주는 중요한 자료로 평가된다.

모락산성은 군포-의왕일대의 평야를 내려다 볼 수 있는 이 일대의 중요한 감제고지로 이 일대의 고대 교통로는 크게 두 가지였던 것으로 추정되고 있다. 하나는 안양천을 따라 서울 서남지역으로 진출하는 루트와 다른 하나는 과천을 거쳐 양재로 진입하는 루트이다. 이 두 가지 루트 모두 한성백제의 수도였던 풍납토성과 연결될 수 있는 교통로였기 때문에 백제는 이 지역에 군대를 주둔시켜 남쪽에 위치한 마한으로부터의 군사적 위협에 대비하고자 한 것으로 추정된다.[35] 따라서 모락산성을 유지하기 위해 많은 주민이 필요했을 것이며 자연발생적이건 인위적이건 간에 한성백제 초기부터 이 일대에 백제인들이 거주하게 된 배경이 되었다고 추론할 수 있다[36].

---

35) 하문식 · 백종오 · 김병희, 2003, 「百濟 漢城期 慕洛山城에 관한 研究」, 『先史와 古代』 18, pp.170~179.

36) 세종대학교 박물관, 2005, 『의왕 모락산성』.

5. 도덕산 보루

  광명시 광명동에 위치한 도덕산은 광명시에서 가장 높은 봉우리로 이곳의 정상에서는 동으로 호암산성, 삼성산성이 보이고 북으로 한강유역과 서로는 인천, 남으로는 안산, 안양지역이 조망되는 위치이다. 주변은 광명, 시흥일대의 평야지대가 펼쳐져 있으며 안양천이 굽어보이고 있다. 『文化遺蹟總攬』에는 '해발 198m의 도덕산에 있는 것으로 주위는 700m이며 한강유역 전체를 굽어 볼 수 있는 위치로 토 · 석축으로 되어있는 성으로 君子山城과 마주 보인다' 라고 전해진다.

  한양대학교 박물관에 의한 조사시 도질토기편과 삼족토기조각이 발견되어 백제시대의 유적으로 보고 되었다[37]. 그러나 세종대학교 박물관의 조사에 의해 3개의 보루로 구성된 보루군으로 조사되었다[38]. 각 보루는 해발 183m, 199m, 128m의 도덕산 봉우리의 정상부에 세워졌는데 정상부에는 체육시설, 전망대 등이 들어서 있어 훼손된 상태이다. 1보루는 치석된 석재를 이용해 150m 가량 축성되었고 2보루는 삭토법에 의해 축성되었다. 3보루는 자연지형을 활용한 것으로 파악되었다. 이곳에서는 전망대 공사 등으로 인해 훼손된 절개지에서 백제시대의 타날문토기가

[사진 10] 도덕산 2 보루 정상부

---

37) 한양대학교박물관, 1986, 『京畿道 百濟文化遺蹟』, pp.63~65.
38) 세종대학교박물관, 2003, 『光明市의 歷史와 文化遺蹟』, pp.384~398.

여러 점 출토되었다. 그밖에 고려시대의 기와편과 토기편도 일부 출토되었으나 대체적으로 보아 백제시대부터 관방유적으로 활용되었다고 추정해도 별다른 무리가 없을 듯 하다.

도덕산 보루군은 경기 중서부지방을 연결하는 주요 교통로인 안양천로를 통제하는 기능을 하고 있는데 안양천로의 시점부근에 있는 의왕 모락산성, 안양 호암산성과 대응관계를 이루고 있는 유적으로 보아도 무리가 없을 것이다. 매우 중요한 곳으로 서쪽의 해안지역에서 들어오는 적과 안양천을 따라 남·북으로 오고 가는 적을 막기 위해 쌓은 것으로 추정된다.

IV. 유적을 통해 본 안양천 유역의 관방체계

안양천 일대는 기원전 1세기 말 한반도의 중심부인 서울지방에서 새롭게 등장한 온조세력의 영향권에 들었을 것으로 짐작된다. 지금의 강남지역에 개국한 온조의 백제는 인접한 안양천 유역에도 정치적 영향력을 미쳤을 것이다. 안양천 유역이 처음부터 백제의 영향권내에 있었는지, 또는 점차 백제의 세력권내로 편입되었는지, 적대적인 관계를 유지하였던 백제의 상대소국의 영역이었는지는 분명치 않다. 그러나 안양천 인근 지역에서 발견되는 백제시대 유적들을 통해 백제에 병합된 이후로는 매우 중요한 지역으로 여겨졌음을 알 수 있다.

안양시 평촌 귀인마을에서는 평촌 신도시 개발을 위한 명지대학교 박물관의 조사에서 지석묘들과 함께 백제시대로 추정되는 주거지가 발견되었다. 이 귀인마을의 주거지는 초기 백제시대의 주거지로 추정되는데, 지표면으로부터 30×50㎝ 정도 깊이의 움을 판 후 온돌시설 부엌 저장고 등을 갖춘 것이었다. 이 곳에서 발견된 유물은 3점으로 초기 백제시대의 토기로 보이는 승석문토기편 1점과 흑색마연토기편 1점, 그리고 돌도끼 1점이다[39]. 이 주거지는 인덕원 평야지대를 배경으로 한 백제시대의 중심적인 취락군 가운데 하나로 여겨진다. 이밖에 의왕시 삼동에서 백제토기 13점이 발견되기도 하였다. 앞의 유적들 가운데 모락산성은 이들 유적과 인접한 곳에 자리 잡고 있어 이 일대가 백제초기 전략적 요충지로 중요시 여겨지고 있었음을 짐작할 수 있다[40].

한편 군포 산본지구에서는 백제시대 고분이 발견되어 백제와의 관련성을 말해주고 있다. 산본지구에 있는 9기의 고분군 가운데 하나가 백제고분으로 알려져 있어 백제시대 군포시 역사에 대한 중요한 단서를 제공해주고 있다[41].

모락산성은 안양-의왕 일대의 평야를 내려다 볼 수 있는 이 일대의 중요한 감제고지로 이 일대의 고대 교통로는 크게 두 가지였던 것으로 추정되고 있다. 하나는 안양천을 따라 서울 서남지역으로 진출하는 루트와 다른 하나는 과천을 거쳐 양재로 진입하는 루트이다. 이 두 가지 루트 모두 한성백제의 수도였던 풍납동 토성과 연결될 수 있는 교통로였기 때문에 백제는 이 지역에 군대를 주둔시켜 남쪽에 위치한 마한으로부터의 군사적 위협에 대비하고자 한 것으로 추정된다[42]. 따라서 모락산성을 유지하

---

39) 명지대학교 박물관, 『安養 坪村의 歷史와 文化遺蹟-發掘調査報告書』, pp.171~197.

40) 하문식 · 백종오 · 김병희, 2003, 「百濟 漢城期 慕洛山城에 관한 硏究」, 『先史와 古代』 18, pp.151~157.

41) 산본동 제5호 고분은 수리산에서 동쪽으로 뻗은 구릉의 비탈에 있다. 내부 구조는 횡혈식석곽으로 장방형의 토광 안에 만들어졌다. 유물로는 서북의 시상대 위에서 토기단지 1점과 왼쪽 어깨부분에서 청동제 허리띠 장식이 여러 점 출토되었다. 토기단지는 입구의 주둥이 부분이 약간 상했을 뿐 거의 완제품에 가깝다. 검은 회색을 띠고 있고 형태와 바탕흙의 성격으로 보아 백제 계통의 것으로 여겨지고 있다 (명지대학교 박물관 · 호암미술관, 1990, 『산본지구 문화유적 발굴조사 보고서』).

기 위해 많은 주민이 필요했을 것이며 자연발생적이건 인위적이건 간에 한성백제 초기부터 이 일대에 백제인들이 거주하게 된 배경이 되었다고 추론할 수 있다[43].

1. 교통로를 통해 본 방어체계

그렇다면 안양천 일대 백제 성곽의 축성 배경을 보다 면밀히 검토하기 위해 백제 초기 수도 방어체계의 일면을 살펴볼 필요가 있을 것이다. 군포천과 안양천은 합류하여 북으로 흘러가는데 이는 양천 부근에서 한강에 유입된다. 이러한 자연지형은 경기 서남부 지역에서 한강하류로 진출할 수 있는 최적의 육로를 형성하고 있다. 이러한 자연교통로는 고려-조선시대 이후 남북교통로로 활용되어 왔으며 정조의 화성행차시에도 '시흥로(금천로)'라는 명칭으로 자주 이용되었다.

한편 안양 인덕원과 과천 사이의 야트막한 구릉을 지나면 과천천(양재천)으로 나아갈 수 있었는데 과천천은 양재를 거쳐 지금의 삼성동 일대로 이어져 있었으므로 의왕-인덕원-과천-양재에 이르는 길은 경기 서남부 지방에서 한성백제의 수도였던 풍납토성으로 이어지는 최단 교통로였다고 할 수 있다. 이것을 증명하듯 의왕-양재에 이르는 구간에는 삼국시대의 성곽들이 다수 자리잡고 있다. 우선 모락산성을 거쳐 양재동에 이르는 루트상에는 우면산성과 대모산토성을 확인할 수 있고 이를 지나면 삼성동토성을 거치게 되는 등 풍납토성에 대한 방어체계는 2~3중으로 구축되

---

42) 하문식 · 백종오 · 김병희, 「앞의 논문」, pp. 170~179.

43) 모락산성을 한성시기 과천-안양 일대의 치소성으로 파악한 견해가 주목된다(金榮官, 2006, 「모락산성을 통해 본 백제시대의 의왕」, 『의왕 모락산성』, 세종대학교 박물관, pp.270~277).

[사진 11] 모락산성에서 본 안양천 일대

고 있었음을 알 수 있다[44].

　반면에 안양천을 따라 북상하는 교통로인 시흥로에는 호암산성이 안양천의 동쪽에 자리 잡고 있었다. 시흥로를 통제하는 성곽인 호암산성은 안양천로를 거슬러 한강 유역으로 진출하는 적을 방어하기 위해 축조된 것으로 이해할 수 있다. 서남해안 지역에서 북상한 적이 백제의 왕성인 풍납토성으로 이동하기 위해서는 부득이 한강수로를 택해야 했을 것으로 보이는데 한강과 같이 노출된 교통로는 적에게 큰 부담을 주었을 것으로

---

44) 이들 성곽이 군사적 목적에서 축조되었는지 아니면 풍납토성과 같은 지역 치소인지는 확인할 수 없다. 다만 의왕을 거쳐 양재로 이르는 도로상에 이처럼 많은 성곽이 분포하였다는 사실은 이 도로의 중요성을 대변해 주는 것이고 이 같은 인구 밀집지대를 통과하는 것은 적에게는 큰 부담이 되었을 것이므로 과천천 일대의 성곽은 풍납토성을 중심으로 한 관방체계로서 충분히 기능할 수 있었을 것이다.

[사진 12] 양천고성에서 바라본 행주산성

추정된다[45]. 한강 주변의 크고 작은 고지들은 한강을 거슬러 북상하는 적
에게는 반드시 꺾어야 하는 장애물로 인식되었을 것이기 때문이다. 따라
서 경기 서남지방에서 모락산성을 거쳐 과천 일대로 진출하는 교통로가
풍납토성으로 진출하기 위한 최단 코스로 선택되었을 것으로 짐작할 수
있으며 이에 대한 차선책은 안양천을 거슬러 올라가 한강 수로를 통해 백
제의 위례성으로 진출하는 루트였을 것이다[46].

 이에 안양천과 한강이 합류되는 지점의 방어가 요구되었을 것으로 보
이는데 여기에 위치한 성곽이 바로 양천고성이었다. 양천고성은 강서구

---

45) 한강 하구에 자리잡은 오두산성·행주산성·멱절산유적·고봉산성·개화산성·
  양천고성 등은 한강 하구 유역을 관할하던 관문으로 인식되고 있다(吳舜濟, 앞의
  책, pp.230~233).
46) 하문식·백종오·김병의, 앞의 논문, pp.155~157.

일대의 평야지대에 자리 잡고 있지만 강가에 연접해 있어 강을 따라 북상하는 적을 통제하기 쉬울 뿐 아니라 안양천을 따라 이동하는 적에 대해서도 원격적인 제어가 가능한 위치를 점하고 있다. 뿐만 아니라 강의 북안에서 이동하는 적에 대한 관측기능을 함께 할 수 있어 양천고성은 한강하구를 관할하는 주요 성곽으로 활용되었을 것이다. 한편 양천고성의 경우 조선시대의 강화로가 지나는 지점이어서 눈길을 끈다. 강화로는 김포와 강화 등지의 도서 해안 지역에서 한강유역으로 진출하는 육로로서 양천고성은 이 강화로에 대한 통제 기능도 함께 수행하였을 것으로 보인다[47].

그밖에 안양천로 상에 위치한 또 다른 성곽인 신정동 토성과 도덕산 보루군은 이들 성곽의 중간지점에 위치해 있으면서 앞의 세 성곽을 보조하는 기능을 수행하였을 것으로 여겨진다. 한편으로는 안양천일대와 서해를 연결하는 교통로를 관할하고 있다는 점에서 의미가 깊다. 앞에서 살펴본 것처럼 신정동 토성은 부평방면에서 영등포 방면으로 진출하는 길인 경인로를 감제하는 위치에 자리잡고 있고 도덕산 보루군은 안산·시흥일대의 도서지역에서 안양천 유역으로 유입되는 길목을 지키고 있었다. 따라서 위의 두 성곽은 안양천로를 방어하는 중심적인 기능 이외에도 서해지역에서 유입되는 병력과 물자에 대한 통제기능을 함께 수행했다고 보아야 할 것이다.

이상과 같이 안양천 유역 5개 백제 성곽과 관방체계를 살펴보았는데 그 내용은 다음과 같이 요약할 수 있다. 우선 안양천 유역 백제 성곽은 안양천로의 시점과 기점, 중간지점에 위치하면서 안양천로 본선을 방어하는 기능을 하였다. 안양천로는 교통로의 길이가 비교적 길고 방어 면적도 넓

---

47) 강화로는 서울과 경기 서부를 잇는 大路에 속했다. 양천고성 주변의 노정은 강화에서 김포 굴포교를 건너 개화산 고개를 넘은 뒤 양천고성 앞을 지나면 양화진으로 연결된다(「陽川縣地圖」 - 奎10346, 참조).

은 편이기 때문에 이 교통로를 확보하기 위해서는 여러 개의 성곽이 필요하였을 것으로 보인다. 둘째로 안양천 유역 백제 성곽은 안양천로와 인접교통로가 연결되는 교차지점에 위치하고 있었다. 양천교성은 강화로, 신정동 토성은 경인로, 도덕산 보루군은 안산로, 모락산성은 양재천로의 기점 혹은 시점에 해당하기 때문에 이들 교통로에 대한 통제가 안양천로상에 위치한 백제 성곽의 또다른 기능으로 이야기될 수 있을 것이다[48]. 따라서 앞에서 설명한 1차적인 기능 이외에 안양천로에서 파생되는 2차적인 교통로에 대한 통제기능을 확보할 수 있었으며 이를 통해 더욱 입체적인 방어체계를 구축할 수 있었다.

2. 안양천 유역 성곽의 방어대상

그렇다면 안양천을 거쳐 백제 수도인 풍납토성으로 진출하려는 세력은 과연 누구였을지 의문이다. 아마 백제와 접경하고 있던 馬韓세력에 의한 위협이 모락산성을 축조하게 된 일차적인 축성배경이라 할 수 있다. 잘 알려진 대로 백제는 건국 초기부터 마한세력의 위협에 직면해 있었다. 『三國史記』 百濟本紀에 따르면 마한은 백제와 처음에 우호적인 관계를 형성하였던 것으로 묘사되어 있다.

그러다가 溫祚王 26년 이후 마한과의 전쟁을 통해 이듬해인 27년 마한이 멸망하였다고 전하는데 이는 당시 사정에 대한 정확한 기록은 아닌 것으로 여겨진다[49]. 이러한 내용이 당시의 사실을 그대로 알려주는 것은 아

---

48) 다만 호암산성의 경우 파생되는 2차 교통로를 확인하기 어렵기 때문에 그 기능에 대해 단정 짓기 힘들다. 다만 호암산성에서 백제계 유물보다 신라계 유물의 출토 빈도가 높은 것은 2차 교통로가 없는 지정학적인 특징에 기인하는 것이 아닌가 여겨진다.

닐지라도 백제가 마한왕이 가지고 있던 연맹왕권을 점차 박탈해가고 인접 소국과 연맹관계를 형성하게 되는 시점을 의미하는 것으로 생각해 볼 수 있을 것이다. 그에 따른 백제세력의 확장은 마한으로 하여금 위기의식을 불러일으켰을 것이고 이는 군사적인 위협으로 표출되었을 것이다. 그러나 『삼국사기』에는 마한세력에 의한 직접적인 군사적 위협이 기록되어 있지 않다. 오히려 백제의 일방적인 승리로 끝나고 있으며 온조왕 27년 마한 멸망기사 이후 백제와 마한 간의 관계는 일절 소개되어 있지 않다. 『삼국사기』의 초기 기록에만 의존할 경우 안양천 유역 성곽의 축성 및 운영은 온조왕 27년 이후로는 무의미한 일로 되어 있다. 그러나 이와는 별도로 마한과의 군사적 충돌을 대비해 안양천 일대에 초보적인 수준의 방어시설이 형성되어 있었을 것임은 분명하다[49].

한편 외부 세력과의 관계에서 주목해야 할 또 하나의 세력은 바로 한반도 중북부 지방에 자리 잡고 있던 漢郡縣의 존재이다. 한군현은 백제 초기부터 백제의 성장을 견제하여 고대국가로서 성장하는 것을 방해하였다. 한군현의 부용세력이라고 이해되는 靺鞨세력을 종용하여 백제의 북변을 끊임없이 침략하는 한편 백제에 대한 직접적인 공격을 감행하기도 하는 등 한반도에 대한 식민적 지배권을 유지하기 위해 韓세력이 고대국가로 성장하는 것을 방해해왔던 것이다. 이같은 한의 방해 책농은 문헌상으로 뚜렷이 드러나 있지는 않다[51]. 하지만 최근의 고고학적 성과에 의해

---

49) 「百濟本紀」에 따르면 마한은 온조왕 27년에 완전히 멸망하였으며 이후 마한지역에 대한 통제권은 백제가 행사한 것처럼 묘사되었다. 하지만 이는 경기-충청지역에서의 마한세력의 구축이고 마한의 맹주인 목지국은 적어도 5세기 무렵까지는 활동하였다고 보는 것이 일반적인 대세라 하겠다(최몽룡, 2005, 「마한 목지국 연구의 제문제」, 『한성시대 백제와 마한』, 주류성, pp.94~100).

50) 모락산성이나 호암산성에서 출토되는 조족문토기를 백제 중앙 왕실과 밀접한 연관이 있는 유물로 파악하는 견해가 주목된다(金榮官, 앞의 논문, pp.270~277).

낙랑세력과 마한세력의 관계에 대해 새롭게 인식할 수 있는 길이 열리고 있다.

경기지역 일대의 활발한 발굴조사 결과 낙랑계 유물로 여겨지는 많은 장신구와 토기류 등이 출토되었고 이는 마한소국과 낙랑세력 간의 인적, 물적 교류의 양상을 보여주고 있다. 특히 유적과 인접한 화성 기안리에서는 낙랑계 유적으로 보이는 제철유구가 발견되기도 하였다[52]. 이러한 낙랑계 유물의 출토는 3세기 초반 집중되는데 이는 낙랑세력의 직접적인 진출로 풀이되고 있기도 하다[53]. 이처럼 낙랑세력이 경기 남부지방에 직접적으로 진출하기 시작한 배경으로는 군현 내부적인 요구에 의한 것이기도 하겠으나 경기지역으로 영역을 넓혀가는 백제를 견제하기 위한 수단으로 이해할 수 있을 것이다. 그리고 이는 낙랑이 韓지역을 통제하기 위해 지속적으로 구사해 왔던 以夷制夷정책의 연장선상으로 이해할 수 있다.

낙랑세력 진출의 직접적인 배경을 전하는 사료는 현재로서는 찾을 수 없다. 다만, 3세기 초 낙랑과 백제의 관계에 새로운 국면이 전개되는데 관구검의 고구려 침입 이후 전개된 백제의 낙랑영토침범이 그것이다[54]. 낙랑에 대한 백제의 공격은 그동안 계속되고 있었으나 직접적인 공격은

---

51) 『삼국사기』, 「백제본기」의 초기 기록에서 낙랑세력의 견제책동을 엿볼 수 있을 뿐이다.

52) 畿甸文化財研究院, 2003, 『華城 旗安里 製鐵遺蹟 3次調査 및 追加試掘調査 現場說明會議資料』.

53) 이러한 낙랑계 유물의 유입을 한성백제 성립의 배경으로 풀이하고 있다(金武重, 2005, 「京畿地域 靑銅器~原三國時代의 周邊地域과 交流 樣相」, 『고대 문물교류와 경기도』 제32회 한국상고사학회 학술발표대회, 44~46쪽). 그러나 이같은 낙랑계 유물과 기술의 유입은 백제 성립의 배경이 아니라 백제국가 성립을 방해하기 위한 낙랑세력의 적극적인 개입의 증거로 파악하는 것이 옳을 것이다.

54) 『三國史記』 卷 第24 百濟本紀 第2, 古尒王 13年條 參照.

고이왕대 들어 처음으로 나타나고 있다[55]. 이는 백제가 주변 정세를 이용하여 낙랑과 직접적인 교전을 할 수 있을 정도로 성장하였다는 것을 의미하며 이는 낙랑으로 하여금 새로운 도전과 이에 대한 적극적인 형태의 응전을 이끌어내게 하였다. 낙랑은 지금까지 구사해 오던 말갈을 통한 백제 공격과 더불어 서해안 일대의 부용세력을 이용하여 백제의 배후를 위협하였을 것으로 추정되는데 화성 기안리에서 대규모의 낙랑계 제철유적이 발견되었다는 사실은 낙랑이 경기 남부지역에 거대한 생산 유적을 형성하였다는 표면적인 사실 이외에 서해안 일대의 세력을 무장시키고 백제를 공격할 수 있는 물적 기반을 확보하였다는 점에 더욱 큰 의미를 두어야 할 것으로 보인다. 이 유적이 고이왕의 낙랑침공 이전에 형성된 것인지 아니면 그 이후에 형성된 것인지 확실하지는 않으나 적어도 3세기 전반 백제-낙랑의 관계를 단적으로 보여주는 유적으로 해석할 수 있겠다[56].

서해안 일대의 부용세력을 앞세운 낙랑의 백제 견제 책동은 백제로 하여금 경기 서남부 지방에 대한 관방체계 정비와 교통로에 대한 통제를 이끌어 내었을 것으로 보이는데 이는 당연히 안양천 일대의 성곽 축조와 연결 될 수 있을 것이다.

이후 낙랑군과 대방군이 멸망하자, 백제는 그 땅을 두고 고구려와 다투게 되었다. 특히 近肖古王 24년(369)에 지금의 황해도 白川지역에서 벌인

---

55) 백제의 낙랑 공격은 마한 54국의 하나인 臣濆沽國의 활동으로 이해되고 있다(尹龍九, 1999, 「三韓의 對中交涉과 그 性格-曹魏의 東夷經略과 관련하여-」, 『國史館論叢』 34, pp.4~26). 그러나 이 글에서는 신분고국이 초기 백제의 일원에 편입될 수 있다는 시각 하에 고이왕 13년 낙랑 공격의 주체를 백제라고 서술하려 한다.

56) 기안리 출토 낙랑계 토기의 편년은 3세기 전중반을 중심연대로 한다. 기안리에서 낙랑계 토기가 다수 발견되고 있는 양상은 낙랑주민의 직접적인 이주로 인한 것이라 이해되고 있다(金武重, 2004, 「華城 旗安里製鐵遺蹟 出土 樂浪系土器에 대하여」, 『百濟研究』40). 또한 이 지역에서 낙랑계 정치권력의 존재를 점치고 있어 흥미롭다.

雉壤전투는 고구려의 故國原王이 인솔하던 2만 군과 격전 끝에 5천명을 죽이거나 사로잡는 큰 승리를 거두었다는 점에서 향후의 대세를 결정지은 매우 중요한 사건이었다. 이로써 백제는 한강 유역이 배타적 안전지대임을 확인하는 한편, 경기도를 지나 황해도 지역에까지 그 영토를 넓힐 수 있게 되었다. 고구려에 대해 승기를 잡은 백제는 근초고왕 26년(371) 마침내 3만 대군으로 고구려의 평양성을 공격하였다. 평양성 전투는 고국원왕을 죽이고 물러나는 선에서 정리되었지만, 고구려에 대한 백제의 군사적 우위만큼은 분명하게 과시할 수 있었다[57].

그러나 고구려에 대한 백제의 군사적 우위는 그리 오래가지 못하였다. 근초고왕이 재위(346~375)하던 무렵의 십여 년에 한정된 일시적 강세였다고 표현해도 지나치지 않을 정도로 그 기간은 매우 짧았다. 당장 근초고왕 30년(375)에 일어난 사건만 보더라도, 고구려가 백제의 군사거점인 水谷城을 빼앗자 즉시 반격에 나섰으나 실패하였다. 이후 近仇首王 3년에 왕이 직접 3만명의 군사를 거느리고 고구려의 평양성을 공격하였지만, 별다른 성과를 거두지 못하고 고구려의 반격만 부르게 된다. 그리고 4세기 말엽에 이르자, 마침내 백제는 고구려의 廣開土王이 이끄는 군대에게 계속 패전하여 북방의 넓은 영토를 잃고 만다.

고구려는 백제의 북방지역에 대한 공격과 더불어 해상으로부터 백제지역에 침입하게 되는데 광개토왕 6년 광개토왕은 수군을 이끌고 백제영토로 들어가 58성 700촌을 격파하였다[58]. 당시 격파된 58성에 대한 지명은 일일이 비정할 수 없으나 수군에 의한 공격이라는 점을 감안한다면 이들이 주로 해안이나 강가의 성·촌이었을 것으로 추정된다[59]. 특히 오늘

---

57) 『三國史記』 卷 第24 百濟本紀 第2, 近肖古王 23年 및 26年條 參照.

58) 한국고대사회연구소 편, 1992, 「廣開土王陵碑」, 『譯註 韓國古代金石文』, pp.7~16.

59) 이들 성곽의 위치비정은 이도학(앞의 책)의 견해가 주목된다.

날의 인천으로 비정되는 彌鄒城의 함락으로 인해 경기 서남부지역에서 고구려의 군사적 위협이 가중되었을 것이고 이는 인천-안산지방에서 한성지역으로 들어오는 길목인 안양천 유역에 대한 관심으로 이어졌을 것으로 추정할 수 있다. 광개토왕 6년 이후 인천-안산지역에 대한 고구려의 지배가 지속되었는지는 확인할 수 없으나 서해로부터 침입해 오는 고구려의 군사적인 위협은 한성을 상실하기 직전까지 이어졌을 것이며 이는 안양천 유역 성곽들이 백제 한성기에 중요한 전략적 거점으로 활용되는 계기가 되었을 것으로 생각된다.

안양천 유역의 성곽 가운데 모락산성과 도덕산 보루군은 신라의 영토로 편입된 이후에는 거의 사용되지 않았을 것으로 보이는데 우선 풍납토성을 중심으로 하는 한성지역의 중요성이 쇠퇴하였음과 더불어 당시의 전투가 신라의 북진로와 고구려의 남진로라는 두 축에 맞추어 전개되고 있었으므로 해안으로부터 백제의 중심지를 방어하던 모락산성이나 도덕

[사진 13] 호암산성 정상부에서 본 안양천 일대

[사진 14] 시흥방면에서 본 도덕산 보루군

산 보루군의 전략적인 중요성은 자연 쇠퇴하였던 것으로 풀이할 수 있다. 신라 역시 경기남부와 한강유역을 연결하는 안양천로(시흥로)를 중요시 여겼을 것으로 추정되나 안양천로에 대한 직접적이고 확실한 방어체계 구축을 위하여 호암산성과 삼성산산성(영랑성)을 수축 활용하였다. 이들 두 성은 안양천로의 남북으로 이동하는 물자와 인력에 대한 통제 기능을 수행하였고 남양만 일대로 진출하는 교통로를 아울러 통제하였을 것으로 보인다. 한편 안양천과 한강이 합류되는 지점에 위치한 양천고성은 안양 천로의 종점이자 한강수로의 시작점으로 신라군 북진의 발판이 되어 중 요하게 활용되었을 것으로 보인다. 성내에서 백제유물뿐만 아니라 신라 유물이 다수 수습되고 그것이 통일기 이후까지 지속적으로 확인되는 것 으로 보아 백제시대 한강 하구와 안양천 수로를 방어하기 위해 축조되었 던 양천고성은 신라 영토로 편입된 이후 신라 북진과 서해안 진출의 발판 으로 활용되었음을 알 수 있다.

V. 맺는말

백제는 건국 초부터 주변의 강력한 견제를 받게 되었다. 따라서 이의 해결을 위해 노력한 흔적으로 나타나는 축성기사가 백제 초기에 집중되어『삼국사기』에 수록된 것으로 이해된다. 또한 이러한 난관을 극복하는 과정에서 응집력이 발생하여 백제가 고대국가로 급성장 할 수 있는 밑바탕이 되었다.

초기의 축성은 낙랑, 말갈, 마한 등과 대항하여 산성과 목책을 축조하였고 이들과 끊임없는 갈등관계가 지속되었다. 그 가운데 마한과 낙랑세력 일부에 대한 방어의 개념으로 안양천 일대에 성곽을 축성했을 것으로 추정해 보았다.

안양천과 안양천로가 중요시 되었던 이유는 경기남부와 경기 서부의 문화와 문물이 이 안양천을 통해 서울지역으로 유입되었기 때문이다. 따라서 오늘날의 강남지역에 자리 잡은 백제는 안양천을 매우 중시 여겼을 것으로 짐작된다.

안양천 일대의 백제성곽은 서울 소재 백제 성곽이나 미추홀로 여겨지는 인천 소재 백제 성곽에 비해 관심의 대상에서 제외되었기 때문에 연구된 바가 적은 편이다. 또한 이들 성곽은 대개 서울인 위례성의 외곽에 해당하는 성곽으로 이해되거나 미추홀 주변의 성곽으로 이해되어 왔다. 여기서는 이러한 입장에서 벗어나 안양천이 백제국가의 성장을 위한 발판이었을 뿐만 아니라 백제 수도 방위체계의 한 축을 담당하고 있다는 입장 하에 양천고성, 신정동 토성, 호암산성, 도덕산보루, 모락산성 등 안양천 유역의 백제 성곽의 조사 현황을 살펴보고 이들 유적이 어떻게 유기적으로 결합될 수 있었을지 추정해 보았다.

안양천 유역 5개 백제 성곽은 안양천로의 시점과 기점, 중간지점에 위치하면서 안양천로 본선을 방어하는 기능을 하였다. 안양천로는 교통로의 길이가 비교적 길고 방어 면적도 넓은 편이기 때문에 이 교통로를 확보하기 위해서는 여러 개의 성곽이 필요하였을 것으로 보인다. 둘째로 안양천 유역 백제 성곽은 안양천로와 인접 교통로가 연결되는 교차지점에 위치하고 있었다. 양천교성은 강화로, 신정동 토성은 경인로, 도덕산 보루군은 안산로, 모락산성은 양재천로의 기점 혹은 시점에 해당하기 때문에 이들 교통로에 대한 통제가 안양천로상에 위치한 백제 성곽의 또 다른 기능으로 이야기 될 수 있을 것이다. 따라서 앞에서 설명한 1차적인 기능 이외에 안양천로에서 파생되는 2차적인 교통로에 대한 통제기능을 확보할 수 있었으며 이를 통해 더욱 입체적인 방어체계를 구축할 수 있었던 것으로 풀이된다. 한편, 이 글에서 다루어지지는 못했지만 각 교통로의 시점에 해당하는 한성시기 유적에 대한 검토도 아울러 이루어져야 할 것으로 보인다. 이는 고고학 자료의 축적 이후 별고에서 검토해 보고자 한다.

楊平 新院里 百濟 積石塚의 研究

유태용[*]

Ⅰ. 序論

　楊平郡은 경기도의 동부에 위치하고 있으며, 지리적으로 강원도와 道界를 접하고 있기도 하다. 楊平郡은 원래 楊根郡과 砥平郡으로 나뉘어 있었으나, 1908년 9월에 두 郡이 楊平郡으로 통합되어 오늘에 이르고 있다. 신원리 적석총은 중앙선 덕소–원주 사이에 複線電鐵化 구간에 대한 조사 도중 양평군 양서면 신원리 554번지 일대에서 발굴된 유적이다. 이 유적은 경기대학교 박물관에 의해 2003년 11월 10일부터 2004년 7월 16일까지 시굴조사가 실시되었던 4공구와 5공구 가운데 4공구에 해당하며, 2006년

―――――――

＊ 경기대학교 박물관 연구교수.

8월 17일부터 11월 20일까지 4공구 지역에 대한 문화유적 발굴조사가 이루어졌으며, 2006년 4월 12일부터 5월 25일까지는 4-2지구에 대한 연장조사가 실시되었다.

발굴조사 결과 신원리의 4-2지구에서는 지석묘 1기와 적석유구 4기 그리고 祭儀遺構 1곳 등이 조사되었고, 4-3지구에서는 支石墓 2기와 積石塚 1기가 발굴되었다.[1] 특히 이번에 발굴된 신원리 적석총은 한성백제의 중심지인 서울과 매우 인접하면서도 형식적으로는 서울과 지방의 중간적 위치를 점하고 있다. 따라서 본고에서는 한반도 중서부지역에서 조사된 백제시대의 적석총 유적과의 관련 속에서 신원리 적석총의 지리적 조건에 다른 공간적 위치와 시기적인 변화에 따른 형식적 편년 등에 대한 성격을 규명하고자 하였다.

II. 新院里 遺蹟의 位置와 環境

1. 遺蹟의 位置

적석총이 위치한 양평군 신원리 554번지 일대는 중앙선 복선 전철화 구간 가운데 4-2지구와 4-3지구에 해당한다. 이곳은 중앙선 兩水驛과 新院驛 사이에 위치한 芙蓉山(362.8m)의 동남쪽 능선 끝자락에 자리잡고 있다. 조사지역에서 남쪽으로 약 150m 지점에 중앙선 철로가 지나가고 있으며, 중앙선 철로의 남쪽에는 철로와 평행하게 6번 국도가 신원역 쪽으

---

1) 경기대학교 박물관, 2004, 『양평 남부지역 문화유적』.
　　　　　　　　　　, 2006, 『양평군 양서면 남한강유역 문화유적』.

로 이어지고 있다. 6번 국도 남쪽에는 남한강이 양평을 거쳐 서울 방향으로 西流하고 있다. 한편, 이 남한강의 流水가 높게 盛土되어 건설된 중앙선의 철로 밑으로 연결된 通路를 통하여 조사지점 근처의 바로 아랫부분까지 이어지고 있다.

조사지역은 원래 논으로 이용되고 있었으나 조사 당시에는 休耕地로 풀만 무성하게 자라고 있었고, 서쪽의 계곡은 나무가 우거진 산림지형으로 형성되어 있었다. 조사지역의 동쪽에는 월계골 마을이 자리잡고 있으며, 동북쪽으로 약 350m 정도 등고선 위쪽 계곡에는 芙蓉寺가 위치하고 있다. 한편 북쪽의 부용산 정상에는 百濟時代에 初築된 것으로 알려진 新院里山城이 위치하고 있으며, 산성의 주변에는 三國時代의 瓦片들이 무수하게 발견된다.

2. 遺蹟의 環境

1) 自然環境

조사지역이 속한 양평군의 지형을 보면, 양평군의 중앙에서 약간 북쪽에 龍門山(1,157m)을 중심으로 형성된 地塊가 양평군 전역을 지배하고 있다. 따라서 양평군은 대체로 산악의 지형을 형성하고 있다. 주요 산악으로는 鳳尾山(856m) · 白雲峰(940m) · 道一峰(864m) · 聖地峰(791m) 등이 있으며, 이외에도 북쪽 郡界에 通方山(650m) · 小理山(479m) · 禾也山(755m) · 葛基山(685m) 등이 위치하고 있고, 남쪽 境界에 楊子山(710m) · 婆娑山(231m) · 牛頭山(460m) · 塘山(541m) 등이 자리 잡고 있다.

하천은 양평군의 서쪽에 북한강이 서북지역에서 서남지역으로 흐르고 있으며, 남한강이 동남지역에서 西流하다 양수리에서 合流하여 漢江의 本流를 이룬다. 북한강의 支流에는 水入川 · 文湖川 등이 있고, 남한강의 支

流에는 黑川이 있다. 따라서 양평군의 지형을 보면, 南漢江을 따라 좁게 帶狀을 형성하며 발달하였고, 서쪽의 양수리 부근에는 비교적 넓은 충적 대지가 형성되어 있다.

양평군은 내륙지방에 위치한 관계로 여름과 겨울의 기온교차가 심한편 이다. 양평군의 연평균 기온은 10.9°이며, 1월의 평균기온은 -6.2°이고, 8월의 평균기온은 26.0°이다. 연평균 강우량은 1,239㎜이고, 6~8월에 집 중적으로 降雨가 많이 내린다. 양평군은 남한강와 북한강이 양수리에서 합류하며, 이곳에 팔당댐이 건설되어 있다. 이러한 지형적 특색으로 인하 여 10월부터 이듬해 5월까지 무려 8개월 동안 서리가 내린다. 따라서 양 평 지역은 겨울은 몹시 춥고 길며, 降雨量이 매우 많은 편이라 하겠다.

양평군 주민의 주산업은 농업이며, 전체 주민의 약 65%가 農家人口이 고, 農耕地는 하천의 범람원·河岸段丘·山麓部에 분포한다. 경지면적은 총면적의 약 16.4%인 14,232㏊이고, 논과 밭의 비율은 11:9이다. 주요 농 산물로는 쌀을 비롯하여 보리·밀 등 雜穀類와 채소류·과일류 등이 다 양하게 생산된다. 이밖에 養蠶業·畜産業·養蜂業 등도 활발하다.

2) 考古學的 環境

양평군 일대에 대한 고고학적 조사는 오래 전부터 많은 학자들에 의해 지속적으로 이루어졌다. 그 결과 양평군은 선사시대에서 역사시대에 걸 쳐 많은 유적과 유물이 학계에 보고되었다. 특히 양평지역의 고고학적 유 적과 유물은 북한강과 남한강의 중류와 하류를 끼고 있는 주변 지역에 광 범위하게 분포하고 있음이 밝혀졌다.

양평군의 구석기시대 유적지는 최근의 활발한 조사활동으로 많은 곳에 서 알려지고 있다. 양평군의 대표적인 구석기시대의 유적지로는 강상면 병산리, 양서면 도곡리,[2] 양평읍 회현리, 양평읍 도곡리,[3] 강하면 전수리,

양동면 단석리, 용문면 삼성리, 개군면 상자포리[4] 등의 유적지가 있다. 특히 병산리 구석기 유물지에서는 후기 구석기시대의 유물인 石核 · 양면찍개 · 주먹도끼 등이 발견된 바 있으며,[5] 양동면 단석리에서는 찍개 · 긁개 · 石核 등이 地表收拾되었고,[6] 강하면 전수리 유적지는 지질학적으로 남한강지역에 위치한 것으로는 전기 구석기시대 유적지로 평가되고 있다.[7]

양평군에서의 신석기시대 유적지도 최근 새로이 조사되고 있다. 예를 들어, 일찍이 서종면 문호리 유적에서는 빗살무늬토기가 발견되어 신석기시대 유적의 존재가 확인되었고, 양평군 개군면 공세리에서 신석기시대의 野外爐址가 발굴되었으며,[8] 용문면 광탄리 선사시대 遺物散布址에서도 빗살무늬토기가 수습된 바 있다.[9]

한강유역 靑銅器時代의 유적지는 주로 강변 충적대지를 따라 분포하는데, 이러한 청동기시대의 유적지 立地는 경기도 여주군 흔암리 주거지에서 炭化米가 출토된 것에서 볼 수 있듯이, 사람들의 농경활동과 관련이 깊은 것으로 해석된다. 이러한 유적지의 분포와 밀집도의 변화는 바로 사회적인 복합도(social complexity)의 증가로 이해되기도 한다. 특히 이러한 유적과 유물은 정치공동체의 형성이나 등장을 알려주는 고고학적

---

2) 경기대학교 박물관, 2004, 『양평 남부지역 문화유적』, 131~160쪽.

3) 경기대학교 박물관, 2004, 『양평 남부지역 문화유적』, 344~373쪽.

4) 한국토지공사 토지박물관, 1999, 『양평군의 역사와 문화유적』.

5) 서울대학교 박물관, 1997, 『남한강유역의 선사문화 남한강유역 지표조사보고서』, 24~25쪽.

6) 한국토지공사 토지박물관, 1999, 『양평군의 역사와 문화유적』.

7) 서울대학교 박물관, 1997, 『남한강유역의 선사문화 남한강유역 지표조사보고서』, 24~25쪽.

8) 경기대학교 박물관, 2005, 『양평 공세리 유적-발굴조사 지도위원회 자료집』, 9쪽.

9) 한국토지공사 토지박물관, 1999, 『양평군의 역사와 문화유적』.

증거로 해석되기도 한다,

양평군의 청동기시대 유적지는 현재 상당히 많은 곳이 학계에 보고되고 있다. 청동기시대의 대표적인 무덤인 지석묘는 양평읍 회현리, 강상면 병산리·대석리, 강하면 전수리, 양서면 대심리, 양서면 신원리, 서종면 수릉리, 개군면 앙덕리·상자포리 등지에서 조사되었다. 특히 개군면 상자포리 유물산포지에서는 청동기시대의 지석묘에 대한 발굴조사가 이루어졌고, 이곳에서 孔列土器와 硬質無文土器 등이 출토되었다. 그리고 삼국시대의 타날문토기 같은 다양한 유물들이 다수 발굴되었다. 따라서 이 지역은 선사시대와 역사시대 초기의 중요한 주거지역이었음을 알 수 있다.[10]

한편 양평읍 오빈리에서 경질무문토기가 地表收拾되었고, 양서면 大心里, 강하면 雲沁里, 강상면 交坪里에도 청동기시대부터 철기시대에 걸친 다양한 유물이 分布되어 있는 것으로 확인되었다. 특히 운심리 유적지에서는 비교적 넓은 범위에 걸쳐 유물이 분포되고 있으며, 유물의 出土量도 많을 뿐만 아니라 종류도 다양하다. 이들 지역은 청동기시대부터 삼국시대에 이르기까지 오랫동안 이곳 사람들의 중요한 삶의 근거지였던 것이다. 그리고 용문면 삼성리 흑천유역에서 초기 철기시대의 주거지와 환상열석이 발굴되었고, 점토대토기와 경질무문토기편 등이 출토된 바 있다.[11]

양서면 兩水里 두물머리의 선사시대 유물산포지는 남한강과 북한강이 합류하는 지점에 해당하는 江岸의 평지에 위치해 있다. 최근 성균관대학교 박물관에 의해 이곳에서 초기 철기시대의 打捺文土器가 출토되는 주거

---

10) 한병삼·김종철, 1974, 「양평군 상자포리 지석묘(석관묘)발굴보고」, 『팔당·소양댐 수몰지구 유적발굴 종합조사보고』, 문화공보부 문화재관리국.

11) 경기대학교 박물관, 2004, 『양평 남부지역 문화유적』, 497~540쪽.

지를 발굴하였다. 서종면 汶湖里 선사시대 유물산포지에는 청동기시대의 지석묘와 삼국시대 전기의 方形 積石塚이 발굴되었는데, 여기에서 다량의 토기편이 출토되어 삼국시대 초기의 대규모 주거지가 존재할 가능성이 제기되고 있다.

Ⅲ. 新院里 積石塚의 調査 槪要

1. 發掘 槪要

중앙선 복선 전철화 구간 제4공구 가운데 4-2지구와 4-3지구는 두 지구로 나누어져 있으나 시굴조사를 거쳐 전면 발굴조사로 확대되면서 단일 지구로 통합되어 현장조사가 이루어졌다. 적석총이 발굴된 4-3지구의 주변 지형을 보면, 북쪽이 능선상의 위쪽에 해당하며, 남쪽은 남한강의 北岸과 연결된다.

이 지역은 원래 試掘調査 과정에서 2기의 支石墓 下部構造와 1기의 方形 積石遺構가 조사되었던 곳이며, 발굴조사에서는 이들 遺構에 대한 정밀조사를 위해 遺構의 下部構造를 노출시키는 전면적인 除土作業을 실시하였다. 조사결과 4-2지구에서 지석묘 1기, 적석유구 4기, 제의유구 1기, 건물지 1기 등이 확인되었고, 4-3지구에서는 지석묘 2基가 積石塚 1기와 인접하여 발굴되었다.[12]

적석총 유구에 대한 발굴조사는 試掘調査에서 드러난 土層과 그에 따라

---

12) 경기대학교 박물관, 2004, 『양평 남부지역 문화유적-중앙선 4공구 시굴조사 보고서』.

                  , 2006, 『양평군 양서면 남한강유역 문화유적』.

확인된 文化層을 서로 對比하면서 전체 유구를 덮고 있던 흙을 除土하는 방식으로 진행하였다. 그러나 조사과정에서 노출된 積石塚이나 支石墓 같은 유적은 遺構의 保存狀態를 감안하여, 이들 유구는 발굴작업 과정에 積石과 土層의 층위 상태를 자세히 확인하면서 실시하였다. 특히 적석총 유구는 4-2지구의 남쪽에 위치하므로, 4-2지구에서 조사된 유구의 조사상황과 견주어 발굴조사를 진행하였다.

2. 調査 遺構

4-3지구에서 발굴된 적석총(1호 적석유구)이 위치한 곳은 시굴조사 작업을 위한 除土作業이 진행되기 이전에는 동쪽에 위치한 지석묘의 묘역을 조성한 평탄면보다 대지가 약간 높은 지형을 형성하고 있었다. 따라서 이곳에 대한 성격을 파악하기 위해 동-서와 남-북 방향에 따라 교차적으로 트렌치를 설정한 결과 石築遺構의 일부가 노출되었다. 그리고 발굴조사에서 石築遺構에 대한 전면 제토작업이 이루어지면서 적석총 유구의 전체적인 규모가 확인되었다.

積石塚의 평면형태는 서남쪽의 일부가 파손되었으나 노출상태로 보아 전체적인 형태는 등고선과 평행한 서북-동남 방향의 方形으로 판단된다. 적석총의 규모는 남북이 16.5m이고, 동서가 15.8m이며, 높이는 20~50cm이다. 유구의 층위에 따른 구조적인 특징을 보면, 맨 아래층에는 할석을 지형에 따라 약 20~40cm 두께로 積石하였으며, 그 위에는 다시 10cm 정도의 두께로 점토로 다짐을 하였고, 맨 위층에는 다시 부정형 판석과 할석이 혼합된 상태의 30~40cm 두께로 積石하였다.

적석유구의 평면 상태를 보면, 유구의 중심부는 주변보다 비교적 규모가 큰 할석들이 노출되고 있다. 그러나 유구의 교란 상태가 워낙 심한 상태라 이곳에서 墓室로 파악할 만한 명확한 구조적인 성격을 확인할 수 없었다. 따라서 중심부를 남북으로 관통하는 test pit를 설정하고, 규모가 약간 작은 할석을 들어내는 除石作業을 진행하였다. 그러자 남북방향으로 400×338×80㎝ 크기의 墓槨 構造物 일부가 드러났다. 墓槨은 80×46×20㎝ 크기의 할석을 남-북 방향의 장방형으로 배치하여 造成하였고, 그 사이에 판석형 할석을 平積하여 墓室 벽면을 마무리 하였다. 墓室 크기는 교란상태로 명확하지 않으나 대략 270×130×54㎝로 측정된다. 墓室 바닥에는 할석을 깔았던 것으로 보이나, 교란상태가 심하여 정확한 구조는 파악하지 못하였다.

한편 적석유구의 구조를 파악하고자 墓槨部를 중심으로 test pit를 남쪽으로 연장하여 적석총의 유구에 대한 완전 절개를 실시하였다. 그 결과 최하층의 충적대지를 평탄하게 조성하였고, 그 위에 소형 할석을 얇게 깐 다음 墓槨施設을 하였던 것으로 밝혀졌다.

적석유구의 토층상태를 구체적으로 살펴보면, 제1층은 점토와 소형 할석이 혼합된 층위로 두께는 약 10㎝ 내외이고, 제2층은 흑갈색 점토로 구성된 토층이며, 두께는 41~48㎝이다. 제3층은 가는 모래가 약간 함유된 암갈색 점토층이며, 두께는 43~50㎝이다. 제4층은 적석유구의 상층부를 이루고 있는 층위로 할석이 약 30㎝ 두께로 채워져 있다. 따라서 신원리 적석총은 적석부의 외벽 기단부를 장방형 할석으로 조성한 다음, 다시 외벽 기단부에서 묘곽시설 사이를 粘土로 充塡하고, 그 위에 할석으로 積石하는 방법으로 적석총의 上層部를 마무리하였다. 그러나 적석총의 상부가 크게 훼손된 상태이므로 신원리 적석총이 원래 方形의 階段式이었는지는 확인되지 않았다.

적석총의 동쪽에는 약 150㎝의 간격을 두고 지석묘의 부석시설과 인접하고 있으며, 동북부에는 積石遺構로 직접 이어지는 敷石遺構가 노출되었다. 부석유구의 폭은 약 700㎝이며, 이 敷石遺構가 동쪽에서 조사된 지석묘의 묘역으로 연결된다. 동서로 이어진 부석유구의 남쪽 면에는 비교적 큰 할석을 세워서 高度의 균형을 맞추었고, 그 안쪽에는 점토층 위에 부정형 할석을 얇게 한 단 깔았다.

3. 出土遺物

신원리 적석총의 유구에서 출토된 유물에는 軟質土器片과 陶器片 등의 토기편이 출토되었고, 砥石과 찍개 같은 石器類도 발굴되고 있다. 그리고 적석유구의 할석들 사이에서 다수의 백자편이 收拾되고 있으며, 이외에도 鐵製인두나 鐵釘 같은 철제품도 조사되었다.

이들 가운데 찍개는 할석들 사이에서 收拾된 것인데, 아마 적석총이 위치한 지역이 남한강의 北岸이어서 주변의 구석기시대 유적지에서 混入된 것으로 판단되며, 陶器와 白磁 그리고 鐵製의 인두 등은 적석총의 上部가 허물어지고 土砂에 매몰된 후, 조선시대에 이르러 경작지로 이용되면서 유구 陷沒 등의 과정을 거쳐 混入되었던 것으로 판단된다. 따라서 이들 유물은 적석총과는 관련이 없을 것으로 생각된다.

적석총의 성격을 파악할 수 있는 출토유물은 많지 않다. 적석총에서 출토된 유물에는 墓槨에 대한 발굴작업 과정에서 출토된 軟質土器片, 砥石, 소나 말의 齒牙로 추정되는 骨片 등이 있다. 그리고 적석총의 서북쪽에 위치한 3호 지석묘의 묘역을 조사하던 도중 收拾된 格子 打捺文 軟質土器 短頸壺가 있는데, 이 단경호는 적석총에서 출토된 土器片들과 같은 성격의 토기이다.

적석총에서 출토된 토기편은 軟質土器 胴體部片 2점과 底部片 1점 등 3점이다. 연질토기 동체부편은 표면은 흑갈색의 색조를 띠고 있으나, 내면의 일부분이 불에 타 붉게 산화되어 있다. 胎土는 다량의 운모와 장석계 세사립이 혼입된 泥質이다. 軟質土器 底部片은 장석과 석영계의 고운 砂砬이 다량 함유된 정선된 점토질의 태토이며, 底部는 平底로 표면의 박리상태가 심하여 매우 거친 편이다.

한편 3호 지석묘 墓域의 서북쪽 敷石에 대한 정리작업을 실시하는 도중 출토된 흑갈색 연질토기 壺는 토기의 내외 표면이 흑갈색의 색조를 띠고 있으며, 속심은 황갈색의 색조를 나타내고 있고, 세사립이 혼입된 정선된 泥質의 태토로 제작되었다. 토기의 형태는 동체부는 球形에 가까우나 최대 동체부의 胴徑은 어깨에 있고, 底部는 平底이다. 토기의 表面에는 격자문이 타날되어 있다. 그러나 표면이 심하게 마모되어 격자문의 흔적은 희미하다. 저부의 직경은 8.0㎝이고, 잔존높이는 12.0㎝이며, 두께는 0.6㎝이다.

연질토기 壺는 3호 지석묘의 묘역 바닥에 깔린 할석들 사이에서 收拾되었지만, 이곳은 적석총에서 서북쪽으로 불과 30m 떨어진 곳이다. 그리고 토기의 태토 성분이나 제작기법이 적석총의 묘곽에 대한 조사과정에서 수습된 토기들과 같은 성격을 나타내고 있다. 따라서 연질토기 壺는 적석총의 성격을 파악할 수 있는 토기로 간주될 수 있을 것이다. 이 토기는 연천 삼곶리 적석총의 敷石遺構에서 출토된 短頸壺와 매우 유사한 모습을 보여주고 있다. 이와 유사한 토기는 연천 학곡리 적석총의 葺石部에서도 출토되었고, 葺石土壙墓인 서울 석촌동 5호분에서도 출토된 바 있다.

한편 석제품으로는 砥石 1점이 유구의 표토층에 대한 除土 과정에서 收拾되었다. 砥石은 원래 장방형이었던 것으로 추정되나 현재는 한쪽 측면만 殘存한다. 이외에도 齒牙 2점이 적석총의 내부에 土器片들과 함께 퇴적된 흙을 제거하던 도중 출토되었다. 형태로 보아 소나 말과 같은 초식동물의 齒牙로 추정된다. 齒牙는 적석총의 장례의식 등과 관련된 유물로 추정된다.

IV. 新院里 積石塚의 性格 考察

1. 遺蹟의 立地와 現狀

신원리 적석총 유적은 北漢江과 南漢江 사이에 위치한 芙蓉山(362.8m)의 동남쪽 끝자락의 남한강 北岸에 위치하고 있다. 조사지역에서 북쪽으로 약 600m 위쪽에는 芙蓉寺가 자리잡고 있으며, 북쪽의 芙蓉山 정상에는 삼국시대에 축성된 新院里山城이 위치하고 있고, 동북쪽에는 월계골의 民家가 들어서 있다. 조사지역의 남쪽에는 남한강 북안을 가로질러 성토하여 조성한 중앙선 철로가 지나가고 있으며, 남한강의 流水가 철로 밑의 通路를 통하여 적석총 유구의 바로 아래 지점까지 이어지고 있다. ,

조사지역은 원래 논과 밭으로 이용되고 있었으나 조사 당시에는 사질 점토로 매립된 경작지로 休耕 상태로 있었다. 이곳은 西流하는 남한강이 일종의 灣을 형성하듯이 오목하게 월계골 마을 쪽으로 들어와 있다. 그리고 서남쪽을 제외한 나머지는 높은 산악으로 형성하고 있다.

적석총은 부용산의 동남쪽 능선에서 남한강으로 이어지는 접점지대에 위치하며, 이곳은 부용산 기슭에서 내려오는 土砂 등이 오랜 세월 동안 쌓여서 형성된 지층으로 판단되며, 적석총에 사용된 割石들 사이에서 원판형 강돌과 함께 찍개 1점이 출토되었으며, 동쪽에 인접하여 지석묘 하부구조 2기가 조사되었다. 따라서 적석총이 축조되기 이전에 이곳에는 舊石器時代에 인간의 거주가 있었던 것으로 생각되며, 청동기시대에는 지석묘가 축조되기도 하였던 것이다.

따라서 이곳이 다른 적석총 유적과는 달리 넓은 충적대지나 평야지대가 아님에도 불구하고, 부용산 너머에서는 남한강과 북한강이 교차하고 있으며, 동남쪽으로는 대심리와 옥천리를 지나 양평으로 이어지는 남한강의 지리적 요충지에 위치하고 있다. 따라서 남한강과 북한강이 만나 서쪽의 한강 하류로 이어지는 길목에 위치하고 있어, 신원리 적석총은 이러한 지리적 요충지의 남한강 北岸 傾斜面 臺地에 축조되었다고 할 수 있다.

2. 遺構의 構造와 特徵

신원리 적석총의 구조를 보면, 유구의 평면 형태는 서북–동남 방향의 方形이며, 적석총의 중심부에는 대형 할석을 일정한 간격으로 배치하였고, 이들 割石 사이에는 소형의 부정형 할석과 판석을 平積하여 270×130×55㎝ 크기의 墓室을 築造하였다. 그리고 적석총의 동북부에는 등고선과 평행하게 할석을 700㎝ 폭으로 얇게 깔아 敷石施設을 하였다. 그리고 묘실 외곽 유구의 층위의 구조를 보면, 최하층은 약 20~40㎝ 두께로 割石을 積石하였고, 그 위에는 10㎝ 두께의 점토로 채웠으며, 최상층에는 30~40㎝ 두께의 不定形 割石으로 積石하는 방법으로 적석총을 축조하였다.

지금까지 한반도 중서부지역에서 조사된 백제 석석총은 28곳에서 모두 40기가 조사되었으며, 이 가운데 구조나 형태가 확인된 것은 32基이다.[13] 이들 적석총을 형태별로 분류하면, 대체로 평면형태는 장타원형, 타원형, 장방형, 그리고 方形 등 네 가지로 나타나고 있다. 그런데 方形 적석총은 가장 북쪽에 위치한 것이 춘천 중도의 東墳이며, 이를 제외하면 양평 문

---

13) 유태용 · 박영재, 2006, 「百濟 積石塚의 分布와 性格에 대한 一考」, 『白山學報』75, p.305~306.

호리, 양평 대석리, 양평 신원리, 서울 석촌동 등 대체로 서울과 지리적으로 가까운 곳에 집중적인 분포하는 현상을 보이고 있다.

방형 적석총의 규모는 춘천 중도의 東墳은 15×15m이고, 양평 문호리는 11×11m이며, 양평 대석리는 12.5×12.5m이다. 반면에 양평 신원리의 적석총은 대체로 16.5×15.8cm이며, 석촌동 3호분은 50.8×48.4m로 비교적 大形에 속한다. 따라서 평면이 方形인 적석총은 서울지역에 보다 가까울수록 규모가 커짐을 알 수 있으며, 신원리 적석총은 규모에 있어서 지리적으로 중간적 위치에 있음을 알 수 있다.

적석총 축조에 사용된 石材는 강돌, 강돌과 할석이 혼합된 형태, 외면에 할석을 쌓고 내부에 점토로 채운 형태, 그리고 할석만 사용된 경우로 나뉜다. 할석만 사용하여 축조된 적석총은 서울의 석촌동과 서울 근교에 해당하는 양평군 신원리에서만 조사되었다. 반면에 춘천 중도의 東墳과 제천시 양평리 1호 적석총은 강돌과 할석을 섞어서 유적을 조성하였고, 그 외의 적석총은 모두 순수 강돌로만 축조하였다.

적석총의 축조에 점토나 砂丘에 석재가 결합된 형태의 경우, 연천 학곡리·삼거리, 제천 도화리·양평리 2호분은 自然砂丘를 다듬고 外部에 강돌로 積石하여 무덤을 조성하였으며, 제천 양평리 2호분 같은 경우는 自然砂丘 外面에 강돌과 割石을 혼합 石築하여 유구를 조성하였다. 그리고 석촌동 1호 北墳, 석촌동 2호분, 석촌동 4호분, 양평 신원리 등지의 적석총은 내부에 점토를 채우고 外面에 割石으로 積石하여 축조한 형태이다. 반면에 석촌동 1호분 南墳과 3호분은 내부와 외면 모두 할석을 이용하여 축조하였다.

석재를 형태와 견주어 비교해 보면, 강돌과 할석이 혼합하여 축조된 적석총 가운데 제천 양평리 1호는 타원형이며, 춘천 중도는 方形이다. 반면에 割石만 사용하여 축조된 것은 양평 신원리와 서울 석촌동의 方形 적석총이다. 따라서 서울 석촌동이나 양평 신원리 적석총과 같이 백제 건국지 중심지에 근접할수록 적석총의 평면형태가 方形이며, 방형 적석총은 축조에 강돌보다는 割石의 비중이 높은 것을 알 수 있다.[14]

3. 遺構의 形式과 特徵

북한강과 남한강 등을 포함한 한반도 중서부에서 조사된 적석총은 그동안 많은 학자들에 의해 형식에 따른 성격을 분석하여, 백제사의 건국과정에 대한 이해를 얻고자 노력하여 왔다. 특히 적석총의 형식학적 성격과 그에 따른 발전과정을 합리적으로 도출하여 적석총 축조과정의 형식학적 編年을 세우는데 집중하였다.

먼저 金性泰[15]는 한반도 중서부에서 조사된 적석총을 百濟式으로 명명하고, 고구려의 적석총과 구별하고자 하였다. 그리고 그는 백제식 적석총을 서울형과 지방형으로 細分하였다. 서울형은 지리적으로는 江岸의 경사면에 분포하고, 형식적으로는 外面에 할석을 이용한 方壇階段式이며, 이에 해당하는 유적으로 석촌동 1호분 남분, 석촌동 1호분 북분, 석촌동 3호분 등이 있다. 지방형은 江岸의 沖積臺地에 1~2基가 독립적으로 立地하며, 강돌이나 할석을 이용하여 無基壇 또는 基壇式으로 축소하었고, 埋葬主體部는 대개 바닥면과 같다. 지방형에는 연천 삼곶리, 양평 문호리, 제원 도화리·양평리 1호분 등이 있다.

김성태는 2002년에 기존 백제식 적석총의 성격을 좀더 정치하게 다듬은 논문을 발표하였다.[16] 그는 백제 적석총을 外形에 따라 무기단식, 기단

---

14) 유태용·박영재, 2006, 「百濟 積石塚의 分布와 性格에 대한 一考」, 『白山學報』75, p.295.

15) 국립문화재연구소, 1994, 『漣川 三里串 百濟積石塚 發掘調査 報告書』, pp.52~55.

식, 방단계단식으로 분류하고, 內部構造에 따라 多槨式, 兩槨式, 그리고 單槨式으로 구분하였다. 특히 외형과 내부구조의 관계를 무기단식은 다곽식, 기단식은 양곽식, 그리고 방단계단식은 단곽식 등으로 조심스럽게 연결시켰다. 이는 한반도 중서부 지역에 분포한 백제 적석총의 이해에 매우 진전된 견해라 할 수 있다. 李東熙[17]는 백제 적석총을 고구려에서 남하한 고구려 적석총이 在地의 지형적 조건, 先住民의 土着墓制, 그리고 이를 축조한 집단에 따라 양식적인 변화가 이루어진 것으로 판단하면서 모두 5가지 형식으로 분류하였다. 제1형식은 變形無基壇式으로 춘천 중도의 東墳과 제천 도화리·양평리 등이 있고, 제2형식은 川石基壇式으로 연천 삼곶리·문호리의 유적이 이에 속하며, 제3형식은 割石基壇式으로 서울 석촌동 1호의 南墳과 석촌동 3호분이 있고, 제4형식은 內粘土外石基壇式으로 서울 석촌동 1호 北墳과 석촌동 2호분이 있으며, 제5형식은 終末期 적석총으로 석촌동 4호분과 공주 송산리 적석총 유적을 사례로 들었다.

林永珍[18]은 한반도 중서부 지역의 적석총을 高句麗式, 百濟式, 그리고 靺鞨式 등으로 분류하였다. 고구려식은 임진강 및 남한강유역에 분포한 유적으로 墳丘의 안쪽 基底部에서부터 積石이 이루어진 것이다. 이를 다시 細部構造에 따라 方形祭壇川石石槨積石塚, 長方形祭壇割石石槨積石塚, 그리고 階段割石石槨積石塚으로 구분하였다. 고구려식에 속한 유적으로는 연천 삼곶리, 서울 석촌동 1호 남분, 석촌동 3호분 등이 있다. 백제식은 한강의 中流 流域의 내부에 점토가 채워진 계단식 적석총이며, 매장시

---

16) 김성태, 2002, 「百濟積石塚의 歷史考古學的 性格과 그 意味」, 『畿甸考古』2, p.170.
17) 李東熙, 1994, 『南韓에서 발견된 高句麗系 積石塚에 대한 一考察』, 성균관대 대학원 석사논문, pp.59~69.
18) 임영진, 2004, 「고분을 통해 본 한성 백제」, 『한성백제의 역사와 문화』, 서울시사편찬위원회.

설로 木棺 또는 木槨을 사용한 것이다. 백제식은 분구 내부의 점토 성격에 따라 석촌동 1호 북분과 석촌동 2호분 등의 粘土充塡式과 석촌동 4호분 등의 墳丘削土式으로 세분하였다. 鞍鞁式은 북한강 및 남한강 유역에 분포하며, 自然砂丘 위에 積石하여 무덤을 造營한 것으로 石槨으로 조성된 埋葬施設이 積石部에 위치하는 형식이다.

백제 적석총 연구에서 제기된 여러 形式에 대한 특징은 적석총 내부의 구조적인 측면과 基壇設備의 存在有無에 있다고 할 수 있다. 예를 들어, 김성태는 基壇의 존재 유무와 基壇이 존재한 적석총의 階段化에 초점을 맞추고 있으며, 반면에 이동희는 基壇施設의 존재 여부와 내부에 점토가 充塡되었는가 아니면 할석으로 메워졌는가를 동시에 고려한 것이며, 반면에 임영진은 적석총의 내부에 채워진 것이 점토인가 할석인가를 우선적으로 고려한 것이라 생각된다.

이러한 형식적 성격의 특징을 고려하면, 신원리 적석총은 構造的으로는 안쪽에 점토를 채우고 외면에는 石材로 石築한 內土外石形에 속하고, 형식적으로는 외면에 대형할석으로 基壇을 세운 基壇式 方形 積石塚이며, 내부구조에 있어서는 墓室이 하나인 單槨式으로 분류할 수 있다. 그러나 신원리 적석총은 오랜 시간이 흐르는 동안 耕作 등의 행위로 遺構의 상층부가 매우 심하게 교란되었다. 따라서 신원리 석석총이 난순히 基壇만 있는 형식인지 아니면 석촌동 3호분 등과 같이 方形의 階段形 基壇 積石塚인지의 여부는 알 수 없다.

4. 遺構와 遺物의 編年

신원리 적석총의 편년작업은 앞서 언급한 구조와 형식의 시대적 변환 과정에 대한 고찰과 출토된 유물의 비교 검토를 통하여 진행할 수 있다.

그런데 신원리 적석총은 조사 당시 상부의 대부분이 파괴된 상태로 유구가 노출되었고, 묘실의 잔존상태도 극히 불량하다. 따라서 신원리 적석총의 편년은 유구보다는 출토유물의 성격에 크게 의존할 수밖에 없는 실정이다.

금번 발굴조사에서 출토된 유물은 土器, 石器, 陶器, 鐵製品 등 여러 가지가 있지만, 적석총의 編年作業과 직접적으로 관련되어 출토된 유물은 흑갈색 연질토기편과 打捺文土器 壺 뿐이다. 나머지 파괴된 墓槨部에서 收拾된 토기편은 器形의 확인이 불가능하며, 단지 3호 지석묘의 묘역 근처에서 출토된 壺는 圖上復元에 의해 어느 정도의 器形 파악이 가능하다.

출토된 토기는 전체적인 잔존상태로 볼 때 短頸壺로 판단되며, 흑갈색의 색조를 띠고 있고, 외부 표면에 격자문이 打捺되어 있다. 그러나 오랜 노출로 표면의 마모상태가 심하여 문양의 잔존상태는 매우 희미하다. 동체부의 최대 胴徑은 중앙에서 약간 위쪽에 위치한 어깨 쪽에 있다. 태토는 세사립이 약간 함유된 정선된 泥質이다. 토기의 저부는 平底이며, 저부의 內底面에 물레를 사용하여 제작한 흔적이 뚜렷하게 나타나있다.

이와 비슷한 토기는 연천 삼곶리 적석총의 敷石遺構에서 2점이 출토되었고, 연천 학곡리 적석총의 葺石部에서는 1점이 확인되었으며, 석촌동 22호분(적석총)에서 이와 유사한 토기들이 출토되고 있다. 그리고 적석총은 아니지만 이러한 형태의 토기는 서울 석촌동 5호분(葺石土壙墓)에서 1점이 출토되었고, 석촌동 3호분의 동쪽에서 조사된 토광묘 계통의 古墳들에서 다수 출토된 바 있다.

초기형의 적석총에 해당하는 연천 학곡리나 제천 양평리 또는 도화리에서 조사된 적석총에서 출토된 토기는 주로 打捺文 短頸壺 계통이며 胴體가 球形에 가깝고 底部가 圓底이거나 동체부에서 저부로 둥글게 이어지는 圓底에 가까운 형태를 하고 있다. 打捺文土器 壺는 적갈색 또는 회백색의 연질 소성이며, 표면의 문양은 繩蓆文이나 細格子文에 횡침선이 돌려져 있는 형태이다. 이들 토기의 시기는 대략 기원전 1C경에서 西紀 1C 前後로 편년되고 있다.

반면에 연천 삼곶리나 춘천 중도에서 출토된 토기는 승석문과 격자문에 횡침선이 돌려져 있는 형태이지만, 승석문보다는 격자문이 타날되는 비중이 높으며, 燒成强度도 비교적 경질에 가깝고, 색조는 회갈색 이나 회청색을 띠고 있다. 이 시기의 토기에 주목되는 점은 器形은 球形이나 底部가 平底이며, 구연부는 연천 삼곶리 단경호는 외반의 정도가 상당히 약해졌고, 춘천 중도 동분에서 출토된 단경호들 가운데에는 直立口緣을 한 토기들도 포함되어 있다. 춘천 중도에서 출토된 단경호의 동체부 최대 胴徑은 중앙에서 약간 위쪽의 어깨부분에 있다. 이들 토기는 2~3C 후반으로 편년하고 있다.

서울 근처에서 조사된 적석총으로는 서울 석촌동 古墳群의 적석총과 葺石 토광묘들이 있다. 석촌동 5호분은 葺石 土壙墓인데 外反口緣의 圓底 短頸壺와 平底 短頸壺 그리고 深鉢形土器 등이 共伴하여 出土되었다. 그런데 평저 단경호의 구연부는 원저 단경호에 비하여 외반의 정도가 약화되었다. 석촌동 동쪽 古墳群에 대한 발굴조사에서 확인된 22호분은 積石塚이며, 심발형토기와 단경호를 포함하여 다양한 형태의 타날문토기들이 출토되었다. 단경호의 底部는 平底와 동체부에서 저부로 둥글게 연결된 원저형을 한 토기들이 共伴 출토되었으며, 이들 토기의 동체부 최대 胴徑은 동체부 중앙에서 약간 위쪽에 있다. 석촌동 5호분은 2~3C로 編年되고 있으며, 석촌동 22호분은 4~5C로 編年되고 있다.

이러한 토기들의 성격과 비교하면, 신원리에서 출토된 토기는 동체부의 최대 동경이 동체부 중앙에서 약간 위쪽의 어깨부에 있으며, 저부가 평저이고, 표면에 격자문이 打捺되었다는 점을 고려할 수 있다. 그리고

토기의 燒成强度도 비교적 높은 硬質土器에 속하며, 기형에 있어서는 연천 삼곶리 적석총에서 출토된 것과 석촌동 동쪽 22호분 적석총에서 출토된 것의 중간 정도에 속한다고 할 수 있다.

따라서 신원리 적석총은 김성태의 형식분류에 의하면,[19] 지리적으로는 江岸의 경사면에 분포하고, 평면형태가 방형이므로 方壇階段式 積石塚에 속할 가능성이 있다. 그러나 상층부가 완전히 缺失된 현 상태에서 신원리 적석총의 자세한 성격을 알 수 없다. 다만 신원리 적석총 축조에 사용된 石材가 석촌동 적석총과 같이 割石을 材料를 사용하였으며, 墓室이 單槨이라는 점은 확실히 김성태가 제시한 방단계단식의 형식으로 분류할 수 있을 것이다.

김성태는 방단계단식 적석총의 표지적인 유적으로 석촌동 古墳群의 적석총을 근거로 3C 후반에서 4C 중반으로 편년하고 있다.[20] 이러한 편년은 석촌동 古墳群에서 출토된 토기의 器種構成과 形態的 特徵을 참고로 한 것이다. 이를 감안하면, 신원리 적석총과 관련되어 출토된 단경호는 연천 삼곶리 적석총이나 석촌동 5호분의 葺石 土壙墓에서 출토된 것보다는 낮은 시기의 토기이며, 반면에 석촌동 동쪽 22호분 적석총보다는 빠를 것으로 판단된다. 그리고 앞서 분석한대로 신원리 적석총의 구조와 형식이 석촌동 적석총의 특성을 지니고 있는 점을 고려하면, 신원리 적석총은 석촌동 적석총보다는 약간 이른 시기에 축조되었을 것으로 판단된다.

---

19) 김성태, 2002, 「百濟積石塚의 歷史考古學的 性格과 그 意味」, 『畿甸考古』2.
20) 김성태, 2002, 「百濟積石塚의 歷史考古學的 性格과 그 意味」, 『畿甸考古』2.

V. 結論

新院里 積石塚은 양평군 양서면 신원리의 남한강 北岸의 傾斜面에서 발굴되었다. 유적이 조사된 북쪽의 芙蓉山 頂上部에는 백제시대에 初築된 것으로 알려진 신원리산성이 자리잡고 있으며, 유적의 주변에는 청동기시대의 지석묘와 제의유구 같은 유적들이 위치하고 있다.

신원리 적석총은 평면형태가 方形이며, 내부에서 단곽의 묘실이 조사되었고, 上層에는 不定形 板石과 割石 등으로 積石하여 마무리하였다. 그리고 遺構의 동쪽에는 등고선과 평행하게 부석시설이 노출되었다. 積石 사이에서 黑褐色 軟質土器片이 출토되었고, 서북쪽의 3호 지석묘 묘역 敷石 사이에서 흑갈색 격자타날문 연질토기 壺 1점이 출토되었으며, 이외에도 鐵釘·砥石·骨片 등이 출토되었다.

적석총의 구조를 보면, 외면에 대형 할석을 基壇形態로 배치하고 내부에 점토를 채운 內土外石形의 방형구조를 하고 있다. 그리고 내부에도 역시 같은 방법으로 단곽식 墓室을 구성하였다. 석축에 사용한 石材는 모두 할석이다. 그러나 적석총의 上層은 조사당시 완전히 교란된 채 노출되었다. 따라서 신원리 적석총이 階段式 積石塚인지의 여부는 알 수 없다. 다만 석촌동 古墳群에서 조사된 적석총들과 매우 유사한 구조를 나타내고 있어, 김성태가 분류한 方壇階段式의 형식에 속할 가능성이 있는 것으로 판단된다.

신원리 적석총에서 출토된 토기는 흑갈색 연질토기이며, 3호 지석묘 묘역에서 출토된 器形은 도상복원에 의하면, 흑갈색 연질의 格子打捺文土器 壺로 판단된다. 연천 학곡리나 제천 양평리 등지의 적석총에서 출토된 토기는 繩蓆文이나 細格子文이 打捺文된 短頸壺 계통이며, 球形의 胴體에 圓底이거나 동체부에서 저부로 둥글게 이어지는 圓底에 가까운 형태를 하고 있다. 반면에 연천 삼곶리나 춘천 중도의 적석총 출토 단경호는 승석문보다는 격자문의 타날 비중이 높으며, 회갈색 경질의 平底 土器이며, 춘천 중도 동분에서 출토된 토기들에 直立口緣 토기들이 포함되어 있다. 한편 서울 석촌동 5호분의 葺石 土壙墓에서 外反口緣의 圓底 短頸壺와 平底 短頸壺 그리고 深鉢形土器 등이 共伴하여 出土되었는데, 평저 단경호의 구연부는 원저 단경호에 비하여 외반의 정도가 약화되었고, 석촌동 동쪽 22호분은 積石塚 출토 단경호는 平底와 圓底形 底部의 토기들이 共伴 출토되었으며, 이들 토기의 동체부 최대 胴徑은 동체부 중앙에서 약간 위쪽에 있다.

신원리 적석총은 형식적으로는 방형 적석총에 속하고, 묘실 구조는 단곽식이며, 축조에 할석의 석재를 사용하고 있다. 그리고 출토된 토기는 壺의 경우 격자문이 타날된 短頸壺이며, 球形의 胴體에 平底土器이고, 동체부의 최대 동경은 중앙에서 약간 위쪽의 어깨 부분에 있다. 이는 석촌동 22호분 출토 단경호보다는 시기적으로 앞서고, 연천 삼곶리 출토 토기보다는 늦는 것이다. 따라서 신원리 적석총은 백제 중심지역에 해당하는 서울 석촌동 고분군에서 조사된 적석총들보다는 시기적으로 이르며, 반면에 백제 중심지에서 멀리 떨어진 연천 삼곶리나 춘천 중도의 적석총들보다는 늦은 시기에 축조되었을 것으로 판단된다. 구체적 實年代로는 3C 末에서 4C 初로 編年할 수 있을 것이다.

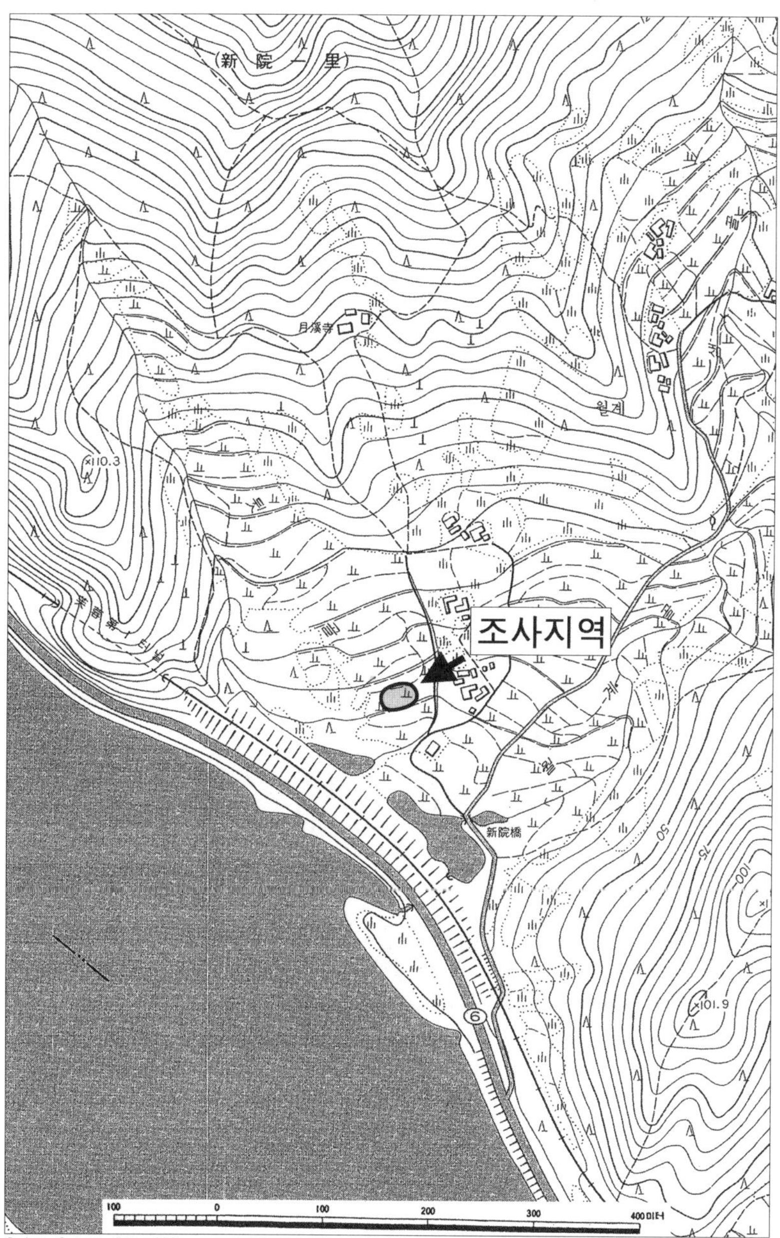

[지도 1] 4-3지구 지형도

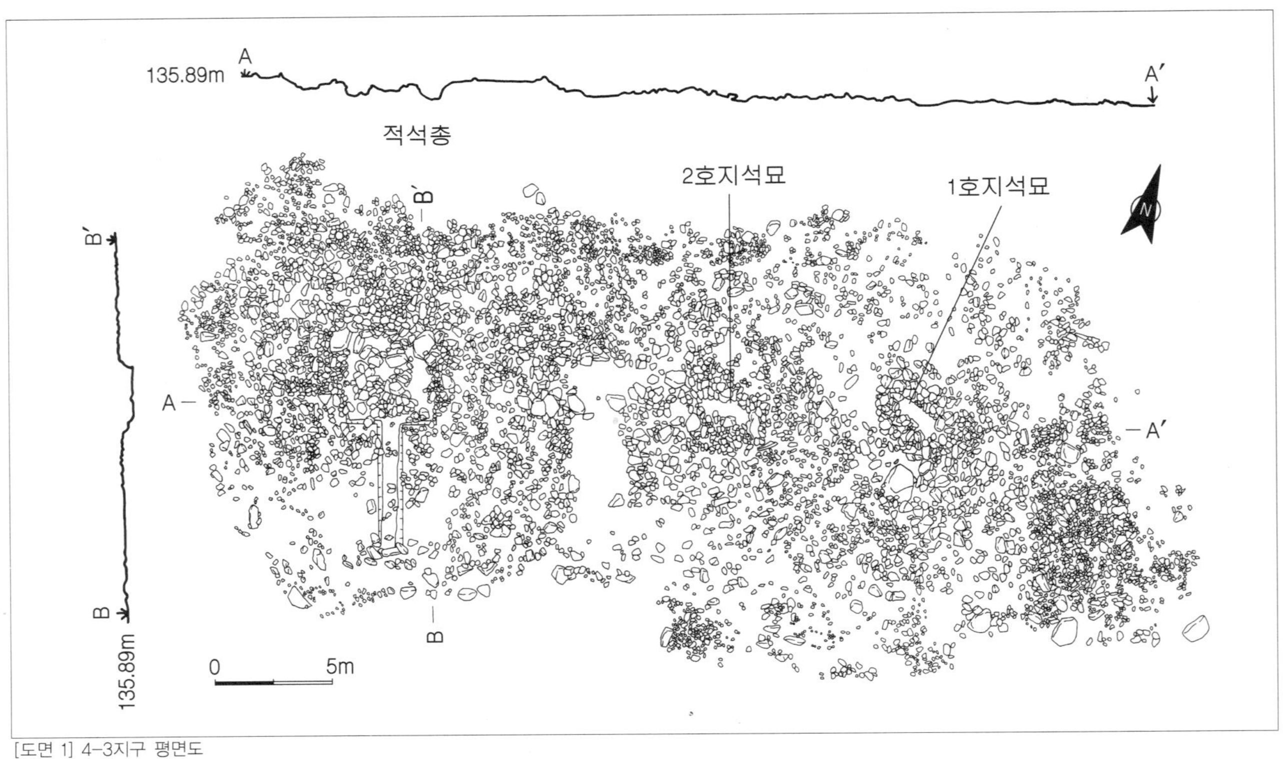

[도면 1] 4-3지구 평면도

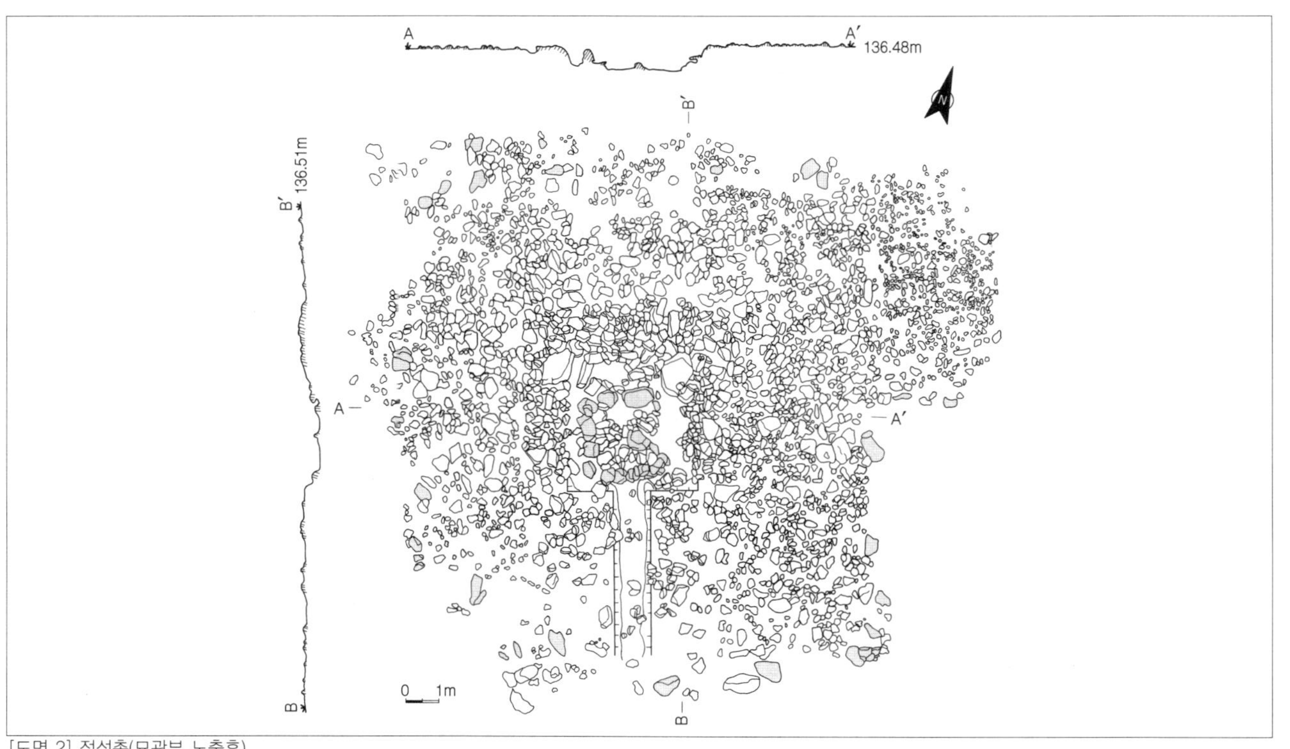

[도면 2] 적석총(묘곽부 노출후)

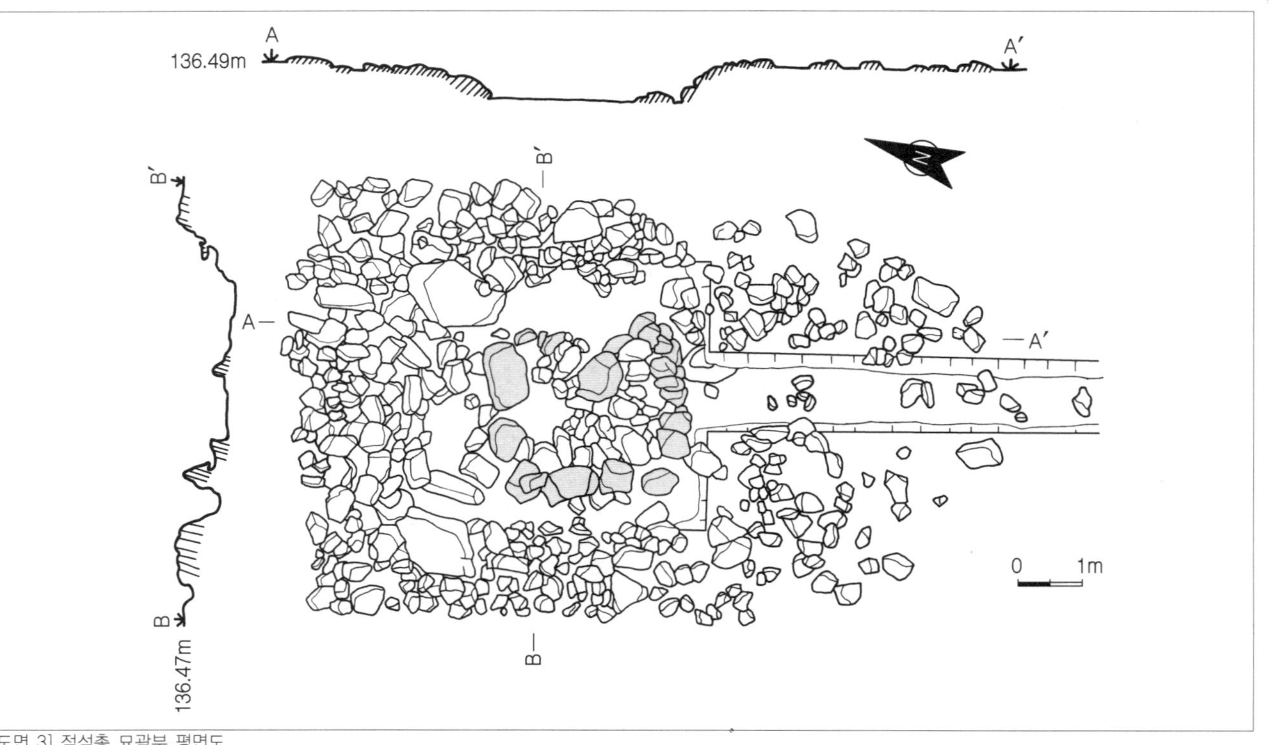

[도면 3] 적석총 묘곽부 평면도

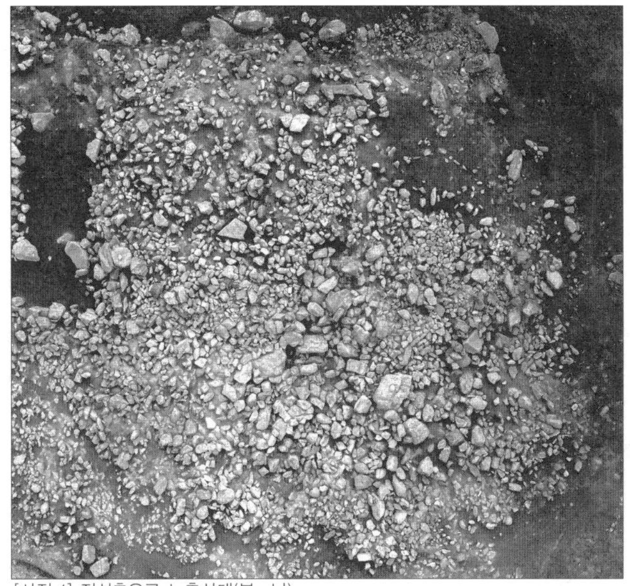

[사진 1] 적석총유구 노출상태(북→남)

[사진 2] 적석총 묘곽부(조사후, 동→서)

[사진 3] 적석총 묘곽부 노출상태(동→서)

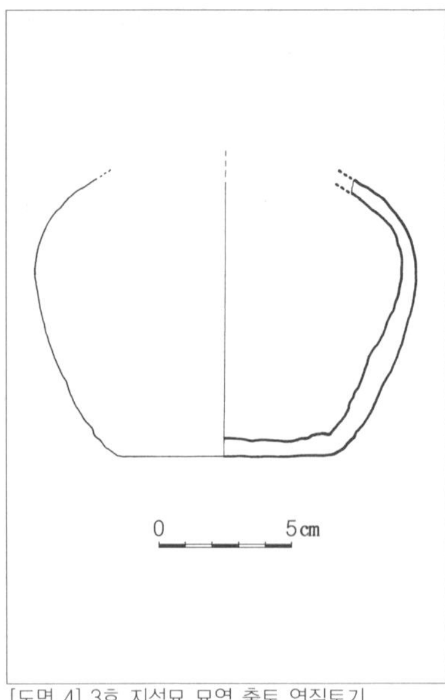

[도면 4] 3호 지석묘 묘역 출토 연질토기

[사진 4] 3호 지석묘 묘역 출토 연질토기

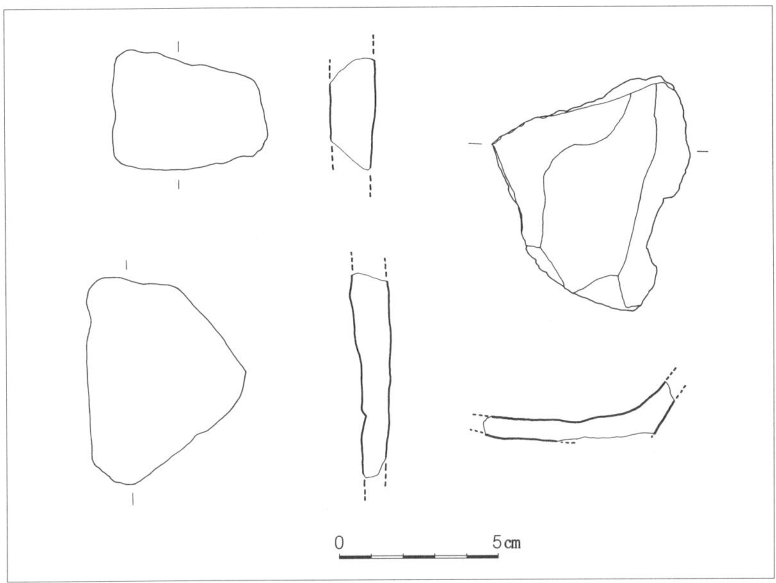

[도면 5] 적석총 출토 토기편

[사진 5] 적석총 출토 토기편

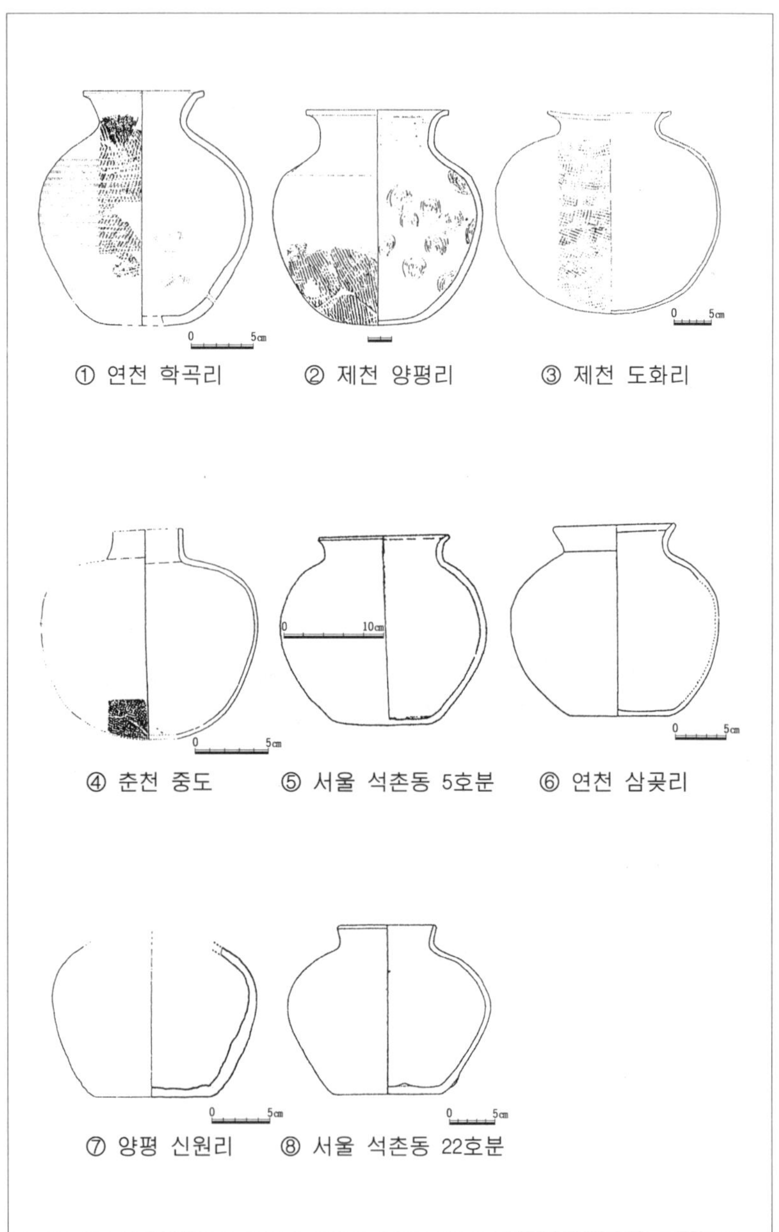

[도면 6] 백제 적석총 출토 단경호

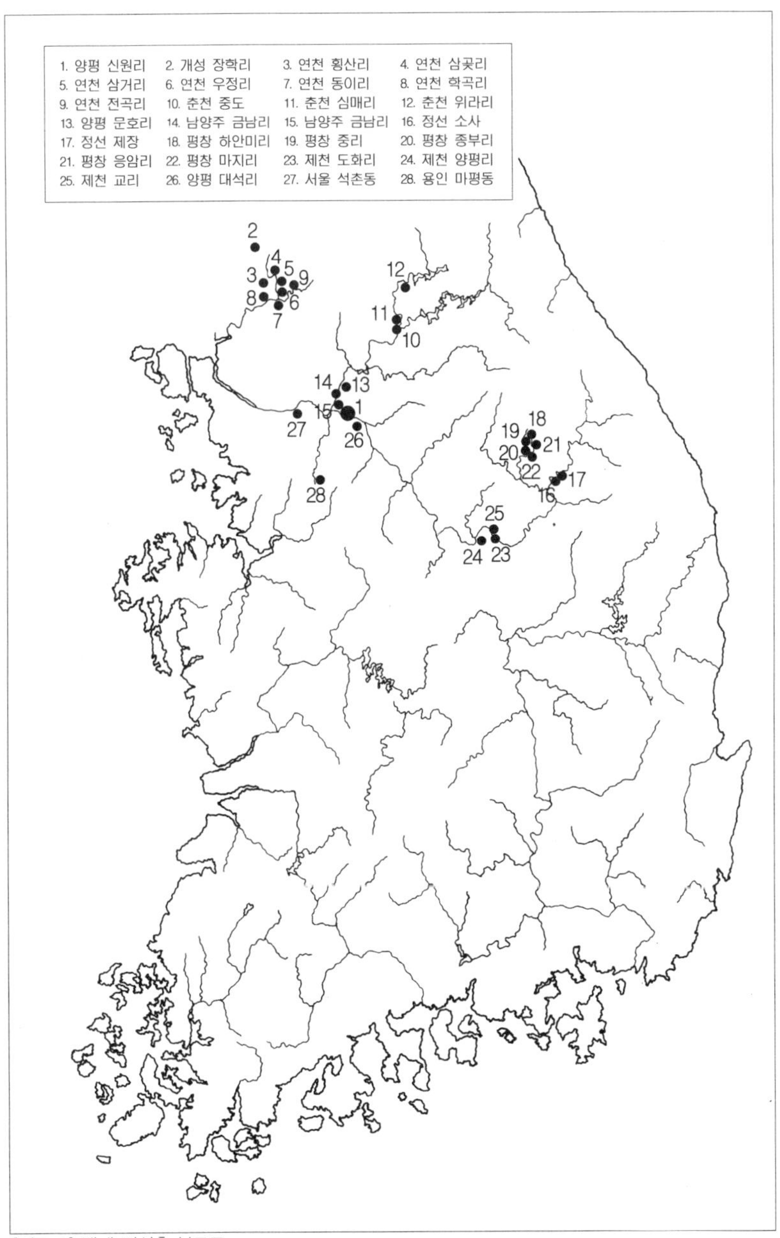

[지도 2] 백제 적석총 분포도

하남 광암동 백제 돌방무덤 연구

하문식* · 황보경**

目　　次

Ⅰ. 머리말

　광암동 백제 돌방무덤〔石室墳〕은 2005년 가을에 세종대학교 박물관에 의해 발굴되었다.[1] 유적은 하남 덕풍-감북간 도로확 · 포장공사구간 숭 4차구간에서 찾아졌고, 나머지 2[2] · 3[3]차구간에서는 주로 고려시대 건물지와 유물이 발굴되었다.

---

* 세종대학교 박물관장.
** 세종대학교 박물관 학예연구사.
1) 최정필 · 하문식 · 황보경 · 유용수 등, 2006, 『하남 광암동 유적』, 세종대학교 박물관 · 하남시.
2) 최정필 · 하문식 · 황보경 · 이경준 · 유용수, 2003, 『하남 덕풍-감북간 도로확 · 포장공사 2차구간내 시굴조사 보고서』, 세종대학교 박물관 · 하남시.

유적이 위치한 곳은 금암산(金岩山)의 북서쪽 끝자락에 해당되고, 비교적 경사가 급한 곳에 자리해 있다. 이 곳에서는 백제 돌방무덤 2기와 신라 돌덧널무덤 11기 등이 발굴되었으며, 무덤의 절반 정도가 도굴되어 껴묻거리가 남아 있지 않았다. 다행히 1호 돌방무덤에서는 직구단경호와 단경호, 광구장경호, 철제못 등이 출토되었으며, 2호 돌방무덤에서는 완 1점과 석제품 등이 출토되어 축조시기를 가늠하는데 도움이 되고 있다.

이 글에서는 무덤의 구조와 껴묻거리를 살펴보고, 이를 바탕으로 무덤의 성격에 대해서도 살펴보고자 한다.

II. 무덤의 주변환경

1. 자연 · 지리적 환경

유적의 행정적인 위치는 광암동(廣岩洞) 산24-1번지 일원에 해당되고, GPS 좌표는 N 37° 31′ 04.5″ E 127° 10′ 41.4″이다(지도 1).

덕풍-감북간 도로확 · 포장공사구간의 지형은 덕풍동과 춘궁동의 평야지대로부터 시작하여 서쪽의 춘궁저수지[4]를 지나 향교고개에 이르는 오르막길이고, 다시 광암동으로 내려가면서 경사가 급해진다. 무덤이 위치한 광암동의 지형은 이성산(二聖山)을 중심으로 서쪽편 산자락과 평지를 포함한 구릉지대가 많다. 특히 광암정수장을 중심으로 북쪽에 마을이 형

---

3) 최정필 · 하문식 · 황보경 · 유용수 · 최민정 · 김진환 · 오창희, 2005, 『河南 春宮洞 遺蹟-덕풍-감북간 도로확 · 포장공사 3 · 4차구간 시 · 발굴조사 보고서』, 世宗大學校 博物館 · 河南市.

4) 일명 '고골저수지' 라고도 함.

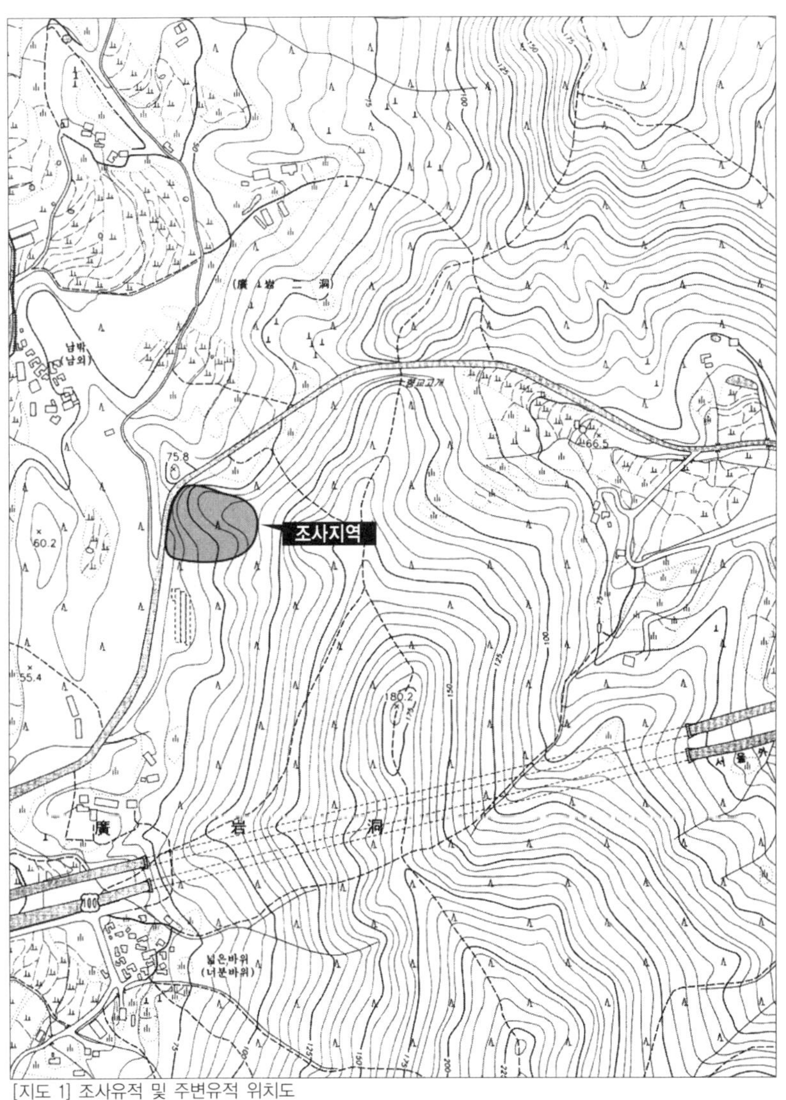

[지도 1] 조사유적 및 주변유적 위치도

성되어 있는데, 낮은 구릉지대가 많고 도로를 중심으로 논경작지가 발달해 있다. 그러나, 최근 몇 년 사이에 춘궁동을 비롯한 교산동, 하사창동 등과 마찬가지로 창고들이 무분별하게 들어서면서 경작지를 찾아보기 어려운 형편이다. 광암동의 지명유래는 예로부터 고인돌이 많아 이를 한문으로 표기하는 과정에서 생겨난 것으로 1989년 시(市)로 승격될 때 초이동의 행정구역으로 편입되었다. 광암2동에는 평암마을을 비롯한 산밑·불당골·남밖마을이 있다. 이 중에서 평암마을에는 '5형제 바위'라 불리던 고인돌이 있었는데[5], 1998년에 세종대학교 박물관에서 광암-초이동간 도로확포장공사로 인한 구제조사를 한 후 시청으로 옮겨 복원해 놓았다[6].

광암동의 교통로를 보면, 하남시의 서쪽지역에 해당하여 서울 강동구와 송파구 방향으로 접근하기가 용이하고, 북쪽으로는 초이동과 덕풍동을 지나 한강까지 짧은 시간에 도착할 수 있다. 그리고 서쪽의 감북동(甘北洞)을 지나 서쪽으로 5㎞ 정도 가게 되면 몽촌토성(夢村土城)과 풍납토성(風納土城)을 만나게 되며, 두 성을 중심으로 가까운 거리에 석촌동·방이동 고분군 등이 위치해 있다.

무덤이 위치한 4차구간은 이성산의 끝 봉우리(해발 117m)를 포함하고, 서남쪽 경사면과 광암정수장의 동쪽 건너편 금암산 자락까지이다. 이성산의 봉우리는 북동쪽 이성산 정상으로부터 뻗어 내려오고, 예전에는 금암산과 이어져 있었다. 봉우리의 서남쪽은 급한 경사를 이루고, 아랫단은 밭으로 경작되고 있으며 광암정수장 건너편은 금암산의 일부로 북쪽보다는 남쪽 능선의 경사도가 완만하다.

---

5) 이훈범, 2001, 「지명유래」, 『환경도시하남』, 하남시사편찬위원회, 673쪽.

6) 최정필·윤미숙·황보경, 1998, 『河南市 廣岩洞 支石墓 發掘調査報告書』, 世宗大學校 博物館·河南市.

2. 고고학적 환경

하남지역에서는 지난 10년 동안에 청동기시대로부터 조선시대에 이르는 많은 유적이 발굴되었다. 특히 이성산성(二聖山城)이 11차례에 걸쳐 발굴되었고, 교산동 건물지(校山洞建物址)나 천왕사지(天王寺址) 등도 학술적인 목적을 갖고 시·발굴조사가 이루어져 적지 않은 성과를 올리기도 하였다. 하남지역에서 조사된 무덤유적으로는 이성산성내에서 찾아진 것과 미사동 선사유적, 덕풍동의 수리골·덕풍골, 금암산·객산 무덤떼가 있다.

이성산성내에서 조사된 무덤은 돌덧널무덤〔石槨墓〕으로 무덤과 가까이 있는 건물이 폐기된 이후에 조성되었으며[7], 미사동 선사유적에서는 백제 독무덤〔甕棺墓〕 2기가 발굴되어 많은 관심을 불러 일으키기도 했다[8]. 한편 금암산(金岩山)과 객산(客山)·이성산(二聖山)의 많은 무덤은 지표조사를 통해 학계에 알려지게 되었다.[9]

덕풍동 수리골 유적은 시가지 우회도로를 확장하는 과정에서 찾아졌으며, 조사결과 백제 널무덤〔土壙墓〕 2기와 신라 돌덧널무덤 5기, 고려시대 이후 널무덤 29기, 청동기시대 집터 등이 발굴되었다[10]. 특히 백제 널무덤은 하남지역에서 처음으로 찾아진 것이어서 주목 받고 있으며, 신라 무덤

7) 金秉模·沈光注, 1987, 『二聖山城』(一次發掘調査 中間報告書), 漢陽大學校.
金秉模·沈光注, 1988, 『二聖山城』(二次發掘調査 中間報告書), 漢陽大學校.
한양대학교박물관, 2004.11, 「이성산성 11차 발굴조사 현장설명회자료」 참조.
8) 尹世英·李弘鍾, 1994, 『渼沙里』 第5卷, 渼沙里先史遺蹟發掘調査團·京畿道公營開發事業團, 278~279쪽.
9) 世宗大學校 博物館·河南市, 1999, 『河南市의 歷史와 文化遺蹟』.
世宗大學校 博物館·河南市, 2005, 『河南市 文化遺蹟 分布地圖』.
10) 畿甸文化財研究院·河南市, 2005, 『河南 德豊洞 수리골 遺蹟-시가지 우회도로확·포장공사구간내 시·발굴조사 보고서』.

도 비록 남은 상태가 좋지 않지만 껴묻거리〔副葬品〕가 있어 축조시기를 파악하는데 도움을 주고 있다.

각 무덤별 특징을 살펴보면, 백제 널무덤 2기 중 1호 널무덤은 무덤구덩〔墓壙〕 크기가 205×88×15㎝이고, 나무널〔木棺〕 크기는 132×47×5㎝이다. 긴 방향은 남−북쪽이고, 껴묻거리로는 북서측 모서리에서 철도자 1점, 나무널 부근에서 단경호 1점과 심발형 토기 1점이 출토되었다. 2호 널무덤은 나무덧널무덤〔木槨墓〕으로 판단되며 긴 방향이 동−서쪽이다. 나무덧널의 크기는 207×65×33㎝이고, 껴묻거리로는 단경호, 흑색마연토기, 연질토기와 철모, 철부, 철겸, 교구, 철도자, 꺽쇠 등이 출토되어 축조시기가 4세기 후반경으로 추정되었다. 신라 무덤은 대개 도굴이 되었거나 후대의 무덤을 조성과정에서 훼손된 것이 많았기 때문에 그 속성을 파악하는데도 여러 가지 한계가 있다. 무덤의 축조시기는 껴묻거리가 출토된 1호와 4호 돌덧널무덤을 통해 볼 때, 7세기 후반에서 8세기 전반경으로 추정되었다.

덕풍동 덕풍골 유적은 2005년에 학술적인 목적을 가지고 시굴조사가 이루어졌다. 이 유적에서는 앞트기식 돌방무덤〔橫口式石室墳〕 1기와 돌덧널무덤 7기를 비롯한 청동기시대 집터와 제의유적이 발굴조사 되었다. 그리고 유적의 산줄기에 대한 지표조사를 통해 50여 기의 무덤이 분포해 있는 것으로 파악되었다.[11]

여기에서는 남은 상태가 비교적 양호한 1호 돌방무덤과 1·3∼5호 돌덧널무덤의 특징을 살펴보도록 하겠다.

1호 돌방무덤은 평면이 네모꼴〔方形〕이고 입구가 가운데에 마련된 앞

---

11) 최정필·하문식·황보경·최민정·유용수·김진환·오창희, 2006, 『하남 덕풍골 유적 시굴조사 보고서』, 세종대학교 박물관·하남시.

트기식〔橫口式〕이다. 벽석을 놓은 차례는 무덤구덩〔墓壙〕을 마련한 후 북벽→서벽→동벽→남벽의 순서로 축조되어 있다. 주검받침을 제외한 바닥은 석비레를 평평하게 처리했고, 유물은 서벽쪽의 주검받침 옆에서 뚜껑 2점과, 합 2점, 유개고배 2점이 출토되었다.

　1호 돌덧널무덤의 벽석은 2~3단 정도가 남아 있는데 대체로 1단에는 크고 두툼한 할석을 놓았고 2단과 3단으로 올라갈수록 얇고 가벼운 돌을 사용했다. 주검받침은 평면이 긴 네모꼴이고, 북벽에만 돌이 맞대어 있을 뿐 동벽이나 서벽과는 10~15㎝ 정도 떨어져 있다. 3호 돌덧널무덤 벽석은 4~5단 정도가 남아 있다. 입구는 남벽에 마련해 놓았는데, 긴 네모꼴의 돌 1매를 두어 마무리했다. 주검받침은 평면이 긴 네모꼴로 북쪽 끝부분은 북벽에 맞대어 놓았고, 동벽·서벽과는 15㎝ 정도 간격을 두었다. 그리고 주검받침의 북쪽 끝부분에는 돌베개〔石枕〕 1매를 놓았다. 4호 돌덧널무덤은 다른 무덤들과 달리 암반을 깨고 축조되어 무덤구덩의 흔적이 뚜렷하지 못하다. 벽석 중에서 북벽의 서쪽편과 서벽을 암반에 잇대어 수직에 가깝도록 쌓았고, 세로놓기와 가로놓기를 함께 했다. 그리고 무덤방의 바닥에는 주검받침 일부분과 껴묻거리〔副葬品〕를 두기 위해 마련한 석열 일부가 남아 있다. 껴묻거리는 석열의 안쪽에 해당하는 서벽쪽에서 유개고배(有蓋高杯) 1점과 단경호(短頸壺) 1점이 출토되었다. 5호 돌덧널무덤의 벽석은 6~8단 정도가 남아 있는데, 대체로 흙과 함께 수직으로 쌓아 올렸다. 벽을 쌓은 순서는 북벽과 동벽을 먼저 쌓고 서벽과 남벽을 나중에 축조한 것으로 파악되었으며 북벽쪽에 돌베개 1매가 놓여 있다.

　무덤의 축조시기는 1호 돌방무덤과 4호 돌덧널무덤에서 출토된 껴묻거리로 볼 때 신라가 한강유역에 진출하는 6세기 중반경부터 7세기에 이르는 것으로 판단되지만 껴묻거리가 남아 있지 않은 무덤들은 앞으로의 조사를 통해 비교해 볼 필요가 있다.

이밖에도 덕풍-감북간 도로확 · 포장공사 3차구간에서도 돌덧널무덤 1기가 발굴되었다. 이 무덤은 남벽과 동벽의 유실이 심한 편으로 긴 방향이 남-북쪽이고, 크기는 350×245×65㎝(?)인 것으로 조사되었다. 벽면은 수직으로 쌓았고 돌은 대개 세로놓기를 했으며, 출토된 유물은 북벽쪽에서 완 1점이 있다[12].

이와 같이 하남지역에서는 미사동 선사유적지를 비롯한 덕풍동, 이성산성, 금암산, 객산 등지에서 많은 수의 무덤이 확인되었다. 이들 무덤들은 대개 신라가 한강유역을 진출한 6세기 중엽이후에 축조된 것들로 추정되고 있다. 또한 이성산성과 천왕사지(天王寺址), 동사지(桐寺址) 등으로 볼 때 하남지역이 신라가 설치한 신주(新州)와 한산주(漢山州)의 중심지였음을 짐작케 해 주는 중요한 자료로 평가받고 있다.

III. 무덤의 구조와 특징

1. 1호 돌방무덤의 구조와 출토유물

무덤은 조사지역의 가운데에 위치해 있고, 2호 돌방무덤과는 서쪽으로 7m 정도 떨어져 있다. 무덤은 널길이 달린 굴식〔橫穴式〕돌방무덤으로 평면이 긴 네모꼴〔長方形〕이고, 긴 방향은 북동-남서쪽이며 해발 78.0m 정도 된다.

무덤방 안의 층위는 모두 11개 층으로 구분되는데, 거의 모든 층에 벽

---

12) 최정필 · 하문식 · 황보경 · 유용수 · 최민정 · 김진환 · 오창희, 2005, 『河南 春宮洞-덕풍-감북간 도로확 · 포장공사 3 · 4차구간 시 · 발굴조사 보고서』, 세종대학교 박물관 · 하남시, 83쪽.

석에서 떨어진 돌들이 섞여 있다. 퇴적된 흙에는 모래와 찰흙이 섞여 있는데, Ⅲ층부터 Ⅷ층까지는 암황갈색을 띠는 모래찰흙으로 메워져 있고 Ⅳ층부터 Ⅵ층 사이에 돌이 집중되어 있다. 특히 Ⅷ층에는 주검받침이 마련된 층으로 주검받침을 만들 때에 이 층과 Ⅸ층 암갈색 모래찰흙을 덮은 뒤 시설했음을 알 수 있다. Ⅹ층은 암갈색의 모래찰흙층으로 사람 뼈와 철제못 등이 출토되었으며 동벽 일부와 서벽 일부가 교란된 상태이다.

Ⅺ층은 암황갈색을 띠는 모래찰흙층으로 무덤을 처음 조성할 때 깔았던 흙일 가능성이 높고 서벽 일부만 교란되었고 전체적으로는 퇴적된 두께가 일정하다.

서벽의 바깥쪽과 무덤구덩 사이의 둑에서는 벽체를 쌓을 때 뒷채움한 방법을 알 수 있다. 층위는 모두 13개층으로 구분되는데, Ⅰ층과 Ⅲ층 등

[도면 1] 1호 돌방무덤 3차원 입체도

[사진 1] 1호 돌방무덤 조사완료후(남→북)

홀수층은 두께가 두껍고 갈색이나 황적색을 띠는 모래찰흙이며, Ⅱ층과 Ⅳ층 등의 짝수층은 퇴적 두께가 3~5㎝ 정도로 얇은 모래찰흙인데 굴착할 때 나온 석비레가 많이 섞인 것이 특징이다. 이는 곧 벽석을 한층 한층 쌓아 올릴 때마다 바깥쪽에서 뒷채움을 했고, 뒷채움을 할 때는 홀수층과 짝수층을 번갈아 가면서 흙을 다졌음을 알 수 있다. 그러나 서벽 바깥쪽의 남쪽에 설치한 Pit에 대한 층위조사에서는 판축의 흔적이 찾아지지 않았다. 오히려 10~20㎝ 정도의 두께로만 흙을 섞어 가며 채웠고, 특별히 단단하게 다진 흔적은 없었다. 따라서, 무덤방을 축조할 때 북벽과 동벽, 서벽 등 압력을 많이 받는 부분에만 판축으로 뒷채움을 했고, 상대적으로 힘들 많이 받지 않는 남벽쪽에 와서는 단순한 뒷채움만 했다.

조사결과, 무덤은 두차례에 걸쳐 사용되었던 것으로 파악되었다. 처음 무덤에 묻힌사람은 철제못과 꺾쇠가 출토된 점으로 볼 때 나무널[木棺]을 사용했고, 나중에 묻힌 사람은 처음 묻힌 사람 위에 흙을 두 차례 정도 깔

[사진 2] 1호 돌방무덤 조사완료후(동→서)

고 무덤방〔石室〕의 가운데에 주검받침을 마련했다. 따라서 이 무덤에 묻힌사람은 나무널에 묻힌 사람과 주검받침에 묻힌 사람으로 구분된다.

무덤을 축조한 방법은 먼저 무덤구덩〔墓壙〕을 만들기 위해 비탈면 주변을 정리한 후 L자형으로 파고 바닥을 평평하게 정지하였으며 무덤구덩의 벽면처리는 수직에 가깝지만 바닥으로 내려갈수록 약간 안쪽으로 경사져 너비가 줄어든다. 무덤구덩의 평면형태는 긴 네모꼴이고, 널길부터는 너비가 점차 좁아진다. 무덤구덩 크기는 남-북 길이 528㎝, 동-서 너비 320㎝로 장단비는 1.65:1이고, 깊이는 최대 115㎝이다.

벽체는 무덤구덩을 마련한 후 바닥에서부터 차곡차곡 쌓아 올렸는데, 무덤구덩과 벽체 사이의 빈 공간을 석비레와 모래가 섞인 찰흙으로 반복되게 다졌다. 벽체는 7~10단 정도가 남았는데, 대부분 지하에 축조되어 있고 지상으로는 가장 윗단의 돌들만 드러날 정도이다. 벽석 중 5~6단 정도부터는 안쪽으로 약간씩 들여쌓아 덮개돌을 얹을 수 있도록 너비를 좁혔다. 벽체를 축조한 순서는 북벽부터 쌓고, 동벽과 서벽을 북벽의 안쪽에 맞대어 쌓았으며 남벽을 가장 나중에 만들었다. 그리고 벽석들을 보면, 북벽에 사용한 돌이 동벽이나 서벽에 사용한 돌보다 비교적 잘 다듬어지고 큰 돌을 썼다. 돌 놓는 방법은 중간 아랫부분은 대개 가로놓기로 많이 했지만 모서리부분과 위로 올라올수록 세로놓기를 한 부분이 많다.

입구는 남벽쪽에 마련되어 있는데, 동벽에 편중된 널길〔右偏在〕를 갖추고 있으며 바깥쪽에서 폐쇄하였다. 폐쇄한 돌들은 제법 큰 돌과 작은 돌로 엉성하게 쌓았다. 그리고 널길의 벽체는 바깥쪽으로 나올수록 너비가 약간 벌어지는 것이 특징이고, 널길 바닥에는 특별한 시설을 하지 않았으며 경사져 있다. 나중에 묻힌 사람의 주검받침〔屍床〕은 무덤방의 가운데에 만들어졌다. 주검받침은 바닥 전체에 20㎝ 두께로 흙을 깔고 그 위에 만들어졌으며 평면형태가 긴 네모꼴이다. 주검받침에 사용한 돌은 얇고 평평한 돌이고, 바깥쪽부터 틀을 만들면서 안쪽에 돌을 놓았던 것 같다. 주검받침의 크기는 172×80×10㎝ 정도이다.

출토된 유물로는 동벽과 입구쪽에서 직구단경호와 광구단경호, 광구장경호 각 1점이 있고, 무덤방의 각 모서리에서 철제못과 꺾쇠 등이 수습되었다. 사람 뼈는 무덤방의 중앙에서 서벽쪽으로 약간 치우쳐서 발견되었는데, 다리와 머리뼈 일부가 가지런하게 놓인 상태로 있었다. 따라서 처음 묻힌 사람이나 나중에 주검받침에 묻힌 사람은 머리를 북동쪽으로 두었다.

무덤방의 크기는 300(남-북)×168(동-서)×112㎝로 장단비는 1.78:1이고, 널길 길이는 168㎝, 너비가 80㎝이다.

1) 출토유물

무덤에서는 직구단경호와 단경호, 광구장경호 각 1점씩과 광구장경호

안에서 반지 1점이 출토되었고, 무덤방 바닥에서 못과 꺾쇠가 수습되었다.

각 유물별로 살펴보면 다음과 같다.

(1) 직구단경호(사진 3)

입술은 짧고 직립되어 있으며 몸통은 평면 원형이며 최대 지름이 몸통 가운데 부분이다. 어깨부분에는 두 줄의 횡침선이 1.2㎝ 간격으로 있고, 그 속에 사격자문이 흐릿하게 음각되어 있다. 몸통의 중간 아래부터 바닥까지에는 타날구를 이용하여 여러 차례 두드렸고, 격자문이 전체적으로 뚜렷하게 관찰된다. 바닥은 납작하게 눌렀으며 약간 들린 바닥을 이루고 있다.

겉과 안쪽면으로 물손질 정면한 흔적이 있다. 바탕흙은 석영 알갱이와 장석, 운모가 섞인 모래질 찰흙을 사용했고, 속심도 회색을 띤다.

입술 지름 9.6㎝, 바닥 지름 7.4㎝, 높이 15.5㎝, 몸통 최대 지름 19.0㎝

(2) 단경호(사진 4)

입술은 밖으로 벌어져 있고, 목이 짧으며 몸통은 평면 원형이다. 몸통의 최대 지름은 몸통의 가운데 부분이고, 어깨부분에는 두 줄의 횡침선이 있다. 횡침선은 2.0㎝ 간격으로 음각되어 있고, 다른 문양은 없다.

바닥은 납작하게 눌러서 지름이 좁은 편이고, 안쪽면에는 물손질과 손눌림한 자국이 있다. 특히 안쪽 바닥쪽에 손으로 누른 자국이 여러 군데 남아 있다. 그리고 바닥의 일부분에는 검게 그을린 흔적도 있으며, 바탕흙은 굵은 석영 알갱이와 운모, 장석이 섞인 모래질 찰흙을 사용했다.

입술 지름 12.7㎝, 바닥 지름 8.0㎝, 높이 19.5㎝, 몸통 최대 지름 21.0㎝

(3) 광구장경호(사진 5)

입술은 목에서부터 올라와 넓게 벌어졌고, 입술 끝에는 음각 홈을 새겨 놓았다. 목은 수직에 가깝게 만들었고 몸통의 최대 지름은 몸통 가운데 부분이다. 바닥은 납작하게 눌러서 만들었는데, 가운데부분이 약간 들려 있고 지름이 좁다. 겉면에는 문양이 시문되어 있지 않고, 회전 물손질한 자국만 남아 있다. 안쪽에는 물레자국과 혼눌림자국이 있고, 바탕흙은 석영 알갱이와 운모, 장석이 섞인 모래질 찰흙을 사용했고, 속심도 회색을 띤다.

입술 지름 15.5㎝, 바닥 지름 6.0㎝, 높이 20.5㎝, 몸통 최대 지름 18.2㎝

(4) 반지

이 반지는 금색을 띠는 것으로 광구장경호의 안에서 출토되었다.

반지는 두께가 얇고 장식이 없는 것인데, 몇 조각으로 깨진 상태이다.

지름 1.7㎝, 두께 0.1㎝

(5) 못과 꺾쇠류(사진 6~8)

못과 꺾쇠류는 모두 철제로 되어 있고, 처음 묻힌 사람의 뼈 주변에서 출토되었다.

못은 52점, 꺾쇠는 23점이 출토되었다. 못의 형태는 못머리가 평면 네 모꼴이고, 꺾쇠는 ㄷ자형이다.

2. 2호 돌방무덤의 구조와 출토유물

무덤은 1호 돌방무덤과 동쪽으로 7m 거리에 위치해 있고, 남쪽 아래로 는 9호 돌덧널무덤이 자리해 있다. 무덤은 1호 돌방무덤보다 3m 정도 낮

[사진 3] 1호 돌방무덤 출토 직구단경호

[사진 4] 1호 돌방무덤 출토 단경호

[사진 5] 1호 돌방무덤 출토 광구장경호

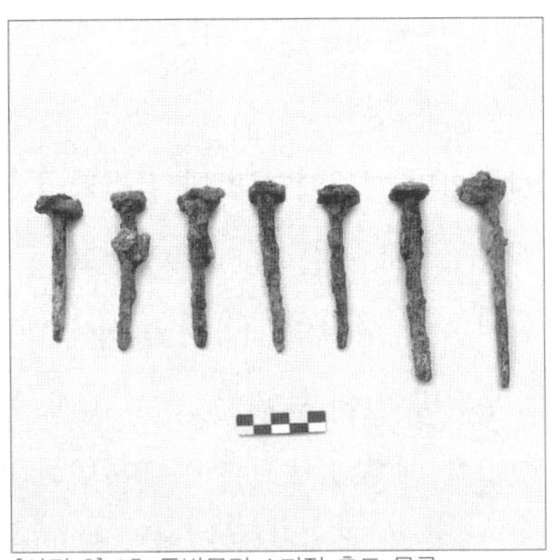

[사진 6] 1호 돌방무덤 A지점 출토 못류

[사진 7] 1호 돌방무덤 A지점 출토 못

[사진 8] 1호 돌방무덤 A지점 출토 꺾쇠류

은 해발 75.0m 정도 된다.

무덤은 전체적으로 1호 돌방무덤과 같은 구조이고, 긴 방향도 북동-남서쪽이며 널길이 동벽에 편중되어 있다. 층위는 무덤 안의 가운데에 동-서방향으로 둑을 남겨 조사했고, 동벽 바깥쪽과 무덤구덩 사이에도 둑을 남겨 축조 당시의 뒷채움 방식에 대해 살펴보았다.

무덤방 안의 층위는 모두 10개 층으로 구분되는데, Ⅳ층과 Ⅴ층 사이 그리고 Ⅶ층에 벽석들이 매몰되어 있는 것으로 볼 때 도굴이 한 번 내지는 두 번에 걸쳐 이루어졌을 가능성이 있다. Ⅵ층 갈색 모래찰흙층은 Ⅶ층의 돌들이 들어가고 난 뒤 얼마동안 자연퇴적된 층일 것으로 보이고, Ⅷ층 적갈색 모래찰흙층부터 Ⅹ층 황갈색 모래찰흙층은 크게 교란된 부분이 없다. 다만, 사람 뼈와 동물 뼈들은 Ⅴ층과 Ⅶ층 사이에서 대부분 수습되어 무덤방이 훼손되는 과정에서 섞이게 되었던 것으로 판단된다. 나머지 Ⅰ층부터 Ⅳ층은 도굴이 이루어진고 난 뒤에 퇴적된 흙으로 동쪽에서 서쪽 방향으로 흙이 들어간 것 같고, Ⅴ층 갈색 모래찰흙층은 벽석들이 무덤방으로 들어갈 때 섞인 흙이다.

동벽과 무덤구덩 사이에 뒷채움한 층위를 보면, 모두 17개 층으로 구분되며 역시 Ⅰ층과 Ⅲ층 등의 홀수층은 찰흙이 많이 섞인 모래찰흙으로 다졌고, Ⅱ층과 Ⅳ층 등의 짝수층에는 모래찰흙과 함께 석비레가 섞였고 층위의 두께가 얇은 편이다. 그러나 Ⅷ층 아래로는 각 층의 두께가 8~10㎝ 정도로 비슷하여 판축을 제대로 한 층은 Ⅷ층을 중심으로 Ⅰ층까지로 볼 수 있다. 이러한 방식으로 무덤의 북벽과 동·서벽에는 판축으로 뒷채움을 했고, 역시 남벽에서는 판축한 흔적이 확인되지 못했다.

무덤은 1호 돌방무덤과 같이 평면이 긴 네모꼴이다. 무덤은 먼저 무덤구덩〔墓壙〕을 만들기 위해 비탈면 주변을 정리한 후 L자형으로 파고 바닥을 평평하게 정지하였다. 그리고 무덤구덩의 벽면을 수직에 가깝도록 굴착했지만, 아래로 내려갈수록 안쪽으로 점차 좁아져 너비가 줄어든다. 무덤구덩의 크기는 남-북 길이 660㎝, 동-서 너비 340㎝로 장단비는 1.94:1이고, 깊이는 최대 190㎝이다.

벽체는 10~16단이 남아 있는데, 대부분 지하에 축조되어 있으며 이맛돌과 가장 윗단의 돌들만 지상에 드러나 있다. 벽체는 10단 정도부터 안쪽으로 조금씩 들여 쌓았으며 아래층은 주로 가로놓기를 하고 윗부분은 세로놓기를 했다. 그리고 각 층마다 돌과 돌사이의 빈틈에는 작은 돌을 끼워 넣었다. 벽체를 축조한 순서는 북벽을 먼저 쌓고, 동벽과 서벽을 북벽의 안쪽에 맞대어 쌓았다. 남벽을 가장 나중에 축조했는데, 널길의 동벽은 무덤방의 동벽과 직선으로 연결되어 있다. 그리고 벽석으로 사용된 돌들을 보면, 북벽의 돌들이 동벽과 서벽의 돌보다 크고 잘 다듬어진 것

[도면 2] 2호 돌방무덤 3차원 입체도

[사진 9] 2호 돌방무덤 조사완료후 전경(남→북)

을 사용했다. 남벽의 돌들도 북벽과 같이 크고 잘 다듬어진 돌을 사용한 것이 특징이다.

입구는 남벽의 동쪽에 편중되어 있고, 이맛돌이 원래의 자리에서 약간 틀어진 상태로 얹혀 있으며 널길의 바닥은 밖으로 약간 경사져 있다. 입구를 폐쇄한 돌은 큰 할석으로 채웠는데 1호 돌방무덤보다는 비교적 정성드려 돌을 차곡차곡 쌓았다.

이 무덤방의 경우 북벽과 서벽 사이에서 작은 돌이 깔려 있음이 확인되었다. 물론 도굴되는 과정에서 심하게 훼손된 상태이기 때문에 그 형태를 파악하기가 어렵다. 다만 무덤방 바닥에 널받침이나 돌깔림시설〔敷石〕을 했을 가능성은 있다. 그리고 무덤방에서 사람 뼈와 동물 뼈가 수습되었는데 동벽과 서벽쪽에서 심하게 교란된 상태로 수습되었다. 뼈가 수습된 위치로 볼 때, 도굴되는 과정에서 원래 자리를 벗어나게 되었던 것 같다. 묻힌 사람의 머리방향은 무덤방의 평면형태와 긴 방향 등을 참고로 볼 때

[사진 10] 2호 돌방무덤 조사완료후(북→남)

북동쪽이고, 껴묻거리로는 완 1점이 남벽 주변에서 출토되었다. 그리고 석제품 1점이 서벽 주변에서 수습되었고, 철제 못과 꺾쇠도 출토되어 나무널〔木棺〕을 사용했음을 알 수 있다.

무덤방의 크기는 320(남-북)×195(동-서)×155cm로 장단비는 1.64:1이고, 널길 길이는 270cm, 너비 100cm이다.

1) 출토유물

(1) 완(사진 11)

명갈색을 띠는 완으로 무덤방 남벽 주변에서 출토되었다.

기벽은 바닥에서 수직에 가깝도록 올라가며 입술은 끝만 둥글게 처리되었다. 바닥은 도구를 사용하여 평평하게 다듬었는데, 바닥을 띠어 낼 때 실과 같은 것으로 잘라낸 흔적도 있다.

완은 테쌓기[輪積法]로 만들어
졌고 성형할 때 생긴 손자국과 물
레자국이 있다. 그리고 겉과 안쪽
면에는 불의 영향을 받아 절반 정
도 검게 그을린 흔적이 있다. 바
탕흙은 석영과 운모, 장석이 많이
섞여 있는 모래질 찰흙을 사용하
였고, 속심은 검은색을 띤다.

[사진 11] 2호 돌방무덤 출토 완

입술지름 11.5㎝, 바닥지름 9.9㎝, 높이 5.0㎝, 몸통 두께 0.5㎝

(2) 석제품

무덤방 서벽 부근 바닥에서 출토되었다. 평면형태는 둥근형태인데 인위적으로 손질해서 만들었다. 위와 아랫면을 매끄럽게 갈았고, 가장자리는 다소 거칠게 다듬었다. 이 석기의 용도에 대해서는 정확히 알 수 없지만, 장례풍습과 관련될 가능성도 있다.

지름 4.9㎝, 두께 3.1㎝

(3) 못과 꺾쇠류

못과 꺾쇠는 무덤
방의 남벽 주변에서
29점이 출토되었다.

2호 무덤에서 출토
된 못과 꺾쇠는 1호
무덤의 것들과 달리
남벽 주변에서만 출

[사진 12] 2호 돌방무덤 출토 못류

토되어 원래의 자리에서 벗어나 있었음을 알 수 있었다.

IV. 무덤의 성격

광암동 유적에서 조사된 백제 돌방무덤의 특징을 정리해 보면 아래 표와 같다.

[표-1] 백제 돌방무덤 일람표

| 무덤이름 | 긴 방향과 등고선과의 관계 | 무덤구덩과 무덤방 크기 및 장단비 (크기 : 길이×너비×깊이)cm | | | | 해발 (m) | 널길크기 (길이×너비)cm | 출토유물(점) |
		무덤구덩 크기	장단비	무덤방	장단비와 면적(㎡)			
1호 돌방무덤	북동-남서, 직교	528×320×115	1.65:1	300×168×112	1.78:1 5.04	78	168×80	직구단경호 1, 광구장경호 1, 단경호 1, 못, 꺾쇠
2호 돌방무덤	북동-남서, 직교	660×340×190	1.94:1	320×195×155	1.64:1 6.24:1	75	270×100	완, 석제품, 못, 꺾쇠

1. 분포양상과 축조방법

무덤은 금암산의 북쪽 능선에서 남서쪽으로 내려오는 끝자락 비탈면에 축조되어 있고, 해발 75~78m 사이에 자리해 있다.

두 무덤의 분포상태는 1호 돌방무덤이 비탈면의 위쪽에 2호 돌방무덤이 아래쪽에 자리해 있으며 신라 돌덧널무덤들이 비탈면의 정상부와 동북쪽, 남쪽 아래에 있어 백제 무덤을 감싸고 있는 형태이다.

무덤이 이렇게 비탈면에 입지한 경우를 보면, 화성 마하리 돌방무덤[13)

과 원주 법천리 1호[14], 청원 주성리 1 · 2호[15] 무덤 정도가 비슷하다고 볼 수 있다. 그리고 최근 발굴된 공주 수촌리 무덤들은 구릉상의 평탄한 대지에 축조되어 있어[16] 광암동 무덤과는 다소 차이가 있음을 알 수 있다.

무덤의 긴 방향은 북동–남서쪽이고, 2기 모두 등고선과 직교하고 있다.

긴 방향은 신라 돌덧널무덤들도 거의 같은 방향을 택하고 있기 때문에 백제 축조집단과 신라 축조집단 간에 별다른 차이점이 없다. 긴 방향의 결정은 무덤의 입지면에서 등고선과 밀접한 관련이 있고, 그에 따라 묻힌사람의 머리방향도 자연스럽게 결정된다. 따라서, 두 무덤에 묻힌 사람의 머리방향은 자연스럽게 무덤방의 긴 방향과 같은 북동쪽을 향했음을 알 수 있다. 특히 1호 무덤의 경우 처음 묻힌 사람의 뼈가 서벽쪽에 약간 치우쳐 있는 상태에서 다리와 몸통 일부의 뼈가 처음 묻혔던 상태 그대로 발견되었기 때문에 그러한 추정이 가능하다. 또한 나중에 묻힌 사람의 주검받침도 무덤방의 긴 방향을 따라 시설되어 있었기 때문에 묻힌 사람의 머리방향은 북동쪽으로 보는데 무리가 없다. 다만 2호 무덤에서 두 명분의 뼈가 교란된 상태로 수습되었기 때문에 묻힌 사람의 머리방향을 추정하는데 어려움이 있다. 그러나, 무덤방의 구조와 방향으로 보았을 때 1호 무덤과 다르지 않을 것으로 여겨진다.

무덤의 긴 방향이 등고선과 직교하는 무덤으로는 화성 마하리 돌방무덤이나 원주 법천리 1 · 3호, 청원 주성리 1 · 2호, 청주 신봉동 1호 무덤[17]

13) 李鮮馥 · 金成南, 2004, 『馬霞里 古墳群』, 숭실대학교박물관 · 서울대학교박물관 · 한국철도기설공단.

14) 宋義政 · 尹炯元, 2000, 『法泉里 I』, 國立中央博物館.

15) 韓國文化財保護財團 · 忠淸北道開發事業所, 2000, 『淸原 主城里遺蹟』.

16) 이남석, 2005, 「水村里 古墳群과 百濟墓制」, 『4~5세기 금강유역의 백제문화와 공주 수촌리 유적』, 충청남도역사문화원, 29~52쪽.

등이 있다.

　무덤의 축조방법은 산의 비탈면을 L자형으로 파서 무덤방을 지하에 만들고 천정부만 지상에 드러냈던 것으로 볼 수 있다. 이러한 축조방법은 백제 돌방무덤들에서 흔히 나타나는 특징으로 알려져 있는 반면, 신라 돌방무덤들의 경우에는 산의 비탈면보다는 능선을 선호하고 암반을 얕게 파거나 거의 파지 않는 지상식이라는 특징을 보이고 있다.[18] 물론 모든 백제 돌방무덤이나 신라 무덤들이 위와 같은 입지와 구조를 갖추고 있다고 보기에는 무리가 있지만, 이번에 조사된 2기의 돌방무덤은 적어도 무덤 벽체가 모두 지하에 축조되어 있고 이맛돌을 비롯한 덮개돌이 지상으로 올라와 있는 점이 특징이다.

　무덤구덩은 무덤방의 크기보다 두배 가깝게 넓게 굴착하고, 아래로 내려 갈수록 약간씩 경사져 너비가 점차 줄어든다. 무덤구덩을 이렇게 넓게 마련한 예로는 법천리 1호와 3호 무덤, 주성리 1 · 2호 무덤이 있다. 그리고 무덤구덩의 장단비에 있어서 광암동 1 · 2호 무덤의 경우 1.65:1과 1.94:1이고, 법천리 1호와 3호는 2.17:1과 2.15:1, 주성리 1 · 2호는 각각 1.49:1, 1.43:1로 나타났다.

　벽체는 북벽부터 쌓기 시작하여 동벽, 서벽, 남벽의 순서로 축조했고 가장 아랫단은 자연암반을 이용하거나 제법 큰 할석을 두었다. 그리고 위로 올라오면서 벽체 중간 단부터 돌을 안쪽으로 조금씩 들여쌓아 내경하도록 했으며, 돌은 세로놓기를 기본으로 하되 벽체의 중간과 가장 윗단은 가로놓기를 했다. 벽체의 중간중간에 돌을 가로놓기한 것은 벽체의 무게를 지탱하는데 도움을 주기 위해서이고, 가장 윗단의 돌을 가로놓은 것도

---

17) 李隆助 · 車勇杰, 1983, 『淸州新鳳洞百濟古墳發掘調査報告書』, 忠北大學校博物館.

18) 崔秉鉉, 2001, 「新羅 初期 石室墳의 樣相」, 『韓國考古學報 44』, 韓國考古學會, 125~149쪽.

덮개돌의 무게를 지탱함과 동시에 분산시키는 목적에서 그렇게 축조했던 것임을 알 수 있다. 그리고 벽석들 사이의 빈 틈에는 작은 돌조각을 끼워 넣기도 했다.

벽체와 무덤구덩 사이의 공간은 무너지는 것을 방지하기 위해 흙으로 되메우기 했는데, 전체 층위의 중간층부터 판축공법으로 모래찰흙과 석비레가 섞인 모래찰흙을 번갈아 가면서 다졌다. 즉 무덤방의 북벽과 동벽, 서벽의 바깥쪽은 판축했고 남벽쪽이나 널길은 일반적인 되메우기를 한 것으로 파악되었다. 이렇게 다져 놓은 것은 벽체가 쉽게 무너지는 것을 방지할 뿐만 아니라 덮개돌의 무게를 지탱하는데 큰 도움이 되었을 것이다. 실제로 무덤의 벽체가 비교적 완전하게 남아 있던 이유가 판축에 의한 뒷채움이 튼튼했기 때문으로 여겨진다.

이런 방법으로 축조한 돌방무덤의 예로는 청원 주성리 1·2호 무덤이 있다. 주성리 무덤에서 확인된 판축은 광암동 돌방무덤과 같이 얇은 층과 두꺼운 층이 반복되게 축조했고, 다른 지역의 돌방무덤들도 이러한 축조방법으로 뒷채움을 했을 가능성이 있다.

무덤방의 평면형태는 긴 네모꼴이고, 남벽쪽에 널길이 달려 있다. 그리고 무덤방의 장단비를 보면, 1호 돌방무덤이 1.78:1이고, 2호 돌방무덤이 1.64:1로 2기 모두 큰 차이가 없다. 무덤방의 장단비를 다른 백제 돌방무덤들과 비교해 본다면, 법천리 1호 무덤이 1.6:1(320×200×160㎝)로 가장 비슷하고 공주 수촌리 4호 돌방무덤이 1.5:1(300×200×150㎝), 5호 돌방무덤이 1.30:1(340×260×120㎝)[19]이며, 공주 분강·저석리의 12호와 17호 무덤[20]이 각각 1.36:1, 1.41:1이어서 같은 긴 네모꼴이라고 해도 다

---

19) 이남석, 2005, 「앞글」, 충청남도역사문화원, 29~52쪽.

20) 李南奭, 1997, 『汾江·楮石里 古墳群』, 公州大學校 博物館.

소 차이가 있음을 알 수 있다. 오히려 화성 마하리 돌방무덤이나 공주 웅진동 1호, 익산 입점리 1호 무덤[21]의 경우 평면이 네모꼴에 가깝기 때문에 긴 네모꼴의 돌방무덤들과 서로 비교해 볼만 하다. 널길의 경우 남벽에 달려 있으면서 동벽과 나란한 소위 우편재의 널길을 갖추고 있다. 우편재 널길을 갖춘 무덤으로는 마하리 돌방무덤과 주성리 1호, 신봉동 1호, 입점리 1호 무덤 등이 있다.

2. 껴묻거리와 축조시기

껴묻거리는 1호 돌방무덤에서 직구단경호와 단경호, 광구장경호를 비롯한 반지 1점과 못, 꺾쇠가 출토되었고, 2호 돌방무덤에서는 완 1점과 못, 꺾쇠가 수습되었다.

1호 돌방무덤에서는 직구단경호 등 3점의 토기와 반지 1점이 동벽쪽에서 출토되었고, 2호 돌방무덤에서는 완 1점이 남벽 주변에서 수습되었다.

1호 돌방무덤에서 출토된 토기류는 동벽을 따라 북쪽에서 남쪽방향으로 나란히 묻혀 있었고 반지는 광구장경호 안에서 출토되었다. 이 껴묻거리들은 주검받침과의 층위 연관성을 볼 때 처음 묻힌 사람과 함께 묻힌 것으로 추정된다. 특히 처음 묻힌 사람의 뼈가 무덤방 가운데에서 서벽쪽으로 약간 치우쳐 있다는 점을 생각한다면, 나중에 추가장을 하려는 의도가 있었기 때문에 껴묻거리를 동벽쪽에 붙여 놓았을 가능성이 있다. 그러나, 나중에 묻힌 사람의 주검받침이 마련되는 과정에서 원래 놓였던 자리로부터 옮겨졌을 가능성도 배제할 수 없다. 그리고 나중에 묻힌 사람과 관련된 껴묻거리가 남아 있지 않은 것은 도굴 때문인 것 같다. 주검받침

---

21) 문화재연구소, 1989, 『익산 입점리고분 발굴조사 보고서』.

의 위치가 무덤방의 가운데이고 남벽쪽에 여유공간이 있는 것으로 볼 때 묻힌 사람의 양쪽 옆이나 발치쪽에 껴묻거리를 두었을 가능성이 있다.

2호 돌방무덤에서 나온 완 1점도 무덤방의 교란상태로 볼 때 원래의 자리에서 벗어난 것으로 보이며 다른 껴묻거리들은 도굴되었을 것으로 여겨진다.

출토된 유물 중에서 직구단경호와 광구장경호는 무덤의 축조 시기를 살피는데 많은 도움을 주는 토기이다. 이들 토기는 소위 '한성양식 기종' 들로 불리고, 공반 유물과 함께 여러 편년안이 제시된 상태인데, 대개 3세기 말엽에서 4세기 말까지의 시간범위를 갖고 있는 것으로 알려져 있다[22]. 이 중에서 직구호는 한성시대에 생활용과 부장용으로 사용되다가 웅진시대로 와서는 일상생활용보다는 부장용으로 많이 쓰이며, 사비시대에 와서는 한성시대와 마찬가지로 일상생활용과 부장용으로 이용된다는 의견이 있다.[23] 이러한 면에서 직구호가 1호 돌방무덤에서 출토된 점은 부장용으로 사용된 예라고 할 수 있고, 마하리와 법천리 무덤떼에서도 여러 점 출토된 바 있어 비교해 볼 만하다.

한편 1호와 2호 돌방무덤에서는 공통적으로 철제못과 꺾쇠가 출토되었는데, 1호 무덤의 경우 주검받침 아래층에서만 수습되어 나무널이 사용되었음을 알 수 있었다. 못의 경우 못머리의 평면형태가 네모꼴이고, 몸통의 단면도 네모꼴이다. 이러한 형태의 못은 백제 돌방무덤이나 돌덧널무덤, 나무널무덤 등에서 일반적으로 출토되고 있다. 이번 조사를 통해

---

22) 朴淳發, 2001, 『漢城百濟의 誕生』, 서경문화사, 101쪽.

申熙權, 2002, 「風納土城 築造年代 試論」, 『韓國上古史學報』第37號, 韓國上古史學會, 29~51쪽.

김성남, 2003, 「백제 한성양식토기 편년을 위한 예비 고찰」, 『한성기 백제고고학의 제문제(Ⅰ)』, 서울경기고고학회, 39~66쪽.

23) 김종만, 2004, 『사비시대 백제토기 연구』, 서경, 146~149쪽.

출토된 못의 못머리 너비는 평균 2㎝ 정도이고, 길이는 10~12㎝, 무게는 30~40g 정도이다. 꺾쇠도 'ㄷ'자 형태의 것으로 광암동과 가까운 덕풍동 수리골 유적의 백제 널무덤에서도 출토되었고[24], 다른 백제 무덤들에서도 어렵지 않게 찾아볼 수 있다. 꺾쇠들의 크기는 길이 6.5~7.5㎝이고, 두께는 0.2~0.3㎝, 무게는 30~40g 정도이다.

무덤의 축조시기 문제는 무덤의 구조와 껴묻거리를 통해 밝혀야 하지만, 도굴로 인한 훼손이 이루어졌고 추가장도 이루어져 현재로서는 명확한 결론을 내리기는 어렵다. 다만 무덤의 구조적인 면에서 본다면, 두 무덤은 지하에 무덤방을 두고 널길을 갖추었으며 벽체와 무덤구덩 사이의 뒷채움을 할 때 부분적인 판축을 했다. 그리고 1호 돌방무덤은 적어도 두 차례에 걸쳐 사용되었을 가능성이 있다. 처음에 묻힌 사람은 나무널을 사용했고, 못과 꺾쇠가 나무널의 모서리 자리로 추정되는 곳에서 집중되어 출토되었다. 두 번째 묻힌 사람은 주검받침을 마련했고, 못과 꺾쇠가 출토되지 않았다. 껴묻거리는 처음 묻힌 사람과 관련된 유물이며 두 번째 묻힌 사람의 경우 도굴로 인해 껴묻거리가 남아 있지 않아 매장시기를 파악하는데 어려움이 있다. 2호 돌방무덤은 사람 뼈를 통해 추가장이나 합장이 이루어졌을 개연성이 크며, 동물뼈들도 수습되어 묻힌 사람과의 직접적인 관련성 문제와 더불어 장례풍습도 연구되어져야 하겠다.

결론적으로 이번 조사를 통해 발굴된 2기의 돌방무덤은 한성백제시기(B.C 18~A.D 475) 묘제를 연구하는데 있어서 매우 중요한 자료이다. 특히 광암동 유적이 입지한 곳은 이성산성, 남한산성과 인접해 있고, 서쪽으로 5㎞ 범위 안에는 풍납토성과 몽촌토성, 가락동, 석촌동, 방이동 무덤떼 등의 유적이 자리해 있기 때문에 상호관련성에 대하여 연구가 필요

---

24) 畿甸文化財研究院 · 河南市, 2005, 『앞책』.

할 것으로 사료된다.

V. 맺음말

하남 광암동 백제 돌방무덤은 서울 가락동과 방이동 등에서 돌방무덤이 발굴된 이후 인근지역에서 처음으로 찾아진 무덤이다.

무덤의 지리적인 위치와 구조적인 특징, 축조방법, 껴묻거리 등은 광암동 무덤이 매우 중요한 위치를 차지하고 있음을 말해준다. 그러나 껴묻거리가 대부분 도굴된 상태이기 때문에 무덤의 규모에 걸맞는 위세품(威勢品)이 있었을 가능성이 높지만, 현재로서는 묻힌 사람들의 신분을 추정하기에 어려움이 따른다. 그리고 최근 여러 연구자들에 의해 한성백제시기에 돌방무덤이 도입되었는지의 여부와 구조적인 면 또는 추가장의 여부 등의 논의[25]가 활발하게 진행되고 있으므로 앞으로 심도있는 연구가 이루어지기를 기대해 본다.

---

25) 崔秉鉉, 2001, 「新羅 初期 石室墳의 樣相」, 『韓國考古學報』 第44輯, 韓國考古學會.
　　朴淳發, 2001, 『앞책』, 서경문화사.
　　李南奭, 2002, 『百濟墓制의 研究』, 서경.
　　임영진, 2004, 「百濟 漢城期 墓制의 多樣性과 그 意味」, 『한성기 백제고고학의 제문제(Ⅱ)』, 서울경기고고학회, 7~34쪽.

서울 대모산성의 역사 · 지리적 성격에 대한 연구

최병식*

Ⅰ. 머리말

大母山城은 강남구 일원동과 서초구 내곡동이 경계를 이루는 해발 293m의 대모산 정상에 위치한 테뫼식 석축산성이다. 한강으로부터 약 5km 남쪽에 위치한 대모산성은 서쪽과 동쪽으로 각각 한강으로 흘러 들어가는 양재천과 탄천 사이에 있다.[1] 이 산성 정상에서는 한강 북쪽의 삼성동토성을 비롯한 한강 일대는 물론 강 건너 아차산까지 조망된다.

이 같은 지리적 위치로 말미암아 대모산성은 한강을 따라 침투하는 고

---

* 운주문화연구원 원장.

1) 조선시대까지 양재천과 탄천은 따로 한강으로 흘러 들어갔지만, 현재 양재천은 탄천 2교 밑(일원 2동)에서 탄천과 합쳐 탄천의 지류가 되었다.

[사진 1] 대모산성 원경

구려 수군으로부터 백제왕성(몽촌토성과 풍납토성)을 지켜주는 최후로 군사적 요충지 구실을 할 수 있었다. 동시에 서해안인 경기만으로부터 수로(한강)를 거쳐 침투하는 적을 성곡동산성(안산시)과 반월천유역의 성태산성에서 일차적 방어를 담당한 다음, 후방의 모락산성(의왕시)에서 일단 저지되었다. 그리고나서 대모산성은 풍납동 일대의 한강 남안에 위치한 풍납동 일대 백제 수도를 마지막으로 보호한 보루의 역할을 담당하였던 것이다.

대모산성은 현재 강남개발에 따라 일대가 교란·파괴될 상태다. 그래서 구체적으로 유물의 출토와 유구의 조사는 어렵다. 다만 지정학적 입장에서 볼 때 백제의 초기 성장과 밀접한 관련을 갖고 있음을 알 수 있다. 특히 대모산성과 모락산성 일대에서는 지석묘를 비롯 점토대토기 및 초기 철기시대의 주거지가 다수 발견되어 일찍부터 인간이 거주한 사실은 파악할 수 있었다. 역사시대에 이르러서는 백제의 영토확장과 대외방어에 따른 보루 역할을 담당했을 것으로 보인다.

이에 필자는 그동안의 시굴조사와 지표조사보고서를 토대로 기존의 대모산성이 백제의 성장과정에서 차지한 위치를 재검토하고자 한다. 기존의 보고서는 수습된 유물을 중심으로 성곽의 성격을 규명하는데 초점을 맞추었다. 그러나 본 논문에서는 대모산성이 지정학적 위치와 백제사와의 관련성을 강조하는 쪽에 초점을 맞추고자 한다. 특히 백제왕성의 도성체제는 토성(평지성)과 산성이었다. 이러한 도성체제는 고구려도성체제(평지성과 산성)를 모방한 수도방어체제이기도 하였다. 이러한 관점에서 이루어진 축성기법과 백제 성곽의 특징을 대모산성으로부터 규명하고자 하였다.[2] 나아가 대모산성과 의왕 모락산성 등의 성곽은 서해에서 공격해 들어오는 적으로부터 백제수도를 보존하는 관건이 되었을 뿐 아니라, 한강유역 흥망을 좌우하는 요충지였다는 사실을 보여준다.

II. 調査遺蹟의 檢討

1. 性穴 信仰石

대모산의 信仰石은 대모산 정상에서 북동쪽으로 이어지는 능선을 따라 동쪽으로 300m 가량 떨어진 등산로 바로 좌측에 위치하고 있다.

북동-남서로 장축방향을 한 신앙석은 능선과 평행한다. 규모는 장축 220㎝, 단축 170㎝, 두께 40㎝이다. 현재 지표상에 돌출한 신앙석의 평면

---

2) 세종대학교박물관 · 의왕시, 2006, 『의왕 모락산성』, p.254.

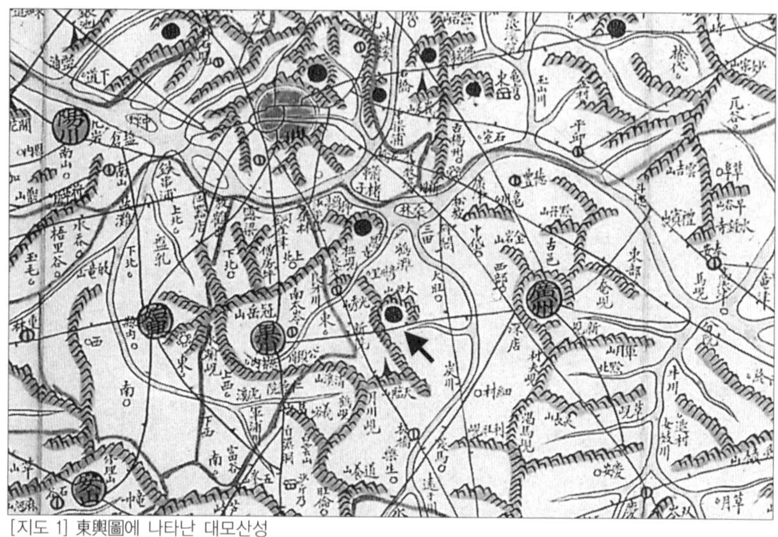

[지도 1] 東輿圖에 나타난 대모산성

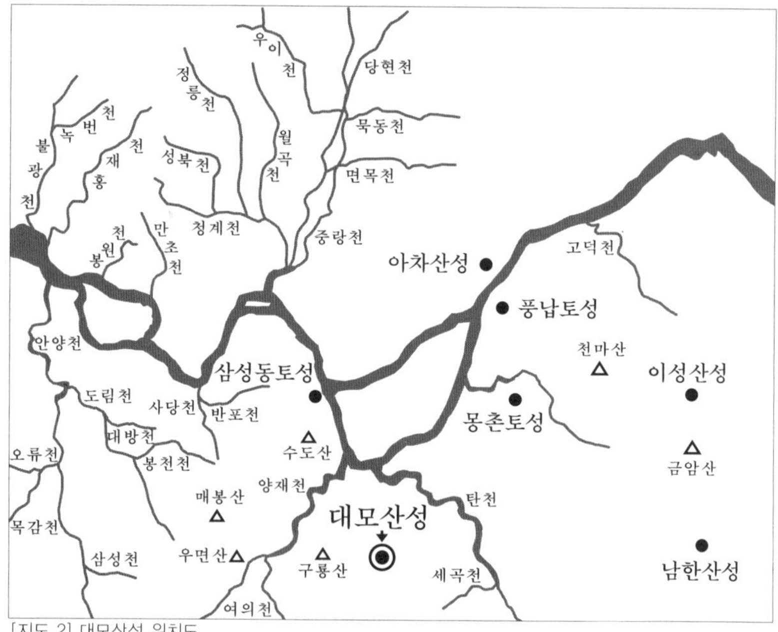

[지도 2] 대모산성 위치도

형태는 말각 장방형이고, 신앙석 상부에 18개의 性穴 흔적이 있다. 신앙석의 하부는 조사가 이루어지지 않아 정확한 구조는 확인되지 않았다. 신앙석의 주변 지표조사에서 收拾된 유물도 없다.

신앙석은 전체적인 구조로 보아 支石墓의 형태를 이루었다. 그러나 신앙석이 대모산의 정상에 가까운 동쪽 능선에 위치했다는 점과 현재 노출된 상태로 보아 지석묘로 판단하기에 어려운 부분도 있다. 대모산 정상 동쪽의 試掘調査는 1999년 6월 한양대학교가 실시했고, 이때 성벽의 안쪽 평탄지에서 점토대토기가 출토되는 주거거를 발굴한 바 있다. 이러한 조사상황을 고려하면, 본 신앙석은 점토대토기 주거지를 점유했던 사람들의 신앙과 관련이 있을 것으로 추정된다.

2. 粘土帶土器 出土 住居址

1) 遺構

점토대토기가 출토되는 주거지는 1999년에 시굴조사에서 처음 확인되었다. 당시 조사는 대모산의 남벽을 기준으로 하여 지표하 85㎝(해발 279.35m)에서 이루어졌는데, 암반층을 掘鑿하고 조성한 주거지 윤곽이 나타나기 시작했다. 자연암반층을 掘鑿하고 만든 주서시는 님벽의 일부만이 남아 있었다. 이 주거지는 후대에 성벽을 축성하는 과정에서 동쪽 부분은 완전히 파괴되었고, 북벽과 서벽은 나무뿌리 등으로 말미암아 벽과 바닥이 심하게 망가졌다. 기본적으로 경사진 암반층을 'ㄴ'字로 파고 만든 것으로 보이는 주거지 벽의 최대 굴광깊이는 46㎝이다. 잔존하는 바닥층의 면적은 남북이 240㎝이고, 동서는 190㎝ 정도였다.

시굴조사에서 드러난 주거지의 층위는 대략 3개의 층이었다. 제1층은 갈색부식토와 풍화암반이 혼입된 상태였다. 제2층은 암갈색 점토와 석립

[사진 2] 신앙석 전경(북동–남서)

[사진 3] 신앙석 전경(북–남)

[사진 4] 신앙석 성혈 세부 1

[사진 5] 신앙석 성혈 세부 2

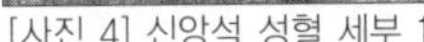

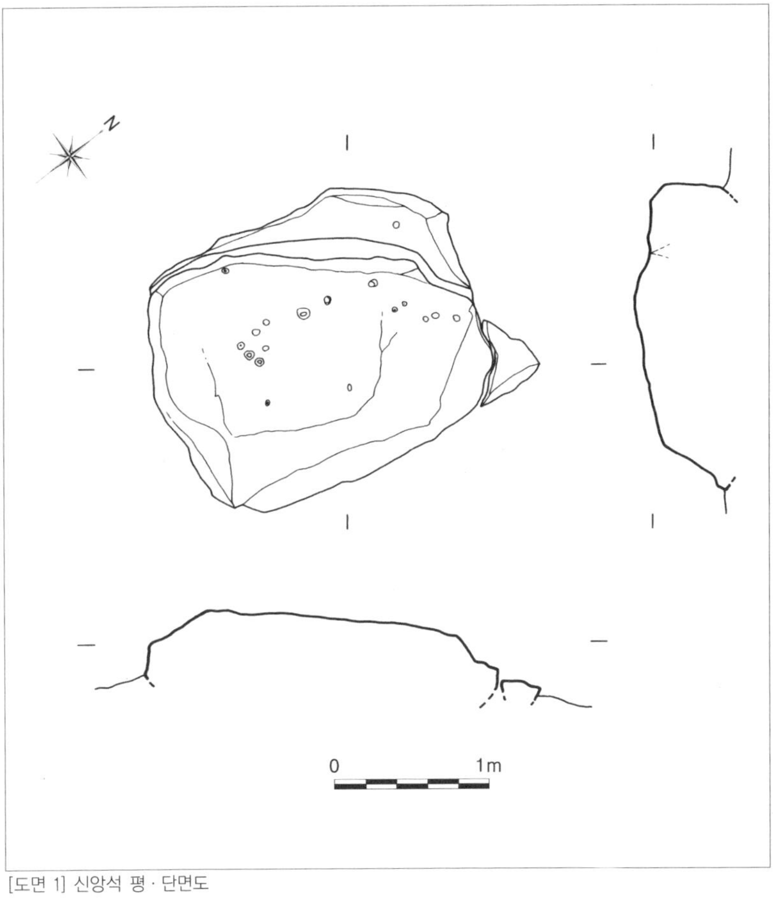

[도면 1] 신앙석 평 · 단면도

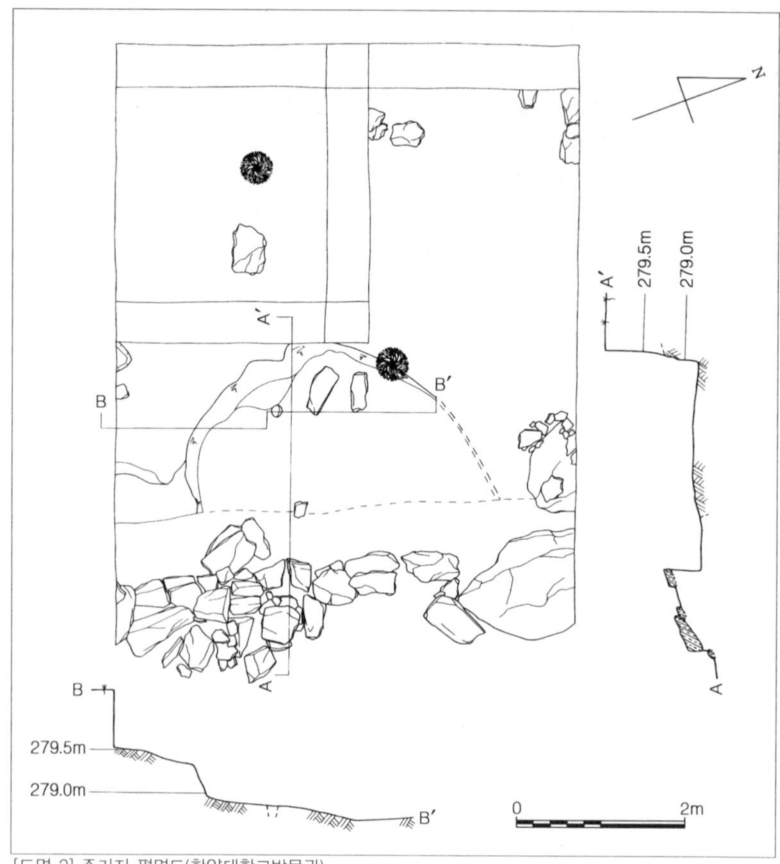

[도면 2] 주거지 평면도(한양대학교박물관)

이 혼입되었고, 제3층은 완전히 분쇄된 풍화암반층이었다. 이를 구체적
으로 살펴보면, 제1층은 장기간 동안 상부에서 퇴적된 부식토층과 나무
뿌리의 침입으로 파괴된 풍화암반이 혼입된 층이어서 특별한 유구의 흔
적은 확인되지 않았다. 다만 조사과정에서 통일신라시대에서 고려시대에
이르는 유물들이 산발적으로 출토되었다. 2층은 암갈색 점토와 석립이
혼입된 층으로 주거지의 서벽으로부터 동벽으로 약 140cm 정도만이 확인
되었다. 이 층위에서 다량의 점토대토기편과 더불어 유구석부 및 갈판이

나왔다. 3층은 잔존한 주거지의 벽 일부와 바닥 일부분에 걸쳐서 5㎝ 내외의 두께로 깔렸던 층으로 출토유물은 전혀 없었다. 그런데 울퉁불퉁한 암반층을 평탄하게 고르기 위해 인위적으로 매립한 것으로 판단된다.

주거지의 전체적인 형태는 잔존 상태로 보아 말각 방형이나 장방형으로 추정된다. 주거지 내부에서는 배수나 벽체와 관련한 어떠한 시설도 찾아볼 수 없었고, 다만 남서벽의 내부에 주공으로 보이는 구멍 1개를 확인할 수 있었다. 유물은 표토제거 중에 수습된 것을 제외하고는 대부분이 주거지 남서벽을 따라 출토되었다. 토기는 점토대토기의 구연부편과 저부편 및 무문토기편이 나왔고, 석기로는 유구석부 2점과 갈판이 있다.

2) 遺物

유물은 石器類와 土器類가 출토되었다. 석기류 가운데 갈판(도면 1-①)은 1점이 출토되었다. 갈판은 장방형의 석재 가장자리를 약간의 손질을 가해 떼어 낸 후 사용된 것으로 보인다. 길이는 22.6㎝이고, 최대폭은 15.3㎝이며, 최대두께는 4.8㎝이다.

유구석부는 2점이 출토되었다. 유구석부는 노혁진[3]의 형식분류안에 의하면, 제Ⅱ형식에 속하는 것으로 斧身을 길게 자른 종단면은 頭部의 폭이 刀部의 폭보다 약간 좁은 세장한 사다리꼴이다. 斧身의 횡단변은 버닐형이고, 정수리를 없앤 삼각형이다. 溝의 형태가 弧形을 이루며 미약하게 패였다. 刀腹이 溝를 경계로 꺽이지 않고, 斧腹 후반부와 같이 거의 수직에 가깝게 내려와 刀背와 이어진다.

토기는 점토대토기와 무문토기편이 등이 출토되었다. 점토대토기는 도면상 복원이 가능한데, 단면 원형인 구연부는 표면을 흑색마연하였다. 저

---

3) 노혁진, 1981, 「유구석부의 연구」, 서울대학교석사학위청구논문, p.5.

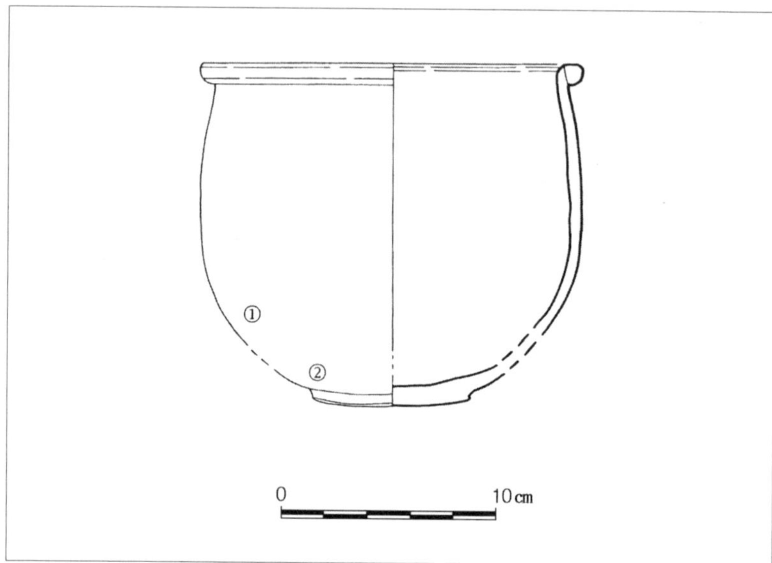

[도면 3] 점토대토기(한양대학교박물관)

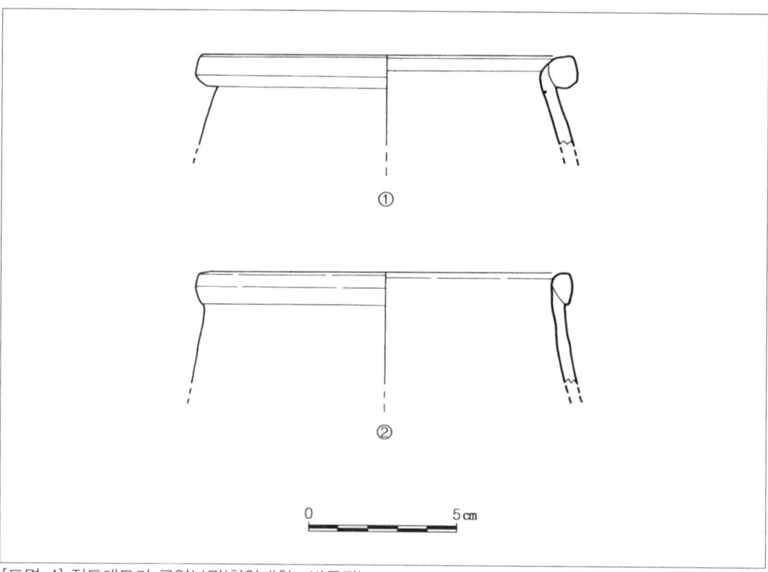

[도면 4] 점토대토기 구연부편(한양대학교박물관)

부는 평저이고, 동체부와의 연결은 풍만한 느낌이 들 정도로 완만하게 퍼져 올라간다. 외면에는 전혀 축약의 흔적이 전혀 보이지 않는 외면은 테쌓기를 하였다. 그리고 내면은 목리조정후 물손질을 했고, 외면은 횡방향으로 마연되었다. 보강재로 할석이 혼입되어 전체적으로 약간 매끄럽지만, 경도는 높은 편이다. 점토에 세사립과 다량의 운모가 혼입된 태토를 사용했다. 현 器高는 2.2㎝이고, 저경은 7.3㎝이다.

3. 山城遺構

1) 遺構

대모산성의 전체 둘레는 대략 567m 정도이다. 전체적으로 성벽이 무너지고, 토사에가 덮여 體城이 완전하게 노출된 부분은 없다. 그러나 전체적인 평면형태는 파악할수 있다. 체성의 남벽 길이는 258m이고, 동벽은 5m이다. 그리고 북벽은 299m이고, 서벽 5m로 북벽의 길이가 가장 길다.

서쪽 끝부분을 시작점으로 할 때 남벽은 약 12m 지점에서 산 정상부로 오르는 등산로를 만난다. 이 부분의 외벽은 무너졌으나, 뒷채움돌이 노출되었다. 이는 1999년 6월 한양대학교에 의해 시굴조사가 실시되었다. 당시 100~150m 지점에는 성벽 안쪽에 약 200평 정도의 길쭉하고, 넓은 평탄지가 조성된 것으로 보아 건물지가 있을 것으로 추정하였다. 151~200m 지점의 계곡부에서는 저수시설과 건물지가 있었을 것으로 판단된다. 200~250m 지점은 능선을 따라 올라가는 지점으로 봉우리의 9부 능선을 따라 성곽이 축조되었다. 성돌은 대부분 흙에 덮여 일부만 노출되었다. 245m 지점의 안쪽에 대모산의 최고봉(해발 290m)이 자리하고 있다.

동벽은 정상에서 능선을 감싸았고, 이는 따라 내려가는 부분으로 3m 정도 높이의 석축이 노출되었다. 축성방법을 보면, 노출된 암반의 일부를

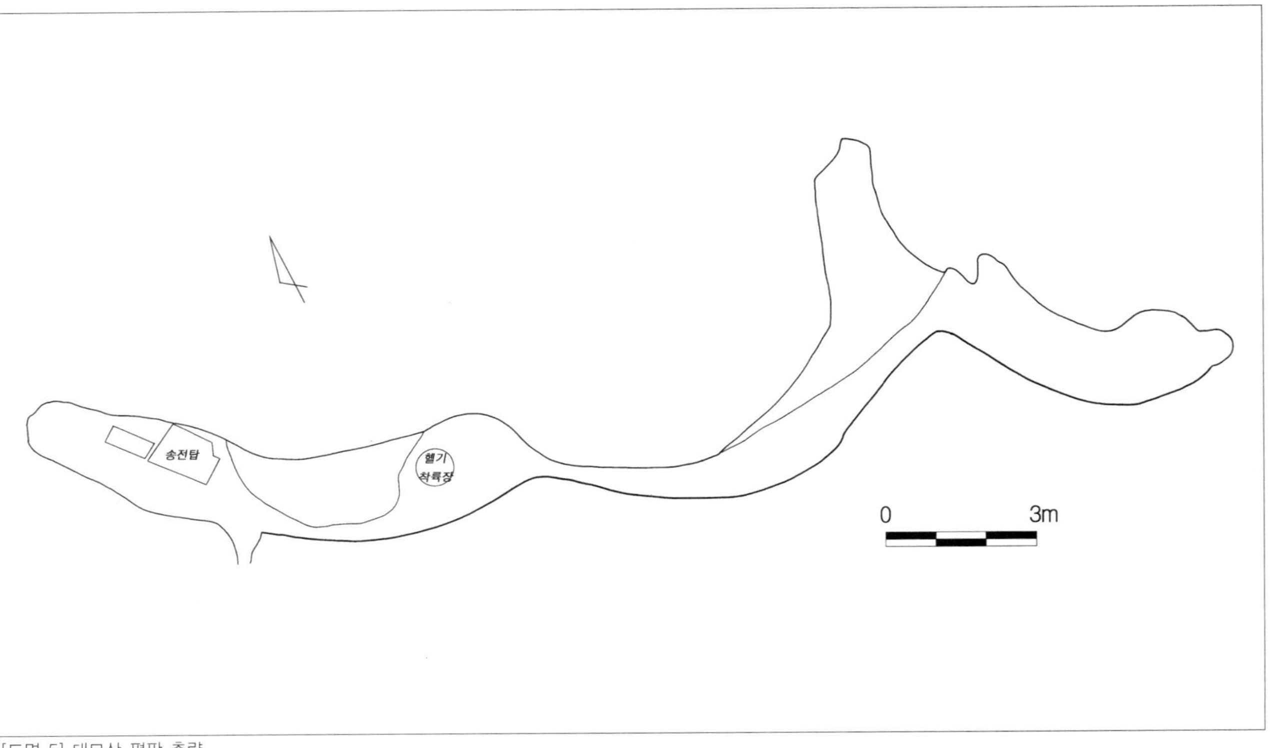

[도면 5] 대모산 평판 측량

정리한 다음 그 외면에 편축한 흔적이 5m 정도가 殘存한다.

남벽에 비해 지형자체가 급경사를 이룬 북벽에서는 한강유역 일대가 한눈에 조망된다. 동벽 끝으로부터 50m 지점은 약간의 굴곡을 이루었고, 지형을 따라 오르내리도록 축조되었다. 동벽은 성돌이 많이 노출되어 있지 않다. 그런데 50~100m 지점 중 50m 지점에서 북쪽으로 방향을 바꾸어 지형을 따라 북쪽으로 돌출된 능선으로 연결되어 약 44m 정도 뻗어나간 후 다시 회절하면서 안쪽으로 들어와 144m 지점에 이르러 다시 동서 방향으로 연결되었다. 144~194m 지점은 거의 일직선을 이루며 돌아가다 206m 지점에 헬기장이 조성되었다.

서벽은 약 5m 정도로 동벽과 마찬가지로 세장한 타원형의 양 단부에 해당되는 지점이다. 성의 전체적인 형태는 얼핏 장타원형으로 보이지만, 자세히 보았을 때 지형을 따라 굴곡이져 모습은 마치 길쭉한 고구마를 연

[사진 6] 대모산성 동문지

[사진 7] 대모산성 남벽

[사진 8] 대모산성 내부 추정건물지

상시킨다. 성의 중심부를 따라 이루어진 성내부의 동서 길이는 245m이고, 남북의 폭은 대략 26m 정도이다. 그리고 성벽이 북쪽으로 돌출하여 가장 넓은 지점을 이루는 남–북 폭은 73m에 달한다. 따라서 성 내부의 면적은 대략 1,900평 정도이고, 전체둘레는 567m이다.

대모산성의 축성방법은 대부분 편축식이다. 산의 정상부를 돌아가면서 일정 부분 'ㄴ'字 형태로 삭토하고, 외부에 석축을 하였다. 雉의 흔적이 확인되는 부분은 전혀 없다. 아마도 자연지형을 따라 축조하는 과정에서 성의 굴곡이 생겨 치의 기능을 할 수 있도록 하였던 것으로 판단된다. 대모산성은 많은 인력을 투입하여 장기간 치밀하게 쌓은 성이라기보다는 급조된 성이라는 느낌을 받는다. 이는 성내에서 기와가 전혀 발견되지 않는 것을 보아 짐작할 수 있다. 그래서 보루보다는 규모가 크지만, 대체로 포곡형 구조를 갖춘 일반 산성들에 비해 그 중요도는 상대적으로 낮았던 것으로 판단된다.

따라서 성 북벽의 일부인 잔존 석축은 대모산 북서쪽 능선의 동쪽 斷崖上에 단면 'ㄴ'字의 형태로 굴광하여 만들었던 초기 철기시대의 주거유적을 후대에 단면 'ㄴ'字形으로 파낸 후 쌓은 것이라 말할 수 있다.

2) 出土遺物

대모산성에서 성곽과 관련한 출토된 유물에는 碗, 透窓이 난 短却高杯類, 臺付, 軟質 또는 硬質의 各種 壺와 蓋杯類 등이 있다. 저부가 平底인 碗의 구연부는 동체부에서 90°로 꺾이면서 외반되었다. 구순부 내부에는 1조의 둔한 홈을 돌렸고, 표면에는 물레를 이용하여 제작된 흔적이 보인다.

臺付碗은 半球形의 杯身에 臺足이 접합되엇다. 臺足은 아래에 1조의 침선을 돌렸고, 점토를 바깥쪽으로 말아올린 모습이며, 정선된 점토에 세사가 혼입된 태토를 사용하였다. 臺足과 杯身이 연결되는 부분에 4개의 方形 透窓이 뚫렸던 것으로 보이고, 색조는 회갈색이나 회청색을 띠고 있다.

이러한 토기들 이외에도 고려시대의 것으로 분류할 수 있는 토기편까지 여러 종류의 유물이 수습되었다. 앞으로 성벽이나 내부시설에 대한 직접적인 정밀조사가 이루어지면, 대모산성의 축성과 기능에 대한 성격이 규명될 것이다. 아래의 유물 1~유물 6까지의 토기편들은 직접 수습한 것이다.

(1) 유물 1

점토에 작은 알갱이의 석립을 이용하여 만든 연질토기로서 저부편의 밑 바닥에 속하는 것으로 추정된다. 길이는 3.9㎝이고, 두께는 0.8㎝이다.

(2) 유물 2

철제로 부식이 됐으나, 비교적 형태는 잘 남아 있다. 길이는 8.3㎝, 두께는 0.5㎝이다.

(3) 유물 3

회색의 경질토기로 물레흔이 잘 남아 있다. 길이는 3.7㎝, 두께는 0.4㎝이다.

(4) 유물 4

점토에 다량의 세사가 함유된 태토를 사용한 연질 토기이다. 길이는 1.9㎝, 두께는 0.4㎝이다.

(5) 유물 5

연회색의 경질토기로 다량의 세사가 함유된 태토를 사용하였다. 시기는 알 수 없으며, 길이는 2.8cm, 두께는 0.5cm이다.

(6) 유물 6

회백색의 타날문 토기로 마모가 많았고, 굵은 모래알갱이가 포함된 태토를 사용하였다. 길이는 2.9cm, 두께는 0.9cm이다.

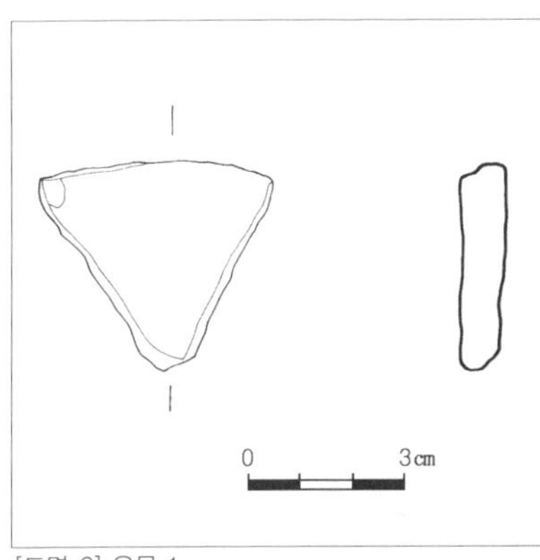

[도면 6] 유물 1

[사진 9] 유물 1

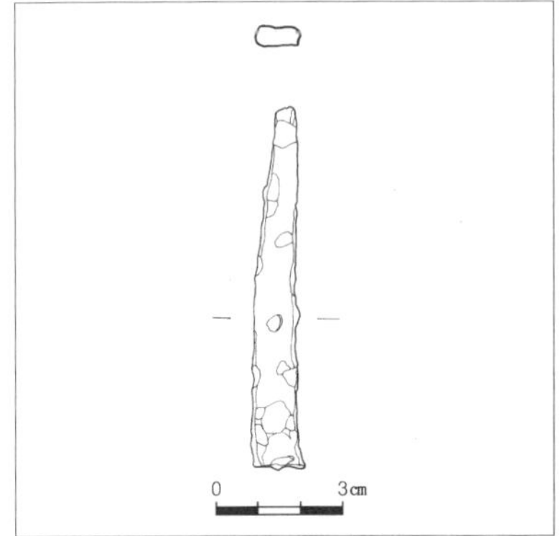

[도면 7] 유물 2

[사진 10] 유물 2

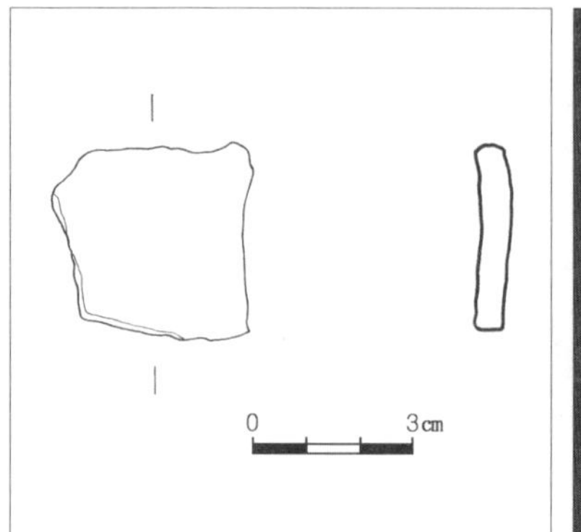

[도면 8] 유물 3

[사진 11] 유물 3

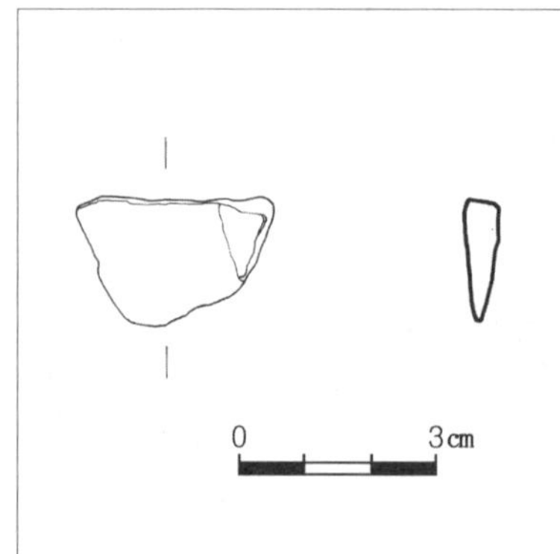

[도면 9] 유물 4

[사진 12] 유물 4

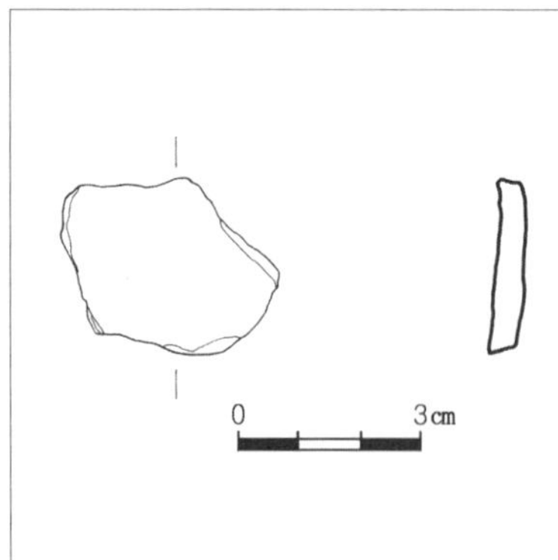

[도면 10] 유물 5

[사진 13] 유물 5

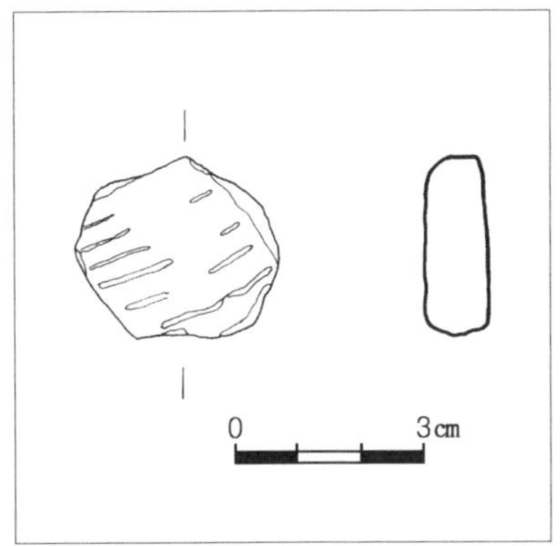

[도면 11] 유물 6

[사진 14] 유물 6

Ⅲ. 大母山城의 性格

1. 政治 · 軍事的 性格

대모산성은 북쪽으로 약 4㎞ 떨어진 한강변 삼성동토성의 배후산성으로서 마치 고구려의 '국내성과 환도산성'으로 구성된 전형적인 都城體制와 비슷한 모습을 갖추었다.[4] 이러한 전형적인 도성체제는 물론 수도시설에 적용되는 것이지만, 군사적 취약성을 띤 백제는 수도 안전을 위한 예비적 수단으로 활용했을 가능성이 크다. 삼성동토성은 구체적인 유적 확인이 어렵지만, 양재천과 탄천이 만나는 지점에 위치했다는 사실을 감안하면, 통구하와 압록강이 합치는 지점의 국내성과 지리적으로 흡사하다.

그리고 삼성동토성 배후의 대모산성은 고구려의 환도산성과 같은 산성

---

4) 신형식, 2003, 「도성체제의 활용과 극복」, 『고구려사』, 이화여자대학교출판부, p.251.

으로 환도산성 북편의 험준한 산들이 그 배후산성을 이루는 것처럼 대모산성 이외에도 청계산과 모락산성 등이 있다. 더구나 국내성 주변에 용산, 남산, 칠성산이 보이는 것과 흡사하게 대모산성의 경우에도 서쪽으로 양재천을 건너 호암산성과 우면산이 자리햇다. 그리고 동쪽으로 탄천이 2중, 3중의 방어시설 구실을 하는 등 백제왕성을 중심으로 한 방어체제를 견고히 하였다. 따라서 백제는 북쪽의 한강을 방어선으로 하고, 이외의 지역에는 여러 산성을 축조함으로써 효과적인 도성방어체제를 수립했다고 할 수 있을 것이다.

한편 백제는 고구려 수군의 공격으로부터 왕도를 방어하기 위해서 일찍부터 서해안의 교동도·김포반도(동북부) 일대에 방어산성을 축조하게 된다. 진사왕 2년(386, 고국양왕 3)에,

二月春 發國內人 年十五歲己上 設關防

自靑木嶺 北距八坤城 西至於海

(『三國史記』 권 25)

라는 기록도 결국은 강화도 북부나 김포반도 동북단에 관방을 설치했다는 사실을 뜻한다. 이는 서해로부터의 고구려 침입을 저지하려는 의지의 표현이었다. 이 같은 사실로 미루어 대모산성은 백제 왕도의 남쪽 방어성이 될 수 있을 것이다. 이어 진사왕 7년의 '獵國西大島'라는 기록도 실은 관방 시찰의 의미를 지닌다고 하겠다.

이때의 백제의 최북방 요충은 관미성이다. 그러나 진사왕 8년(392, 광개토왕 1)에 관미성이 함락되면서, 백제는 북쪽방어에 커다란 어려움에 직면하게 된다. 관미성의 위치는 학자들의 연구성과에 따라 크게 강화도 일대, 김포반도(북부), 그리고 파주 일대로 나뉜다.[5] 그러나 백제의 서해

진출이나 고구려 수군의 침투로 보아 교동도나 강화도 또는 김포반도 북단일 가능성도 크다. 그러나 최근 통일전망대가 위치한 파주의 오두산성에 대한 발굴조사가 이루어지면서 이 지역을 관미성의 위치로 크게 주목받고 있다.

결국 백제는 왕성을 보호하기 위해 우선 그 거점성으로 대모산을 중심으로 삼성동토성을 하나의 방어체제로 굳히고, 호암산성(서), 우면산(서), 청계산(남) 등으로 그 외곽을 지키게 한 것이다. 동시에 교동도와 강화도 북방의 봉천산성(강화군 하점면)으로부터 김포반도 동북단의 童城山城(김포시 하성면), 守安山城(김포시 대조면), 歌絃山城(김포시 양촌면) 등으로 이어지는 해안방어성을 축조한 것이다.[6]

다만 이들 성곽에서는 백제뿐 아니라 신라의 유물이 함께 발견되어 신라의 한강 점유 이후에도 대모산성이 계속 이용되었음을 알 수 있다. 그러나 이들 지역은 백제방어의 최전선임으로 백제에 의한 해양방어성으로서 그 위치는 절대적이라 하겠다. 따라서 대모산성은 백제왕성을 지켜주는 주요 방어성으로서 한강을 따라 조성된 여러 해안 방어성을 관망하는 역할을 한 것으로 추정된다.

---

5) 이병도는 교동도로 보았으며(이병도, 1977, 『국역 삼국사기』, 을유문화사, p.283), 윤명철은 강화도 북부의 奉天山城(河陰山城)으로 간주하고 있다(신형식 외 편, 『고구려산성과 해양방어체제』, 백산자료원, 2000, p.507). 박성봉은 강화도 북부지역으로 간주하였으며(박성봉, 1979, 「광개토경호태왕기 고구려 남진의 서역」, 『한국사연구』 27, p.9), 이도학은 예성강연변으로 파악하였다(이도학, 1989, 「영락 6년 광개토왕의 정복과 국원성」, 『손보기정년기념논총』, p.2), 그리고 김윤우는 오두산성으로 생각하였다(김윤우, 1989, 「광개토왕의 남하정복지에 대한 일고」, 『차문섭회갑기념논총』, p.102).

6) 윤명철, 「경기만의 해양방어체제」, 『고구려산성과 해양방어체제』, pp.436~522.

2. 考古學的 性格

일제시대에 대모산 정상에 소규모 토루가 자리했다는 개괄적인 조사가 이루어진 적이 있다. 이후 잊혀졌던 대모산성은 1999년 3월 9일 국립문화재연구소 유적조사실에서 현장조사를 실시하였고, 1999년 6월에는 한양대학교 박물관에서 서울종합 방재센터 무선통신망 기지국 설치구간에 들어간 이 지역을 대상으로 시굴조사를 진행하였다. 특히 한양대학교의 조사결과 대모산성에 성격 파악에 관한 많은 고고학적 정보를 얻을 수 있었다.

먼저 대모산성에는 산성이 축조되기 이전인 초기 철기시대에 점토대토기를 상용하던 사람들이 거주했었던 것으로 밝혀졌다. 대모산성의 남벽 구간 안쪽에서 암반층을 'ㄴ'자형으로 굴착하고 조성한 주거지의 일부가 노출되었고, 주거지 내부에서 흑색 마연의 점토대토기편과 무문토기편이 다수 출토되었다.

신앙석은 대모산 정상부에서 북동쪽으로 약 300m 지점에서 발견되었는데, 상부 표면에 모두 18개의 性穴이 파여 있었다. 이 신앙석은 노출형태로 보아 개석식 지석묘로 판단되기도 한다. 그러나 유구의 노출형태가 명확하지 않고, 주변에서 收拾된 유물이 없어 신앙석의 정확한 성격은 파악할 수 없다.

대모산성은 해발 270~280m의 능선을 따라 자연지세를 이용하여 석축을 하였다. 성의 최대너비는 100m 이하이고, 평균 너비는 50m 이내이다. 총 둘레는 600~700m 정도였던 것으로 밝혀졌다. 대모산성의 석축은 50~70㎝ 정도 크기의 산돌과 할석을 이용하여 쌓았고, 일부는 自然斷崖面을 이용했기 때문에 석축을 하지 않았다. 자연단애면과 석축이 이어지는 부분은 비교적 석축이 잘 남아 있는 것으로 조사되었다. 또한 당시의 지표조사에서는 4~5段 정도의 석축과 함께 회청색 경질토기편 등이 수습되었다. 이들 유물은 대략 9세기를 전후한 통일신라시대의 유물로 해석하였다. 이를 근거로 대모산성의 축성시기를 통일신라 말로 판단하였다.

IV. 結論

이상에서 필자는 대모산성에서 확인한 유적으로서 支石墓 형태의 性穴信仰과 점토대토기가 출토된 住居址의 성격을 먼저 파악하였다. 이와 함께 출토된 점토대토기편, 유구석부 그리고 갈판 등의 특성을 빌려 대모산성에서 선사시대에 인간이 살았던 흔적을 살펴보았다. 이 같은 정황으로 미루어 대모산성 일대는 한강 하류의 지정학적 위치와 연결되어 일찍부터 사람들이 집단으로 서식한 곳으로 생각되었고, 초기 철기시대 이래 취락이 형성되었음을 확인할 수 있었다.

이상의 역사적 상황을 고려해 볼 때 백제시대에 들어서는 수도방어성으로의 중요한 역할을 담당하였을 것이다. 그러나 통일신라시대 이후 유물이 출토되어 이 산성을 9세기 무렵에 축성된 것으로 추난할 수는 있으나, 그 지정학적인 위치로 보아 초축은 한성백제시기에 이루어졌을 가능성이 크다.

특히 대모산성은 한강 하류의 요충지여서 백제 왕성(몽촌토성과 풍납토성)의 전진기지로서의 위상을 가졌을 것으로 생각한다. 특히 북쪽으로 한강유역을 낀 삼성동토성, 남쪽의 청계산과 모락산성이 배치되었다. 이는 고구려의 국내성과 환도산성과 같은 일종의 都城體制와 비교하면, 백제왕조의 수도방어전략을 이해할 수 있을 것이다. 결국 대모산성은 삼성동토성과 함께 백제수도를 서방에서 지켜준 요충지라 하겠다.

이후 통일신라 시대에는 최북방 전략요충인 新州를 지켜주는 전략적 위치로 삼아 한강유역을 보호하는 성곽으로 활용하였을 것이다. 이러한 전략적 위치를 지닌 대모산성은 출토된 유물의 성격으로 보아 한성백제 시기에 축조된 이후 통일신라에 의해서도 그 위상은 계승될 수 있었을 것이다.

한강유역 신라무덤 연구
- 하남지역을 중심으로 -

황보 경*

目　　次

Ⅰ. 머리말

한강유역에는 많은 문화유적이 분포되어 있으며, 조사를 통해 찾아진 유구나 유물은 각종 보고서와 매스컴을 통해 학계는 물론 일반인들에게도 폭 넓게 알려져 있다. 그 중에서도 하남지역의 무덤유적은 최근에 이루어진 발굴조사를 통해서 적지 않은 수의 신라 무덤들이 찾아졌고, 앞으로도 많은 무덤이 발굴될 것으로 예상된다. 물론 기존에 이루어진 지표조사를 통해서 금암산(金岩山)을 비롯한 객산(客山), 이성산(二聖山)에 많은 수의 무덤이 분포해 있음이 확인되었지만, 일부 무덤들은 유물산포지나

---

* 세종대학교 박물관 학예연구사.

건설공사구간에서도 찾아져 좋은 자료로 평가받고 있다.

하남지역에 있어서 신라 무덤이 갖는 의의는 매우 중요하다. 그와 같은 이유는 신라가 진흥왕 14년(553)에 한강유역에 진출한 뒤 하남지역에 신주(新州)를 설치하여 백제와 고구려로부터의 방어는 물론 영유권을 확보하기 위한 노력을 했기 때문이다. 그 뒤 신라는 당(唐)나라를 끌어들여 백제와 고구려를 멸망시킨다. 이 과정에서 하남지역은 신주의 중심지로 발전하게 되며 삼국통일 이후 한산주(漢山州)의 중심이 되기도 한다. 따라서, 하남지역에는 다른 어느 지역보다 신라인들이 남긴 유적과 유물이 많고 무덤도 밀집되어 있다.

이 글에서는 최근 하남지역에서 구제조사와 학술조사를 통해 찾아진 몇 곳의 무덤유적을 통해 신라인들의 무덤축조 방법에 있어서의 몇 가지 특징을 살펴보고자 한다.

II. 무덤의 조사현황

하남지역에서 이제까지 발굴조사된 신라무덤유적으로는 이성산성내에서 발굴된 무덤[1]과 덕풍동 수리골 유적[2], 덕풍골 유적[3], 덕풍-감북간 도로확·포장공사구간에서 찾아진 광암동 무덤유적[4] 등이 있다. 그리고 지

---

1) 金秉模·沈光注, 1987, 『二聖山城』(一次發掘調査 中間報告書), 漢陽大學校.
   金秉模·沈光注, 1988, 『二聖山城』(二次發掘調査 中間報告書), 漢陽大學校.
   한양대학교박물관, 2004, 「이성산성 11차 발굴조사 현장설명회자료」 참조.
2) 畿甸文化財硏究院·河南市, 2005, 『河南 德豊洞 수리골 遺蹟-시가지 우회도로확·포장공사구간내 시·발굴조사 보고서』.
3) 최정필·하문식·황보경·최민정·유용수·김진환·오창희, 2006, 『하남 덕풍골 유적』, 세종대학교 박물관·하남시.

표조사를 통해 신라무덤이 분포되어 있는 것으로 추정되는 유적으로는 금암산(金岩山)·객산(客山)·이성산(二聖山) 무덤군 등이 있다.[5]

이 장에서는 발굴조사된 무덤유적을 중심으로 살펴보도록 하겠다.

1. 이성산성내 신라무덤

이성산성은 최근까지 11차에 걸친 발굴조사가 이루어졌는데, 성내에서 발굴된 신라무덤은 돌덧널무덤[石槨墓] 4기와 독널무덤[甕棺墓] 1기, 여러 개의 뼈단지[骨壺]가 있다.[6]

이 중에서 돌덧널무덤과 독널무덤에 대해 살펴보면, 돌덧널무덤 4기 중 3기의 돌널무덤은 1·2차 발굴조사 때 찾아졌고 나머지 1기는 11차 발굴조사에서 찾아진 것이다. 독널무덤 1기는 2차 발굴조사 때 1·2호 돌덧널무덤과 함께 발굴되었다.

무덤의 조사된 내용을 표로 정리해 보면 [표-1]과 같다.

[표-1]에서 보는 바와 같이 돌덧널무덤 3기 중 2기는 D지구 팔각건물지 옆에서 찾아졌고, 2005년도에 조사된 돌덧널무덤은 I지구에서 발굴된 것이다.

3기의 돌덧널무덤은 비교적 남은 상태로 양호하다. 특히 1호 무덤과 2005년에 조사된 무덤 같은 경우 덮개돌과 네 벽면이 잘 남아 있어 무덤구조를 살피는데 도움이 되고 있다. 그러나 무덤에서 출토된 껴묻거리가

---

4) 최종필·하문식·황보경·유용수·최민정·김진환·오창희, 2006, 『하남 광암동 유적』, 세종대학교 박물관·하남시.

5) 世宗大學校 博物館·河南市, 1999, 『河南市의 歷史와 文化遺蹟』.
　　世宗大學校 博物館·河南市, 2005, 『河南市 文化遺蹟 分布地圖』.

6) 金秉模·沈光注, 1987, 『앞책』, 漢陽大學校 ; 1988, 『앞책』, 漢陽大學校.
　　한양대학교박물관, 2004, 「앞자료」 참조.

[표-1] 이성산성내 무덤 일람표

무덤이름	긴 방향과 등고선과의 관계	무덤구덩과 무덤방 크기 및 장단비 (크기 : 길이×너비×깊이)cm				위치	출토 유물 (점)	남은상태
		무덤구덩 크기	장단비	무덤방 크기	장단비와 면적(㎡)			
1호 돌덧널무덤 (1987)	북동-남서, 직교			228×60×60	3.80:1 1.36	D지구		덮개돌, 남벽 일부 유실
2호 돌덧널무덤 (1987)	북동-남서, 직교			100×30×40	3.33:1 0.30	D지구		무덤방 바닥에 암키와조각을 깔았음, 남벽 유실
독널무덤 (1987)	북동-남서	220×120×80 (?)	1.83:1			D지구	뚜껑 3	
돌덧널무덤 (2005)	동북-서남, 직교			210×110×40	1.90:1 2.31	I지구		덮개돌 일부 남음, 주검받침

없기 때문에 축조시기를 가늠하는데 있어서 어려움이 따르고 있다. 이런 문제에 대해 조사자는 무덤 주변의 건물지를 중심으로 건물이 폐기된 이후나 무덤에 쓰인 기와조각을 통해 축조시기를 통일신라시대로 추정하였다.

각 무덤별 조사된 내용을 간략히 살펴보면, 1호 무덤의 경우 덮개돌과 네 벽이 잘 남아 있는 상태이다. 벽체는 20~30cm 크기의 강돌과 할석으로 5단 정도 쌓았고, 돌을 세로놓기로 한 것이 가로놓기를 한 것 보다 많다. 무덤방 바닥에는 특별한 시설이 없고 남벽은 1단만 남아 있어 폐쇄상태를 알기 어렵지만, 서쪽에 돌을 가로로 두고 동쪽의 돌은 세로로 두었으며 두 돌 사이에는 작은 돌 몇 개를 끼워 놓았다.

2호 무덤은 1호 무덤과 50cm 정도의 간격을 두고 있으며 벽체는 20~50cm 크기의 할석으로 3단을 쌓았다. 돌은 대개 세로놓기를 한 것이 많고 가장 윗단만 가로놓기를 했다. 무덤방 바닥에는 적갈색을 띠는 암키와조각을 깐 것이 특징이다.

2005년에 조사된 무덤은 4매의 덮개돌로 덮여 있었고, 덮개돌 사이의 빈 공간을 작은 돌들로 채웠다. 벽체는 1단에 제법 큰 돌을 두었고 위로 올라올수록 작고 거칠게 다듬은 돌을 사용했으며 세로놓기보다 가로놓기를 한 것이 많다. 그리고 무덤방 바닥에는 돌을 전체에 깔았고, 단벽인 동벽이 서벽보다 너비가 줄어든다. 독널무덤은 항아리가 깨진 상태였지만, 껴묻거리로 여겨지는 인화문 뚜껑 3점이 출토되어 그나마 무덤의 조성시기를 살피는데 도움을 주고 있다.

2. 덕풍동 수리골 유적

덕풍동 수리골 유적(이하 수리골 유적)은 하남시의 시가지 우회도로확장공사구간에서 발굴조사되었다. 조사결과, 유적에서는 신라 돌덧널무덤 5기를 비롯한 백제 널무덤 2기, 고려시대 이후 널무덤 29기, 청동기시대 집터 등이 발굴되었다.[7]

조사된 유구 중에서 신라 무덤에 대한 조사된 내용을 정리해 보면 다음의 [표-2]와 같다.

수리골 유적의 신라 무덤은 대개 도굴이 되었거나 후대의 부덤이 소성되는 과정에서 훼손된 것이 많았기 때문에 그 속성을 파악하는 데도 여러 가지 한계가 있다. 그러나 껴묻거리가 출토된 1호와 4호 돌덧널무덤을 통해 무덤의 조성시기가 7세기 후반에서 8세기 전반경이라는 데에는 이견이 없다.

각 무덤별 조사된 내용을 보면, 1호 무덤은 북벽과 서벽만 남아 있다.

---

7) 畿甸文化財研究院·河南市, 2005, 『앞책』.

[표-2] 덕풍동 수리골 유적 신라무덤 일람표

무덤이름	긴 방향과 등고선과의 관계	무덤구덩과 무덤방 크기 및 장단비 (크기 : 길이×너비×깊이)cm				해발 (m)	출토 유물 (점)	남은상태
		무덤구덩 크기	장단비	무덤방	장단비와 면적(m²)			
1호 돌덧널무덤	남-북, 직교	232×128×39 (?)	1.81:1	180×80×45 (?)	2.25:1 1.44	54.8	과대금구 4	주검받침 남음, 남·동벽 유실
2호 돌덧널무덤	남-북, 직교	106×105 (?)	1.00:1	85×50×15 (?)	1.7:1 0.42	54.0		주검받침 남음, 남벽 유실
3호 돌덧널무덤	북동-남서, 직교	200×165×40 (?)	1.21:1	110×65×50 (?)	1.69:1 0.71	52.8		남벽 유실
4호 돌덧널무덤	북동-남서, 직교	330×190×70	1.73:1	200×90×50	2.22:1 1.80	53.8	합 1, 대부병 1, 완 1	주검받침 남음, 남벽 일부 유실
5호 돌덧널무덤	북동-남서, 직교	360×230×50 (?)	1.56:1	300×150×16 (?)	2.00:1 4.5	51.0		주검받침 유실, 북·남벽 유실

북벽은 돌을 수적(垂積)했고, 서벽의 돌들은 세로놓기를 하였다. 무덤방 바닥에는 주검받침이 일부 남아 있고, 과대금구는 서벽쪽에서 출토되었다. 2호 무덤은 남은 상태가 그다지 좋지 못하다. 벽석은 1~2단만 남아 있고, 세로놓기를 했으며 바닥에는 주검받침이 깔려 있다. 3호 무덤도 2호와 비슷하게 남아 있다. 벽석은 1~2단만 남아 있는데 1단의 돌을 수적하고 2단은 세로놓기를 했다. 4호 무덤은 벽석이 4단까지 남아 있고, 벽석은 주로 세로놓기를 했으며 3단 일부만 가로놓기를 했다. 바닥에는 주검받침을 만들어 놓았는데 북·동벽과 약간의 간격을 두었다. 유물은 북벽과 동벽에서 합 1점과 대부병 1점 그리고 퇴적토내에서 완 1점이 출토되었다. 5호 무덤은 동벽과 서벽만 1단씩 남아 있고 세로놓기를 했으며, 바닥에는 주검받침이 있었던 것으로 추정되었다.

3. 덕풍동 덕풍골 유적

덕풍동 덕풍골 유적(이하 덕풍골 유적)에서는 앞트기식 돌방무덤〔橫口式石室墳〕 1기와 돌덧널무덤 7기를 비롯한 청동기시대 집터와 제의유적이 발굴조사 되었다. 그리고 유적의 산줄기에 대한 지표조사를 통해 50여 기의 무덤이 분포해 있는 것으로 파악되었다.[8]

덕풍골 유적에서 조사된 신라무덤을 정리해 보면 [표-3]과 같다.

[표-3]에 더하여 남은 상태가 비교적 양호한 1호 돌방무덤과 1·3~5호 돌덧널무덤의 특징을 살펴보면 다음과 같다.

1호 돌방무덤은 평면이 네모꼴〔方形〕이고 입구가 가운데에 마련된 앞트기식〔橫口式〕이다. 벽석은 최고 3단까지 남아 있는데, 1단은 기본적으로 얇고 넓적한 긴 네모꼴〔長方形〕의 돌을 옆으로 세웠고, 2·3단은 세로놓기와 가로놓기를 했다. 입구가 마련된 남벽은 가운데의 입구를 중심으로 양쪽에 벽석을 세웠고, 덮개돌〔蓋石〕을 올려 놓았다. 벽석을 놓은 차례는 무덤구덩〔墓壙〕을 마련한 후 북벽→서벽→동벽→남벽의 순서로 축조한 것으로 추정되었다. 주검받침을 제외한 바닥은 석비레를 평평하게 처리했고, 유물은 서벽쪽의 주검받침 옆에서 뚜껑 2점과, 합 2점, 유개고배 2점이 출토되었다.

1호 돌덧널무덤의 벽석은 2~3단 정도가 남아 있는데 대체로 1단에는 크고 두툼한 할석을 놓았고 2단과 3단으로 올라갈수록 얇고 가벼운 돌을 사용했다. 1단 벽석은 대개 세로놓기로 했고, 2단과 3단은 세로놓기와 가로놓기를 함께 했으며 벽체가 안쪽으로 약간 기울어 있다. 주검받침은 평

---

8) 최정필·하문식·황보경·최민정·유용수·김진환·오창희, 2006, 『앞책』, 세종대학교 박물관·하남시.

[표-3] 덕풍동 덕풍골 유적 신라무덤 일람표

무덤 이름	긴 방향과 등고선과의 관계	무덤구덩과 무덤방 크기 및 장단비 (크기 : 길이×너비×깊이)cm				해발 (m)	주검받침 크기(cm)	출토 유물 (점)	남은상태
		무덤구덩 크기	장단비	무덤방	장단비와 면적(㎡)				
1호 돌방 무덤	북동-남서, 나란	430×380	1.13:1	260×250×110	1.04:1 6.5	106.6	250×85×25	뚜껑 2,합 2,유개고배 2,관못 1	입구에 덮개돌, 주검받침
1호 돌덧널 무덤	북서-남동, 직교	305×215	1.42:1	250×95×60	2.63:1 2.37	103	210×75×8		주검받침
2호 돌덧널 무덤	동-서, 나란	160×130	1.23:1	85×75×35	1.13:1 0.63	107.5			돌깔림시설
3호 돌덧널 무덤	북동-남서, 직교	235×160	1.47:1	205×82×85	2.5:1 1.68	109.5	100×50×10		주검받침, 돌베개
4호 돌덧널 무덤	남-북, 직교	190×160	1.18:1	160×90×55	1.78:1 1.44	108.8		유개고배 1, 단경호 1	주검받침, 무덤방내 석열시설, 남·동벽 일부 유실
5호 돌덧널 무덤	남-북, 직교	195×125	1.56:1	140×65×55	2.15:1 0.91	101.5	140×60×7		돌베개, 서·남벽 유실, 주검받침
6호 돌덧널 무덤	북동-남서, 나란	200×90(?)	2.22:1	180×150×30	1.2:1 2.70	110.0			서벽과 주검 받침 일부만 남음
7호 돌덧널 무덤	북동-남서 나란	255×150(?)	1.7:1	215×43(?)	109.5				서벽과 주검받침 일부만 남음

면이 긴 네모꼴이고, 북벽에만 돌이 맞대어 있을 뿐 동벽이나 서벽과는 10~15㎝ 정도 떨어져 있다.

3호 돌덧널무덤 벽석은 4~5단 정도가 남아 있다. 1단에는 얇고 넓적한 돌을 세로놓기로 두었고, 2단째부터 5단까지는 크고 작은 돌을 섞어 수직에 가깝도록 쌓았다. 그리고 가장 윗돌들은 가로놓기를 했으며, 북벽과각 모서리부분은 안쪽으로 모를 죽여 쌓았다. 입구는 남벽에 마련해 놓았는데, 긴 네모꼴의 돌(크기 70×25×20㎝) 1매를 두어 마무리했다. 주검받침은 평면이 긴 네모꼴로 북쪽 끝부분은 북벽에 맞대어 놓았고, 동벽과서벽과는 15㎝ 정도 간격을 두었다. 그리고 주검받침의 북쪽 끝부분에는크기 30×20×15㎝의 돌베개〔石枕〕 1매를 놓았다. 4호 돌덧널무덤은 다른 무덤들과 달리 암반을 깨고 축조되어 무덤구덩의 흔적이 뚜렷하지 못하다. 벽석 중에서 북벽의 서쪽편과 서벽을 암반에 잇대어 수직에 가깝도록 쌓았고, 세로놓기와 가로놓기를 함께 했다. 그리고 무덤방의 바닥에는주검받침 일부분과 껴묻거리〔副葬品〕를 두기 위해 마련한 석열 일부가 남아 있다. 주검받침의 서쪽 옆에 놓인 석열은 길쭉한 돌 6개 정도가 일렬로 놓여 있다. 껴묻거리는 석열의 안쪽에 해당하는 서벽쪽에서 유개고배(有蓋高杯) 1점과 단경호(短頸壺) 1점이 출토되었다. 그러나, 석열의 남쪽부분과 남벽이 훼손되어 이 석열의 구조를 알기 어려운 상태이다. 석열의남은 길이는 107㎝이다.

5호 돌덧널무덤의 벽석은 6~8단 정도가 남아 있는데, 대체로 흙과 함께 수직으로 쌓아 올렸다. 돌들은 대개 얇고 넓적하며 작은 돌(20×15㎝)을 주로 사용했다. 벽을 쌓은 순서는 북벽과 동벽을 먼저 쌓고 서벽과 남벽을 나중에 축조한 것으로 파악되었다. 특히 북벽과 동벽은 돌을 서로맞물리게 했고, 몇 개 돌은 대각선으로 걸쳐 놓아 모를 줄였다. 벽석은 세로놓기와 가로놓기를 함께 했고, 주검받침은 무덤방 바닥에 빈 공간 없이마련되어 있다. 그리고 북벽쪽에 평면 긴 네모꼴의 돌베개 1매가 놓여 있다.

무덤의 축조시기는 1호 돌방무덤과 4호 돌덧널무덤에서 출토된 껴묻거리로 볼 때 신라가 한강유역에 진출하는 6세기 중반경부터로 판단되지만 껴묻거리가 남아 있지 않은 무덤들은 앞으로의 조사를 통해 비교해 볼 필요가 있다.

4. 광암동 무덤 유적

광암동 무덤 유적은 덕풍–감북간 도로확포장공사의 4차구간에서 발굴되었고 조사결과, 백제 돌방무덤 2기와 신라 돌덧널무덤 9기 등이 발굴되었다.[9]

이 유적에서 조사된 신라 돌덧널무덤을 정리해 보면 [표-4]와 같다.

광암동 무덤 유적에서 조사된 신라무덤은 모두 돌덧널무덤이다. 그러나 이 중에서 1~4호 무덤은 규모가 작은 소형 돌덧널무덤이고, 6 · 8 · 11호 무덤은 훼손이 심한 상태이다. 따라서 조사된 무덤 중에서 무덤방이 비교적 잘 남아 있는 5 · 7 · 9 · 10호 무덤에 대해 살펴보면 다음과 같다.

5호 무덤은 덮개돌 일부와 벽석의 남은 상태가 양호하고 바닥에는 주검받침이 마련되어 있다. 벽석은 5~7단 정도로 쌓았고 안쪽으로 약간 경사져 있으며, 큰 할석을 1단에 놓고 2단부터는 얇은 판석들로 올렸다. 돌을 쌓는 방법은 대개 세로놓기를 했지만, 가장 윗단은 가로놓기를 했다. 주검받침은 지름이 10㎝ 정도 되는 작은 돌로 1겹만 깔았다.

7호 무덤은 입구로 여겨지는 남벽이 비교적 완전하게 남아 있고, 널길〔羨道〕을 형식적으로 표현한 석열이 일부 남아 있는 것이 특징이다. 벽석은 5~10단 정도로 쌓여 있고 위로 올라올수록 안쪽으로 심하게 기울어 있다. 주검받침은 무덤방 절반정도의 공간을 이용하여 서벽쪽에 2단으로

---

9) 최종필 · 하문식 · 황보경 · 유용수 · 최민정 · 김진환 · 오창희, 2006, 『앞책』 참조.

[표-4] 광암동 무덤유적 신라무덤 일람표

무덤 이름	긴 방향과 등고선과의 관계	무덤구덩과 무덤방 크기 및 장단비 (크기: 길이 너비 깊이)㎝				해발 (m)	주검받침 크기(㎝)	출토 유물 (점)	남은상태
		무덤구덩 크기	장단비	무덤방	장단비와 면적(㎡)				
1호 돌덧널 무덤	북동-남서, 직교	140×120×20	1.16:1	110×55×40	2.00:1 0.60	83.6	70×40×6		주검받침, 덮개돌 남음
2호 돌덧널 무덤	북동-남서, 직교	80(?)×90×25	0.88:1	76×40×25	1.90:1 0.30:1	83.3			남벽 유실, 덮개돌 남음
3호 돌덧널 무덤	북동-남서, 직교	140(?)×105×32	1.33:1	90(?)×52×32	1.73:1 0.46	82.0	76×52×8		주검받침, 남벽 유실
4호 돌덧널 무덤	북동-남서, 직교	175×110×35	1.59:1	103×50×35	2.06:1 0.65	81.0	90×50×7	합 1, 동전 1, 숟가락 1	서벽 일부 유실, 주검받침
5호 돌덧널 무덤	북-남, 직교	280×186×50	1.55:1	190×80×70	2.37:1 1.52	79.0	170×74×10		덮개돌 남음, 주검받침
6호 돌덧널 무덤	북동-남서, 직교	350×250×20 (?)	1.40:1	240×135×35 (?)	1.77:1 3.24	82.8	190×135×10 (?)		서·남벽 유실, 주검받침 남음
7호 돌덧널 무덤	북동-남서, 직교	390×220×70 70	1.77:1	220×120×100	1.83:1 2.64	75.0	210×60×18	합 1	덮개돌 남음, 주검받침, 널길
8호 돌덧널 무덤	북동-남서, 직교	190×175×30 (?)	1.08:1	152×80×70 (?)	1.90:1 1.21	79.5	145×70×12(?)		서·남벽 유실, 주검받침 훼손
9호 돌덧널 무덤	북동-남서, 직교	430×190×50	2.26:1	210×100×80	2.1:1 2.10	73.0	200×70×8	뚜껑 1, 대부병 1, 합 2	돌돌림시설 주검받침, 널길
10호 돌덧널 무덤	북-남, 직교	220(?)×160×35	1.37:1	170(?)×73×50	2.32:1 1.24	70.0	170(?)×73×8	뚜껑 3, 고배 1, 대부병 1	남벽 유실, 주검받침 일부 훼손
11호 돌덧널 무덤	북동-남서, 직교	190×120×30(?)	1.58:1	120×70×30(?)	1.71:1 0.84	74.0			서·남벽 유실 심함

쌓아 만들고, 주검받침의 북벽 바로 옆에는 껴묻거리를 놓도록 돌 몇 개를 두었다. 벽석을 쌓는데 사용한 돌은 대개 작은 할석들이고 세로놓기와 가로놓기를 했으며, 가장 윗단은 주로 가로놓기를 했다.

9호 무덤은 무덤방 위쪽에 돌돌림시설[圍石施設]이 갖추어져 있고, 7호 무덤과 같이 주검받침이 서벽에 덧대어 마련되었다. 또한 껴묻거리를 두기 위해 북벽쪽에 몇 개의 돌을 바닥에 깔아 놓았고, 대부병과 뚜껑 등이 출토되었다. 벽석은 3~7단 정도가 남아 있고, 안쪽으로 약간 기울어 있으며 세로놓기를 주로 했다. 입구로 여겨지는 남벽에는 긴 네모꼴의 돌 2개를 가지고 1개는 가로로 다른 1개는 세로로 세워서 막았다. 그리고 남벽 바깥쪽에 7호 무덤과 같이 널길을 형식적으로 표현하듯이 석열을 2열로 만들어 놓은 것도 특징이다. 10호 무덤은 남벽과 서벽이 유실되었지만 주검받침과 껴묻거리가 출토되었다. 벽석은 2~4단 정도가 남아 있고 세로놓기를 기본으로 했으며 가장 윗단만 가로놓기를 했다. 바닥에는 주검받침이 전체적으로 깔려 있고, 껴묻거리는 북벽과 서벽 사이 모서리에 두었다.

광암동 무덤 유적의 축조시기는 껴묻거리 중 대부병이 함께 출토된 9·10호 돌덧널무덤으로 볼 때 수리골 유적의 무덤과 같은 7~8세기로 추정된다. 이밖에도 광암동 무덤 유적과 같은 공사구간인 덕풍-감북간 도로확포장공사 3차구간에서도 돌덧널무덤 1기가 발굴되었다. 이 무덤은 남벽과 동벽의 유실이 심한 편으로 긴 방향이 남-북쪽이고, 크기는 350×245×65㎝(?)인 것으로 조사되었다. 벽면은 수직으로 쌓았고 돌은 대개 세로놓기를 했으며, 출토된 유물은 북벽쪽에서 완 1점이다[10].

---

10) 최정필·하문식·황보경·유용수·최민정·김진환·오창희, 2005, 『河南 春宮洞-덕풍-감북간 도로확·포장공사 3·4차구간 시·발굴조사 보고서』, 세종대학교 박물관·하남시, 83쪽.

III. 무덤의 분포 및 구조적 특징

하남지역에서 이제까지 발굴조사된 무덤의 수는 돌방무덤 1기, 돌덧널무덤 27기 정도이고 독널무덤 1기와 화장무덤 등이 있다. 이밖에도 지표조사를 통해서 많은 수의 무덤이 분포되어 있는 것으로 파악되었다.

이 장에서는 발굴된 무덤을 중심으로 무덤의 분포양상과 긴 방향〔長軸〕, 머리방향〔頭向〕, 축조방법, 껴묻거리를 두는 위치 등에 대하여 살펴보고자 한다.

1. 분포양상

하남지역에서 조사된 무덤들의 입지와 분포양상을 보면, 대개 산의 정상부와 줄기, 경사면에 자리한다는 것을 알 수 있다. 물론 각 무덤유적들에 대하여 전체적인 발굴조사가 이루어지지 못하고 대부분이 개발에 따른 구제조사의 일환으로 이루어진 것이기 때문에 명확한 결론을 얻어내기란 어려운 형편이다. 그러나, 발굴조사된 무덤과 지표조사 자료를 통해 분포양상을 살펴봄으로써 앞으로의 연구에 도움이 되고자 한다.

산의 정상부를 포함한 산줄기에 입지한 무덤들로는 금암산, 객산, 넉풍골 무덤들이 있다. 특히 금암산과 객산의 무덤들은 산의 정상부를 중심으로 북쪽과 남쪽의 줄기를 따라 최소 50기에서 150기 이상 분포되어 있다. 물론 금암산의 일부 무덤들은 동쪽 아래의 산자락 끝지역에까지 자리해 있기도 하지만 주로 정상부에서 뻗은 산줄기에 있는 것이 특징이다. 덕풍골의 무덤들은 이성산의 북쪽 산줄기를 따라 분포해 있는데, 일부는 산의 동쪽이나 동남쪽 경사면에도 무리를 이루고 있다.

산의 경사면에 입지한 경우로는 이성산성내 무덤들과 수리골, 광암동 무덤들이 있다. 이들 무덤들은 산의 남쪽 또는 동남쪽 경사면에 L자형으로 무덤구덩〔墓壙〕을 파고 축조되었다는 공통점이 있다. 수리골 무덤들은 해발 50~55m 사이에 밀집되어 있고, 광암동 무덤들은 해발 70~83m 사이에 분포해 있다. 그러나 광암동 무덤들의 경우 금암산의 북서쪽 끝자락에 해당하기 때문에 전체적으로는 금암산 무덤들과의 관련성도 있다.

한편 최근에는 신라 무덤의 분포관계와 관련하여 GIS를 이용하여 무덤의 공간적인 조직과 변동과정을 연구한 예가 있어 주목된다. 이 연구에 의하면, 무덤이 당시의 사회적, 이념적인 의미를 가진 행위에 의해 형성되었다고 보고, 집단의 사회조직에 있어서의 변화 대응에 따라 분포양상이 달라진다고 한다[11]. 물론 하남지역의 신라무덤이 이에 적용될 수 있을런지는 아직까지 확신하기 어려우나 어느 정도의 가능성은 엿볼 수 있을 것 같다. 특히 덕풍골 무덤들이나 광암동 무덤, 금암산, 객산 무덤들의 경우 밀집도가 높은 편이고 무덤 종류도 다양하기 때문에 앞으로의 발굴조사에 따라 분포양상이 보다 명확하게 드러날 것으로 보인다. 다만 현재로서는 덕풍골, 금암산, 객산 무덤들이 무작위로 분포하기보다는 시간에 따라 또는 묻힌 사람의 신분에 따라 분포양상이 달라졌을 가능성과 무덤의 종류 즉 돌방무덤이 포함되어 있느냐 돌덧널무덤만 있느냐에 따라 그 양상이 다를 것으로 여겨진다.

예를 들면 덕풍골 무덤 중 돌방무덤들은 주로 산의 줄기 중에서도 가장 높은 곳에 위치하고, 돌덧널무덤들은 돌방무덤과 약간의 거리를 두고 경사면쪽으로 내려가 있다는 점이다. 그리고 금암산의 돌방무덤들도 덕풍골 돌방무덤과 같이 입지가 가장 좋은 곳을 택해 있는 반면 돌덧널무덤들

---

11) 李盛周·孫徹, 2005, 「GIS를 이용한 新羅古墳群 空間組織의 分析」, 『韓國考古學報』 第55輯, 韓國考古學會, 77~103쪽.

은 그 주위에 분포해 있다는 점이다. 무덤의 분포 수는 금암산과 객산 무덤들의 경우 150기 이상 매장되어 있을 것으로 추정되고, 덕풍골 무덤 유적에는 지표조사를 통해 최소 50기 정도가 있는 것으로 파악되었다. 따라서, 앞으로 보다 많은 수의 무덤이 조사된다면 돌방무덤과 돌덧널무덤들 간의 관계와 분포양상에 대해 알 수 있을 것으로 생각된다.

2. 긴 방향과 머리 방향

무덤의 긴 방향〔長軸〕과 머리 방향은 서로 밀접한 관련성을 갖고 있다. 이러한 방향성은 무덤이 축조될 당시의 사회적인 통념에 의해 영향을 받은 것인지 아니면 풍수지리 등에 기인한 지형에 따른 방향선택인지를 파악할 수 있는 부분이다.

먼저, 하남지역에서 조사된 무덤들의 긴 방향은 [표-5]에서 보는 바와 같이 돌덧널무덤의 경우 북동-남서쪽인 것이 27기 중 17기로 전체의 62.9%를 차지하고 그 다음으로 북-남 방향이 7기로 약 25.9%를 차지하는 것으로 나타났다. 그리고 등고선과의 관계에 있어서는 등고선과 직교하는 것이 27기 중 24기로 전체의 88.8%로 나타났으며 등고선과 나란한 것은 덕풍골 무덤들에서만 확인되었다. 참고로 덕풍골 1호 돌방무덤의 경우 긴 방향이 북동-남서쪽이고 등고선과 입구는 나란한 것으로 조사되었

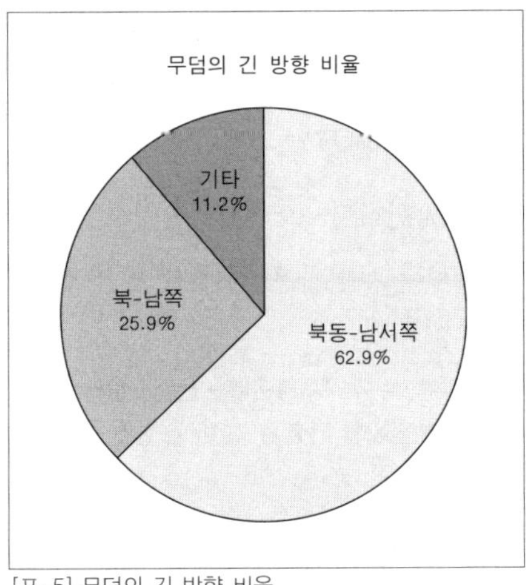

[표-5] 무덤의 긴 방향 비율

다.

다음으로 묻힌 사람의 머리방향에 있어서는 일반적으로 신라무덤 중에서 돌무지나무덧널무덤〔積石木槨墳〕[12]이나 네모꼴〔方形〕의 돌방무덤은 주검받침〔屍床〕이 동-서로 설치되어 머리를 동쪽으로 두는 경우가 많은 것으로 알려져 있다[13]. 덕풍골 1호 돌방무덤도 머리방향이 동쪽이었던 것으로 조사되어 큰 차이가 없지만, 돌덧널무덤들의 머리방향은 무덤의 긴 방향에 따라 북동쪽이 압도적으로 많고, 북쪽이 그 다음인 것으로 나타났다. 참고로 광암동 무덤 중 백제 돌방무덤 2기도 머리방향을 북동쪽으로 두어 신라 무덤과 다르지 않음을 보여주고 있다.

이렇게 머리방향이 결정되기까지는 각 시대별로 인지되었던 사회적인 통념이나 사상(思想)의 영향 또는 입지의 선택에 따라 결정되었을 것이다. 참고로 장철수는 무덤의 겉형태를 통해서 방위관념을 반영시킨다고 보고 고구려 장군총 등을 예로 들어 무덤 기단의 네모가 각각 동·서·남·북을 가리키고 네모는 4면과 함께 여덟 개의 방위를 나타내 주고 있다고 하였다. 또한 이러한 방위개념의 발달은 천체의 관측과도 밀접한 관련을 갖고 있다고 보았고[14], 북한의 학자들 중에는 고구려의 돌칸흙무덤 방향성에 대하여 무덤을 축조할 당시에 유행했던 사신사상(四神思想)과 음양오행설(陰陽五行說)이 지리풍수설의 영향으로 인한 것[15]이라 하여 참고해 볼 만하다. 그러나, 신라 무덤 특히 하남지역을 비롯한 경기지역에서 조사된 무덤들은 대개 이러한 당시의 사상적인 영향이나 경주지역에

---

12) 崔秉鉉, 1992, 『新羅古墳硏究』, 一志社, 225~233쪽.

13) 崔秉鉉, 2001, 「新羅 初期 石室墳의 樣相」, 『韓國考古學報』第44輯, 韓國考古學會, 125~149쪽.

14) 장철수, 1995, 『옛무덤의 사회사』, 웅진출판, 203~204쪽.

15) 홍보식, 2004, 「통일신라의 장·묘제」, 『통일신라시대고고학』 제28회한국고고학전국대회 발표요지문, 韓國考古學會, 71~97쪽.

서 보이는 머리방향이 동쪽 위주이거나 무덤의 긴 방향이 남–북쪽인 것[16] 보다는 지형적인 선택에 따라 긴 방향과 머리방향이 결정되었을 가능성 이 높다고 생각되므로 앞으로 보다 많은 자료를 가지고 신라 무덤의 방향 성을 생각해 보아야 할 것으로 사료된다.

3. 구조와 축조방법

무덤의 구조를 알기 위해서는 무덤구덩과 무덤방, 입구, 봉분 등의 축 조방법을 살피는 것이 중요하다.

무덤구덩은 하남지역의 돌덧널무덤이 경사면에 많이 입지해 있기 때문 에 경사면을 따라 'L' 자형으로 굴착한 경우가 많다. 그러다보니 긴 방향 이 북동–남서쪽인 무덤을 기준으로 볼 때 무덤구덩 깊이가 북벽쪽이 가 장 깊고 남벽쪽이 상대적으로 낮다. 구덩을 굴착하는 깊이는 일반적으로 지표나 암반층을 벽 높이의 2/3나 1/2 정도만 파고 난 후 벽을 쌓고, 너비 는 벽석으로부터 보통 20~40㎝ 정도 더 넓게 판 것으로 조사되었다. 따 라서 벽이 지표상으로 많게는 절반 이상 드러나게 되므로 벽을 지탱하는 흙은 굴착과정에서 나온 흙과 주변에서 가져 온 흙으로 되메우기를 해 놓 은 것으로 파악되었다.

무덤구덩의 장단비를 보면, 수리골 무덤의 경우 평균비가 1.46:1이고, 덕풍골과 광암동 무덤들의 구덩 평균비는 1.54:1로 나타났다. 이를 보다 세분화 시켜보면, 장단비를 알 수 있거나 추정된 24기의 무덤 중에서 장 단비가 1.00:1~1.50:1인 것이 11기로 전체의 45.8%를 차지하고, 1:50:1 ~2.00:1인 것이 9기로 전체의 37.5%로 나타났다. 나머지 2.00:1~2.50:1

---

16) 사회과학출판사, 2001, 『고구려고분연구』, 65쪽.

인 것은 2기로 덕풍골 6호와 광암동 9호 무덤만 이에 해당되었다. 따라서 무덤구덩을 만들때는 장단비를 평균 1.50:1 크기로 했음을 알 수 있다. 구덩을 굴착하는 방법에 있어서는 대개 수직이나 아래쪽으로 내려갈수록 벽쪽으로 경사지도록 한 것이 많았다. 덕풍골 1호 돌방무덤의 경우도 돌덧널무덤과

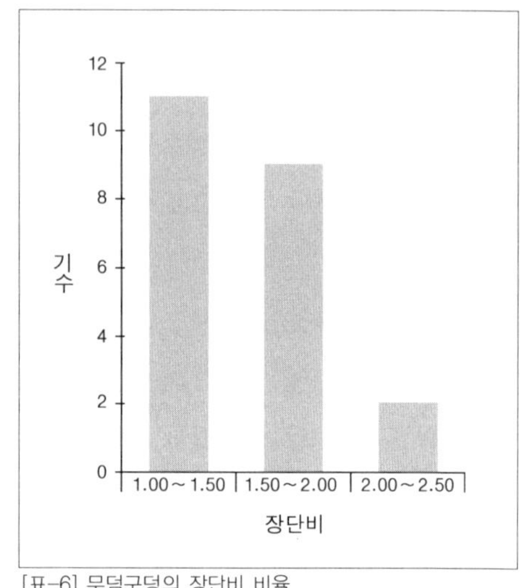

[표-6] 무덤구덩의 장단비 비율

같이 무덤구덩을 수직으로 팠는데, 2단으로 굴착한 부분도 있다. 무덤구덩의 장단비는 1.13:1로 무덤의 크기가 돌덧널무덤에 비해 큰 만큼 최대한 벽쪽으로 붙여 굴착했음을 알 수 있다.

돌덧널무덤의 무덤방을 만든 방법을 보면, 벽체의 경우 대개 완전하게 남아 있는 무덤이 몇 기 되지 않기 때문에 어떤 정형성을 파악하기가 쉽지 않다. 그러나 보통 벽체를 수직으로 쌓아 올린 것이 많았고, 안쪽으로 기울여 쌓은 것은 몇 기 되지 않았다. 그리고 돌을 놓는 방법에 있어서 1단에는 제법 큰 할석을 놓고, 긴 방향이 북동-남서쪽인 무덤의 경우 특히 북벽에 큰 돌을 놓는 특징이 있다. 그와 같이 북벽에 큰 돌을 놓는 것은 무덤이 산경사면에 입지한 만큼 흙의 압력을 받아 무너지는 것을 방지하기 위함이고, 1단에 큰 돌을 놓은 것은 덮개돌과 봉분의 무게를 지탱하기 위한 것으로 해석된다. 각 벽면의 결합구조는 덧대어 쌓는 경우가 대부분이고, 벽을 쌓는 순서는 짧은 벽〔短壁〕인 북벽부터 쌓고 긴 벽〔長壁〕을 그 다음으로 쌓았으며 남벽을 가장 나중에 쌓았다. 돌을 쌓는 방법은 1단부

터 최상단의 바로 아래까지 세로놓기를 한 것이 대부분이고, 가장 윗단은 가로놓기를 한 것이 많았다. 가장 윗단의 돌을 가로놓기로 한 것은 역시 덮개돌과 봉분의 무게를 분산시키는데 주 목적이 있었을 것이다. 덕풍골 1호 돌방무덤은 1단 벽석을 옆으로 세워 놓았고, 북벽부터 쌓은 뒤에 동벽과 서벽, 남벽의 순으로 쌓았다.

입구는 무덤들이 앞트기식〔橫口式〕이냐 구덩식〔竪穴式〕이냐에 따라 그 중요성이 달라진다. 하남지역의 돌덧널무덤 중에서 입구를 살필 수 있는 것은 덕풍골 1·3·5호 무덤과 광암동 1·4·5·7·9호, 이성산성내 1호와 2005년에 조사된 돌덧널무덤 정도이다. 나머지 수리골 유적의 무덤들이나 광암동 무덤의 절반 정도는 짧은 벽의 훼손이 심하여 알기 어려운 상태이다. 먼저, 앞트기식으로 추정되는 무덤들로는 덕풍골 1·3·5호 무덤과 광암동 5·7·9호, 이성산성내 1호 무덤 정도이다. 구덩식 무덤은 이성산성내 2005년에 조사된 것과 수리골 무덤 유적[17]의 일부인 것으로 판단된다.

앞트기식 무덤의 입구구조를 살펴보면, 덕풍골 3호 무덤과 광암동 5호 무덤의 경우 돌 1매를 가로놓았고, 덕풍골 1호와 5호 무덤의 경우는 몇 개의 돌로 쌓아 막았다. 광암동 7호와 9호 무덤은 2개의 돌 중 1개는 세우고 다른 1개는 가로놓기를 했다. 그리고 입구 바깥쪽으로 연도를 형식적으로 나타내듯 몇 개의 돌을 일렬로 놓아 둔 것이 특징이다.

마지막으로 무덤의 봉분은 덕풍골 1호 돌방무덤을 제외한 모든 돌덧널무덤들이 산경사면에 입지해 있기 때문에 자연 유실되었거나 도굴과정에서 훼손된 것이 많았다. 따라서 무덤의 봉분을 추정해 보기란 현실적으로

---

17) 수리골 유적의 보고자는 5기의 무덤이 모두 구덩식인 것으로 추정하였다(畿甸文化財研究院 · 河南市, 2005, 『앞책』).

매우 어려운 문제인데, 광암동 9호 무덤의 경우 돌돌림시설〔護石〕을 해
두어 봉분의 크기를 추정해 볼 수 있겠다. 이 무덤의 지름은 6~7m 정도
되는 것으로 추정되어 최근 조사된 용인 보정리 소실유적의 9호 돌덧널
무덤·17호 돌방무덤[18]과 부천 고강동 2호[19]·4호 돌덧널무덤[20] 등과 비
슷하다.

4. 주검받침과 돌베개

　주검받침〔屍床〕은 대부분의 돌덧널무덤과 덕풍골 1호 돌방무덤에 마련
되어 있는 것으로 확인되었는데, 이성산성내 1호 돌덧널무덤만 맨바닥을
그대로 사용했고, 2호 돌덧널무덤은 돌대신 암키와를 깔아 놓은 것이 특
징이다.

　주검받침을 만든 방법은 얇고 넓적한 돌을 1단 내지 2단으로 놓거나,
작은 할석들로 채우듯이 한 것이 많다.

　먼저, 주검받침이 놓인 위치를 남아 있는 상태만으로 볼 때 무덤방 전
체에 시설한 것이 대부분일 것으로 보인다. 그리고 주검받침이 한 쪽으로
치우쳐 만들어진 것으로는 광암동 7·9호 돌덧널무덤이 있고 중앙에 마
련한 것은 덕풍골 3호 돌덧널무덤이 있다. 주검받침의 크기는 대개 무덤
방의 크기와 비례하는 것으로 밝혀졌고, 벽석들과 약간씩 간격을 두고 만
들어지는 것도 있다. 주검받침의 높이는 바닥으로부터 10㎝ 정도인데, 광

---

18) 畿甸文化財研究院·(株)에스제이종합건설, 2005, 『龍仁 寶亭里 소실遺蹟 試·發掘調
　　查 報告書』.
19) 배기동·이화종, 2002, 『부천 고강동 선사유적 제5차 발굴조사보고서』, 부천시·한
　　양대학교 문화재연구소, 90~97쪽.
20) 배기동·강병학, 2000, 『富川 古康洞 先史遺蹟 第4次 發掘調査報告書』, 富川市·漢陽
　　大學校博物館/文化人類學科, 118~120쪽.

암동 7호 돌덧널무덤만 18㎝ 정도로 다소 높았다. 아울러 덕풍골 1호 돌방무덤도 2단으로 만들어 높이가 25㎝나 되었다.

돌베개는 덕풍골 3호와 5호 돌덧널무덤에서만 찾아져 나무널〔木棺〕을 사용하지 않았음을 알 수 있었다.

5. 껴묻거리 위치

껴묻거리〔副葬品〕는 대개 토기 몇 점과 과대금구가 있는 정도인 박장(薄葬)이지만 그나마도 도굴된 것이 많다. 여기에서는 무덤에 묻힌 껴묻거리를 어디에 어떻게 두는가를 살펴, 축조 당시의 어떠한 정형성을 살펴보고자 한다.

껴묻거리가 나온 무덤으로는 이성산성내 독널무덤과 수리골 유적의 1·4호 돌덧널무덤, 덕풍골의 1호 돌방무덤과 4호 돌덧널무덤, 광암동의 4·7·9·10호 돌덧널무덤이 있다.

껴묻거리를 두는 위치를 보면, 묻힌 사람의 머리 위쪽이나 옆에 두는 경우로는 수리골 유적의 4호와 광암동 유적의 7·9·10호 돌덧널무덤이 있다. 이 중에서 광암동 유적의 7·9호 돌덧널무덤은 다른 무덤들과 달리 주검받침의 동쪽 옆에 껴묻거리 받침을 만들어 놓은 것이 특징이다. 껴묻거리 받침은 주검받침보다 1단 정도 낮고 평평하게 만들었으며, 묻힌사람의 왼쪽이다. 이와 달리 10호 돌덧널무덤은 주검받침을 무덤방 전체에 깔고 묻힌사람의 머리 오른쪽에 공간을 마련한 후 껴묻거리를 두었다.

다음으로 묻힌사람의 허리쪽에 껴묻거리를 둔 예로는 수리골 유적 1호 돌덧널무덤과 덕풍골 4호 돌덧널무덤이 있다. 수리골 1호 돌덧널무덤에서는 과대금구만 출토되었기 때문에 다른 껴묻거리도 허리춤에 두었는지는 단정짓기 어렵다고 생각된다. 덕풍골 4호 돌덧널무덤은 유개고배 1점과 단경호 1점을 주검받침의 서쪽 옆에 두었는데, 세로방향으로 석열을 마련한 점으로 볼 때 일부러 주검받침과 구분하기 위한 것으로 해석된다. 마지막으로 묻힌사람의 발치쪽에 껴묻거리를 둔 것으로는 덕풍골 1호 돌 방무덤이 있다. 이 무덤에서는 유개합 2점과 유개고배 2점이 주검받침의 옆 즉 묻힌사람의 발치 왼쪽에 놓였는데, 도굴되는 과정에서 흩어지게 된 것으로 추정되었다.

이와 같이 껴묻거리를 두는 위치는 묻힌사람의 머리쪽이 가장 많은 것으로 판단된다. 특히 대부병[21]이 출토된 수리골 4호, 광암동 유적의 9·10호 돌덧널무덤을 통해 7~8세기대 무덤 껴묻거리를 두는 위치가 머리쪽이 많았음을 알 수 있다.

IV. 맺음말

하남지역은 서울과 인접해 있고, 많은 문화유적이 분포해 있는 곳이다. 특히 지표조사와 발굴조사를 통해 이성산성과 남한산성 사이에서 무덤과 불교유적, 건물지 등이 적지 않게 찾아졌다. 이러한 유적 중에는 신라가 한강유역으로 진출한 6세기 중반이후의 것들이 적지 않은데, 그 중에서 도 신라 무덤의 밀집도가 높은 것으로 확인되고 있다.

이에 필자는 최근까지 조사된 무덤들을 중심으로 신라 무덤의 몇 가지 특징을 살펴보았다. 이를 다시 한번 정리하는 것으로 맺음말을 대신하고

---

21) 崔秉鉉, 1995, 『앞책』, 661~700쪽.
　　尹相悳, 2001, 「6~7세기 신라토기 相對編年 試論－慶州芳內里古墳群 자료를 중심으로」, 『韓國考古學報』45, 韓國考古學會, 207~246쪽.
　　홍보식, 2003, 『新羅 後期 古墳文化 研究』, 춘추각, 51~110쪽.

자 한다.

무덤의 입지는 대개 산 정상부를 포함한 산줄기에 주로 입지해 있는 것으로 파악되었다. 특히 돌방무덤의 경우 산 정상부를 택하고 있으며, 돌덧널무덤은 산의 경사면 중에서도 남쪽과 동남쪽에 주로 입지한다. 무덤의 긴 방향과 머리 방향에 있어서는 등고선과 직교하는 것이 조사된 27기 중 24기이고, 긴 방향도 북동–남서쪽과 남–북쪽이 27기 중 24기인 것으로 밝혀졌다. 그리고 무덤구덩은 무덤방보다 다소 넓게 파는 경향이 있는데, 돌덧널무덤은 무덤구덩을 1.50:1 정도 크기로 굴착했고 돌방무덤은 이 보다 좁은 1:13:1로 하여 돌방무덤을 축조할 때 무덤구덩을 보다 좁게 하였다. 벽석은 대개 무덤방 안쪽으로 기울여 쌓기 보다는 수직으로 쌓아 올리는 것이 많고, 각 벽을 덧대어 쌓았으며 짧은 벽인 북벽부터 긴 벽인 동벽과 서벽의 순서로 축조했다. 덮개돌은 긴 네모꼴의 돌로 평평하게 얹어 두었던 것으로 추정되고, 주검받침은 무덤방 전체에 시설한 것이 많았다. 그러나 광암동 7호와 9호 돌덧널무덤의 경우 주검받침이 서벽쪽에 치우쳐 있고, 덕풍골 3호 돌덧널무덤은 무덤방 가운데에 마련된 것이 특징이다.

입구문제에 있어서는 앞트기식과 구덩식이 함께 있는 것으로 파악되지만 짧은 벽인 남벽이 대개 훼손되어 알 수 없는 것늘이 적지 않았다. 나반 앞트기식으로 볼 수 있는 것들이 7기 정도임이 확인된 정도이다. 껴묻거리는 독널무덤을 제외한 7기의 돌덧널무덤과 1기의 돌방무덤에서 출토되었는데, 머리쪽에 껴묻거리를 두는 경우가 대부분이고 발치쪽에 두는 경우는 덕풍골 1호 돌방무덤뿐이었다.

이와 같이 하남지역에서 조사된 신라 무덤들의 특징을 살펴보았지만, 조사된 예가 하남지역 전체에 분포된 무덤의 수에 비해 매우 적고 남은 상태도 좋은 편이 아니다. 또한 무덤의 축조시기를 파악하는데 있어서 껴묻거리의 양이 적음에 따라 대략 6세기 중반경부터 8세기 초로 추정할 수밖에 없는 실정이다. 한편, 이 시기는 신라가 한강유역을 점령하면서 신주를 설치하고 삼국의 통일을 이룬 뒤에 한산주를 두었던 때이다. 신주의 치소지는 이상선성(二城山城)일 것으로 추정되고 있는데, 특히 덕풍골과 광암동, 금암산의 무덤들은 성의 활용시기와 직접적인 관련이 있을 것으로 여겨진다. 이성산성은 한강유역에 분포되어 있는 신라 성곽들의 중심 거점성으로서 치소는 물론 군사적인 면에서 가장 중요한 산성이었다. 그리고 주장성(晝長城)이 축성되는 문무왕(文武王) 12년(672)을 기점으로 당(唐)과 치열한 공방전을 펼쳤고 이 과정에서 보다 많은 수의 무덤이 만들어졌을 것이다. 또한 통일을 이룬 뒤에는 덕풍골과 광암동, 금암산 무덤들을 중심으로 무덤이 객산이나 수리골 등의 지역으로 확산되어져 갔던 것으로 판단된다. 그러나 아직까지는 조사된 무덤의 수가 적고, 껴묻거리가 적게 출토되어 구조적인 변화과정이나 묻힌 사람의 신분을 파악하기가 쉽지 않다. 따라서 보다 명확한 자료를 얻기 위해서는 앞으로 조사될 무덤들과의 비교를 통해 이루어져야 할 것으로 사료된다.

경기지역 성곽유적의 문화콘텐츠 개발에 관한 연구

백종오*

Ⅰ. 머리말

우리나라는 유구한 역사동안 지속되어온 외침을 슬기롭게 극복하는데 성곽이라는 구조물을 적절하게 이용하였다. 때문에 현재까지도 전국에 2,100여 개소[1]에 달하는 수많은 성곽이 남아있다. 특히 한반도의 중심부에 위치하는 경기도는 고대로부터 이 지역에 대한 영유권에 따라 국가의 흥망을 달리하는 매우 중요한 곳으로 인식되어 왔다.

---

* 경기도박물관.

1) 국립문화재연구소, 1995~1997, 『문화유적총람』(CD-ROM) 1~3.
　　백종오·김병희·신영문, 2004, 『한국성곽연구논저총람』, 서경문화사.

최근에 들어서 남북한의 경협사업 등 화해무드가 조성됨에 따라 그동안 단절되었던 경기북부지역에 대한 관심이 증가되면서 경기도가 새롭게 도약하는 계기가 되고 있다. 이와 함께 각종 개발 사업이 진행됨에 따라 그 어느 때보다도 이 지역의 중요성이 부각되고 있다. 다행히도 성곽은 높은 곳에 위치하는 경우가 많아 급속한 개발에서도 비교적 안전한 편이지만 평지성이나 얕은 구릉상에 위치한 성곽에 대한 훼손에 대해서는 거의 무방비 상태와 다름없는 실정이다. 그러므로 시급히 성곽 문화재에 대한 가치를 정리하고 체계적인 정비와 복원 방법 마련이 요청된다고 할 수 있다. 지금까지 경기지역에 대한 문헌기록 및 조사 성과에 의해 밝혀진 성곽은 서울 인천 지역을 제외하고도 210여 개소에 달한다[2]. 이처럼 많은 성곽의 분포는 경기도의 역사적 중요성을 보여주는 단적인 예라고 하겠다.

이 글에서는 경기지역 성곽의 연구사와 그 성곽의 현황을 정리한 후 이 지역에 소재한 성곽의 특징에 대해 기술하고자 한다. 그리고 그 동안 유적정비와 복원과정에서 나타나는 제반사항에 대한 문제점을 제기하여 추후 이러한 잘못이 되풀이되지 않는 토대를 마련해 보고자 한다. 또, 이를 바탕으로 앞으로 경기도 문화유산 콘텐츠 개발에 있어 성곽이 차지하는 비중과 함께 그 가능성 있는 개발 과제와 이에 따른 선결과제를 제시해 보도록 하겠다.

---

2) 백종오 · 김병희 · 김주홍, 2001, 「경기 서울 인천지역 관방유적의 연구 현황」, 『학예지』8, 육군사관학교 육군박물관, 표1) 참조. 이외에 봉수를 포함하면 전체 관방유적의 수는 더 증가한다.

II. 경기지역 성곽 연구사 검토

경기도는 한반도의 중앙부에 해당하며 한강·임진강·안성천 등의 대규모 하천과 그 지류하천 및 해안지방을 중심으로 넓은 평야지대가 형성되어 있어 물질적 생산성이 매우 높은 지역이다. 또한 하천과 통한 내륙 교통로와 해안을 이용한 해로가 발달하였기 때문에 인적·물적 자원의 이동이 유리하여 고대 이래 한반도의 중심지로서 중요한 역할을 수행하였다. 이러한 지정학적 이점으로 인하여 백제는 한강유역에 도읍하였으며 삼국은 한강유역을 차지하기 위해 수많은 전쟁을 벌여온 것은 주지의 사실이다. 이후 고려와 조선은 경기도의 개성과 한양에 도읍하여 국가경영의 중심지로 이용하였다.

이렇듯 백제를 비롯한 고려와 조선이 경기도에 도읍하였으며, 도읍을 중심으로 한 관방체계를 수립하여 수도 방위를 꾀하였다. 그 결과 경기도에는 많은 수의 관방유적이 축조되어 사용되었다.

경기지역의 성곽은 『세종실록지리지』, 『동국여지승람』, 『대동여지도』 등 각종 지지류에 비중있게 다루어져 있으며 이러한 문헌을 토대로 현재의 성곽 조사도 가능하다고 할 수 있다. 이후 일제강점기에 『朝鮮寶物古蹟調査資料』가 발간되었는데[3], 여기에서는 유적을 성격별로 분류하고 간략히 소개하는 정도였다. 이후 본격적인 조사와 연구는 해방과 함께 시작되었는데 1970년대 문화재관리국은 『全國遺蹟目錄』[4]과 『文化遺蹟總覽』[5]을 펴내 전국에 산재한 성곽을 목록화하였다. 1989년에는 한국보이스카우트연맹이 『韓國의 城郭과 烽燧』를 편찬하여 유적의 규모, 현황을 상세히 소

---

3) 朝鮮總督府, 1942, 『朝鮮寶物古蹟調査資料』.
4) 문화공보부 문화재관리국, 1970, 『全國遺蹟目錄』.
5) 문화공보부 문화재관리국, 1978, 『文化遺蹟總覽』.

개하고 문헌자료를 체계적으로 정리하여 성곽연구의 기본 자료화하였다. 이와는 별도로 복원정비를 위한 측량실측조사가 1980년대 초반에 많은 유적에서 이루어졌다.

1990년대에 들어서면서부터는 각 유적의 지표조사[6]가 활발히 실시되었으며 이후 이들 지표조사를 바탕으로 많은 유적에서 발굴조사[7]가 이루어졌다. 이와 더불어 1990년대 후반부터는 각 시군별 광역지표조사[8]를 실시하여 자세한 현황을 기록하고 있어 연구자료로서 중요한 역할을 하고 있다.

이상에서의 경기도내 성곽 조사에 대한 현황을 정리하면 아래의 [표 1] 과 같다.

[표 1] 경기지역 성곽 조사 현황 (2006.10.31 현재)

번호	유적명	소재지	조사내용	조사기관	조사종류	간행 보고서	비고
1	임진산성	용인시	조선시대 토성벽, 저장공, 구시설, 백제주거지	A	발굴	『龍仁 壬辰山城』, 2000.	멸실
2	월롱산성	파주시	성벽, 문지, 치성	A	지표	『月籠山城』, 2004.	백제
3	성동리 산성	포천시	성벽, 문지, 치성, 건물지, 음료유구, 수구 등	A	지표	『抱川 城洞里 마을遺蹟』, 1999.	일명 태봉산성
4	아차산 보루	구리시	성벽, 치, 온돌, 저수시설, 배수시설, 건물지	I	발굴 (2차)	『아차산 제4보루-발굴조사 종합보고서-』, 2000.	고구려
				B	발굴	『아차산3보루 발굴조사 약보고』, 2006.	
5	시루봉 보루	구리시	성벽, 건물지, 온돌9, 저수시설	I	발굴 (2차)	『아차산 시루봉보루-발굴조사종합보고서-』, 2002.	고구려
6	오두산성	파주시	성벽	D	지표·발굴	『오두산성 I 』, 1992.	관미성 비정

6) 1986년 한양대박물관의 남한산성 정밀지표조사를 시작으로 단국대학교, 경기도박물관, 수원대학교, 충북대학교 등에서 많은 지표조사를 실시하였는데 이들 조사는 발굴조사를 수행하기 위한 예비조사의 성격이 강하다.

7) 1967년 풍납토성 발굴조사를 서울대학교 박물관에서 실시한 이후 미진하다가 1990년대 후반부터 국립문화재연구소에 의해 본격적인 성곽의 발굴조사가 연차적으로 이루어지고 있다.

8) 경기도내 31개 시군 중 화성을 제외한 30개 시군에서 광역조사보고서가 간행되었으며 그 결과 과천시와 군포시에는 성곽이 존재하지 않는 것으로 확인되었다.

번호	유적명	소재지	조사내용	조사기관	조사종류	간행 보고서	비고
				K	발굴	「파주 오두산성 발굴조사 약보고서」, 2006.	
7	파사성	여주군	성벽, 문지2, 치3, 우물지1, 다수의 건물지 등	E	발굴 (3차)	「驪州 婆娑城址 1次 發掘調査報告書」, 2000.	
8	독산성	오산시	세마대, 남문지 부근의 평탄지	E	시굴	「오산 독산성·세마대지 시굴조사보고서」, 2001.	산성내 봉수
9	설성산성	이천시	문지, 건물지, 토광, 저수시설, 장대지, 성벽 등	F	지표 시굴 발굴 (4차)	「이천 설성산성 지료 및 시굴조사보고서」, 2000. 「이천 설성산성 1차 발굴조사보고서」, 2002. 「이천 설성산성 2·3차 발굴조사보고서」, 2004.	4차발굴조사중
10	설봉산성	이천시	부성, 성벽, 장대지, 토광, 저수조, 제사유적, 문지, 등	H	지표 발굴	「이천 설봉산성 지표조사보고서」, 1998. 「이천 설봉산성 1차 발굴조사보고서」, 1999. 「이천 설봉산성 2차 발굴조사보고서」, 2001.	
				F	지표 발굴	「이천 설봉산성 3차 발굴조사보고서」, 2002.	
11	반월산성	포천시	문지, 치성, 건물, 우물, 수구, 장대, 망대지, 성벽 등	G	지표 발굴	「포천 반월산성 지표조사보고서」, 1995. 「포천 반월산성 1차 발굴조사보고서」, 1996. 「포천 반월산성 2차 발굴조사보고서」, 1997.	
				H	발굴	「포천 반월산성 3차 발굴조사보고서」, 1998. 「포천 반월산성 4차 발굴조사보고서」, 1999.	
				F	발굴	「포천 반월산성 5차 발굴조사보고서」, 2001. 「포천 반월산성 6차 발굴조사보고서」, 2002. 「포천 반월산성 종합보고서」, 2005.	
12	고모리산성	포천시	성벽, 문지1, 건물지7, 우물지1 등	F	지표	「포천 고모리산성 지표조사보고서」, 2001.	고모루성 비정
13	운악산성	포천시	남문지, 대궐터 등	L	지표	「포천 운악산성 지표조사보고서」, 2001.	궁예전설권
14	칠중성	파주시	문지3, 건물지5, 우물지2 등	F	지표	「파주 칠중성 지표조사보고서」, 2001.	
15	죽주산성	안성시	성벽, 문지, 수구지, 치성, 건물지, 우물지 등	F	지표 발굴	「안성 죽주산성 지표 및 발굴조사보고서」, 2002.	항몽 전승지 3중성
16	망이산성	안성시	봉수, 성벽, 남문지, 치성 등	H	지표 발굴 (3차)	「망이산성 학술조사보고서」, 1992. 「망이산성 발굴보고서(1)」, 1996. 「안성 망이산성 2차 발굴보고서」, 1999.	산성내 봉수 소재
				N	지표	「망이산성-충북구간 지표조사보고서」 2002.	

번호	유적명	소재지	조사내용	조사기관	조사종류	간행 보고서	비고
17	은대리성	연천군	문지3, 건물지1, 치성2 등	F	지표 시굴 발굴	『연천 은대리성 지표 및 시·발굴조사보고서』, 2003.	내·외복곽성
18	북한산성	고양시	성벽, 행궁지, 문지	I	지표	『북한산성 지표조사보고서』, 1991.	
				F	지표	『고양 북한산성 행궁지 지표조사보고서』, 1999.	
19	행주산성	고양시	토성벽, 문지	I	시굴	『幸州山城-整備復元을 위한 土城址試掘調査報告書』, 1991.	
20	농성	평택시	성벽, 문지	J	지표	『農城地表調査報告書』, 1998.	
				F	발굴	『평택 농성 지표 및 발굴조사보고서』, 2003.	
21	무성산성	평택시	성벽, 문지2, 치성2, 장대지1, 수구지1, 건물지6A	A	지표	『平澤 關防遺蹟(Ⅰ)』, 1999.	
				F	시굴 발굴	『평택 서부지역 관방유적 시발굴조사보고서』, 2004.	
22	자미산성	평택시	성벽, 문지2, 치성3, 건물지9, 수구지1 등	A	지표	『平澤 關防遺蹟(Ⅰ)』, 1999.	
				F	시굴 발굴	『평택 서부지역 관방유적 시발굴조사보고서』, 2004.	
23	비파산성	평택시	성벽, 문지5, 치성4, 건물지14, 음료유구5 등	A	지표	『平澤 關防遺蹟(Ⅰ)』, 1999.	
				F	시굴 발굴	『평택 서부지역 관방유적 시발굴조사보고서』, 2004.	
24	용성리성	평택시	성벽, 문지3, 치성5, 건물지5, 수구지1 등	A	지표	『平澤 關防遺蹟(Ⅰ)』, 1999.	
				F	시굴 발굴	『평택 서부지역 관방유적 시발굴조사보고서』, 2004.	
25	덕목리성	평택시	성벽, 문지1, 치성1, 건물지1 등	A	지표	『平澤 關防遺蹟(Ⅰ)』, 1999.	
				F	시굴 발굴	『평택 서부지역 관방유적 시발굴조사보고서』, 2004.	
26	무봉산성	평택시	성벽, 문지1, 장대지1, 저수유구1, 건물지2 등	A	지표	『平澤 關防遺蹟(Ⅱ)』, 2004.	
27	봉남리산성	평택시	성벽, 문지5, 치성10 등	A	지표	『平澤 關防遺蹟(Ⅱ)』, 2004.	본성·익성·아곡마을산성으로 구성
28	견산리산성	평택시	성벽, 문지1, 치성5, 회곽도, 외황, 부가토루 등	A	지표	『平澤 關防遺蹟(Ⅱ)』, 2004.	
29	육계토성	파주시	성벽, 성내 평탄지	A	지표 시굴 발굴	『坡州 舟月里 遺蹟』, 1999. 『坡州 六溪土城』, 2006.	
30	함왕성	양평군	성벽, 동문지, 수구지, 서장대지, 서치성	J	지표 시굴	『양평 함왕성지-지표 및 시굴조사보고서』, 1999.	
31	안산읍성	안산시	읍성 및 관아지	T	지표	『安山邑城 地表調査報告書』, 1990.	
				J	발굴	『안산읍성 및 관아지 발굴조사보고서』, 2000.	
32	호로고루	연천군	성벽, 치	P	지표	『연천 호로고루 정밀지표조사보고서』, 1999.	
					발굴	『연천 호로고루 1차 발굴조사약보고서』, 2001.	
					발굴	『연천 호로고루 2차 발굴조사약보고서』, 2006.	

번호	유적명	소재지	조사내용	조사기관	조사종류	간행 보고서	비고
33	남한산성	광주시	돈대, 옹성, 암문, 행궁지 등	T	지표	『남한산성』, 1987.	
				P	발굴	『남한산성 행궁지 시굴(발굴)조사보고서』, 1999.	
					지표	『남한산성 문화유적 지표조사보고서』, 2000.	
					발굴	『남한 행궁지 제3차 발굴조사보고서』, 2002.	
					발굴	『남한산성 발굴조사보고서』, 2002.	
					발굴	『남한 행궁지제4·5차 발굴조사보고서』, 2003.	
				M	발굴	『남한산성 발굴조사 약보고』, 2005.	
34	대모산성	양주시	동문지, 서문지, 건물지 등	C	발굴	『楊州 大母山城 發掘報告書』, 1990.	
				P	발굴	『양주 대모산성』, 2002.	
35	수원 고읍성	화성시	관아터, 성벽	R	발굴	『水原 古邑城』, 2000.	
36	길성리 토성	화성시	성벽, 문지8, 옹성	R	지표	『길성리토성』, 2003	
37	성태산성	안산시	성벽	S	지표	『安山 城台山城 地表調査報告書』, 2000.	
38	이성산성	하남시	동문지, 저수지 등	T	발굴(12차)	『二聖山城 發掘調査中間報告書』, 1987.	
						『二聖山城 2次 發掘調査報告書』, 1988.	
						『二聖山城 3次 發掘調査報告書』, 1991.	
						『二聖山城 4次 發掘調査報告書』, 1992.	
						『二聖山城 5次 發掘調査報告書』, 1998.	
						『二聖山城 6次 發掘調査報告書』, 1999.	
						『二聖山城 7次 發掘調査報告書』, 2000.	
						『二聖山城 8次 發掘調査報告書』, 2000.	
						『二聖山城 9次 發掘調査報告書』, 2002.	
						『二聖山城 10次 發掘調査報告書』, 2003.	
39	수안산성	김포시	건물지, 봉수지	T	지표	『守安山城 地表調査報告書』, 1996.	산성내 봉수 소재
					40	『김포 문수산성·수안산성 시굴조사보고서』, 2003.	
40	문수산성	김포시	건물지, 서문지	T	지표 시굴 발굴	『문수산성(발굴조사보고서)』, 1996.	강화입구 방어성

번호	유적명	소재지	조사내용	조사기관	조사종류	간행 보고서	비고
41	당성	화성시	성벽, 북문지, 건물지	T	발굴 (2차)	『당성 1차 발굴조사보고서』, 1998. 『당성 2차 발굴조사보고서』, 2001.	당항성 비정
42	화성	수원시	행궁	T	발굴 (4차)	『화성행궁지 1차 발굴조사보고서』, 1996. 『화성행궁지 2차 발굴조사보고서』, 1997. 『화성행궁지 3차 발굴조사보고서』, 1998. 『화성행궁지 4차 발굴조사보고서』, 2000.	
43	처인성	용인시	성벽	O	지표	『처인성·노고성·보개산성 지표조사보고서』, 1999.	
					발굴	『용인 처인성』, 2002.	
44	할미산성	용인시	성벽, 수구지, 내환도, 공유벽, 내부 평탄지	O	지표	『처인성·노고성·보개산성 지표조사보고서』, 1999.	일명 老姑城
				A	시굴	『龍仁 할미산성』, 2005.	
45	보개산성	용인시	성벽, 문지, 치성	O	지표	『처인성·노고성·보개산성 지표조사보고서』, 1999.	산성내 봉수 일명 석성산성
46	호암산성	안양시	성벽, 평탄지, 연지	I	발굴	『한우물-虎岩山城 및 蓮池發掘調査報告書』, 1990.	
47	당포성	연천군	성벽, 평탄지	K	발굴	『연천 당포성 발굴조사 약보고서』, 2003.	
				AK	발굴	『연천 당포성 발굴조사 2차 약보고서』, 2006.	
48	효양산성	이천시	평탄지	U	발표	『이천 효양산유적 발굴조사보고서』, 1995.	
49	덕진산성	파주시	성벽, 저수시설, 평탄지	K	발굴	『파주 덕진산성 발굴조사 약보고서』, 2004.	
					발굴	『파주 덕진산성 2차 발굴조사 약보고서』, 2005.	
50	이잔미성	파주시	성벽, 평탄지	K	지표	『파주 이잔미성 지표조사 약보고서』, 2006.	

A : 경기도박물관	H : 단국대학교 중앙박물관	O : 충북대학교 중원문화연구소
B : 고려대학교 고고환경연구소	I : 서울대학교박물관	P : 토지박물관
C : 국립문화재연구소	J : 수원대학교박물관	Q : 한림대학교박물관
D : 경희대학교 고고·미술사연구소	K : 육군사관학교 국방유적연구실	R : 한신대학교박물관
E : 기전문화재연구원	L : 육군사관학교 육군박물관	S : 한양대학교 문화재연구소
F : 단국대학교 매장문화재연구소	M : 중원문화재연구원	T : 한양대학교박물관
G : 단국대학교 사학과	N : 충북대학교박물관	U : 호암미술관

Ⅲ. 경기지역 성곽의 현황과 특징

1. 현황

경기도에는 다음의 [표 2]와 같이 군포와 과천을 제외한 29개 시·군에 모두 210여 개소의 성곽이 분포하고 있다. 시군별로 보면 양주와 연천이 각각 22개소, 파주가 20개소로 가장 많고, 평택·화성이 17개소, 안성 13개소, 하남 11개소, 구리 10개소 등으로 주로 경기북부지역인 파주·양주·연천과 경기남부지역인 안성·화성·평택에 밀집되어 있음을 알 수 있다. 특히 양주는 임진강유역과 한강유역을 연결하는 하천로의 발원지인 천보산맥을 따라 보루군이 집중배치되어 있어 주목된다.

이들 성곽은 임진강과 한강, 안성천 유역, 그리고 서해안 일대로 그 분포권을 설정할 수 있다. 임진강과 한강 사이의 경기북부지역의 성곽들은 고구려의 남진과 신라의 북진 교통로를 중심으로 배치된 것으로 이해된다. 이에 비해 백제는 각 지역에 거점을 두는 양상을 보여주고 있는 것으로 판단된다. 즉 임진강의 파주·연천지역은 육계토성, 한강하류의 월롱산성, 포천·양주지역의 고모리산성, 이천·여주지역의 설봉산성, 안양·의왕지역의 모락산성 능이다. 이들 성곽은 비고 100~200m의 높은

[사진 1] 육계토성 항공사진

[사진 2] 설봉산성 성벽

[사진 3] 모락산성 항공사진

산지에 둘레 800~1,200m 정도의 규모로 축조하는 특징을 보여주고 있다.

성곽의 형식을 살펴보면 테뫼식으로 축조한 것이 120개소로 전체의 60%를 차지하고 있으며, 현재 성곽의 정확한 형식을 확인할 수 없는 69개의 성곽을 제외하면 83%로 절대적인 점유율을 보이고 있다. 이처럼 테뫼식 성곽이 집중되는 것은 경기도내의 성곽이 대부분 주변보다 높은 고지대의 봉우리를 중심으로 축조되었기 때문이다. 축조 재료는 석축이 57.4% 정도로 높게 나타나고, 토축이 32.5%, 토석혼축이 10.1% 정도이다. 시대는 삼국시대부터 조선시대까지 고르게 나타나는 것으로 보아 경기지역이 고대부터 매우 중요하게 인식되었음을 알 수 있다.

[표 2] 경기지역 성곽 현황표   (2006.10.31 현재)

번호	유적명	위 치	해발(m)	둘레(m)	형식	축조재료	시대	비고
1	현리산성	가평군 하면 현리	353.7	654	테뫼식	석축	삼국~조선	
2	북한산성	고양시 덕양구 북한동	836	9,500	포곡식	석축	삼국~조선	
3	번대미산토성	고양시 덕양구 행신동	55	300	테뫼식	토축	고려	멸실
4	행주산성	고양시 덕양구 행주내동	125	1,000	테뫼식	토석축	삼국~조선	
5	고봉산성	고양시 일산구 성서동	208.8	360	테뫼식	석축	삼국~통신	태미산성
6	도덕산성	광명시 광명동 도덕산	183	700	테뫼식	토석축	삼국	광명리산성
7	국수봉산성	광주군 광주읍 쌍령리	260	250	테뫼식	석축	삼국	
8	남한산성	광주군 중부면 산성리	479.9	7,500	포곡식	석축	삼국~조선	
9	아차산2보루	구리시 교문동	276	50	테뫼식	석축	삼국	
10	아차산3보루	구리시 교문동	296.9	110	테뫼식	석축	삼국	
11	아차산4보루	구리시 교문동	285	300	테뫼식	석축	삼국	
12	망우리1보루	구리시 아천동	280.3	35	테뫼식	석축	삼국	멸실
13	망우리2보루	구리시 아천동	281.7	120	테뫼식	석축	삼국	멸실
14	망우리3보루	구리시 아천동	258.8	250	테뫼식	석축	삼국	멸실
15	망우리4보루	구리시 아천동	260	200	테뫼식	석축	삼국	멸실

번호	유적명	위 치	해발(m)	둘레(m)	형식	축조재료	시대	비고
16	시루봉보루	구리시 아천동	250	250	테뫼식	석축	삼국	
17	아차산1보루	구리시 아천동	268	91	테뫼식	석축	삼국	
18	아차산5보루	구리시 아천동	110.9	50	테뫼식	토축	삼국	멸실
19	가현산성	김포시 금단면 금곡리	215	310	테뫼식	토축	고려	
20	덕포진	김포시 대곶면 신안리	20	306	진	석축	조선	
21	수안산성	김포시 대곶면 율생리	146.8	685	테뫼식	석축	삼국~고려	
22	대릉리성	김포시 대곶면 율생리	146	1,340	평산성	토축	고려	
23	북성산성	김포시 북변동	150	803	퇴뫼식	석축	삼국~고려	훼손
24	문수산성	김포시 월곶면 서동리	376	2,400	퇴뫼식	석축	조선	
25	동성산성	김포시 하성면 원산리	113	441	테뫼식	석축	삼국~통신	
26	안산보루	남양주시 가운동	128.8	115	테뫼식	석축	고려	
27	광전리산성	남양주시 별내면 광전리	370.2	608	포곡식	석축	삼국~통신	퇴뫼산성
28	국사봉보루	남양주시 별내면 광전리	331	130	테뫼식	석축	삼국~통신	
29	불암산성	남양주시 별내면 화전리	420.3	231	테뫼식	석축	삼국~통신	
30	역촌토성	남양주시 상패동	52.6	130	테뫼식	토축	조선	
31	수석리성	남양주시 수석동	82.3	135	테뫼식	토축	통신~고려	
32	마진산성	남양주시 조안면 진중리	81.9	312	테뫼식	토축	조선	
33	어등산보루	동두천시 생연동		200	테뫼식	석축	삼국~통신	
34	원종동성	부천시 오정구 오정동						멸실
35	신남동동돈대	성남시 중원구 상대원동	542.1	134	테뫼식	석축	조선	
36	신남동서돈대	성남시 중원구 상대원동	532	121	테뫼식	석축	조선	
37	여기산성	수원시 서둔동	105	450	테뫼식	토축	삼국	
38	화성	수원시 장안동 외	143	5,700	평산성	석축	조선	
39	군자산성	시흥시 군자동	198.4	400	테뫼식	석축	삼국	
40	터미산성	안산시 둔대동	159	450	테뫼식	석축	삼국~통신	
41	목내동성	안산시 목내동	87	4,000	평산성	토축	고려~조선	
42	성곡동산성	안산시 성곡동	80	800	퇴뫼식	석축	삼국~통신	
43	성태산성	안산시 성태산	160.7	372	테뫼식	석축	삼국~통신	
44	안산읍성	안산시 수암동	100	772.2	평산성	토·석축	고려~조선	
45	벌망성	안산시 초지동	65	1,040	평산성	석축	조선	
46	만정리성	안성시 공도면 만정리	60.1	417	테뫼식	토축	고려	태비산성
47	진사리산성	안성시 공도면 진사리	57.4	300	테뫼식	토축	삼국	멸실
48	금강산성	안성시 금광면 금광리	188	1,342	포곡식	토·석축	조선	백운산성
49	상중리성	안성시 금광면 상중리	380	731	테뫼식	토축	고려	
50	당왕동성	안성시 당왕동	70	400	평지성	토축	고려	멸실
51	비봉산성	안성시 명륜동	186	714(내성)	테뫼식	석축	삼국~고려	
				694(중성)	테뫼식	석축	고려	
				1,656(외성)	포곡식	토축	삼국~조선	
52	진재봉산성	안성시 미양면 구수리	110	301	테뫼식	토축	고려~조선	
53	고성산성	안성시 양성면 방신리	290	534	테뫼식	토·석축	고려~조선	
54	서운산성	안성시 서운면 북산리	542.8	1,228	테뫼식	토·석축	삼국~통신	홍계남토성
55	무양성	안성시 양성면 방신리	208.8	440(내성)	테뫼식	석축	삼국~조선	無限城
				850(외성)	포곡식	토축		

번호	유적명	위 치	해발(m)	둘레(m)	형식	축조재료	시대	비고
56	망이산성	안성시 일죽면 금산리	472	249(내성)	퇴뫼식	토축	삼국~고려	
				2,065(외성)	포곡식	석축	통신~고려	
57	죽주산성	안성시 죽산면 죽산리	250	270(내성)	테뫼식	석축	삼국~조선	
				1,690(본성)	테뫼식			
				1,500(외성)	포곡식			
58	칠현산성	안성시 죽산면 칠장리	516	700	테뫼식	토·석축	고려~조선	
59	호암산성	안양시 만안구 석수동	350	1,250	테뫼식	석축	삼국~조선	
60	태봉산보루	양주시 은현면 봉산리	157	122	테뫼식	석축	삼국	
61	도락산1보루	양주시 광적면 가납리	327	33	테뫼식	토·석축	삼국	
62	도락산2보루	양주시 광적면 가납리	426.3	170	테뫼식	석축	삼국	
63	기산리보루	양주시 백석면 기산리	530	63.5	테뫼식	석축	삼국	
64	대모산성	양주시 백석면 방성리	212	1400	테뫼식	석축	삼국	楊州山城
65	소래산보루	양주시 은현면 선암리	228.8	56	테뫼식	석축	삼국	멸실
66	도락산3보루	양주시 은현면 용암리	440.8	20	테뫼식	석축	삼국	
67	작은테미산보루	양주시 주내면 마전리	158.5	105	테뫼식	석축	삼국	
68	큰테미산보루	양주시 주내면 산북리	219	550	테뫼식	석축	삼국	훼손
69	불곡산1보루	양주시 주내면 유양리	240.8	175	테뫼식	석축	삼국	
70	불곡산2보루	양주시 주내면 유양리	288.8	76	테뫼식	석축	삼국	
71	불곡산3보루	양주시 주내면 유양리	274.3	98	테뫼식	석축	삼국	
72	불곡산4보루	양주시 주내면 유양리	300	105	테뫼식	석축	삼국	
73	불곡산5보루	양주시 주내면 유양리	443.5	105	테뫼식	석축	삼국	
74	불곡산6보루	양주시 주내면 유양리	468.7	220	테뫼식	석축	삼국	
75	불곡산7보루	양주시 주내면 유양리	426	110	테뫼식	석축	삼국	
76	불곡산8보루	양주시 주내면 유양리	445.3	140	테뫼식	석축	삼국	
77	고장산1보루	양주시 회천읍 덕계리	199.8	21	테뫼식	석축	삼국	
78	고장산2보루	양주시 회천읍 덕계리	200.3		테뫼식	토축	삼국	멸실
79	독바위보루	양주시 회천읍 옥정리	181.1	120	테뫼식	석축	삼국	멸실
80	천보산4보루	양주시 회천읍 율정리	342.9	46	테뫼식	석축	삼국	
81	회암리보루	양주시 회천읍 회암리	190	22.3	테뫼식	토축	삼국	
82	천보산5보루	양주시 회천읍 회암리	423	120	테뫼식	석축	삼국	
83	신원리산성	양평군 양서면 신원리	365.9	543.7	테뫼식	석축	삼국~통신	
84	함왕산성	양평군 옥천면 용천리	750	2,042	포곡식	석축	고려~조선	양근성
85	술천성	여주군 금사면 이포리	182	250	테뫼식	토축	삼국	
86	북성산성	여주군 능서면 신지리	275	1,150	포곡식	석축	삼국~조선	신지리성지
87	파사산성	여주군 대신면 천서리	230.5	936.5	포곡식	석축	삼국~조선	
88	원적산성	여주군 금사면 주록리	630	7,000	포곡식	석축	고려~조선	
89	봉우재보루	여주군 점동면 삼합리	217	172	테뫼식	토축	조선	
90	삼거리성	연천군 군남면 삼거리	110	360	테뫼식	석축	삼국~통신	
91	옥계리산성	연천군 군남면 옥계리	126	702	테뫼식	석축	삼국~통신	
92	광동리보루	연천군 미산면 광동리	179	90	테뫼식	석축	삼국	
93	당포성	연천군 미산면 동이리	13	450	평지성	토·석축	삼국~고려	
94	아미리보루	연천군 미산면 아미리	140	50	테뫼식	석축	삼국	
95	국사봉보루	연천군 신서면 답곡리	331	103	테뫼식	석축	삼국	

번호	유적명	위 치	해발(m)	둘레(m)	형식	축조재료	시대	비고
96	성령산성	연천군 연천읍 동막리	510	740	테뫼식	토·석축	삼국~고려	
97	군자산성	연천군 연천읍 차탄리	328	216	테뫼식	토·석축	삼국~통신	
98	강서리보루	연천군 왕징면 강서리	230	50	테뫼식	토·석축	조선	
99	고성산보루	연천군 왕징면 무등리	150	30	테뫼식	석축	삼국	
100	무등리1보루	연천군 왕징면 무등리	100	168.4	테뫼식	석축	삼국	
101	무등리2보루	연천군 왕징면 무등리	100	244	테뫼식	석축	삼국	
102	우정리성	연천군 왕징면 우정리	89	250	테뫼식	토·석축	삼국	외성 파괴
103	호로고루	연천군 장남면 원당리	20	401	평지성	토·석축	삼국~조선	강안평지성
104	간파리보루	연천군 전곡읍 간파리	100	40	테뫼식	토·석축	삼국	멸실
105	눌목리보루	연천군 전곡읍 눌목리	410	30	테뫼식	석축	삼국	
106	수철성	연천군 전곡읍 양원리	397	173	테뫼식	석축	삼국	
107	은대리성	연천군 전곡읍 은대리	61.8	952	평지성	토축	삼국	
108	전곡리토성	연천군 전곡읍 전곡리	60	1,800	평지성	토·석축	삼국~고려	
109	대전리산성	연천군 청산면 대번리	136	700	테뫼식	토·석축	삼국~통신	
110	초성리산성	연천군 청산면 초성리	140	180	테뫼식	토·석축	삼국	哨城
111	초성리토성	연천군 청산면 초성리	140	570	평지성	토축	삼국	파괴
112	독산성	오산시 지곶동	207.6	1,100(외성)	테뫼식	석축	삼국~조선	
				350(내성)	테뫼식	석축	삼국	
113	마북리보루	용인시 구성면 마북리	385	50	테뫼식	석축	조선	
114	처인성	용인시 남사면	60	400	평지성	토축	고려	
115	봉무리산성	용인시 남사면	100	150	테뫼식	토축	삼국	오목재
116	죽전리토루	용인시 수지읍 죽전리			토루	토축	삼국~조선	
117	임진산성	용인시 수지읍 풍덕천리	129.2	90	퇴뫼식	토축	조선	
118	행군이토성	용인시 원삼면 맹리	27.3	1,400	평지성	토축	삼국~조선	
119	태봉산성	용인시 원삼면 좌항리	309.6	150	테뫼식	토축	삼국	
120	보개산성	용인시 포곡면 마성리	469	2,500	포곡식	석축	삼국~조선	석성산성
121	할미산성	용인시 포곡면 마성리	349.3	660	테뫼식	석축	삼국	노고성
122	모락산성	의왕시 오전동	385	820	테뫼식	토축	삼국	
123	부용산보루	의정부시 장암동	210.6	94	테뫼식	석축	삼국	
124	천보산1보루	의정부시 금오동	299	40	테뫼식	석축	삼국	
125	천보산2보루	의정부시 금오동	336.8	200	테뫼식	석축	삼국	
126	천보산3보루	의정부시 자일동	282	88	테뫼식	석축	삼국	
127	장암동보루	의정부시 장암동	155	100	테뫼식	토축	삼국	
128	사패산1보루	의정부시 토원동	355	100	테뫼식	석축	삼국	
129	사패산2보루	의정부시 토원동	430		테뫼식	석축	삼국	
130	사패산3보루	의정부시 토원동	234	200	테뫼식	석축	삼국	
131	비석거리토성	의정부시 녹양동	40		평지성	토축	삼국	멸식
132	해룡산성	이천시 대월면 고담리	201					멸실
133	장암리성	이천시 마장면 장암리				석축		멸실
134	진가리성	이천시 모가면 진가리	100	400	평지성	토축	조선	
135	효양산성	이천시 부발읍 신촌리	188	1,200	테뫼식	토축	삼국	
136	설봉산성	이천시 사음동	325	1,079	테뫼식	석축	삼국	
			388.7	532(부성1)	테뫼식	석축	삼국	
			394.3	312(부성2)	테뫼식	석축	삼국	

번호	유적명	위 치	해발(m)	둘레(m)	형식	축조재료	시대	비고
139	설성산성	이천시 장호원읍 선읍리	290.5	1,501	포곡식	석축	삼국~고려	
140	증일리성	이천시 증일동	270		테뫼식	토축		고려
141	장명산보루	파주시 교하면 다율리	102		테뫼식	토축		삼국
142	심학산보루	파주시 교하면 서패리	193		테뫼식	토석축		삼국
143	덕진산성	파주시 군내면 정자리	65	600	테뫼식	석축	삼국	
144	임진진	파주시 문산읍 임진리	133보	진	석축	조선	멸실	
145	장산리돈대	파주시 문산읍 장산리			돈대	석축	조선	멸실
146	노고산보루	파주시 법원읍 갈골리	441	25	테뫼식	석축	삼국	
147	월롱산성	파주시 월롱면 덕은리	229	1,000	테뫼식	석축	삼국	
148	조랑진보루	파주시 장단면 노하리	89	50	테뫼식	석축	삼국	
149	칠중성	파주시 적성면 구읍리	149	800	테뫼식	석축	삼국~통신	
150	아미성	파주시 적성면 눌목리	260	302	테뫼식	석축	삼국	
151	무건리보루	파주시 적성면 무건리	400		테뫼식	석축	삼국	
152	감악산보루	파주시 적성면 설마리	675	116	테뫼식	석축	삼국	
153	이잔미성	파주시 적성면 장좌리	40	306	테뫼식	석축	삼국	장좌리보루
154	육계토성	파주시 적성면 주월리	21	1,858	평지성	토축	삼국	
155	명봉산성	파주시 조리면 장곡리	247.6	468	테뫼식	토축	삼국	
156	봉서산성	파주시 주내면 봉암리	214	1,000	테뫼식	석축	삼국~조선	파주산성
157	두루봉보루	파주시 진동면 용산리	69.8	40	테뫼식	석축	삼국	
158	오두산성	파주시 탄현면 성동리	105	1,200	테뫼식	석축	삼국	
159	금파리성	파주시 파평면 금파리	20	1,500	평지성	토축	삼국	
160	파평산보루	파주시 파평면 눌노리	495.5		테뫼식	석축	삼국~고려	
161	좌교리산성	평택시 고덕면 좌교리	38	170	테뫼식	석축	삼국	
162	자미산성	평택시 안중면 덕우리	110.8	240(내성)	테뫼식	토축	삼국~고려	
				582(외성)	테뫼식	석축		
				320(부성)	테뫼식	토축		
163	용성리 강길 마을 성지	평택시 안중면 용성3리			평산성	토축	고려	멸실
164	용성리성	평택시 안중면 용성3리	42.4	449	평지성	토축	삼국~고려	
165	비파산성	평택시 안중면 용성리	102.2	1,622	평산성	토축	삼국~고려	
166	지제동산성	평택시 지제동	56.1	220	테뫼식	토축	삼국	
167	견산리산성	평택시 진위면 견산리	47.2	427.6	포곡식	토축	삼국~고려	釜城
168	무봉산성	평택시 진위면 무봉리	208.3	225	테뫼식	석축	삼국~통신	
169	봉남리산성	평택시 진위면 봉남리	128	2,788(본성)	포곡식	토축	삼국~조선	
			137	1,347(익성)	토루	토축	삼국	
170	봉남리 아곡 마을 산성	평택시 진위면 봉남리	121.9	170.6	테뫼식	토·석축	조선	
171	백봉리산성	평택시 청북면 백봉리	61.5	220	테뫼식	토축	삼국	
172	무성산성	평택시 청북면 옥길리	104.7	547	테뫼식	토축	삼국~고려	
173	농성	평택시 팽성읍 안정리	34.8	305	평지성	토축	삼국~고려	
174	목장토성	평택시 포승면 원정1리			평지성	토축	조선	
175	석정리장성	평택시 포승면 원정리	83	8,000	장성	토축	조선	
176	기산리산성	평택시 현덕면 기산리	83	250	테뫼식	토축	삼국	

번호	유적명	위 치	해발(m)	둘레(m)	형식	축조재료	시대	비고
177	덕목리성	평택시 현덕면 덕목4리	75	320	평지성	토축	삼국~고려	동·서 2성
178	냉정리산성	포천군 관인면 냉정리	200	250	테뫼식	석축	삼국~고려	할미산성
179	보개산성	포천군 관인면 중리	426	4,000	포곡식	석축	삼국~고려	
180	반월산성	포천군 군내면 구읍리	286	1,080	테뫼식	석축	삼국~조선	
181	고모리산성	포천군 소흘읍 고모리	380	822	포곡식	토석축	삼국	
182	고소성	포천군 영중면 고소성리	130	444	테뫼식	석축	삼국~고려	
183	성동리산성	포천군 영중면 성동리	181	401	테뫼식	석축	삼국~고려	泰封山城
184	할미성	포천군 창수면 주원리	80	87	테뫼식	석축	삼국	小姑山城
185	운악산성	포천군 화현면 화현리	936	5334	포곡식	석축	통신~고려	
186	새미재관애	하남시 객산	240		차단성	토축	고려	
187	마금태미관애	하남시 객산	300	100	차단성	토·석축	고려	
188	객산토루2	하남시 객산북쪽 능선	200		테뫼식	석축	고려	
189	객산토루1	하남시 객산 정상	291	70	테뫼식	석축	삼국	
190	검단산 토루	하남시 검단산 정상	650		테뫼식	석축	삼국~고려	
191	교산동 토루	하남시 교산동	60	220	평지성	토축	고려	
192	춘궁동토성	하남시 교산동. 하사창동	128.8	2,600	평산성	토축	고려	멸실
193	구산토성지	하남시 구산동	78		테뫼식	토축	삼국	멸실
194	덜미재관애	하남시 금암산	200	80	차단성	석축	고려	
195	이성산성	하남시 춘궁동	210	1,925	포곡식	석축	삼국~조선	
196	하사창동토루	하남시 하사창동	80	100	차단성	토축	고려	
197	남양리성	화성시 남양면 남양3리	40	771	구릉성	토축	고려~조선	
198	남양장성	화성시 남양면 남양리 ~서신면 광평리	20~107.2	7,500	장성	토축	통신~고려	
199	백곡리산성	화성시 마도면 백곡리	70	320	테뫼식	토축	통신~고려	
200	청명산성	화성시 마도면 홍법리	154.9		테뫼식	토·석축	고려~조선	
201	청요리산성	화성시 비봉면 청요리		300	포곡식	석축	고려	
202	영종포성	화성시 서신면 용두리	37.5	540	테뫼식	토·석축	조선	
203	당성	화성시 서신면 전곡리	165.7	1,148	포곡식	석축	삼국	
				363(자성1)	테뫼식	석축	삼국	
				265(사성2)	테뫼식	도축	삼국	
204	화량진성	화성시 송산면 지화리	75	1,200	포곡식	석축	고려	
205	사창리성	화성시 양감면 사창리		124(잔존)	포곡식	석축	삼국	
206	소근산성	화성시 양감면 신와리	100	60	테뫼식	토축	삼국	
207	창고산성	화성시 우정면 석천리	54.2	305	테뫼식	토축	삼국	
208	운평리성	화성시 우정면 운평리	30.1	1,175	구릉성	토축	삼국	
209	한각리성	화성시 우정면 한각1리	38.1	551	구릉성	토축	삼국	
210	태봉산성	화성시 정남면 관항리	223	800	테뫼식	토축	삼국~조선	
211	관항리산성	화성시 정남면 관항리	157		퇴뫼식	토축	삼국	
212	수원 고읍성	화성시 태안읍 안녕리	86.4	4,000	테뫼식	토축	조선	
213	길성리토성	화성시 향남면 요리	111.6	2,126	테뫼식	토축	삼국~고려	요리산성

앞서 언급한 [표 2]의 경기도내 성곽 중에서 현재 국가 사적이나 경기도 기념물 등 문화재로 지정 보호되고 있는 유적은 아래의 [표 3]과 같이 30개소로 이 중에서 국가 사적은 16개소이고 지방기념물이 14개소이다. 경기도내에 분포하는 전체 200여 개소의 성곽 중에 13.5%에 해당하는 수치로 대부분이 문화재보호법의 테두리 안에서 보호받지 못하고 있는 실정이다. 특히 성벽과 성 내부 전체를 보호구역으로 지정한 경우는 많지 않아 지정된 문화재하더라도 비지정구간에서의 경작 등으로 인한 유적의 훼손 가능성은 매우 높다고 할 수 있다.

[표 3] 경기도 성곽 문화재 지정 현황 (2006.10.31 현재)

번호	유 적	위 치	지 적 사 항
1	화성	수원시 장안동	사적 제3호
2	행주산성	고양시 덕양구 행주내동	사적 제56호
3	남한산성	광주시 중부면 산성리	사적 제57호
4	문수산성	김포시 월곶면 서동리	사적 제139호
5	독산성 및 세마대지	오산시 지곶동	사적 제140호
6	북한산성	고양시 덕양구 북한동	사적 제162호
7	당성	화성시 서신면 전곡리	사적 제217호
8	파사성	여주군 대신면 천서리	사적 제251호
9	오두산성	파주시 탄현면 성동리	사적 제351호
10	반월산성	포천시 군내면 구읍리	사적 제403호
11	이성산성	하남시 춘궁동	사적 제422호
12	설봉산성	이천시 사음동	사적 제423호
13	칠중성	파주시 적성면 구읍리	사적 제437호
14	호로고루	연천군 장남면 원당리	사적 제467호
15	당포성	연천군 미산면 동이리	사적 제468호
16	은대리성	연천군 전곡읍 은대리	사적 제469호
17	처인성	용인시 남사면	지방기념물 제44호
18	죽주산성	안성시 죽산면 매산리	지방기념물 제69호
19	별망성지	안산시 초지동	지방기념물 제73호
20	농성	평택시 팽성읍 안정리	지방기념물 제74호
21	설성산성	이천시 장호원읍 선읍리	지방기념물 제76호

번호	유 적	위 치	지 적 사 항
22	서운산성	안성시 서운면 북산리	지방기념물 제81호
23	수원고읍성	화성시 태안읍 안녕리	지방기념물 제93호
24	수석리토성	남양주시 수석동	지방기념물 제94호
25	함왕성지	양평군 옥천면 용천리	지방기념물 제123호
26	안산읍성 및 관아지	안산시 수암동	지방기념물 제127호
27	망이산성	안성시 일죽면 금산리	지방기념물 제138호
28	대모산성	양주시 백석면 방성리	지방기념물 제143호
29	수안산성	김포시 대곶면 율생리	지방기념물 제159호
30	고모리산성	포천시 소홀읍 고모리	지방기념물 제185호

※ 이외 용인 할미산성과 의왕 모락산성은 지방기념물로 지정될 예정이다.

2. 특징

이상에서 살펴 본 경기도내 성곽은 주요 하천인 임진강, 한강, 안성천 등 주요 하천과 서해와 맞닿은 해안을 따라 분포하고 있다. 이러한 하천과 해안은 오랫동안 경기도의 동–서, 남–북으로 통하는 교통로를 형성해 왔다. 이 장에서는 경기도내 성곽 분포의 특징을 유역별로 살펴보고자 한다.

1) 임진강유역의 성곽

먼저, 임진강유역은 경기북부지역의 서쪽에 펼쳐진 평야지대를 가로지는 강으로, 수로나 육로를 통해 북쪽의 개성 일대나 남쪽의 서울지역으로 쉽게 접근할 수 있는 지리적인 이점이 있다. 이에 삼국시대에는 이 강을 중심으로 국경을 확장하는 치열한 각축장이 되었으며, 신라의 통일전쟁 시에는 신라와 당의 주요한 격전장이 되었다. 고려시대에는 개성의 인접 지역으로서 문화의 중심지가 되었으며, 조선시대에는 북방과 수도 한양을 연결해주는 길목으로 군사적 중요성이 대두된 곳이었다.

[사진 4] 당포성 동벽

이러한 임진강은 하류에서 중류로 올라갈수록 강폭이 좁아지고 수심 또한 얕은 여울이 많아 특별한 장비 없이도 어렵지 않게 강을 건널 수가 있으며, 간단한 배나 뗏목을 이용해서도 쉽게 강을 건널 수 있는 나루터가 형성되었다. 군사적 측면에서 보면 이러한 여울이나 나루터를 이용해 渡江하여 공격을 하거나, 방어하기 위한 저지선을 구축하기에 용이하였다. 이와 같은 지리적 중요성 때문에 강 유역에 접하여 많은 수의 성곽이 분포하고 있다. 산성은 주변지역에 대한 조망이 좋아 주변 교통로를 통제하고 방어하는데 유리하였으며, 평지성은 비록 방어에는 취약한 면이 있으나 산성에 비하여 가용면적이 충분히 확보되어 많은 인원이 주둔할 수 있었으며, 주변 지역의 통치에 이점이 있었다. 때문에 평지성은 군사적인 면과 행정적인 면을 동시에 가지고 있으며, 지형적으로는 임진강이 蛇行하여 M자형으로 북쪽으로 돌출하여 굽이치는 지점에 축조된 공통점을 가지고 있다.

한편, 임진강 남안의 내륙지역은 강을 남하하여 양주의 천보산맥 일원을 지나 한강 중류지역으로 가는 주요 교통로의 시발점으로서 많은 수의 성곽이 분포한다. 이러한 교통로는 임진강과 한강의 지류하천로를 따라 형성되었다.

성곽이 분포하는 지점을 연결하면 임진강과 평행하여 여러 겹의 방어선을 구축하였음을 알 수 있다. 예를 들어 강안에 접한 육계토성-이잔미성-금파리성-오두산성-심학산보루 등 평지성이나 산성을 축조하여 전진기지로서 활용하였으며, 강 내륙의 4~6㎞ 지점의 지근거리에 칠중성-파평산보루-봉서산성-월롱산성-장명산 보루 등을 배치하여 1차 방어선을 구축하였다. 또한 강과 멀리 떨어진 산간지역에는 아미성-수철성-감안산보루-무건리보루-노고산보루-고봉산성-명봉산성 등을 잇는 2차 방어선을 구축하였다. 특히 1·2차 방어선을 구축하는 성곽들은 서로 엇갈리게 배치하여 평면상으로 삼각형구도를 이루고 있다. 이러한 구조는 상호협조적인 관계를 갖기가 매우 쉬워 단순히 교통로를 통제하고 확보하는 것에서 나아가 영역지배와 지방통치체제 확립을 이루는데 원활한 효과를 거둘 수 있는 매우 효과적인 체계로 여겨진다. 또한 삼각구도 상에서 성곽의 규모가 둘레 500m 이상의 주성과 이보다 작은 보조성으로 나뉘고 있어 거점성과 위성의 역할을 구분하였던 것으로 이해된다.

이처럼 임진강 유역의 성곽들은 그 지리적·군사적 이점을 이용하여 축조되었으며, 산성과 평지성을 여러 겹으로 배치하여 그 활용도를 극대화 시킬 수 있었다.

2) 한강유역의 성곽

다음으로 한강은 우리나라를 대표하는 하천으로 크고 작은 수많은 지류로 구성되는데, 크게는 남한강과 북한강이 합류하여 형성된 본류가 경기도와 서울을 관통하고 있다. 강줄기를 따라 서해로 진출하거나 강을 건너 남북으로 통하기 위해서는 반드시 거쳐야 하는 요충지이다. 이 때문에 고대부터 한강유역을 점유하기 위해 사활을 건 쟁탈전이 펼쳐졌으며, 이에 따라 국가의 흥망이 결정되기도 하였다.

이러한 한강유역의 성곽은 남한강과 북한강이 합류하는 아차산 일원에 입지한 보루군이 대표적이다. 이들 성곽은 아차산 정상부에서부터 이어지는 북동-서남방향의 중심능선과 그 지맥이 뻗어나가는 용마산·홍련

[사진 5] 시루봉 보루 석축

[사진 6] 아차산 4보루 성벽

봉·시루봉·봉화산에 역Y자형태로 분포하는 양상을 보이고 있다. 그리고 천보산맥일원과 한강유역을 연결하는 중량천변을 따라 상계동보루·불암산성·봉화산보루가 남북 교통로상의 동안에 자리하고 있다. 이들은 임진강유역에서 천보산맥으로 이어지는 하천로의 주요지점을 연결해주는 보루와 동일한 양상을 보이고 있다.

이 중에서 아차산과 용마산 일대의 성곽들은 200~500m의 가까운 간격을 두고 조밀하게 배치되어있다. 그 중에서 홍련봉1·2보루나 용마산 3·4보루, 망우리 2·3보루는 100m 정도의 매우 가까운 거리를 두고 있을 뿐만 아니라 두 개의 소봉을 馬鞍形으로 연결하고 있어 특징적이다. 한편 천보산맥에서 한강으로 연결되는 중량천로의 동편에 위치한 보루는 3~7㎞ 내외의 거리를 유지하고 있다.

이와 같이 임진강과 한강유역의 관방체계는 각 하천로를 중심으로 5㎞ 내외의 거리를 두고 좌우에 성곽이나 보루를 배치하여 주요 교통로를 통제하고 차단하는 관방체계의 특징을 보이고 있다.

3) 안성천 유역의 성곽

안성천은 경기도 남부의 산지에서 발원하여 진위천, 청룡천, 입장천, 황구지천 등 비교적 큰 하천과 많은 소하천이 합류한 후 아산만을 통해

서해로 연결되는 교통로를 형성하였다. 또한 수심이 깊지 않아 내륙 교통의 요지로서도 중요한 위치를 차지하였다. 삼국시대에는 신라와 백제가 한강유역의 확보와 방어를 위해 이 지역을 중심으로 치열한 접전을 전개하였으며, 고려시대에는 왜구의 침입경로로 활용될 정도로 서해에서 경기 남부 내륙으로 통하는 교통로였다. 조선시대에는 역제의 정비에 따라 안성천 주변은 경기도의 良才道, 충청도의 金井道에 속해 삼남으로 통하는 교통로로서 중요시되었다.

이러한 지리적 조건에서 알 수 있듯이 안성천 유역은 교통의 요충지로서 많은 성곽이 축조되었다. 안성천 유역에 분포한 성곽은 5~8㎞의 범위에 일정한 간격을 유지하면서 주로 안성천 북안을 따라 배치되었다. 입지는 안성천과 그 지류의 합류지점에 위치하고 한결같이 지류의 서안에 축조되었다. 위치상에서 확인되는 특징은 구릉지와 산지에 따라 해발 100m를 중심으로 분류될 수 있으며, 비고는 70m를 분기점으로 설정하여 나누어 볼 수 있다. 규모에 있어서도 비고 70m 이하의 구릉지에 축조된 성들은 둘레 220~300m의 비교적 소규모 토성으로 평면은 등고선방향과 유사하게 돌아가는 타원형을 기본으로 하고 있다.

안성천 유역에 분포한 성곽들의 주방어 방향은 출입처와 고험처의 관계, 성외 유물산포지와 인접 하전 관계 속에서 파악할 수 있다. 즉, 안성천 유역의 성곽 중에서 백제시대에만 사용된 것으로 추정되는 산성들은 북쪽과 동쪽을, 통일신라나 고려시대에 재사용된 것으로 파악되는 성들은 북쪽과 서쪽을 방어방향으로 한다는 공통점이 나타난다. 이는 이 지역이 한강과 안성천 유역 사이에 위치하여 이들 하천을 자연경계로 삼아 주변 평야지대로 확대해 가고 서해를 통한 해상교통로를 이용해 여러 지역과의 교류를 가능하게 하는 요충지에 해당하기 때문이었다.

4) 서해안 일대의 성곽

서해안 일대에 분포하는 성곽들은 서해로부터 연안과 내륙을 거쳐 한양으로 가는 주요 교통로로 이용되었던 역사지리적 상황과 결부되어 많은 수의 성곽이 조밀하게 분포하고 있다. 이 성곽들은 대체로 내만한 해안가의 입구부 북안과 교통로상의 동서-남북을 기본축으로 하여 입지하는 특징이 있다.

예를 들면, 남양반도의 가장 내륙에 위치한 남양리성의 경우 서해로 흐르는 남양천과 접해 있으며 화량진성, 당성은 화량만을 통한 해상 교통로상에 위치하는 것이다. 또 청명산성과 백곡리성은 남양만의 홍법리 해안에서 청명산 서쪽의 고개를 통해 백곡리성이나 당성 방향으로 나아가는 교통로상에 해당하고 있다.

IV. 경기지역 성곽 보존 · 정비의 문제점

성곽은 삼국시대 이전부터 축조되기 시작하여 조선시대에 이르기까지 일일이 헤아리기 어려울 정도로 무수히 축조되었다. 시간이 흐름에 따라 홍수나 산사태 등 자연 재해에 의해 파손되고 인위적으로도 훼손되었지만 본래의 위치를 지키고 있기 때문에 역사적인 가치는 높다고 할 수 있다.

현재 성곽은 문화재보호법상[9] 기념물로 분류되어 있으며, 문화재 지정 권자에 따라 국가 '사적'과 시 · 도 '기념물' 또는 '문화재자료'로 지정 · 보존되고 있다. 경기도의 경우 문화재로 지정된 성곽은 모두 30여 곳으로

---

9) 문화재보호법 제2조 제1항.

전체의 13% 정도에 그치고 있다. 즉, 지정되지 않은 많은 성곽은 아무런 보호를 받지 못하고 있는 실정이다. 이 중에서도 정비나 복원이 이루어진 곳은 그리 많지 않다. 그럼에도 불구하고 여러 가지 문제점이 드러나고 있는 것은 체계적인 조사나 정확한 고증 등이 이루어지지 않은 상황에서 졸속으로 이루어진 데 그 주요한 이유가 있다고 할 수 있다. 최근에 들어서야 나름대로 해결책을 마련하려는 노력을 하고 있으나 이미 유적은 심각한 훼손을 입었으며, 문제점 해결에 따른 추가 예산 소요 등 예산 낭비 또한 큰 문제점으로 지적될 수 있다. 그러나 무엇보다도 훌륭한 문화유산을 응당 후손들에게 물려주어야 하는 측면에서도 큰 과오를 범했음이 분명하다. 이번 장에서는 그동안 이루어진 정비·복원에서 나타난 문제점들에 대해 살펴보고자 한다.

1. 인위적인 파괴 및 훼손

일부 기초자치단체에서는 미지정 성곽유적에 대한 기초 조사나 관련 전문가의 의견을 반영하지 않고 성곽을 파괴하거나 훼손하는 사례가 자주 발생한다. 이는 종합유적인 성곽의 중요성을 망각하고 행정편의나 개발우선주의가 빚어내는 현상이라고 하겠다.

[사진 7] 연천 초성리토성 파괴 훼손 현장(성곽을 파괴하고 공원과 유치원 조성)　　[사진 8] 연천 우정리보루 파괴 훼손 현장

　예컨대, 연천군에 소재한 초성리토성 내부에 유치원 허가와 공원을 조성한 사례가 대표적이다. 이 초성리토성은 주변의 대전리산성과 함께 신라의 통일전쟁기에 20만 명의 당나라 군대를 물리친 매초성으로 비정되는 아주 중요한 성곽이다. 그리고 고구려 성곽인 우정리보루의 경우 내성의 성벽만을 성곽으로 생각하고 외성에 전원주택단지를 해당 군청에서 허가하여 외성 전체가 완전히 멸실되는 사태를 초래하였다. 중국의 고구려사에 대한 역사왜곡이 한창인 이때 벌어진 참혹한 사례라고 할 수 있다.

　한편, 파주의 오두산성의 경우 백제의 관미성으로 비정되는 곳이지만, 현재 통일전망대가 유적을 파괴하고 들어서 있다. 이와 같은 예는 군사시설이 밀집되어 있는 임진강유역뿐만 아니라 많은 곳에서 확인할 수 있다. 그러므로 유사한 예들을 적극적으로 찾아내어 앞으로 더 이상의 파괴나

[사진 9] 오두산성 내부 전경

[사진 10] 칠중성에 구축된 군사시설 전경

[사진 11] 남한산성 정비구간 전경

[사진 12] 죽주산성 복원구간 전경

훼손을 막을 수 있도록 하는 방법이 모색되어야 할 것이다.

2. 학술조사 및 고증절차 없는 정비 · 복원

성곽의 정비 · 복원에 앞서 무엇보다도 먼저 선행되어야 할 것이 학술조사이다. 정밀한 조사는 성곽에 대한 상세한 현황을 파악하여 정비 · 복원의 자료를 제공할 수 있다. 그동안 조사없이 정비 · 복원이 이루어진 성곽으로는 광주 남한산성, 안성 죽주산성 일부 구간, 이천 설봉산성, 오산 독산성 등을 대표적 사례로 들 수 있다. 이들 성곽은 조사 자료를 바탕으로 한 종합적이고 체계적인 정비 · 복원과정을 거치지 않고, 호국 선현의 유적에 대한 성역화 사업이나 문화권 사업에 포함시켜 단위문화재별로 추진하는 과정에서 졸속으로 이루어졌다[10]. 그 결과 유적의 보존이라는 본래의 목적을 달성하지 못하고 유적을 훼손하였다.

이처럼 학술조사를 통해 얻어진 자료는 성곽을 원형에 가깝게 고증하는데 절대적으로 필요한 자료이다. 하지만 학술자료가 마련되었다 하더라도 엄정한 고증의 절차를 거치지 않은 상태에서 복원은 또 다른 훼손의 결과를 생성해 왔다. 경기도내의 성곽 중 일부 구간에 대해서라도 복원이 이루어진 대부분의 성곽들이 고증 절차를 밟지 않은 채 이루어져 왔다. 수원 화성의 경우 성벽을 절단하고 개설된 도로 위에 박스형의 콘크리트 구조물을 세우고 그 위에 성벽을 복원하였다. 화성은 『華城城役儀軌』라는 절대 자료가 있음에도 불구하고 현재 복원 성벽의 모습은 유적을 위한 것인지 도로를 위한 것인지 구분하기 어려운 느낌이다.

---

10) 이춘근, 2003, 「우리나라 성곽의 보존관리 정책」, 『한국성곽연구회 추계학술대회』, 한국성곽연구회, 15쪽.

[사진 13] 독산성의 치 복원 상태

[사진 14] 파사산성 복원 전경

  한편 성벽의 기저부만 남아있는 경우에는 더 이상 훼손되지 않도록 하는 최소한의 정비만 이루어져야 마땅할 것이다. 무리하게 추정 복원이 이루어지는 것도 큰 문제로 지적될 수 있다.

  다음으로 성곽을 정비·복원하는 과정에서 충분한 학술자료와 최선의 고증 작업이 이루어졌다 하더라도 과거와 현재의 기술력이나 재료 등이 다름으로 인해서 발생하는 문제를 들 수 있다. 석축 성벽의 경우 특히 문제가 심각하게 나타나는데, 성벽의 복원과정에서 치석 방법이나 석재의 크기, 암질 등이 달라 성곽을 훼손하는 결과를 가져오게 될 수 있다.

3. 관리단체의 이원화에 따른 문제점

  성곽은 평지성을 제외하고 대체로 주변에서 높은 산에 입지하고 있다. 이러한 산들은 대개 시군의 경계가 되는 곳이 많은데, 이에 따라 한 유적을 두고 2개 이상의 자치단체가 개별적으로 관리하는 경우가 많다. 대표적인 곳으로는 경기도와 서울특별시에 걸쳐있는 북한산성(사적 제162호)과 경기도와 충청도에 걸쳐있는 망이산성[11]을 들 수 있다. 이 중에서 북한산성의 경우는 복원 주체가 다르기 때문에 그 결과에도 차이점이 나타나고 있다. 즉, 두 자치단체에서 추진하는 사업이 제각각이어서 서로 다른 석재를 사용하여 복원하기도 하고 규격이나 마감처리가 서로 달라 동일 유적임에도 불구하고 이질감을 나타내고 있다[12]. 이와 같은 문제는 문화유산이 각 지역의 홍보와 문화관광자원으로서 활용하기에 가치가 매우 높기 때문이기도 하지만 국가차원에서의 적극적인 노력이 부족했음에도 그 원인이 있다고 할 수 있다. 그러므로 관리단체 이원화에 따른 적절한 정부정책이 수립되어야 할 것이다.

4. 문화재 지정 범위의 문제점

성곽이 문화재로 지정되었다고 해서 포괄적인 보호를 받고 있는 것은 아니다. 물론 문화재보호법시행규칙에 성곽보호구역에 대한 지정기준[13]이 마련되어 있으나, 현재까지 문화재로 지정된 대부분의 성곽은 성벽 위주로 범위가 설정되어 있는 실정이다. 이는 사유재산권 규제와 관련한 민원을 우려한 결과이다[14]. 하지만 성곽의 기능상 내부지역에 대한 보존이 반드시 필요하다. 아울러 유적에 대한 조망권을 설정하여 적극 반영할 필요가 있다. 예를 들어 독일 쾰른 성당이 비록 세계문화유산으로 보호받고 있음에도 불구하고, 최근 위험에 처한 문화유산으로 등재되었다. 그 이유는 다름이 아니라 유적의 조망권을 해치는 건설공사에 의한 것이었다. 이에 우리의 인식도 변화해야 할 필요가 있다. 수원 화성의 경우 그동안 지방자치단체의 체계적인 복원사업을 통해 세계문화유산으로 등록되었으

---

11) 망이산성의 경우 경기도(기념물 제138호)와 충청북도(기념물 제128호)에서 각각 해당 도기념물로 지정보호하고 있다.

12) 이춘근, 2005, 「성곽 문화재의 보존 방안」, 『한국성곽학회 2005년도 추계학술대회』, 한국성곽학회, 21쪽.

13) 문화재보호법시행규칙 제3조 제1항 관련 별표 2.

14) 이춘근, 2003, 앞의 글, 17쪽.

나 주변에 많은 고층건물이 들어섰으며, 이러한 대형 공사는 지금도 진행되고 있어 독일과 유사한 일을 겪을 가능성도 배제할 수 없다.

[사진 15] 산성 조사 후 방치된 상태

그러므로 앞으로 기 지정 성곽에 대해서는 추가 지정하는 합리적인 방법을 모색하고, 새로 지정되는 경우에는 조망권 등의 여러 문제를 고려하여 범위의 확대 지정 등을 적극적으로 반영되어야 할 것이다.

V. 경기지역 성곽 콘텐츠 개발 가능 과제

이상에서 살펴본 바와 같이 경기도는 고대로부터 새로운 문화발전의 거점지역이자 원동력을 제공하는 역할을 지속적으로 해왔다. 이에 삼국시대부터 조선시대에 이르는 기간 동안에 축조되고 사용되어온 관방유적이 하천유역과 그 지류 및 서해안 일대에 집중적으로 분포하고 있다. 이는 경기도가 고대로부터 지녔던 역사지리적 중요성을 확인해 주는 것이다.

현재까지 경기도에서 확인되는 성곽은 210여 개소로 수적으로는 방대하다. 그러나 이들 성곽 중에 정밀지표조사나 발굴조사 등의 학술조사가 이루어진 유적은 미미한 실정이다. 대부분 광역지표조사에 의한 유적 소개에 그치고 있어 성곽 전반에 대한 정확한 자료 구축이 이루어지지 못하고 있는 실정이다. 이는 성곽의 정비·복원 나아가 콘텐츠 개발이라는 측면에서 볼 때, 심각한 문제에 봉착할 수 있는 여지가 되었으며, 그러한 결과는 여러 가지 문제점으로 나타났음도 확인할 수 있었다.

여기서는 콘텐츠 개발 가능 과제와 더불어 콘텐츠 개발을 위한 선결과제를 함께 제시하도록 하겠다.

1. 다양한 관광코스 개발

1) 안보문화 관광

경기도가 가진 지역적인 특색 가운데 하나는 통일을 준비하는 길목이라는 점에 있다. 최근 화해분위기 조성으로 남-북 교류가 활발히 진행되고 있어 경기도의 지정학적 가치는 점차 높아지고 있는 실정이다. 그러나 엄연히 분단이라는 현실이 존재하고 있으며 간혹 전해 듣게 되는 남-북의 무력 충돌소식은 평화로운 분위기 가운데에서도 안보의 중요성을 실감케 해 준다. 경기도지역은 고대 삼국 각축의 중심무대였으며 현재의 남북 대치 상황도 이와 크게 다르지 않은 만큼 안보교육과 더불어 역사문화 교육의 장으로 활용 가능하다고 하겠다. 안보문화관광의 구성요소는 첫째, 과거 전쟁과 깊은 관련이 있는 문화유산이고 둘째가 이와 관련된 상세한 내용의 문화콘텐츠, 셋째가 현재의 안보상황과 연결시킬 수 있는 연결고리라 할 것이다. 이와 같은 세 가지 조건을 만족시키는 안보문화관광 코스를 제시하면 아래의 몇 가지 예와 같다.

【예시】

· 파주일대 A코스

오두산전망대(안보상황 설명) – 오두산성(삼국시대 관방유적) – 월롱산성(백제관

방유적) – 영집궁시박물관(전통문화 재현 문화 컨텐츠)

· **파주일대 B코스**

임진강 황포돛배(전통문화 재현 문화 콘텐츠) – 임진각(안보상황 설명) – 육계토성
(백제 / 고구려 관방유적) – 칠중성(신라 관방유적 / 영국군 참전비)

· **연천일대 A코스**

호로고루(고구려 관방유적) – 경순왕릉(통일신라와 고려의 연결고리) – 숭의전(고
구려와 고려의 연결고리) – 상승전망대 및 제1땅굴 모형(안보상황 설명)

· **연천일대 B코스**

당포성(고구려 관방유적 / 안보상황 설명) – 은대리성(고구려 관방유적) – 태풍전
망대(안보상황 설명) – 전곡리토성 및 전곡리 선사유적지(전통문화 재현 문화 콘텐
츠)

위의 예와 같이 관방유적 자체에 중심을 두는 단조로운 답사가 아니라
하나 혹은 두 개의 관방유적을 중심에 두고 그것이 과거에 가졌던 의미와
현재의 안보상황을 연결시켜 설명한다면 사라져가는 문화유산에 대한 애
호의식을 높이고 통일을 대비한 굳은 안보관을 확립시키는 밑거름이 될
것이다. 이 같은 안보교육 프로그램 개발에는 성곽전문가뿐 아니라 현대
군사문제전문가, 교육학자 등 다양한 전문가 계층을 포함시켜 차별화되
고 고급화된 프로그램을 마련하여야 할 것이다.

2) 지역문화 답사

호국안보교육의 성곽 본연의 기능을 잘 설명하는 관광프로그램이라면
지역문화 답사는 지역에서 성곽이 차지하는 비중을 가장 잘 드러내는 것
이라 하겠다. 성곽은 예로부터 정치, 행정, 문화의 중심지이자 삶의 터전

이었다. 또한 유사시 지역민의 생명을 지켜주는 역할을 하였기 때문에 과거 인간생활과 떼려야 뗄 수 없는 관계를 지니고 있었다. 오늘날에는 과거 성곽이 지녔던 기능의 대부분을 산업화된 도시가 담당하고 있지만 불과 100여 년 전까지만 해도 성곽의 지역문화의 중심 속에서 함께 숨쉬고 있었던 것이다. 성곽이 대변하는 지역문화를 잘 드러내고 이것을 관광자원으로 승화시키기 위해서는 자기 지역문화의 원형을 찾아 그것을 구체화 시키는 노력이 절실한데 그 가운데 하나가 성곽과 관련된 주변유적을 함께 정비하는 것이다.

경기도내에서 이 같은 지역의 정체성이 잘 확립되어 있고 주변 문화유적과의 연계가 잘 이루어진 곳은 경기도의 중심인 수원시라고 할 수 있다. 유네스코세계문화유산으로 지정된 수원 화성과 주변유적은 수원의 문화적 정체성을 설명하는데 손색이 없다. 수원시는 과거에도 첨단 과학과 실용학문의 중심지 역할을 해왔으며 오늘날에도 우리나라 산업 경제의 견인차 구실을 하고 있다. 수원 화성을 둘러 싼 문화유적과 관광코스는 이미 잘 알려져 있어 더 이상의 설명을 요하지 않을 것이다. 따라서 수원 화성을 둘러 싼 관광이 성공적인 성과를 거두고 있는 요인을 검토함으로써 성곽을 중심으로 한 지역문화 답사 프로그램 개발의 실마리를 찾고자 한다.

수원 화성을 중심으로 한 지역문화권 답사는 아래와 같은 구성요소를 지니고 있다.

· 수원 화성

(전통건축의 아름다움, 근세 성곽문화의 백미, 유네스코세계문화유산으로서의 가치, 계획도시로서의 면모, 아름다운 전통 정원과 수리시설, 첨단 성곽 방어시설)

· 화성행궁

(전통건축의 아름다움, 화성의 내부를 채우는 하드웨어이자 소프트웨어, 화성행궁

을 둘러 싼 정조대왕의 꿈과 정치적 이상)

· 융건릉, 용주사

(조선시대 석조미술의 극치, 화성을 둘러싼 사도세자와 정조대왕의 효원의 문화)

· 만석공원 등 주변 생산 유적

(계획도시 화성을 구성하는 생산 관련 시설로 문화유산과 사회구성원과의 관계를

설명)

· 지지대고개, 노송지대

(정조대왕의 화성행차와 관련된 여러 가지 에피소드를 병행하여 설명)

이러한 제요소가 어우러져 있기에 수원 화성을 둘러싼 문화유적답사는 항상 성공리에 마감이 되며 대부분의 답사참가자들은 근세 계획도시이자 조선왕조 중흥의 문화적 유산인 화성을 잘 이해할 수 있는 것이다. 이와 같이 성곽과 그것을 둘러 싼 유적들이 적절한 거리를 두고 상호 연관지어 질 수 있다면 지역문화의 정체성 확립에 크게 이바지할 수 있을 것이다. 지역문화의 정체성이라면 역사고도인 서울, 경주, 부여, 공주 등에 국한 된 것으로 오해하기 쉽다. 특히 지역의 전통문화는 지역발전을 저해하는 요소로 낙인찍혀 있기 때문에 지방자치단체에서도 이를 적극적으로 개발 하지 못하는 한계를 가지고 있다. 그러나 수원 화성을 중심으로 한 수원 시의 성공사례를 참고 한다면 지역의 문화적 정체성 재고가 지역의 산업 과 경제에 얼마나 큰 영향을 끼치고 있는지 실감할 수 있을 것이다.

수원시의 예처럼 문화적 기반이 훌륭히 갖추어진 상황에서는 지역문화권 답사의 개발이 매우 용이할 것이지만 여러 가지 유적이 하나의 구심점을 이루지 못할 경우에는 그 어려움이 더욱 크다고 하겠다. 최근 20여 년 동안 계속되는 개발로 문화적 정체성이 흔들리고 있는 용인시의 사례를 들어 성곽을 중심으로 한 지역문화권 답사의 가능성을 모색해 보도록 하겠다.

용인시 관내에는 처인성 등 고려시대 승첩지를 비롯하여 서리 고려백자요지 등 수많은 문화유산들이 산재해 있다. 그러나 막상 용인시를 어떠한 단일문화권역으로 묶어 문화정체성을 찾는 데에는 한계가 있다. 그것은 개별유적의 성격이 다른 여타 시군보다도 뚜렷하고 국가적으로도 그 중요성이 인정되어 왔기 때문이다. 특히 경기도박물관, 한국민속촌, 에버랜드 등의 관광자원을 확보하고 있지만 이러한 관광자원을 용인시만의 색으로 포장하기에는 개별 자원의 색채가 너무 강했던 것이 사실이다. 따라서 용인시 관내에서 성곽을 중심으로 한 정체성을 찾기 위해서는 개별유적을 시대별, 성격별로 묶는 노력이 요구된다.

다행스럽게도 최근의 유적조사 결과 용인시 관내에는 수많은 신라유적이 존재하고 있었음을 확인할 수 있었다. 이는 용인 남·동부 지역에 비해 상대적으로 유적이 적은 북·서부지역에서 문화유산의 빈곤을 일정 정도 해소해 줄 수 있었다. 최근 계속된 유적의 발견으로 용인시 북·서부 지역은 신라문화의 영향권 안에 들어 있었음을 확인할 수 있었다. 여기에는 경기도박물관에 의해 조사된 할미산성도 포함된다.

할미산성은 신라 진흥왕 북진기에 축조된 산성으로 비교적 보존 상태가 양호하다. 성의 축조 양식이나 출토 유물들은 신라문화를 설명하기에 손색이 없을 정도이다. 이와 짝을 이루는 유적인 보정리고분군은 할미산성보다 먼저 세상에 알려졌다. 사적급에 해당하는 신라고분군인 이 유적은 용인시 일대의 신라문화를 잘 설명해 준다. 용인 북·서부지방의 신라문화는 할미산성을 상징적인 유적으로 설정하고 이 산성을 둘러싸고 있는 주변 유적인 보정리고분군으로 구성할 수 있다. 이를 토대로 할미산성 – 보정리고분군 – 경기도박물관을 잇는 관광코스를 개발한다면 다른 시군지역에 비해 고대문화유적이 적은 용인시의 문화상을 풍부하게 가꿀 수 있는 기회가 될 것이다.

반면에 용인시의 남·동부지역은 고려시대 문화권으로 특성화 시킬 수 있다. 보개산성이나 처인성 등 고려시대의 관방유적이 위치한 용인 남·동부지역은 이동면 서리 고려백자요지 등의 생산유적을 가지고 있고 고려시대의 개경을 옮겨다 놓은 TV세트장이 최근 건설되는 등 고려시대의 관방유적과 생활유적, 생산유적이 적절한 조화를 이루고 있다. 따라서 용인의 남·동부 일대는 고려시대 문화권에 초점을 맞추어 지역문화 답사를 구성해볼 만하다. 용인을 양분하고 있는 두 개의 문화권은 경기도내에서 출토된 유물을 한자리에 모아놓은 경기도박물관을 구심점으로 통합이 가능하며 시민의 다양한 문화욕구를 충족시키기 위해 다양한 문화권역을 설정하는 것도 가능할 것이다.

2. 지역문화권 심화 및 문화행사의 다양화

1) 지역문화 정체성 확립

하나의 성곽을 연구하고 그에 따라 정비·활용한다는 것과 그 효과는 단순히 하나의 성곽에 국한되지만은 않는다. 성곽은 성곽자체로서 가지는 특수성 때문에 지역문화에 미치는 파급효과는 여타 다른 유적보다 크다고 하겠다. 성곽은 지역의 중심지이자 수호자로 전근대 사회를 일관하여 그 기능을 수행해 왔으며 전근대사회 생활의 대부분이 성곽을 중심으로 영위되었던 만큼 지역문화 형성에 크게 이바지하였다. 현대적인 의미에서는 단일 유적으로서 지역내에서 가장 큰 면적을 차지하고 있으며 대부분 높은 산지에 위치하고 있기 때문에 그 상징성 또한 매우 높다. 한편 성곽내부에는 많은 유적을 함께 포함하고 있으며 시민이 요구하는 각종 시설물을 포용할 수 있는 여유 공간도 확보할 수 있다. 따라서 성곽은 지역의 문화적 정체성을 찾고자 할 때에 가장 처음으로 접근해야 할 대상인 것이다. 앞서 예를 들었듯이 수원 화성이 지역의 문화적 정체성을 대변하고 심화시켜주는 것과 같이 다른 지방자치단체들도 관내의 성곽을 통해 지역문화의 정체성을 찾을 수 있을 것으로 기대된다.

예컨대 서울의 관문인 의왕시는 오랫동안 개발과 훼손으로 많은 유적을 잃었다. 하지만 의왕의 진산인 모락산에 자리 잡은 모락산성은 의왕시에서 가장 큰 규모의 문화유산임과 동시에 의왕시에서는 거의 유일한 문화유적에 해당한다. 의왕 모락산성은 백제 때 축조되어 백제 한성의 외곽을 방어하는 기능을 수행하였는데 화성-안산 일대에서 침입하는 적을 효과적으로 제압하기 위해 백제 한성으로 진입하는 길목을 굳게 지켜냈다.

오늘날의 의왕시 역시 서울로 진입하는 길목에 위치하고 있어 경기 서부지역에서 서울로 들어오는 대부분의 물류가 관내를 통과하고 있다. 이러한 점은 역사시대를 통틀어 관철된 의왕시의 문화적 정체성이라 할 수 있는데 최근에 의왕-군포 일대에 개설된 컨테이너 기지는 경기 중부의 물류중심기지로서의 의왕시의 위상을 잘 대변해주고 있다. 따라서 의왕시는 물류의 관문이라는 의왕시의 정체성을 한성백제의 관문이었던 모락산성의 사례와 잘 연결시킨다면 수도와 지방을 잇는 관문으로서의 정체성을 확보하기에 손색이 없을 것으로 여겨진다. 한편, 모락산성을 중심으로 한 탐방코스나 시민의 휴식장소를 정비하면서 이 같은 점을 시민들에게 교육한다면 모락산성의 위상은 물론 의왕시의 위상 또한 함께 상승할 것이다.

2) 다양한 문화행사 개최

성곽을 둘러 싼 문화행사의 발굴과 개발이야말로 성곽을 콘텐츠화 하는데 가장 빠른 지름길이라 할 수 있다. 예를 들어 평택시 관내에는 많은 해안 관방유적과 연변봉수들이 위치하고 있다. 이들 유적은 해양도시인 평택시의 정체성을 잘 대변해 줌과 동시에 호국 유적으로서의 위상도 매우 높은 편이다. 그 가운데 하나인 괴태길곶봉수는 비록 단일 성곽유적은 아니지만 연변봉수 가운데 가장 큰 규모로 알려져 있어 성곽에 버금가는 위치를 점하고 있다. 괴태길곶봉수는 5거 연변봉수의 중간지점이기도 하지만 유사시 남양만으로 침입하는 적의 동태를 알리는 최일선 봉수라는 점에서도 큰 의의를 지니고 있다.

평택시 관내에 이렇다 할 호국유적이 없는 상황에 비추어 본다면 괴태길곶봉수의 중요성은 아무리 강조해도 지나치지 않다. 특히 해군 2함대 사령부의 이전은 괴태길곶봉수를 재조명 할 수 있는 계기가 되었다. 이를 잘 보존하여 평택시를 대표하는 호국유적으로 홍보하고 나아가 해군 2함대 사령부의 상징물로 승화시킨다면 지역문화와 호국문화, 나아가 해군의 위상 제고에 큰 기여를 할 것으로 기대된다. 그리고 새해 '해맞이 행사'와 같은 상징적인 행사를 꾸준히 개최하고 지역축제 전문가와 도시계획 전문가 등을 포함시킨 봉수 활용을 위한 협의체를 운용한다면 괴태길곶봉수는 머지않아 지역문화 활성화를 대표하는 표본으로 자리잡을 수 있을 것으로 전망된다.

이를 위해서는 봉수를 구성하고 있던 하드웨어의 복원도 중요하지만 봉수를 둘러싸고 있던 소프트웨어에 대한 연구도 지속적으로 진행되어야 한다. 예컨대 각 지역의 유명한 봉수대에는 이를 둘러싼 여러 종류의 봉화제가 유존하고 있으며 그 가운데 대표적인 것이 서울 중랑구의 봉화산 도당굿이다. 도당굿은 지역축제와 무속행위가 적절히 결합한 형태로 지역의 무사안녕을 기원하고 개인의 운수형통을 기원하는 전통축제 가운데 하나였다. 이처럼 괴태길곶봉수의 봉화제도 주변에 대한 민속조사를 통해 충분히 복원이 가능할 것으로 여겨진다. 민속학 조사를 통해 평택시 고유의 축제원형을 복원해 낼 수 있다면 호국축제의 하나인 진해 군항제나 민속축제의 대표격인 강릉 단오제에 버금가는 수준 높은 지역 축제를 유치할 수 있는 충분한 밑거름이 될 것으로 확신한다. 따라서 하드웨어적인 복원에 따른 소프트웨어의 개발이 필수적이라는 점을 지적하고 싶다.

3) 성곽문화축제의 모색

성곽중심 문화권의 구현과 지역문화 정체성의 확립은 성곽을 대상으로 하거나 그것을 중심으로 한 문화축제를 개최하는 것으로 활성화 시킬 수 있다. 다양한 형태의 성곽문화축제는 지역주민들의 관심을 유도하고 성곽의 중요성을 홍보하는데 가장 효과적인 방안일 것이다. 다른 지역의 사례이기는 하나 고창읍성의 '모양성 답성놀이'는 이미 유명한 성곽문화축제 가운데 하나로 자리잡아가고 있다. 초창기 단순한 답성놀이에서 근래에는 지역의 자랑거리인 판소리와 지역축산물이 어우러진 지역축제로 발전하고 있다. 이 같은 지역축제는 성곽과 지역민들을 하나로 유대시키는 역할을 할 뿐 아니라 지역의 관광수입 증대에도 크게 기여하고 있다.

경기지역에는 이 같은 성곽관련 민속놀이는 없지만 성곽을 둘러 싼 전설과 민담을 재현하는 등 적극적인 방향에서 성곽문화축제를 재현해야 할 것이다. 특히 몽골의 침략을 물리친 용인 처인성이나 안성의 죽주산성 등 승첩지에서 조차 이와 관련된 민속놀이나 행사가 재현되지 못하고 있는 것은 매우 안타까운 현실이라고 하겠다.

이와 관련해서 각 지역별로 재현 가능한 성곽문화축제를 예시해보도록 하겠다.

【예시】

· 수원 – 정조대왕 화성행차(시행중)

· 용인 – 처인성 몽골 승첩기념행사, 활쏘기 행사 등 부대행사 가능

· 화성, 평택 – 서해안 지역 신라 무역선 축제, 연변 봉수 연결 봉화 축제

· 안성 – 죽주산성 몽골승첩 기념행사, 망이산성 삼남 봉수축제(음성, 진천, 용인
　　　과 연계)

· 여주 – 파사산성 남장군 여장군 축제

· 연천 – 임진강 유역 고구려 성곽축제

· 파주 – 신라 대당전쟁 승첩기념 행사, 남북통일 관련 연계 행사

경기지역의 모든 시군을 망라하지는 못했으나 위의 사례 가운데 용인이나 안성의 경우 매우 자세한 역사적 사실을 간직하고 있으며 여주의 파사산성 축제는 아기자기한 전설이 전해지고 있어 지역문화축제의 내용을 더욱 풍부하게 할 수 있는 가능성을 간직하고 있다. 특히 여강 앞을 지나는 떼뱃놀이 같은 행사와 병행하여 추진한다면 남한강문화와 성곽문화가 어우러진 새로운 형태의 지역축제를 만들어 낼 수 있을 것으로 전망된다.

4) 성곽 가꾸기와 등산객 유치활동

성곽을 활용하고 문화자원화 하는 방법은 여러 가지가 있겠으나 축제 기간에 한하여 일회성으로 활용하게 된다면 애써 성곽을 복원 · 정비하지 않아도 될 것이다. 성곽은 항상 지역민과 함께 숨쉬는 존재가 되어야 하

며 주민과 등산객이 항상 찾을 때에만 생명력이 유지될 수 있다고 본다. 예를 들면 이전에는 보기 드문 현상이었지만 요즘 TV드라마에 성곽을 배경으로 한 장면이 많이 등장한다던가 하는 모습은 일반인들이 성곽을 찾게 하는 지름길이 될 수 있을 것이다. 인구밀집지역에 소재한 성곽은 단순히 답사코스나 등산코스로 활용할 것이 아니라 연인들의 데이트장소나 지역주민들의 단합의 장소로 활용한다든가 하는 성곽 홍보방안이 계속 창출되어야 한다. 학생들을 위한 행사로는 사진콘테스트, 그림그리기 대회 등 교육 또는 여가생활과 연계한 행사가 자치단체의 주도로 이루어져야 하겠다. 그리고 이 가운데 실효성 있는 방안과 아이템을 채택하여 적극적으로 추진해야 할 것이다.

그와는 반대로 인구가 적은 지역에 위치한 성곽은 도민들을 위한 여가선용의 장소로 개발되어야 한다. 예컨대, 안성시에 위치한 망이산성은 충청과 경기를 나누는 명산임에도 불구하고 수많은 등산객을 유치하지 못하고 있다. 대중교통의 불편함과 대형주차시설의 미비 등으로 수많은 등산객들의 외면을 받고 있는 것이다. 이 같은 현상은 대부분의 성곽들에 해당되는 문제들로서 단체이동이 많은 등산객들의 편의를 위해 교통시설이 어느 정도 확충이 된다면 경기도의 성곽들이 다른 시도의 등산객을 유치하는 것도 시간문제가 될 것이다. 또한 산과 주변 경치 이외에도 성곽이라는 또 다른 볼거리를 제공할 수 있어 성곽이 가지는 문화자원으로서의 가치는 여느 국립공원에 못지않을 것이다.

성곽과 관광이 어우러진 대표적인 사례로는 북한산성과 북한산국립공원을 들 수 있는데 세계적으로 유례가 없는 많은 등산객이 찾는 북한산은 서울 근교에 위치한 편리한 교통 때문에 인기를 끌고 있지만 다른 이유는 공원 내에 위치한 북한산성 등 많은 문화유산들이 다양한 볼거리를 제공하고 있기 때문이기도 하다. 공원과 성곽을 연계시켜 주말과 공휴일에는 많은 등산객들이 찾고 지역주민들에게는 지역행사의 중심으로 거듭나게 되다면 경기지역의 성곽은 폐허가 된 문화유산이 아니라 살아있는 문화유산으로 탈바꿈하게 될 것이다.

3. 성곽박물관 건립

1) 성곽연구 전문기관화

우리나라에는 남한만 해도 2,000여 개소에 달하는 성곽이 존재하지만 정작 그것을 연구하고 일반인에게 소개하는 전문기관이 설립되지는 못하였다. 일부 연구기관에서 성곽에 관련된 연구를 별도로 진행하고 있지만 대개의 경우 문화유적 조사와 병행하여 추진하고 있기 때문에 연구의 수준이나 지속성을 보장하게 어렵다. 특히 항시적인 인적자원 확보가 이루어지지 않는다는 점에서 우리나라의 성곽연구는 항상 답보상태에 머물러 왔다는 지적을 면하기 어렵다. 현재의 성곽과 관련된 연구도 수원 화성에 집중되어 있거나 삼국의 관방체계를 어렴풋이 복원하는데 그치는 수준이어서 성곽과 관련된 수준 높은 연구 성과를 기대하기는 어려운 실정이다.

이러한 실정 하에서는 성곽과 관련된 콘텐츠를 개발하여 운영한다 하더라도 항상 한계에 부딪힐 수밖에 없는 것이다. 또한 어렵게 개발한 콘텐츠라 하더라도 연구결과의 향방에 따라 일조일석에 물거품이 되기 십상일 것이다. 따라서 성곽 관련 콘텐츠는 세련된 성곽연구를 바탕으로 개발되어야 할 것이며 이를 위해서는 성곽 관련 전문 연구기관의 설립이 필수적이라 할 것이다.

최근 들어 각종 전문 박물관이 설립되고 있어 우리의 전통문화를 세밀히 연구하는데 앞장서고 있다. 특히 2005년 개관한 국립고궁박물관은 한동안 궁중유물전시관으로 유지되어 왔다. 그동안 조선 왕실 소장품을 한데 수집해놓고 전시하는 기능에서 한걸음 나아가 전문 연구기관으로 성장한 고궁박물관은 우리의 소중한 문화자원인 고궁을 세계에 알리는 첨병역할을 할 수 있을 것으로 기대된다.

이와 마찬가지로 현재 각 지역의 전시관이나 기념관 수준에 머물러 있는 성곽 관련 기관의 위상도 승격될 필요성이 있다고 여겨진다. 도내에도 여러 개의 성곽 관련 전시관이나 기념관이 존재하고는 있지만 이들 기관이 대개 전시물을 유지 관리하는 수준에 머무르고 있어 전문 연구 인력을 육성해 내지 못하고 있으며 추가적인 시설투자가 이루어지지 않고 있기 때문에 낙후성을 면치 못하고 있다. 이러한 문제점을 제도적으로 극복함과 동시에 성곽과 관련된 연구 중심 기관으로 격상시킨다면 우리나라에서의 성곽 연구도 세계적인 수준으로 성장할 수 있을 것으로 기대된다.

성곽연구의 수준 제고와 질적·양적 확대는 수많은 파급효과를 가져다 줄 것으로 예상할 수 있다. 첫 번째는 문화재 관련 연구의 새로운 지평을 열어 문화재 연구의 외연을 확대한다는 점이다. 이미 수많은 학자들에 의해 성곽연구가 진행되고 있으며 '韓國城郭學會'라는 성곽 전문 학회가 설립되어 있지만 전문 연구기관은 아직 전무한 실정이다. 전문 연구기관이 없기 때문에 성곽연구의 실적이 일반인에게 공개되는 데에는 항상 한계가 있어왔고 학자들 사이에서도 연구 경향의 교류가 활발하지 못한 실정이다. 이러한 전문연구기관의 설립은 여기저기서 간헐적으로 이루어지고 있는 성곽연구 성과를 집성하고 이것을 공식적인 창구를 통해 공유하며 학자 간 교류를 활성화 시킬 수 있는 계기를 마련해 줄 것으로 여겨진다. 또한 성곽연구기관이 중심이 되어 연구의 지역적 격차를 해소하고 연구 영역의 다양성을 모색하는 방편이 마련될 수 있을 것이다. 이러한 전문 연구기관을 중심으로 성곽연구가 주도되어 간다면 연구의 다양화와 수준 제고를 보장받을 수 있을 것이다.

두 번째로 기대되는 효과는 성곽조사의 전문성 확보이다. 현재까지 많은 성곽이 조사되고 그 결과 보수 복원 되었지만 그 결과는 항상 만족스럽지 못했다. 그 이유는 보수 복원과정에 비전문가 집단이 개입하는가 하면 복원을 위한 성곽조사과정에서 발생하는 오류들이 시정되지 못한 상황에서 섣불리 유적을 정비해 왔기 때문이다. 오늘날에는 이러한 현상을 바로잡기 위해 과거 잘못 정비되어 왔던 성곽의 외형을 바로잡는 사업이 여기저기에서 진행 중이기는 하지만 이는 장기적으로 볼 때 이중투자 · 중복투자라는 오명을 벗기 어렵다. 또한 같은 유적을 두 번, 세 번 보수하면서 일어나는 원형의 훼손은 금전적인 가치로 환산할 수 없는 문화적 손실을 가져다주고 있다. 따라서 성곽의 정밀한 조사와 정확한 복원을 위해서는 전문연구기관의 주도로 성곽의 조사가 진행되어야 하며 다양한 지역, 다양한 시대의 성곽을 연구한 학자의 주도로 성곽의 보수 복원에 대한 장기적인 마스터플랜이 제공되어야 할 것이다. 한편으로는 연구 성과를 토대로 성곽 복원이나 활용에 관한 감리사업도 병행해서 추진할 수 있으리라 전망된다.

세 번째 기대효과는 연구 성과의 일반화와 사회교육의 실현이다. 성곽연구 전문기관은 성곽연구를 전문화 고도화시키는 동시에 이를 집적시키는 기능을 할 것이다. 한편으로는 집적된 자료를 통해 일반인들에게 성곽연구 성과를 홍보하고 교육시키는 데 활용할 수 있을 것이다. 대부분의 일반인들이 성곽에 흥미 없어 하는 가장 큰 이유 가운데 하나는 성곽이 전달해 주는 정보가 지극히 단조롭다. 지금까지의 성곽연구가 성곽의 내부를 채웠던 사람들의 이야기나 성곽을 둘러싼 사건 등에 초점을 맞추지 못하고 성곽을 구성하고 있는 외형에 치중하였기 때문이라는 비난을 면하기 어려운 것이다. 따라서 성곽연구를 일반화 시키고 사회교육에 적용시킬 수 있는 시스템을 만들어 내는 것이 성곽연구전문기관의 기대효과

내지는 과제로 제시될 수 있을 것이다.

2) 지역별 성곽조사 및 지역에 맞는 문화콘텐츠 개발

성곽박물관이 지역 또는 국가 전체의 문화에 미치는 연향은 성곽 연구에 국한된 것은 아닐 것이다. 성곽을 관광자원화하여 지역 경제에 이바지한다는 것은 어쩌면 성곽의 연구나 사회교육보다 더욱 값어치 있는 일로 여겨질 수 있다. 한 지역에서의 성공사례가 다른 지역에 무수히 파급되는 효과를 다른 분야에서도 흔히 확인할 수 있기 때문이다.

그런데 이와 같은 문화자원화가 한 지역, 또는 한 시기 성곽에 집중되어 이루어진다면 올바른 방향의 자원화라고 볼 수는 없을 것이다. 앞서 이야기했다시피 성곽은 역사시대를 일관하여 지역주민의 삶을 유지해주던 기반이었기 때문에 성곽의 보존과 자원화에는 통시성과 보편성이 함께 추구되어야 하는 것이다. 그와 함께 한 개의 성곽이 의미를 가지기 위해서는 주변유적과의 연계성이 무엇보다도 중요하며 잘 복원되어 보존되는 성곽이라 할지라도 주변의 다른 성곽들이 모두 파괴되고 나면 그 의미가 절반 이하로 퇴색되게 될 것이다.

그래서 성곽의 연구와 문화자원화에는 반드시 성곽의 권역화가 수반되어야 한다. 경기지역의 성곽은 다른 지역의 성곽에 비해 성격이 뚜렷하기 때문에 권역화와 이에 따른 문화자원화가 쉽게 이루어질 수 있으리라 전망된다. 다음에서 경기지역 성곽의 대분류와 이에 따른 연구의 중심방향을 제시해 보겠다.

【예시】

· 제1권역 : 한성백제의 발전과 한강(경기서북부권, 서울시, 경기서남부권) – 오두
　　　　　산성, 월롱산성, 육계토성, 양천고성, 풍납토성, 몽촌토성, 아차산성,
　　　　　대모산성, 모락산성

· 제2권역 : 고구려의 전성기와 경기도 (경기북부권) – 임진강 일대 고구려 성곽,
　　　　　양주분지 일대 보루군, 한강유역 고구려 보루군

· 제3권역 : 신라의 삼국통일과 민족사의 정립(경기남동부권) – 이성산성, 할미산
　　　　　성, 남한산성, 설봉산성, 설성산성

· 제4권역 : 서해안시대의 개척과 해양국가(경기서부권) – 자미산성, 비파산성, 용
　　　　　성리성 등 평택 서부지역 관방유적, 당성, 화량진성 등 화성지역 관방
　　　　　유적, 군자산성, 테미산성 등 시흥 · 안산지역 관방유적

· 제5권역 : 국난의 극복과 자주성의 확립(경기남부권) – 처인성, 죽주산성, 망이산
　　　　　성, 보개산성

· 제6권역 : 조선시대 수도방위체계와 근세 르네상스(경기중부권) – 북한산성, 행
　　　　　주산성, 남한산성, 수원화성, 강화지역 성곽과 돈대

　이상과 같이 크게 여섯 가지의 권역으로 나누어 보았는데 여기에 포함
되지 않았다고 해서 이 권역에 제외되거나 그 중요성이 떨어진다는 것은
아니다. 제2권역에는 고구려의 유적뿐 아니라 신라나 백제의 유적도 많

이 존재하고 있는 것이 사실이기 때문이다. 따라서 이러한 유적을 연구할 때에는 전체 권역의 대의를 흐트러트리지 않는 선에서 적절한 대응관계를 설명하면서 접근할 필요성이 있으며 각 국가별 공유관계도 면밀히 검토되어야 한다.

위의 예처럼 권역별 조사 전문기관이 설치되고 이에 따른 조사가 이루어진다면 지역의 문화와 문화재는 자연스럽게 위의 대분류에 맞추어 정리될 수 있을 것이다. 그러면 이에 걸맞은 형식의 문화컨텐츠나 문화자원이 탄생할 것임은 불문가지이다.

4. '성곽의 나라' 위상 정립

우리나라에 소재한 성곽의 수와 밀도는 주변국의 추종을 불허할 정도로 많으며 그 모습도 다양하다. 오랫동안 지역의 수호자로 인식되었기 때문에 일제 강점기에 이루어진 조직적인 훼손을 제외하면 그 원형도 비교적 잘 유지하고 있는 실정이다.

그렇지만 산업화와 도시화가 점차 진행되면서 인위적인 훼손보다 더욱 심각한 문제가 발생하고 있는데 바로 주변 환경의 훼손이다. 아파트 단지 사이에 웅크리고 있는 야트막한 성벽은 이제 더 이상 고대의 유적이나 지역의 수호자가 아닌 개발의 걸림돌로 인식될 뿐이다. 주변상황이 이러하다보니 누구도 성곽의 중요성을 인식하지 못하고 성곽 속에 무궁한 문화적 잠재력이 내재되어 있음을 실감하지 못한다. 그렇지만 조금만 시각을 돌려 생각해보면 성곽이 조선시대의 궁궐이나 고대의 화려한 부장품보다도 더욱 높은 가치를 지니고 있음을 발견할 수 있다.

외국문화와 우리문화를 동일한 기준으로 비교하는 것은 논리에 어긋나지만 관광업의 차원에서 비교해 본다면 우리의 문화유산은 외국의 문화유산에 비해 낮은 경쟁력을 가지고 있는 것이 사실이다. 오리엔탈하고 화려한 것을 추구하는 외국 관광객들에게 한국의 소박한 문화재들은 눈길을 끌지 못하는 것이 주지의 사실이다. 물론 일부 수준 높은 관광객들에게는 깊은 감동을 제공하고 있지만 대다수의 관광객들에게 한국이 주는 여운은 그리 깊지 못한 것이 사실이라고 말할 수 있다.

이에 반해 성곽은 외국인들의 눈길을 사로잡기에 충분한 존재이다. 물론 중국의 만리장성이 국제적인 관광지로 이름나 있어 해마다 수백만의 관광객을 끌어들이고는 있지만 우리의 성곽은 이에 비하면 상대적 우위의 경쟁력을 가지고 있다고 하겠다. 외국의 성곽과는 달리 한국에서의 성곽은 산에 의지해 성을 쌓고 적을 물리치는 방어체계를 채택했기 때문에 지역별로 특색 있는 성곽이 다수 분포하며 오늘날의 대부분 도시들이 성곽과 그 주변의 마을을 모태로 형성되어 있는 것이다. 따라서 우리나라 전역에 고루 분포하는 성곽은 조선의 궁궐이나 명산의 고찰과 같이 실생활과 유리된 문화유산이 아니라 우리 곁에 항상 숨쉬어 왔고 한국인과 가장 친숙한 존재라는 것을 확인 할 수 있다.

특히 우리나라의 Identity를 'Dynamic Korea' 라고 정하고 홍보하고 있는 오늘날, 성곽은 우리 민족문화의 다이내믹함을 알리는데 더없이 중요한 문화유산이 될 수 있다. 성곽을 통해 우리 민족이 가지고 있던 상무적인 기풍과 자주성을 널리 알린다면 성곽은 세계 속에 우리의 이미지를 심어나가는데 더없이 훌륭한 홍보수단이 될 수 있을 것이다.

VI. 맺는말

지금까지 살펴본 바와 같이, 우리의 산마다 도시마다 웅크리고 있는 성곽유적을 양지로 끌어내어 적극적으로 홍보할 필요성이 있다. 아울러 우리나라 전체가 이러한 성곽의 집합체라는 것을 알릴 때 우리나라는 곧 '성곽의 나라' 라는 이미지로 그려질 것이라 본다. 이를 위해 성곽의 보존과 보호대책을 마련하는 것은 물론이고 성곽의 주변도 함께 정비할 필요가 있으며 관광객을 위한 탐방로와 편의시설 등도 유적을 훼손하지 않는 선에서 정비되어야 할 것이다.

또한 수원 화성과 같은 세계적인 수준의 성곽을 적극적으로 홍보하고 풍납토성이나 아차산 일대 고구려 보루군 같이 살아있는 문화유산에 대한 조사를 지속적으로 진행하여 세계적인 문화유산으로 재평가 받을 수 있게 해야 할 것이다.

'성곽의 나라' 라는 위상이 재고되기 위해서는 그 이미지가 자국민의 마음 속에만 그려질 것이 아니라 이를 국제적인 기준으로 포장하여 세계 속에 전달하기 위한 노력이 함께 수반되어야 할 것이다. 이에 가장 절실하고 시급한 노력이 첫째, 정밀한 학술조사를 통한 성곽의 주변 정비가 될 것이고 둘째, 외국관광객을 유치하는데 걸맞은 문화시설 및 문화콘텐츠의 수용이라 할 것이다.

한편으로 중국의 만리장성이나 일본의 히메지성이 가지는 웅장함이나 우아함을 좇지 못할 바에야 차라리 우리나라 성곽만이 가질 수 있는 특징을 잘 부각시킬 필요성이 있다. 이를 위해서 성급한 계획과 섣부른 복원이 아니라 긴 호흡을 가지고 '성곽의 나라' 라는 과제를 꾸준히 추진해 나가야 하겠다.

■참고문헌■

1. 논저

경기도박물관, 2006, 『우리 곁의 고구려』.

백종오·김병희·신영문, 2004, 『한국성곽연구논저총람』, 서경문화사.

백종오·신영문, 2005, 『고구려유적의 보고 경기도』, 경기도박물관.

서영일, 1999, 『신라육상교통로연구』, 학연문화사.

손영식, 1987, 『한국성곽의 연구』, 문화공보부 문화재관리국.

심정보, 1995, 『한국 읍성의 연구』, 학연문화사.

여홍기·백종오·김병희, 2003, 『백제사연구논저총람』, 서경문화사.

한국보이스카우트연맹, 1989, 『한국의 성곽과 봉수』.

김기섭, 1987, 「백제전기 도성에 관한 일고찰」, 한국정신문화연구원 석사학위논문.

김호준, 2002, 「포천 반월산성의 시대별 활용 연구」, 단국대학교 석사학위논문.

민덕식, 1992, 「백제한성기의 한강이북 교통로에 관한 시고(1)」, 『선사와 고대』2, 한국고대학회.

백종오, 1998, 「경기남부지역의 백제산성(1)」, 『연보』2, 경기도박물관.

______, 1999, 「경기북부지역 고구려성곽의 분포와 성격」, 『연보』3, 경기도박물관.

______, 2001, 「경기북부지역 성곽출토 고구려 평기와 연구」, 단국대학교 석사학위논문.

______, 2002, 「임진강유역의 고구려 관방체계」, 『임진강유역의 고대사회』, 인하대학교박물관.

______, 2002, 「경기지역 고려성곽 연구」, 『사학지』35, 단국사학회.

______, 2004, 「포천 성동리산성의 변천과정 검토」, 『선사와 고대』20, 한국고대학회.

______, 2004, 「백제한성기 산성의 현황과 특징」, 『백산학보』69, 백산학회.

______, 2004, 「안성천유역 방형토성의 성격」, 『경기사학』8, 경기사학회.

______, 2005, 「남한지역의 고구려 성곽」, 『한국 고대의 Global Pride 고구려』, 고려대학교 박물관.

______, 2005, 「최근 발견 경기지역 고구려유적」, 『북방사논총』7, 고구려연구재단.

백종오 · 김병희 · 김주홍, 2001, 「경기 · 서울 · 인천지역 관방유적의 연구 현황」, 『학예지』8, 육군사관학교 육군박물관.

백종오 · 오강석, 2004, 「여주지역 성곽의 특징과 시대별 변천」, 『연보』8, 경기도 박물관.

백종오 · 오강석, 2005, 「용인 할미산성의 축성방법과 사용시기」, 『한국성곽학회 2005년도 추계학술대회』, 한국성곽학회.

서영일, 2001, 「6~7세기 고구려 남경 고찰」, 『고구려연구』11, 고구려연구회.

______, 2002, 「경기북부지역 고구려 보루 고찰」, 『문화사학』17, 한국문화사학회.

심광주, 2002, 「남한지역 고구려유적」, 『고구려연구』12, 고구려연구회.

심정보, 1996, 「백제산성연구」, 『백제역사재현단지조성 조사연구보고서-고고미술분야Ⅰ』.

양정석, 1996, 「한국 고대 군사사 연구의 현황과 과제」, 『군사』32, 국방군사연구소.

윤무병, 1993, 「고구려와 백제의 성곽」, 『백제사의 비교연구』, 충남대학교 백세연구소.

이춘근, 2003, 「우리나라 성곽의 보존관리 정책」, 『한국성곽연구회 추계학술대회』, 한국성곽연구회.

______, 2005, 「성곽 문화재의 보존 방안」, 『한국성곽학회 2005년도 추계학술대회』, 한국성곽학회.

정호섭, 2005, 「남한지역 고구려유적 · 유물의 현황과 과제」, 『북방사논총』3, 고구려연구재단.

차용걸, 1996, 「백제 성곽의 비교연구 시론」, 『백제논총』5, 백제문화개발연구원.

______, 1999, 「삼국시대 성곽문화」, 『경기도의 고대문화』.

최몽룡, 1991, 「한성시대 백제의 도읍지와 영역」, 『백제사의 이해』, 학연문화사.

최장열, 2001, 「한강북안 고구려보루의 축조시기와 그 성격」, 서울대학교 석사학위논문.

최종택, 1999, 「고고학상으로 본 고구려의 한강유역진출과 백제」, 『백제연구』28, 충남대학교 백제연구소.

______, 1999, 「경기북부지역의 고구려관방체계」, 『고구려산성과 방어체계』, 고구려연구회.

2. 보고서

강화군, 1985, 『강화산성 현황조사보고서』.

강남대학교 한국학연구소, 1995, 『포천 반월산성 지표조사보고서』.

경기도, 1980, 『수원성 복원정화지』.

경기도박물관, 1999, 『도서해안지역 종합학술조사Ⅰ -화성군 해안지역-』.

___________, 1999, 『抱川 城洞里 마을遺蹟』.

___________, 1999, 『平澤 關防遺蹟(Ⅰ)』.

___________, 1999, 『坡州 舟月里 遺蹟』.

___________, 2000, 『龍仁 壬辰山城』.

___________, 2001, 『경기도3대하천유역 종합학술조사Ⅰ -임진강-』.

___________, 2001, 『도서해안지역 종합학술조사Ⅱ -안산시 해안지역-』.

___________, 2002, 『경기도3대하천유역 종합학술조사Ⅱ -한강-』.

___________, 2002, 『도서해안지역 종합학술조사Ⅲ -김포시 도서해안지역-』.

___________, 2003, 『경기도3대하천유역 종합학술조사Ⅲ -안성천-』.

___________, 2004, 『月籠山城』.

___________, 2004, 『平澤 關防遺蹟(Ⅱ)』.

___________, 2005, 『龍仁 할미산성』.

경희대학교 고고 미술사연구소, 1992, 『오두산성Ⅰ』.

국립문화재연구소, 1990, 『楊州 大母山城 發掘報告書』.

___________, 2000, 『군사보호구역 문화유적 지표조사 보고서』.

기전문화재연구원, 2000, 『驪州 婆娑城址 1次 發掘調査報告書』.

___________, 2001, 『오산 독산성 · 세마대지 시굴조사보고서』.

단국대학교 매장문화재연구소, 1999, 『고양 북한산성 행궁지 지표조사보고서』.

___________, 2000, 『이천 설성산성 지료 및 시굴조사보고서』.

___________, 2001, 『포천 반월산성 5차 발굴조사보고서』.

___________, 2001, 『파주 칠중성 지표조사보고서』.

___________, 2001, 『포천 고모리산성 지표조사보고서』.

___________, 2002, 『안성 죽주산성 지표 및 발굴조사보고서』.

___________, 2002, 『이천 설성산성 1차 발굴조사보고서』.

___________, 2002, 『이천 설봉산성 3차 발굴조사보고서』.

___________, 2002, 『포천 반월산성 6차 발굴조사보고서』.

___________, 2003, 『언전 은대리성 지표 및 시 발굴조사보고서』.

___________, 2003, 『평택 농성 지표 및 발굴조사보고서』.

___________, 2004, 『이천 설성산성 2 · 3차 발굴조사보고서』.

___________, 2005, 『포천 반월산성 종합보고서』.

단국대학교 사학과, 1996, 『포천 반월산성 1차 발굴조사보고서』.

___________, 1997, 『포천 반월산성 2차 발굴조사보고서』.

단국대학교 중앙박물관, 1992, 『망이산성 학술조사보고서』.

___________, 1996, 『망이산성 발굴보고서(1)』.

_______________, 1998, 『이천 설봉산성 지표조사보고서』.

_______________, 1998, 『포천 반월산성 3차 발굴조사보고서』.

_______________, 1999, 『안성 망이산성 2차 발굴보고서』.

_______________, 1999, 『이천 설봉산성 1차 발굴조사보고서』.

_______________, 1999, 『포천 반월산성 4차 발굴조사보고서』.

_______________, 2001, 『이천 설봉산성 2차 발굴조사보고서』.

문화공보부 문화재관리국, 1970, 『전국유적목록』.

_______________, 1978, 『강화도 전사유적 보수정화지』.

서울대학교박물관, 1990, 『한우물−虎岩山城 및 蓮池發掘調査報告書』.

_______________, 1991, 『북한산성 지표조사보고서』.

_______________, 1991, 『幸州山城−整備復元을 위한 土城址試掘調査報告書』.

_______________, 2000, 『아차산 제4보루−발굴조사 종합보고서−』.

_______________, 2002, 『아차산 시루봉보루−발굴조사종합보고서−』.

세종대학교박물관, 2006, 『의왕 모락산성』.

수원대학교박물관, 1998, 『農城地表調査報告書』.

_______________, 1999, 『양평 함왕성지−지표 및 시굴조사보고서』.

_______________, 2000, 『안산읍성 및 관아지 발굴조사보고서』.

육군사관학교 육군박물관, 2001, 『포천 운악산성 지표조사보고서』.

이천문화원, 1986, 『설봉산성지 학술조사 보고서』.

충북대학교 중원문화연구소, 1999, 『처인성 · 노고성 · 보개산성 지표조사보고서』.

_______________, 2002, 『용인 처인성』.

충북대학교박물관, 2002, 『망이산성−충북구간 지표조사보고서』.

한국토지공사 토지박물관, 1999~2003, 『남한산성 행궁지 시굴(발굴)조사보고서』
        1차~5차.

_______________, 1999, 『연천 호로고루』.

___________________, 2000, 『남한산성 문화유적 지표조사보고서』.

___________________, 2002, 『남한산성 발굴조사보고서』.

한림대학교박물관, 2002, 『양주 대모산성』.

한신대학교박물관, 2000, 『水原 古邑城』.

___________________, 2003, 『길성리토성』.

한양대학교 문화재연구소, 2000, 『安山 城台山城 地表調査報告書』.

한양대학교박물관, 1987, 『남한산성』.

___________________, 1990, 『安山邑城 地表調査報告書』.

___________________, 1996, 『문수산성』.

___________________, 1998, 『당성 1차 발굴조사보고서)』.

___________________, 2001, 『당성 2차 발굴조사보고서)』.

___________________, 1996, 『守安山城 지表調査報告書』.

___________________, 1987~2003, 『이성산성 발굴조사보고서』 1차~10차.

___________________, 2003, 『김포 문수산성 · 수안산성 시굴조사보고서』.

___________________, 1996-2000, 『화성행궁지 발굴조사보고서』1~4차.

호암미술관, 1994, 『이천 효양산유적 발굴조사보고서』.

화성군, 1993, 『당성 지표조사보고서』.

京畿 南部地域 高麗城郭의 分布와 特徵

현남주*

目　　次

Ⅰ. 머리말
Ⅱ. 경기남부지역 고려성곽의 분포 현황
Ⅲ. 경기남부지역 고려성곽의 구조 분석
Ⅳ. 경기남부지역 고려성곽의 특징
Ⅴ. 맺음말

Ⅰ. 머리말

한반도의 중서부에 해당하는 경기지역은 국토의 북부와 남부지역을 연결하여 주는 점이지내(漸移地帶)를 형성하어 신사시대 이래 징치·경제·문화 등 각 분야의 중심지로서의 역할을 해 왔을 뿐만 아니라 이 지역을 차지하는 것이 고대국가 이래로 국가의 흥망성쇠를 좌우할 정도로 매우 중요한 지정학적 의미를 내포하고 있다.

이러한 지정학적 중요성을 바탕으로 나타난 인류의 흔적들이 현재 주거유적(住居遺蹟), 관방유적(關防遺蹟) 등 다양한 모습으로 경기지역에서

---

* 한국문화재보호재단.

확인되고 있는데, 조사된 유적 가운데 성곽을 비롯한 관방유적은 그 숫자에 있어서 단일유적으로서는 가장 높은 비중을 차지할 뿐만 아니라 또한 그 숫자만큼 입지·평면 형태·축조방법 등 여러 가지 부분에서 아주 다양한 모습을 보여준다.

이러한 성곽들은 축성 당시의 정치·경제·사회·문화 등 제 분야의 종합적인 특징을 가장 잘 보여줄 뿐만 아니라, 해당 지역의 역사·지리적인 특성과도 밀접한 관련을 맺고 있다.

따라서 성곽에 대한 연구를 통해 해당 지역의 역사적 변모나 성격을 유추해 볼 수도 있을 것이며, 더 나아가 당시 사회 환경 및 관방 체계 등을 복원할 수도 있을 것이다.

우선 경기지역에서 현재까지 진행된 성곽에 대한 조사 현황을 간략히 요약해보면, 아직까지 관방유적에 대한 기초적인 현황조사 및 학술발굴조사가 매우 미진한 상태이긴 하지만 1990년 후반 들어 경기지역 각 시군별로 문화유적 광역지표조사[1]가 실시되어 개략적인 관방유적의 현황파악이 이루어졌다.

이러한 광역의 현황조사와는 별개로 개별적인 성곽에 대한 조사 역시 꾸준히 진행되어 왔다. 개별 성곽에 관한 조사는 정밀지표조사와 시·발

---

1) 경기지역 가운데 이번 논문 주제에 해당하는 경기남부지역의 광역지표조사 현황은 아래와 같다.

京畿道博物館, 1999, 『平澤의 歷史와 文化遺蹟』.

慶熙大學校 中央博物館, 1989, 『華城郡의 역사와 文化遺蹟』.

기전문화재연구원, 2000, 『수원시의 역사와 문화유적』.

단국대학교 중앙박물관, 1999, 『안성시의 역사와 문화유적』.

세종대학교 박물관, 2005, 『烏山市의 歷史와 文化遺蹟』.

한국토지공사 토지박물관, 2003, 『용인시의 역사와 문화유적』.

__________________, 2006, 『화성시의 역사와 문화유적』.

한양대학교 문화재연구소, 2002, 『안산시의 역사와 문화유적』.,

굴조사로 크게 구분할 수 있다.

정밀지표조사는 1986년 한양대학교 박물관에 의한 남한산성 조사를 시작으로 안산읍성(1990), 한양대학교 문화재연구소의 안산 성태산성(2000) 등이 조사되었고, 단국대학교 박물관의 안성 망이산성 · 이천 설봉산성(1998), 단국대학교 매장문화재연구소의 안성 무한성(1999) · 이천 설성산성(2000) · 평택 농성(2000), 경기도박물관의 평택 무성산성 · 자미산성 · 비파산성 · 용성리성 · 덕목리성(1998) · 평택 무봉산성 · 견산리산성 · 봉남리산성(2004), 충북대학교 중원문화재연구소의 용인 처인성 · 할미성 · 보개산성(1999), 수원대학교 박물관의 평택 농성(1998) 등에 대한 정밀지표조사가 진행되었다.

이러한 정밀지표조사의 결과를 바탕으로 개별 유적에 대한 발굴조사가 1990년대 후반부터 집중적으로 진행되어 오고 있다. 이를 살펴보면, 단국대학교 박물관에서는 1998년부터 이천 설봉산성 · 설성산성에 대한 조사를 3차에 걸쳐 진행하여 한성백제시기에 이미 석축 성벽을 축조하였음을 밝혀냈으며, 안성 망이산성에 대한 발굴조사를 꾸준히 진행하였다. 단국대학교 매장문화재연구소에서는 2002년 안성 죽주산성에 대한 조사를 시작으로 2004년에는 평택 서부지역의 농성과 무성산성 · 자미산성 · 비파산성 · 용성리성 · 덕목리성에 대한 시 · 발굴조사를 진행하였다. 한양대학교 박물관에서도 화성 당성에 대한 연차발굴조사를 진행중이며, 경기도박물관에서는 2004년 용인 할미산성에 대한 발굴조사를 진행하였다.

이러한 개별 성곽에 대한 조사 성과는 축조 방법 · 출토유물 등에 대한 다양한 정보를 확보하는 데 매우 큰 기여를 하고 있는 것이 사실이다. 그러나 그 동안의 유적 조사 성과에도 불구하고 이를 종합하여 체계적으로 연구하는 작업은 부진을 면치 못하였고 더불어 현재까지 이루어진 연구의 대부분이 고구려 · 백제 · 신라 삼국을 중심으로 한 일정 시기에만 연구가 집중되는 경향이 있다.

이처럼 성곽에 대한 연구가 특정 시기·주제에 관해 지엽적으로 이루어지는 이유는 그동안의 성곽 조사 자체가 매우 제한적으로 이루어졌을 뿐만 아니라 연구자의 주된 관심도 주로 삼국의 축성 방식을 조사·연구하는 것에 치우쳐 상대적으로 고려시대 이후의 성곽 연구에 대해서는 소홀하게 대하였던 결과이기도 하다.

다행히 최근 들어 경기지역의 고려성곽을 비롯한 중세성곽에 대한 연구[2]가 시작된 단계이므로 이후 비약적인 발전이 있을 것으로 기대된다.

이 글에서는 경기남부지역[3]에 분포하는 성곽들 가운데 고려성곽(高麗城郭)[4]이라고 하는 특정 시기의 성곽 축조양상이 경기남부지역에 어떻게 이루어졌으며 그 특징이 무엇인지를 검토해보고자 한다.

이를 위해 지금까지 이루어진 경기남부지역 성곽에 대한 기존의 조사 성과를 바탕으로 일차적으로 고려성곽의 분포 현황을 파악한 후, 이를 분석·연구함으로써 경기남부지역 고려성곽의 제 특징을 규명하려고 하였다.

---

2) 白種伍, 2002, 「京畿地域 高麗城郭 研究」, 『史學志』 35, 檀國史學會.

3) 현재 경기지역은 도내의 중앙부를 서류(西流)하는 한강에 의해 크게 남부와 북부지역으로 양분할 수 있다. 하지만 한강이남의 지역이라 하더라도 그 면적이 광대할 뿐만 아니라 넓은 분포도를 보이기 때문에 다시 한강유역의 경기중부 및 동북부, 안성천유역의 경기남부지역으로 구분할 수 있다(경기도박물관, 2003, 『경기도3대하천유역 종합학술조사Ⅲ-안성천』 1, 27쪽). 이렇게 구분할 때 안성천의 본류와 소지천에 해당하는 황구지천, 오산천, 진위천, 한천, 청룡천 등의 수계 범위 내에 포함된 수원시, 용인시, 화성시, 오산시, 안성시, 평택시 일원과 서해로 유입되는 남양·발안천유역의 화성시, 신길·안산천유역의 안산시 일원을 경기남부지역으로 설정할 수 있다.

4) 이 글에서는 '고려성곽'이란 용어를 고려시대에 축성된 유적뿐만 아니라 그 이전 시기에 축조되었다 하더라도 고려시대에 수·개축의 과정을 통해 일시적으로나마 사용되었던 성곽까지를 모두 포함하는 광의의 의미로 사용하였다.

II. 경기남부지역 고려성곽의 분포 현황

현재까지 경기지역에는 모두 230여 개소의 성곽이 분포하는 것으로 보고되었다.[5] 물론 이것은 지금까지 확인된 유적의 숫자이며, 추후 관방유적에 대한 조사가 더욱 진전된다면 실제 수는 이보다 훨씬 많을 것으로 생각된다.

이 가운데 경기남부지역에 해당하는 지역의 성곽 분포와 고려성곽의 현황을 살펴보면 [표 1]과 같다.[6]

[표 1] 경기남부지역 성곽 분포 현황표

지역 / 구분	안성	평택	용인	수원	오산	화성[7]	안산	계
전체성곽	12	16	7	2	1	11	6	69
고려성곽	10	10	3	·	1	8	2	34

고려성곽에 대한 구분 기준은 우선 기존의 학술보고서의 편년안을 기준안으로 삼고, 해당 유적의 출토유물을 중심으로 선정하였다. 물론, 아직까지 각 성곽에 대한 발굴조사 등이 완료되지 않아 정확한 축조 및 사

---

5) 배종오 · 김병희 · 김주홍, 앞이 논문, 2001, 『하예지』 8, 육군사관학교 육군박물관.

6) 최근 발표된 논문(白種伍, 앞의 논문, 2002, 『史學志』 35, 檀國史學會)에서 경기지역의 230여 개소의 성곽 가운데 반 정도인 110여 개소를 고려성곽으로 파악한 견해가 제시되었다. 이 가운데 경기남부지역에는 40여 개소의 고려성곽이 분포하는 것으로 보고하였는데 이 글에서는 40여 개소 가운데 광역조사 또는 학술조사를 통해 정확한 현황 파악이 이루어진 성곽에 한정하였고, 또한 다곽식(多廓式) 성곽(안성 망이산성 · 죽주산성 · 비봉산성, 평택 자미산성 등)의 경우에는 하나의 성곽으로 간주하여 경기남부지역에서 모두 34개소의 고려성곽를 선정하였다.

7) 화성지역의 경우 관방유적에 대한 정밀조사가 진행된 남양 · 송산 · 서신 · 마도 · 우정면 일대(백종오 · 김주홍 · 현남주, 1999, 「관방유적」, 『도서해안지역 종합학술조사 I -화성군 해안지역』, 京畿道博物館)의 유적 10개소만을 요리산성(한신大學校博物館, 2003, 『吉城里土城』)을 추가하여 모두 11개소의 성곽을 대상으로 삼았다.

용 시기를 추정하기가 어려울 뿐만 아니라 축성에 관한 문헌기록 등이 남아있지 않아 분류 결과를 뒷받침할 수 없지만 일단 축조방식이나 수습유물 등을 통해 고려성곽을 추정할 수 밖에 없는 한계를 지니고 있다.

경기남부지역 성곽의 분포상을 볼 때 안성·평택지역과 화성지역에 집중적으로 분포함을 알 수 있는데 대부분의 고려성곽 역시 이들 지역을 중심으로 밀집분포함을 [표 1]을 통해 쉽게 알 수 있다.

이를 경기남부지역의 하천교통로에 따라 구분해 보면 안성·진위천유역권(안성·평택·용인지역), 남양천유역권(화성지역), 신길·안산천유역권(안산지역)으로 나뉨을 알수 있다. 이는 성곽을 비롯한 관방유적이 하천이나 해안변의 주요 교통로상에 중점 분포한다는 지금까지의 연구성과와도 부합되는 것이다.

이들 34개소의 고려성곽들을 각 하천유역권에 따라 구분한 뒤 각 하천유역권의 분포 현황을 간략히 살펴보기로 한다.[8]

1. 안성 · 진위천 유역권

안성·용인지역에서 발원한 안성천은 서류하며 신갈·오산천, 수원·황구지천, 진위천 등의 지류와 합류하여 서해로 유입된다. 안성·진위천

---

8) 개별 성곽의 기술 순서는 각 하천의 발원지에 가장 근접한 성곽부터 시작해 하천의 진행 방향에 맞추어 해안 방향으로 나가면서 진행하기로 한다. 또한 성곽의 고유명칭에 관해서도 일정한 기준에 맞춰 통일하였는데, 가령 산성의 경우 산의 명칭과 성을 조합(망이산성, 비파산성)하였고 산의 고유명칭이 없는 경우 행정구역과 산성을 조합(요리산성)하였다. 평지성의 경우에는 행정구역과 성(용성리성, 덕목리성, 남양리성)을 조합하였다. 이러한 기준에 따라 기존의 길성리토성은 요리산성으로 수정하였는데, 부득이한 경우를 제외하곤 기존 명칭의 수정에서 오는 혼란함보다 올바른 용어의 정립의 우선되어야 한다고 생각된다.

유역에는 현재까지 25개소의 고려성곽이 분포하는 것으로 알려져 왔다.

우선 안성천의 상류에 해당하는 죽산천 유역의 망이산성 · 죽주산성 · 행군이성, 안성천 이남의 차령산맥 북쪽 산악지대에 위치한 칠현산성 · 금강산성 · 상중리산성 · 서운산성, 안성천 중류지역의 비봉산성 · 무한성 · 고성산성 · 만정리산성, 안성천으로 유입되는 오산천과 황구지천변의 석성산성 · 독산성 · 요리산성, 진위천 상류의 처인성 · 무봉산성 · 봉남리산성 · 견산리산성, 안성천과 서해안이 맞닿은 하류역의 무성산성 · 자미산성 · 비파산성 · 용성리성 · 석정리장성 · 덕목리성 · 농성 등 모두 25개소의 고려성곽이 분포하여 경기지역 가운데 가장 높은 분포도를 보여주고 있다.

이 가운데 안성천의 최상류에 해당하는 안성시 죽산지역의 망이산성과 죽주산성 등은 청미천과 이어져 남한강 수계로 속하기도 하며, 용인시 석성산성은 북류하는 탄천과 북동류하는 경안천을 통해 한강 수계로 연결되기도 한다. 또한 안성천 하류와 발안천 하류의 중간지점에 위치한 무성산성은 남양천 수계와도 연결될 수도 있다.

2. 남양천 유역권

남양천이 서해로 유입되는 남양만 일대는 서해안과 한강유역의 주요 교통로와 인접하여 내만(內灣한) 지역의 입구와 교통로상의 동서-남북을 기본축으로 하여 분포하고 있다.

우선 입지는 대부분의 성곽이 내륙과 해안을 연결하는 교통로상이나 해안변에 위치하고 있다. 남양반도의 가장 내륙에 위치한 남양리성의 경우 서해로 유입되는 남양천과 접해 있으며 화량진성 · 당성은 화량만을 통한 해상교통로상에 마주 위치한다. 청명산성과 백곡리산성은 남양만의 해안에서 백곡리 · 당성방향으로 나가는 교통로상에 해당한다. 용두리성은 남양만의 어귀에서 내륙으로 통하는 길목과 남양반도 연안의 마산수로(馬山水路)를 통한 해상교통로상에 위치한다.

　이러한 성곽 분포를 통해 남양반도 연안의 마산수로와 화량만 · 남양만을 통한 해안-내륙교통로, 남양천 · 발안천 등이 지정학적 입장에서 매우 중시되었음을 알 수 있다.

3. 신길 · 안산천 유역권

　안산 · 신길천 유역에 해당하는 안산지역에는 안산읍성과 목내동성 등 2개소의 고려성곽이 분포한다. 신길천은 서해안에서 안산 성곡동 하구를 거쳐 안산의 북부 일대를 지나 시흥 군자동 일대로 연결되는데 안산천과의 중간지점에 목내동성이 위치한다. 목내동성은 주변 봉우리들의 능선을 연결하여 축조한 토축성으로 둘레가 4km에 이르는 평산성의 형태를 취하고 있는데, 현재 공업단지개발로 대부분의 성벽이 파괴된 상태이다. 안산천은 서해안에서 초지동의 하구를 거쳐 안산지역의 중앙부를 지나 안양 일대로 연결되는데 안산읍성이 중류지역에 위치한다. 평산성에 해당하는 안산읍성은 배후에 진산을 두고 내부에 평지를 감싸안고 있는데 군사적인 기능과 행정적인 기능을 모두 가지고 있다.

Ⅲ. 경기남부지역 고려성곽의 구조 분석

　성곽유적은 대개 단일 시기에만 사용된 것이 아니라 여러 시기에 걸쳐 사용된 사례가 흔한 편이다. 이 때문에 성곽에 대한 조사 및 연구시 흔히

[표 2] 경기남부지역 고려성곽 현황표

	城 郭	位 置	海拔 (比高)	둘레(m)	築城 材料	型式	平面 形態	使用時期	周邊 河川	出典	備考
1	망이산성	안성시 일죽면 금산리	472 (320)	내성: 250	토축	테뫼식	원형	삼국	죽산천 청미천	E, F	
				외성: 2,080	석축	포곡식	부정형	통일신라~조선			
2	죽주산성	안성시 죽산면 매산리	250 (150)	내성: 270	석축	테뫼식	부정형	삼국~조선	죽산천 안성천	E, F	
				본성: 1,690	석축	테뫼식		삼국~조선			
				외성: 1,500	석축	포곡식		삼국~조선			
3	칠현산성	안성시 죽산면 칠장리	516.2 (370)	.	토축	테뫼식	삼각형	고려	안성천	E, F	
4	금강산성	안성시 금광면 금강리	242 (150)	1,342	토축+석축	테뫼식	장방형	고려~조선	안성천	E, F	
5	상중리산성	안성시 금강면 상중리	460 (300)	731	토축+석축	테뫼식	장타원형	고려	안성천	E, F	
6	서운산성	안성시 서운면 북산리	542.8 (400)	1,228	토축+석축	테뫼식	장방형	고려~조선	안성천	E, F	
7	비봉산성	안성시 명륜동	180 (110)	내성: 714	석축	테뫼식	부정형	삼국~고려	안성천	E, F	
				중성: 694	토축	테뫼식		고려			
				외성: 1,656	토축	포곡식		삼국~조선			
8	무한성	안성시 양성면 방신리	207 (120)	내성: 440	석축	테뫼식	장타원형	삼국~조선	안성천	E, F	
				외성: 850	토축	포곡식		.			
9	고성산성	안성시 양성면 덕봉리	294 (200)	534	토축	테뫼식	장타원형	고려~조선	안성천	E, F	

	城 郭	位 置	海拔 (比高)	둘레(m)	築城 材料	型式	平面 形態	使用時期	周邊 河川	出典	備考
10	만정리산성	안성시 공도면 만정리	60.1 (20)	417	토축	테뫼식	장방형	고려	안성천	E, F	
11	행군이성	용인시 원삼면 맹리	120	1,400	토축	평지성	장방형	통일신라~조선	안성천 청미천	E, G	
12	석성산성	용인시 구성면 중리	471.4 (350)	1,650	석축	테뫼식	마름모꼴	고려~조선	오산천	E, G	
13	처인성	용인시 남사면 아곡리	60	350	토축	평지성	사다리꼴	통일신라~조선	진위천	E, G	
14	독산성	오산시 지곶동	207.6 (150)	1,400	석축	테뫼식	부정형	삼국~조선	황구지천	E	
15	요리산성	화성시 향남면 요리	111.6	2,126	토축	평산성	삼태기형	삼국~조선	황구지천	E	
16	무봉산성	평택시 진위면 무봉리	208.6 (150)	547	석축	테뫼식	장타원형	삼국~고려	진위천	A, E	
17	봉남리산성	평택시 진위면 봉남리	128.8	·	토축	복합식 평산성	삼태기형 (추정)	삼국~조선	진위천	A, E	
18	견산리산성	평택시 진위면 견산리	40 (10)	·	토축	평산성	삼태기형 (추정)	삼국~고려	진위천	A, E	
19	무성산성	평택시 청북면 옥길리	104.7 (70)	547	토축	테뫼식	'ㅓ'자형	삼국~고려	발안천 남양만	A, B, E	
20	자미산성	평택시 안중면 덕우리	110.8 (70)	내성: 240	토축	테뫼식	타원형	삼국	대반천	A, B, E	
				외성: 582	석축		방형	삼국~고려			

	城 郭	位 置	海拔 (比高)	둘레(m)	築城 材料	型式	平面 形態	使用時期	周邊 河川	出典	備考
21	비파산성	평택시 안중면 용성리	102.2 (70)	1,622	토축	평산성	삼태기형	고려~조선	대반천	A, B, E	
22	용성리성	평택시 안중면 용성리	42.4 (10)	449	토축	평지성	장방형	고려	대반천	A, B, E	
23	석정리장성	평택시 안중 · 포승면 일대	·	3,500	토축	장성	·	고려	서해안	A, E	
24	덕목리성	평택시 현덕면 덕목리	20	동성: 파괴 서성: 127(잔존)	토축	평지성	장방형	통일신라~고려	안성천	A, B, E	
25	농성	평택시 팽성읍 안정리	24	337	토축 (성토)	평지성	장방형	통일신라~조선	안성천	A, E	
26	남양리성	화성시 남양면 남양리	40 (20)	771	토축+석축	테뫼식	방형	고려	남양천	C	
27	당성	화성시 서신면 상안리	165.7 (110)	본성: 1,148 자성1: 363 자성2: 265	석축 석축 토축	포곡식 테뫼식 테뫼식	장방형	삼국~조선 · ·	해안	C	
28	백곡리산성	화성시 마도면 백곡리	70 (50)	320	토축	테뫼식	타원형	통일신라~고려	해안	C	
29	청명산성	화성시 마도면 홍법리	54.9 (130)	1,200	토축+석축	테뫼식	마름쇠형	고려	해안	C	
30	남양장성	화성시 남양 · 서신면 일대	20~ 107.2	약 15,000	토축	장성	·	고려	남양천 해안	C	

	城 郭	位 置	海拔 (比高)	둘레(m)	築城 材料	型式	平面 形態	使用時期	周邊 河川	出典	備考
31	화량진성	화성시 송산면 화지리	75 (10)	1,200	석축	평산성	타원형	고려~조선	해안	C	
32	용두리성	화성시 서신면 용두리	37.7 (10)	540	석축+토축	포곡식	타원형	고려~조선	해안	C	
33	안산읍성	안산시 수암동	95	772.2	석축+토축	평산성	장방	고려~조선	안산천	D	
34	목내동성	안산시 목내동 일원	80 (50)	4,000	토축	평산성	삼태기형 (추정)	고려	신길천	D	

【 出 典 】

A-京畿道博物館, 1999, 『平澤의 歷史와 文化遺蹟』.

B-京畿道博物館, 1999, 『平澤 關防遺蹟(Ⅰ) 精密地表調査報告書』.

C-京畿道博物館, 1999, 『도서해안지역 종합학술조사Ⅰ-화성군 해안지역』.

D-京畿道博物館, 2000, 『도서해안지역 종합학술조사Ⅱ-안산시 해안지역』.

E-경기도박물관, 2003, 『경기도 3대하천유역 종합학술조사Ⅲ-안성천』.

F-단국대학교 중앙박물관, 1999, 『안성시의 역사와 문화유적』.

G-한국토지공사 토지박물관, 2003, 『용인시의 역사와 문화유적』.

부딪히는 문제 가운데 하나는 초축 및 후대의 개축과 보수의 흔적을 가려 내는 일이다. 이는 상당수의 성곽이 고대로부터 고려 혹은 조선시대에 이르기까지 사용된 예가 많고, 또 폐기되었다가 중세 이래 다시 개축·보수 되어 사용되기도 하였기 때문이다.

이러한 경우 그 특징들을 분리하여 이해하여야 그 성곽의 올바른 성격 을 이해할 수 있는 것이다.

그러나 현재로서는 고대와 중세, 근세성곽 축성법의 특징을 추출해내 는 문제는 간단하지 않다. 특징을 일반화하기 위해서는 많은 표본사례에 서 공통점을 추출해 내고 이에 대한 다양한 검증을 거쳐야 하지만, 아직 까지 중세 및 근세 성곽에 관해 정의가 완전히 확립되지 않았을 뿐만 아 니라 이를 뒷받침할 수 있는 관련 자료가 매우 부족하기 때문이다.

또한 같은 중세 및 고려성곽이라고 해도 중앙과 지역별로 서로 다른 특 징을 가지고 있었을 수도 있으며, 이러한 특징이 후대에 의해 개축되어 변경되었을 가능성도 있으므로 고려성곽에 관한 획일적인 특징을 규정짓 기에는 아직 무리가 많다고 할 수 있다.

이 장에서는 경기남부지역에 분포하는 고려성곽의 구조를 立地[築造位 置·해발높이와 상대높이(比高)], 平面形態, 築造方法, 使用時期 등으로 나 누어 분류한 후[9] 각각의 특징들을 검토해 보기로 한나.

---

9) 다곽식(多郭式) 성곽에 있어 시대의 추이에 따라 공간 구조의 변화를 파악할 수 있는 경우 각 사용시기에 맞는 단위 성곽을 기준으로 삼아 분류안을 작성하였다.

1. 입지분석

(1) 축조 위치에 따른 구분

적의 침입에 대한 방위를 목적으로 하는 성곽에 있어서 입지 여건은 가장 중요한 문제로 여겨진다. 물론 성곽의 기능에 따라 입지 여건은 차이가 있겠지만 성곽의 기본적인 속성상 방어라는 개념을 염두에 두고 입지를 선택했을 것으로 추정된다.

우선 성곽의 축조는 적의 예상 침입로가 되는 교통의 요지를 성곽의 축조지로 선택하여 적의 침입을 차단하거나 지연시킬 수 있는 입지를 선택하였다. 또한 성곽은 농성을 하기 위한 목적 아래 장기간 농성할 수 있는 험준한 지형이기도 하지만 외부에 고립되서는 안 되며 장기전을 펼치기 위해서는 물자의 보급과 수송문제 등에 신경써야 하기 때문에 배후에 평

[표 3] 축조위치로 본 경기남부지역 고려성곽 분류표

구분	산성			평산성	평지성	장성
	테뫼식	포곡식	복합식			
유적	칠현산성 상중리산성 금강산성 서운리성 고성산성 만정리산성 석성산성 독산성 무봉산성 무성산성 자미산성 백곡리산성 청명산성	용두리성	망이산성 죽주산성 비봉산성 무한성 당성	요리산성 봉남리산성 견산리산성 비파산성 화량진성 안산읍성 목내동성	처인성 용성리성 덕목리성 농성 남양리성 행군이성	석정리장성 남양장성
계(34)	13	1	5	6	6	2

야지대를 끼고 사방으로 통하는 교통로와 연결될 수 있는 위치에 자리잡 게 된다.

따라서 성곽의 입지는 각각의 성곽 축조 목적에 맞춰 그에 적합한 입지 를 선택하였을 것이다. 따라서 성곽의 입지에 따라 성곽의 기능과 축조 목적이 명확해 질 것으로 생각된다.

경기남부지역에 분포하는 성곽을 입지여건에 따라 분류하면 [표 3]과 같다.

1) 산성

산성의 분류는 산성이 입지한 입지적 조건과 성벽의 통과선이 구체적 으로 택하고 있는 지형에 대한 이용 방식에 두고 있다,

테뫼식 산성은 입지상으로 볼 때 산중복보다 높은 위치에 자리잡고 있 는 것을 특징으로 하고 있으며, 포곡식 산성은 산 정상부를 포함해 산중 복보다 아래까지 성벽이 연결되는 모습을 보이고 있다. 복합식 산성은 한 산성 내에 테뫼식과 포곡식의 요소가 함께 나타나는 이른바 복합적인 구 조를 안고 있는 형식이다.

① 테뫼식 산성

산의 정상부와 8~9부 능선을 둘러싸고 축조된 성곽으로 다른 지역과 마찬가지로 경기남부지역에 분포하는 성곽 가운데 가장 높은 분포도를 가진다.

삼국시대 이래 고려시대 이전까지 가장 널리 축성되어진 양식으로 현 재 13개소가 분포하며 가장 점유율이 높다.

이들 테뫼식 산성은 삼국시대 이래 주요 지역의 거점 성곽들이 그 유효 를 상실하여 인근 중심성곽의 보조성곽으로서 기능하는 것과 몽고 · 왜구

등에 대비한 입보용 산성으로 긴급히 축성한 2가지의 경우로 나눌 수 있다.

첫째 경우는 평택 무성산성·자미산성, 무봉산성 대표적인데, 삼국시대 이래 거점적 역할을 해 오던 유적이 인근의 비파산성·봉남리산성이라는 거대한 평산성에게 그 중요성을 내준 뒤 보조성곽으로서 기능했음을 알 수 있다.

둘째는 안성 칠현산성·서운산성 등으로 입보용 산성을 구축하기 위한 자연적 지형관계상 다른 입보용 산성과는 달리 소규모로 축조된 것으로 보인다. 이러한 입보용 산성의 경우 축조기법상 고대 성곽의 축조방법 및 유물이 출토되지 않으며 대개 고려시대 이후의 유물이 출토되는 것으로 보아 그 초축시기가 고려시대 이전으로 소급되기에는 어려움을 있을 것으로 판단된다.

② 포곡식 산성

산의 정상부와 내부의 계곡부를 포함하여 축성된 포곡식 산성은 1개소가 확인되었다. 포곡식 산성은 테뫼식 산성에 비해 규모가 크고, 내부에 계곡을 끼고 있어 성내에 물이 풍부하여 많은 인구가 들어가 지키며 장기전에 대응할 수 있는 장점을 가지고 있지만 높고 험한 지역에 축조된 관계로 평시에는 그 효율성이 떨어지는 단점을 가지고 있다.

이러한 대규모의 포곡식 입보용 산성들은 중세시대의 전형적인 산성 축조양식으로 알려져 왔으나, 경기남부지역에서는 1개소(용두리성)만이 확인되고 있다.

이러한 점을 통해 경기남부지역의 자연지형적 특징뿐만이 아니라 고려 성곽의 특징을 살펴볼 수 있다.

③ 복합식 산성

산의 정상부를 둘러싼 테뫼식의 성곽과 여러 개의 봉우리와 계곡부를 포함한 포곡식의 산성이 복합된 복합식 산성은 모두 7개소가 확인되고 있다.

대표적 복합식 산성인 망이산성의 경우 백제시대 토축된 테뫼식 성곽과 신라~고려시대에 걸쳐 축조된 석축의 포곡식 산성으로 이루어졌음이 밝혀졌다.[10] 이러한 모습은 부여 부소산성의 경우 포곡식의 산성에서 테뫼식의 성곽으로 축소된 것[11]과 반대되는 모습으로 이러한 확대·축조의 양상은 성곽이 입지한 지역이 차지하는 지정학적 위치와 유적의 중요성에 의해 결정되어진 것으로 보인다.

경기남부지역에서 확인되는 복합식 성곽들은 현재까지의 조사 결과 삼국시대의 테뫼식 산성을 중심에 두고 확대하여 축성된 것으로 확인되었다.[12] 이러한 복합식 성곽들은 중복되는 구간의 축조기법을 통해 선후관계 및 제반 양상을 파악해야 하는데 아직 정식 발굴조사가 이루어지지 않아 정확한 양상을 파악할 수 없는 한계가 있다.

2) 평산성

평산성은 산지에 축성된 산성이 산 아래의 평지에까시 내려와 확대된 모습으로 내부에는 몇 개의 계곡부와 평탄지를 포함한 모습이다. 이러한 평산성은 산성과 평지성의 장점을 모두 살릴 수 있는 특징이 있어 각 지

---

10) 단국대학교 중앙박물관, 1999, 『안성 망이산성 2차발굴조사보고서』.

11) 國立扶餘文化財硏究所, 1996, 『扶蘇山城』.

12) 성곽의 확대과정은 이러한 복합식 산성과 삼국시대 축성된 성곽에 인접하여 대규모 산성을 축조하여 동일 방어권역을 형성하는 유형까지 포함한다. 후자의 경우 평택 비파산성·자미산성·무성산성, 안산 목내동성·성곡동산성 등이 있다.

역의 주요 거점에 주로 축성된 것으로 여겨진다. 현재까지 확인된 평산성
은 모두 7개소로 다른 유형의 성곽에 비해 넓은 지역적 분포를 가진다.

　이러한 평산성이 경기남부지역에 나타나는 것은 통일신라 후기~고려
전기[13]로 추정되는데 조사가 진행된 평택 비파산성의 성벽 판축토 내에서
'乾德三年'(고려 광종 7년, 965년)명 기와가 출토되어 그 축조 시기를 가
늠할 수 있다.[14]

3) 평지성

　평지성은 모두 6개소로 주위 평야지대보다 다소 높은 소규모 구릉상에
축조되어 주변의 넓은 평야지대를 통제할 수 있는 입지에 해당한다.

　평지성은 산성에 비해 성곽 축조시 소요 노동력이 많이 들고 방어력이
떨어지는 단점이 있는 반면 내부 공간 활용이 유리하고 지형적인 조건상
주변의 통치행위와 관련된 기능을 담당하는데 편리한 장점을 지니고 있
다. 따라서 평지성은 방어적인 기능보다는 행정적인 기능을 갖춘 치소로
서의 성격을 보여주는데 이러한 유형은 거주주체(居住主體)에 따라 '邑
城'으로 분류할 수 있겠다.

4) 장성

　국경지역을 위주로 천연적인 방어에 유리한 지세를 이용하여 적을 효
과적으로 방어하고자 쌓은 것으로 행성(行城) 또는 장성이라고 할 수 있

---

13) 평산성에 해당하는 요리산성내에서 막대한 양의 백제토기가 채집·보고(한신大學
　　校博物館, 2003, 『吉城里土城』.)되어 축조시기가 삼국시대 전기로 추정되고 있는데,
　　현재 남아있는 요리산성의 축조시기와 수습유물에 대해 면밀한 검토가 요구된다.
14) 남부지역의 평택 비파산성, 안성 망이산성(俊豊四年, 興國七年)·봉업사지(太平興國
　　七年)에서 고려 전기 광종연간의 절대연도를 가지는 명문기와들이 계속 출토되는데
　　이로 보아 경기남부지역이 고려 초기 가졌던 사회·정치적 위상을 짐작할 수 있다.

다. 장성은 기존 성곽을 이용하기도 하고 산세가 험한 지역은 간단한 삭토법으로 성벽을 구축하기도 하였다. 현재 2개소가 확인되는데, 축조방법상 다른 성곽과 달리 네 벽을 모두 축조한 것이 아니고 한쪽 방향의 성벽만을 갖추었는데 이로 보아 해안 또는 하천변의 교통로상에 축조되어 주변의 성곽과 함께 기능했음을 알 수 있다.

　평택 석정리장성의 경우 중심성곽에 해당하는 비파산성에서 시작하여 점차 남서진하여 해안에서 내륙으로의 진입을 차단하는 역할을 하였다. 화성 남양장성 역시 중심성곽으로 여겨지는 남양리성–당성을 잇고 해안지역으로 향하는데 방어 방향으로 보아 해안지역(마산수로)에서 남양천로를 잇는 하천교통로를 통제하고 있음을 알 수 있다.

(2) 해발높이와 상대높이에 따른 구분

1) 해발높이

성곽이 입지한 해발높이는 그 시대에 따라 변화하는 모습을 보여준다. 처음 출현한 시기의 성곽들은 낮은 구릉이나 야산의 정상부에 위치하고

[표 4] 해발높이로 본 경기남부지역 고려성곽 분류표

구분	50m 이내	50~100m	100~200m	200~300m	300m 이상
유적	견산리산성 용성리성 덕목리성 농성 남양리성 용두리성	만정리산성 처인성 백곡리산성 화량진성 안산읍성 목내동성	비봉산성 행군이성 요리산성 봉남리산성 무성산성 자미산성 비파산성 당성 청명산성	죽주산성 금강산성 무한성 고성산성 독산성 무봉산성	망이산성 칠현산성 상중리산성 서운산성 석성산성
계(32)	6	6	9	6	5

있는데 시간이 지남에 따라 점차 산의 높이가 높아지고 규모도 대규모로 변화하는 것이 일반적인 특징이다. 성곽의 해발높이는 당시의 전투방법, 전술 등과 밀접한 관련이 있으며 또한 성곽이 축조된 해발높이는 성곽이 위치한 지역의 지형적 영향에 의해 결정되었을 것으로 판단된다.

2) 비고(比高)

비고는 성곽이 축조된 위치와 주변 지역과의 높이 차를 의미하는데, 비고를 통해 성곽의 기능 등을 파악할 수 있을 것이다.

우선 비고 20m 이내의 성곽은 12개소로 대부분 평지성 및 낮은 구릉부 정상부를 따라 축조된 테뫼식 산성 등이 해당한다.

비고 200m 이상의 성곽은 4개소로 모두 해발 300m 이상의 고지에 축조된 유적들이다. 이들 성곽은 모두 안성천 상류의 경기내륙지방에 위치한다. 이들 유적은 망이산성을 제외하고 내부에서 고려시대의 유물들만이 채집되고 있는 것으로 보아 중세 피난성의 성격을 가진 것으로 추정된

[표 5] 比高로 본 경기남부지역 고려성곽 분류표

구분	20m 이내	20~50m	50~100m	100~200m	200m 이상
유적	만정리산성 행군이성 처인성 봉남리산성 견산리산성 용성리성 덕목리성 농성 남양리성 화량진 용두리성 안산읍성	백곡리산성 목내동성	요리산성 무성산성 자미산성 비파산성	죽주산성 금강산성 비봉산성 무한산성 고성산성 석성산성 독산성 무봉산성 당성 청명산성	망이산성 칠현산성 상중리산성 서운산성
계(32)	12	2	4	10	4

다. 이러한 고험처에 축조된 산성의 축조양상이 고려성곽의 가장 기본적인 특징 가운데 하나로 여겨진다. 하지만 대부분의 성벽이 긴급히 축조되고 이전 시기에 비해 공역이 많이 들지 않았기 때문에 견고하지 않아 대부분의 성벽이 무너져 정확한 축조양상을 파악하기에는 무리가 따른다.

2. 平面形態

우리나라의 성곽은 평면형태가 중국이나 중세유럽과 같이 일정한 형태를 갖는 것이 아니라 자연적인 지형을 그대로 이용하여 복잡한 평면을 이룬다. 따라서 성곽은 여러 개의 계곡을 포위하여 설치하기도 하고 산등성이의 구불거리는 지형을 그대로 이용하기도 하였다.

이러한 형태적 특징에 따라 성곽의 평면형태를 분류해 보면 아래와 같다.

평면형태상 타원형의 특징을 갖는 것들은 대부분 산지에 축조되어 산의 8~9부 능선을 둘러싼 테뫼식 산성들이다.

방형은 일반적으로 고대 중국 성곽의 전형으로 인식되어 왔는데 한국에 있어서 방형계 성곽이 존재함은 한국 성곽의 기원과 계통문제를 살필 수 있는 귀중한 자료로 여겨져 일찍부터 주목을 받아왔다.[15] 하지만 경기 남부지역의 방형계 성곽은 대개 통일신라시대 이후에 해당한다.

삼태기형은 평택 비파산성, 화성 요리산성 등 대규모의 평산성에 해당한다. 평산성의 평면형태가 삼태기형을 띠는 주된 이유는 정상부에서 시작된 성벽이 평지에까지 내려와 마무리되기 때문인 것으로 보인다.

포곡식 산성과 같이 성벽이 자연의 능선과 계곡부를 포함하여 축조된

---

15) 車勇杰, 1984, 「方形土城의 二例」, 『尹武炳博士回甲紀念論叢』, 通川文化社.

[표 6] 평면형태로 본 경기남부지역 고려성곽 분류표

구분	타원형	방형	삼태기형	부정형	특수형
유적	상중리산성 무한성 고성산성 무봉산성 백곡리산성 화량진성 용두리성	금강산성 서운산성 만정리산성 행군이성 처인성 자미산성 용성리성 덕목리성 농성 남양리성 당성 안산읍성	요리산성 봉남리산성 견산리산성 비파산성 목내동성	망이산성 죽주산성 비봉산성 독산성	칠현산성 석성산성 무성산성 청명산성
계(32)	7	12	5	4	4

성곽들은 불규칙적인 부정형의 형태를 가진다.

특수형은 성곽이 축조된 지형적 조건에 의해 'ㅓ'자형(평택 무성산성), 마름쇠형(화성 청명산성) 등 다양한 형태로 분류된다.

3. 築造方法

축조방법은 축성재료에 따라 토축, 석축, 토석혼축으로 나뉘어진다. 토축은 다시 削土·盛土·版築法으로, 석축은 협축·겹축으로 분류된다.

고려시대 경기남부지역 성곽 축조방법의 가장 특징은 토축(18개소)이 석축(7개소)에 비해 월등히 우세하다는 것이다. 물론 토축과 석축의 차이가 지역적인 조건 및 방어상의 문제 등의 여러 가지 문제를 포함하고 있지만 토축의 비율이 70%를 차지하는 것이 동시기 다른 지역에 비해 경기남부지역에서 나타나는 독특한 양상이다.

토축은 주재료인 흙을 주변에서 손쉽게 구할 수 있는 장점이 있어 석재의 운반이 어려운 지역에서는 토축을 많이 사용하였다.

토축 가운데 산지에 입지한 성곽은 축성방법이 쉬운 삭토법과 성토법을 사용하여 축조한 반면 구릉지대와 해안가에 자리한 토축성에는 판축법을 위주로 축성하였다. 현재까지 축조방법이 조사된 판축성곽은 용인 처인성, 평택 비파산성·덕목리성 등이 있다. 이들 유적의 판축공법은 삼국시대의 전형적인 판축기법[16]과는 차이가 나는 다소 엉성한 수준을 보여준다. 이러한 판축공법은 성곽의 축조시에만 사용된 것이 아니고 사찰건축에도 응용되는 시대적 특징을 보여준다.[17]

물론 석축산성의 경우 외형적인 관찰만으로도 축조방법을 어느 정도 파악할 수 있지만 토축의 경우 시·발굴조사가 진행되지 않은 채 지표조사만으로 성벽의 축조방법을 파악하는데 한계가 있는 것이 사실이다. 하지만 성벽 절개면 등의 조사를 통해서도 성벽 축조의 양상이 일부나마 확인될 수 있을 것이다.

한편 고려 이후 중세 성곽의 석축방법 가운데 특징적 유형으로 밝혀진 '수직 기둥홈'[18]이 경기남부지역에서는 아직까지 확인되지 않는 특징이 있다. '수직 기둥홈'이 있는 석축 산성은 충북지역과 강원·경북 일부지방에 널리 분포하는데, 긴급히 성곽을 축조했던 흔적으로 추정되며 중세 산성의 가장 특이한 점에 해당한다. 아직까지 경기지역에서 수직 기둥홈

---

16) 崔孟植, 1996, 「百濟版築工法에 關한 研究」, 『碩晤尹容鎭敎授停年退任紀念論叢』, 碩晤尹容鎭敎授停年退任紀念論叢 刊行委員會, 541~545쪽.

17) 남부지역의 안성 봉업사지, 여주 원향사지에서는 목탑으로 추정되는 건물지의 축기부에서 판축공법이 확인되었는데 경기남부지역 판축 성곽과의 비교연구가 필요하다.

18) 유재춘, 2002, 「중세 산성의 특징과 성벽 홈에 대하여」, 『2002년 가을 학술대회』, 강원고고학회.

[표 7] 축조재료로 본 경기남부지역 고려성곽 분류표

	토축	석축	토축+석축
유적	칠현산성 고성산성 만정리산성 행군이성 처인성 요리산성 봉남리산성 견산리산성 무성산성 비파선성 용성리성 석정리장성 덕목리성 농성 남양리성 백곡리산성 남양장성 목내동성	망이산성 죽주산성 석성산성 독산성 무봉산성 자미산성 화량진성	금강산성 상중리산성 서운산성 비봉산성 무한성 청명산성 당성 용두리성 안산읍성
계(34)	18	7	9

이 확인되지 않는 이유는 경기 지역의 중세 성곽에 대한 조사가 미비할 뿐만 아니라 중세 성곽의 대부분이 붕괴되어 그 원형을 살필 수 없는 한계 때문이기도 하다.

토석혼축은 축성재료로 흙과 석재를 사용하여 성벽을 축조하는 형태로 석축성벽의 외부에 토축을 한 경우, 토석을 적절히 혼합하여 성벽을 축조하여 순수한 토축성벽보다 견고하게 한 경우, 석축과 토축 구간이 일부 병용된 경우 등 여러 형태로 나눌수 있다. 토석혼축의 경우 외관상으로 확인되는 모습과 절개된 단면상에서 확인되는 양상이 차이가 있을 수 있으므로 정확한 축조 방법을 파악하기 위해서는 발굴조사 등의 학술조사가 필요하다고 여겨진다.

4. 使用時期

(1) 文獻記錄으로 본 使用時期

성곽의 정확한 사용시기를 파악하기 위해서는 성곽의 축조 및 전투와 관련된 문헌기록 등을 통해 그 시기를 가늠할 수 있을 것이다. 하지만 현재까지 경기남부지역의 고려성곽 축조시기에 관한 문헌기록은 거의 전무한 상태이다.

고대성곽의 경우 축조기사와 전투기록 등이 『三國史記』, 『三國遺事』 등에 나타나 있지만 이를 둘러싼 위치비정에는 아직까지 많은 異見이 제시되고 있어, 이들 기록을 활용할 경우 많은 논란이 따를 것이다.

이에 비해 고려 이후 축조되기 시작한 성곽의 경우 관련 기사마저도 매우 미미한 상태이며, 특히 경기지역은 축조시기를 기록한 성곽이 하나도 없을 정도이다.

경기남부지역 성곽들에 관한 문헌기록이 등장하는 것은, 조선시대 이후의 각종 역사지리지의 關防 · 古蹟條에 의해서이다. 이들 문헌기록 역시 성곽의 축조시기에 관한 것이 아니라 성곽에 대한 存廢與否 등 일부 단편적인 기록만을 정리하여 놓았다. 이들 기록에 경기남부지역 고려성곽들은 대부분 廢城 또는 古城으로 기록되어 있는 것으로 보아 16세기 이전에 성곽으로서의 기능을 상실했던 것으로 파악된다.

하지만 일부 성곽(안성 망이산성, 용인 석성산성 등)은 내부에 烽燧 등의 관방시설을 통해 그 기능을 잠시 유지하거나 또는 임진왜란을 전후해 수축되어 재사용하기도 하였다.

문헌기록에 등장하는 경기남부지역 고려성곽들은 죽주산성, 처인성 등

2개소 정도에 불과하다.

죽주산성에 관한 기록은 조선시대 『新增東國輿地勝覽』(1530년)에 최초로 등장한다. 이 기록[19]에 의하면, 고려 고종 13년(1226년) 宋文胄가 竹州防護別監이 되었는데 몽고가 竹州城에 이르러 공격하였으나 함락시키지 못하였다고 하고 竹州古城이라고 기록하였다. 이로 보아 죽주산성은 고려시대에는 竹州城으로 불렸다가 이후 조선시대 들어 『新增東國輿地勝覽』(1530년)이 편찬되기 이전에 이미 廢城되었던 것으로 여겨진다.

처인성에 관한 기록은 『高麗史』[20]와 『高麗史節要』[21]에 등장하는데, 대부분 1232년 12월에 있었던 몽고군과의 전투와 관련된 것이다. 기록에 의하면 처인성은 水州 소속의 處仁部曲에 있었던 소규모의 성으로서, 고려 고종 때에 몽고족이 침입하자 당시 주변의 백성들이 처인성으로 피난하여 몽고와의 싸움에서 勝捷하였다는 내용이다.

(2) 出土遺物로 본 使用時期[22]

문헌기록뿐만 아니라 각 성곽에서 수습되는 유물 등을 통해서도 성곽의 사용시기를 추정할 수 있다. 물론 출토유물의 경우 발굴조사를 통한 층위파악이 유적의 사용시기를 결정할 수 있는 정확한 방법이기는 하지만 발굴조사 유적이 한정된 현재 상태에서는 지표에서 수습되는 유물 역

---

19) 『新增東國輿地勝覽』 卷8 竹山縣 城址條.

20) 『高麗史』 卷23 世家23 高宗19年 12月條.
　　"撒禮塔攻處仁城 有一僧避兵在城中 射殺之……"

21) 『高麗史節要』 卷16 高宗19年 9月條.
　　"撒禮塔攻處仁城 有一僧避兵在城中 射殺撒禮塔……"

22) 아직 많은 성곽에 대한 발굴조사가 진행되지 않은 상태에서, 지표조사 등을 통한 출토유물을 통해 사용시기를 파악하는 방법이 일부 오류가 발생할 소지가 충분히 있음을 인정한다. 하지만 발굴조사 출토유물과의 상대적 편년 및 절대연대를 가진 유물들과의 비교 연구를 통해 그러한 오류의 상당 부분이 해소될 수 있을 것이다.

시 중요한 자료라고 판단된다.

우선, 절대연대를 가진 유물들을 통해서 성곽의 사용시기를 파악할 수 있다. 현재까지 절대연도를 가지는 유물이 출토된 유적은 안성 망이산성, 평택 비파산성 등이 있다.

망이산성에서는 '俊豊', 비파산성에서는 '乾德' 銘 기와류가 출토되었는데, '俊豊'은 고려 광종 11~14년(960~963년)간에 사용한 독자연호에 해당하며[23], '乾德'은 송 태조의 연호(963~967)로 역시 고려 광종연간에 해당한다.[24] 특히 고려 광종대의 절대연도를 가진 유물들이 경기남부지역의 안성 봉업사·망이산성, 평택 비파산성 등에서 출토되는 것으로 보아 안성천을 중심으로 하는 안성·평택지역이 가졌던 역사적 배경이 주목된다.

출토유물에 의한 절대편년자료가 많지 않은 상황에서 상대적인 편년연구[25]가 최근 활발하게 진행되어 경기지역 성곽의 사용시기를 밝히는 데 많은 도움을 주고 있다.

출토유물가운데 기와류를 중심으로 토기·자기류를 상대 편년하여 경기남부지역 고려성곽의 사용시기를 추정하면 다음의 도표와 같다.

---

23) 金炳熙, 2001, 「安城 奉業寺址 出土 高麗前期 銘文기와 硏究」, 檀國大學校 碩士學位論文, 9쪽.

24) 京畿道博物館, 1999, 『平澤 關防遺蹟(Ⅰ) 精密地表調查報告書』, 649쪽.

25) 姜明虎, 2001, 「安城 奉業寺址 出土 高麗靑磁 硏究」, 檀國大學校 碩士學位論文.
金炳熙, 2001, 앞의 논문, 檀國大學校 碩士學位論文.
具本萬, 2002, 「驪州 中岩里 가마터 出土 高麗白磁 硏究」, 檀國大學校 碩士學位論文.
윤용희, 2000, 「南漢江流域 出土 高麗時代 평기와 硏究」, 成均館大學校 碩士學位論文.
韓惠先, 2001, 「경기지역 출토 고려시대 질그릇 연구」, 檀國大學校 碩士學位論文.

352 | 경기도의 고고학

[도표 1] 출토유물로 본 경기남부지역 고려성곽의 사용시기

구 분		삼국시대	통일신라시대	고려시대	조선시대
안성·진위천유역	망이산성	■	■	■	■
	죽주산성	■	■	■	■
	칠현산성			■	
	금강산성			■	■
	상중리장성		■	■	
	서운산성			■	■
	비봉산성		■	■	■
	무한성		■	■	■
	고성산성		■	■	■
	만정리산성		■	■	
	행군이성		■	■	■
	석성산성		■	■	■
	처인성		■	■	■
	독산성	■	■	■	■
	요리산성		■	■	■
	무봉산성	■	■	■	
	봉남리산성		■	■	■
	견산리산성		■	■	■
	무성산성	■	■	■	
	자미산성	■	■	■	■
	비파산성			■	■
	용성리성			■	■
	석정리장성			■	■
	덕목리성		■	■	■
	농성		■	■	
남양천유역	남양리성			■	■
	당성	■	■	■	■
	백곡리산성		■	■	
	청명산성			■	
	남양장성			■	
	화량진성			■	■
	용두리성			■	■
안산·신길천유역	목내동성			■	■
	안산읍성			■	■

IV. 경기남부지역 고려성곽의 특징

고대의 성곽은 사회집단의 정착생활과 정치권력의 발생에 의하여 시작되고, 영토국가로의 발전을 계기로 크게 분화·발전하였다. 삼국 사이의 전쟁이 치열하였던 시기에 축조되었던 성곽들은 대체로 넓고 높은 성곽의 구축, 치성과 곡성시설(曲城施設)의 등장을 가져오게 하였다고 알려져 있다.[26] 또한 저수시설의 축조와 문의 구성·구조 등에 있어서도 고도의 건축기술이 동원되었음이 그동안의 성곽에 대한 조사 결과를 통해서 확인되고 있다.

삼국시대에 축조된 많은 성곽들은 성내의 면적이 좁거나, 물이 부족한 경우 더 이상 늘어난 인구가 들어가 지킬 수 없었으므로, 보다 높고 험한 지형에 규모가 크고, 내부에 계곡을 끼고 있어 물이 충분한 곳을 골라 축성함으로써 지구전에 대응하였다. 따라서 이미 존재하던 성곽들 가운데 규모가 크고 성 내에 물이 풍부하여 많은 인구가 들어가 지킬 수 있는 것들은 계속하여 수리를 거쳐 사용할 수 있었으나, 규모가 작고 성 안에 많은 물이 지속적으로 확보되지 못하는 성곽들은 경영이 중단될 수 밖에 없었다.

고려성곽의 시작에 관한 문제는 성곽 축조의 기술적 변회와 사회·경제적 변화 등 여러 가지 제반 요소가 함께 고려되어야 할 것이다. 우선 기술적 측면은 각 성곽에 대한 조사 자료의 부족과 성곽 유적의 특수성[27]으

---

26) 차용걸, 2001, 앞의 논문, 『호서지방의 중세고고학』, 제4회 호서고고학회 학술대회 발표집, 3쪽.

27) 성곽은 그 유적을 축조한 단일 시기에만 사용된 것이 아니라 후대의 수·개축과정을 거쳐 누대에 걸쳐 사용되므로 각 시기의 특징들을 정확히 분리하여 이해하기가 매우 어려운 실정이다. 물론 각 성곽에 대한 전면적인 발굴조사가 진행되어 관련

로 아직 많은 부분에서 접근하지 못하고 있다.

또한 같은 고려시대의 성곽이라 하더라도 각 지역에 따라 차이가 발견된다. 즉 동해안 및 남해안의 경우 여진 및 왜구의 침입으로 연해읍성(沿海邑城) 등의 축성이 빈번히 이루어지는데 비해 경기지역의 경우 연해읍성의 축성은 안산·수원 등 2개소에 대해서만 이루어졌고 실제 외적의 침입을 받은 경우도 몽고와 왜구의 침입 정도이다.

고험처(高險處)에 축성되는 피난적 성격이 강한 입보용 산성의 경우 경기남부지역에서는 자연적인 여건으로 인해 내륙지역에 집중되어 축조되는 반면 해안지역의 경우 그 예를 찾아보기 힘들다. 해안과 하천교통로상의 중요 지역에는 산악지대의 입보용 산성과는 다른 새로운 대규모의 평산성 등이 축조된 것으로 추정된다.

아직까지 고대와 중세, 근세 성곽을 획기할 만한 개념 정리가 명확하게 이루어지지 않았지만 고려성곽의 전형으로 지칭되는 몇 개의 개별 유적에 대한 조사를 통해 고려성곽의 단면을 유추해보면 첫째 매우 험준하고 비고(比高)가 높은 입지를 선택하였다는 점, 둘째 험지(險地)에 입지함으로서 산성 구축 공역을 최소화하고자 하였다는 점, 셋째 축성방식에 있어 계획성이 떨어지고 석축이 허술한 점, 넷째 대개 포곡식으로 비교적 수용성이 크다는 점, 다섯째 입보용 산성의 수축뿐만 아니라 주요 지역에 대한 평지읍성의 축조로의 변화 등을 들 수 있다.[28]

이러한 고려성곽의 특징을 경기남부지역에서도 확인할 수 있다. 우선 경기 내륙지역에 위치한 안성 칠현산성·상중리산성·서운산성, 용인 석성산성 등은 400m 이상의 산지에 주위와의 비고(比高)가 200m 넘는 입

자료가 축적된다면 올바른 성격을 이해할 수 있을 것이다.

28) 柳在春, 2002, 앞의 논문, 『江原史學』 17·18, 江原大學校 史學會, 144~145쪽.

지를 택하여 축조하였는데 고대 석축산성의 축성법과 비교해 석재의 선택, 축조기법 등에서 차이를 보이고 있다. 또한 전체 성벽을 모두 축조하지 않고 일부 구간은 자연암반 및 경사면을 그대로 이용하여 축성 공역을 최소화하고자 하였다. 성곽의 둘레 역시 1㎞ 이상의 대형 성곽으로 내부에는 수원(水原)을 포함하고 있어 대규모 인원의 입보농성 및 장기적인 지구전 수행에 적합하도록 축조되었다

이와 함께 경기남부지역이 갖는 자연지리적 조건으로 인해 고험처에 축조되는 입보용 산성보다 각 하천교통로상의 요충지에 보다 많은 성곽들이 축조되었다. 즉, 대규모의 입보용 산성보다는 평상시 거주지역과 인접하며 적의 예상 침입로를 제어할 수 있는 지형에 축성함으로써 적극적으로 대응하려고 한 특징이 나타난다.

또한 포곡식의 산성보다는 평산성과 복합식 산성의 비율이 현저히 높은 특징을 보여준다. 평산성과 복합식 산성은 평지성과 산성의 잇점을 수용한 것으로서 행정적인 기능과 군사적인 기능을 모두 담당하였다고 생각된다. 특히 테뫼식과 포곡식 산성이 결합된 복합식 산성의 경우 고대의 성곽을 중세에 들어 확대·수축한 것으로 다른 지역과 비교되는 경기남부지역 고려성곽의 특징으로 여겨진다.

중세의 성곽 축조가 토축에서 석축으로의 변화기 두드러진 현상인데 비해 경기남부지역은 오히려 토축 성곽의 비율이 변화하지 않고 있다. 이는 주변에서 채취할 수 있는 석재의 부족 등 여러 가지 자연조건에서 기인한 것으로 추정된다.

성곽의 분포 및 주방어 방향을 살펴보면 역시 대부분 해안가와 하천로의 교통로를 향하고 있는 공통점을 알 수 있다. 이를 통해 각 지역의 관방 체계를 살펴볼 수 있는데 우선 주방어방향과 연관하여 살펴보면 해안변의 성곽(평택 비파산성·석정리장성, 화성 당성·용두리성 등)은 주방어

방향으로 서쪽을 택하고 있으며, 해안과 하천이 교차하는 하류역의 성곽 (평택 무성산성, 화성 화량진성, 안산 목내동성 등)은 하천 교통로상으로 의 진입을 저지하며 인근 해역을 장악할 수 있는 방향을 주방어방향으로 택하고 있다. 하천교통로상의 내륙에 위치한 성곽들은 교통로의 분기점 이나 주변 지역을 쉽게 조망할 수 있는 지형을 선택하여 주방어방향을 선 택하였다.

구체적으로 살펴보면 서해안 인근에 위치한 비파산성, 석정리장성, 당 성 등은 모두 해안쪽을 향한 서벽부가 가장 최고위(最高位)를 보이고 있 다. 이는 해안을 통해 내륙으로 진입할 수 있는 입구를 방어하는 기능을 보여주는 것이라 할 수 있다. 하천변의 교통로변에 위치한 내륙 성곽들의 경우 하천과 맞닿아 있거나 하천으로 직접 교통할 수 있는 방향을 주방어 방향으로 삼아 축조하였음을 알 수 있다.

이를 각 지역별로 세분하여 살펴보면 평택지역의 경우 해안 인근 내륙 에 비파산성·자미산성, 발안천이 서해로 유입되는 하류역에 무성산성을 축조하여 남북 일직선상의 관방체계를 구축하였다. 또한 서해에서 안성 천·진위천을 따라 내륙으로 진입하는 하천로변에 견산리산성을 축조하 여 하천교통로를 방어하였다.

서해로 유입되는 안성천과 남한강으로 유입되는 청미천의 상류에 해당 하는 안성 죽산지역에는 중부지방과 남부지방을 잇는 내륙교통로와 하천 교통로의 교차점에 망이산성과 죽주산성이 마주 입지하며 차령산맥을 차 단하며 내부 내륙교통로와 하천교통로를 모두 통제할 수 있는 체계를 유 지하고 있다.

화성지역 역시 화량만의 양쪽 입구부에 화량진성과 당성을 배치하여 주변의 해안수로 및 내륙으로의 진입로를 차단하였고 배후에 백곡리산 성, 청명산성을 배치하여 평택지역의 비파산성–자미산성–무성산성의 관방체계와 유사한 배치구조를 이루었다. 또한 남양천이 서해로 유입되는 하류역에 용두리성을 축조하여 하천교통로에의 진입을 차단하였다.

당성을 중심에 두고 당성의 북서쪽에 위치하여 화량만의 입구에 축조된 화량진성, 당성의 동남쪽에 입지하여 당성으로 향하는 교통로상에 축조된 백곡리산성과 남양만 내륙해안가에 축조된 청명산성을 잇는 북서-남동 방향의 방어선에 남양리성에서 시작하여 거점성인 당성을 지나 해안의 광평리 일원까지 연결되는 남양장성과 함께 해안방어선을 형성하였다. 이로써 인근 연안의 마산수로를 통제하고 남양만 연안에서 청명산성을 지나 백곡리산성으로 향하는 길과 화량만에서 남양장성 구간을 통해 당성으로의 접근을 막음으로써 해안에서 내륙으로의 진입을 통제할 수 있는 방어선을 구축한 것으로 판단된다.

안산과 시흥지역은 지역의 중심부를 흐르는 신길천이 서해로 유입되는 지점에 목내동성을 축조하여 1차 방어선을 축조한 후 내륙분지에 안산읍성·군자산성을 배치한 관방체계를 가지고 있다.

이러한 특징 등을 통해 경기남부지역 고려성곽의 분포는 서해에서 내륙으로 들어가는 입구부와 하천교통로를 따라 접근할 수 있는 주요 교통로상에 이전 시기의 성곽을 수축·확대 사용하거나 새로이 축조하였고 이에 비해 고험처(高險處)에 의지한 입보용 산성의 경우 내부에 대규모 수원을 비롯해 장기간의 농성을 할 수 있는 지형에 맞추어 축성을 하여 내륙 깊숙이 분포하는 특징을 보여주는 것으로 요약할 수 있다.

V. 맺음말

지금까지 경기남부지역에 분포하는 고려성곽의 현황을 통해 고려성곽의 분포 및 특징 등에 대하여 간략히 검토하여 보았다.

경기남부지역의 고려성곽은 이전 시기의 성곽에 비해 규모의 대형화, 주요 지역에 대한 평지읍성의 축조, 복합식 산성 및 평산성 같은 새로운 양식의 출현, 자연적 조건에 맞추어 성곽 축조재료에 있어서 토축의 우세, 성곽의 입지에 있어 고험처(高險處)보다는 교통로상의 요충지를 중시하는 특징을 보여준다고 할 수 있다.

잦은 외침으로 인해 입보용 산성이 중시됨에 따라 이전 시기의 산성 가운데 규모가 작고 성 내에 자체 수원이 없는 성들은 일찍 도태된 반면에 성내에 저수가 충분한 성곽들은 고려시대 이후에도 기능하였고, 중세로 이어진 유적들 가운데 근세까지 이어진 것들은 모두 규모가 큰 것들이다.

고험처에 축조된 대형의 입보용 산성과 더불어 각 하천교통로상에는 테뫼식과 포곡식 산성이 결합된 복합식 성곽 및 평지성과 산성의 잇점을 모두 활용한 평산성의 성곽이 출현하게 된다. 이러한 새로운 성곽 양식의 출현 및 증가가 다른 지역에 비해 경기남부지역 고려성곽이 갖는 특수성이라고 할 수 있다. 한편, 『高麗史』地理志에 의하면 현재 경기남부지역에 해당하는 수주(水州)의 속현(屬縣)으로 7개의 현이 존재하고 있다. 이들 가운데 현재 위치비정이 가능한 안산·진위·용성·양성의 4개 속현 가운데 양성을 제외한 3개의 지역에서 대규모의 평산성이 존재하는 특징을 발견할 수 있다. 즉 안산현의 안산읍성, 용성현의 비파산성, 진위현의 견산리산성 등을 들 수 있는데 이는 일부 한정된 경우일 수 있지만 지리적 중요성이 부각되는 각 현에 행정적·군사적 기능을 갖춘 대규모 성곽을 배치하여 관방체계의 중심에 두었다고 추정할 수 있다.

또한 경기남부지역 관방체계의 구축이 거점에 대한 대비뿐 아니라 조밀한 체계를 구성하여 하나의 선을 이루는 특징이 확인된다는 점이다. 예를 들어 평택지역의 경우 중심성곽에 해당하는 비파산성의 남서쪽으로 석정리장성이 확인되고 있으며 화성 역시 당성 주변으로 남양장성을 축조하여 남북축과 동서축을 제어하는 방어선을 가지게 되었다. 이러한 선상의 방어 개념은 이전과는 다른 독특한 방어체계로 추정할 수 있다. 또한 이런 선상의 방어선과 연결하여 조밀하게 성곽을 배치하였는데 화성지역의 경우 당성-백곡리산성-청명산성, 평택지역은 비파산성-용성리성-자미산성-무성산성의 관방체계를 유지하였다.

■참고문헌■

경기도박물관, 1998, 『경기문화유적지도(Ⅰ)』.

__________, 1999, 『平澤의 歷史와 文化遺蹟』.

__________, 1999, 『도서해안지역 종합학술조사Ⅰ-화성군 해안지역』.

__________, 1999, 『平澤 關防遺蹟(Ⅰ) 精密地表調査報告書』.

__________, 2000, 『도서해안지역 종합학술조사Ⅱ-안산시 해안지역』.

__________, 2003, 『경기도 3대하천유역 종합학술조사Ⅲ-안성천』.

__________, 2004, 『平澤 關防遺蹟(Ⅱ) 精密地表調査報告書』.

__________, 2005, 『龍仁 할미산성』.

경기도사편찬위원회, 1997, 『경기도의 역사와 문화』.

慶熙大學校 中央博物館, 1989, 『華城郡의 역사와 文化遺蹟』.

김기섭, 「京畿地域의 關防文化」, 1997, 『京畿地域의 鄕土文化』.

단국대학교 매장문화재연구소, 1999, 『안성 운수암 삼성각건립부지 발굴조사보
　　　　고서』.

______________________, 2002, 『안성 죽주산성 지표 및 발굴조사보고서』.

______________________, 2003, 『평택 농성 지표 및 발굴조사보고서』.

______________________, 2004, 『평택 서부 관방산성 시·발굴조사보고서』.

단국대학교 중앙박물관, 1992, 『망이산성 학술조사보고서』.

__________________, 1996, 『망이산성 발굴보고서(Ⅰ)』.

__________________, 1999, 『안성시의 역사와 문화유적』.

白種伍, 1998, 「京畿南部地域의 百濟山城(Ⅰ)-安城川·牙山灣一帶를 중심으로」,
　　　　『年報』 2, 京畿道博物館.

______, 2002, 「京畿地域 高麗城郭 研究」, 『史學志』 35, 檀國史學會.

서울대학교 인문학연구소, 1999, 『天安의 關防遺蹟-慰禮山城 周邊 地表調査報告書』.

孫永植, 1987, 『韓國城郭의 硏究』, 文化公報部 文化財管理局.

水原大學校 博物館, 1998, 『平澤 農城 地表調査報告書』.

___________________, 2000, 『안산읍성 및 관아지 발굴조사보고서』.

沈正輔, 1995, 『韓國 邑城의 硏究』, 學硏文化社.

유재춘, 2002, 「中世 山城의 特徵的 類型과 變遷」, 『江原史學』 17 · 18, 江原大學校 史學會.

李俊善, 1978, 「古代南陽地域의 中心聚落에 關한 硏究」, 서울大學校 地理學科 碩士 學位論文.

정인숙, 1997, 「수원지방의 성지」, 『경기도향토사학』 2, 경기도향토사연구협의회.

차용걸, 2001, 「한국 고려성곽의 성격 문제」, 『호서지방의 중세고고학』, 제4회 호서고고학회 학술대회 발표집.

충북대학교 중원문화연구소, 1999, 『용인의 옛성터』.

___________________, 2002, 『望夷山城-忠北 區間 地表調査 報告書』.

한국보이스카우트연맹, 1989, 『韓國의 城郭과 烽燧』.

韓國精神文化研究院, 1994, 『京畿地域의 鄕土文化』.

漢陽大學校 文化財研究所, 2000, 『안산 성태산성 지표조사 보고서』.

___________________, 2002, 『안산시의 역사와 문화유적』.

한양대학교 박물관, 1990, 『安山邑城 地表調査報告書』.

___________________, 1998, 『唐城 1次發掘調査報告書』.

___________________, 2001, 『唐城 2次發掘調査報告書』.

경기지역 고려고분에 대한 일고찰

황정욱*

Ⅰ. 머리말

후삼국의 혼란을 수습하고 새로운 통일을 이룩한 고려건국의 주체는 신라 후기에 형성된 지방세력에 기반을 두고 있었다. 때문에 건국 조기 왕건은 이들의 자율적인 지배권을 인정하면서 중앙정부에 소속시키는 정책을 사용하였다[1]. 하지만 왕권이 안정된 후에는 강력한 중앙집권적인 정책을 펴기 시작했으며, 이러한 정책은 지방세력들을 중앙으로 집중시키는 결과를 가져오게 되었다. 하지만 무신정권기를 거치며 왕권은 흔들리

---

* 강원문화재연구소.
1) 이기백, 1999, 『한국사신론』, 일조각.
　이이화, 1999, 『최초의 민족통일국가 고려』, 한길사.

고, 호족세력들은 사병을 거느리는 등 강력한 재지세력을 형성하게 된다. 이러한 정치적 현상은 문화적인 부분에도 영향을 미치게 된다. 즉 고려 초기에는 강력한 왕권에 바탕을 둔 왕실위주의 문화적 요소들이 유행했던 반면, 중앙집권력이 약해진 무신정권 이후에는 지역사회에 기반을 둔 지방색이 강한 제요소들이 새로운 문화를 형성하게 된다. 이러한 양상은 무덤의 조성에 있어서도 그대로 드러나고 있다. 즉 고려 전기에는 지방귀족의 무덤이 왕릉이 위치한 개성 주변지역에 조성되는 것이 일반적이었는데, 이는 고려왕실과의 친밀성을 잃지 않으려 노력한 흔적이 여실이 드러난 예라고 할 수 있다. 하지만 후기에 들어서면 재지세력화된 지방귀족들은 자신의 지역에 가족무덤의 형태인 이른바 族墳을 조성하게 된다. 이러한 시대상황을 통해 볼 때 지방세력의 거점이 되는 성곽의 축조와 족분의 형성은 시기와 규모면에서 상당한 연관성을 가지고 있음을 추측케 한다. 특히 고려 초기부터 강력한 세력을 형성하고 있었던 용인지방이나 충주지방에는 대규모 고려성곽과 함께 유력가문의 족분으로 생각되는 고려무덤군이 다수 확인되어 이 같은 추측에 힘을 실어주고 있다. 그러나 고려시대에 대한 고고학적 조사는 그 이전시대에 비해 턱없이 미진한 것이 사실이고, 이는 무덤의 조사에 있어서도 마찬가지이다. 한편 연구 및 조사대상으로 삼은 무덤 또한 왕릉급에 국한된 경우가 많아 지방귀족이나

---

2) 한국 고고학에서 고려무덤에 대한 연구가 부진한 것에는 몇 가지 이유를 들 수 있다. 먼저 주된 관심이 되는 왕릉이나 중앙귀족이 피장되었을 것으로 여겨지는 대형석실묘들이 고려의 수도였던 개성 주변에 위치하고 있어, 직접연구대상으로 삼기에 한계가 있다는 점이다. 때문에 왕릉이나 중앙귀족들의 대형무덤의 실상은 주로 일제시대에 조사된 자료와 북한에서 조사한 자료를 이용하는 편이고(강인구, 2000, 『한반도의 고분』, 396쪽), 남한에서는 상대적으로 관심도가 낮은 지방귀족이나 서민들의 무덤이 주로 발견되어, 이들은 독자적인 조사대상으로서가 아닌 선대의 유적을 발굴하는 과정에서 부수적으로 조사되어 보고서 한 켠에 간략하게 소개되는 경우가 많다는 점이다. 둘째로 고가의 고려청자를 노린 도굴의 결과 부장품이 거의 남아있

서민층의 묘제에 대한 연구가 미진한 것이 사실이다[2]. 그러나 1980년대 후반 이후 충북지방에서 지속적인 고려무덤에 대한 발굴이 진행되어 왔고, 최근에는 경기도 지역에서 고려무덤에 대한 조사가 비교적 활발히 진행되고 있다[3]. 그러나 아직까지 고려무덤의 묘제에 대한 이론이나 전국적인 분포상황에 대한 연구[4]는 극히 미약한 편이다. 때문에 현재로서 고려

지 않다는 점이다. 무덤 연구에 있어서 부장품은 단순히 편년을 가르는 기준으로서 뿐만 아니라 당시의 사람들이 의식적으로 선택하여 부장한 것으로서 종합적으로 그 변화를 살펴보면 당시 사람들의 의식변화를 알 수 있게 되고 피장자의 성격이라든가 장송의례 등을 알 수 있는 중요한 실마리가 된다(김기웅, 1999, 『고분유물』, 8쪽)는 점에서 중요한 자료가 된다. 또한 고려시대는 통일신라시대부터 이어진 풍수지리사상이 완성을 보이는 시기로 당시에 조성된 무덤들은 대부분 풍수지리에 따라 좋은 입지조건을 갖추고 조성되었다. 이러한 입지조건은 후대에도 명당으로 인식되어 봉분의 관리가 허술한 묘역에 후대의 묘역이 들어서거나 명당을 선호하는 후대의 묘역이 앞선 묘역을 파괴하는 일이 일어나는 이유로(강인구, 1980, 『무주유동리 고려고분과 출토유물』, 『미술자료』26.) 완전한 형태의 무덤이 많지 않다는 것도 고려무덤 연구의 난점으로 작용하고 있다.
3) 조사내용에 대한 구체적인 사항은 [표 6] 참고.
4) 조유전, 1993, 「구조에 대한 의견」, 『파주 서곡리 고려벽화묘 발굴조사 보고서』, 문화재관리국 문화재연구소, 106~119쪽.
엄익성, 1998, 「고려시대 고분에 대한 일고찰-좌항리고분군을 중심으로-」, 『고려시대의 용인』, 용인시·용인문화원, 245~285쪽.
조재경, 2001, 「충북지방의 고려묘」, 『호서지방의 중세고고학』-제4회 호서고고학회 학술대회자료집, 17~26쪽,
황정욱, 2001, 「고려시대 석곽묘연구」, 단국대학교 석사학위논문.
이희인, 2002, 「중부지방 고려시대 고분연구」, 성균관대학교 석사학위논문.
이승일, 2003, 「고려묘 출토 중국전에 대한 연구」, 동아대학교 석사학위논문.
고현수, 2004, 「남한지역 고려고분의 부장품 매장방식 연구」, 한양대학교 석사학위논문.
주영민, 2004, 「고려시대 분묘 연구-도자편년을 중심으로-」, 신라대학교 석사학위논문.
황순녀, 2004, 「경북북부지역 고려분묘의 형식과 편년」, 안동대학교 석사학위논문.
고성영, 2004, 「고려 석곽묘와 토광묘 연구-혼재유적을 중심으로」, 명지대학교 석사학위논문.

시대 지방세력의 전모를 밝히기에는 어려움이 많은 것이 사실이다.

한편 최근 '서울경기고고학회'에서 '고려시대의 고고학'을 주제로 학술대회를 개최하여 고려고분, 도자, 기와, 금속공예에 대한 발표와 토론이 진행되기도 하였다.

이에 본고에서는 고려무덤의 일반적인 특징을 분포와 입지, 출토유물을 통해 알아본 후 경기도지역에서 조사된 고려무덤을 검토하여 경기도지역 고려무덤의 특징을 살펴 차후 연구에 작은 도움이 되고자 한다.

II. 경기지역 고려고분의 분포와 현황

본 장에서는 남한지역에서 발굴조사된 유적을 중심으로 경기도지역의 고려무덤의 현황에 대해 살펴보도록 하겠다. 현황을 기술함에 있어 먼저 석실묘인 강화 석릉의 입지와 구조를 살핀 후 각지에서 발굴조사된 석곽묘와 토광묘를 유적별로 묶어서 기술하도록 하겠다. 남한지역에서 확인되는 왕릉급의 석실묘는 발굴조사된 석릉의 비롯하여 高宗의 능묘로 알려진 洪陵(사적 제224호), 康宗의 비인 元德王侯의 능으로 알려진 坤陵(사적 제371호), 元宗의 비인 順敬太后의 능으로 알려진 嘉陵(사적 제370호)을 비롯하여 수 기의 석실묘로 추정되는 규모의 무덤들이 잔존하지만 아직 구체적인 조사가 이루어지지 않아 석릉만을 논의의 대상으로 삼았다.

양미옥, 2005, 「충청지역 고려시대 무덤 연구」, 한남대학교 석사학위논문.
고금님, 2005, 「호남지역 고려 석곽묘 연구」, 전북대학교 석사학위논문.
오경택, 2005, 「경기북부지역 14~16세기 토광묘 연구」, 명지대학교 석사학위논문.

1. 석실묘

남한지역에서 발굴조사된 석실묘는 석릉과 곤릉, 가릉의 세 기가 있으나 이 중 곤릉과 가릉은 아직 정식 보고서가 발간되지 않아 석릉만을 논의의 대상으로 삼았다. 석릉은 2001년 국립문화재연구소에서 발굴조사되었다[5].

석릉의 입지는 일반적인 고려왕릉과 마찬가지로 주산의 남쪽 능선상에 위치하며, 동·서 양편으로 능선과 계곡이 형성되어 있다. 묘역은 총 5단으로 형성되어 있으며, 1단에는 팔각호석을 두른 봉분과 곡장을 조성하였다. 한편 봉분 조사시 난간에 사용된 것으로 추정되는 원주석 2매가 확인되어 봉분 주변으로 난간석이 존재하였음을 추정케 한다. 곡장과 봉분 사이에는 두께 5㎝ 내외의 부정형 판석을 사용하여 전면적으로 부석시설을 하였다. 석실은 3매의 판석을 사용한 평천장이다. 양측벽 및 후벽은 비교적 정연하게 치석한 할석으로 약 7단 정도 축석하였고, 전면부는 1장의 장방형 판석으로 문비석을 마련하였다. 석실바닥에는 장방형의 테두리 관대를 시설하였고, 그 상면에 목관을 안치하였다.

출토품은 도굴로 인해 많이 유실되었음에도 불구하고 다량의 청자편이 출토되었으며 관을 상식했던 것으로 생각되는 금, 은, 동바이 수습되었다. 출토품 중 청자는 12~3세기로 편년할 수 있다. 이 시기는 도자사를 통해서 볼 때 청자의 쇠퇴기임에도 불구하고 석릉에서 출토되는 청자들은 양질의 갑발 번조품이 주종을 이루고 있는 점 등은 이 무덤의 피장자의 신분이 왕족 이상이라는 사실을 알려주고 있다. 또한 편년되는 시기가 熙宗(120~1211)의 재위년도와 비교하여 이 능묘가 석릉임을 다시 한번

---

5) 국립문화재연구소, 2003, 『강화석릉』.

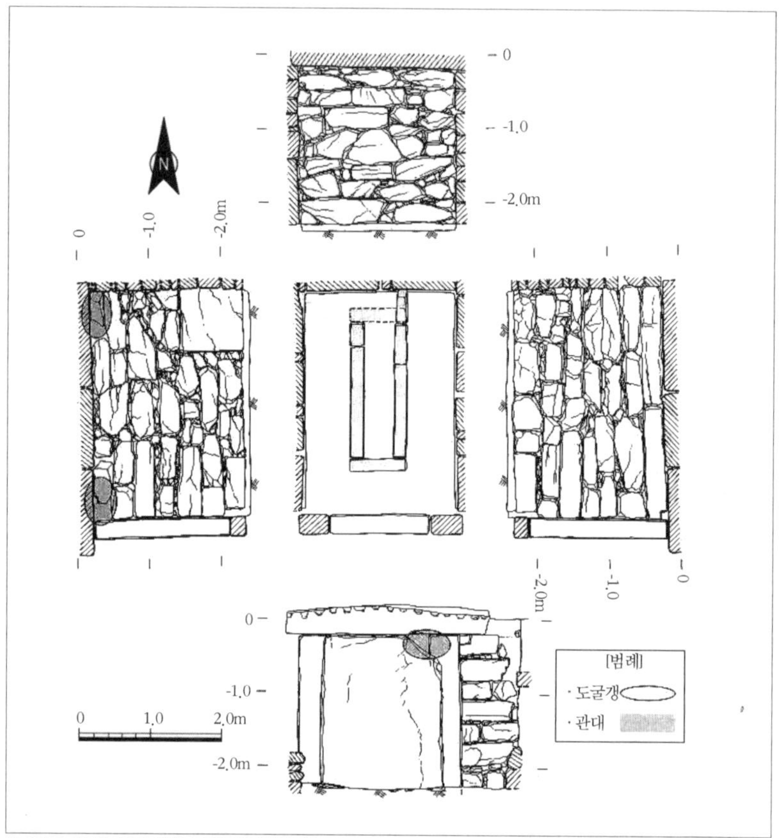

[도면 1] 강화 석릉 석실 평면 및 입면도[6]

확인시켜주는 자료가 되고 있다. 다만 북한측 자료를 통해 볼 수 있는 개성일대의 왕릉에 비해 봉분의 규모가 너무 작은 점이라든가 할석을 사용하여 벽석을 쌓아올린 점 등은 왕릉으로 추정하는데 의구심을 갖게 하는 부분이다. 하지만 이는 강도시대라는 시대적 상황 등을 고려할 때 충분히 이해될 수 있는 부분으로 생각된다.

---

6) 국립문화재연구소, 2003, 『강화석릉』, 47쪽 전제.

2. 석곽묘 및 토광묘

1) 용인 좌항리 유적[7]

경기도 용인군 원삼면 좌항리 산 30-1번지에 위치하며, 1994년 명지대학교 박물관에 의해 발굴조사 되었다. 모두 석곽묘 13기와 토광묘 3기가 조사되었다. 유구는 구릉의 능선부와 남동쪽 경사면에 일정한 공간을 두고 몇 군데에 흩어져 있다. 무덤의 장축방향은 크게 동-서향과 남-북향으로 나누어지는데, 유구의 중첩상으로 볼 때 동-서향의 유구가 남-북향의 것보다 앞섬을 알 수 있다. 묘제는 석곽묘가 주류를 이루고, 소수의 토광묘가 혼재한다. 석곽묘나 토광묘 간에 출토유물의 질이나 양에서 크게 다르지 않아 시기나 신분의 차이는 없는 것으로 생각된다.

조사자는 석곽묘의 구조적 특징으로 횡구식의 형태가 가미된 수혈식을 언급하고 있는데, 이는 앞선 시대에서 보이는 추가장을 염두에 둔 횡구식과는 달리 단순히 시신을 들이는 입구를 단벽쪽에 둔 것뿐으로 이해하고 있다. 또한 좌항리 석곽묘의 특징 중 하나는 단벽 중 한쪽[8]을 수직의 토광벽면을 활용하면서 축조하지 않았다는 것이다[9]. 이는 좌항리유적에서 확인되는 모든 석곽묘들이 암반층을 굴착하고 조성되었기 때문에 단벽의 경우 굳이 석축을 하지 않아도 될만큼 견고하다는 점이 이유가 될 수 있다.

---

7) 명지대학교박물관, 1994, 『용인 좌항리 고려분묘군 발굴조사보고서』, 명지대학교 박물관.

8) 현재까지 조사된 경우는 무덤이 입지한 구릉의 정상쪽 단벽에서만 확인된다.

9) 3호, 7호, 8호 석곽묘가 이에 해당한다. 토광면에 맞추어 양 장벽을 축조한 모습이나, 토광면 위로 개석을 얹은 모습 등을 통해 볼 때 단벽이 붕괴된 것이 아니라 토광면을 그대로 이용한 것임을 알 수 있다. 용인 좌항리유적 이외에서 이와 같은 형태가 발견되는 예는 안산 부곡동 서3호, 공주 신기동 5호석곽묘 등이 있다.

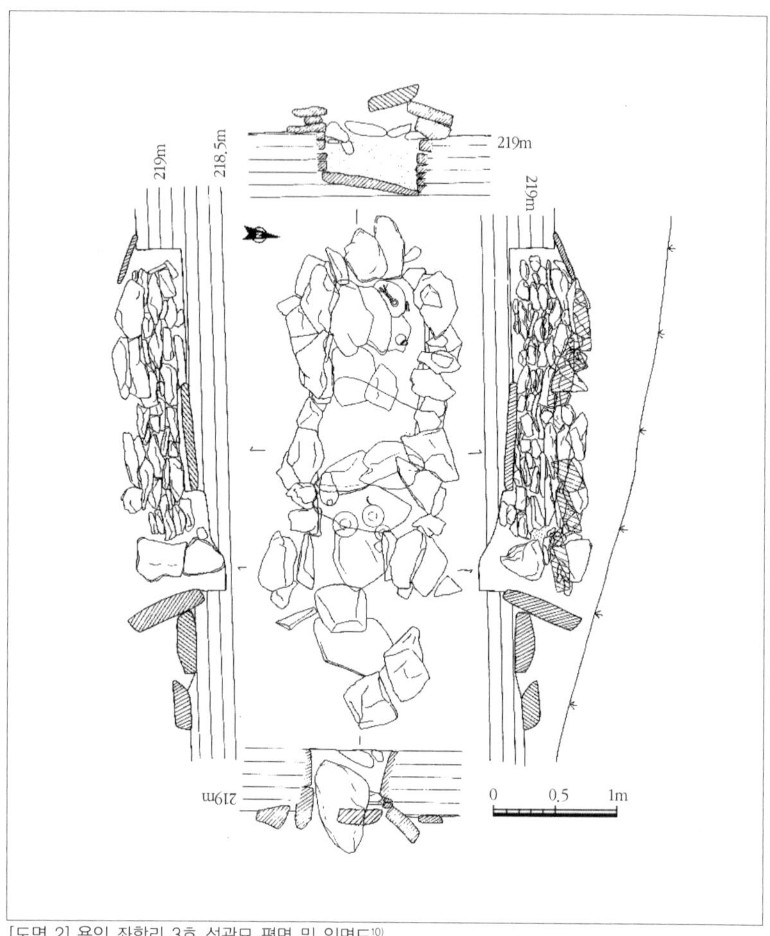

[도면 2] 용인 좌항리 3호 석곽묘 평면 및 입면도[10]

출토유물은 도·토기류를 비롯하여 금속류까지 다양하다. 편년이 가능한 유물은 자기류가 있는데, 녹청자의 경우 인천 경서동에서 번조된 것과의 유사성을 들어 11세기 전반으로, 백자의 경우는 인근 유적인 용인 서

---

10) 명지대학교박물관, 1994, 『용인 좌항리 고려고분군 발굴조사보고서』, 38쪽에서 전
   재.

리요지에서 출토된 것과 유사성을 보여 서리요의 번조품으로 추정하고 있다. 구체적으로는 서리요 '해무리굽백자층' 이후인 '조질백자층'의 전기에 해당하는 층위에서 출토된 것과 유사하다. 이 시기의 백자는 11세기 중반으로 편년된다. 금속류의 경우는 동경, 철제가위, 동곳 등이 출토되는데, 이 중 동경과 가위가 세트를 이루며 출토되어 피장자의 성별을 가늠할 수 있는 근거로 제시되고 있다[11]. 용인 좌항리에서 조사된 고려무덤을 표로 정리하면 [표 1]과 같다.

[표 1] 용인 좌항리 유적 유구 현황

유구명	장축 방향	묘곽 규모				개석	바닥	비 고
		길이	폭	깊이	길이/폭			
1호석곽	W13N	(228)	70	60	3.3이상		생토면	
2호석곽	N30W	(175)	47	(30)	3.7이상		할석	
3호석곽	W05S	250	73	64	3.4이상		생토면	
4호석곽	W40N	(270)	40	45	6.7이상		생토면	
5호석곽	W34N	300	60	(20)	5		생토면	11C-토기회유편병
6호석곽	N05W	(320)	90	50	3.5이상		생토면	
7호석곽	W05N	(290)	56	(80)	5.1이상		생토면	11C-백자, 참외형주전자
8호석곽	W05S	300	100	78	3		생토면	11C전반, 녹청자매병
9호석곽	N10W	(260)	85	80	3.1이상		생토+점토	
10호석곽	W38N	(140)					할석	
11호석곽	W-E	(205)	80	(40)	2.6이상		생토	
12호석곽	W10S	280	65	(60)	4.3		생토면	
13호석곽	N20W	250	80	60	3.1이상		생토	
1호 토광	W10S	180	55	(25)				
2호 토광	W-E	170	70	(35)				
3호 토광	N-S	185	55	(20)				

---

11) 출토유물의 성격에 대해서는 조사자 간의 의견의 차이가 있다. 즉 좌항리유적의 조사자는 동경, 가위가 세트로 출토되는 것에 대해 피장자의 성별을 여성으로 추정하고 있으나, 단월동 유적의 조사자는 동곳이 남자의 장신구임을 들어 피장자의 성별을 남성으로 추정하고 있다. 하지만 거울, 가위, 동곳의 경우 동반 출토되는 경우가 많아 이를 가지고 성별을 논하는 것에는 문제가 있다고 생각된다.
한편 동곳의 경우 고려무덤에서는 묘제의 차이를 막론하고 비교적 유물이 잘 남아 있는 무덤에서는 예외없이 출토되고 있다. 때문에 이를 성별의 기준으로 삼기보다는 당시에 유행하였던 結髮風俗의 측면에서 살피는 것이 타당하리라고 생각된다.

2) 하남 춘궁리 유적[12]

경기도 하남시 춘궁리 일원으로(조사 당시에는 광주군 서부면 춘궁리였음) 1988년 충북대학교 박물관에 의해 발굴조사 되었다. 토광묘 1기가 조사되었다. 토광묘와 같은 봉분에 2기의 토광이 추가로 확인되었으나 이들 토광은 무덤으로 사용된 것 같지는 않다. 출토유물은 백자접시, 토기완 등 도·토기류가 주류를 이루고 있다. 출토 토기를 통해본 무덤의 편년은 대략 고려 중기로 추정된다.

3) 용인 麻北里 유적[13]

경기도 용인시 구성면 마북리 산 46-1번지에 위치하며, 1997년 경기도박물관에 의해 발굴 조사되었다. 모두 4기의 석곽묘와 3기의 토광묘가 조사되었다. 주변의 형질이 많이 변경된 상태에서 실시된 긴급수습발굴이어서 유구가 많이 남아있지는 않았다. 무덤들은 대체적으로 밀집형태로

[표 2] 용인 마북리(경기도박물관)유적 유구 현황

유구명	장축 방향	묘곽 규모				개석	바닥	비 고
		길이	폭	깊이	길이/폭			
1호석곽		(302)	152	(82)			생토면	
2호석곽		(274)	155	(68)			생토면	
3호석곽		(154)	130	(47)			생토면	청자접시, 청자대접(11C), 토기병, 동곳, 공경
4호석곽		(149)	133	(39)			생토면	
1호토광		(198)	118	(22)			생토면	청자대접(11C)
2호토광		(180)	90	(70)			생토면	청자반구병
3호토광		(213)	88	(25)			생토면	청자대접(11C)

---

12) 충북대학교, 1988, 「광주춘궁리고분 및 주변지역발굴조사보고서(1차)」, 『판교-구리·신갈-안산간 고속도로 문화유적 발굴조사보고』, 충북대학교박물관.

13) 경기도박물관, 2001, 『용인 마북리 고려고분』.

입지하고 있어 族墳의 형태를 추정할 수 있다. 분구가 남아있지 않아 단정지을 수는 없으나 유구의 밀집도를 통해 볼 때 한 봉토내에 여러 기의 무덤이 공존하였을 가능성도 배제할 수 없다.

출토유물은 청자반구병, 청자대접 등의 자기류와 동경·청동수저·중국동전(皇宋通寶-1039년)·동곶 등의 청동기류 이외에 철제가위, 구슬

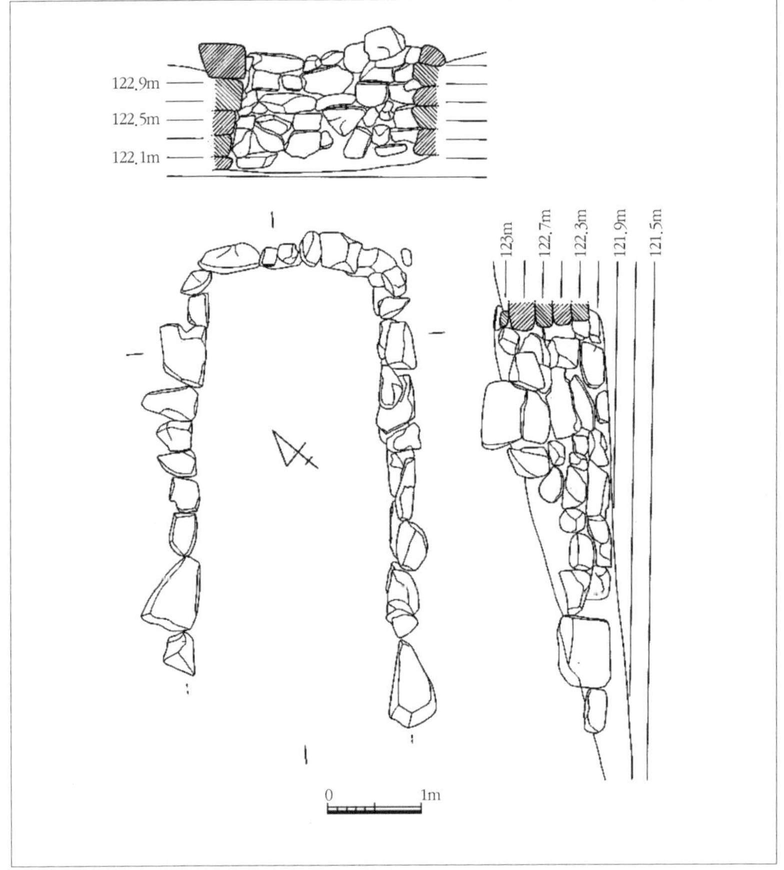

[도면 3] 용인 마북리 2호 석곽묘 평면 및 입면도[14]

---

14) 경기도박물관, 2001, 『용인 마북리 고려고분』, 34쪽에서 전제.

등이 있다. 무덤의 편년은 출토된 유물 중 자기의 편년에 따라 11C로 추정된다.

마북리 유적에서 확인된 고려무덤을 표로 정리하면 [표 2]와 같다.

4) 안산 둔대리 유적[15]

경기도 안산시 반월구 둔대동 일원에 위치하고 있으며(조사 당시에는 경기도 화성군 반월면 둔대리였음), 1994년 단국대학교 중앙박물관에 의해 발굴 조사되었다. 고려 전기부터 조선 후기까지 조성된 토광묘, 생활유적 등이 조사 되었으며, 이 중 토광묘 4기가 고려시대로 편년된다. 이 중 '가지역 5호토광묘'의 경우 토광이 파괴된 후 그 위에 고려시대 생활유적이 들어선 점으로 미루어 생활유구보다 이른 유구로 판단되며, 생활유구에서 대략 고려 전기로 편년되는 유물이 출토되어, 토광묘의 편년은 이에 앞서는 시기로 생각된다. 나지역에서 확인된 3기의 토광묘는 출토유물로 볼 때 모두 고려 후기로 편년된다. 한편 유물을 부장함에 있어 토광 바닥면에 景德元寶(1004~1009), 貨泉(중국 新나라 때 동전, 14년에 주조) 등 18종 39점에 달하는 다량의 중국동전을 깔았다는 점이 주목된다. 이는 피장자의 재력과 깊은 연관이 있을 것으로 생각되며, 조사자는 고려시대에 이 지역에서 상당한 세력기반을 갖추고 있었던 安山 金氏 세력과의 연관성에 대해 조심스럽게 추정하고 있다.

---

15) 단국대학교중앙박물관·한국도로공사, 1995, 「화성 둔대리 발굴조사 보고」, 『서해안 고속도로 건설구간(안산-안중간) 유적발굴조사보고서(1)』.
　　서울시립대학교박물관, 1996, 『화성 건건리·팔곡리·둔대리유적』, 학술총서 제1집.

5) 용인 마북리 유적[16]

경기도 용인시 구성면 마북리의 하늘마을에 위치하고 있으며, 단국대학교 한국민족학연구소에 의해 발굴조사 되었다. 모두 9기의 무덤이 조사되었는데, 이 중 1·2호 석곽묘는 통일신라시대 유구로 파악되었으며, 석곽묘 5기, 토광묘 2기 등 7기가 고려무덤으로 보고되었다. 토광묘 2기는 7호 석곽묘의 호석 주변에서 확인되었는데, 유구의 중첩상으로 보아 7호 석곽묘보다 늦은 시기에 조성되었지만 출토된 유물을 통해 볼 때 둘의 시기차는 크지 않을 것으로 생각된다. 석곽묘의 편년은 출토된 청자와 6호 석곽묘에서 출토된 해동통보에 따른 상한연대에 비추어 12~13C로 생각된다.

[표 3] 용인 마북리(단국대) 유적 유구 현황

유구명	장축 방향	묘곽 규모				개석	바닥	비 고
		길이	폭	깊이	길이/폭			
3호석곽	북서 20°	(268)	86	(124)	3.1 이상		할석	청자대접(12세기)
4호석곽	서남 20°	260	100	(117)	2.6		할석	
5호석곽	동남 10°	250	80	(118)	3.1		할석	
6호석곽	동남 10°	330	120	(115)	2.8		할석	海東通寶(1097~1105)
7호석곽	북서 30°	350	140	100	2.5	판석형 자연석	할석	

6) 고양 더부골 유적[17]

고양시 일산구 일산동 산 60-5 속칭 더부골에 위치하며, 한양대학교 박

---

16) 단국대학교 한국민족학연구소, 1997, 『용인마북리유적』.

물관에 의해 발굴조사 되었다. 모두 석곽묘 1기와 토광묘 65기가 발굴 조사되었다. 무덤은 단을 두고 서로 장축상 일직선상에 위치한다거나 일정한 간격을 유지한 채 그룹을 형성하고 있는 등 族墳의 형태를 띠고 있어 동일가계 친족집단의 공동 묘역으로 추정된다.

출토유물은 그 출토상황에 따라 크게 세 가지 정도로 이해되는데, 먼저 바닥에 설치된 요갱 내부와 묘곽남단[18]에 매납하는 경우와 요갱을 설치하지 않고 유물을 묘곽남단에 매납하는 경우, 장벽과 목관 사이에 매납하는 경우로 나눌 수 있다. 요갱에서 출토되는 유물로는 용도불명의 철제품과 토기호 등이 있고, 묘곽 남단에서 출토되는 유물로는 景德元寶(1004~1007년) 등의 동전, 偏壺 · 청동수저 · 청동발 · 청자와 백자의 대접 · 접시 등이며, 이들은 실제 사용하였던 물건으로 추정하고 있다. 출토유물 중 자기류를 통해서 본 무덤의 편년은 13C로 추정된다.

7) 안산 부곡동 유적[19]

경기도 안산시 부곡동 산 42-5번지 일대에 위치하며, 1994년 단국대학교 박물관에 의해 발굴조사 되었다. 총 9기가 조사되었는데 그 중 형태를 파악할 수 있는 것은 석곽묘 4기와 토광묘 1기이다.

출토유물은 석곽묘의 요갱 내부에서 토기매병이 출토되었으며, 바닥에는 開元通寶(780~804), 元豐通寶(1078~1085) 등 중국동전을 깔았던 흔적이 확인된다. 토광묘에서는 청자잔 및 청동수저 등이 매납되었으며, 요갱

---

17) 한양대학교 · 경기도, 1993, 「더부골 고분군(Ⅰ) 발굴조사보고서」, 『고양중산지구문화유적발굴조사보고서』.

18) 관정의 출토위치로 보아 목관과 남단벽 사이에 공간을 두고 그 안에 유물을 매납했던 것으로 보인다.

19) 단국대학교 중앙박물관 · 한국도로공사, 1995, 「안산 부곡동 옛무덤 발굴조사 보고」, 『서해안 고속도로 건설구간(안산-안중간)유적 발굴조사보고서(1)』.

[표 4] 안산 부곡동 유적 유구 현황

유구명	장축 방향	묘곽 규모				개석	바닥	비 고
		길이	폭	깊이	길이/폭			
동1호	N40E	232	80	75	2.9	유	생토	元豊通寶(1078~1085)
서1호	N40W	(235)	70		3.3이상		생토	
서2호	N34W	210	55	58	3.8	유	숯	청자대접 12~13C
서3호	N37W	240	60	60	4	유	생토	

내에는 쇠낫이 출토되었다.

8) 강화 두운리 유적[20]

강화군 불은면 두운리 297번지의 산기슭에 위치하며 한국선사문화연구소에 의해 발굴조사 되었다. 무덤 주위에서 발견된 묘표석에 의해 피장자가 충렬왕 때 문하시중을 지낸 허유전[1243~1323(?)]임을 알 수 있어 '許侍中公墓'로 알려진 유적이다. 주변에 여러 기의 봉분이 남아있으나 1기만 발굴되었다. 묘역은 전체 3단으로 이루어져 있으며, 1단에 曲墻을 갖춘 무덤을 조성하였다. 2단에는 문비석과 묘표석, 혼유석 등이 있었던 것으로 보이며, 2단과 3단의 경계부분에 문인석이 위치하고 있다. 무덤의 형식은 목관석곽묘인데, 조사자는 목관을 먼저 안치한 후 그 바깥으로 할석을 이용하여 석곽을 쌓은 것으로 보고 있다. 한편 산존하는 봉분의 규모를 營造尺[21]으로 환산하고 이를 신분에 따른 무덤의 규모를 규정한 『고려사』의 기록[22]에 맞추어 봉분의 높이를 복원하고 있다. 즉 무덤의 조사

---

20) 한국선사문화연구소, 1988, 『가락 허시중공무덤 발굴조사보고』.

21) 조사자는 1자의 길이를 30.785~31.0272cm로 파악한 윤장섭의 견해(윤장섭, 1975, 「한국의 영조척도」, 『대한 건축학회지』)를 따르고 있다.

22) 무덤의 규모를 규정한 고려사의 기록은 다음과 같다.
"…경종원년(976년) 2월 문무양반 묘지의 규모를 정하였는데, 1품은 넓이 90보, 2품은 80보이고, 무덤 높이는 모두 1장 6척이며, 3품은 70보에 높이 1장, 4품은 60보, 5

당시에는 도굴이 이루어져 대략 1.2m 정도만 잔존해 있었는데, 주인공인 허유전은 1품의 관직을 지냈으므로 고려사의 기록에 따르면 1장6척 (4.9m)의 규모였을 것으로 추정된다. 이 길이는 曲墻 1변의 길이와 같은 수치이다.

9) 안산 대부도 육곡 유적[23]

경기도 안산시 대부남동 산 217-1번지 일대에 위치하며, 한양대학교 박물관에 의해 발굴조사 되었다. 석곽묘 8기와 토광묘 16기가 발굴조사 되었다.

도굴이 이루어진 상태여서 남겨진 유물은 많지 않으나 청자 화형접시 등의 자기류가 출토되었다.

대부도 육곡 유적에서 확인되는 무덤들에 있어서 가장 중요한 점은 입지이다. 대부도는 섬의 규모나 육지와 근접한 거리 지정학상의 위치로 보아 몽고침략기에 항몽세력의 거주를 추정할 수 있고, 한편 중국과의 무역업에 종사하던 집단의 거주지역으로의 추정도 가능하다. 하지만 어느 한 가지로 전체 무덤들을 설명할 수는 없을 것이고, 출토유물의 편년과 성격 등을 고려하여야 할 문제로 생각된다.

출토유물은 11세기에서 15세기에 이르는 정도로 편년의 폭이 넓은 것이 특징으로 지적되고 있다. 또한 이렇게 큰 편년임에도 유구의 중복상이

품은 50보, 6품 이하는 모두 30보로 하고 높이는 모두 8척을 넘지 못하게 하였다.…"

"…景宗元年二月定文武兩班墓地一品方九十步二品八十步墳高並一丈六尺三品七十步高一丈四品六十步五品五十步六品以下並三十步高不過八尺…"『高麗史』卷八十五, 志三十九, 刑法二, 禁令.

23) 안산시 · 한양대학교박물관, 2002, 『안산 대부도 육곡 고려고분군 발굴조사 보고서』.

[표 5] 안산 대부도 육곡 유적 유구 현황

유구명	장축 방향	묘곽 규모				개석	바닥	비 고
		길이	폭	깊이	길이/폭			
1호석곽	N76E	230	64	65	3.6			
2호석곽	N90E	210	65	60	3.23			청동발
3호석곽	N90E	210	50	55	4.2			청자화형소접시(14C 지방요)
4호석곽	N90E	225	70	50	3.2			백자소접시, 청자대접
5호석곽	N83E	215	65	60	3.3			청자화형접시
6호석곽								파괴됨.
7호석곽								파괴됨.
8호석곽	N80E	215	65	(50)	3.3			
1호토광	N81E	200	60	30	3.3			청자상감국화판문대접
2호토광	N77E	230	80	100	2.9			청자양각보상당초문대접
3호토광	N81E	295	75	115	3.9			청동편
4호토광	N90E	215	80	90	2.7			인골편
5호토광	N90E	230	80	90	2.8			환옥
6호토광	N90E							미조사
7호토광	N90E	220	80	140	2.75			청자접시, 청자대접, 청동인장
8호토광	N90E							미조사
9호토광	N90E							미조사
10호토광	N79E	220	70	100	3.1			청자접시, 청동수저
11호토광	N90E							미조사
12호토광	N90E							미조사
13호토광	N90E							미조사
14호토광	N90E							미조사
15호토광	N90E							미조사
16호토광	N90E							미조사

잘 드러나지 않는 점이 편년상 문제점으로 제시되고 있다.

석곽묘의 경우 예외 없이 무덤 전면에 석축시설이 남아있어 단을 이루는 묘역이 조성되었음을 알 수 있다. 1호 석곽묘의 경우 석축시설에서 토기병이 출토되었다. 무덤 바닥에서는 요갱이 확인되었다.

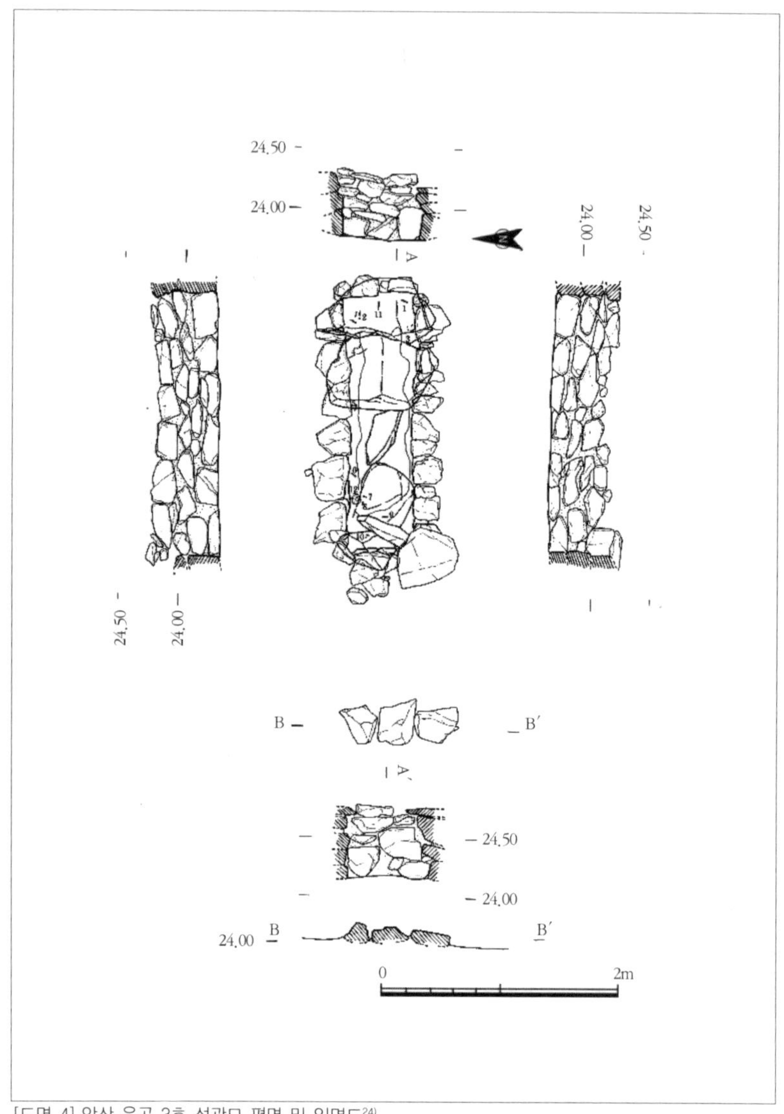

[도면 4] 안산 육곡 3호 석곽묘 평면 및 입면도[24]

24) 한양대학교박물관, 2002, 『안산 대부도 육곡 고려고분군 발굴조사 보고서』, 46쪽에서 전제.

Ⅲ. 경기지역 고려고분의 특징과 성격

1. 고려고분의 일반적 특징

일반적으로 고려무덤은 구조상 석실묘, 석관묘, 석곽묘, 토광묘로 나눌 수 있다. 이는 피장자의 신분에 따라 왕실이나 상층 귀족의 경우 규모에 있어 차이는 있으나 석실묘를, 하급귀족층이나 일반민들의 경우 석곽묘나 토광묘를 사용한 것으로 생각된다. 그리고 석관묘의 경우 화장을 했을 경우에 사용한 것으로 추정된다[25].

1) 고려고분의 분포 및 입지

고려무덤의 분포는 대체적으로 13C를 기준으로 전, 후기가 다른 양상을 보이는데, 이 시기는 무신정권을 전후한 시기로, 정치적으로뿐만 아니라 사회적으로도 많은 변화가 일어나 묘 · 장제상에도 많은 변화가 일어난 시기이기도 하다. 특히 묘지선정에 있어 큰 변화가 있었는데, 고려전기에는 개국 초기 국왕들의 강력한 왕권 강화책에 의해 모든 권력이 중앙으로부터 비롯되어 지방의 귀족들이 타지역에서 사망하였을 경우에도 대부분 개성이나 그 주변인 경기지역으로 매장지를 정하는 것이 일반저이었다. 하지만 왕권이 급속히 쇠퇴하고 지방 귀족들이 재지세력화하는 무신정권기 이후에는 귀족들이 지방에 자신들의 세력권을 형성하여 지배층의 매장지가 전국으로 확산되었으며, 자신의 출신지에 族墳을 형성하기 시작한다[26]. 때문에 고려 후기가 되면 전기의 왕릉 주변에 그와 유사한 형

---

25) 김원룡, 1999, 『한국의 고분』, 교양국사총서2.
26) 김용선, 1989, 「고려지배층의 매장지에 대한 고찰」, 『동아연구』17.

태의 무덤을 조성하였던 노력에서 벗어나 각 지방에 상하관계를 분명히 하는 무덤군을 형성하게 된다. 한편 통일신라시대에 유입되된 풍수지리 사상이 풍미하여 장지의 선정에도 영향을 미치게 되었다. 무덤군의 입지는 대체적으로 산록의 남사면에 위치하며, 頭向은 산의 정상부를 향하게 하는 것이 일반적이다[27]. 한편 고려무덤의 입지를 일제시대에 고려왕릉의 조사를 담당하였던 今西龍의 보고내용을 통해 살펴보면 다음과 같다.

"능역은 폭 十間[28] 내외, 길이 二十間 내외의 장방형 대지 위에 계획되어 좌·우·뒤쪽의 세 방향에 石墻을 두른 듯하며 그 구획내에 四壇을 두고 각단의 앞에 석벽을 세워 흙밀림을 막고 돌계단을 연결하였다. 제일 윗단 즉 가장 안쪽에 능이 있다. 능의 높이는 십척내지 십오척, 지름 이십척내지 삼십척, 봉토의 모양은 반구형인 듯

---

27) '북후방에 주산이 있고, 좌청룡 우백호의 자연구릉의 城이 있고, 좌의 청룡 구릉은 우의 백호 구릉보다 길게 앞으로 뻗어 묘지의 전면을 감싸고 그 안에서 하천이 흘러 묘전을 돌아 우백호 쪽으로 나가며, 묘의 전방 뜰을 건너서는 조산이 있는 지형' (고유섭, 1946, 『송도고적』, 박문출판사)
   '산의 남쪽 기슭에 자리잡아 좌청룡, 우백호의 산줄기가 릉 뒤의 주산에서 좌우로 뻗어내리고, 主水는 릉 우측, 즉 서쪽에서 시작되어 릉 앞 동쪽으로 흘러가는 지세를 택한다.' (김원룡, 1974, 『한국의 고분』, 교양국사총서2)
   '고려의 무덤위치는 대체로 공통하다. 즉 남향한 산기슭 또는 산중턱에 왼쪽으로는 시내물이 흘러 내리고 바른쪽(서쪽)으로는 산릉선이 뻗어서 서남쪽으로 구부러지듯이 보이는 아늑한 산기슭에 자리잡았다. 이러한 조건이 갖추어지지 못한 곳은 인공적으로 돌담 같은 것을 쌓아서라도 이런 조건을 만족시키려 하였다.' (사회과학원 고고학연구소, 1977, 『조선고고학개요』, 과학백과사전출판사)
   이는 통일신라로부터 시작되어 고려에 이르러 자리를 잡아가는 풍수사상에 기인한 것으로, 위의 내용은 왕릉급의 무덤에 대한 조사내용이나 귀족층과 일반 서민들의 경우에도 왕릉처럼 까다롭지는 않았어도 기본적인 내용을 따랐을 것으로 생각된다.
28) 능역은 대개 동서 18m, 남북 36m 정도의 규모를 가진다. 이를 통해 볼 때 1間은 미터법으로 1.8m 정도로 생각된다.

하다. 분구의 주변에는 돌병풍을 두르고 주위에 돌난간을 두른다. 그 주위에 石獸가 배치되고 정면에는 장방형 상석이 배치되며, 좌우에 망주석을 세운다. 2단에는 정면에 長明燈이 배치되고 좌우에 문인석을 마주 세운다. 3단에는 좌우에 무인석을 마주 세운다. 4단에는 정자각이 있다…, …정자각 좌측에 陵碑가 있다[29]."

이는 비록 왕릉의 경우에서 예를 들었으나, 강화 두운리(허유전묘) 유적[30], 안산 대부도 육곡 유적[31] 등에서도 석곽묘 전면에 석축으로 단을 쌓은 흔적이 확인되고 있어 귀족층이나 일반민들의 무덤도 기본적으로 유사한 형태를 따르고 있었음을 알 수 있다.

고려무덤의 입지를 논함에 있어 주목해야 할 점 중의 하나는 왕릉의 경우에도 수도 개성에 위치하는 것이 아니라 개성을 둘러싼 대략 2km 정도 떨어진 산악지대에 위치하고 있다는 점이다. 이는 강도시대에 들어와서도 마찬가지여서 석릉과 홍릉이 모두 도성의 외부에 조성하였으며, 이 같은 사실은 성밖 둘레 멀리에 왕릉급에 속하는 큰 무덤들을 배치하였던 고구려의 무덤제도에서 유사성을 찾을 수 있다[32].

---

29) "…陵域ハ幅丨間內外長二十間內外ノ長方形ノ地ヲ劃シラ左右後ノ三方ニ石墻ヲ繞ラシ基區劃內ヲ四壇面トシ各壇面ノ前方ハ石壁ヲ築キテ土留メトラシ石階段ニテ連絡シ最上卽最奧ノ壇ニハ陵アリ陵ハ高サ十尺乃至十五尺徑二十尺乃至三十尺封土ノ形半球形ヲラシ陵ハ石屛ヲ以テ基裾ヲ擁シ基周圍ニ石欄干ヲ繞圍シ石獸ヲ排置シ正面ニ長方形石床ヲ置キ左右ニ望柱石ヲ建ツ基第二壇ノ正面ニハ長明燈ヲ置キ左右ニ文人ヲ對立セシメ第三壇面ニハ左右ニ武石人ヲ對立セシメ第四壇ハ縱ヤ廣クシテコニ丁字閣アリ…丁字閣下ノ左方ニ石碑アリシカ如し…"
   今西龍,「高麗諸陵墓調査報告」,『朝鮮古蹟調査報告大正五年度』, 朝鮮總督府, 279쪽.
30) 한국선사문화연구소, 1988,『가락 허시중공무덤 발굴조사보고』.
31) 안산시·한양대학교박물관, 2002,『안산 대부도 육곡 고려고분군 발굴조사 보고서』.
32) 국립문화재연구소, 2003,『강화석릉』.

2) 고려고분의 구조 - 묘제를 중심으로

(1) 석실묘

규모면에 있어서 대형에 속하며, 왕릉이 이에 해당한다. 고려왕릉은 수도였던 개성을 중심으로 개풍, 장단 일대와 강화도에 대부분 분포하고 있다. 고려 33왕 중 능의 소재가 확실한 것은 태조 顯陵을 비롯한 19릉이며, 태조부터 18대 毅宗까지는 개성에 능을 조성하였다. 그러나 무신정권이 득세하기 시작하는 19대 명종부터 마지막 왕인 공양왕의 무덤은 소재가 불분명하다. 다만 강화천도 후에 조성된 희종의 석릉과 고종의 홍릉이 강화도에 소재하고 있음이 알려져 있고, 강화에서 다시 개성으로 천도한 공민왕의 현릉이 개성에 위치하고 있음이 확인될 뿐이다[33].

분구의 모습은 방형의 기단석을 갖춘 원형 또는 타원형의 봉분을 갖춘 경우가 일반적이고 공민왕 현릉의 경우처럼 왕비인 노국공주의 정릉과 맞붙여 놓은 특이한 형식도 있다[34]. 이와 같이 분구 하단에 면석을 갖춘 형식은 왕릉이 아니더라도 진주 평거동 유적[35] 등 귀족층의 무덤에서도 확인되고 있다. 이러한 형식은 봉분의 흙이 밀려나가지 않게 하려는 기능적인 이유 외에, 고려가 불교국가였던 점을 감안할 때 석탑의 기단구조에서 유사성을 발견할 수 있지 않을까 한다[36]. 내부구조는 반지하 또는 지하에 석실을 마련하는 것이 보통이다. 석실의 평면은 잘 치석된 석재를 사용하여 2~3단 쌓아 방형을 띠고 있다. 천장은 평천장 구조로 전체가 상자형태를 이루는 것이 일반적이다. 석실의 규모는 한 변 3m, 높이 2.5m

---

33) 국립문화재연구소, 2003, 앞의 글.
34) 전주농, 1963, 「공민왕현릉」, 『고고학자료집』3.
35) 신천식, 2002, 『진주 평거동 고려고분군 연구』, 경인문화사.
36) 김원룡, 1999, 『한국의 고분』, 일지사.

내외이며 돌의 표면에 회를 칠하고 벽화를 그렸는데 천장에는 星辰圖, 네 벽에는 四神圖와 十二支神像, 꽃, 대나무, 소나무, 인물 등을 그렸다. 또 현실 바닥에는 전을 깔았고, 중앙에 관대를 만들었으며 남벽에 입구를 터놓았으나 판석으로 막았고 연도는 없는 것이 일반적이다[37].

(2) 석곽묘

석곽묘는 4벽을 작은 자연석이나 할석 등으로 쌓고 그 위에 판석 몇 장을 덮어 천장으로 삼은 비교적 간단한 묘제로[38], 청동기시대부터 내려오는 토착묘제이다. 고려시대에 있어서 석곽묘는 일반적으로 하급귀족이나 서민들의 묘제로 사용된 것으로 알려져있다. 석곽묘의 입지는 석실묘의 경우와 같이 풍수지리사상을 따라 산의 남사면에 분포하고 있는 것이 보통이나, 지형에 따라 서사면이나, 동사면에 위치하고 있는 경우도 있다. 이 경우에도 두향은 산의 정상쪽을 향해 서침 또는 동침을 하는 경우도 확인된다. 봉분은 원형 봉토분을 기본으로 장방형 또는 방형의 분구도 확인된다. 하지만 수도 개성 주변에서 확인된 석곽묘나 몽고침입기의 수도였던 강화도의 왕릉 주변에 조성된 중앙귀족층의 석곽묘(또는 중소형급의 석실묘)로 추정되는 무덤을 제외하고는 봉분이 남아있는 경우가 거의 없어, 석곽묘의 봉분에 대해서는 확언하기는 힘든 실정이다. 묘곽은 지역에 따라 다소간의 차이는 있으나 비교적 큰 판석형의 석재를 1단 내지 2단정도 눕혀 쌓은 후 그 위로 비교적 작은 할석들을 쌓는 것이 일반적이다. 단벽의 축조에 있어서 하단벽(발쪽)의 경우 횡구식 석실묘의 횡구부와 유사하게 축조한 경우가 있는데, 횡구식 묘제에서 일반적으로 보이는

---

37) 김원룡 · 안휘준, 1993, 『한국미술사』, 257~260쪽.
38) 김원룡, 1999, 『한국의 고분』.

추가장의 흔적은 보이지 않으며, 단지 세 벽의 축조 이후 남은 벽을 바깥에서 마감한 모습을 보이고 있다[39]. 추가장을 염두에 두지 않은 횡구식의 사용은 장제의 측면에서 생각하기보다는 무덤의 입지면에서 생각해 볼 필요가 있다. 보고된 도면들을 검토해 볼 때 횡구식이 사용된 경우는 대부분 경사가 급한 지형으로, 암반면을 'ㄴ'자 형으로 굴착하고 조성되었다. 이 경우 수직방향으로 하관을 하기가 힘들어 옆에서 관을 밀어 넣는 방법을 사용한 것이 아닌가 생각된다.

석곽묘의 구조는 이전 시기와 큰 차이를 보이지 않는데, 다만 삼국시대나 통일신라시대의 석곽묘에 비해 길이에 대한 폭이 넓다는 점이 특징으로 삼을 수 있다.

(3) 석관묘

고려무덤에 있어서 석관묘는 火葬에 따른 유골의 수습을 목적으로 하는 묘제로 알려져 있다. 고려 석관묘에 대한 연구는 석관묘 외벽에 시문된 선각화에 대한 연구를 중심으로, 여타 고려무덤에 비해 심도 있게 이루어져 있다[40]. 특히 고려의 석관묘는 墓誌石을 남긴 예가 많아 석관묘의

---

39) 용인 좌항리 유적의 경우 枕向이 북쪽일 경우 남단벽, 서쪽일 경우 동단벽이 이에 해당한다. 내부에서 추가장의 흔적은 확인되지 않았으며, 단지 세 벽의 축조 후 마지막 벽을 밖에서 마감-이전시대 횡구식 석실분에서 처럼 석재를 쌓아올렸다기 보다는 비교적 대형의 할석 1~2매를 눕히거나 세워 놓은 모습이다-한 형식이다. 이러한 모습은 다른 조사자들에 의해서 그 특이점이 언급되지 않았을 뿐, 고려 석곽묘에 있어서 드문 형식은 아니며 본 고에서는 단벽 1식에 포함시켜 분류하였다.
한편 공주 신기동 유적의 조사자는 조사된 고려석곽묘를 모두 횡구식으로 분류하였다(공주대학교박물관, 1993, 『공주 신기동·금학동 백제·고려고분군 발굴조사보고서-1991년도 발굴조사-』).
40) 정길자, 1985, 「고려귀족의 조립식석관과 선각화 연구」, 『역사학보』 108.
_____, 1983, 「고려시대 화장에 대한 고찰」, 『부산사학』 7.

조성배경과 절차[41] 등이 비교적 상세히 남아있다는 점에서 매우 중요하다.

석관묘의 구조는 좌우에 장벽으로 삼을 긴 판석형의 석판을 대고 상하단벽에 장벽에 절반정도 길이를 갖는 판석을 대고 바닥과 뚜껑으로 각각 1매씩의 판석을 사용한 총 6매의 판석형 석재를 사용한 것이 일반적이다.

(4) 토광묘

토광묘는 석곽묘와 마찬가지로 선사시대부터 내려오는 토착묘제의 하나로 고려시대에는 일반서민들의 묘제로 사용되었다. 입지면에서 다른 묘제와 큰 차이는 없다. 대체적으로 목관을 사용한 것으로 생각되며, 출토되는 관정의 양으로 추정해 볼 때 목곽을 사용한 경우도 있는 것으로 추정된다. 평면형태는 대부분 장방형 또는 말각장방형이다. 묘광 안에 요갱이 확인되는 예가 많다는 점이 특징이다. 한편 청주 용암유적과 명암동 유적 등지에서는 요갱과 함께 네 모서리에 작은 구멍이 확인되는데[42], 청주 명암동유적 조사자는 이를 목관 안치방법과 연관하여 설명하고 있다. 하지만 이를 장례행렬의 앞에서 귀신을 쫓고 길을 열기도 하는 方相氏가 무덤을 팔 때 무덤안의 네 귀퉁이를 창으로 쳐서 方良을 몰아내는 것에 근거하여 방상씨의 역할로 볼 수 있다는 의견이 제시되기도 하였다[43].

---

41) 묘지석의 기록에 의한 화장절차는 매우 복잡하였다. 일단 사망 후 사망지에 殯禮한 후 一次葬으로 화장하고 2~3일이 지난 후 화장유골을 용기에 수습하여 二次葬으로 사찰에 봉안하고 극락왕생을 기원하다가 吉地와 吉日을 택하여 三次葬으로 화장유골을 땅에 매장하면 장례가 모두 끝난다(정길자, 1985, 위의 책, 40쪽).

42) 한국문화재보호재단, 2000, 『청주용암유적』.
   국립청주박물관, 2000, 『청주명암동유적(Ⅰ)』.

43) 김우림, 2001, 「'충북지역의 고려묘' 발표에 대한 토론요지」, 『호서지방의 중세고고학』- 제4회 호서고고학의 학술대회 발표집.

　고려시대 토광묘는 출토되는 유물의 양과 질적인 면에서 석곽묘에 크게 뒤지지 않아 양 묘제의 피장자 간에 신분상 큰 격차는 없었던 것으로 생각된다.

3) 고려고분의 부장품

　고려무덤의 부장품들은 고가의 청자류를 동반하는 예가 많은 이유로 도굴꾼들의 주요 표적이 되어왔다. 이러한 이유로 발굴조사된 석곽묘들도 대부분 도굴이 이루어진 이후에 조사가 진행되어 유물의 정확한 부장상태를 알 수 있는 유구는 한 기도 없었다. 다만 비교적 상태가 양호한 소수의 예를 통해 대체적인 부장양상을 확인할 수 있을 뿐이다.

　먼저 관대의 위치를 통해 볼 때 관 안에 두는 유물과 관 밖에 두는 유물이 달랐음을 알 수 있다. 관대를 확인할 수 있는 무덤들을 통해 볼 때 관은 입지상 정상쪽(대부분 북쪽) 단벽에 치우치게 두었던 것으로 생각된다.

　조사보고된 유적들에 있어서 유물의 출토위치를 살펴보면 유물의 성격에 따라 출토위치를 달리하고 있음을 알 수 있다. 즉, 관과 석곽의 아래쪽 단벽 사이 즉 피장자의 발 아래 관 밖에는 토기, 자기류와 匙箸를 부장하였고, 머리맡에는 동경, 가위 등 치장(또는 벽사)을 위한 도구들이 부장되었던 것이 일반적이었던 것 같다. 고려무덤에서 출토되는 유물들은 생활유적에서 발견되는 유물과 비교해 볼 때 형태 등에서 차이를 보이지 않아 실제 사용했던 것을 부장한 것으로 생각되며 사후세계를 믿는 고려인들의 종교상을 추정해 볼 수 있는 자료가 되고 있다.

　부장유물 중 동경, 가위 등의 금속류가 있는데, 이들은 대개 머리맡에 두었던 것으로 생각된다. 가위는 대부분 철제이며, 굵은 철사의 양 끝에 날을 세우고 중간을 한 번 감아 탄력을 이용하여 절단할 수 있도록 고안

[표 6] 중부지역 고려무덤 현황

		유적명	조사기관	석곽묘	토광묘	중심연대	비고
경기 지역	1	용인좌항리	명지대학교박물관	13기	3기	11C	
	2	하남춘궁동	충북대학교박물관		1기	고려초기	
	3	용인마북리 (경기도박)	경기도박물관	4기	3기	11C 이후	
	4	안산둔대리	단국대학교중앙박물관		4기	11C 이후	
	5	용인마북리 (단국대)	단국대학교 한국민족학연구소	5기	2기	12~13C	
	6	고양더부골	한양대학교박물관	1기	65기	12~13C	
	7	안산부곡동	단국대학교중앙박물관	4기	1기	13C	
	8	강화두운리	한국선사문화연구소	1기		허유전 (1243~1323)	
	9	파주서곡리	국립문화재연구소	2기		권준 (1281~1352)	벽화묘
	10	여주매룡리	한림대학교박물관	1기			
	11	안산대부도	한양대학교박물관	8기	16기	12~14C	
		소 계		38기	96기		
충북 지역	12	청주명암동	국립청주박물관		20기	10~12C	2차례 발굴
	13	영동지봉리	한남대학교박물관	1기		11C	
	14	충주직동	충주공전 박물관	15기		11C 이후	
	15	충주단월동	충주박물관	20기	7기	11~12C	2차례 발굴
	16	단양하방리	충주박물관	4기		11~12C	
	17	청주용암	한국문화재보호재단		120기	11~12C	
	18	단양현곡리	서울시립대박물관	27기	6기	11~13C	
	19	중원루암리	국립문화재연구소 충북대학교박물관	5기	3기	12C	3차례 발굴
	20	충주호암동	충주박물관	5기	30여기	12C 이후	
	21	청주봉명동	충북대학교박물관	6기	40여기		
	22	진천성석리	충북대학교박물관	1기			
	23	진천송두리	충북대학교박물관	1기	1기	13C	
		소 계		85기	230여기		
충남 지역	24	논산득윤리	국립부여박물관	3기		11C	수습조사
	25	대천죽정리	국립부여박물관	1기		고려중기	수습조사
	26	공주신기동	공주대학교박물관	13기		12~13C (청자매병)	
	27	부여주암리	국립부여박물관	1기			수습조사
	28	공주보통골	공주대학교박물관	1기			14호분
	29	천안남산리	국립공주박물관	4기	4기	11~12C	
	30	천안업성동	공주대학교박물관	2기			
		소 계		25기	4기		
		합 계		148기	330여기		

[도면 5] 경기도지역 고려무덤 현황

번호	유적명	번호	유적명
1	강화 석릉 유적	6	안산 부곡동 유적
2	강화 두운리 유적	7	안산 둔대리 유적
3	고양 더부골 유적	8	용인 마북리 유적
4	하남 춘궁동 유적	9	용인 좌항리 유적
5	안산 육곡 유적		

된 모습이다. 충주 직동, 단월동, 용인 좌항리, 영동 지봉리 유적 등에서 출토되었다. 일반적으로 이러한 형태의 가위는 漢代에 유행하였던 것으로 알려져 있는데, 우리나라에서도 경주 안압지, 춘천 법전리 무덤, 양산 부부총 등지에서 발굴된 예가 있다[44].

한편 동곳은 시신의 머리 위치에서 발견되어 특별히 부장을 했다기보다는 피장자가 착용하고 있었던 것으로 생각된다. 고려 이전 시기에서 이처럼 피장자가 착용하고 있는 상태로 부장되는 유물들은 귀걸이, 목걸이 등 화려한 장식성을 가진 것들이 대부분이었으나, 고려에 들어서면서 이전 시대에 비해 대단히 소박한 동곳이 그 자리를 대신하게 된다. 이는 부장품 중 마구의 소멸과도 연관지어 생각해 볼 수 있는데, 삼국시대부터 통일신라에 이르는 격동기를 거치면서 권력의 중심에 섰던 무인 중심의 통치조직이 科擧制를 기반으로 하는 문인 중심의 통치조직으로 변한 이유로 볼 수 있다[45]. 동곳의 평면 형태는 대체적으로 'ㄷ'자 형이고, 단면은 역삼각형이 일반적이다. 이러한 형태의 동곳 역시 한나라에서 유행하던 형식으로 삼국시대에 유입되어 고려시대에까지 널리 사용되었음을 알 수 있다[46]. 유병의 경우 시신의 가슴 정도 높이에서 찾아지는 경우가 많아 조선시대 香囊과 같은 용도로 사용되었던 것으로 생각된다.

한편 13세기를 전후한 시기에 있어서 부장품은 그 조합이나 양에 있어서 급격한 감소를 보인다. 이에 대해 13세기 이후 몽고군의 침입과 원의 간섭으로 사회불안과 경제적 혼란의 시기를 겪게 되어 磁器 등의 생산력이 저하되고, 청동제품 또한 원의 내정간섭기에 군수품으로 사용하기 위해 여러 차례 수탈당한 것이 그 원인으로 생각된다[47].

---

44) 김택규, 1978, 「민속학적 고찰」, 『안압지 발굴조사보고서』, 문화공보부 문화재관리국.

45) 강인구, 1980, 「무주 유동리 고려고분과 출토유물」, 『미술자료』26.

46) 김택규, 앞의 글.

47) 고현수, 2004, 『남한지역 고려고분의 부장품 매장방식 연구』, 한양대학교 석사학위논문.

2. 경기지역 고려고분의 성격

본 장에서는 앞장에서 살펴본 유적의 내용을 바탕으로 경기지역 고려 무덤의 특징을 간략히 서술하고자 한다.

경기도지역에 있어서 고려무덤의 분포는 서북쪽 강화도에서 남동 용인 까지 고르게 분포되어 있다. 이는 고려의 수도가 경기도에 위치하고 있었 던 사실과 연관이 있을 것이며, 그에 따라 경기도 전역에 무덤을 조성하 고 있다. 무덤의 입지는 왕릉의 그것을 좇아 풍수지리사상에 입각하여 터 를 닦았으며, 그 구조 또한 왕릉을 모방하려는 의도가 보인다[48]. 때문에 지역에 따른 차이는 크게 나타나지 않는다. 다만 시기에 따른 입지 및 구 조와 부장품의 차이가 어느 정도 확인되는데, 이 역시 도드라지게 드러나 는 것은 아니다. 경기지역 고려무덤의 시기적 차이점을 살피기전 구분점 을 찾으면, 전·후기 구분은 사회·문화적으로 가장 큰 변동기인 13C를 전후한 시기로 설정할 수 있다. 이 시기는 무신정권을 전후한 시기로, 정 치적으로뿐만 아니라 사회적으로도 많은 변화가 일어나 묘·장제상에도 많은 변화가 일어난 시기이기도 하다. 특히 묘지선정에 있어 큰 변화가 있었는데, 고려전기에는 귀족들이 타지역에서 사망하였을 경우 대부분 개성이나 그 주변인 경기지역으로 매장지를 정하는 것이 일반적이었으 나, 지방 귀족들이 재지세력화하는 무신정권기 이후에는 지배층의 매장 지가 전국으로 확산되었으며, 자신의 출신지에 族墳을 형성하기 시작한 다[49]. 때문에 고려 전기 왕릉 주변에 그와 유사한 형태의 무덤을 조성하였 던 노력에서 벗어나 각 지방에 상하관계를 분명히 하는 무덤군을 형성하

---

48) 이희인, 2002, 「중부지방 고려시대 고분연구」, 성균관대학교 석사학위논문.
49) 김용선, 1989, 「고려지배층의 매장지에 대한 고찰」, 『동아연구』17.

게 된다. 또한 부장유물의 정도에 있어서도 변화를 보이는데, 13세기를 전후한 시기에 있어서 부장품은 그 조합이나 양에 있어서 급격한 감소를 보인다. 이에 대해서는 앞서 출토유물편에서 언급한 바와 같이 몽고군의 침입으로 인해 야기된 사회불안과 경제적 혼란의 시기를 겪게 되어 磁器 등의 생산력이 저하되고, 청동제품 또한 원의 내정간섭기에 군수품으로 사용하기 위해 수탈당한 것이 그 원인으로 생각된다.

본고에서 살펴본 고려무덤 중 전기로 편년되는 유적은 용인 좌항리 유적과 마북리 유적의 일부 유구가 포함된다. 분석결과 석곽의 축조방법에 있어 전기에 속하는 무덤군은 길이에 대한 폭의 비율이 후기에 비해 크다는 점이다. 이 같은 사실은 고려전기 귀족들이 타지역에서 사망하였을 경우 대부분 개성이나 그 주변인 경기지역으로 매장지를 정하는 것이 일반적이었을 정도로 중앙의 묘제를 따르려 했던 점에서 그 원인을 찾을 수 있다. 앞에서 살펴본 바와 같이 고려 왕릉인 석실묘의 평면 형태는 방형에 가까운 장방형이 일반적이다. 때문에 고려 전기 석곽묘의 평면형태가 이를 모방하여 후기에 비해 폭이 넓은 모습을 하고 있는 이유에 대한 설명이 가능하다. 반면 토광묘의 경우는 평면상 전·후기의 차이가 거의 없는 결과가 나왔다. 이는 토광묘의 경우 가장 오랜 전통을 갖고 있는 묘제로 현재까지도 큰 변동이 없는 크게 그 형식이 크게 구애받지 않는 모습에서 볼 때 당연한 결과로 생각된다.

IV. 맺는말

지금까지 경기도지역 고려무덤에 대해 간략히 살펴보았다. 머리말에서도 지적한 바와 같이 고려시대 유적에 대한 고고학적 조사와 연구자료가 아직은 미비하여 심도있는 고찰이 되지 못하였다. 앞으로 더 많은 자료들이 축적되고, 그에 따른 연구가 진행되기를 기대하며, 이상의 내용을 정리하면 다음과 같다.

고려는 통일신라 후기에 형성된 지방분권적 요소들을 통합하여 성립된 국가이면서 강압적으로 지방세력의 기반을 해체시키지는 않고 자율적인 지배권을 인정하면서 중앙정부에 소속시키는 정책을 사용하였다. 이러한 정책은 지방세력들이 자신들의 권위를 인정하면서도 중앙정부에 적극적으로 참여하여 지배세력으로 작용할 수 있는 조건을 형성하게 된다. 한편 고려라는 국호에서도 알 수 있듯이 고구려의 전통에 근간을 둔 북방문화를 적극 수용하는 자세를 견지하였다. 이러한 새로운 문화적 양상은 이미 한반도 중·남부 지역에서 확고한 위치를 가지고 있던 백제·신라문화에 대한 고려 나름의 문화로 자리하게 된다. 이러한 사상적 바탕 위에 형성된 고려 특유의 문화양상은 무덤의 조성에서도 드러나게 된다.

고려의 묘제는 크게 석실묘, 석관묘, 석곽묘, 토광묘의 4가지로 나눌 수 있으며, 석실묘는 주로 왕릉이나 그에 준하는 고급귀족의 무덤으로 사용되어 수도인 개성과 강화도 일대에 주로 분포하고 있다. 석곽묘와 토광묘는 조사결과를 놓고 볼 때 경기도 전지역에 분포하고 있는 것으로 생각된다. 한편 고려무덤을 전·후기로 나누어 살펴볼 때 석곽묘의 경우 전기의 예가 후기에 비해 길이에 대한 폭의 너비가 넓어지는 경향이 있는데, 이는 고려 전기 중앙집권적인 사회 분위기에 따른 고려왕실의 묘제를 모방하는 경향을 반영한 것이라고 생각된다. 반면에 토광묘의 형태적 변화는 발견되지 않았다. 하지만 이러한 결과는 경기도지역에 국한된 연구의 결과라는 한계를 갖는다. 하지만, 고려무덤의 연구가 경기지역 고려시대 사회상을 복원하는 일에 한 축을 이룰 것으로 생각된다. 특히 고려시대 수도와 가장 인접해 있던 지방귀족세력의 실체를 밝힐수 있는 계기가 될 것으로 생각된다. 한편 새로운 자료가 보강되고 연구가 더욱 진행되어 보다 객관적인 분석자료를 도출해내는 것이 과제로 남는다. 또한 이미 상당한 자료의 축적과 연구가 진행되고 있는 북한의 연구자료와 최근 다수의 조사가 이루어지고 있는 호남지방[50]과 대표적인 족분의 형태로 인정되는 진주 평거동 유적[51]이 위치한 영남지방의 분석자료와의 비교가 이루어진다면 그간 미개척부분으로 남아있던 고려무덤에 대한 이해에 많은 진전이 있을 것으로 생각된다.

---

50) 군산지방의 助村洞, 米龍洞, 玉井里 유적(이상 군산대학교박물관), 서해안 고속도로 전북구간내 기린마을 유적(원광대학교박물관), 남원 舂亭里 유적(전북대학교박물관) 등의 '고려계석곽묘'로 명명된 고려무덤들의 조사가 이루어져 일부는 보고서가 간행되었고 일부는 간행 중에 있다.
고금님, 2005, 「호남지역 고려 석곽묘의 연구」, 전북대학교 석사학위논문.
51) 신천식, 2002, 『진주 평거동 고려 고분군 연구』.

■참고문헌■

1. 史料

『高麗史』.

서긍 著, 정용석·김종윤 공역, 1998, 『宣和奉使高麗圖經』.

2. 單行本

강인구, 2000, 『고분연구』, 학연문화사.

_____, 2000, 『한반도의 고분』, 대우학술총서논저 465, 아르케.

강경숙, 1999, 『한국도자사』, 일지사.

고유섭, 1946, 『송도고적』, 박문출판사.

곽장근, 1999, 『호남 동부지역 석곽묘연구』, 서경문화사.

국립민속박물관, 1990, 『영원한 만남-한국 상장례』, 미진사.

김용선 편저, 1993, 『고려 묘지명 집성』, 한림대학교 아시아 문화연구소.

김용진, 1989, 『한국민속공예사』, 학문사.

김원룡·안휘준 공저, 1997, 『한국미술사』, 서울대학교출판부.

김원룡, 1999, 『한국의 고분』, 교양국사총서2.

大塚初重·小林三朗, 1982, 『古墳辭典』, 東京堂出版.

리화선, 1989, 『조선건축사』, 백산자료원.

박용운, 1990, 『고려시대사(상·하)』, 일지사.

용인시·용인문화원, 1998, 『고려시대의 용인』.

이기백·민현구 편저, 1999, 『한국문화사-고려편-』, 일지사.

이남석, 1995, 『백제 석실분 연구』, 학연문화사.

이이화, 1999, 『최초의 민족통일국가 고려』, 한길사.

이홍식, 1954, 『고려 벽화고분 발굴기(장서군 진서면 법당방)』, 을유문화사.

齋藤忠, 1974, 『日本古墳の研究』, 東京吉川弘文館.

최근영, 1999, 『통일신라시대 지방세력연구』, 신서원.

3. 論文

강현숙, 1990, 『수혈식 석곽묘연구』, 명지대학교 석사학위논문.

고영성, 2004, 『고려 석곽묘와 토광묘 연구-혼재유적을 중심으로-』, 서울대학교 석사학위논문.

고금님, 2005, 『호남지역 고려 석곽묘 연구』, 전북대학교 석사학위논문.

고현수, 2004, 『남한지역 고려고분의 부장품 매장방식 연구』, 한양대학교석사학위논문.

김동일, 1988-1, 「돌관무덤에 대하여」, 『조선고고연구』, 사회과학원 고고학연구소.

김세기, 1985, 「수혈식묘제의 연구-가야지역을 중심으로-」, 『한국고고학보』17 · 18.

김용선, 1989, 「고려지배층의 매장지에 대한 고찰」, 『동아연구』17, 서강대학교동아연구소.

김원룡, 1947, 「고려시대 민묘 발굴 서록」, 『민성』3-5 · 6합본, 고려문화사.

______, 1964, 「진주 평거농 기년 고려고분군」, 『미술자료』9.

김원룡 · 김정기, 1967, 「고려벽화고분 조사보고」, 『한국고고학보』2, 한국고고학회.

김종혁, 1986-1, 「개성일대고려왕릉발굴보고(1)」, 『조선고고연구』, 사회과학원고고학연구소.

김진구, 1979, 「조선초기 왕릉제도」, 『백산학보』26.

양미옥, 2005, 「충청지역 고려시대 무덤 연구」, 한남대학교 석사학위논문.

엄익성, 1998, 「고려시대고분에대한일고찰-좌항리고분군을중심으로-」, 『고려시대의 용인」

오경택, 2005, 「경기북부지역 14~16세기 토광묘 연구」, 명지대학교 석사학위논문.

왕성수, 1990-2, 「개성일대고려왕릉에대하여」, 『조선고고연구』, 사회과학원 고고학연구소.

윤장섭, 1975, 「한국의 영조척도」, 『대한 건축학회지』.

이난영, 1971, 「고려시대묘지연구」, 경희대학교 석사학위논문.

______, 1975, 「한국 匙箸의 형식분류」, 『역사학보』67.

이승일, 2003, 「고려묘 출토 중국전에 대한 연구」, 동아대학교 석사학위논문.

이홍식, 1954, 「고려 벽화고분 발굴기」, 『한국 고문화 논고』, 을유문화사.

이희인, 2002, 「중부지방 고려시대 고분연구」, 성균관대학교 석사학위논문.

전주농, 1960-4, 「고려공민왕 현릉발굴개보」, 『문화유적』.

______, 1963, 「공민왕현릉」, 『고고학자료집』3.

______, 1963, 「대동군 팔청리 벽화무덤」, 『고고학자료집』3.

정길자, 1983, 「고려시대 화장에 대한 고찰」, 『부산사학』7, 부산사학회.

______, 1985, 「고려 귀족의 조립식 석곽과 그 선각화 연구」, 『역사학보』108.

정백운, 1957-3, 「조선고대 무덤에 관한 연구(2)」, 『문화유산』.

______, 1957-2, 「조선고대 무덤에 관한 연구(1)」, 『문화유산』.

정종수, 1984, 「한국 복장제연구」, 중앙대학교 석사학위논문.

조유전, 1993, 「구조에 대한의견」, 『파주서곡리고려벽화묘발굴조사보고서』, 문화재관리국 문화재연구소.

조재경, 2001, 「충북지방의 고려묘」, 『호서지방의 중세고고학』, 제4회 호서고고학회 발표자료집.

주영민, 2004, 「고려시대 분묘 연구-도자편년을 중심으로」, 신라대학교 석사학위논문.

진홍섭, 1974, 「고려시대 고분의 방형호석형식」, 『우간 정충환박사 환력기념논문집』.

황기덕, 1963, 「함경북도 봉산군 송산리 솔뫼골 돌돌림무덤」, 『고고학자료집』3.

황순녀, 2004, 『경북북부지역 고려 분묘의 형식과 편년』, 안동대학교 석사학위논
　　　　문.

황정욱, 2001, 「고려시대석곽묘연구」, 단국대학교 석사학위논문

4. 報告書

건국대학교박물관, 2000, 『경기도 화성 산청리 무덤떼』.

경기도박물관, 2001, 『용인 마북리 고려고분군』.

경희대학교박물관, 1992, 『통일동산 및 자유로개발지구발굴조사보고서』.

국립문화재연구소, 1993, 『파주 서곡리 고려벽화묘 발굴조사보고서』.

　　　　　　　　　　, 2003, 『강화 석릉』.

단국대학교중앙박물관, 1995, 「화성구포리 발굴조사 보고」, 『서해안고속도로건설
　　　　구간(안산-안중간)유적발굴조사 보고서(2)』.

　　　　　　　　　　　, 1995, 「안산 부곡동 옛무덤 발굴조사보고」, 『서해안고속
　　　　도로건설구간(안산-안중간)유적발굴조사 보고서(1)』.

　　　　　　　　　　　, 1995, 「화성송나리 분묘군 발굴조사 보고」, 『서해안고속
　　　　도로건설구간(안산-안중산)유적빌굴조사 보고서(2)』.

　　　　　　　　　　　, 1995, 「화성둔대리 발굴조사 보고」, 『서해안고속도로건설
　　　　구간(안산-안중간)유적발굴조사보고서(1)』.

단국대학교한국민족학연구소, 1997, 『용인마북리유적-단국대학교신캠퍼스건설
　　　　지역 발굴조사보고(1)』.

명지대학교박물관, 1994, 『용인 좌항리 고려고분군 발굴조사 보고서』.

충북대학교박물관, 1988, 「광주 춘궁리고분 및 주변지역 발굴조사 보고서(1차)」,
　　　　『판교-구리·신갈-안산간 고속도로 문화유적 발굴조사 보고서』.

한국선사문화연구소, 1988, 『가락허시중공무덤 발굴조사보고』.

한양대학교박물관, 1993, 『고양 중산지구 문화유적 발굴조사』.

_______________, 2002, 『안산 대부도 육곡 고려고분 발굴조사보고』.

城南 金土洞 白磁窯址 研究

박영재*

目　　次

I. 序論

　금토동 백자요지는 京畿道 城南市 壽井區 金土洞 546番地 일대의 군사보호구역 내에 위치하고 있다. 조사지역의 자연 지리석 위치와 환경을 보면, 북서쪽 능선에 이수봉(545m)이 위치하고 있고, 이 능선이 북쪽으로 좀더 올라가면 淸溪山(618m)과 연결되며, 二壽峰에서 약 1㎞ 남쪽에 國思峰(510m)이 자리잡고 있다. 그리고 남쪽으로는 서울 외곽순환도로를 건너 白雲山(564m)을 지나 光敎山(582m)과 연결된다. 조사지역의 가마터는 二壽峰과 國思峰 사이를 동남부로 흐르는 청계골의 마을입구에서 약간 안

---

* 한국국방문화재연구원.

쪽으로 더 들어가는 계곡의 동쪽에 자리잡고 있다.

이 곳은 1963년에 처음 군사보호구역이 된 후 현재까지 그대로 유지되고 있다. 백자 가마터는 2002년 11월~12월에 陸軍士官學校 花郎臺研究所 國防遺蹟研究室에 의한 문화유적 지표조사를 실시하는 과정에서 발견된 곳이다. 당시 국방유적연구실은 금토동 군사보호구역 주변에 대한 광범위한 지표조사를 실시하였는데, 이 가운데 금토동 546번지 일대에서 다수의 白磁片과 도지미 그리고 가마 벽으로 추정되는 조각 등을 收拾하였다.

발굴조사는 2003년 8월 11일부터 9월 15일까지 경기대학교 박물관에 의해 시굴조사가 실시되었다. 조사결과 이곳에서 白磁窯址 1기와 廢棄場 2기가 노출되었고, 다수의 백자편과 도지미가 출토되었다.[1] 금토동 백자요지는 조사 당시 가마터의 규모나 구조 또는 출토된 백자의 특징 등에서 광주시 중부면 상번천리 9호 가마터나 퇴촌면 우산리 9호 가마터와 거의 같은 성격을 보여주고 있어, 성남시 금토동 가마유구는 이들 가마터의 시간적 그리고 공간적 범위 내에서 조성되었던 것으로 주목을 받았다. 따라서 본 논문에서는 이러한 금토동 백자요지의 학술적 중요성에 비추어 가마유구의 내부구조와 출토유물에 대해 정밀한 검토를 진행하고자 한다.

---

1) 경기대학교, 2003, 『성남 금토동 백자요지』.

Ⅱ. 調査地域의 背景

1. 位置와 自然環境

조사지역인 경기도 성남시 수정구 금토동 일대는 漢南正脈을 구성하고 있는 여러 산들 가운데 청계산(618m)의 동남쪽에 위치하고 있다. 청계산을 중심으로 서남쪽은 의왕시가 위치하고 있으며, 서북쪽에는 과천시가 자리잡고 있고, 북쪽으로는 서울의 서초구와 맞닿아 있으며, 동남쪽에는 성남시 수정구가 위치하고 있다(도면 1). 조사지역은 청계산의 餘脈이 남북으로 길게 형성하고 있는 중앙부에서 동쪽으로 형성된 계곡에 위치하고 있으며, 이곳은 보통 '청계골'이라고도 불리기도 한다.

조사지역의 地形을 보면, 청계산의 최고봉인 望京臺에서 國思峰(540m)과 남북으로 연결되어 있고, 이들 두 산봉우리는 각각 동쪽으로 길게 평행을 유지하면서 산능선이 흘러내려가고 있는데, 이 두 산능선 사이에 형성된 비교적 길고 좁은 계곡부에 조사지역의 가마터가 자리잡고 있다(도면 2).

이 지역의 地質은 京畿 片麻巖 複合體의 일부에 해당하며, 大寶花崗巖과 黑雲母 弧狀片麻巖이 基盤巖을 이루고 있고, 계곡부 아래의 평지는 임반이 풍화되어 형성된 灰色土壤과 홍적세의 赤黃色土壤이 금토동 마을에서 관찰되고 있다. 망경대에서 발원한 금토천은 조사지역의 계곡 중심부를 흐르다가 성남시를 남에서 북으로 관통하며 흘러가는 炭川에 유입된다. 지방 2급 河川인 金土川(옛 月川)은 年中 풍부한 水量을 유지하고 있으며, 지형적으로 斜行河川의 流路로서 東流하다가 炭川에 合流하는데, 이 금토천은 금토동 마을의 중요한 生態軸을 형성하고 있다.

조사지역의 자연식생환경은 광복이전까지 비교적 다양한 樹種을 보여주고 있었으나 광복 전후에 이루어진 광범위한 벌채와 함께 火田農民의 많은 유입과 무분별한 耕作 活動으로 인해 넓은 면적이 황폐화되었으며, 특히 6·25事變 이후에는 심각한 盜伐로 인해 거의 민둥산으로 변하였었다. 이후 1960년대 초반, 이 지역에 군사시설이 들어서면서 일반인의 출입이 금지되자 지금과 같이 다양한 樹種이 구성되면서 녹지환경이 조성되었다. 이 지역은 청계산 일대에서도 樹種의 다양성과 함께 山林이 가장 밀집된 지역으로 변모되어 있다.

성남시의 기온을 살펴보면, 이곳의 연 평균 기온은 11.2°이며, 여름과 기온 차는 약 30°이다. 성남시의 1월 평균 기온은 −0.4°로 냉대기후에 속하여 겨울에는 한랭한 편이라고 할 수 있다. 성남시의 연평균 강수량은 1200~1300㎜ 내외인데, 이는 전국 강우량의 평균치보다 높은 수치이며, 여름 증발량이 강수량의 약 72%에 달해 비교적 다습하다고 할 수 있다.

2. 歷史·考古學的 背景

조사지역인 성남시 금토동은 본래 행정적으로 廣州에 속했었다. 성남시 일대에서 아직까지 구석기시대의 유적이나 유물의 존재가 확인된 바는 없다. 그러나 성남시는 한강 하류와 지리적으로 비교적 가까울 뿐더러, 성남시의 중심부를 흐르는 炭川은 北流하다 서울특별시 송파구 잠실동과 강남구 삼성동 사이를 지나 한강에 유입한다. 따라서 한강 일대에서 많은 구석기시대 유적이 조사되고 있음을 고려한다면, 성남시 일대에도 구석기시대부터 인간의 거주가 시작되었을 것으로 추정할 수 있다.

성남시의 선사시대 유적지로는 분당구 삼평동에서 新石器時代의 유적이 조사되었고, 태평동·금토동·수진동에서는 靑銅器時代의 無文土器 등이 발견되었으며, 태평동·수진동·사송동·수내동·하산운동 등지에서

100여 기가 넘는 支石墓가 확인되었다. 그리고 삼평동에서는 청동기시대의 立石이 조사되었다. 따라서 청동기시대에 이르러 성남시 지역에는 많은 사람들이 거주하였던 것을 알 수 있다.

성남시는 삼국시대 초기에 마한 54개국 가운데 伯濟에 百濟國으로 발전한 정치체의 세력 범위에 속하였던 것으로 추정된다. 풍납토성으로 비정되는 하남 위례성에 도읍했던 백제는 古爾王代를 거치면서 점차 국가체제 정비하면서 강력한 古代國家로 성장하게 되는데, 서울시 방이동과 석촌동에 당시의 古墳群들이 남아있다. 백제는 近肖古王代에 남으로 마한지역의 전지역을 차지하고, 북으로는 고구려를 침공하여 고구려의 故國原王을 전사시킬 정도로 강성한 국가로 발전하였다.

그러나 백제는 蓋鹵王代인 475년에 고구려 장수왕의 침입으로 말미암아 한강유역을 상실하고 웅진으로 南遷하게 된다. 고구려가 한강유역을 점령한 475년 이후, 성남시는 고구려의 漢山郡에 속했다가 뒤에 553년 신라의 한강으로 진출하면서 신라의 新州에 속하게 되었다. 신라의 신문왕 5년(685년)에 전국의 행정단위를 9州 5小京으로 개편할 때, 성남지역은 9주 가운데 한산주에 속하게 되었다.

고려시대에는 태조 23년(940년)에는 廣州로 되었다가, 성종 2년(983년)에 처음 12州에 牧을 둘 때, 楊州·黃州 등과 더불어 廣州牧이 되었다. 995년 행정구역 개편시 12절도사를 둘 때에는 奉國軍節度使로 고쳐 關內道에 소속시켰으며, 현종 3년(1012년)에는 절도사를 폐하여 安撫使를 두었다가 1018년에 12牧을 줄여 8牧으로 고칠 때, 다시 廣州牧으로 되었다가 충성왕 2년(1310년)에 知州使로 강등되었다. 이후 공민왕 5년(1356년)에 牧으로 復舊되었다. 고려시대의 인물로는 고려말의 신진 사대부 세력을 대표하던 遁村 李集·炭川 李之直 父子가 있고, 고려에 충절을 끝까지 바친 陰村 金若時와 松山 趙狷 등이 있다.

　　조선시대에도 성남시 지역은 廣州牧에 소속되어 있었으며, 廣州府·廣州留守府로 행정구역의 격이 바뀌기는 했으나 대체로 광주의 행정적 구역은 변하지 않았다. 일제시대에 들어서 面·里에 대한 개편이 여러 차례 있었으며, 조사지역인 금토동 일대는 대체로 광주군 대왕면에 속해 있었다. 성남에서 배출된 조선시대의 인물 가운데에는 정조와 순조 치세에 영의정을 지낸 금릉 南公轍(1760~1840)을 들 수 있을 것이다. 그는 관직에서 은퇴한 후에 청계산 남쪽에 은거하였는데, 조사지역의 동남쪽 군사보호구역 바로 바깥쪽에 그가 거주하던 99칸 짜리 집터와 연못지가 완연하게 남아있으며, 집터 바로 위쪽에 그의 묘소가 잘 보존되어 있다.

　　광복이후 1946년 2월에 성남에는 광주군 중부면 성남출장소 설치되면서 중부면에서 관할하던 남한산성 서남방 12㎢의 일원인 6개리가 단일 행정구역으로 개편되었다. 1968년에는 주택단지 경영 사업인가로 서울시 무허가 건물 일소에 따른 철거민정착 주택단지가 조성되었다. 이와 함께 개발은 서울시에서, 그리고 일반 행정은 경기도에서 관장하는 이원행정 체제가 되었다, 1969년에는 주택단지조성작업이 채 이루어지지 않은 가운데 철거민이 이송되어 가수용되는 등 우여곡절을 겪기도 하였다. 1970년 9월 19일 경기도와 서울시의 행정협약이 체결되어 이원행정으로 빚어지는 혼란을 수습하는 기틀이 마련되기도 하였다.

　　1960년대 이후 공업화가 급속하게 진행되면서 성남시 일대에도 공장이 들어서면서 급격히 인구가 증가되었고, 이로 인하여 1971년 9월 13일에 경기도 성남출장소가 설치되면서 원래의 중부면 6개 리와 대왕면·낙생면·돌마면 등을 관할하게 되었다. 1971년 10월 14일 서울시의 주택단지 사업을 경기도에서 인수하여 단지 명을 광주대단지에서 성남단지로 고쳤다. 그리고 그 해 10월 30일에는 성남출장소 관할지 전역과 인접한 용인군 수지면 일부 지역에 대한 장기종합도시기본계획인 성남도시기본계획

이 결정·고시되었으며, 1973년에 독립시로 승격되었다. 1989년 5월 區制
실시에 따라 수정구와 중원구가 설치되었고, 1991년 7월 1일에는 분당출
장소가 설치되었다가 9월 17일에 다시 분당구로 승격되었다.

III. 金土洞 白磁窯址의 調査

1. 調査方法

조사지역은 청계산의 동남쪽에 형성된 계곡의 중간 부분에 위치하고
있으며, 군사 부속시설물의 설치 등으로 주변의 지형이 많이 훼손되었다.
특히 가마 유구가 있을 것으로 추정되는 지점은 지형이 평탄하게 정리되
었고, 계곡의 流水가 흐르는 남쪽 가장자리는 석축을 2단계로 쌓았다. 이
는 평탄작업을 한 대지의 土砂가 계곡을 흐르는 流水에 씻겨 내려가지 못
하도록 한 장치로 보인다.

조사지역의 북쪽에는 동쪽에서 서쪽의 산능선으로 올라가는 小路가 나
있고, 동쪽의 약간 높은 지역에는 군대시설로 이용되었던 건물지의 잔해
가 쌓여있있다. 조사지역에 해당하는 평탄대지에도 예전에는 건물이 들
어서 있었다고 한다. 그러나 조사팀이 도착하였을 때, 이들 평탄지에는
건물지의 흔적이 지표면에 나타나 있지 않았으나 이곳에서 도지미가 다
수 收拾되었다.

조사지역의 서쪽 계곡부의 석축 주변에는 칡넝쿨·아카시아나무·뽕
나무·참나무 등이 자라고 있었으며, 북쪽 길 건너편에는 야생 밤나무가
자라고 있었고, 이들 나무의 주변에는 키가 큰 잡초들이 무성하게 자라고
있었다. 따라서 트렌치를 설정하기 전에 이들 나무들 가운데 조사에 방해

가 되는 나무와 잡초 같은 지장물을 제거하였다.

조사지역의 지형은 북쪽에서 남쪽으로 傾斜를 이루었던 것으로 생각되었다. 그러나 서쪽 계곡부에 석축시설을 하고 그 안쪽에는 북쪽에서부터 밀어낸 흙으로 覆土를 하여 조사지역의 지형을 평탄하게 만든 것으로 판단되었다. 따라서 먼저 조사지역의 계곡부에 쌓은 석축시설과 覆土의 두께 정도를 파악하기 위해 이들 石築遺構와 직교하는 2×6m의 트렌치를 설정하였다.

석축유구에 대한 성격이 파악된 이후에는 등고선과 평행한 동서방향으로 평탄대지 전체를 각기 4×4m 크기로 구획을 설정하였다. 그리고 BM점을 중심으로 기본축 트렌치(Tr1)를 2×22m로 설정하였다. 이는 등고선 방향으로 트렌치를 길게 설정함으로써 파괴상태가 심한 조사지역의 평탄대지에서 남북 방향으로 예상되는 가마유구를 파악하기 위한 것이었다. 그리고 Tr1의 동쪽에서 13m 되는 지점을 중심으로 남쪽으로 2.4m 그리고 북쪽으로 7.6m를 연장하여 전체 2×10m가 되는 트렌치를 Tr1과 직교하도록 설정하였다. 이는 조사지역의 지형이 군사시설로 사용하기 위해 조성된 평탄대지에서 가마유구의 존재와 파괴된 정도를 토층의 변화상태를 통하여 확인할 수 있도록 하였다.

Tr1의 트렌치를 除土한 결과 서쪽 부분에서 심하게 파손된 가마 유구가 확인되었고, Tr2의 트렌치에서는 남쪽부분에서는 파괴된 차량 1대가 노출되었고, 이곳 주위에서 붉은색 燒土와 함께 많은 백자편과 도지미 등이 출토되었으며, 북쪽 부분에서는 폐기장 유구가 노출되었다. 따라서 시굴의 형태는 Tr1과 Tr2의 트렌치 결과를 토대로 나머지 Tr3~9의 트렌치를 필요에 따라 설정하고 시굴조사를 실시하여 가마유구와 폐기장의 전체적인 윤곽과 규모 그리고 잔존상태를 파악하였다.

Tr6은 조사지역의 가장 북쪽에 있는 小路의 토층상태와 유구의 존재

가능성을 파악하기 위해 기본축 트렌치와 직교하도록 북쪽으로 길게 설정한 것이며, Tr9는 가마유구 남쪽 끝부분에 대한 성격을 파악하기 위해 남북방향으로 길게 설정한 트렌치이다. Tr6 에서는 군사시설을 구축하는 과정에 小路를 사격장 방향으로 쌓아서 조성한 것으로 밝혀졌다. Tr5와 Tr6은 가마유구의 규모를 파악하기 위해 설정한 것이다. Tr7의 트렌치에서는 가마유구 아궁이 아래쪽에서 가마유구 사용 당시의 생활면의 노출되었다.

2. 調査內容

1) 遺構

시굴조사에서 확인된 遺構는 가마유구 1기와 폐기장 2기 등이다. 가마유구는 조사지역의 동남에서 서북 방향으로 길게 노출되었으며, 이 가마의 좌측 상단에서 등고선 방향의 장타원형 廢棄場(폐기장I)이 확인되었고, 가마의 우측 상단에서는 가마와 같은 방향으로 조성된 廢棄場(폐기장II)이 발굴되었다. 이외에도 가마의 좌측 하단에서 붉은색의 燒土와 함께 많은 백자편·도지미·가마벽 조각 등이 노출되는 유물 포함층이 확인되었고, 이 층위의 성격을 파악하기 위한 切開作業을 실시하는 과정 중에 유물포함층 아래에서 폭파실험으로 파괴된 차량이 노출되고 있었다. 따라서 조사단은 이곳의 유물 포함층은 이미 교란되었던 층위로 최종 판단하였다.

이들 遺構 이외에도 가마시설 주변에서는 가마의 활용과 관련된 부속시설들이 있었을 것으로 추정된다. 그러나 이번 시굴조사에서는 조사지역이 매우 제한되어 있었고, 또한 군사보호구역이라는 특수성 때문에 더 이상의 조사를 실시하지는 못하였다. 시굴조사가 완료된 후, 조사지역의

掘土된 트렌치에는 覆土를 실시하여 장래의 발굴조사에서 나머지 부속시설들이 확인될 수 있도록 보호조치를 하는 것으로 이번 조사를 마무리하였다.

가. 가마 遺構

가마유구는 조사지역의 서쪽에서 동남-서북방향으로 길에 이어진 형태로 노출되었다. 가마의 규모는 장축의 전체 길이가 20.2m이고 폭은 1.8~2.18m이다. 장축은 등고선 방향에서 약간 서쪽으로 기울어졌는데 이는 등고선과 직교하는 방향과 계곡의 流水가 흐르는 방향의 중간쯤에서 계곡을 타고 산능선으로 올라가도록 가마시설을 설계했던 것으로 보인다. 가마의 조성형태는 登窯의 半地下式이었던 것으로 추정되나 지하의 깊이는 약 40㎝ 정도로 조사되고 있어, 가마는 그리 깊게 掘土하고 조성한 것으로 보이지는 않으며, 조사 당시에 바닥을 제외하고는 거의 파괴되고 벽면만 일부 殘存한 상태였다.

가마의 아궁이는 동남쪽의 아랫부분에 위치하고 있는데, 입구 부분은 폭이 좁으며 燔造室 쪽으로 올라가면서 폭이 넓어지는 깔때기 형태이다. 가마유구의 연소실과 아궁이 사이의 경사도는 약 16°이며, 高度는 480㎝의 차이를 나타내고 있다. 가마의 규모는 장축이 440㎝이고, 제1燔造室과 연결되는 부분의 폭은 160㎝이다. 아궁이의 벽은 남쪽 부분에는 割石을 쌓아서 造成한 것으로 보이나 동쪽 부분에는 흙으로 조성한 가마벽이 琉璃質化된 형태로 남아있었다. 서쪽 부분에는 자연 암반층을 그대로 가마벽으로 사용하였는데, 암반 표면에 유리질화되어 고착된 모습이 그대로 남아있다.

제1번조실은 아궁이의 북쪽 부분에 위치하고 있는데, 아궁이와 제1번조실이 만나는 부분에는 암반층이 가로지르고 있으며, 이 암반층 위쪽에 조성되어있다. 제1번조실과 아궁이의 高度 차이는 90㎝이다. 아궁이는 자갈과 모래가 섞인 사질토를 평탄하게 한 후 이용하였으나, 제1번조실에서 제5번조실까지는 약 16°의 경사도를 유지하고 있다. 제1번조실의 규모는 길이가 140㎝이고 양 벽사이의 거리는 165~195㎝이다. 번조실의 바닥은 시멘트를 바른 것처럼 단단하게 굳어있으며, 표면은 매끈하게 유리질화되어 있다.

제2번조실은 길이가 220㎝이고, 양 벽면 사이의 길이는 200㎝ 내외를 유지하고 있다. 제2번조실은 제3번조실과 마찬가지로 바닥면과 우측 벽면은 비교적 잘 남아있다. 그러나 좌측 벽면은 극히 일부만 남아있어 토벽으로 이루어진 벽선을 경우 확인할 수 있었으며, 유리질화된 바닥의 보존상태는 양호하며, 바닥 위에서 도지미가 다수 발견되었다.

제3번조실의 길이는 240㎝이고, 양 벽면 사이의 길이는 200m 내외로 제2번조실과 규모면에서 거의 비슷하다. 제2번조실 下端部의 바닥면이 유리질화되어 있으나 上端部부터는 모래를 이용하여 정리된 바닥부분이 유리질화 되어 있지는 않다. 바닥의 燒土는 붉은색의 색조를 띠고 있다.

제4번조실은 중앙이 차량 폭발실험 등으로 크게 파여져 있다. 그러나 다행히 하단부의 일부와 상단부의 대부분이 잔존하고 있어 전체적인 규모를 파악할 수 가 있있다. 제4번조실의 상단부에는 가마의 퇴적 상태를 파악할 수 있도록 폭 50㎝의 土層을 남겨두었다. 그리고 가마유구에 대한 조사가 완료된 이후에는 가마의 造成構造를 파악하기 위하여 제4번조실의 파괴된 부분에 대한 切開를 실시하여 가마의 하부구조를 파악하였다.

제5번조실은 길이가 260㎝이고, 양 벽면 사이의 폭은 200~220㎝이다. 상단부의 바닥은 유리질화되어 있고, 그 위에는 붉은색의 부드러운 燒土가 깔려있었다. 土壁의 좌측은 流失되어 남아있지 않으나 우측 벽면의 표면은 유리질화된 상태로 비교적 잘 남아 있고, 바닥에서 약간의 도지미가 출토되었다.

燃燒室은 제5번조실에서 북쪽으로 길게 이어진 장타원형이다. 그러나 군대시설 설치과정에서 평탄작업이 이루어지면서 燃燒室은 완전히 파괴된 상태이며, 다만 바닥 부분을 형성한 것으로 보이는 붉은색 燒土와 割石의 구조물을 통하여 전체적인 윤곽을 추정할 수 있을 뿐이다. 연소실은 바닥에 깔렸던 燒土의 殘存 상태로 보아 일정한 경사도를 유지했던 燔造室과는 달리 수평상태로 造成되었던 것으로 보인다.

가마의 토층상태를 보면, 가마의 가장 아래층은 생토층으로 자갈과 모래가 섞인 사질토이다. 이 생토층을 가마의 바닥 형태로 파낸 후, 이 위에 약 10㎝ 두께로 붉은색의 진흙(Ⅱ층)을 깔았으며, 그 위에 모래를 다시 모래를 깔아 도지미가 수평을 유지할 수 있도록 모래층(Ⅲ층)을 造成하였다. 실제 각 번조실의 바닥면과 도지미의 출토상태를 조사한 결과, 傾斜진 번조실은 대부분 모래를 이용하여 도지미의 수평을 맞추고 있었다. 진흙으로 구성된 토층 위에 깔았던 모래는 바닥면에서 약 3㎝ 두께로 유리질화되고 있었다. 그리고 그 위에는 도지미가 가지런히 놓여 있었는데, 이 도지미는 적황색 점토질의 토양에 가는 모래가 섞인 사질점토(Ⅳ층)에 약 12㎝ 두께로 덮여 있었다.

그리고 이 토층 위에는 가마의 천정을 구성했던 것으로 보이는 유리질화된 가마의 토벽이 그대로 아래쪽에 내려앉으면서 가마의 교란층(Ⅴ층)을 구성하고 있었다. 이 교란층의 일부는 평탄작업 과정에 남쪽의 계곡부 경사면으로 밀리면서 복토용 흙으로 사용되기도 하였다. 가마의 하단부 대부분은 제Ⅴ층부터 잔존하고 있으며, 제Ⅴ층은 가마의 일부 구간마다 폭파실험 등으로 파괴되었다 할지라도 가마의 전체적인 규모와 교란의 범위를 파악하는데 있어서 하나의 기준 층위로 이용될 수 있었다.

나. 廢棄場 I

Tr2의 除土를 실시하던 과정에서 붉은색 燒土와 백자편이 함유된 遺構의 일부가 노출되었으며, 이에 전체적인 규모와 성격을 파악하기 위해 동북쪽에 4×4m의 트렌치를 확장하여 설정하였고, 서쪽에도 2×4m의 트렌치를 Tr1과 평행하게 연장하여 설정하였다. 트렌치 범위 내의 表土層을 제거한 결과 장타원형의 廢棄場 遺構로 밝혀졌다. 폐기장의 규모는 장축이 560㎝이고, 단축이 140~300㎝이며, 두께는 10㎝ 내외인데 가운데 부분이 약간 두꺼운 편이다.

폐기장의 하부구조와 층위 상태를 파악하기 위해 서쪽과 동쪽의 연장 트렌치 부분을 각각 100㎝ 폭으로 하여 남북방향으로 폐기장을 60㎝ 깊이로 절개하였다. 그 결과 바닥은 자갈과 모래가 섞인 사질토로 이루어졌으며, 그 위에 백자편·도지미·가마벽 조각 등이 포함된 燒土를 폐기한 것으로 밝혀졌으며, 유물 포함층이 얇은 것으로 보아 장기간 동안 廢棄場으로 사용되지 않았거나 아니면, 군사시설로 이용하기 위한 평탄작업 과정에서 유물 포함층 상층부가 깎여 나갔을 것으로 판단된다.

다. 廢棄場 II

이 폐기장 遺構는 가마의 상단 좌측에 가마와 거의 근접하여 위치하고 있으며, Tr1에 대한 除土作業을 실시하는 도중에 遺構의 일부가 노출되면서 확인되었다. 폐기장II는 평면이 말각 장방형을 하고 있는데, 가마의 장축과 거의 같은 방향을 유지하고 있다. 가마유구가 남쪽으로 내려가면서 경사도를 유지하는 것과 마찬가지로 이 폐기장 遺構도 남쪽으로 가면서 높이가 낮아지는 현상을 보이고 있다.

폐기장II는 장축의 길이가 약 560㎝이고, 단축의 길이는 140~200㎝이고 두께는 10~12㎝ 정도이다. 폐기장II의 성격을 파악하기 위하여 절개를 실시하였는데, 폐기장 I 과는 달리 가운데에 50㎝의 둑을 남기고, 둑의 위쪽과 아래쪽에 각각 120㎝의 범위로 生土層까지만 除土를 실시하였다. 그 결과 폐기장 범위 내에서 주로 백자편과 가마벽 조각이 출토되었고, 도지미는 겨우 1점만 발굴되었다. 다음 발굴에서의 성격 파악을 위해 폐기장II의 남쪽 하단부에 대략 200×200㎝ 규모의 둑을 남겨두었다.

2) 遺物

이번 조사 과정에서 白磁片·도지미·토기편 등의 유물이 출토되거나 收拾되었다. 이 가운데 백자는 아궁이 하단부의 생활면에서 주로 출토되었고, 유약을 칠하기 전의 초벌구이한 상태의 백자편도 여러 遺構에서 간간이 출토되기도 한다. 도지미의 대부분은 번조실에서 출토되었으며, 토기편은 가마 주변의 흙을 除土하는 과정 중에 출토되었다.

가. 도지미

금토동 백자 가마터에서 출토된 도지미는 모두 350점이다. 도지미의 형태는 圓板形이며, 가장자리 근처에는 白磁를 굽기 위해 올려놓았던 자국이 선명하게 남아있다. 태토는 점토질에 굵은 모래가 섞인 것이 대부분인데, 燔造 과정에서 시멘트처럼 단단하게 굳었으며, 가장자리 표면에는 유리질화되어 매끈하다.

출토된 도지미는 한 겹으로 된 것이 대부분을 차지하나 많게는 다섯 겹으로 된 것도 있다. 이를 구체적으로 살펴보면, 한 겹은 246점, 두 겹은 30점, 세 겹은 47점, 네 겹은 20점, 그리고 다섯 겹은 7점이 출토되었다. 따라서 한 겹의 도지미가 전체 70.3%를 차지하고 있다. 도지미 한 겹의 크기는 직경이 약 10㎝ 내외이며, 두께는 4.5~6.5㎝ 사이에 해당한다.

도지미의 유구별 출토상황을 보면, 지표에서 收拾된 85점을 제외한 나머지 254점 가운데 대개 70%가 제2번조실(88점)~제3번조실(91점)에서 출토되었다. 제5번조실에서 41점의 도지미가 출토되었으며, 제1번조실에서는 겨우 3점의 도지미가 출토되었고, 제4번조실에서는 11점의 도지미가 출토되었다. 그러나 제4번조실의 경우에도 많은 도지미가 발견되었을 가능성이 있으나 군사시설 설치과정에서 번조실 내부가 심하게 파괴되면서, 남아있던 도지미가 상당수 없어진 것으로 보인다.

그런데 이들 도지미의 출토상태를 검토해보면 번조실에 따라 겹의 수가 달라짐을 알 수 있다. 즉, 번조실의 경사도가 깊거나 해발고도가 낮은 경우 여러 겹의 도지미가 출토되는 모습을 보이는데 비하여, 번조실의 위치가 높거나 해발고도가 높은 위치에 있는 제4번조실이나 제5번조실에서는 여러 겹의 도지미가 출토되는 비율이 매우 낮은 수치를 보이고 있다. 따라서 금토동 가마의 경우 번조실의 경사도가 깊으면 높낮이의 균형을 맞추기 위해 여러 겹이 있는 도지미를 상황에 따라 사용했었던 것으로 보인다.

나. 白磁

白磁는 硅砂(硅酸=石英)와 산화알루미늄을 주성분으로 한 '질'로 모양을 만들고, 그 위에 長石質의 잿물을 입혀 1300~1350°에서 번조하여 磁化된 치밀질 순백의 반투명질 자기이다. 질은 순수한 우리말인데 胎土 또는 白土·陶土라고도 하며, 잿물 역시 우리말인데 보통 유약이라고 한다. 태토와 유약 안에는 여러 가지 광물질이 포함되어 있으며 그중에서 백자의 색을 결정하는 가장 큰 요소가 철분이다. 자기와 연관이 깊은 철분은 酸化第一鐵(FeO)과 酸化第二鐵(Fe$_2$O$_3$)인데, 철분이 태토나 유약에 들어 있으면 순백의 백자가 되지 않고 灰黑色·灰色·褐色·黃色·灰靑色·靑色 등 여러 가지 색을 타나내게 되어 좋은 백자가 되지 못한다.

조선백자는 처음 경기도 광주·관악산·북한산 등을 중심으로 발전하기 시작하여 점차 지방으로 확산되었으며, 광주는 중앙관요로서 조선백자가마의 핵심이었다. 광주에서 생산되는 백자는 전기와 중기 초까지는 상·중·하품이 있었으며, 중기 후반 이후부터 후기까지는 거의 상품 위주로 생산하였다. 상품 백자는 우수한 태토와 유약을 선정하여 그릇을 빚고 이를 다시 갑발에 넣고 번조하였기 때문에 그 형태와 질과 색이 아주 우수한 것이며 이를 갑번이라고 하였다. 갑번은 왕실에서 사용하는 것이었으나, 모든 사람들이 분원의 갑번백자를 쓰고 싶어하였기 때문에 그에 따른 폐단 역시 많았다.

조선시대 백자의 사용시기는 백자의 형태와 특징을 분류하면 대체적으로 추정이 가능하다. 백자의 사용시기는 학자들마다 견해차가 있기는 하지만 대개 3시기로 분류된다.

제1기(1392년~1649년)는 조선 건국 전후에서 인조 연간까지이다.

전기의 상품백자는 경기도 광주군 중부면 번천리 오전리, 퇴촌면 도마리 우산리 관음리 도장골 정지리, 초월면 무갑리 등지에서 번조되었다. 상품백자는 물론 갑에 넣고 번조하여 티 하나 없는 청정한 것이다. 유약은 거의 빙렬이 없고 약간 푸르름을 머금었으며 약간 두껍게 시유되었다. 광택은 은은하며 잘 번조된 것은 유약내에 기포가 적절히 포함되었으며 표면에 미세한 요철이 있어 표면이 부드럽다. 태토는 순백이며 유약과 태토가 밀착되어 剝落된 예가 없으며 가는 모래받침으로 번조하였다. 중품은 태토내에 미량의 철분이 함유되어 태토색이 담회색이며 유약내에도 미량의 철분이 들어 있어 담청색을 머금어 표면색은 담담한 회청색이다. 유약은 미세한 빙렬이 있는 경우가 많으며 가는 모래받침으로 번조하였다. 하품의 태토는 순백이고 유약내에는 미량의 철분이 함유되어 있어 약간의 푸르름을 띠고 있다. 기면에 물레자국이 남아 있는 경우가 많고 죽절굽이 많으며 태토비짐눈으로 번조하였다. 전기의 기형은 원만하면서 풍만하지 않고 유려한 선이 아닌 유연한 선의 흐름에서 절제하면서 내면의 선비다운 절조와 자부심을 엿볼 수 있다. 조선 전기 후반에는 임진왜란과 정유재란으로 나라가 크게 황폐하였으며 우리의 도자기산업도 크게 위축되었다. 반면 일본은 임진왜란을 통해 많은 沙器匠人을 끌고 가 磁器를 만들 수 있게 되고, 그 뒤 일본의 도자기산업은 획기적인 발전을 하게 되었다.

제2기(1650년~1751년)의 백자는 17세기 말, 18세기 초에 그 특징이 나타나서 18세기 중엽까지 그 모습이 이어진다. 이 시기의 백자는 유약에 아주 미량의 철분이 들어 있어 전기의 백자보다 더 푸르름이 깃들여 있고, 태토도 대체로 순백을 띤다. 표면발색은 아주 담담한 청색이라 자세히 보지 않으면 순백색과 같아서 雪白이라고 하는 사람도 있다. 기형은 세장하여 준수한 모습이고 각이 진 형태가 등장하며 항아리의 口緣部도 부드러운 각으로 마감한 것이 많다. 중기는 백자의 制式이 정돈되고 또 백자가 다양화되기 시작하는 시기이다. 전기에는 백자로 종묘사직과 기타 제례에 쓰이는 궁중관아의 특수한 제기가 만들어졌으나, 일반인이 쓰는 백자제기의 제식은 마련되지 않았고 백자제기도 드물었다고 생각된다. 대체로 전기 후반부터 일반인이 쓰는 백자제기의 제식과 백자제기가 아주 조금씩 마련되다가 중기에 들어서 그 제식과 제기가 본격적으로 마련되기 시작하며, 따라서 백자제기도 본격적으로 등장한다. 중기에는 다양한 문방구, 연적 등이 만들어졌으며 특히 필통이 새로 등장하였다.

제3기(1752년~19세기 말)의 백자는 1883년 이후 광주관요의 형태는 都署員이 운영하고 京市人이 판매하는 민영화시기로 이행되며, 19세기 말부터 일본 九州지방의 값싼 기계생산품이 홍수같이 밀려 들어와 우리나라 자기산업은 황폐일로를 걷다가 단절되고 만다. 후기의 백자도 중기 후반과 같이 상품백자 위주로 생산되었으며 후기 말엽경에 가서 중·하품 백자를 병행하여 생산된 것 같다. 태토는 순백이며, 문방구를 제외한 다른 그릇들은 기벽이 두껍고 유약도 두껍다. 그러나 고화도에서 자화가 충실하고 완벽하게 이루어져서 매우 치밀하고 견고한 백자이다. 기형은 너그럽고 풍만하면서 대접·접시·병 등의 구연부가 밖으로 벌어지거나 특별한 모양을 내는 것이 없고, 몸체에도 유려하거나 유연한 곡선이 없이 솔직하면서 단정함을 잃지 않는다. 중기 기형은 한국적인 독특하고 준수한 세련미를 보였으며, 후기에는 이를 더욱 다양하게 전개시키는 일면 淸代 도자기문화를 과감하게 받아들여 조선에 맞게 실용적이고 기능적이면서 익살스럽고 단아하게 다시 창조한 것이다.

금토동 백자 가마터에서 출토된 백자는 주로 사발·대접·접시·종지·항아리 등으로 器形은 비교적 단조로운 편이다. 굽의 형태도 단조로운 편인데, 수직굽이 대부분이고 이외에도 죽절굽과 오목굽이 간간이 나타난다. 發色은 담청색·담갈색·회백색·회청색·황갈색·적갈색 등 器形의 단조로움에 비하여 매우 다양성을 보이고 있다. 번조실에서 전혀 갑발이 출토되지 않은 것으로 보아 백자의 燔造 과정에서 갑발이 사용되지 않은 것으로 보인다. 그러나 도지미(陶枕)의 출토량이 많은데, 이는 백자를 燔造할 때 받침에 주로 도지미를 사용했기 때문이다.

금토동 출토 백자의 경우 특이한 점은 器面처리나 釉藥의 施釉狀態가 매우 양호하고 매우 세련된 백자임에도 불구하고 유약이 백자의 底部 아랫부분까지 완전하게 施釉되지 않은 경우가 이따금씩 보이며, 底部의 끝처리가 매끄럽지 못한 점이 자주 눈에 띈다는 점이다. 이는 이 시기에 백자는 왕실 전용이었으나[2] 사사로이 私燔하여 중앙의 고위관료들에게 공

---

2) 김영원, 2003, 『조선시대 도자기』, 서울대학교출판부, p.256.

급되었는데, 금토동에서 출토된 백자들도 아마 이러한 연유로 私燔되었기 때문일 것으로 해석될 수 있다.

금토동 가마터의 지표조사 과정에서 靑華白磁片 2점이 출토되었는데, 색깔은 2점 모두 담청색이고, 표면에 竹葉文이 그려져 있다. 지표에서 수습된 이들 청화백자편은 18세기에 만들어진 것으로 밝혀졌으며, 따라서 이곳에서 발굴된 가마유구와는 직접적인 관련은 없는 것으로 밝혀졌다.

금토동 백자 가마터에서 출토된 것과 같은 성격의 백자가 출토된 가마터에는 1985년 12월에 이화여자대학교 박물관에서 발굴조사가 이루어진 경기도 광주시 중부면 상번천리 9호 백자 가마터와 경기도 광주시 퇴촌면 우산리 9호 백자 가마터가 있다. 이들 가마터는 대략 15세기에서 16세기 사이에 사용된 것으로 알려지고 있다. 특히 상번천리 9호 백자 가마터는 크기와 구조 등에 있어서 금토동 백자 가마터와 거의 동일한 성격을 보여주고 있다. 따라서 출토된 백자편이나 가마의 구조 등으로 볼 때, 금토동 백자 가마터의 사용연대는 15세기에서 16세기이며, 백자의 품질을 고려하면 私燔用 가마터였던 것으로 추정된다.

다. 陶器片

陶器는 지표에서 수습된 것 1섬과 아궁이 하단부(Tr7)의 생활면에서 출토된 것 1점 등 모두 2個體分이 출토되었다. 지표수습된 陶器는 殘存한 구연부의 상태로 보아 원래 동이였던 것으로 보인다. 구연부는 길게 外反되면서 마무리되었고, 직립의 구연부 아래에 두 줄의 양각선이 둘려져 있다. 黑褐色의 色調를 띠고 있으며, 胎土는 가는 雲母와 石英이 약간 섞인 회갈색 점토질이다.

아궁이 생활면(Tr7)에서 출토된 陶器 口緣部片은 頸部에서 말아 올라가면서 외반한 형태이며, 단면이 원추형을 이루고 있다. 태토는 모래질이 약간 함유된 점토질이고, 燔造强度는 상당히 높은 편이나 표면은 상당히 거칠다. 색조는 내외면 모두 흑회색을 띠고 있다. 비록 이들 陶器는 이곳 백자 기마터 주변에서 수습되거나 출토되었을지라 하더라도, 백자의 생산과정에서 제조된 것으로 보이지 않고, 다만 금토동 가마터에서 백자를 굽던 사람들의 일상생활과 관련이 있을 것으로 보인다. 이들 陶器는 아마도 이곳에서 백자를 굽던 사람들이 사용하던 생활용기였을 것으로 판단된다.

IV. 金土洞 白磁窯址의 性格

1. 遺構의 性格

가마유구는 장축의 전체 길이가 20.2m이고, 폭은 1.8~2.18m이다. 가마의 장축은 등고선 방향에서 서쪽으로 약간 기울었으며, 가마의 조성형태는 登窯의 半地下式이다. 가마의 깊이는 약 40㎝ 정도였던 것으로 추정된다. 그러나 조사 당시에는 바닥을 제외한 거의 대부분의 가마벽은 파괴되었고, 극히 일부분만 殘存하고 있었다. 연소실과 아궁이의 경사도는 16°를 유지하고 있으며, 高度차이는 480㎝를 나타내고 있다.

가마유구는 아궁이·제1번조실·제2번조실·제3번조실·제4번조실·제5번조실·연소실 등으로 구성되어 있었다. 가마유구의 토층상태를 보면, 가장 아래층은 생토층으로 자갈과 모래가 섞인 사질토층(Ⅰ층)이고, 이 위에 약 10㎝ 정도 두께로 붉은 색 진흙을 깔았으며(Ⅱ층), 이 위에 다시 모래를 깔아 도지미가 수평이 될 수 있도록 모래층(Ⅲ층)을 造成하였다. 이 모래층은 구간에 따라 약 3㎝ 정도 두께로 유리질화되기도 하였다. 그리고 이 모래층 위에 도지미가 가지런히 놓여잇었는데, 이들 도미지는 적황색 점토질의 토양에 가는 모래가 섞인 사질점토로 약 12㎝ 두께로 덮여 있었다(Ⅳ층).

폐기장은 2기가 조사되었다. 廢棄場Ⅰ은 가마유구의 상단 우측에 Tr2를 설정하고 除土하던 도중에 노출되었다. 폐기장의 형태는 장타원형으로 장축은 560㎝이고, 단축은 140~300㎝이고, 두께는 10㎝ 내외로 얇은 편이다. 트렌치의 층위상태를 감안하면, 아마도 군사시설을 조성하는 과정에서 廢棄場 遺構의 상단부가 削平되면서 파괴된 것으로 추정된다. 폐기장Ⅰ에서는 白磁片·도지미·가마벽 殘片 등이 출토되었다.

廢棄場Ⅱ는 가마유구의 상단 좌측에 가마벽과 거의 근접하여 위치하고 있으며, 평면형태는 말각 장방형을 하고 있는데, 장축은 가마유구와 같은 방향을 유지하고 있다. 장축의 길이는 560㎝이고 단축은 140~200㎝이며, 두께는 10~12㎝이다. 폐기장Ⅱ에서는 주로 백자편과 가마벽의 殘片 등이 발굴되었다.

2. 遺物의 性格

출토된 유물에는 白磁片·도미지·陶器片 등이 있다. 도지미는 대부분이 燔造室 바닥에서 出土되었으며, 원판형의 형태를 하고 있고, 가장자리 근처에 백자를 굽기 위해 올려놓았던 자국이 선명하게 찍혀 있다. 번조과정에서 시멘트처럼 단단하게 굳었으며, 가장자리 표면이 매끈하게 유리질화되었다. 도지미는 한 겹에서 다섯 겹까지 고르게 출토되고 있으나 한 겹이 전체의 70%를 차지한다. 도지미 크기는 한 겹의 직경이 약 10㎝ 내외이며, 두께는 4.5~6.5㎝ 사이이다.

白磁는 주로 沙鉢·대접·접시·종지 등이 출토되어 비교적 단순한 器

種을 보여주고 있다. 굽의 형태에는 수직굽 · 죽절굽 · 오목굽 등이 있는데, 이 가운데 수직굽이 대부분을 차지한다. 그러나 發色은 담청색 · 담갈색 · 회백색 · 회청색 · 적갈색 등의 다양성을 보이고 있다. 이번 발굴에서 갑발이 한 점도 출토되지 않았는데, 이는 이곳 가마터에서는 백자의 번조에 갑발이 사용되지 않았기 때문일 것이다.

이곳 금토동 가마터는 가마터의 크기나 구조 또는 출토된 백자의 특징 등에서 광주시 중부면 상번천리 9호 가마터나 퇴촌면 우산리 9호 가마터와 거의 동일한 성격을 보여주고 있다. 따라서 성남시 금토동 가마유구는 이들 가마터의 시간적 그리고 공간적 범위 내에서 조성되었음을 알 수 있다. 이들 가마터의 성격과 연대를 고려하면, 금토동 가마유구도 이들 연대와 같은 시기인 15세기 말~16세기 초 사이에 사용되었던 것으로 볼 수 있다.

3. 遺蹟의 編年

시굴조사 결과, 조사지역의 가마유구는 군사시설 등이 설치되면서 극심한 파괴상태로 노출되었다. 그러나 다행스럽게도 가마유구의 바닥 면은 殘存하고 있어, 다행히 가마 遺構의 전체적인 규모와 성격은 파악할 수가 있었다.

이곳 금토동의 백자를 분류해 보면, 우선 器形에서 사발은 약 47%를 차지하고 있고, 접시는 43%를 나타내고 있으며, 대접은 약 8%를 차지한다. 따라서 출토된 백자는 사발과 접시가 대부분을 차지한다고 할 수 있다. 전체적으로는 器形의 높이가 조금씩 낮아지면서 우묵해져 안정감이 있으며, 일부 器形에서 나타나는 內低圓角은 굽지름의 크기와 거의 같다. 또한 특이할 점으로는 祭器의 개체가 1점 수습되었다. 이는 앞서 조선 백자를 설명할 때 서술한 바와 같이, 祭式과 祭器는 대체로 전기 후반부터 조금씩 나타나다가 중기에 들어서면서가 본격적으로 출현하게 되는 현상을 보여주는 것이라 하겠다.

유물의 표면 색조를 보면, 출토된 전체 유물 가운데 담청색을 띠고 있는 것이 약 24%이며, 회갈색이 20%이고, 회백색은 17%이다. 굽받침은 대부분 가는 모래받침으로 이는 조선 전기 관요의 중품 백자에서 나타나는 특징적인 모습이다.

금토동 가마터에서는 가마遺構 이외에도 두 곳의 廢棄場 등이 발굴되었고, 백자편과 가마벽 등이 조사되었다. 이들 遺構에서 출토된 유물과 유구의 특징을 고려하면, 조사지역의 窯址에서 출토된 백자나 陶器는 15세기 말에서 16세기 초에 제작되었던 것으로 편년되고 있으며, 따라서 금토동 요지는 이 시기에 造成되었던 것으로 판단할 수 있을 것이다.

V. 結論

우리나라에는 전국적으로 신라 말로부터 조선조 말에 이르는 수천의 도자기 요지가 산재해 있다. 그러나 19세기 밀 이래로 많은 窯址가 도굴되었고, 또한 근래에 이르러 무분별한 공사 등으로 인하여 파괴되거나 인멸되었다. 이로 인하여 중앙관요 외에 지방요지들은 마땅한 조사도 없이 사려져 가고 있다.

이번 금토동 백자요지의 발굴은 지리적 위치나 출토유물의 특징 등으로 보아 광주 중앙관요와 비슷한 양상을 보이는 지방요지이다. 따라서 지방관요로서의 금토동 백자요지는 중앙관요와의 밀접한 관계를 풀어줄 단초가 될 수 있는 중요한 발굴성과라 할 것이다.

우선, 금토동 백자요지는 京畿道 城南市 壽井區 金土洞 546番地 일대의 군사보호구역 내에 위치하고 있는데, 이곳은 행정적으로 본래 광주에 속하였으며, 조선시대에도 廣州牧에 소속되어 있었다. 이곳에 대한 발굴과정에서 가마터 1基와 폐기장 2基가 조사되었고, 白磁片·도미지·陶器片 등의 유물이 출토되었다.

이는 출토백자들의 특징에서도 찾아볼 수 있는데, 금토동 백자요지의 번조실에서 전혀 갑발이 출토되지 않은 것으로 보아 백자의 번조과정에서 갑발을 사용하지 않은 것으로 보인다. 그러나 백자의 상태가 갑발을 사용하지 않은 것에 비해 유약의 상태가 매우 양호하고 태토 역시 매우 정선되어 있다. 器形은 높이가 줄어들면서 우묵해져 전제적으로 안정적이며, 굽은 모래받침을 하여 번조하였는데, 가는 모래를 사용하여 깔끔하게 마무리한 것이 15세기 말~16세기의 중앙 관요의 중품 백자와 비슷한 양상을 보인다. 조선시대에 백자의 수요는 엄청난 것이어서 공급이 미쳐 이에 따라가지 못한 상태였으며, 특히 양질의 백자를 사용하는 것이 큰 희망이었던 시기였다.

광주 중앙관요와 가까운 이곳 금토동 백자요지는 中央官窯와 地方私燔의 수요공급에 있어서의 역학관계를 찾아볼 수 있다. 특히 금토동 백자요지는 15세기 말~16세기 백자 수요에 대한 중앙관요의 需給을 보충해 주는 지방요지의 역할을 담당했던 것으로 생각된다. 그러나 현재의 조사상태로 이를 단정하기에는 아직은 어렵다. 다만 앞으로 금토동 요지와 같은 성격의 요지가 많이 발굴되어지고, 또한 이에 따른 중앙관요의 조사 역시 더 진행된다면, 중앙관요와 지방요지와의 관계가 한층 더 명확해질 것이다.

城
조사지역
금현동
뒷골
金土洞
서초연수원
두레어골
△575.9
서울外廓循環高速國道
雲中洞
가배골
중간말
가골
워뫼루니
까차나무둘
貯水地
盆唐區
下山雲洞
두밀
石雲洞
△325.2

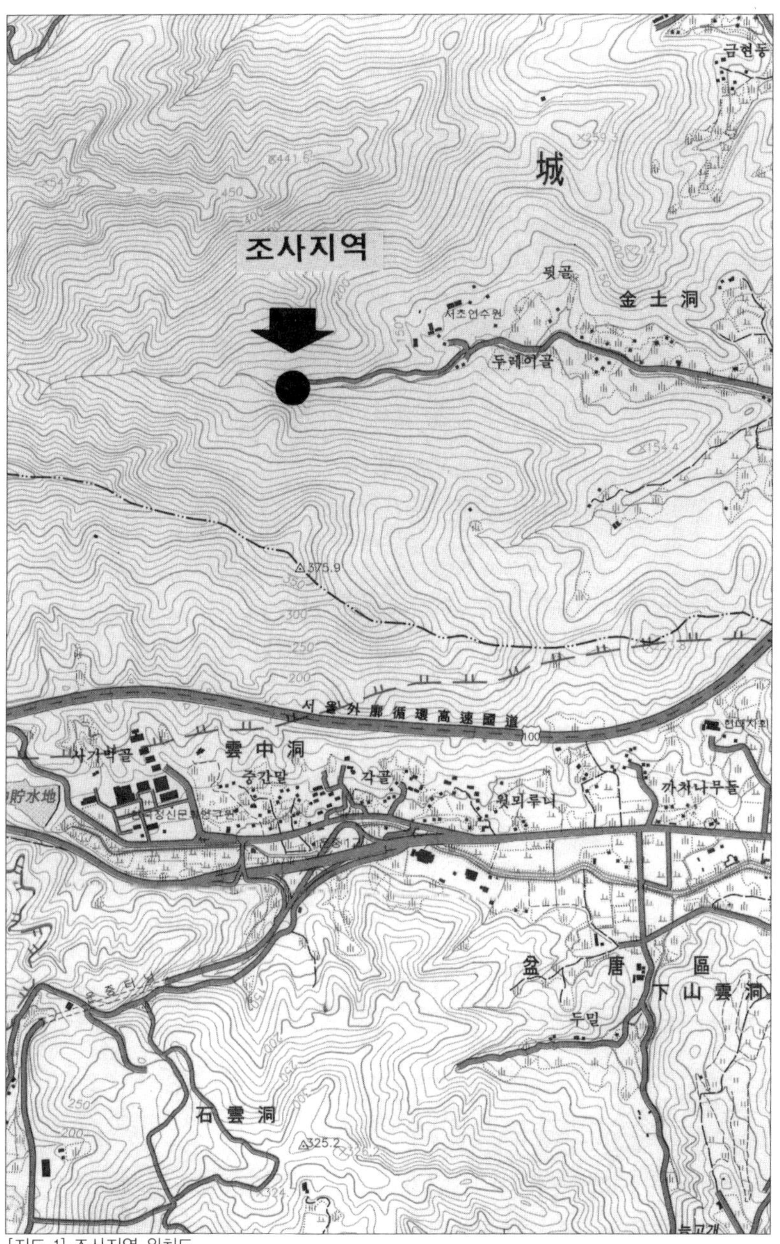

[지도 1] 조사지역 위치도

149.0m
가
연소실
제5번조실
제4번조실
제3번조실
제2번조실
제1번조실
아궁이
가
A'
A'
A
가
A
146.8m
B'
B
C'
C
가
C'
C ← 139.65m
0
2m

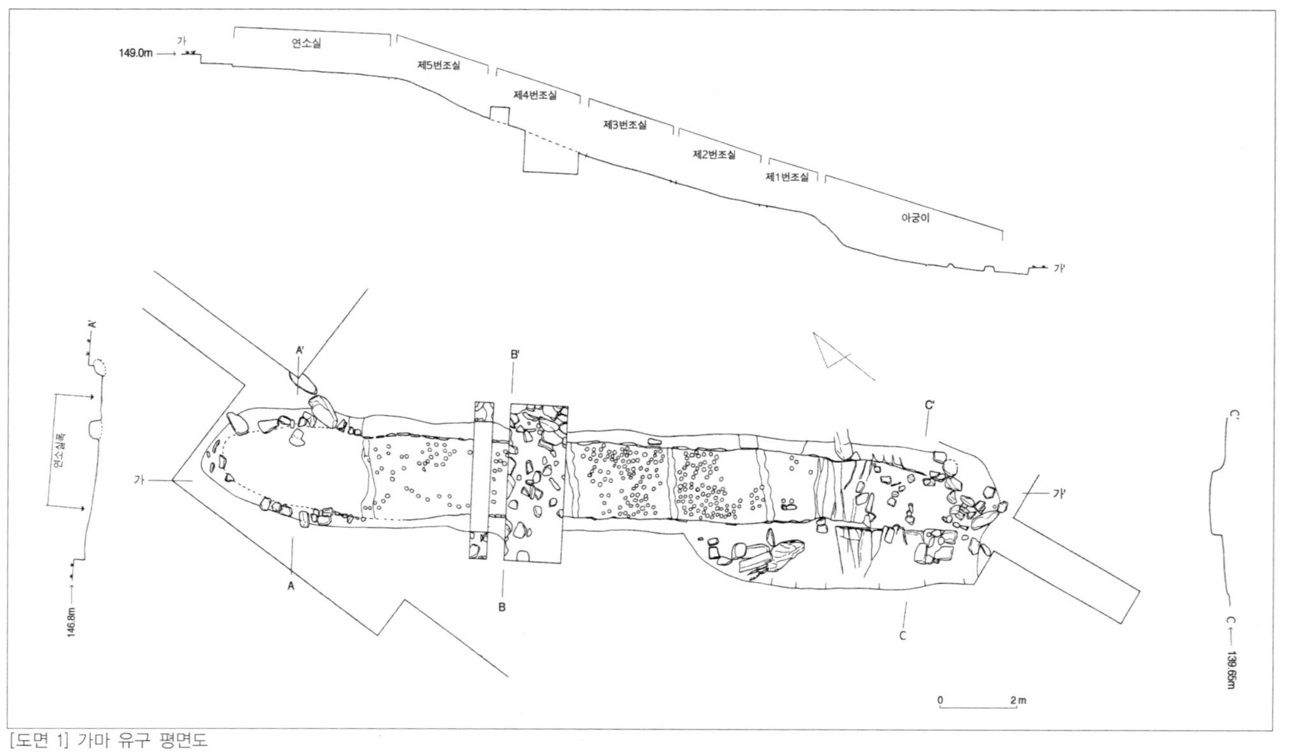

[도면 1] 가마 유구 평면도

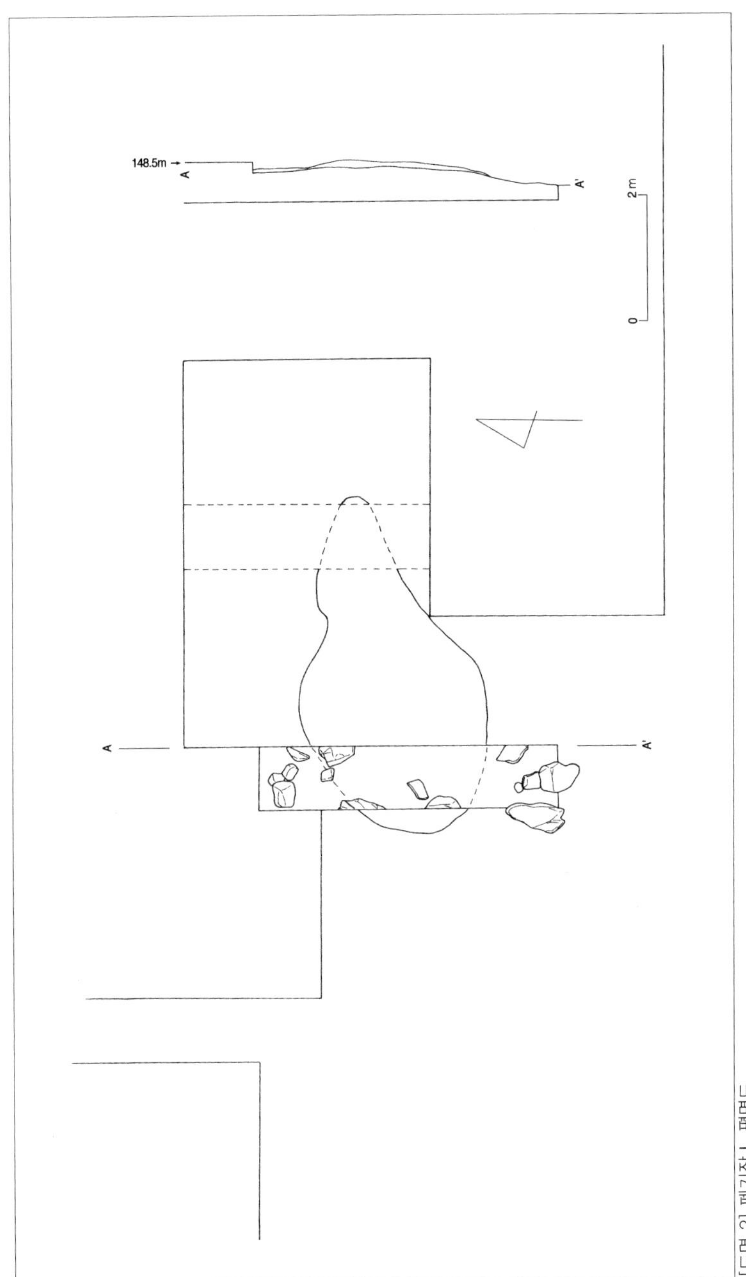

[도면 2] 폐기장 | 평면도

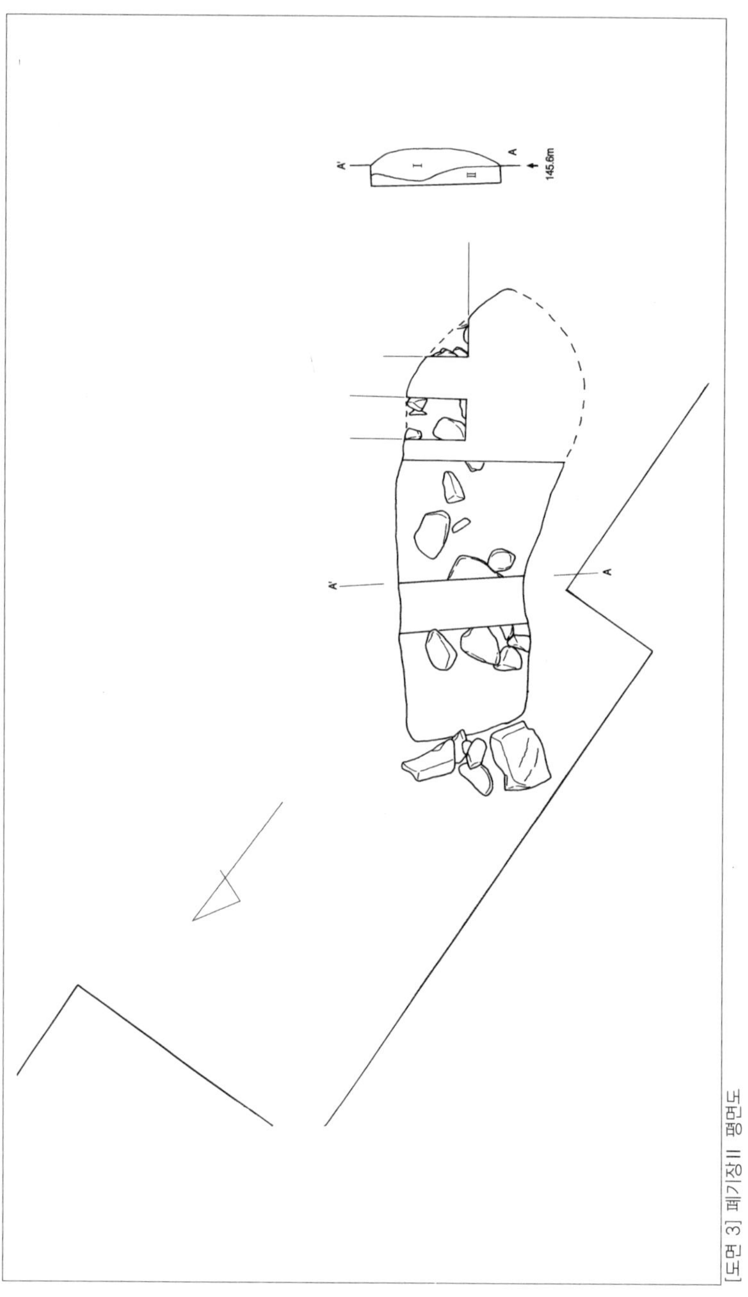

[도면 3] 폐기장II 평면도

[사진 1] 가마 노출 상태

[사진 2] 도지미

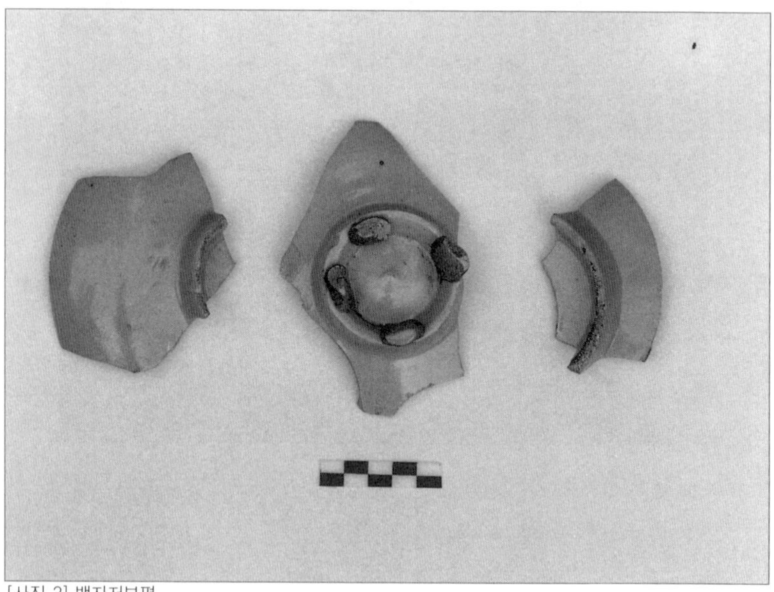

[사진 3] 백자저부편

江華 花島墩臺의 考古學的 檢討

이 재*

Ⅰ. 調査槪要

강화 화도돈대는 1999년 육군사관학교 육군박물관에서 실시한 강화도 군사유적의 지표조사에서 현존 상황이 자세히 조사되었고, 이어 발간한 『강화도 군사유적 지표조사-돈대편-』에서 화도돈대의 위치와 형태 그리고 규모 등을 구체적으로 記述하였다.

이후 문화재청은 연차적으로 강화도의 국방유적에 대한 정비 및 보존사업을 추진해 오고 있었다. 그런 도중 멸실되었거나 훼손된 강화도의 돈대에 대한 복원작업을 진행하면서 돈대의 시굴조사가 누락되는 경우가

---

* 한국국방문화재연구원장.

있어서, 당시 조유전 문화재연구소장과 선문대학교 이형구 교수가 돈대의 시굴 및 발굴조사를 건의하였다. 이에 따라 2002년 강화군청은 화도돈대의 시굴을 육군사관학교 박물관에 의뢰하여 시굴조사를 실시하였다.

문화재청과 강화군청은 화도돈대의 복원을 전제로 2002년도의 시굴조사에 이어 화도돈대 전체에 대한 발굴조사 사업을 추진하게 되었으며, 이에 따라 육군사관학교 화랑대연구소에서 2003년에 화도돈대의 발굴조사를 실시하게 되었다.

강화군청으로부터 화도돈대의 발굴조사를 위촉받은 육군사관학교 화랑대연구소는 2003년 11월 10일부터 12월 29일까지 50일간 1차조사가 실시되었고, 동절기의 중지기간을 거쳐 2004년 2월 13일부터 3월 13일까지 30일간의 연장 발굴조사를 실시하였다.

II. 調査地域의 環境

1. 位置와 自然環境

강화군은 경기도 인천직할시 강화군에 속하며 경기도 북서부의 한강, 임진강, 예성강이 합류하는 경기만에 위치하고 있다. 강화도는 강화도, 교동도, 석모도 등의 여러 섬으로 구성되어 있다. 강화군은 동쪽은 염하를 건너 김포시에 접하고, 서쪽은 서해에 연하여 있으며 남쪽은 옹진군, 북쪽은 경기도 개풍군과 황해도의 연백군에 접한다. 11개의 有人島嶼와 17개의 無人島嶼로 형성되어 있다. 강화도는 강화군의 대부분을 차지하는 섬으로 전국적으로도 5번째의 큰 섬에 해당된다.

강화도에는 400m 내외의 산들이 기각지세의 형세를 이루고 있다. 마니산(469m), 혈구산(466m), 진강산(443m), 별립산(400m), 길상산(336m) 등의 산지가 솟아있으며, 산지 사이로는 비교적 넓은 평야가 전개되어 있다.

기후는 해양성 기후의 특징으로 동위도의 내륙지방보다 따뜻하다. 연평균 기온 11.2도, 1월 평균기온 -4.7도, 8월 평균기온 25.9도이며 연강수량은 1,146㎜이다. 남서부지역는 동백나무, 초피나무, 탕나무 등의 난대성 식물이 자생하고 있다.

2. 歷史的 背景

1) 古代의 江華島

『규원사화』에 의하면 "단군을 제후로 봉한 10년 후에 갑비고차에 환란이 일어나서 부여를 보내 평정하였다. 후에 부소와 부우를 보내어 갑비고차에 성을 쌓고 남쪽 길을 방비케 하였는데 지금의 강화 삼랑성이 이것이다"라고 하였다. 이 삼랑성이 정족산성으로 그 축성 연대를 정확하게 알 수는 없지만 그 축성 연대가 오래인 것만은 확실하다. 인간의 생활이 어로와 수렵에 의존하던 시대부터 강화도는 이와 같은 생활에 적합한 천연적인 조건을 제공해 주고 있었다. 특히 연해안을 따라 어로생활과 이동에 있어서는 강화도의 산정들은 중요한 이정표 구실을 하였고, 나아가 신비한 능력마저도 제공해주는 일까지도 전해 내려오기도 했으리라 짐작이 된다. 마니산의 참성단의 설치나 삼랑성의 전설 등과 관련이 있다 하겠다.

삼국시대에 접어들면서 강화도의 장악은 한반도 중심지와 직결되는 요소로 작용되었다. 삼국 초기에 한강유역에서 흥기한 백제에 의해 강화도를 포함한 한강 중심지를 지배했던 것이다. 그러나 고구려의 전성기인 광개토대왕과 장수왕대를 거치면서 바로 이 지역은 고구려에 속하게 되었다. 고구려 시대에는 혈구군(穴口郡)이라 하였다. 이 지역은 신라의 진흥왕대에는 신라의 영역이 되었다.

통일신라기에 신라의 국경선은 평양과 원산만에 이르는 선이었지만 실제적인 국방선은 한강선으로 그 중간지대는 하나의 완충지대로 발해와의 군사적 접촉을 피하였다. 신라 후기에 이르러 한강을 넘어 예성강 일대로의 진출을 통해서 이 지역 일대에 대한 개척과 군사적 거점을 건설해 나갔던 것이다. 경덕왕 때에는 해구(海口)로 고쳤고, 원성왕 때에는 혈구진(穴口鎭)을 두었다. 특히 해상무역의 증가로 인한 수군 본영의 건설로 청해진과 당성진 및 혈구진이 건설된 것이다. 54년간 존속되어진 혈구진은 후일 왕건의 고려 건국에 있어서 주도적인 역할을 담당했던 해상세력의 기초가 되기도 하였다.

2) 高麗時代의 江華島

고려시대 영토의 확대로 인한 국경선의 북진으로 강화도는 국방상의 주요한 거점이 되지 않았다. 고려는 몇 차례의 이민족의 침입을 받아왔지만 대부분의 전장 터는 북계와 동계의 양계지역에 거의 국한되는 실정이었다. 그런데 몽고족의 흥기와 더불어 고려에 대한 침입에 의한 전쟁은 그 이전의 전쟁과는 달리 전국이 전장 터가 되었다. 전국적인 전쟁에 대한 대비책으로 강화도의 군사적 요충지로서의 중요성이 거론되었던 것이다. 또한 당시 몽고군의 취약점은 수전에 약하다는 점이었다. 몽고군은 유목민족 특유의 기병전술을 구사하며 당시에 세계 최강의 군사력을 보유하고 있어서 육전에서는 대적할 상대가 없었다. 그런데 수전에 있어서는 그들의 환경적 여건으로 인한 경험이 전무해서 전투력이 매우 미약한 상태였다. 그러므로 고려는 몽고군의 약점을 이용해서 해안 도서지역을 근거로 하는 장기전을 대몽항전의 기본 전략으로 수립했던 것이다.

1232년 6월 17일 강화도로 천도하여 군호를 강도(江都)로 승격시켜서 장기 항전을 결행하였다. 1234년 1월부터 수도 개경을 모델로 해서 공사가 시작되었다. 성은 내성·중성·외성으로 구성되었는데 내성은 길이 약 1.2㎞의 토성으로 지금의 강화성이다. 중성은 내성을 지키기 위하여 고종 37년(1250)에 축조한 토성으로 주위는 약 9㎞이다. 중성에는 송도를 모방한 8개의 성문을 세웠다. 외성은 중성을 수비하기 위하여 1233년부터 축조하기 시작하여 1235년 12월에 완공된 강화의 동쪽 해협을 따라 3만 7천 척에 이르렀다. 이 외성도 토성으로 몽고군이 바다를 통한 공격에 있어서 제1차방어선이 되는 셈이다. 이외에도 강화도 내의 고려산·마니산·하음산 등에 산성을 축조해서 유사시를 대비케 하였던 것이다. 이와 같은 노력의 결실로 몽고군은 수 차례 고려를 침공해서 내륙지역을 유린했지만 도서작전 특히 강화도에 대한 도하작전을 전개하지 못했던 것이다.

100년간 지속된 무인정권이 임연의 사망 이후로 붕괴되고 말았다. 이리하여 고려 조정은 1270년 강화도 천도 39년만에 개경 환도를 공식으로 선언하게 되었다.

3) 朝鮮時代의 江華島

고려시대의 강화부는 조선조에 들어와서 병마단련사가 겸직하였다. 그러나 집권체제가 안정되자 태종 13년(1413)에 이르러 강화부가 강화도호부로 승격되었고, 다시 광해군 10년(1618)에 부윤으로 승격되었다.

경기도 수영은 선초 이래 남양의 花梁鎭에 위치하고 있었다. 남양은 삼국시대 이래 대중국 통로의 요지였고, 고려 중기 이후로는 서해상에 출몰하는 왜구들로부터 경기 해안을 지키는 군사적 요충지였다. 그러나 왜구들에 대한 대응책에 있어서 남양은 적절한 위치가 되지 못하였다. 고려나 혹은 조선은 수도의 인후부에 해당하는 즉 예성강과 한강의 하류 입구에 위치하고 있는 강화도 일대의 군사적 역할이 증대되었다.

壬辰倭亂 때 조선의 수군은 왜군의 서해상으로의 진출을 기도한 수군 작전을 저지시키는데는 성공하였지만, 적의 수군 작전에 대비한 작전계획의 수립이 요구되었다. 임진왜란 당시 근왕군이었던 金千鎰 군대의 강화도 주둔작전이나, 서울 수복을 위한 행주산성 전투시에 강화도 주둔군이 후방 지원군으로서의 기능을 담당했던 것은 수도 작전시에는 강화 일대까지를 포함한 연합작전의 구상이 필요했던 것이다.

임진왜란 중에 유성룡에 의해 경기도 수영을 남양에서 강화로 이동하자는 건의가 있었지만, 인조 2년에 비로소 이루어지게 되었다. 인조는 수도방위체제의 강화를 위해 강화도와 남한산성을 기각지세의 보장지로 정하고, 일차적으로 강화도 수비체제에 대한 행정적인 조치를 강화한 것이다. 이어서 동왕 5년에는 정묘호란을 당하여 강화에 피난한 처지였기에 강화를 개성에 이어 두 번째로 유수부로 승격시킨 것이다. 강화를 유수부로 승격시킨 것은 도성의 방비를 위한 지역적 수비체제의 강화였다. 인조 7년 2월에는 수영의 해상 활동의 기능을 위해 수영을 강화부에서 교동(喬桐)으로 이전하였다.

이러한 조치는 선초이래 경기도 수군의 중심이 강화도 일대였기에 이를 현실화시킨 점으로 해석할 수 있겠다. 강화도 일대의 육군은 장단진 예하에 소속된 군영으로 일반 군현과 대등한 위치였다. 그러나 수군의 경우에서는 경기 수영 관하군을 제외한 경기 水軍 전체가 月串鎭 예하에 전부 소속된 것이었다. 그러므로 강화도 일대는 경기 수군의 실제적인 중심이었기에, 수영의 이전을 통해서 현실화가 이루어진 것이다.

임란 전까지의 조선 수군 전술은 고려 말 이래 취해오던 왜구에 대한 대응책으로 소규모의 해적단을 방비하기 위해 기본적으로 도를 단위로 하는 진관체제였다. 이 수군 진관체제는 육군과 동일한 원리로 각 도의 지휘관인 수사가 책임 해역을 방어하는 전술적 독립체제였다. 그러나 임란이라는 국제전을 치르면서 집중적인 대규모 선단을 운용하는 기동항해전술로 전환된 것이다. 또한 『紀效新書』가 도입됨으로써 조선 수군은 이를 응용하여 해양 방위를 위한 전술을 개발할 수 있었다.

壬辰倭亂前 조선의 水軍力은 조선 초기에 비해서 1/3의 수준 이하로 떨어진 상태였다. 그러므로 임란 중에 이 수적인 열세의 문제점을 극복하기 위한 방책이 바로 수군을 집중 운용하는 체제인 통제영 체제의 수립이었다.

전란 중에 경상 전라 충청 3도의 수군을 통제하는 統制營을 설치한 예에 따라 인조 11년(1633)에 강화 교동에 통어영을 설치하여 경기 수사로 삼도통어사를 겸하게 하여 경기·충청·황해의 수군을 통괄케 하였다.

孝宗代에는 仁祖代의 수영과 삼도통어영 체제에 적합한 하부 군사조직 체계에 대한 후속조치가 취하여졌다. 경기 서남부지역과 강화 주변에 있던 진보들이 강화도를 중심으로 재편성된 것이다. 효종대에는 청나라의 감시를 피해가면서 강도를 집중적으로 요새화하였다. 효종은 경기·충청 심지어는 전라도의 진보까지를 연결하는 이른바 강도를 중심한 방비태세를 이중·삼중으로 강화하는데 노력하였다.

肅宗代에는 강화도 방비체제가 보다 본격적으로 완비된 시대였다. 진무영과 진보를 설치하였고, 내성 및 외성과 돈대를 축조했으며, 나아가 강화도 방비의 보완책으로 文殊山城도 축조하였다.

英祖代에 있어서 해방론이 크게 대두되면서 강화도 수비체제에 대한 변화가 일어났다. 강화도의 수비체제는 육군 중심으로 성첩을 지키는 해안 방어체제였다. 그런데 당시 해상에는 어로를 위한 중국 선박들의 진입 폐단과 해구 출현의 위협에 직면한 위기의 시대였다. 강화도는 해로로 수도에 통하는 漕運路의 길목이자 군사적 관문이 되는 요충지인 것이다. 서해 상의 해양세력 등장은 강화도 방비의 중요성이 증대되었으며, 특히 수군 력 강화에 중점을 두었다. 이에 대한 해결책으로 교동의 수영을 해구로 이동할 것과 조운선과 전함의 통용, 수군 병력의 전함 승선활동 등의 주 장이 있기도 하고, 전선의 개조, 황당선에 대비한 海防別隊의 창설, 군량 미의 충실, 통어영의 강화도 이속 등을 건의하기도 하였다.

영조대의 강화도에 관련된 해방 논의는 활발했지만 주관심사는 도성 방어체제였기에 구체화되지는 못하였다. 육지에서의 관방시설은 숙종대 의 축성을 정비하는 수준에 머물고 말았다. 숙종대 축조한 외성이 土築으 로 인해서 거의 태반이 무너진 상태라 이의 개축에 대한 관심이 높아졌 다. 영조 18년에 강화유수 김시혁이 외성을 벽돌로 개축할 것을 건의해서 동왕 20년 7월에 완공되었다.

正祖는 영조 말년부터 논의된 통어영의 강화도 이속에 대한 조사로 정 조 2년에 어사를 파견해서 조사하게 하였다. 정조가 군영을 통합한 기본 적인 원리는 방만하게 운영되어 온 군영을 통합해서 쓸모없는 군사와 군 량을 감하는 군사력의 내실화였다. 총융청을 수어청에 통합해서 경기 육 군을 지휘하듯, 통어영을 진무영에 통합해서 경기 수군을 일원적으로 지 휘한다는 것이었다. 정조 3년(1779) 3월에 오랫동안 논의되었던 교동에 설치된 통어영을 강화도로 이속하기로 결정하였다.

그러나 통어영의 이속 결과는 강화도의 군사력 강화의 실제적인 방법 이 되지 못하였다. 강화도의 군사력 강화는 수군의 강화가 전제되어야 하 며, 이 수군은 대양에서 적군을 맞이하는 전투가 가장 기본적이고 효과적 인 수비체제인 것이다. 적극적인 해방을 통해서 강화도의 수비체제의 강 화를 주장하고 있었다. 또한 수군의 지휘체제는 육군과 너무나 차이가 많 아 독립성이 요구되었다. 교동의 위치는 삼남과 해서의 길목으로 강화의 관문이 되기에 통어영의 교동 복귀를 주장하는 건의가 일어났다. 수군은 기능상 가급적 해상으로의 전진 배치 운영하는 것이 전략적 효과가 컸던 것이다.

正祖 13년(1789) 5월에 강화로 이속된 통어영을 10년만에 교동으로 복귀시키고, 강화유수가 겸하여 관할하는 것도 폐지하였다. 통어영의 교동 복귀 조치는 강화도 일대의 전반적인 방어면에서 볼 때에 강화도는 육군 중심으로, 교동은 수군 중심으로 전진 배치해서 독립된 지휘체제를 확립한 것이라 하겠다.

4) 近代의 江華島

조선 후기에는 이양선의 출몰에 대비하기 위한 조치로 수군과 해방 강화의 필요성을 절감하게 되었다. 고종 3년에 강화도가 불란서 함대에 의해서 공격을 당하였다. 1개월에 걸친 염하 양안의 공격에 대하여 강화도의 군사력과 관방시설은 제대로 대응하지 못하였다. 일부 정족산성 전투에서 포수들의 선전은 있었지만 조선군은 전반적인 면에서 병력수와 무기, 및 방어시설물에 있어서 그 효능성이 부족하였다. 병력면에서 볼 때에 강화도 전체 군액수는 1만 5천여 명에 이르렀지만, 당시에 실제로 동원될 수 있었던 수비병은 속오군 4·5백 명에 불과한 실정이었다.

高宗 8년(1871)에 辛未洋擾를 겪게 되자 염하에 대한 방비책에 주력하게 되었다. 특히도 손돌목 방수에 있어서 덕포진 일대에 포대를 설치해서 방수할 것을 하명하였다. 그것은 불란서와 미국의 함대가 모두 염하를 통과하여 침입했기 때문이었다. 그리하여 이의 길목에 해당하는 영종 방어영과 인천부를 기각지세의 형세를 이루도록 하고, 大阜島에 鎭을 설치하는 등 일련의 조치를 취하였다.

고종은 친정과 더불어 동왕 11년 1월 강화도 방수책에 대한 관심을 가지게 되었다. 이리하여 진무사 申櫶의 방수책 건의로 3만 량의 경비를 들여 용진진 · 광성보 · 덕진진 · 초지진에 포대를 설치하였다. 또한 강화도 대안에도 포대를 설치해서, 鹽河의 길목에 대한 방비책을 최우선시 하였다. 병인양요가 포군 양성의 계기가 되었다면, 신미양요는 다시 포군의 필요성을 절실하게 느껴 포군이 조선왕조 군대의 중심적인 병종이 된 점이라 하겠다.

고종은 친정과 더불어 강화도 중심 방비책보다는 궁궐 숙위에 대한 강화에 관심이 높았다. 그리하여 강화도의 진무영을 폐지하고 숙위 임무를 위한 武衛所를 설치하게 되었다. 이러한 과정에서 강화도의 방비문제는 그 비중이 낮아지게 될 수밖에 없었다.

일본은 1875년에 중무장한 윤요호를 강화도 초지진에 접근시켜 조선측의 발포를 유도하였다. 그리고 이를 빌미로 일본 내의 반함감정을 고취시키고, 대규모의 군대파병을 준비하면서 조선에게 수교회담을 요구하였다. 8척의 군함과 600명의 군대를 부산에 상륙시키는 등 무력시위를 전개하였다. 1876년 조선은 일본의 무력시위로 인해 12개조에 달하는 통상조약을 체결하였다. 이를 병자수호조약 혹은 강화도조약이라고 부른다. 이처럼 개항은 자율적이지 못하고 타율적이었고 그 주체가 바로 이웃인 일본이었다.

Ⅲ. 花島墩臺의 築造背景과 史的考察[1]

1. 墩臺築造의 動因

肅宗代에 이르러 강화도에 대한 關防論에 관심이 높아지게 되었으며,

이러한 관심은 먼저 해양으로 시작된 海防論이었다. 해방론이 대두된 배경으로 서해에 자주 출몰했던 荒唐船 문제였다. 황당선은 중국 선박으로 어로와 밀무역을 목적으로 서해에서 활동하였다. 이들은 조선의 연안 지역을 침범하거나 혹은 연변 방수군과의 무력 충돌도 발생하였다. 조선 정부는 이에 대한 대책으로 황당선의 금단 요청도 있었고, 무력 대응의 강경론도 대두되었다. 강경론의 대두를 가속화시킨 것은 바로 해적선의 빈번한 출몰로 인한 피해였다. 南九萬은 당시 도성방비책으로 결정된 북한산성의 축조를 반대하고, 해방을 급선무로 주장하기도 하였다.

다음으로는 對北防禦戰略의 전환이었다. 숙종대의 진무영의 설치는 강화도 수비체제에 대한 일대 변혁을 의미하는 것이었다. 종래 강화도 수비체제의 특성은 첫째로 삼도방어영을 중심으로 하는 수군 중심체제였다. 둘째로는 대청 방어 개념 즉 대북방어 개념에 입각한 강화도를 제1선 방어선으로 그 후방인 안흥선을 제2방어선의 개념으로 선정했던 것이다. 숙종대의 수비체제는 첫째로 진무영을 중심으로 하는 육군 중심체제로의 전환이었다. 둘째로는 5진영의 편성이 수도 방비를 위한 편성이었다. 즉 수도의 방어체제를 후원하기 위한 수비체제라는 점이다. 이는 숙종대의 수도 방위체제에 대한 불안 요소로 강화도 수비체제에 대한 깊은 관심을 가졌던 것이며, 이로 인해서 남한산성과 너불어 강화도를 보장지로 선정하였다. 종래의 보장지 개념은 단순한 피난지 기능의 수준이었다. 숙종대의 보장지 개념은 피난지 기능에 성공적인 군사 방어작전을 수행할 수 있는 기능까지를 보강한 수준에 이르고 있었다. 남한산성은 고성으로 기각지세를 이루지 못하는 단점이 있었기에 특히도 강화도를 최고의 보장지

---

1) 육군박물관, 1999, 『강화군군사유적 지표조사보고서』.
  배성수, 2002, 『조선숙종초 강화도돈대 축조에 관한 연구』 참조.

로 믿었다.

2. 江華 墩臺의 築造過程

숙종 4년(1678)에는 강화부를 광주부와 동등한 진무영을 창설하였다. 진무영의 설치와 더불어 논의된 것은 강화도의 축성 문제였다. 숙종 4년 9월에 영의정 許積이 강화도의 적선 정박 가능처에는 토성을, 지세가 험한 곳에는 煙臺를 축조할 것을 주장해서 중신을 파견 조사토록 하였다. 이로써 49개소의 築墩處가 작성되어 올려졌다. 또한 고려 高宗代에 축조한 외성의 흔적에 따라 수축할 것과 강화도에 대한 전략적 중요성으로 文殊山城의 축조를 건의하였다. 대신들과의 논의를 통해서 돈대 축조가 결정되어 숙종 5년(1679)에 完築되었다.

돈대는 적의 해상으로의 침입 예상 요로 상에 흙이나 돌로 축조한 소규모의 방어 시설물이다. 이곳에 일부 상근하는 병력과 무기를 배치해서 적의 해상 침입을 감시·관찰하는 척후 활동이 중심이나 소적의 상륙 시에는 이를 저지하는 거점 방어작전을 수행하기도 하였다.

49개의 돈대를 계획했지만 실제로 축조된 돈대는 48개였다. 누락된 지역은 佛恩坪으로 오두정과 광성보의 중간지대로 공력에 비해 전략적 가치가 적다고 판단되어 최종 작업단계에서 제외된 것이다. 각 돈대의 위치는 산지와 평지로 나누었다. 산지의 경우는 능선에 따라 성첩을 만들고, 평지는 높이 3장, 두께의 밑넓이 3장 5척, 면넓이 2장 5척으로 규정하였다. 성가퀴는 높이 6척, 두께 3척, 길이 9척으로 하고, 포대는 전면에 2좌, 좌우면에 각 1좌씩 모두 4좌를 배치하도록 하였다. 돈대의 크기와 형태는 방형을 기준으로 삼아 주위 4면을 각각 10칸 씩으로 하되, 지형에 따라 원형, 직형, 구형 등 다양한 형태를 취하였고, 크기도 중요도에 따라 조정하도록 하였다.

돈대의 축성에 앞서 숙종 4년 12월 1일 채석작업이 시작으로 동왕 5년 3월 3일부터 돈대 축성공사가 시작되었다. 당초 계획은 함경·강원·황해 3도의 僧軍 8,000명으로 40일간 일정이었다. 석재의 운송작업이 어렵게 되어 900명의 승군이 증액되었다. 또한 여장공사에 필요한 御營軍의 동원을 요구하자 4월 6일 어영군 4,262명을 승군과 교대로 투입하였다. 승군에 의해서는 체성이 거의 완료되었고, 어영군에 의해서는 여장공사가 주로 이루어졌다. 돈대의 전체 축조기간은 80일로 5월 23일경으로 추정된다. 이들 외에 투입된 인원은 채석과 운반에 석수 1,110명, 야장, 목수, 조역 등에 1,000명에 달하였다. 소요된 인력과 물력을 정리하면 다음과 같다.

		소요인력 및 물력	1개 돈대당	비고
공사기간		80일간	80일간	채석 포함시 5개월 23일
인력	역부	13,162명	274(185+89)	승군: 34일간, 어영군: 46일간
	석수	1,110명	23명	
	조역	1,000여명	21명	
물력	役糧	12,791섬	266섬	
	朔布	150동	3동	병조, 호조 비축분
	석회	18,000섬	375섬	강화도: 12,000섬, 벽란도: 6,000섬
	신철	70,000여근	1,458근	4군문 각 1만근, 해서 3만근
	동차	100량	2량	호서에서 조달
	녹로	50기	1기	호서 조달
	생칡	800동	16.7동	호서 조달
	空石	수만장	200여장	
	기계잡물	잡목 8,000조	166.7조	
운송수단	수상용	운석석 84척	1.75척	
	육상용	兵車 70여량	병거: 1.5량	
		소 60~70두	소: 1.5두	

돈대의 축조 방법을 보면 채취한 석재를 생칡으로 묶어 가까운 거리는 동차로, 먼 거리는 육지는 병거, 해상에는 운석선을 이용하여 운반하였다. 운석선으로 운반해온 석재를 뭍으로 올리기 위해서 갯벌 위에 잡목을 엮어 길을 내도록 하였다. 돈대처로 운반된 석재는 다시 다듬은 뒤에 녹

로를 이용하여 층층이 쌓아 올리는데, 이때 석축을 단단히 하기 위해서 소나무 메를 이용해서 다져가며 쌓았다. 돈대의 석축은 내외면을 석재로 축조한 후, 안쪽을 흙으로 채워 넣는 협축 방식으로 8~10단에 걸쳐 석벽을 쌓아올리는 방식이었다.

이들 2~5개씩을 하나의 단위로 해서 12개의 진보에 소속시켰다. 후일에 5개가 추축되어서 그 총수가 53개로, 『江華府志』에는 53개가 기록되어 있다. 1872년 제작된 서울대 규장각 소장 『강화부전도』에 '용두돈대'라고 표기된 점과 1871년의 신미양요시의 미군 사진에 의거 용두돈을 추가해서 54개로 추론하고 있다.

참고로 돈대 설치의 역사를 개관하면 다음과 같다.

설치연대	축조자	돈대	비고
1679(숙종5)	윤이제	48개	누락: 불은평
1683(숙종 9)	·	검암돈	숙종 9~22년 추정
1718(숙종 44)	권성	빙현돈	
1719(숙종 45)	심택현	철북돈	
1720(숙종 46)	어유구	초루돈	
1725(영조 1)	박사익	작성돈	
1871(고종 8)	·	용두돈	1871년 이전 추정

3. 花島墩臺의 構造와 現況

화도돈은 오두돈과 더불어 화도진에 속하였다. 화도진은 효종 7년(1656)에 신설된 진보로 위치는 선원면 연리로 진장은 別將으로 군관 15명과 토졸 45명을 통솔하였다. 1759년에는 화도진과 광성보 및 덕진진의 3개 진보를 2개 진보로 통합·정리하면서 화도진을 폐지하였다. 종래 화도진에 소속되었던 화도돈과 오두돈을 광성돈과 더불어 광성보로 재편하고 손석항돈과 덕진돈을 덕진진에 소속시켰다.

초기에 계획된 49개 돈대의 형태는 매우 다양했는데, 방형이 17개로 가장 많고, 원형이 15개, 직형(일자형) 9개, 銳形(갈고리형) 4개, 前方後圓形 2개, 기타 2개였다. 현존 54개 돈대 중에도 방형은 총 25개로, 추정 불가 10개를 제외하면 절반 이상에 해당한다. 참고로 방형 돈대의 크기와 포좌 및 치첩수를 제시하면 다음과 같다.

돈대 명	실측둘레(m)	문헌 둘레(보)	포대(좌)	치첩수(문헌)	비고
염주돈	90	84	·	23	
옥창돈	200	104	·	41	
철북돈	107	76	·	33	
의두돈	90	32	3	27	
작성돈	101	86	2	38	
구등곶돈	139	90	4	46	
광암돈	121	42	3	38	
인화돈	130	98	·	44	
무태돈	145	109	4	47	
망월돈	124	100	·	42	
석각돈	81	58	·	27	
망양돈	130	98	4	40	
건평돈	121	88	4	40	
송강돈	124	93		40	
검암돈	97	33	4	23	
북일곶돈	122	93	4	40	
송곶돈	126	94	·	36	
갈곶돈	100	·	·	·	
양암돈	144	·	·	·	
후애돈	129	91	4	40	
동검북돈	261	209	·	85	
섬암돈	128	93	·	40	
덕진돈	120	90	4	40	
화도돈	129	92	·	42	
가리산돈	113	94	·	34	

화도돈은 평지상에 위치하였기에 축조상에 수정 사항이 없었던 것으로 추론된다. 원래 계획된 방형의 형태나, 크기 및 치첩의 수에 있어서도 큰

변화는 없었을 것으로 판단된다. 화도돈의 규모는 둘레 92보, 치첩수 42개로 소개하고 있어서 전체 돈대상에 있어서 평균적인 규모임을 알 수 있다.

화돈돈대에 배치된 군사의 규모는 유사시의 경우에는 1개 돈대에 138명 정도로 편성되어져 있었다. 그렇지만 평소에 방수하는 돈대군은 소규모였다. 이형상의 『강도지』에 의하면 49돈대상에 장교로 6돈장에 각돈별장 12인과 각돈직 49명 및 각돈군 147명으로 편성되어 있다. 1돈장에 2명으로 편성되어 있어 윤직으로 월급료 쌀 4말이 지급되며, 30개월이 지나면 6품으로 승진되었다. 각돈군은 윤번제로 수직하였고, 각돈직은 각 돈대마다 설치된 5칸의 墩舍에 들어가 살면서 월급료로 쌀 4말을 지급받으면서 수직 근무하였다. 각돈직과 각돈군은 戶役을 면제받았다. 이를 종합해보면 각 돈대는 약 8개의 돈대를 통할하는 별장 2인이 윤번으로 지휘하였고, 매 돈대에는 돈대 상주 병력인 돈직 1명과 윤번제로 근무하는 돈군 1명 도합 2명이 실제로 평소에 근무하는 군 병력의 전부였다. 49돈대에는 모두 우물이 없어서 어떤 곳은 5리 밖에서 물을 길어오기도 하였다.

각 돈대에 비치된 군기물(『강도지』)

군기물	수량	군기물	수량
4호 불랑기	8좌	大鉛銃	2000개
자포	40문	鐵豆毛	1좌
화약	300근	釜	5좌
대조총	10병	鼎	10좌

돈대의 설치 이후로 강화도의 방비에 대한 관심이 높아졌다. 숙종 10년에 갑곶진에서 초지에 이르는 구간에 고려조의 구성지를 따라 토성의 축조와 화기 설치의 치첩 설치를 건의하였다. 이듬해에는 강도 축성 논의가 활발해져서 숙종도 강도성과 문수산성을 삼군문 병력으로 병축할 것을

허락하였다. 부성의 축조보다는 승천보에서 초지에 이르는 외성의 축조를 건의하자, 이에 일부 대신 중에는 부성의 선축을 주장하기도 했지만 외성 선축으로 결정되었다. 이리하여 숙종 17년의 시역으로 이듬해 5월에 완축되었다. 이 축조된 외성은 토성으로 玉浦에서 초지에 이르렀다.

강화도 수비를 위해서 외성이 完築되었지만 염하를 사이에 두고 있는 문수산에서 강화부중이 그대로 俯瞰되는 위치였기에 강도를 방수하는데 절대적인 위치를 점하고 있었다. 문수산에 설비가 없다면 유사시에 강도 또한 없다고도 표현하였다. 숙종 20년(1694) 9월에 문수산성이 석축으로 완축되었다. 축성 이후로 문수산성의 수비를 강화도 방비라는 원칙에 입각해서 강도에 이속할 것인가, 아니면 통진부를 이곳으로 전속할 것인가로 논란만 계속되어졌다. 이 결과로 인해 문수산성은 후대에 이르기까지 일개 빈 성과 같이 방치된 상태가 되고 말았다.

4. 花島墩臺의 改築狀況

화도돈대 부근에는 돈대와 직접 연관된 화도교가 위치하고 있다. 이 화도교의 수문을 개축한 역사적 사실을 기록한 비문이 바로 『화도수문개축기사비』[2]이다.

이 비는 인천광역시 강화군 선원면 연리 54번지 화도돈대 옆 돈대쉼터 휴게실 뒤뜰에 몸돌과 대좌가 분리된 채 방치되고 있었던 것을 2000년 11월 강화 해안순환도로가 개통된 후에 이를 화도교 옆에 다시 세우게 된 것이다.

---

2) 배성수, 2002, 「강화도 화도수문개축기사비에 대하여」, 『박물관지』4, 인하대학교 박물관.

이 석비는 조선 순조 3년(1803) 7월 당시 강화유수 韓用鐸에 의해 건립되었다. 이에 앞서 현종 5년(1664) 강화유수 趙復陽이 대청포에 제방을 쌓고, 馬場川의 수위 조절을 위해 화도에 수문을 설치하였는데 그 후 두 번에 걸쳐 개축한 내용을 기록하고 있다.

전면에는 화도 및 화도수문에 대한 내용이고, 후면에는 개축에 참여한 37명의 명단이 기록되어 있다. 화도수문의 역사는 현종 5년(1664)에 대청포에 제방을 축조하면서 수위조절용 3개의 수문을 내었다. 이 수문들은 일부 훼손된 상태가 되었다.

화도수문의 개축은 숙종 29년(1703)에 요청이 있었고, 영조 42년(1766)에 홍예형으로 개축하였으나 다시 무너졌다. 본격적인 개축이 순조 3년(1803)에 있었다. 공사는 원 위치에서 수십 보 뒤로 물러 수문을 수축하였다. 또한 외성의 일부도 개축하였다.

개축 구간의 길이는 총 710척에 성벽의 높이가 18척에 폭이 45척이었다. 수문은 2개로 수문의 너비가 각각 20척이고 외성과 나란히 있었기 때문에 높이와 폭이 각각 18척에 45척이었다. 그 위를 30개의 여장으로 마무리하였다. 총 공사기간은 150일로 윤2월 시작으로 7월 초에 준공하였다.

이 비문은 조선 후기 강화도 해안저습지의 간척사업의 과정을 살펴볼 수 있는 중요한 자료로서의 가치를 지닌다. 이와 유사한 비로 강화도 화도면 사기리의 '선두포축언시말'를 통해서 축조과정, 규모, 동원인력, 물력 등에 관한 자료를 제공해 주고 있다. 또한 조선 후기에 축조된 강화 외성의 일부 구간에 대한 개략적 규모를 참고할 수도 있다.

IV. 花島墩臺의 考古學的 性格

1. 墩臺 遺蹟의 槪要

화도돈대는 조사 당시 지표상에 돈대 축성에 사용되었던 石材가 완전히 파괴되었다. 따라서 돈대와 관련된 시설은 지표상으로 확인하기 어려운 상태였다. 특히, 화도 돈대의 축성에 사용되었을 것으로 추정되는 많은 석재들이 주변지역의 건축물이나 제방건설에 많이 활용되고 있었다.

원래 화도돈대는 숙종 5년(1679년)에 강화유수 윤인제에 의해 광성보(화도돈, 오두돈, 광성돈) 소속으로 설치되었으며, 전체적인 평면형태는 方形이다. 화도돈대의 구조는 개석식의 門이 1개소이고, 포좌는 5문이며, 둘레는 92보(129m)이다. 墩舍는 5칸 규모로 1棟이 지어졌고, 군관 16명과 토졸 35명 그리고 선박 3척으로 병력과 선박이 구성되었다. 화도돈대에 배치된 武器는 지자포 2좌, 현자포 8좌, 황자포 2좌, 별황자포 2좌, 대완구 1좌, 소완구 37좌, 불랑기 2호 1좌, 불랑기 4호 9좌, 조총 278자루, 각궁 98장, 교자궁 102장, 장전 250부, 편전 100부 등으로 구성되었다.

화도돈대는 염하를 통해 접근하는 異民族의 접근과 상륙을 저지하는 목적으로 축성되었으며, 특히 돈대부근에 있었던 大淸浦를 지니 내륙의 혈구산 방향으로 진출하는 세력을 저지한다는 점에서 군사적인 중요성을 지니고 있다.

그러나 이러한 화도돈대는 돈대 내부와 주변지역이 여러 차례에 걸친 경작 등으로 형질변경이 심하게 진행되었고, 특히 인근에 음식점이 들어서고, 파괴된 석재를 이용하여 인공 연못을 造成하는 등 돈대의 원래 구조물이 심각하게 훼손되었다. 따라서 이러한 상태로서는 문화재로서의 관람이나 보존 등이 매우 어려운 상태였다.

2. 花島墩臺의 構造와 特徵

1) 墩臺 城壁의 構造

화도돈대의 전체적인 평면형태는 동쪽의 염호와 평행하게 축조된 方形이다. 규모를 보면, 동서방향 길이는 32m이고, 남북방향 길이는 32.5m이다. 따라서 현존 화도돈대 성벽의 총 둘레 길이는 129m이다.

돈대의 축조형식을 보면, 외벽의 面石 아래 基壇石은 면석보다 더 긴 石材들을 사용하여 축조하였으며, 특히 네 모서리에 사용된 基壇石은 규모가 100×80×30㎝로, 다른 석재에 비하여 좀 더 큰 편이다. 面石에 사용된 石材들은 화강암을 長方形으로 잘 다듬은 것으로 크기는 70×45×45㎝이며, 약 1㎝ 간격을 두고 들여쌓기를 하였다. 성벽 축조에서 특이한 점은 동벽을 제외한 세 면의 성벽 기단석 아래에는 계단식으로 된 補築石材가 확인된다. 이는 2~3단의 補築을 하여 석비례층을 조성하고 성벽 축조를 함으로써 돈대의 體城이 붕괴하는 것을 방지하고자 한 것으로 판단된다. 이는 보축시설 같은 석비례층을 조성하지 않고 築城한 동벽의 기단부 아래가 지반이 견고한 마사토로 이루어져 있는데서 알 수 있다.

성벽의 안쪽 벽면을 보면, 內托은 외벽과는 달리 다듬어진 화강암 석재를 사용하지 않고, 자연석이나 극히 일부만 治石한 石材를 사용하여 축조하였다. 이러한 축조기법은 화도돈대뿐만이 아닌 강화도에 축조된 다른 돈대에서 일반적으로 적용된 방법이다.

화도돈대의 여장은 문헌상에는 치첩수가 32개였다고 기록되어 있다. 그러나 발굴조사에서 여장은 모두 파괴된 것으로 밝혀졌다. 따라서 화도돈대에서의 여장에 대한 정확한 성격은 규명할 수 없다. 다만 현재 화도돈대 이외에 후애돈대의 경우 여장이 일부 잔존하고 있어, 화도돈대 여장의 성격을 규명하는데 참고할 수 있을 것이다.

2) 墩臺 門址의 構造

문지의 위치는 지표조사 과정에서, 서벽의 중앙일 것으로 추정되었으며, 또한 2002년도의 시굴조사에서도 자세히 밝혀진 바 있다. 2004년 발굴조사에서는 문지의 규모를 밝히는데 중점을 두고 조사를 실시하였다.

문지는 2개의 도리석이 좌우편에 노출되면서 확인되었다. 즉, 2개의 도리석 사이의 간격은 120㎝이고, 문의 깊이는 도리석에서 약 350㎝이다. 도리석에는 문의 기둥이 安置되는 홈이 2개 파여져 있다. 石列은 이 지점에서 좌우로 방향을 틀어 성벽과 나란히 이어져 있었다. 문지의 깊이가 이렇게 깊은 것은 돈대의 시설 가운데 門이 비교적 취약지이기 때문이다. 다른 돈대에서의 문지의 깊이도 화도돈대와 마찬가지로 깊은 편이다. 그러나 다른 돈대와 비교하여 화도돈대의 문지는 특별히 더 깊은 것으로 판단된다.

문의 상단부는 조사과정에서 특별히 노출된 시설은 없다. 따라서 화도돈대에서의 문지 시설에 대한 정확한 성격은 확인이 불가능하다. 그러나 일반적으로 鎭이나 堡들 가운데에서 규모가 큰 것은 홍예문을 만들었던 사례를 참고할 때, 화도돈대의 경우도 다른 대부분의 돈대에서와 마찬가지로 開閉式의 문지시설을 추정해 볼 수 있을 것이다.

3) 墩臺 內部의 建物址

일반적으로 돈대에는 무기나 화약 또는 기타 필요한 물건들을 보관하기 위한 武器庫나 墩舍 같은 건물이 建築되엇을 것으로 추정할 수 있으며, 발굴조사에서도 돈대 내부의 Ⅱ구역, Ⅲ구역, 그리고 Ⅳ구역에서 건물지의 殘骸로 보이는 石材가 다수 노출되었다. 특히 지형적으로 높은 지점에 해당하는 Ⅱ구역과 Ⅲ구역에서 건물의 柱礎石으로 보이는 石材遺構들이 조사되었다.

이러한 石材들이 敦舍와 관련된 柱礎石으로 판단된다. 그러나 주변의 민가에서 이곳을 경작하면서 주초석의 위치를 크게 교란시켰다. 따라서 노출된 석재가 돈사의 건축과 관련되었다는 사실은 분명해 보이지만, 조사당시 이들 석재에서 일정한 규칙성을 찾기가 매우 어려웠다.

Ⅳ구역의 石材들은 크기가 작고 또한 石列이 나란히 정렬되어 노출되었는데, 이 遺構는 온돌시설로 추정되고 있다. 이렇게 볼때, 화도돈대에는 武器나 火藥 등을 보관하는 墩舍와 함께 규모는 비록 작을지라도 일반 병사들이 기거하는 별도의 宿所가 있었던 것을 추정해 볼 수 있을 것이다. 그러나 문헌에는 5칸의 墩舍 1동만 있었던 것으로 되어 있고, 온돌시설이 있는 건물에 대한 기록은 문헌에 나타나지 않고 있다. Ⅳ구역의 온돌유구에 대한 성격 규명은 좀더 심층적인 연구가 진행되어야 할 것이다.

4) 墩臺와 江華外城

현재의 화도돈대에 이르는 해안 외곽도로, 특히 화도돈대 부근의 이른바 고려시대에서 조선시대에 이르기까지 江華外城이 길게 축조되었던 자리이다. 이 외성은 高麗時代에 土城을 축조하였다가 朝鮮時代에 이르러 돌과 벽돌로 改築한 것이다. 이 外城은 화도돈대에서는 북쪽 느티나무 밑에서 體城의 일부 面石이 확인되고 있다. 이로 보아 강화외성은 화도돈대의 해안가 쪽으로 돌아 나아간 것으로 판단되며, 따라서 발굴조사에서는 돈대의 北壁 동쪽과 東壁 남쪽에 트렌치를 설정하고 외성의 유구를 규명하고자 하였다.

조사결과 동벽 남쪽의 트렌치에서는 성벽이 축조되었던 곳의 토층이 노출되었다. 그러나 성벽과 관련된 基壇石 등은 노출되지 않았다. 반면 북벽 동쪽에서는 墩臺의 기단석보다 약 1m 정도 낮은 곳에서 납작한 석재로 이루어진 기단석들이 노출되었다. 노출된 성벽 기단부의 범위는 700

×80cm이다. 그런데 이 성벽 기단부의 石列은 돈대 東壁과 연결되지 않고, 해안가 쪽으로 약 80cm 정도 앞으로 통과하도록 되어 있다. 이로 미루어 보아, 이 石列은 고려시대에 축조된 土城의 기단부로 판단되며, 이 기단부 위에 土城을 쌓았던 것으로 보인다. 이 토성은 조선시대에 石城이나 城으로 改築되었을 것이다.

3. 出土遺物의 種類와 性格

1) 陶器片

화도돈대에 대한 발굴과정에서 출토된 陶器片은 다른 유물에 비하여 출토량이 많지 않으며, 또한 완전한 형태로 출토된 것은 전혀 없다. 따라서 도기의 부분적 형태와 특징을 통하여 화도돈대에서 출토된 도기의 성격을 파악할 수 있다.

먼저 陶器의 口緣部片을 보면, 도기의 內外 表面은 흑회색의 색조를 띠고 있으며, 속심은 회갈색의 색조를 띠고 있다. 태토는 가는 사립과 운모가 소량 혼입된 정선된 태토이다. 소성상태는 양호하여 단단한 편이다. 口脣은 밖으로 말아서 외벽에 둥글게 붙였다. 내외면의 表面에 물레의 成形痕이 확인된다. 殘高는 4.0cm이고, 殘幅은 9.4cm이며, 동체부 두께는 0.5cm이다.

도기편 가운데 綠釉陶器 1점이 출토되었는데, 이 綠釉 陶器의 口緣部片으로 전체적인 잔존형태로 보아 瓶으로 추정된다. 녹유도기의 內外 表面은 어두운 암갈색의 색조를 띠고 있으며, 속심은 옅은 회갈색을 띠고 있다. 태토는 정선된 점토질로 만들었다. 소성상태는 양호하여 매우 단단하다. 구연부는 頸部에서 外反하다 口脣에서 밖으로 각이 지게 처리하였다. 殘高는 5.6cm이고, 殘幅은 6.6cm이며, 頸部의 두께는 0.4~0.6cm이다.

陶器의 底部片을 보면, 도기의 저부는 안쪽 表面이 흑회색의 색조를 띠고 있으며, 속심과 바깥쪽 표면은 엷은 회갈색을 띠고 있다. 태토는 가는 운모가 소량 혼입된 정선된 태토이다. 소성상태는 양호하여 단단한 편이나 외부 표면은 剝離狀態가 심하여 매우 거친 편이다. 저부는 平底이다. 내외면의 表面에 물레의 成形痕이 확인된다. 殘高는 3.8cm이고, 殘幅은 10.2cm이며, 동체부 두께는 0.5cm 내외이다.

화도돈대에서 출토된 陶器를 전체적으로 검토하면, 表面의 경우 內外面은 흑회색이나 암갈색의 색조를 띠고 있으며, 속심은 대체로 엷은 회갈색의 색조를 띠고 있다. 태토는 운모가 소량 혼입된 정선된 粘土質이며, 소성상태는 양호한 편이고, 내외면의 表面의 상태를 관찰하면 물레를 이용하여 제작했던 것을 확인할 수 있다.

2) 靑磁片

화도돈대의 발굴에서 수 점의 청자편이 출토되었다. 그러나 이들 靑瓷片도 陶器片과 마찬가지로 完形으로 출토된 것은 없다. 출토된 청자의 器形은 대체로 접시와 盒이다.

출토된 청자의 접시를 보면, 정선된 태토를 사용하여 제작하였고, 소성강도는 단단하다. 釉藥의 시유상태는 양호하며, 표면에 氷裂이 있다. 구연부와 동체부가 남아있는 접시의 경우 외표면에 두 줄기의 흑선상감에 백상감의 꽃봉우리 문양이 그려져 있다. 꽃잎모양의 구연을 따라 흑선상감된 두 선 안에 인동초문이 간략하게 그려져 있다.

盒은 殘片으로 1점이 출토되었는데, 盒도 역시 정선된 태토를 사용하여 만들었고, 소성강도는 단단하며, 釉藥의 시유상태는 비교적 양호하다. 표면에 氷裂이 있으며, 외표면에 흰색의 국화문양이 있고, 그 주변에 흑상감으로 인동문을 둘렀다.

청자의 접시 底部片을 보면, 色調는 暗綠色을 띠고 있으며, 표면의 釉藥 施釉常態는 양호하다. 굽은 수직굽이며, 굽 아래에 燔造에 받침으로 사용되었던 것으로 보이는 모래가 붙어 있다. 안쪽 표면에 국화잎이 陽刻되어 있는 것도 있고, 세 줄의 陽刻 문양이 있는 것도 있다.

화도돈대에서 출토된 청자의 특징을 다음과 같이 몇 가지로 정리해 볼 수 있다. 화도돈대 출토 청자의 색조는 대체로 진한 녹색을 띠고 있으며, 釉藥의 시유상태는 양호하다. 굽은 깊이가 낮은 수직굽이 주종을 이루며, 굽 아래에는 燔造에 받침으로 사용되었던 모래가 묻어 있고, 저부 안쪽에 국화잎이나 세 줄의 陽刻 문양이 있다. 화도돈대에서 출토된 靑瓷片은 墩臺遺構보다는 江華外城의 축조와 관련이 있는 유물로 추정된다.

3) 白磁片

화도돈대에서 출토된 유물 가운데 백자편이 차지하는 비율이 가장 높다. 화도돈대의 백자편 특징을 보면, 이들 백자는 器種上 대부분이 沙鉢類 계통이며, 돈대 내부의 건물지 등에서 주로 출토되고 있다.

백자 사발은 구연부편으로 동체부에서 斜線으로 올라오다 구연부에서 직각에 가깝게 口脣이 外反하며, 태토는 비교적 잘 정선된 백토이다. 표면은 담청색이나 맑은 綠靑의 색조를 띠고 있고, 유약의 施釉상태는 대체로 양호하나 기포자국이 나타나 있는 것이 대부분이다. 표면에 氷裂이 있고, 외면에 그림이 그려져 있는 것도 있다. 굽은 수직굽과 오목굽 두 종류가 출토되고 있다.

4) 瓦片

화도돈대에서 비교적 많은 와편이 출토되었는데, 이들 와편은 銘文이나 배면 문양 등에서 수키와와 암키와로 나누어 살펴볼 수 있다. 이들 와편도 백자편과 마찬가지로 돈대 내부의 건물지 遺構에서 다량 출토되었다.

수키와는 회갈색의 색조를 띠고 있으며, 정선된 泥質의 태토를 사용하여 제작하였다. 미구의 언강이 있고, 背面에 波狀文이 타날되어 있고, 내면에는 포목문이 압인되어 있다. 측면은 안쪽에서 바깥쪽으로 瓦刀로 1/2 정도 자른 후 분할하였다.

암키와는 회갈색의 색조이며 背面에 魚骨文이나 平行線文이 교차적으로 타날되어 있고, 內面에는 포목문이 압인되어 있으나 물손질로 지워지는 경향이 있다. 측면은 안쪽에서 바깥쪽으로 瓦刀로 1/2 또는 1/4 정도 자른 후 분할하였다.

화도돈대에서 출토된 와편 가운데 수키와의 背面에 가는 선으로 된 波狀文과 함께 '月日天,' '庚申' 등의 銘文이 찍혀 있는 경우가 많이 발견되고 있다. 여기에 나타나는 '庚申'은 화도돈대가 肅宗 9年의 庚申年에 축조되었다고 하는 문헌기록을 고고학적으로 증명하는 것이라고 생각된다.

5) 其他

화도돈대에서 출토된 백자나 와편 이외에도 전돌 2점, 화폐 2점, 그리고 철환 1점이 출토되었으며, 이러한 유물은 화도돈대의 축조와 활용 상태 등을 가늠해 볼 수 있는 중요한 유물로 평가된다.

전돌은 회갈색의 색조를 띠고 있으며, 태토는 점토에 砂礫이 다량 함유된 정선된 泥質이며, 소성강도는 비교적 단단한 편이다. 전체 형태는 장방형이며, 한쪽 측면이 파손으로 缺失되었다. 표면은 거칠고 粗惡한 편이며 稻葉痕이 일부 壓印되어 있으며, 내부에는 기포로 인한 孔隙이 다수 나타나 있다.

화폐는 2점의 常平通寶인데 크기가 서로 약간 차이가 있다. 상평통보1

의 평면 형태는 內方外圓形이며, 前面에 상하우좌 순서로 '常平通寶'라고 해서체로 陽刻되어 있으며, 後面에는 方形透孔을 사이에 두고 상하 순서로 '海二'라고 陽刻되어 있다. 직경은 2.95㎝이고, 방형투공의 길이는 0.7㎝이다. 常平通寶2의 전체적인 평면형태는 상평통보1과 같으나 크기가 다소 작은 편이다. 前面에 상하우좌 순서로 '常平通寶'라고 해서체로 陽刻되어 있으며, 後面에는 方形透孔을 사이에 두고 상하우좌 순서로 '尸洪 七'이라고 陽刻되어 있다. 직경은 2.3㎝이고, 방형투공의 길이는 0.7㎝이다.

鐵丸은 1점 출토되었는데, 鐵丸의 형태는 球形이나 중간에 테두리선이 약간 돋아져 있다. 표면은 부식으로 거친 편이나 보존 상태는 비교적 양호하다. 직경은 2.9~3.2㎝로 일정하지 않다.

V. 綜合考察

1. 調査槪要

화도돈대에 대한 발굴조사는 상화군청에서 화도돈대를 복원하기 위해 정확한 유구의 규모와 성격을 확인하고자 실시하였다. 이번 조사에서는 돈대의 형태와 축조방식, 門址의 위치와 구조 확인, 포좌의 수와 위치확인, 돈대 외성과 돈대와의 관계 등을 확인하고자 실시하였다.

이를 위해 조사단은 돈대 외벽 기단부 둘레의 생토층의 깊이까지 除土作業을 진행하였고, 성벽의 두께의 확인을 위해 內壁을 따라 방형의 트렌치를 설정하였으며, 성벽의 축성법을 확인하기 위해 남벽 구간 일부를 切開하였다. 그리고 화도돈대와 강화외성과의 연관관계를 평가하기 위해

외성으로 추정되는 곳에 트렌치를 설정하고 발굴작업을 진행하였다.

강화도의 화도돈대는 숙종 5년(1679년)에 강화유수 윤인제에 의해 광성보(화도돈, 오두돈, 광성돈) 소속으로 설치되었으며, 전체적인 평면형태는 方形이다. 문헌자료에 의하면, 화도돈대의 구조는 개석식의 門이 1개소이고, 포좌는 5문이며, 둘레는 92보(129m)이다. 墩舍는 5칸 규모로 1棟이 지어졌고, 군관 16명과 토졸 35명 그리고 선박 3척으로 병력과 선박이 구성되었다. 화도돈대에 배치된 武器는 지자포 2좌, 현자포 8좌, 황자포 2좌, 별황자포 2좌, 대완구 1좌, 소완구 37좌, 불랑기 2호 1좌, 불랑기 4호 9좌, 조총 278자루, 각궁 98장, 교자궁 102장, 장전 250부, 편전 100부 등으로 구성된 것으로 알려져 있다.

화도돈대의 설치는 기본적으로 염하를 통해 접근하는 外敵의 접근과 상륙을 저지하기 위한 목적으로 축성된 것이며, 특히 화도돈대는 돈대부근에 있었던 大淸浦를 지나 내륙의 혈구산 방향으로 진출하는 세력을 저지하기 위한 군사적인 전략적 목적에서 설치된 것이다.

2. 遺蹟의 構造

화도돈대의 조사는 돈대의 城壁, 돈대의 門址, 돈대 내에 세워진 建物址, 그리고 돈대 밖에 축성된 강화외성의 城壁 등에 대한 조사를 구역별로 나누어 발굴작업을 진행하였다.

화도돈대는 平面形態가 方形이며, 규모는 동서방향 길이는 32m이고, 남북 방향 길이는 32.5m이다. 따라서 화도돈대 성벽의 총 둘레 길이는 129m이다. 돈대는 규모가 100×80×30㎝ 되는 基壇石 위에 面石을 차례로 平積하여 축조하였으며, 면석은 화강암을 長方形으로 治石한 것으로 크기는 70×45×45㎝이며, 약 1㎝ 간격을 두고 들여쌓기를 하였다. 그리고 마사토 위에 축성된 동벽을 제외한 나머지 세 壁은 2~3단의 補築으로 석비레층을 조성하고 축조하여 돈대의 體城을 견고히 하였다.

墩臺의 門址는 서벽의 중앙에서 문의 기둥이 안치되는 홈이 파여진 도리석 2개가 각각 문지 좌우편에서 노출되었다. 2개의 도리석 사이의 간격은 120㎝이고, 문의 깊이는 도리석에서 약 350㎝이다. 그리고 문지의 石列은 이곳에서 좌우로 방향을 틀어 성벽과 나란히 이어져 있었다. 문의 상단부는 조사과정에서 특별히 노출된 시설은 없으나 일반적으로 鎭이나 堡들 가운데에서 규모가 큰 것은 홍예문을 만들었던 사례를 참고할 때, 화도돈대의 경우도 다른 대부분의 돈대에서와 마찬가지로 開閉式의 문지 시설이 설치되었을 것으로 추정된다.

墩臺 內에는 무기나 화약 또는 기타 필요한 물건들을 보관하기 위한 武器庫나 墩舍 같은 건물이 建築되었을 것으로 추정할 수 있으며, 조사과정에서 돈대 내부에서 건물지의 殘骸로 보이는 石材가 노출되었다. 특히 높은 지형에 해당하는 Ⅱ구역과 Ⅲ구역에서 건물의 柱礎石으로 보이는 石材遺構들이 조사되었다. 그러나 돈대의 내부가 경작되면서 주초석의 위치가 크게 교란되어, 조사 당시 이들 석재에서 일정한 규칙성을 찾기가 매우 어려웠다. 한편 Ⅳ구역에서 온돌시설로 추정되는 유구가 노출되었는데, 이는 화도돈대에 일반 병사들이 기거하는 별도의 宿所가 있었던 것으로 추정해 볼 수 있으나 문헌에는 5칸의 墩舍 1동만 있었던 것으로 되어 있다. 따라서 온돌시설과 관련된 있는 건물지는 향후 좀더 심층적인 연구가 진행되어야 할 것이다.

江華外城은 현재의 화도돈대에 이르는 해안 외곽도로, 특히 화도돈대 부근의 이른바 고려시대에서 조선시대에 이르기까지 江華外城이 축조되었던 곳이며, 高麗時代에 土城을 축조하였다가 朝鮮時代에 이르러 돌과 벽돌로 改築되었다. 江華外城은 화도돈대에서는 북쪽 느티나무 밑에서 體

城의 일부 面石이 확인되고 있다. 트렌치 조사결과 동벽 남쪽에서의 토층
이 노출되었으나 성벽과 관련된 基壇石 등은 노출되지 않았다. 반면 북벽
동쪽에서는 墩臺의 기단석보다 약 1m 정도 낮은 곳에서 납작한 석재로
이루어진 기단석들이 노출되었다. 그런데 이 성벽 기단부의 石列은 돈대
東壁과 연결되지 않고, 해안가 쪽으로 약 80㎝ 정도 앞으로 통과하도록
되어 있다. 이로 미루어 보아, 이 石列은 고려시대에 축조된 土城의 기단
부로 판단되며, 이 기단부 위에 土城을 쌓았던 것으로 보이며, 이 토성은
조선시대에 石城이나 磚城으로 改築되었을 것이다.

3. 出土遺物의 性格

강화도의 화도돈대에서 출토된 유물에는 陶器片, 白磁片, 靑磁片 등 그
릇 종류와 건물 축조에 사용된 각종 瓦片이 출토되었으며, 이외에도 常平
通寶와 鐵丸 같은 鐵製品 등도 발굴되었다.

陶器는 구연부와 저부편이 출토되었고, 完形의 器形은 없다. 陶器의 內
外 表面은 흑회색의 색조를 띠고 있으며, 속심은 회갈색의 색조를 띠고
있다. 태토는 가는 사립과 운모가 소량 혼입된 정선된 태토로 제작하였
다. 내외면의 表面에 물레의 成形痕이 확인된다.

白磁는 주로 사발과 접시류가 출토되었다. 백자 沙鉢은 저부에서 동체
부를 둥글게 돌아 구연부로 이어진 모습이며, 태토는 비교적 정선된 백토
로 제작되었고, 표면은 맑은 綠靑을 띠고 있으며, 수직굽을 하고 있다. 유
약의 施釉상태는 양호하나 표면에 간간이 氣泡 자국이 있다.

분청자는 盒片과 蓋片이 주로 출토되었다. 蓋片은 정선된 태토를 사용
하여 제작하였고, 표면에 氷裂이 있다. 外表面에 흰색의 둥근 원과 검은색
선으로 처리된 문양이 그려져 있으며, 구순 안쪽에 상하로 평행하게 선이

그어져 있고, 선 사이에 인동문이 그려져 있다. 盒片은 정선된 태토를 사용하여 만들었고, 釉藥의 시유상태는 양호하며, 표면에 氷裂이 있으며, 외표면에 흰색의 국화문양과 검은색으로 인동문을 그렸다. 殘高는 3.0㎝이고, 殘幅은 4.3㎝이며, 동체부의 두께는 0.3~0.6㎝이다.

와편은 회갈색 수키와편의 경우, 사립이 일부 함유된 정선된 泥質의 태토로 제작하였다. 언강의 폭은 좁은 편이다. 背面에 가는 선으로 된 波狀文과 평행선문이 미구부 쪽에 타날되어 있고, 그 안쪽에는 '庚申'이라는 명문이 있다. 배면에 '月日天' 등의 銘文이 찍혀있는 것도 있다. 이들 銘文에 나타나는 庚申은 肅宗 9년(1680년)이며, 이는 강화도의 화도돈대가 肅宗 9년에 축조되었다는 문헌 기록과 정확하게 일치하는 것이다.

철제품으로는 常平通寶 2점과 鐵丸 1점이 출토되었다. 常平通寶는 평면 형태가 內方外圓形이며, 前面에 상하우좌 순서로 '常平通寶'라고 해서체로 陽刻되어 있으며, 後面에는 方形透孔을 사이에 두고 상하 순서로 '海 二'라고 陽刻되어 있고 다른 하나는 前面에 상하우좌 순서로 '常平通寶'라고 해서체로 陽刻되어 있고, 後面에는 方形透孔을 사이에 두고 상하우좌 순서로 '尸洪 七'이라고 陽刻되어 있다. 鐵丸은 평면 형태가 球形이나 중간에 테두리선이 약간 돋아져 있다. 표면은 부식으로 거친 편이나 보존상태는 비교직 양호하다.

[지도 1] 강화도 지도(1:100,000)

[사진 1] 공중에서 내려다 본 돈대 발굴 현장 모습

[사진 2] 공중에서 내려다 본 돈대 문지 및 동벽 발굴 현장 모습

[사진 3] 돈대 북면 일대의 강화외성 유구 모습

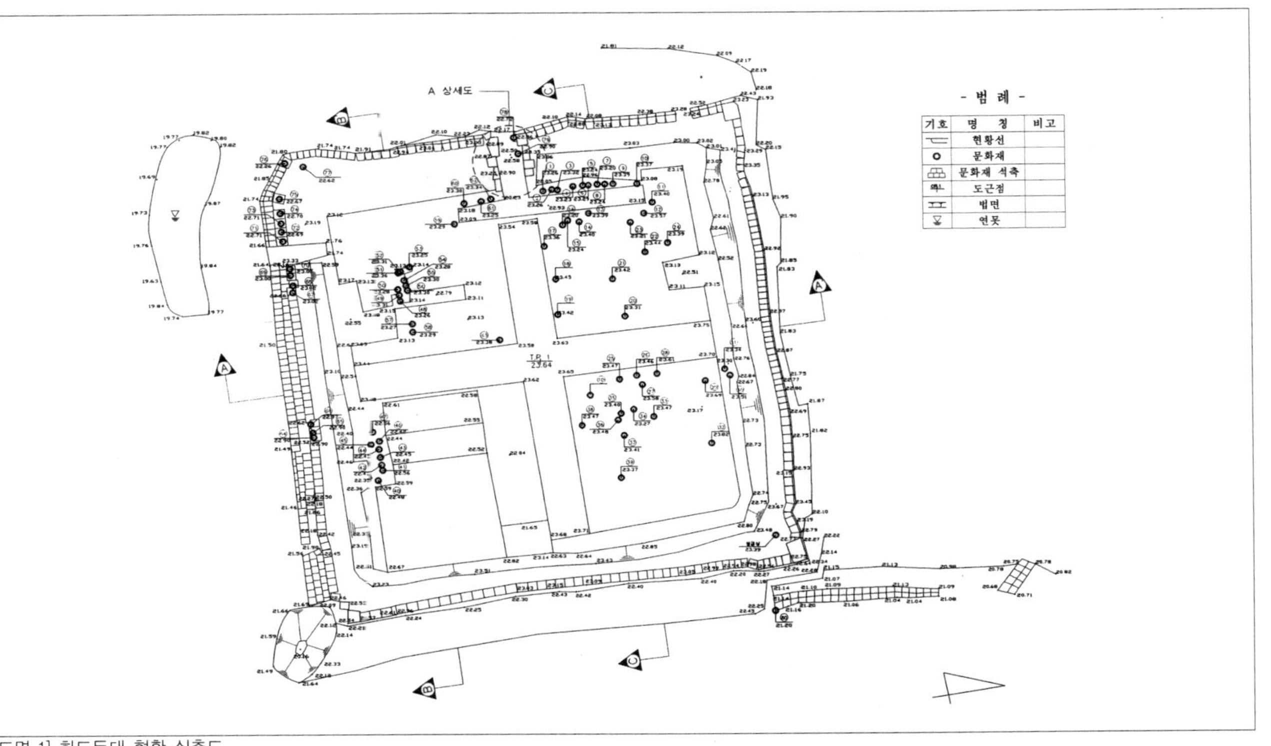

[도면 1] 화도돈대 현황 실측도

[사진 4] 어골문 암키와편(고려)

[사진 5] 명문 수키와편(康申月日天…)

[사진 6] 토기 및 도기편(고려~조선)

[사진 7] 청자편(고려)

[사진 8] 청화백자편(조선)

[사진 9] 전석(조선)

[사진 10] 상평통보(조선)

[사진 11] 철환(조선)

Ⅲ부 연구논문

麗水半島 支石墓社會의 研究

이동희*

目　　次

Ⅰ. 序論

전남지방은 지석묘가 전국에서 가장 밀집되어 2만 기 이상이 분포하고 있고 비교적 많은 발굴조사가 이루어져 왔다. 이러한 배경에서 전남지방의 지석묘 연구는 전국에서 가장 활발히 이루어진 편이다. 하지만 기존에 이루어진 전남지방의 지석묘 연구는 광범위한 지역을 대상으로 하여 형식과 편년, 사회 발전 단계라는 문제에 치우친 면이 있다. 그리고 이러한 연구의 또 다른 문제점이라면 여러 지역에 흩어져 발굴조사된 위신재나

---

* 순천대학교 박물관 학예연구관.

특정 유구를 선별하여 논의를 같은 틀내에서 전개한다는 점이다.

그런데 지석묘사회를 좀 더 입체적으로 조명하려면, 유물이 풍부하고 발굴이 비교적 많이 이루어졌으며 동시에 지표조사가 정밀하게 이루어져 단위지역 전체 지석묘의 실상을 알 수 있는 곳을 선정하여 그곳에 소재한 전체 지석묘를 대상으로 한 종합적 연구가 필요하다. 우리나라에서 이러한 조건에 가장 부합되는 곳이 여수반도이므로 이 지역을 대상으로 하여 지석묘의 분포와 권역, 대외교역 문제, 지석묘 축조집단의 계층성과 사회 발전 단계 등에 대하여 세밀한 검토를 하려고 한다. 이 가운데 특히, 사회 발전 단계에 대해 많은 지면을 할애하였는데, 이는 현재 학계에서 평등사회와 계급사회에 대한 논의가 분분하기 때문이다.

필자가 여수반도로 한정하여 지석묘사회의 복원을 시도하는 이유는 다음과 같은 몇 가지 점에서 비롯된다. 우선, 이 지역이 다른 지역보다 비교적 많은 발굴조사가 이루어졌고, 둘째로, 다른 지역에 비해서 비파형동검이나 옥·석검 등의 위신재가 풍부하여 개인이나 집단 간의 위계화를 용이하게 살펴볼 수 있고, 셋째로, 여러 차례의 지표조사가 이루어져 지석묘에 대한 대체적인 분포가 확인되었기 때문이다. 또 하나 언급될 수 있는 것은 여수시가 반도와 섬으로 구성되어 지리적으로 외부와 어느 정도 구분된다는 점을 들 수 있다.

본고에서 필자는 지표조사 내용과 발굴조사 내용에 대한 분석을 통한 사회 복원에 좀 더 주안점을 두고자 하는데, 몇 가지 점을 주목하면서 논의를 전개시키려 한다. 먼저 여수시 전체의 지석묘 분포 상태와 자연지형에 근거하여 권역별 검토에 많은 지면을 할애하였다. 지석묘는 개별적이기보다 군집된 경우가 훨씬 많기 때문에, 개별적인 '나무'(개별 지석묘)보다는 전체로서의 '숲'(지석묘군과 그 분포권)이 더 중요하다. 두 번째로 여수반도에서 발굴조사된 20여 개소의 支石墓群에 대해 상석과 하부

구조의 밀집도·상석 무게·입지·출토유물·매장주체부의 규모 등의 차이에 따라 群 사이의 位階를 살펴본다. 셋째로, 대외교역과 관련된 거점지역과 출토유물, 특히 외래유물과의 상관관계를 살펴보고 지석묘 축조집단 사이의 부장유물의 의미를 고찰해 보기로 한다. 넷째로, 지석묘군 내에서의 유구와 출토유물 차이에 의해 지석묘 축조집단 내의 階序(rank)를 먼저 구분하고, 지석묘에 매장되지 못한 層을 더하여 살펴본다. 마지막으로 上記한 지석묘 분석 내용을 바탕으로 지석묘 축조 사회의 발전단계를 서구이론을 원용하여 검토할 것이다.

또한, 본고에서는 지석묘의 분포를 명확하게 파악하기 위해서 훼손되어 현재 남아 있지 않은 지석묘도 최대한 포함하였음을 밝혀둔다.

II. 分布와 圈域

먼저, 여수반도 지석묘의 분포를 면 단위 행정구역별로 살펴보고, 그 권역을 설정하고자 한다(도면 1). 권역은 개별 지석묘군을 지형별로 묶어본 것이다. 이러한 권역은 지석묘사회에 있어 단위 촌락의 범위를 파악할 수 있는 근거가 된다.

현재의 여수시는 1998년 4월 1일 구 여천시, 구 여천군, 구 여수시 등 3개 행정구역이 통합된 것이다. 그리고 구 여천시는 구 쌍봉면과 구 삼일면을 통합한 행정명칭이다. 본고에서는 지석묘의 분포와 권역 설정을 면 단위로 살펴보는 것이 더 용이하다고 판단되므로 구 행정명칭을 그대로 사용하였음을 밝혀둔다.

각 행정구역별 지석묘 분포상을 요약해보면 [표 1]과 같은데, 여수반도에는 지금까지 모두 217군 1,722기의 지석묘가 확인되었다.

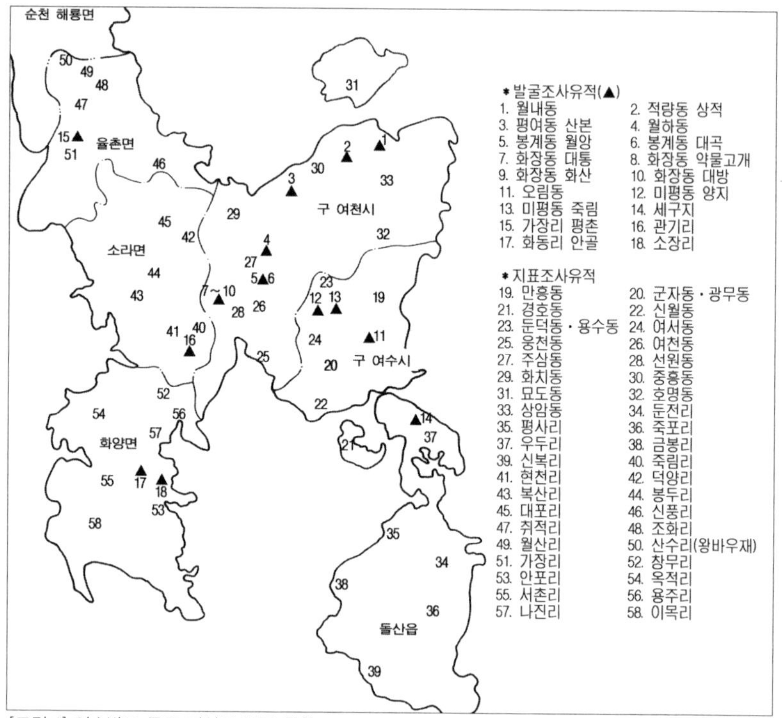

[도면 1] 여수반도 주요 지석묘 분포 현황

[표 1] 여수반도의 지석묘 분포 현황(행정구역별)

行政區域	支石墓 群集	支石墓 數	備考
구 여수시	33군	198기	
구 쌍봉면(구 여천시)	33군	168기	
구 삼일면(구 여천시)	39군	365기	
돌산읍	31군	184기	
삼산면	3군	17기	
소라면	17군	116기	
율촌면	30군	340기	
화양면	31군	334기	
총계	217군	1,722기	

1. 구 여수시

구 여수시에는 모두 33개군 198기의 지석묘가 확인되었다. 미평동 평지 3개군 27기 · 양지 1개군 5기 · 죽림 3개군 30기, 만흥동 6개군 20기, 오림동 2개군 14기, 군자동 · 광무동 2개군 11기, 경호동 2개군 27기, 신월동 4개군 32기, 둔덕동 2개군 5기, 용수동 4개군 24기, 여서동 4개군 8기 등이다[1].

이러한 지석묘군을 지형별로 나누어보면 다음과 같이 7개 권역이 된다. 즉 미평동 7개군 62기, 만흥동 6개군 20기, 오림동 · 여서동 6군 22기, 군자동과 광무동 2군 11기, 신월동 4군 32기, 경호동 2군 27기, 둔덕 · 용수동 6군 29기 등이다.

구 여수시(여수면)의 7개 권역에서 유물상이나 군집도, 입지 등으로 보면 미평동 평지(20기), 오림정(9기), 죽림 '가'(11기), 신월(10기), 용수동(17기), 경호동(19기) 등이 중심군이다. 이 지석묘군들은 대개 해당 동리(촌락)의 중심마을(母集團)과 관련된다. 상석이 10기 이상이면 지석묘가 축조되는 청동기시대에 비교적 오랫동안 지속적으로 축조가 이루어진 것으로 추정된다. 예컨대 발굴조사된 오림정이 지석묘군의 경우, 상석은 9기이지만 추가 석곽이 9기이고 훼손된 부분을 고려하면 내장주제부가 25기 이상은 되었을 것으로 보인다. 이에 반해 5기로 이루어진 양지 지석묘군의 경우에는 장기간의 축조로 보기는 어렵다. 양지는 평지 지석묘군 같은 중심집단(母集團)에서 파생된 子집단 정도로 여겨진다.

---

1) 이영문 · 정기진, 1992, 『여수 오림동 지석묘』, 전남대학교박물관.
　순천대학교박물관, 2003b, 『문화유적분포지도-여수시-』.

2. 구 여천시

1) 구 삼일면

구 삼일면에는 모두 39개군 365기의 지석묘가 확인되었다. 적량동 5군 48기(14/12/13/6/3), 월내동 상촌 10군 101기(35/18/35/1/1/1/4/3/2/1), 화치동 용혈 2기, 평여동 삼본 3군 19기(3/9/9, 발굴후 모두 36기), 월하동 월성 1기, 중흥동 5군 33기(3/10/16/2/2), 묘도동 1군 2기, 호명동 3군 23기(1/14/8), 상암동 11군 134기(작양 3군 65기-16/46/3, 작음 4군 27기-6/6/8/7, 진북 2군 14기, 당내 1군 6기, 원상암 1군 약 30기) 등이다[2].

구 삼일면의 지석묘군을 지형별로 권역을 설정해 보면, 적량동/월내동/중흥동/평여동 · 월하동 · 화치동/호명동/상암동으로 구분해 볼 수 있다. 인접성을 근거로 좀 더 넓게 묶어보면 평여동 · 중흥동/적량동 · 월내동/상암동 · 호명동의 3개소로 구획된다. 상암동과 호명동은 같은 골짜기 내에 위치하고, 평여동과 중흥동, 적량동과 월내동은 각기 낮은 고개로 연결되는 인접지역이다.

이처럼 지형에 따라 권역을 설정해 보면 각 권역 사이에는 어느 정도의 구분이 있었다고 생각되는데 그러한 구분은 경계 지점의 대형 기반식 지석묘에 의해서 뒷받침된다. 예컨대, 최근의 조사[3]에서, 월내동과 적량동의 경계에 자리한 월내초등학교 부지를 조성하면서 대형 기반식 지석묘 1기가 파괴되었다는 지역주민의 전언[4]이 있었다. 이를 근거로 추정해보면

---

2) 이영문, 1990, 『여천시 봉계동 지석묘』, 전남대학교박물관.
　순천대박물관, 2003b, 『문화유적분포지도-여수시-』.
　순천대박물관, 2004b, 『엘지칼텍스정유확장부지 문화재 지표조사보고서』.
3) 순천대박물관, 2004b, 『엘지칼텍스정유확장부지 문화재 지표조사보고서』.
4) 이 지석묘는 정으로 깨서 없앴다고 하는데, 발굴조사된 적량동 상적 지석묘군에서 가장 무거운 상석보다 작지 않았다고 하므로 40~50톤은 족히 되었을 것이며 굄돌이

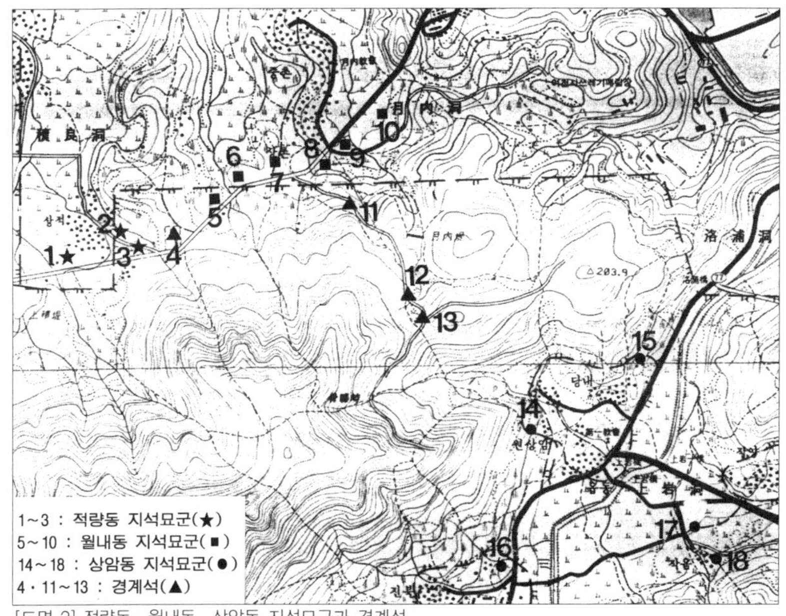

[도면 2] 적량동 · 월내동 · 상암동 지석묘군과 경계석

월내동과 적량동 사이에 경계석으로서의 상징적인 지석묘가 있었다고 판단된다. 그리고 월내동과 상암동을 잇는 고개의 교통로상에 1기씩 3개소에 나뉘어 대형의 기반식 지석묘가 확인되어 단위촌락을 구분하는 역할을 한 것으로 보인다(도면 2).

월내동 지석묘군은 밀집도가 매우 높은 편인데, 소군집들은 정상부에 가까운 산기슭에 인접해 있고, 대군집은 좀 더 평지에 인접한 산기슭 아래 구릉상에 자리한다.

상암동에는 단일 동으로는 가장 많은 지석묘군이 밀집되어 있다. 그런데 평여동이나 적량동에 비해 상석의 규모가 작은 편이다. 발굴조사된 월내동 지석묘군에서 확인되었다시피 단일 지석묘군에서 상석이 전반적으

있었다고 한다.

로 규모가 작으면 위신재도 빈약하다. 이러한 점에서 상암동 지석묘 축조 집단은 적량동에 비해 상대적으로 위신재가 빈약할 것으로 추정되며, 상암동 집단이 더 열세의 집단으로 판단된다.

2) 구 쌍봉면

구 쌍봉면에서는 모두 33개군 168기의 지석묘가 확인되었다. 웅천동 6개군 25기(9/5/3/2/3/3), 여천동 월평 1군 5기, 주삼동 주동 1군 8기 · 삼동 2군 4기 · 주암 4군 14기(2/10/1/1), 봉계동 대곡 4군 23기(4/8/7/4) · 계원 2군 14기(1/13기) · 봉강 3기 · 월앙 6군 18기(3/1/5/2/4/3), 선원동 무선 2기, 화장동 대통 3군 37기(27/7/3) · 화산 1군 5기 등이다[5].

구 쌍봉면의 지석묘군을 지형별로 권역을 나누어보면 웅천동, 화장동 · 선원동, 봉계동 · 주삼동 · 여천동의 3개소이다. 이 3개소가 각기 당시 촌락의 범위 혹은 권역으로 판단된다.

우선, 화장동 일원에 총 5군 44기가 분포한다. 선원동 무선 2기, 화장동 대통 3군 37기(27/7/3), 화산 1군 5기 등이다. 화장동 대통 '가'군(27기)이 중심 지석묘군이라면 화산, 무선 등은 주변의 군소 지석묘군이다. 즉 대통 '가'군이 구릉 하단에 자리하며 기수가 많고 위신재가 풍부하다. 반면 나머지 지석묘군은 구릉정상부와 고개마루에 있으며 기수가 적고 유물이 상대적으로 빈약하다(도면 3).

봉계동 · 여천동 · 주삼동 일원에는 모두 22군 99기의 지석묘가 분포하여 구 쌍봉면에서는 가장 밀집된 분포상을 보이고 있다. 주삼동과 봉계동은 인접된 곳이다. 예컨대 주삼동 주암마을은 봉계동과 바로 접하고 있어

---

5) 이영문, 1990, 『여천시 봉계동 지석묘』, 전남대학교박물관.
　　순천대학교박물관, 2003b, 『문화유적분포지도-여수시-』.

같은 권역 내에 속한다. 한편 봉계동 대곡마을은 약간 떨어져 있어 여천동 월평, 주삼동 주동·삼동 등과 같이 주변의 소촌이나 자집단으로 분류된다. 이 권역에서 중심되는 지석묘군은 계원 '나'군(13기)으로서, 화장동에 비해 군집도가 낮다. 요컨대 주삼동·봉계동 권역에서 중심은 주삼동 주암과 봉계동 월앙·계원 일대이다. 주암마을은 행정구역으로만 다를 뿐 봉계동 월앙·계원마을과 거의 접해 있다. 구 쌍봉면에서 가장 중심되는 곳이 봉계동 일원이라고 판단되는데, 군집도뿐만 아니라 지리적으로도 중심이고 지형적으로는 넓은 평지에 자리하고 있기 때문이다. 유물상으로 보아도 발굴이 거의 다 이루어진 화장동과 일부만 발굴된 봉계동 일대에서는 공히 비파형동검이 1점씩 출토되었다. 따라서 봉계동 일원에 대한 추가조사가 이루어지면 A급 위신재가 더 많이 출토될 것으로 보인다.

그런데 월앙지구에는 18기 이외에 더 많은 지석묘들이 있었으나 밭경작시에 많이 제거되었다고 한다[6]. 봉계동은 다수의 군집은 안보이지만 소수의 군집들이 연이어 있어 이들 간에는 개별적이지 않은 유기적 관계, 즉 처음부터 끝까지 장기간에 걸쳐 하나의 지석묘군이 축조된 것이 아니라 하나의 소군집의 축조가 끝나고 다음 지석묘군으로 옮겨서 연이어 계속 축조된 경우로 보인다. 비파형동검이 출토된 봉계동 월앙은 곡간평지여서 지석묘들이 다수 군집한 소라면 원죽림이나 대통 '가'군과 입지가 유사하다. 평지는 상석을 옮기는 데 산기슭보다 노동력이 더 동원되어야 한다. 이들은 모두 동검이 출토되거나 기수가 많은 지석묘군이다. 더 많은 수의 매장주체부가 있어 상대적으로 집단이 컸고 경제력이 뒷받침되었음을 의미한다.

---

6) 이영문, 1990, 『여천시 봉계동 지석묘』, 전남대학교박물관.

　봉계동에서 위세품으로 보면 월앙 지석묘군이 대곡 지석묘군보다 우월하다. 또한 위치상으로도 대곡이 가장자리인 데 비해 월앙, 계원이 중심이다. 비파형동검이 봉계동 월앙에서 출토됨은 지리적 위치와도 결부된다. 봉계동 일원의 평야지대는 간척지대가 아니면서 여수반도에서 가장 넓은 평야지대 중의 하나이다. 그리고 지리적 위치나 부장유물뿐만 아니라 지석묘 밀집상을 보면, 같은 촌락 사이에도 우열이 있었던 것으로 보이는데 구 쌍봉면에서는 봉계동이 가장 중심적인 촌락으로 판단된다.

3. 돌산읍

　돌산읍에서는 모두 31개군 184기의 지석묘가 확인되었다. 둔전리 봉수 5개군 30기(3/6/7/13/1)·둔전 6군 51기(25/4/6/4/7/5)·계동 1군 7기·월암 6군 27기(4/3/4/6/4/6), 평사리 도실 1군 3기, 죽포리 죽포 2군 3기(1/2)·봉림 3군 35기 이상(8/10기 이상/17기 이상), 우두리 3개군 12기(3/3/6), 금봉리 항대 1군 4기, 신복리 대복 2군 10기(3/7)·신기 1군 2기이다[7].

　돌산읍의 지형과 관련지어 지석묘의 분포권을 설정해 보면 다음과 같다. 돌산에서 넓은 평지와 소하천을 낀 곳은 섬 동쪽의 둔전리와 죽포리로서, 이 곳에 가장 많은 지석묘군이 밀집하고 있다(23개군 153기). 나머지는 섬의 서쪽과 북쪽의 좁은 공간에 자리한 소규모 군집이다. 즉 우두리, 금봉리, 신복리 등의 지석묘군이 이에 해당된다. 이러한 분포도를 보면 돌산도의 가장 중심은 둔전리이다. 둔전리에 18개군 115기가 분포함

---

7) 정오룡, 1988, 「여천군의 선사유적」, 『여천군의 문화유적』, 조선대학교국사연구소.
　순천대박물관, 2003b, 『문화유적분포지도－여수시－』.

은 당시 이곳에 많은 인구가 살았음을 의미한다. 조선시대에는 둔전리에 防踏鎭의 屯田이 있었는데, 이는 당시에 이곳이 돌산도에서 가장 넓은 농토와 인구를 보유하고 있었음을 시사한다. 이러한 둔전리의 사회 · 경제적 배경은 지석묘 축조가 이루어진 청동기시대까지도 거슬러 올라갈 것으로 보인다. 한편, 죽포리에는 5개군 38기 이상이 분포하여 둔전리 다음으로 많은 지석묘가 자리하고 있다. 요컨대 둔전리와 죽포리는 다른 동리에 비해 평지가 넓고 소하천을 끼면서 바다에 접하고 있어, 반농반어가 가능하며 주거하기에 적합한 지역이라고 할 수 있다.

둔전리와 죽포리는 작곡재를 경계로 지형적으로 구분되는데, 직선거리로 3㎞ 정도 떨어져 있다. 그런데 죽포리에서 둔전리로 넘어가기 전, 작곡재 조금 못 미친 곳에 대형의 기반식 지석묘(264×252×105㎝)가 별도로 자리하고 있어 주목된다. 상석의 평면이나 단면 형태가 잘 다듬어진 장방형인데, 고개 바로 아래의 능선 정상부에 자리하여 죽포리 전체를 굽어보는 곳에 위치하고 있다. 이러한 지석묘는 매장주체부가 없는 경우가 대부분인데, 둔전리와 죽포리의 영역을 구분하는 경계석의 기능을 가진 거석기념물로 판단된다. 이러한 점에서 청동기시대에 죽포리와 둔전리는 각기 큰 고개를 사이에 두고 어느 정도 독립성을 유지한 친족집단을 형성하고 있었다고 판단된다. 죽포리와 둔진리의 소분지 규모가 각기 직경 2㎞ 내외인 점을 고려하면 당시 활동반경과 단위 촌락의 규모를 짐작할 수 있다.

4. 삼산면

육지에서 가장 멀리 떨어진 삼산면 덕촌리와 서도리 장촌마을에 고인돌 17기(덕촌 2개군 10기, 장촌 7기)가 있다[8]. 이곳은 육지와 너무나 멀리 떨어져 있었기 때문에 지석묘를 축조하는 데 뭍의 도움은 거의 불가능했다고 보아야 한다. 이러한 추정을 뒷받침하듯이 상석의 규모가 작은 편인데, 가장 무거운 상석이 10톤 미만이다. 현재 西島와 東島를 합해 자연부락은 5개 정도에 한하고 있기 때문에 당시에도 많은 촌락이 있었다고 보기 어렵다.

5. 소라면

소라면에는 모두 17개군 116기의 지석묘가 확인되고 있다. 죽림리 3군 32기 이상(신송 4기 · 원죽림 2군 28기 이상-2/26기 이상), 현천리 3군 15기(마륜 9기 · 소현천 3기 · 하금 3기), 덕양리 5군 37기(풍류 1기 · 조산 11기 · 덕곡 2군 23기-19/4 · 통천 2기), 복산리 마산 1군 20기, 관기리 1군 5기, 봉두리 3군 5기(1/1/3), 대포리 1군 2기 등이다[9].

이러한 지석묘군 가운데 10기(내외) 이상인 경우는 모두 5개 군집이다. 이들은 한 집단이 장기적으로 지석묘를 축조한 결과로 보인다. 이렇게 장기적으로 지석묘가 축조된 밀집군의 입지는 대개 바다(순천만)와 인접하면서 곡간평지가 형성된 곳이다.

다른 지석묘군도 그러하지만 마륜(9기), 마산(20기) 지석묘군처럼 일정한 기수 이상 되는 경우에는 군집 가운데 묘표석이 자리하고 있다. 묘표석은 한쪽 가장자리나 중심에 있는데, 이러한 경우 하부구조가 있는 경우와 없는 경우로 구분된다.

---

8) 정오룡, 1988, 「여천군의 선사유적」, 『여천군의 문화유적』, 조선대학교국사연구소. 순천대박물관, 2003b, 『문화유적분포지도-여수시-』.
9) 정오룡, 1988, 「여천군의 선사유적」, 『여천군의 문화유적』, 조선대학교국사연구소. 순천대박물관, 2003b, 『문화유적분포지도-여수시-』.

소라면에서 20기 내외의 밀집군이 있는 곳은 3개소이다. 즉 복산리 마산(20기), 덕양리 덕곡(19기), 죽림리 원죽림 나군(26기 이상) 등이다. 원죽림 '나' 군의 경우는 많이 훼손되어 있고 마을의 돌담을 쌓는데 지석묘 상석을 가져다 사용하였다고 하는 점으로 보아 원래는 30기 이상이 존재했다고 파악된다. 중심지 간의 거리를 살펴보면, 덕곡과 원죽림 간의 직선거리는 2.5km(교통로를 통한 거리는 약 3km), 덕곡과 마산과의 직선거리도 2.5km이다. 이 가운데 가장 밀집된 죽림리는 간척전에는 바다와 가장 인접한 입지이고 가장 평지가 넓은 곳이어서 주목된다. 또한 신송과 원죽림은 거의 인접해 있어 3개군 32기 이상이 한곳에 모여 있어 소라면에서 밀집도가 가장 높다. 그리고 덕곡 지석묘는 고개마을에 입지하여 주목된다. 20기 정도의 군집이면 村落의 중심마을인 村에 해당한다고 할 수 있다. 따라서 소라면에는 3개의 村, 즉 복산리 마산, 덕양리 덕곡, 죽림리 원죽림을 중심으로 한 별개의 촌락이 형성되어 있었던 것으로 파악되며, 그 중심은 죽림리일 것으로 보인다.

입지를 보면 하금, 덕곡 '가' 군이 얕은 고개마루에 있고, 통천은 구릉 정상부, 나머지는 구릉하단이나 산기슭이다. 원죽림 '가'(2기)와 '나' 군(약 30기)은 입지가 곡간 평지이다. 이러한 입지와 상석이 많은 '나' 군을 고려하면 원죽림 지석묘 집단은 주변의 다른 집단들보다 더 우월하였다고 보여진다. 왜냐하면 전술한 바와 같이 상석을 옮기기 쉬운 산기슭이 아니라 곡간평지에까지 상석을 이동한 동원력과 경제력이 주목되기 때문이다.

그리고 중소군집으로서 봉두리(3군 5기, 1/1/3)와 대포리(1군 2기)를 들 수 있는데, 이들은 산지에 위치하여 차별성을 보인다. 5기 미만의 군집들은 장기간 축조되지 않은 경우로, 母집단에서 분리된 子집단이며 小村에 해당한다고 하겠다. 소라면은 다른 면에 비해 지석묘가 적은 편이며 입지도 그리 좋은 편이 아니다. 이는 소라면의 북반부가 산악지역이어서 그러할 것이다.

6. 율촌면

율촌면에는 모두 30개군 340기의 지석묘가 분포하고 있다. 즉 신풍리 산곡 2개군 15기(5/10), 취적리 7개군 138기(봉정 5기/신산 6기/상취적 '가' 7기/상취적 '나' 40기/상취적 '다' 70기/상취적 '라' 9기/하취적 1기), 조화리 여흥 1기, 월산리 대초 2기, 산수리 5개군 69기(신대 2개군 27기-21/6 · 봉두 3개군 42기-21/14/7, 가장리 14개군 115기이상(송정3군 18기-3/9/6, 하평 3기, 상평 3군 9기-4/3/2, 중산 5군 83기 이상-2/15/34/2/30기 이상, 난화 1기, 연화 1기) 등이 있다[10].

율촌면의 지석묘군 분포를 보면, 여수반도를 가로지르는 산줄기를 경계로 지석묘군이 동 · 서로 구분된다. 여수반도의 중앙부, 즉 율촌면의 남쪽에 국사봉과 수암산이 솟아 있는데, 이곳 산지를 제외한 북 · 서 · 동쪽의 곡간평지마다 지석묘가 분포하고 있다. 당시에 살만한 공간에는 대부분 지석묘군이 산재되어 있는 양상이다. 이 가운데 율촌면의 3대 군집지는 산수리 봉두, 취적리 상취적, 가장리 중산 지석묘군 등이다. 이들의 입지를 보면 중산 지석묘군은 간척전에는 바다에 인접한 지역이면서 산기슭이고, 봉두와 상취적 지석묘군은 과거부터 교통로로 활용된 고개마루에 자리한다. 이 가운데 상취적 지석묘군은 비교적 높은 해발 100m 지점의 고개마루에 위치하여 선사시대 이래 길목이라는 점 외에도 주변에 석

---

10) 정오룡, 1988, 「여천군의 선사유적」, 『여천군의 문화유적』, 조선대학교국사연구소.
　　순천대박물관, 2003b, 『문화유적분포지도-여수시-』.

재 채취장이 있어 축조의 편의도 감안된 것 같다. 여수반도에서 가장 밀집된 지석묘군이 이곳에 자리하고 있다는 점도 그러한 추정을 뒷받침한다. 봉두와 상취적 지석묘 간의 직선거리는 2km인데 산지가 많아 우회하는 것을 감안하면 2.5~3km이고, 봉두와 중산 간의 직선거리는 2.5km이다. 중산과 상취적 간의 직선거리는 2.5km, 곡선거리는 3.5km이다.

지금까지의 조사 성과로는 多群集 지석묘군의 경우, 지석묘가 축조되는 시기 동안 장기적으로 누세대동안 거의 한 곳에서 지속되는 경우가 많다. 즉 각각의 군집이 지석묘의 초축 세대로부터 마지막 세대에 이르기까지 일련의 열을 짓는 경우가 대부분이어서 상호 독립적인 마을 혹은 친족집단의 조영물로 판단된다. 따라서 2.5~3km의 이격거리 혹은 반경 1.5~2km의 공간을 두고 상호 다른 촌락으로서 기능했으며 어느 정도 독립된 별개의 집단을 이루고 있었던 것으로 보인다.

7. 화양면

화양면의 지석묘군은 모두 31개군 334기가 확인되고 있다. 화동리 13개군 155기(안골 6개군 53기-15/10기/3/10/5/10 · 화동 7개군 102기-31/24/2/26/4/6/9), 창부리 창무 7기, 안포리 인정 2기, 옥적리 대옥 5기, 서촌리 5개군 32기(서촌 2개군 11기-7/4 · 봉오 3개군 21기-9/1/11), 용주리 화련 5개군 86기(28/10/8/23/17), 나진리 2개군 21기(웅동 16기/소장 5기), 이목리 이목 3개군 26기(10기/15기/1기-立石) 등이다[11].

화양면의 지석묘군을 자연지형별로 권역을 설정해 보면 2대 중심권이

---

11) 정오룡, 1988, 「여천군의 선사유적」, 『여천군의 문화유적』, 조선대학교국사연구소.
　　순천대박물관, 2003b, 『문화유적분포지도-여수시-』.

있다. 즉 용주리·창무리에 6개군 93기, 화동리일대에 13개군 155기 등이다.

화양면에서 용주리나 화동리의 특징이라고 볼 만한 것은 이들 밀집지역이 역사적으로 중심지였다는 사실이다. 이를테면 화동리에는 조선시대에 曲華牧場의 감목관이 있었던 곳이며 용주리 일대는 古突山鎭(조선 초)이 있었던 곳이다. 선사시대부터 중심지인 이곳이 역사시대에 이르기까지 거점 역할을 할 수 있었던 것은 해상교역과 관련된 교통의 요지라는 점과 무관하지 않다. 그리고 화양면의 나머지 지역이 대부분 산지인데 비해, 이 두 곳은 바닷가에 위치하면서 평지의 비율이 상대적으로 높아 주거에 적합하였던 지역이었음을 알 수 있다. 지석묘군의 분포가 희박한 곳은 곡간평지가 없이 바로 바닷가에 입지하여 거주와 농경에 적합지 않다. 따라서 주거와 농경에 적합한 지역은 대부분 주거공간과 더불어 지석묘가 자리하고 있었다고 보아야 할 것이다.

이들 지석묘군이 바다와 바로 인접하여 입지한 것은 생업이나 관념적으로 바다와 밀접한 관련성을 가지고 있었음을 시사한다. 그래서 생업은 半農半漁로 보는 것이 적절할 것이다. 특히 간척 이전에는 바닷물이 지금보다 더 가까이 들어왔다고 하므로 바다와의 관련성은 더 긴밀했을 것이다. 이곳은 농경이 가능하겠지만 남강댐수몰지구유적[12] 같이 대규모 농경이 이루어져 많은 잉여산물이 생산되는 지역은 아니다. 오히려 어업이나 해상교역을 통한 물자의 교류가 더 큰 역할을 했을 것이다.

여수시에서 간척과 관계없이 가장 넓은 평지 중의 하나가 서촌리와 화동리 사이의 평지이다. 현재 이곳이 화양면에서 가장 많은 가구수가 있고 농업을 주 생계방식으로 취하고 있다. 그런데 지석묘군의 밀집도를 보면

---

12) 동아대박물관, 1999, 『남강유역문화유적발굴도록』.

그 양상이 조금 다르다. 즉 화양면에서 가장 많은 지석묘군이 분포한 화동리에서도 과거에 장터가 있었다는 안골마을 쪽에 가장 밀집되게 지석묘군이 분포하고 있다. 즉 화동리 지석묘군은 안골(6개군 53기)과 화동(7개군 102기)지구로 구분되는데, 화동 지석묘군도 안골마을에 인접한 곳에 대부분 분포하고 있다[13]. 이와 같이 경지면적으로 보면 화동리 서쪽과 서촌리쪽이 화동리 동쪽(안골)보다 2배 이상 넓은데, 지석묘가 화동리 동쪽에 밀집되고 있음은 농경보다는 어업이나 해상을 통한 교역에 더 큰 비중을 두었음을 시사한다. 이는 발굴조사된 화동리 안골 지석묘군에서 다량의 토제어망추(15점)가 발견된 것과 밀접한 관련이 있을 것이다. 그리고 안골에서는 좁은 면적임에도 불구하고 송국리형 주거지가 3重으로 중복된 예가 있어 당시에 많은 주거지가 있었음을 알 수 있고, 이 일대가 당시에 주거지를 중복적으로 쓸 만큼 중심지였음을 시사한다[14]. 요컨대 안골을 중심으로 한 화동리 동쪽에 지석묘가 밀집한 것은 안골이 조선시대 이전에 場市였다는 관점에서 접근이 가능하다. 즉 인근의 농산물이나 수산물을 모아 외부와 거래하는 대외적인 場市이었기에 다수 주민이 거주하는 중심마을이었을 것이다. 주민들의 전언에 따르면 안골 일대의 장터는 과거에 밀물·썰물의 주기에 따라 15일장이 열렸다고 한다.

여기서 발굴조사된 화동리 안골 지석묘[15]에 내해 좀 더 자세히 검토해

---

13) 화동리에서 지석묘의 밀집도나 기수를 보면 감목관이 있었다는 현재의 주거밀집지역보다는 그 동쪽 즉 과거에 場이 섰던 안골 일대와 화동마을의 동쪽 능선부 일대에 집중되어 있다. 여기서 주목되는 것은 화양고교 앞의 돌고개에 지석묘 26기가 있는데, 화동리 지석묘군이 돌고개 지석묘군을 경계로 동쪽에 밀집하고 있다는 것이다. 따라서 이 돌고개가 촌락의 중심촌과 주변 촌(서촌리 일대)과의 일차적 구분이었던 것으로 보인다.

14) 이동희, 2003, 「여수 화양·소라경지정리지구유적 발굴조사개보」, 『용담댐 수몰지구의 고고학』(제11회 호남고고학회 학술대회 발표요지), pp.161~176.

보자. 조사 전에 이미 훼손되어 상석의 수는 명확치 않은데 10기 이상인 것은 확실하다. 매장주체부는 63기가 확인되었는데 훼손된 부분이 적지 않아 원래는 80기 이상이었던 것으로 보인다. 그리고 안골 지석묘군은 4개 구역으로 다시 구분되어 축조되고 있어 주목된다. 이와 같이 80기 이상의 매장주체부가 있었다고 본다면 대단한 군집이다. 이는 이 일대에 대단위 밀집거주공간이 있었기에 후대인 철기시대(三韓時代) 大村[16]과도 연계될 가능성이 있다. 이러한 양상은 화장동 대통 지석묘군 같은 단일 村의 묘역보다 더 중심적인 집단임을 시사한다.

지석묘군의 밀집도로 보면 화양면에는 가장 중심되는 촌락인 화동리·서촌리와 용주리·창무리[17]가 있고, 그 주변에 작은 촌락인 나진리, 이목리 등이 분포하는 형상이다. 화동리나 용주리는 지석묘군의 밀집도를 보면 철기시대(三韓時代)의 읍락의 중심인 大村의 원초적인 모습이라고 볼 수 있을 정도이다.

Ⅲ. 編年

우리나라의 지석묘의 상한연대는 청동기시대 전기까지 거슬러 올라간다. 예컨대 대전 비래동·신대동 지석묘에서는 이단병식 석검과 삼각만입촉이 공반되어 靑銅器時代 前期의 특징적 요소를 보이고 있다. 보고자

---

15) 이동희, 2003, 「여수 화양·소라경지정리지구유적 발굴조사개보」, 『용담댐수몰지구의 고고학』(제 11회 호남고고학회 학술대회 발표요지), pp.161~176.
16) 이희준, 2000a, 「대구 지역 고대 정치체의 형성과 변천」, 『영남고고학』 26, pp.79~117.
17) 창무리는 행정구역상으로 용주리와 다르지만 지형적 권역을 살펴보면 같은 범주에 포함된다.

는 이러한 유물상과 C_{14}연대를 참고하여 기원전 9~8세기로 편년하고 있다[18]. 이 지석묘들에서 출토된 유물은 인접한 신대동의 장방형계 전기 주거지에서도 출토되어 밀접한 관련성을 시사한다.

이에 비해 전남지역에서는 전기 주거지가 극히 일부에 한하고 대부분 중기에 속하는 송국리형 주거지이다. 그리고 지금까지 발굴조사된 전남 동부지역의 지석묘는 대개 청동기시대 주거지를 파괴하면서 축조된 중복 관계를 보여주고 있다. 대표적인 예가 여수 화동리 안골[19], 순천 가곡동[20], 광양 용강리 기두유적[21] 등이다. 송국리유형의 형성 시기가 대개 기원 전 8~6세기, 그 확산 시기는 기원전 6~4세기로 추정되고 있으며,[22] 남부 지역으로 내려갈수록 그 연대가 떨어지므로[23] 전남동부지역의 지석묘가 주로 축조된 시기는 기원전 6세기 이후로 보는 것이 적절하다.

물론 일부 전기에 해당하는 지석묘가 있을 수는 있지만 그 수는 매우 제한적일 것으로 판단된다. 이를테면 여수 화장동 약물고개 지석묘는 방 사성탄소연대치에 근거하여 기원전 9~8세기로 편년된 바 있다[24]. 그런데 여수 화장동 약물고개에서는 청동기시대 전기와 관련지을 수 있는 유물

---

18) 성정용, 1997, 「대전 신대동·비래동 청동기유적」, 『호남고고학의 제문제』(제21회 한국고고학전국대회), pp.205-236.

19) 이동희, 2003, 「여수 화양·소라 경지정리지구 유적발굴조사 개보」, 『제11회 호남 고고학회 학술대회 발표요지』, pp.161~176.

20) 남도문화재연구원, 2004, 「순천 가곡지구 발굴조사 회의자료」.

21) 이동희, 2001, 「광양 용강리유적 1차 발굴조사 개보」, 『제9회 호남고고학회 학술대 회 발표요지』, pp.113~125.

22) 이청규 1988, 「남한지방 무문토기문화의 전개와 공렬토기문화의 위치」, 『한국상고 사학보』 창간호, p.39.

23) 이종철, 2000, 「남한지역 송국리형 주거지에 대한 일고찰」, 전북대학교대학원 석사 학위논문, p.83.

24) 이영문·김진영, 2001, 『여수 화장동 약물고개·대방리 지석묘』, 목포대박물관, p.60.

이 확인되지 않았고, 여수반도에서 조사된 주거지가 모두 송국리형 주거지라는 점[25]에서 좀 더 신중한 접근이 필요하다.

다음으로 지석묘의 하한을 검토해 보자. 전남지방 지석묘 축조 단계 중에서 비교적 늦은 단계 매장주체부에서 원형점토대토기문화와 관련된 유물이 출토되고 있다. 원형점토대토기문화의 중심연대를 기원전 3∼2세기로 본다면 지석묘의 하한은 기원전 2세기까지 내려온다. 그런데, 지석묘 말기 단계에는 유물이 거의 확인되지 않는다는 점을 고려하면 하한은 기원전 1세기까지도 가능하다. 철기시대 묘제가 매우 드물고 지석묘가 가장 밀집된 전남동부지역의 경우, 지석묘의 하한은 철기시대 묘제의 출현과 관련지어 생각해 볼 수 있다. 전남동부지역에서 가장 이른 철기시대 묘제는 토광목관묘로서 순천 용당동 망북유적[26]을 들 수 있다. 삼각구연점토대토기가 출토된 용당동 토광묘는 기원전 1세기로 편년되고 있어 지석묘말기 연대와의 과도기 양상을 잘 보여 주고 있다.

그러면 청동기시대 주거지와 지석묘가 중복되고, 많은 방사성탄소연대치가 나온 여수 화동리 안골유적에 근거하여 전남동부지역의 절대연대를 살펴보기로 하자. 이 유적의 방사성탄소연대결과를 살펴보면 [표 2]와 같다.

2002년에 발굴조사된 여수 화동리 안골유적에서는 모두 5기의 송국리형 주거지와 63기의 지석묘 매장주체부가 확인되었다[27]. 안골유적은 지석묘 수로 보면 전남동부지역에서 발굴조사된 예 가운데 가장 많은 매장주

---

25) 순천대학교박물관, 2002, 『여수 화장동 유적Ⅱ』, pp.249∼250.
   이동희, 2003, 「여수 화양·소라 경지정리지구 유적발굴조사 개보」, 『제11회 호남고고학회 학술대회 발표요지』, pp.161∼176.
26) 최인선·이동희, 2001, 『순천 용당동 망북 유적』, 순천대박물관, pp.60∼64.
27) 이동희, 2003, 「여수 화양·소라경지정리지구유적 발굴조사개보」, 『용담댐수몰지구의 고고학』(제11회 호남고고학회 학술대회 발표요지), pp.161∼176.

[표 2] 여수 화동리 안골 유적 방사성탄소연대[28]

주거지	C_{14}연대	연대눈금맞춤결과	지석묘	C_{14}연대	연대눈금맞춤결과
1호 주거지	2640±40B.P	B.C.790	7호 석곽	2340±40B.P	B.C.400
3호 주거지	2560±40B.P	B.C.610	13-2호 석곽	2350±30B.P	B.C.400
3호 주거지	2650±40B.P	B.C.810	15-1호 석곽	2440±30B.P	B.C.480
3-1호 주거지	2640±40B.P	B.C.720	17호 석곽	2120±30B.P	B.C.150
4호 주거지	2410±40B.P	B.C.480	26호 석곽	2040±50B.P	B.C.40
			28호 석곽	2020±40B.P	B.C.2
			38호 석곽	2300±70B.P	B.C.280
			39호 석곽	2050±60B.P	B.C.70

체부가 확인된 셈이다. 아울러 지석묘 형식도 다양하여 장기간에 걸쳐 축조된 지석묘군을 검토하기에 가장 적절한 유적이라고 할 수 있다. 안골지석묘군의 개별 하부 구조를 살펴보면, 구획석과 적석을 정연하게 갖춘 유형(I형), 구획석이 부정연하면서 적석이 확인되는 유형(II형), 구획석이 있지만 적석이 미약하거나 확인되지 않는 유형(III형), 구획석이나 적석이 없이 매장주체부만 있는 유형(IV형) 등으로 구분된다. 정연한 형식인 I형에서 IV형으로 변천되는 것으로 파악되고 있다. 유물의 부장 양상에서도 IV형으로 갈수록 점차 위세품이 줄어들고 있다. IV형은 전체 지석묘군에서 대부분 가장자리에 분포하여 늦은 형식임을 뒷받침하고 있다. 지석묘에서는 일단병식 석검, 삼각형 석도, 유구석부 등이 출토되어 송국리형 문화와 밀접한 관련성을 시사하고 있다.

　안골유적의 주거지와 지석묘 간의 중복관계를 보면 다음과 같다. 즉 2호 지석묘(I형)와 3-1호 주거지, 3·4호 주거지와 29호·31호 지석묘(IV형)가 중복되고 있는데 모두 주거지 위에 지석묘가 축조되고 있다. 절대연대상으로, 주거지는 기원전 8~5세기, 지석묘는 기원전 5~1세기에 걸

---

28) 이 자료는 서울대 AMS 연구실에서 측정한 내용이다.

친 범위이다[29]. 이러한 중복관계에서 보면, 가장 이른 시기의 지석묘 유형도 주거지가 상당기간 사용된 이후에 축조되었음을 알 수 있다[30]. 요컨대 전남동부지역 지석묘는 관련 주거지나 유물, 절대연대 등을 고려하면 중부지방보다 늦어 청동기시대 중기(후반)에서 후기에 걸쳐 가장 활발히 축조된 것으로 보인다[31].

IV. 位階

여수반도에서 발굴조사된 지석묘군의 입지와 유물상, 상석 무게, 상석 수, 하부구조수 등을 종합해 보면 [표 3]과 같다.

---

29) 안골 유적의 지석묘 연대는 기존 연대관과도 어느 정도 부합하고 있다. 즉 최몽룡은 전남지역 지석묘의 편년을 기원전 5~4세기경에서 서력기원 전후까지 400~500년간 존속한 것으로 파악한 바 있다(최몽룡, 1978, 「전남지방 소재 지석묘의 형식과 분류」, 『역사학보』 78, pp.1~50). 비파형동검이 대부분 재가공품이라는 점으로 보아 그 연대가 아무리 올라가도 기원전 6세기 이전으로 올라갈 수는 없다는 것이다. 전남지방 지석묘에서는 점토대토기를 비롯한 철기시대 전기의 유물들도 계속 발견되고 있다는 점에서 지석묘의 축조는 철기시대 전기까지 지속되고 이들을 토대로 한 토착사회가 다음의 마한시대에 곧바로 이어진다(최몽룡, 2005, 「마한·목지국 연구의 제문제」, 『한성시대 백제와 마한』, 주류성, p.92). 이러한 전남 동부지역의 지석묘 편년은 최성락의 청동기시대 편년 第2期와도 관련된다. 즉 2期는 기원전 5~2세기에 해당하는데, 2기 전반은 비파형동검문화가 전남지방에 파급된 시기이며, 2기 후반은 세형동검문화와 관련된다는 것이다(최성락, 1997, 「전남지방에서 복합사회의 출현」, 『한국고대국가형성론』, 서울대학교출판부, pp.140~144).

30) 안골 지석묘 축조단계의 상대적으로 늦은 시기 주거지는 인근 지역에 조성되었다고 볼 수 있는데, 입지를 달리하여 구릉에 분포할 수 있다. 인근 지역에 대한 추가적인 조사가 이루어지면 정확한 내용을 알 수 있을 것이다.

31) 장흥 탐진댐 수몰지구에서도 청동기시대 주거지는 상대적으로 이른 단계(기원전 8세기)부터 출현하는데 비해, 지석묘는 주거지보다 늦은 단계부터 나타나고 있다(이영철·박수현, 2005, 『장흥 신풍유적 I』, (재)호남문화재연구원).

[표 3] 여수반도에서 발굴조사된 지석묘 현황

유적명	상석수	하부구조수	상석 무게	입지	유물
오림동	9기	15기	2~33톤,15톤 이상이 6기	곡간평지	동검1점, 석검편2, 옥 3, 유구석부1, 암각화
적량동 상적	14기이상	29기이상	2~50톤	곡간평지로서 산기슭과의 경계	동검 7점, 동모1점, 관옥 5점
평여동 '가' 군	9기	20기	1~40톤	산기슭끝의대지	소옥 2점, 석촉 2점
평여동 '나' 군	9기	9기	〃	대지	동검1점,관옥4점,석촉2점
평여동 '다' 군	3기	8기	〃	평지	관옥166점,소옥255점, 환옥2점,곡옥2점
화장동 대통 '가'	27기	11기		구릉의 하단	동검1,옥16,석촉2점
화장동 약물고개	7기	19기		구릉	옥 3점, 석검3점,석촉1점
화장동 대방	3기	·		고개마루	
화장동 화산	10기(?)	18기	2~15톤	구릉	석검1점,석촉6점
미평동 양지	5기(?)	2기	1~7톤	산기슭, 해발	석검 1점
미평동 죽림 '다'	8기이상	4기	4~14톤	고개마루와 사면	석검 1점
봉계동 월앙	10기	10기		곡간평지	동검1,석검2,석촉1,옥15
봉계동 대곡	4기	5기		곡간평지	석검2점,석촉7점
월내동	26기이상	28기	0.6~10.5톤	고개마루	석검11점,석촉13점
세구지	3기	3기		경사면의 대지	석검 1점
월하리	1기	1기	2.5톤	산기슭	
가장리 평촌	3기		1.5~12톤	산기슭	석검 2점
화동리 안골	20기(?)	63기이상		곡간평지	석검 9점
관기리	5기	3기		산기슭	
소장리	5기(?)	12기		곡간평지	석검 1점

1. 출토유물과 군집으로 본 위계상

이영문은 지석묘의 유물상에 근거하여 다음과 같이 세 등급으로 서열화하고 있다[32]. 즉 A급 묘는 청동검이나 다량의 옥이 부장된 묘[33], B급 묘는 석검이나 홍도가 출토된 묘와 1~2개의 옥이 발견된 묘, C급 묘는 아무런 부장유물이 없는 묘이다[34]. 여수반도 지석묘는 영산강유역과 달리,

지석묘 부장유물이 풍부한 편이어서 이러한 분류를 적용할 수 있는 적절한 대상이다. 이 기준에 의하여 발굴조사된 지석묘군을 분류하면 다음과 같다.

- · A급 – 적량동, 오림동, 화장동 대통, 봉계동 월앙, 평여동 산본 '나'·'다' 군(6개소)
- · B급 – 평여동 산본 '가' 군, 미평동 죽림, 미평동 양지, 화양면 화동리 안골·소장리, 돌산읍 세구지, 화장동 약물고개, 화장동 화산, 월내동, 봉계동 대곡, 가장리 평촌(10개소)
- · C급 – 소라면 관기리, 대방동, 월하동(3개소)

그런데 일반적인 위계구조의 특성에 따르면 A급이 적고 B·C급이 많은 피라밋형이 정상인데, 이 경우에는 B급이 제일 많고 C급이 가장 적은 奇形이다. 여기서 주목되는 것은 C급 묘는 상석이 1~5기의 소군집이거나

---

32) 부장유물에 의해 지석묘의 등급을 추론하는 것에 대하여 異論도 있다. 즉 이성주는 지석묘 출토 청동기나 옥이 권위의 상징물, 혹은 위세품으로서 지니는 가치와 의미는 있지만, 그것이 정치경제적 권력과 부의 상징물로서 삼국시대 고분 부장품과 동일한 의미를 가지고 있다고 보기는 어렵다는 것이다. 가령 송죽리 유적의 지석묘에서 청동검이 출토되기는 하였으나 매장시설과 약간 떨어진채 공지에 박혀 있는 점을 들 수 있다. 당시 매장의례에서 중요한 물품이기는 하지만 정치엘리트에 의한 소유·매납이 중요시되었던 것은 아니며, 지석묘 및 그 묘역의 규모·분묘군의 경관·그것을 구축하기 위해 동원된 노동력 등이 개별 지석묘나 지석묘군의 위계를 한층 잘 반영해 주는 것으로 파악하고 있다(이성주 2000, 「지석묘:농경사회의 기념물」, 『한국지석묘 연구이론과 방법』, 주류성, pp.159~160).
33) 옥과 청동기는 청동기시대에 생산, 분배, 소비가 제한되어 있었던 유물이다(이성주, 2000, 「지석묘:농경사회의 기념물」, 『한국지석묘 연구이론과 방법』, 주류성, p.163).
34) 이영문, 2002, 『한국 지석묘 사회 연구』, 학연문화사, pp.346~357.

매장주체부가 훼손되어 있는 경우이기에 특수한 경우로 보아야 한다. 따라서 영산강유역 등에 비해서 부장유물이 풍부한 여수반도는 거의 대부분의 군집에서 석검이 부장된다고 볼 수 있다. 이러한 점에서 개별 지석묘가 아니라 지석묘 군집 단위를 기준으로 하면, 여수반도에 있어서 석검은 상위 집단의 위신재로서 취급하기 곤란하다고 볼 수 있다.

요컨대 군집별로 집단의 위계성을 살펴본다면 사실상 2개 군집으로 나눌 수 있다(A/B·C). 즉 군집 단위별로 상위의 집단과 하위의 집단으로 구분된다. 이러한 집단 간의 차이는 부와 권위의 차이라고 볼 수 있으며 거점 지역의 존재 여부와도 관련된다. 청동기시대에 집단 내의 개별 지석묘간의 차별성보다는 지석묘를 조영한 집단 간의 차별성이 더 컸다고 본다. 즉 집단의 富나 權威에 따라 위세품이 상이한 것이다.

유물과 군집상을 검토해 보면 동검과 다수의 옥이 출토된 A급묘는 적어도 10기 이상의 상석이 있고 평지이거나 구릉의 하단부에 위치하고 있다. 이는 축조집단이 상석을 평지로 옮길 수 있는 노동력 동원이 가능한 집단이거나 단세대가 아니라 누세대적으로 지석묘를 축조한 집단임을 의미한다. 다만 상석이 20기 이상이면서 위세품이 약한 월내동과 화양면 화양리 안골의 경우가 있어 주목된다. A급묘가 없어 상대적으로 위세품이 빈약한 월내동의 상석은 비교적 작다. 월내동은 입지가 고개마루라는 점이 주목되며, 적량동과의 거리가 얼마되지 않고, 시기적으로도 큰 차이가 없을 텐데 유물의 부장 양상이 상이한 것은 집단 간의 세력차라고 판단된다. 그리고 입지적인 차이도 간과하지 못할 것이다. 화양면 화동리 안골은 지석묘의 기수나 입지는 좋은 조건이면서 화양면의 중심이지만, 여수반도의 교역의 중심지인 삼일만 일대에서 동심원상으로 멀리 떨어져 있어 상대적으로 위세품이 미약한 것으로 생각된다.

요컨대 지석묘의 수가 많을수록 유물 부장상이 풍부한 것은 일반적인 경향이다. 즉 A급묘의 경우, 대개 상석이 10기 내외이거나 그 이상이 다수이다. 그리고 지석묘 상석이 없는 경우에도 매장주체부가 다수 확인되어 묘곽의 숫자가 20기 정도에 이르는 경우가 많다. 이는 집단의 규모가 클수록 위세품이 풍부하다는 것을 의미한다.

하지만 예외적인 경우도 있다. 예컨대 평여동 '다' 군[35]은 지석묘 3기 외에 주변에서 5기의 매장주체부가 확인된 경우인데, A급 묘가 2기나 발견되었다. 그리고 봉계동 월앙 d군[36]은 2기의 상석만이 있었는데, 이 가운데서 1기 지석묘를 발굴조사한 결과 비파형동검 1점과 옥 16점이 출토된 A급 묘임이 밝혀졌다. 따라서 短世代的인 유력집단의 묘역이 별도로 조성된 경우가 있었음을 의미한다.

한편, 적량동 지석묘군은 지구별로 당시 최고의 위세품인 동검을 부장한다는 점에서 누세대적으로 여수반도에서 가장 유력한 집단이었음을 의미한다. 특히, 거대한 상석(25톤)과 비파형동검이 부장된 7호 지석묘는 비교적 늦은 시기에 집단에서 벗어나려는 개인의 존재를 보여주고 있다.

A급 묘의 경우, 구 삼일면을 중심으로 동심원 분포를 보이고 있다. 즉 적량동과 평여동을 중심으로 하여, 화장동·봉계동·오림동 등의 주변지역으로 퍼져 나가고 있다. 적량동과 평여동에서 출토된 다량의 비파형동검과 옥을 외지에서 들어온 것으로 본다면, 이 지역이 대외교역의 거점임과 무관하지 않을 것이다.

다량의 비파형동검이 출토된 적량동 지석묘집단은 대외교역의 거점이라는 측면에서 접근이 가능하다. 즉 적량동은 구 삼일면에 속하는데, 삼일항이 적량동 바로 앞바다에 자리하는 것은 우연이 아닐 것이다. 그리고

---

35) 이영문·최인선·정기진, 1993, 『여수 평여동 산본 지석묘』, 전남대학교박물관.
36) 이영문, 1990, 『여천시 봉계동 지석묘』, 전남대학교박물관.

삼일면에는 고려 때 積良部曲[37]이 있었다. 이러한 점에서 적량동 일대는 역사적으로 삼일면에서는 가장 중심되는 곳이었으며, 이러한 성격은 청동기시대까지 거슬러 올라갈 수 있다고 본다.

여수반도에서 가장 많은 매장주체부가 나온 화양면 화동리 안골지석묘에서는 B급 위세품만이 출토되었다[38]. 이는 지역별로 중심지가 있지만 차별성이 있었음을 시사한다.

B급 묘의 경우, 수십 기에서 3기에 불과한 소수군집으로 대별된다. 가장 많은 군집은 월내동 지석묘로서 30기를 상회하고, 가장 작은 군집은 가장리와 세구지로서 3기씩이다. 대군집인 월내동 지석묘는 적량동과 인접하고 있었음에도 불구하고 A급 위세품이 없이 B급 위세품인 석검만 11점이나 출토되고 있다[39].

적량동과 월내동을 합치면 군집도가 매우 높은데, 1개 동 단위(월내동)에서 30기 이상의 군집이 2군데 이상인 곳은 여수반도에서는 극히 드물다. 이는 적량동과 월내동 앞에 있는 대외교역의 거점인 삼일항의 존재와 무관하지 않을 듯하며, 이곳은 여천산단이 들어서기 전까지 여수반도에서 어획량이 가장 많은 곳 중의 하나였다.

C급 묘는 대방리(3기), 월하리(1기), 관기리(5기) 등으로서 5기 미만이며 대방리나 관기리의 경우는 유실된 면이 있어 원래는 석검이 부장되었

---

37) 部曲은 삼국시대부터 존재하였으며 인구나 토지가 현의 규모에 미치지 못하는 지역이었다. 후삼국 통합 후 고려는 이 지역들을 법제적으로 부곡제라는 행정구역으로 편성하고 군현제의 하부기구로 예속시켜 군현제를 통하여 지배하는 방식을 취하였다(박종기, 1991, 「부곡」, 『한국민족문화대백과사전(10)』, 한국정신문화연구원. pp.154~155).

38) 이동희, 2003, 「여수 화양·소라경지정리지구유적 발굴조사개보」, 『용담댐수몰지구의 고고학』(제 11회 호남고고학회 학술대회 발표요지), pp.161~176.

39) 다만 월내동에 다수군집(35기와 18기)이 2개소 더 있어 정확한 성격규명은 인근 지석묘의 발굴조사가 전제되어야 한다.

을 가능성도 있다. 예컨대 가장리(3기), 봉계동 대곡(4기), 세구지(3기)의 경우는 소군집임에도 석검이 부장되어 있다. 이 지석묘들은 그 군집도로 보면 子集團인 小村과 관련된다고 하겠다.

2. 상석 무게로 본 위계상

상석 무게로 보면 A급 묘가 있는 군집은 B·C급의 그것에 비해 탁월하다. 다시 말하면 A급 묘가 있는 지석묘군의 상석이 B·C급의 지석묘군에 비해 전반적으로 무게가 더 많이 나간다는 점이다. 즉 A급 묘인 오림동·적량동·평여동·봉계동 월앙의 지석묘군 상석은 30톤 이상에 달하는 것이 적지 않다. 이를테면 A급 묘가 확인된 지석묘군인 적량동, 오림동, 평여동 지석묘군은 대형의 경우에 15~50톤에 달한다.

하지만, 군집단위가 아닌 개별 상석과 위세품은 반드시 일치하지는 않는다. 예컨대 평여동 '나' 군이나 화장동 대통 지석묘군의 경우에는 상석이 비교적 작은 것에서 A급 위세품이 출토되었다. 즉, 평여동 '나' 군 2호'나 화장동 대통 24·26호는 5톤 미만이어서 대조적이다. 이것으로 보면 상석 운반 능력은 개별 피장자와 관련된 것이 아니라 지석묘 전체 군집과 관련된다고 볼 수 있다. 하지만 지석묘 축조 후기의 상석의 유무와 규모는 개별 피장자의 위상과 밀접한 관련성이 있다고 보아야 한다. 예컨대 평여동 '다' 군 2·3호와 봉계동 월앙 10호 등을 들 수 있다.

한편, B·C급의 지석묘군은 상석이 15톤 이하이다. 즉 화장동 화산(2~15톤), 미평동 양지(1~7톤), 월내동(0.6~10.5톤), 미평동 죽림 '다' (4~14톤), 월하동(2.5톤), 가장리 지석묘(1.5~12톤) 등이다. 특히 많은 매장주체부(28기)에서 석검이 11점 출토된 월내동 지석묘군의 경우는 상석 무게가 0.6~10.5톤이어서 주목되는데, 인접한 적량동 지석묘군과는 대비된다. 즉 월내동 지석묘군의 경우에는 상대적으로 적은 인원을 동원하여 상석을 옮길 수 있는 규모이지만, 적량동의 경우(최대 50톤)에는 적어도 1개면 정도의 주민이 동원되어야 한다. 한편, 월하동의 경우는 1기가 별도로 있으면서 상석이 소형이고 유물도 빈약하여 母집단에서 분기한 子집단의 단세대적 무덤으로 판단된다.

이러한 점에서 보면 A급 묘의 지석묘 축조집단이 B·C급 묘의 축조집단에 비해 상석을 이동하는 데 있어서 노동력을 더 많이 동원할 수 있었다는 것을 의미한다. 다시 말하면 집단별로 어느 정도 크기의 상석을 옮길 수 있는지의 능력은 그 집단의 위상을 대변해 준다고 할 수 있다. 따라서 지석묘 사회의 위계성을 언급할 때에 지석묘군 내의 개별 지석묘보다는 지석묘군 단위별로 파악할 필요가 있다.

3. 立地로 본 위계상

입지로 보면 A급 묘는 산기슭이나 고개마루라기보다는 (곡간)평지에 자리하는 경우가 많다. 즉 평여동 '나'·'다'군, 봉계동 월앙, 적량동 상적, 오림동 등의 지석묘가 이에 해당되는데, 지역 거점이라는 공통점도 지니고 있다[40].

이와 관련하여 4개군이 발굴조사된 화장동 지석묘군의 입지에 대해 살펴보자. A급 묘인 화장동 대통 '가' 지석묘군(27기)의 경우, 입지가 평지는 아니지만 평지와 접하는 구릉의 하단부이다. 이는 같은 화장동의 B·C급인 다른 지석묘군과 대비되는 부분이다. 즉 화산이나 약물고개, 대방

---

40) 다만 같은 평지에 자리하면서도 유물이 상대적으로 빈약한 화동리 안골 지석묘군 (B급 묘)의 경우는 지역적인 차이에 기인한다고 볼 수 있다.

리 등지의 10기 이하 지석묘군이 구릉의 상부나 고개마루에 자리하고 있는 것과는 차별성이 있다(도면 3). 일반적으로 채석지가 비교적 높은 산이라는 점에서 구릉의 상부나 고개마루에 비해 구릉의 하단부는 더 많은 노동력이 소요된다. 아울러 군집이 더 많다는 것은 그만큼 축조집단의 숫

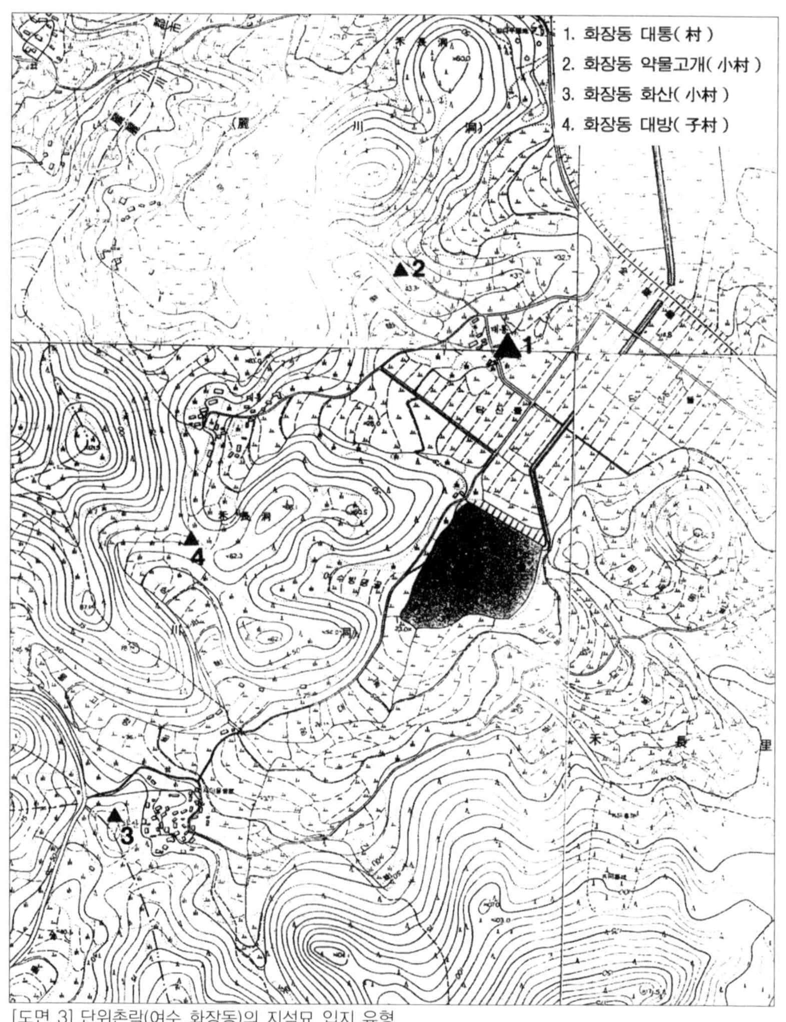

[도면 3] 단위촌락(여수 화장동)의 지석묘 입지 유형

자가 많았으며 소군집보다 경제적으로 더 풍요했을 것이다.

산기슭(미평동 양지·월하리·관기리·가장리 등)이나 구릉 정상부(약물고개, 화산), 고개마루(죽림 '다', 월내동, 대방리) 같은 高地의 경우는 유물이 빈약한데(B·C급 묘), 특히 기수가 적은 지석묘군의 경우는 그러한 경향이 두드러진다.

상기한 바와 같이 구릉의 하단부나 평지에 A급 묘가 자리하고 있는 것은 노동력 동원과 직결되기 때문에 중요하다고 판단된다. 즉 상대적으로 약한 세력들은 채석지와 가까운 고개마루나 구릉의 상부에 지석묘를 축조했던 것으로 판단되며, 이들보다 더 우월한 세력들은 자기들의 의도대로 묘지를 선택했을 것인데, 좀 더 생활 근거지 가까이에 무덤을 썼던 것으로 보인다. 고개마루에 지석묘가 밀집한 것은 축조의 편의와 연관된다고 하겠다.

요컨대, 지석묘 상석이 많아 집단이 크고, 상석이 대형이며 입지가 곡간 평지나 구릉의 하단부에 자리잡은 집단이 촌락의 중심촌으로서 기능하면서 위계화가 성립·발전하는 단초가 되었다고 할 수 있다.

4. 매장주체부의 규모로 본 위계상

화순 만연리 지석묘군[41]에서 추정되듯이 지석묘 축조시에 상석의 이동과 지석묘 자체의 축조는 동일 시점에 이루어지지 않은 경우가 있다. 이와 관련하여 화동리 안골 지석묘군을 살펴보자. 이 지석묘군은 4개 구역으로 구분되는데 구역별로 매장주체부의 규모가 작은 것이 많은 경우와 대규모인 것이 많은 경우로 나누어진다. 전자는 이차장(세골장)[42]이 많다

---

41) 임영진, 1993, 『화순 만연리 지석묘군』, 전남대학교박물관.

고 판단되며 상석을 바로 옮기지 못한 경우로 그와 아울러 권위나 부가 약했을 것이고, 후자는 상석을 미리 준비하여 이차장 없이 바로 무덤을 썼던 것으로 권위나 부가 상대적으로 우위에 있었던 것으로 보인다. 이는 적량동이나 평여동에 있어서도 매장주체부가 큰 경우에서 위세품이 풍부한 것(A급 묘)과 같은 양상이다. 즉 A급 묘의 매장주체부는 대부분 신전장이 가능하고 잘 축조되었다는 공통점이 있다.

이러한 측면은 민족지 고고학에서 부유한 사람은 바로 무덤을 쓰나 가난한 사람은 몇 년 걸려 무덤을 쓰는 점과도 궤를 같이 한다. 예컨대 인도네시아는 근래까지 지석묘가 사용되었는데, 빈부 차이를 잘 반영하고 있다. 즉 지석묘는 죽은 뒤 바로 매장하는 직접 매장과 죽은 뒤 뼈만 남을 때까지 다른 곳에 시체를 두었다가 매장하는 2차 매장에 사용되었다. 대개 2차 매장은 죽은 자의 가족이 충분한 돈을 가지고 있지 않아 의식을 치루기에 충분한 돈이 모일 때까지 기다려야 하는 경우에 시행되었다.[43]

V. 社會의 性格

1. 支石墓 被葬者의 性格

우리나라 지석묘사회의 발전 단계에 대한 견해는 두 가지로 나뉘어진

---

42) 우리나라에서 古來로부터의 유습이었던 이차장이 현재는 남해 및 서해안의 도서지방에서 명맥을 유지하고 있다(이광규, 1969, 「초도의 초분」, 『민족문화연구』 제3호, 고려대학교민족문화연구소).

43) Haris Sukendar, 2004, 「Dolmen in Indonesia」, 『아시아권에서의 문화유산(고인돌) 보존과 활용』(제 1회 세계문화유산 국제심포지움), (재)동북아지석묘연구소, pp.37~45.

다. 첫째, 지석묘는 사회의 모든 성원들이 그들의 묘제로 이용했다는 견해로서 사회적 계층화가 진전되지 않은 평등사회를 구성하고 있었다고 보는 것이다[44]. 둘째, 지석묘사회를 계급사회인 족장사회 단계로 보는 견해이다[45].

이러한 견해차는 현재까지도 지속되고 있다. 본고는 이러한 학설들을 비교 검토하면서 여수반도에 적용하여 논의를 전개하고자 하는데, 기본적으로 계급사회론의 입장을 견지하고 있다.

---

44) Pearson, R., 1978, *Lolang and the Rise of Korean States and Chiefdoms. Journal of the Hong Kong Archaeological Society* 7, pp.77~90.
지건길, 1983,「지석묘사회의 복원에 관한 일고찰」,『이화사학연구』13 · 14.
이남석, 1985, 「청동기시대 한반도 사회발전단계문제」,『백제문화』16, pp.71~113.
Kang, Bong Won, 1990, A Megalithic Tomb Society in Korea : A Social Reconstruction. Unpublished M.A. Thesis, Department of Anthropology, Arizona State University, Tempe, Arizoza.
송화섭, 1994, 「선사시대 암각화에 나타난 석검 · 석촉의 양식과 상징」,『한국고고학보』31, pp.45~74.
노혁진, 1997, 「청동기시대의 사회」,『한국사 3 : 청동기문화와 철기문화』, 국사편찬위원회 편, 탐구당, pp.267~286.
45) 최몽룡, 1981, 「전남지방 지석묘사회와 계급의 발생」,『한국사연구』35, pp. 1~14.
Choi, M.L., 1984, A Study of the Yongsan River Valley Culture-The Rise of Chiefdom Society and state in Ancient Korea. Dong Song Sa, Seoul.
Rhee, Song-Nae, 1984, Emerging Complex Society in Prehistoric Korea. Ph.D. dissertation, University of Oregon.
Nelson, S.M., 1993, The Archaeology of Korea. Cambridge University Press, Cambridge.
홍형우, 1994, 「한국고고학에서의 외국이론의 수용-족장사회에 대한 일고찰」,『한국상고사학보』15, pp.497~511.
최정필, 1997, 「한국상고사와 족장사회」,『한국고대국가형성론』, 서울대학교출판부, pp.155~188.
유태용, 2000, 「지석묘의 축조와 엘리트 계층의 등장에 대한 이론적 검토」,『한국지석묘 연구 이론과 방법』, 주류성, pp.173~228.

지석묘사회가 평등사회였다고 주장하는 학자들은 지석묘 출토 부장품 가운데 사회적 계층화를 가리키는 유물이 없다는 점을 근거로 삼고 있으며, 지석묘가 집단 구성원들이 자발적으로 참여한 협동작업에 의해 축조되었으며 일반주민들의 무덤으로 사용되었을 것으로 보고 있다.

이러한 주장에 대해 반론을 제기해 보면 다음과 같다.

앞서 살펴본 바와 같이 전남동부지역, 특히 여수반도에서는 사회적 계층화를 나타내는 위신재로서 동검, 옥, 석검 등이 빈출하고 있다. 순천 우산리와 여수 적량동의 경우, 가장 중심이 되는 분묘에서 비파형동검, 옥, 마제석검이 출토되어 피장자의 신분이 다른 분묘와 극명하게 구분이 된다. 적량동의 경우에는 지석묘가 6개의 구역으로 나뉘어져 각 집단에서 비파형동검이 하나씩 발견되어 부근 지석묘의 부장품과는 큰 차이를 보이고 있다[46].

그리고 Pearson은 여러 지역 주민들의 협동작업에 의해 지석묘를 축조한 것으로 보아 지석묘사회가 평등사회였다고 주장하였는데, 그 이유로 지석묘가 핵이나 다각형이 아닌 연속적인 무리로 분포한다는 점을 들고 있다[47]. 이에 대해 반론도 제기된 바 있다. 즉 다각형의 모습으로 공간적 분포가 이루어지지 못하는 것은 한국의 지형이 70%가 산으로 이루어져 있어 길게 연이어진 산맥이 지석묘군의 다각형적 분포를 가로막고 있다는 지형적 특색을 간과했다는 것이다[48].

한편, 모든 성원들이 지석묘를 그들의 묘제로 사용했다는 주장에도 동

---

46) 최정필, 1997, 「한국상고사와 족장사회」, 『한국고대국가형성론』, 서울대학교출판부, pp.155~188.

47) Pearson, R.1979, Lolang and the Rise of Korean States and Chiefdoms. Journal of the Hong Kong Archaeological Society 7. pp.77~90. ; 김경택 譯, 1999, 「고대 한국에 있어 족장사회 및 국가의 발생과 낙랑」, 『서울대학교 박물관 연보』 11, pp.31~44.

의할 수 없다. 이에 대해 상술해 보면 다음과 같다.

최근의 연구에 따르면 지석묘는 경기도 502기, 강원도 338기, 충북 189기, 충남 478기, 전북 1597기, 전남 19068기, 경북 2800기, 경남 1238기, 제주도 140기, 북한 3160기 등이 확인되었다[49]. 이처럼 전남지방의 지석묘는 다른 지방에 비해 특이하게 조밀하여, 거의 자연부락 별로 하나 정도의 군집을 보이고 있다. 하지만 당시에 마을마다 지석묘가 있다고 해서 누구나 지석묘의 피장자가 되는 것은 아니다.

청동기시대의 단일 취락의 평균 호수를 15기 정도로 상정하고[50], 한 시점의 마을 주민 수를 계산해 보면 75명 정도이다(15가구×5명=75명). 핵가족인 경우에 2세대를 상정한다면 1개 마을의 한 世帶는 75명의 절반인 약 38명이다. 적어도 6世代 이상 지속된 적량동 지석묘[51]의 경우, 한 세대당 38명의 주민 중에서 3~7명이 매장되었다면 그 비율은 20% 미만이다. 만약 적량동 지석묘군을 축조한 집단의 취락이 20~30동이라고 가정한다면 피장자의 비율이 10%에도 미치지 못하므로 지석묘군에 피장되는 숫자가 한층 더 줄어드는 셈이다. 아무튼 마을 주민의 일부만 지석묘에 묻힐 수가 있다는 결론에 도달한다.

그러면 일반인들의 묘제는 어떠하였을까? 이에 대한 명확한 자료는 없지만, 다음과 같은 견해를 참고해 볼 수 있다. 즉 세형동검이 부장된 분묘

---

48) 유태용, 2000, 「지석묘의 축조와 엘리트 계층의 등장에 대한 이론적 검토」, 『한국지석묘 연구이론과 방법』, 주류성, p.177.

49) 최몽룡 외, 1999, 『한국 지석묘 유적 종합조사·연구』, 문화재청·서울대박물관.

50) 지금까지의 연구성과를 보면, 청동기시대에 小村인 경우 10동 내외, 중심취락인 村의 경우에는 20~30여 동이거나 그 이상이라고 한다(이희준, 2000a, 「대구지역 고대 정치체의 형성과 변천」, 『영남고고학』 26, pp.79~117. ; 이희준, 2000b, 「삼한 소국 형성 과정에 대한 고고학적 접근의 틀」, 『한국고고학보』 43, pp.113~138).

51) 이영문·정기진, 1993, 『여천 적량동 상적 지석묘』, 전남대학교박물관.

의 주위에는 여타 매장시설이 보이지 않는 경우가 대부분이어서, 일반성원들은 간단한 토광묘에 묻혔거나 아니면 별다른 매장시설도 없이 처리되었을 것으로 보고 있다[52]. 따라서 세형동검문화기와 큰 시기 차이가 없는 지석묘 단계에서도 낮은 지위의 사람들은 별다른 매장시설 없이 처리되었을 가능성이 높다.

이와 관련하여 시신을 특별한 매장시설 없이 처리하는 방안으로 死體放棄를 언급할 수 있다. 古文獻에서 고려~조선시대의 사체방기 사례는 65例 이상 확인되고 있어 고려~조선시대에 사체방기가 꽤 있었음을 알 수 있다. 더 거슬러 올라가서 통일신라~삼국시대에 사체방기가 있었다는 사실은 고대의 문헌 기록 외에 고고학적인 발굴조사 성과를 통해 직접 확인할 수 있다. 예컨대, 경주 月城의 垓字에서는 모두 20구의 人骨이 검출되었는데 시신들이 한꺼번에 던져 넣어진 것으로 여겨진다. 일본에서는 彌生時代~古墳時代 전기 초두의 유적에서 사체방기 사례가 있어 우리나라의 사체방기가 삼국시대 이전으로 소급될 가능성을 시사하고 있다. 사체방기의 대상으로는 우리나라와 일본의 경우, 전염병 등의 질병에 의한 사망, 빈곤한 계층, 아사자, 무연고 사망자, 政變 희생자, 전쟁에 의한 사망자, 노예 등이었던 것으로 파악된다. 한편으로 항상적으로 사체방기의 대상이 될 수 있었던 계층 또한 있었다고 보여진다. 고려시대의 사체방기를 전하는 文獻을 보면 정상적인 사망인 경우라도 貧者계층은 사체방기의 주대상이었던 것으로 파악된다. 이렇게 본다면 埋葬이 일반화되는 古代~朝鮮時代에도 무덤에 묻히는 계층과 그렇지 못한 계층이 존재하였고, 무덤에 묻힌다는 사실 자체가 어느 정도의 權力과 財富의 뒷받침이 있어야 한다는 사실을 상기시켜 준다.[53]

---

52) 권오영, 1996, 「三韓의 '國'에 대한 硏究」, 서울대학교박사학위논문, pp.166~167.

한편, 최근 단위지역에 대한 전면적인 조사가 이루어진 남강유역[54]을 보면, 청동기시대 주거지는 총 520기이고 묘는 180여 기다[55]. 1기의 주거지를 한 世帶로 보면 해당지역에는 대략 2000~2500명 정도의 인구가 추산된다. 무덤의 숫자는 예상 인구의 1/10에도 못 미치므로 묘를 당시 일반 구성원의 무덤으로 볼 수 없다는 결론에 도달한다.[56]

요컨대, 지석묘의 피장자는 친족집단에서 일부 계층에 한한다고 볼 수 있다. 이러한 양상은 인도네시아 거석문화에서도 확인된다. 인도네시아 거석문화의 특징은 선사시대에 시작되어 근래까지 계속되고 있다는 점이며, 거석물의 크기와 웅대함은 축조자의 경제력에 의해 결정되고 공훈잔치는 부와 권력이 있는 상위 신분자들의 경쟁 속에서 이뤄진다. 이라우 잔치를 통해서 경제적 재분배가 이루어지고 잔치를 제공한 가족과 죽은 사람의 사회적 신분이 강화되고 보장된다[57].

그런데, 여기서 짚고 넘어가야 할 문제가 있는데, 우리나라에서 지석묘가 가장 밀집된 전남지방의 지석묘 피장자가 족장과 그 가족만의 무덤인가에 대한 검토이다. 이에 대해서는 최정필의 최근 견해를 참고할 필요가 있다. 최정필은 지석묘의 수가 족장의 수에 비해 지나치게 많다는 반론[58]에 대해, 전남지방의 모든 지석묘가 족장과 그 가족들의 분묘는 아니라는

---

53) 곽종철, 2001, 「장소의 상징성 · 한계성과 유적의 성격」, 『고문화』 57, 한국대학박물관협회, pp.77~111.

54) 동아대박물관, 1999, 『남강유역문화유적발굴도록』.

55) 정식 발굴조사보고서가 간행되면 지석묘와 주거지의 통계치에 있어서 어느 정도 가감이 있을 수 있다.

56) 김광명, 2001, 「대구 · 경산지역 지석묘 연구」, 영남대학교 대학원 석사학위논문, p.85.

57) 이송래, 1999, 「세계의 지석묘-인도 · 인도네시아」, 『한국지석묘유적 종합조사 · 연구(Ⅰ)』, 문화재청 · 서울대학교박물관, pp.169~191.

58) 이선복, 1996, 『고고학 이야기』, 가서원, pp.249~250.

수정론을 제시하고 있다. 즉 부장품과 지석묘의 구조 및 위치가 특이한 것만 족장계층의 분묘에 해당되므로 지석묘 중에서도 서열이 있다는 것이다[59]. 이러한 점에서 지석묘 내에서도 군집도·상석과 하부구조의 규모·부장유물 등에 근거하여 계층성을 재검토할 필요가 있다.

2. 靑銅器時代 墓制의 地域性과 階層性

여수반도를 포함한 전남지방에는 지석묘를 제외한 다른 청동기시대 묘제가 거의 확인되지 않고 있다. 이와 관련하여 청동기시대 전남지방과 타 지역의 청동기시대 묘제에 대해 비교해 보자.

다른 지역에서 빈출되는 청동기시대의 석관묘나 토광묘·옹관묘[60]가 전남지방에서 거의 확인되지 않는 점에 비추어 보면 청동기시대에 전남지방에는 지석묘만이 주묘제로 사용되었을 가능성이 크다. 다만 최근에 함평 해보리유적[61]에서 석관묘 6기와 석개토광묘 4기가 조사되었다. 이러한 유적은 충청도나 전라북도에서 확인되는 석관묘나 석개토광묘와 연결되는 것으로 주목된다. 함평지역은 영광군이나 장성군과 더불어 전남서북부지역을 형성하는데, 지리적으로 전라북도와 큰 산맥없이 평야지대로 이어진다. 이러한 서북부지역은 전남지역에서는 특이하게 북방식 계통의

---

59) 최정필, 1997, 「한국 상고사와 족장사회」, 『한국고대국가형성론』, 서울대학교출판부, pp.155~188.

60) 1996년에 전남 곡성군 연화리(국립전주박물관, 1996, 「곡성 연화리 지석묘」, 『호남고속도로 확장구간(고서~순천간)문화유적발굴조사보고서 I』, pp.15~182.)에서 청동기시대의 옹관묘가 확인되어 주목된다. 그런데 옹관묘가 조사된 지역이 지석묘군 틈에 포함되어 있어 소아용의 매장시설로 추정되어 부수적인 묘제로만 인식하여야 할 것이다.

61) 최성락·김건수, 2000, 『영광 학정리·함평 용산리 유적』, 목포대박물관.

지석묘가 산재하고 있어, 전라북도 지역과의 상호 관련성을 엿볼 수 있다. 즉 북방식 지석묘나 석관묘가 북쪽에서 파생되어 왔다는 점과 북방식 지석묘의 매장주체부가 석관형이라는 사실은, 전남서북부지역이 북방식 지석묘의 남한계선이고, 이 지역이 보성강이나 남해안 지역에 비해서 석관형의 지석묘 하부 구조가 많다는 점과 궤를 같이한다. 그리고 전남서북부지역에서 확인되는 지석묘의 수가 상대적으로 전남지역의 다른 시·군보다 적다는 점도 이들 지역에 석관묘나 석개토광묘가 부분적으로 유행했을 것이라는 관점과 무관하지 않을 것이다. 아무튼 전남지역에서 전남서북부지역을 중심으로 한 영산강유역의 일부 지역을 제외하고는 지석묘가 청동기시대의 지배적인 묘제인 점은 부인할 수 없다.

다른 지방에서 확인된 지석묘 이외의 청동기시대 분묘로는 다음과 같은 유적을 들 수 있다. 인근의 경남 지방에서는 함안 오곡리[62], 가음정동, 김해 삼계동[63] 등지에서 토광묘유적이, 남강댐 수몰지구에서는 200기 이상의 석관묘가 확인되었으며[64], 창원 덕천리유적[65]에서는 지석묘 이외에 석관묘(석곽묘)와 석개토광묘 등이 조사되었다. 그리고 경남지방에서는 지석묘 주변에 석관묘가 부속되어 군집되는 경우가 적지 않다. 이를테면 경남 진양 대평유적에서 석관묘는 독립된 경우가 드물고 지석묘를 중심으로 주변에 산재하고 있다. 옥방 10호 지석묘 주변의 경우, 4기의 석관묘가 확인되었다[66]. 한편 충남일원에서는 부여 송국리[67], 공주 남산리[68],

---

62) 창원대박물관, 1995, 『함안 오곡리 유적』, pp.1~173.

63) 부산광역시립박물관, 1999, 「김해 화정2지구 발굴조사 현장설명회 자료」.

64) 하인수, 2000, 「남강유역 무문토기시대의 묘제」, 『진주남강유적과 고대일본』, 인제대가야문화연구소, pp.187~237.

65) 이상길, 1993, 「창원 덕천리 발굴조사보고」, 『제17회 한국고고학전국대회 발표요지』.

66) 문화재연구소, 1994, 『진주 대평리 유적』, pp.1~447.

부여 비당리[69], 서천 오석리[70], 공주 분강리·부여 저석리[71], 보령 관산리[72], 전북의 완주 반교리[73], 진안 모실[74], 진안 수좌동[75], 진안 여의곡[76]유적 등에서 토광묘, 석관묘나 옹관묘유적들이 확인된다. 특히 서천 오석리유적에서는 석관묘 22기와 석개토광묘 2기, 소형토광묘 1기, 옹관묘 1기 등의 청동기시대의 무덤이 확인되어 전남지방의 경우와는 사뭇 다른 양상을 보여주고 있다. 이와 같이 다른 지역과 비교하여 청동기시대에 전남지역에서 지석묘가 지배적인 묘제였다면, 지석묘가 특별히 많은 이유를 어느 정도 설명해 줄 수 있을 것으로 판단된다.

南韓에서 전남지방 다음으로 지석묘 수가 많은 경북·경남·전북의 경우 각기 3000기 미만인데, 이는 면적에 대비하여 보아도 월등히 적은 수치이다. 전남지방의 인구가 타지역에 비해 2배 정도 많다고 하더라도 10배 가까운 지석묘의 절대수는 쉽게 수긍이 가지 않는다. 이는 타 지역은 청동기시대 묘제 가운데 석관묘, 석개토광묘, 옹관묘, 토광묘 등의 비중이 상대적으로 높다는 점과 관련될 것으로 보인다.

---

67) 김길식, 1998,「부여 송국리 무문토기시대묘」,『고고학지』 제9집.

68) 윤무병, 1987, 「공주군 탄천면 남산리 선사분묘군」, 『삼불김원룡교수정년퇴임논총』 Ⅰ, pp.45~72.

69) 이규산, 1977,「부여군 비당리 선사분묘」,『고고학』 제4집.

70) 공주대학교박물관, 1996,『오석리유적』.

71) 공주대학교박물관, 1997,『분강·저석리 고분군』.

72) 고려대학교 매장문화연구소, 1996,『관산리유적』(Ⅰ).

73) 국립전주박물관, 1996,「곡성 연화리 지석묘」,『호남고속도로 확장구간(고서~순천간)문화유적발굴조사보고서Ⅰ』, pp.15~182.

74) 김승옥, 1999, 「진안 용담댐 지석묘 발굴조사」,『제 42회 전국역사학대회발표요지』, pp.363~379.

75) 이재열, 1999,「진안 용담댐 수좌동 고인돌군」,『동원학술논문집』 제2집, pp.165~174.

76) 김승옥, 이종철, 2000,「진안 용담댐 수몰지구내 여의곡유적 조사개요」,『21세기 한국 고고학의 방향』(제 24회 한국고고학전국대회 발표요지).

이영문은 청동기시대에 지석묘-석관묘-토광묘 순으로 신분적인 차이를 반영한 것으로 이해한 바 있다[77]. 그러나 이러한 구분은 전남지방에 비해 지석묘가 상대적으로 적고, 타묘제(석관묘 · 옹관묘 · 토광묘)가 비교적 많이 확인된 충청 · 전북 · 영남지역에서나 가능할 것이다. 예컨대, 부여 송국리 석관묘에서는 비파형동검이 출토되어 상층의 무덤임을 보여주며, 그보다 하층의 무덤은 송국리에서 북쪽으로 2.5㎞ 떨어진 탄천면 남산리에서 확인되었는데, 유물이 빈약하고 묘제도 석개토광묘, 토광묘, 옹관묘 등이다. 이는 충남 일대에서는 상하층 간에 묘제와 무덤구역이 차별성이 있었음을 시사한다.[78]

반면에, 전남지방에는 석관묘 · 옹관묘 · 토광묘가 극히 드물어 이영문의 견해를 따를 경우에는 하위층의 분묘가 적은 숫자이고, 상위층이 많은 역 피라밋 형태가 되어 문제점이 노출된다. 따라서 지석묘가 집중된 전남지역에서는 그러한 구분이 곤란하므로, 지석묘군 내에서 별도로 구분을 시켜주어야 한다.

요컨대 타지방에서는 지석묘(석관묘)를 상층에, 석개토광묘 · 토광묘 · 옹관묘 등을 중층에 , 무덤이 없는 일반민을 하층으로 간주할 수 있다. 이에 비해 타묘제가 거의 없는 전남(동부)지방에서는 상층 아래의 계층도 일부 지석묘를 사용하였고, 다수의 하층만 무덤이 없있을 가능성이 그다. 이러한 점에서 보면 지석묘가 밀집된 전남지방과 타 지역과는 같은 지석묘일지라도 동일한 계층으로 볼 수 없다는 결론에 이르게 된다. 다시 말하면 지석묘가 상대적으로 적은 타지방의 경우는 지석묘 피장자가 곧 상

---

77) 이영문, 1999, 「호남지역 청동기시대 묘제 연구의 제문제」, 『호남지역의 청동기문화』, 제7회 호남고고학회 학술대회 발표요지, pp.23~57.
78) 김길식, 1994, 「부여 송국리유적 조사개요와 성과」, 『마을의 고고학』, pp.177~193.

층인 족장과 그 가족으로 보아도 무리가 없다는 것이다.

이러한 점을 고려하면, 전남지방 지석묘사회의 位階를 대개 셋으로 구분할 수 있다. 즉, 지석묘군에 매장되는 계층과 매장되지 못하는 층으로 二分되고, 지석묘 피장자 중에도 무덤의 형식과 부장유물에 따라 다음과 같이 2부류로 나눌 수 있다. 따라서 다음과 같은 세 계층으로 구분할 수 있다.

① 상석이나 매장주체부가 크고, 위세품이 부장된 계층
② 석곽이 비교적 작으면서 부장품이 없거나 빈약한 계층
③ 지석묘에 매장되지 못하는 계층

지석묘가 청동기시대 모든 주민의 무덤이 아닌 상황에서, 유물이 출토되지 않은 석곽에 비해 동검이나 옥, 석검이 부장된 석곽묘의 존재는 하나의 친족집단 내에서도 富나 權威에 근거하여 한 세대를 대표하는 유력자가 있었음을 의미한다[79]. 이러한 계층 구분은 지석묘사회의 후기(세형동검문화기)에 가면 더 뚜렷해지는데, 이는 청동기시대 후기에 부와 권위가 확대 발전된 결과라고 하겠다.

이와 관련하여 보성 동촌리 지석묘에 대해 살펴보자. 세형동검문화기에 해당하는 보성 동촌리 지석묘는 지석묘사회 후기에 등장한 지배층의 무덤으로 판단된다(도면 4 · 5). 동촌리 지석묘는 입지뿐만 아니라 일반적인 지석묘의 축조와는 그 양상이 판이하게 다르다. 즉 상석을 올린다는

---

79) 그러나 이 기준이 절대적인 것은 아니다. 예컨대 여수 평여동 '가'군-1호 지석묘의 경우는 거대한 상석에 방형 구획석이 시설된 특이 구조이지만 유물은 거의 없다. 그래서 유물의 양상 외에도 지석묘의 규모와 매장주체부의 배치를 모두 검토할 필요가 있다.

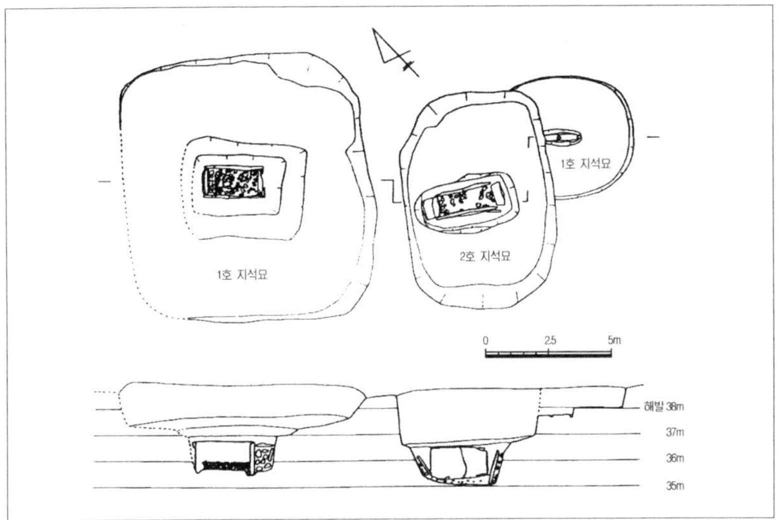

[도면 4] 보성 동촌리 유적 유구 배치도

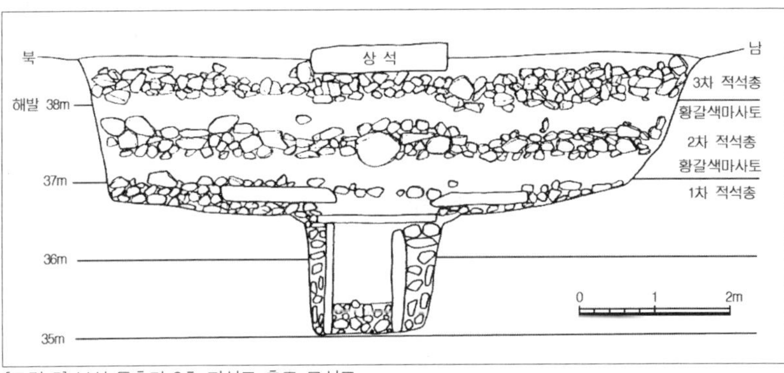

[도면 5] 보성 동촌리 2호 지석묘 축조 모식도

점에서는 같지만 하부 매장주체부의 축조에 앞 단계의 지석묘와는 비교가 안될 정도로 거대한 매장주체부와 적석을 조성하여 많은 노동력이 동원되었음을 알 수 있다. 따라서 동촌리 지석묘의 피장자(세형동검문화기)는 전단계(비파형동검문화기)의 지석묘와 달리 邑落 首長의 前身으로 파악되는데, 이 단계는 복합족장사회로 넘어가는 과도기로 볼 수 있을 것이다[80].

이 유형은 지석묘사회가 가장 발전된 단계로서 전 단계에 비해 계층구분이 분명해진다. 즉 동촌리 단계는 3계층이 명확해진다. 즉 집단과 이격되고 대규모 노동력이 동원된 소수의 대형 지석묘 피장자(동촌리 지석묘 유형)-일반 지석묘 피장자-무덤없는 자 등의 구분이 그것이다.[81] 부언하면, 1·2계층은 같은 묘제인 지석묘를 쓰더라도 입지와 내부 구조·출토유물 등에 있어서 뚜렷이 구분된다.

요컨대 지석묘 피장자 중 상석이나 매장주체부가 크고 위세품이 부장된 경우가 上層으로, 석곽이 비교적 작으면서 부장품이 없거나 빈약한 경우가 中層으로, 지석묘에 피장되지 못하는 계층이 下層으로 각기 자리매김했다고 볼 수 있다. 아울러 이 3계층은 각기 철기시대(三韓時代)의 大人, 下戶, 生口와도 연계될 것으로 보인다.

이와 같이 지석묘사회가 계층사회로 들어선 것은 인정해야 할 것이다. 하지만 모든 지역이 계층사회인 것은 아니고 지역별로 계층사회가 미약한 곳도 있었을 것이다[82]. 즉 같은 전남동부지역이라도 모든 지역이 동일시기에 계층사회로 진입한 것은 아니라고 여겨진다. 이를테면, 여수반도

---

80) 최몽룡은 보성 동촌리 지석묘를 조상숭배를 위한 성역화된 기념물로 보고, 복합족장사회단계에 해당한다고 파악한 바 있다(최몽룡, 2005, 「청동기·철기시대 연구의 새로운 방향」, 『한성시대 백제와 마한』, 주류성, p.244).

81) 都出比呂志는 초기국가를 검토하면서 三國志 魏志 倭人傳에 의거하여 大人, 下戶, 生口라는 계층을 설정하고 있다(都出比呂志, 1998, 『古代國家の胎動』; 深澤芳樹, 2000, 「日本古代國家形成期의 考古學的 研究成果와 爭點」, 『東아시아 1~3世紀의 考古學』, 國立文化財研究所, pp.35~58.). 우리나라로 보면, 삼한시대 후기에 3계층이 존재했다는 것인데 전남지역 지석묘사회에서도 그러한 계층 구분의 맹아가 보인다고 할 수 있다. 전남 동부지역에서 이러한 계층사회의 시초는 보성 동촌리 지석묘 단계인 기원전 3세기까지 소급해 볼 수 있다.

82) 이는 한국 청동기시대의 상한을 청동기가 광범위하게 사용되지는 않았지만 부분적으로 도입된 점에 착안하여 청동기시대라고 명명하는 것과 같은 맥락이다.

에서는 적량동을 중심으로 한 동남부지역 일대의 1~2개면 정도를 포함한 범위가 족장사회로의 진입이 가장 빨랐던 곳이라고 할 수 있다[83].

이와 관련하여 다음과 같은 강봉원의 견해[84]는 주목할 만하다.

"지석묘사회의 정치 발전 수준을 논할 때 강화도에 있는 지석묘군, 파주 옥석리 지석묘군, 여수 적량동, 제원의 황석리, 창원 덕천리 지석묘군의 발굴 결과를 토대로 해서 그 구체적인 지석묘 사회들이 '족장사회'에 이르렀다고 주장하는 것은 적어도 객관적인 근거가 있다. 그렇지 않고 위에서 언급한 대표적인 유적지들의 고고학적 증거를 바탕으로 한반도의 지석묘 사회를 일반적으로 족장사회에 이르렀다고 간주하는 것은 재고되어야 한다. 족장사회는 이미 어느 정도 정치적으로 중앙집권화되었으므로 세계의 유명한 족장사회의 경우 그 구체적인 유적지가 반드시 거론된다. 지석묘사회들이 일괄적으로 족장사회에 혹은 계급사회에 이르렀다고 결론을 내리는 것보다는 같은 지석묘사회라도 지역과 시기에 따라서 계급사회에 이르렀을 수도 있고 또 평등사회에 머물러 있었을 사회도 있었을 것으로 상정된다. 지석묘가 지배계층들만을 위해서 축조된 것이라면 지역적으로 고립된 곳에서 간헐적으로 발견되는 지석묘의 성격 해석이 용이하지 않게 된다. 지석묘사회 내에서 계급사회에 관하여 차별성을 부여하였을 경우 지석묘사회가 족장사회였다는 주장이 한층 더 신빙성이 있고 설득력이 있게 될 것으로 보인다."

---

83) 여수반도가 부장품이 뛰어나고 교역에 유리한 해안가에 자리하여 다른 지역에 비해 先進的이라는 점을 고려하면 지역별로 사회발전단계가 동일한 것은 아니라고 판단된다. 예컨대 내륙지역인 보성강유역은 여수반도에 비해 상대적으로 부장품이 미약하여 비교가 된다. 한편, 영산강유역은 전반적으로 薄葬의 풍습이 있어 일률적인 규정은 곤란하다.

84) 강봉원, 2000, 「한국 지석묘 연구의 이론과 방법론」, 『한국 지석묘 연구 이론과 방법』, 주류성, pp.58~59.

이러한 측면에서 보면, 여수반도에 있어 족장사회의 대표적인 유적지
는 적량동을 중심으로 한 여수반도 동부지역으로 볼 수 있다.

3. 族長社會의 特徵과 構造

켄트 플래너리는 족장사회의 특징으로 서열화된 친족집단, 재분배경
제, 세습제도 등을 들고 있다[85]. 이러한 양상을 파악해 볼 수 있는 가장
적절한 곳은 여수반도의 동부이다. 즉 적량동 지석묘를 중심으로 한 지역
으로서, 구 여천시와 구 여수시 일원이다.

이에 대해 상술해 보기로 하자.

먼저, 서열화된 친족집단에 대해 살펴보자.

전술한 바와 같이 여수반도에서는 약 20개소의 지석묘군이 발굴조사되
었고, 지석묘의 수 · 상석 무게 · 입지 · 부장유물 등을 분석해 보면 다음
과 같이 요약될 수 있다. 예외적인 경우는 있지만, 대개 지석묘의 수가 많
아 집단이 크고 상석이 대형이며 입지가 곡간평지나 구릉의 하단부에 자
리잡은 집단이 부장유물이 풍부한 중심적인 집단으로 추정된다. 다만, 개
별 상석의 크기와 부장유물은 상호 일치하지 않는 경우가 적지 않아 상석
의 규모와 부장유물의 관계에서는 개별 상석보다는 지석묘군 전체를 검
토하여야 한다. 다시 말하면 집단별로 어느 정도 크기의 상석을 옮길 수
있는지는 그 집단의 위상을 대변해 준다고 할 수 있다. 그리고 채석지가
비교적 높은 산이라는 점에서 구릉의 상부나 고개마루에 비해 구릉의 하
단부나 평지는 더 많은 노동력이 소요된다. 아울러 군집이 많다는 것은

---

85) Kent, V. Flannery, 1972, *"The Cultural Evolution of Civilization,"* Annual
Review of Ecology & Systematics 3, pp.399~426.

그만큼 축조집단의 숫자가 많았으며 소군집보다 경제적으로 더 우월했음을 시사한다. 또한 매장주체부의 규모와 위세품은 상호 비례한다. 이는 신전장의 경우, 미리 무덤을 준비할 수 있는 富와 權威가 뒷받침되어야 하고, 소형 묘곽의 경우는 바로 무덤을 쓰지 못하여 이차장을 거친 결과로 판단되는 것이다.

예컨대, 인접한 적량동과 월내동 지석묘 축조집단을 비교해 보면, 적량동 집단보다 월내동 집단이 유물이나 상석 규모 등에 있어서 열세하므로 친족집단 간에 서열화되었다고 볼 수 있다. 그리고 같은 지석묘군 내에서도 피장자 사이에 상석, 매장주체부, 부장품 등의 차이에 의해 차별성을 확인할 수 있다.

지석묘 축조 사회를 평등사회라고 주장하는 견해의 맹점은 지석묘가 지배계층에 의한 인력 동원이 아닌 공동체적 협동체제 아래서 축조된 것으로 인식한다는 점이다. 이는 다음과 같은 점에서 문제가 있다.

전술한 바와 같이 발굴조사된 내용의 분석 결과, 지석묘 군집단위별로는 상석의 규모와 부장품이 거의 비례하고 있음을 확인하였다. 이는 집단단위별로 계층화가 성립되어가고 있음을 웅변해 주는 것이며, 서열화된 친족관계라는 족장사회론과 궤를 같이하는 것이다. 서비스에 따르면 족장사회는 기본적으로 계층적이다. 즉 족장사회의 사회적 서열화는 가족을 세분하기도 하고 때로는 위로부터 아래까지의 연속적인 계층 구분이 이루어지기도 한다[86].

지석묘군이 축조되던 사회의 일단면을 파악하기 위하여 우리나라에서 송국리형 주거지가 가장 밀집되게 발견된 제주 삼양동유적을 참고해 보

---

86) Elman R. Service, 1962, *Primitive Social Organization : An Evolutionary Perspective*. Random House, New York.

자[87]. 제주 삼양동유적은 228기의 집자리가 발견되었는데 인근에 3기의 지석묘만 있어 이 집자리들의 주인공들은 묘제로서 고인돌을 채택하였던 것으로 보인다. 이 유적은 8개의 단위로 구획되고 각 구획 안에는 직업의 전문화를 시사하는 工房이나 窯址와 같은 전문 작업시설이 마련되고 있었던 것 같다. 그리고 격담시설을 하여 신분상의 상하계급의 집자리 배치도 달리하고 있음이 드러나고 있다[88]. 이와 같이 삼양동유적은 취락집단 내에서도 위계차가 있음을 보여주고 있는데, 이는 지석묘군 내에서도 상석, 매장주체부, 부장유물에 의해서 계층이 구분되는 것과 같은 맥락이다.

둘째, 재분배 경제에 대해 살펴보자. 분배의 통제는 족장사회의 중앙집권을 강화시키는 수단이 된다[89]. 여수반도에서 재분배경제에 대한 논의는 비파형동검과 관련된 교역과 그 분포에서 검토해 볼 수 있다. 여수반도 서쪽에 자리하여 60기 이상의 매장주체부가 확인된 화양면 화동리 안골 유적에서 동검이나 다량의 옥이 출토되는 A급 묘가 없는 반면에 좀 더 군집이 작은 여수반도의 동북쪽 해안지대인 적량동, 평여동, 봉계동 등지(구 여천시)에서 뛰어난 위세품이 많이 출토된 점은 여수반도에서 지역별로 축조집단 간에 부와 권위를 상징하는 위세품이 상이하였음을 시사한다.

선사시대 이래 여수반도에서 가장 중요한 항구인 삼일항이 적량동 앞에 자리하는데, 적량동의 입지와 자연환경으로 보면 농경에 의한 잉여생산은 미약했을 것이고 오히려 어로나 교역에 의해 위세품을 입수했다고

---

87) 국립제주박물관, 2001, 『제주의 역사와 문화』, pp.58~78.
88) 최몽룡, 2000, 「제주도 철기시대전기 지석묘사회와 계급의 발생」, 『한국 지석묘 연구이론과 방법』, 주류성, pp.139~152.
89) Timothy K. Earle, 1987, 「Chiefdoms in Archaeological and Ethnohistorical Perspective」, 『Annual Review of Anthropology』 16, pp.279~308.

보인다[90]. 남강댐 유역권에서는 대규모 밭이 확인됨으로써 농경에 의한 잉여생산이 두드러지지만, 위세품에 있어서는 여수반도나 사천 이금동 등지의 해안지역보다 뛰어나지 못하다. 이는 지석묘사회에 있어 위세품이 농경에 의한 잉여생산이 탁월한 내륙지역보다는 교역이 용이한 해안지역의 거점에서 빈출됨을 의미한다. 이는 대표적인 위세품인 비파형동검이 해로를 통한 교역[91]에 의해 얻어짐을 뒷받침하는 것이다.

여수반도의 대외교역과 관련된 거점지역에 대해 상술해 보면 다음과 같다.

여수반도에서 교역의 측면에서 보면, 적량동 일대가 가장 上位의 중심지로서 대외교역의 창구라고 볼 수 있다. 주지하는 바와 같이 비파형동검

---

90) 삼일항 일대가 여천산업단지가 들어서기 전에는 황금어장이었고, 구한 말에는 이 지역이 三日浦面의 중심이었다는 점은 이곳의 지정학적 중요성을 가늠하게 한다.

91) 무역은 1) 직접접촉에 의한 무역, 2) 교역, 3) 중심지무역 등 3가지로 나누어진다 (Lamberg-Karlovsky, C.C., 1974, "Trade Mechanism in Indus-Mesopotamian Interrelations", The Rise and Fall of Civilizations, ed. by C.C. Lamberg-Karlovsky and Jeremy A. Sabloff, Cumming Pb. Co., p.302. ; 최몽룡, 1985, 「고대국가성장과 무역」, 『한국고대의 국가와 사회』(역사학회편), 일조각, pp.58~64). 첫 번째의 '직접접촉에 의한 무역'은 교역을 위해 두 개의 다른 장소 간에 직접 얼굴을 대하면서 접촉하는 것을 말하는데, 이 때의 상품은 누구에 의한 직접적인 도움이나 중간지점의 연결없이 A장소에서 B장소로 교역된다. 두 번째의 '교역'에 있어서는 상품이 퍼져나감에 있어 어떤 뚜렷한 조직이나 특수한 자원에 대한 표준화된 가치가 결여되어 있다. 이 때의 상품들은 특별한 계획이나 목적없이 이 장소에서 저 장소로 옮겨진다. 따라서 A라는 장소에 출발한 자원이 B라는 장소에 도착한다는 것은 상품이 이 장소에서 저 장소로 임의적으로 교역되는 것을 의미한다. 세 번째의 '중심지 무역'은 상품이나 자원이 필연적으로 몇몇의 중계지역에서 생산되었거나 나타났을 때 명백하게 보이게 된다. 중계지역으로서의 장소 C는 다른 중계지역에서 생산된 물품을 중계하거나 자신들의 물품 혹은 자원들을 수출할 수 있다. 중심지란 경제적·종교적 또는 행정적인 서비스를 제공함으로써 지역집단에 대한 중심지역으로 행사하는 곳인데 주거제도에 있어 읍이나 큰 유적이 이에 해당한다.

은 당시 최고의 위세품이다. 여수반도에서 이러한 비파형동검은 적량동을 핵으로 동심원상으로 분포하고 있다. 그런데 동검은 여수반도를 종으로 가로지르는 산줄기를 중심으로 동쪽에서만 출토되고 있다. 서쪽에서는 지금까지 4개소의 지석묘군이 발굴조사되었는데 석검이나 소수의 옥 이외에는 위세품이 보이지 않는다. 발굴조사가 동쪽 지역보다 적게 이루어진 탓도 있지만 60기 이상의 매장주체부가 확인된 화양면 화동리 안골에 A급 묘가 없는 것은 주목된다. 완형의 비파형동검은 적량동에서만 출토되었고, 비파형동모도 적량동에서만 나왔다. 그래서 적량동이 대외 교역의 핵심이었다고 추정되는 것이다. 현재까지 구 여천시를 제외하고는 구 여수시의 오림동에서만 비파형동검이 출토되었다. 요컨대 비파형동검은 여수반도의 동북쪽의 해안에 접하여 집중 출토되고 있음을 알 수 있다.

남한지역의 비파형동검이 요령지방에 원류를 두고 있더라도, 남한에서 제작되었을 가능성은 크다. 즉 납동위원소분석에 의해 남한산으로 추정되고 있기 때문이다.[92] 그런데 완형으로 출토된 부여 송국리, 여수 적량동 7호, 창원 진동리 출토 비파형동검은 형태뿐만 아니라 크기가 거의 같아 동일한 틀 또는 동일한 제작집단에 의해 주조되었을 가능성이 매우 높다.[93] 상당한 거리를 사이에 두고 있는 부여, 여수, 창원의 출토품이 동일 지점에서 제작된 셈이다. 따라서 당시에 비파형동검을 획득하기 위해서는 바다를 통한 원거리 교역이 필수적이었다고 볼 수 있다.

족장들은 그들의 종교적 지위를 과시하기 위하여 원거리 교역을 통하

---

92) 최주, 1996, 「슴베에 홈이 있는 비파형동검 및 비파형동모의 국산에 대하여」, 『선사와 고대』 7, pp.93~102.

93) 이영문, 1998, 「한국 비파형동검문화에 대한 고찰」, 『한국고고학보』 38집, pp.63~104.

여 상징적인 소유물을 취득한다. 이러한 물품들은 개인의 사회적 신분과 경제적 특권을 나타낸다.[94] 따라서 위신재로서 비파형동검과 비파형동모가 출토된 적량동 일대에 종교와 경제를 총괄하는 중앙행정부서가 자리한 것으로 보는 견해[95]는 주목할 만하다.

한편, 대규모 농경을 실시할 공간이 없어 농경에 의한 富의 축적이 어려운 적량동을 포함한 여수반도의 위세품이 남강유역에 비해 더 뛰어난 것은 주목되는데, 지역별로 위세품이 상이하였음을 보여주고 있다. 즉 당시에 교역이 용이한 해안지역의 위세품이 더 탁월하고 내륙지역이 상대적으로 빈약한 편이다. 실제로 내륙지역인 보성강유역의 주암댐수몰지구 지석묘에서는 여수반도보다 더 많은 지석묘가 발굴조사되었지만 A급 위세품은 더 미약하여 2차적인 수급지임을 의미한다. 따라서 일반적인 농경에 의한 생산력이라는 기준과 위세품을 상호 관련지을 수 없음을 보여주고 있다. 한편, 같은 전남지역이라도 전남동부지역에 비해 영산강유역권에서 위세품이 전반적으로 미약한 것은 특이한데, 이는 또한 지역별로 부장 관념이 상이하였음을 암시한다.

현재까지의 자료로는 매장주체부가 60기 이상일 정도로 장기적으로 무덤을 사용한 여수반도 서쪽의 화양면 화동리 안골 지석묘에서도 동검은 없고 옥도 3점에 불과하다. 이는 대외 교역의 중심지인 삼일항 일대와의 거리 때문일 수도 있다. 따라서 삼일항 일대가 여수반도에서 대외교역의 중심지인 것은 분명할 것이다. 이 두 유적은 인근에서 생산되는 농수산물의 집산지 역할과 더불어 그와 관련된 대외교역업무를 담당하였을 것으

---

94) 최정필, 1997, 「신진화론과 한국상고사 해설의 비판에 대한 재검토」, 『한국고대국가형성론』, 서울대학교출판부, pp.1~46.

95) 최정필, 1997, 「한국상고사와 족장사회」, 『선사와 고대』 8, 한국고대학회, pp.81~103.

로 판단된다.

결국, 적량동은 교역의 중심지로서 재분배를 통하여 성장한 중심지이고 인근 마을들은 농경과 어로를 겸한 반농반어집단으로 판단된다. 적량동 집단은 이 주변 마을들의 잉여생산물을 모아 대외 교역창구로서의 역할을 했다고 판단된다. 그 증거가 외래계 위세품인 동검이다. 재분배를 통한 지도력의 경험은 적량동 축조집단이 다음 단계인 동촌리 지석묘 축조단계로 가는 원동력이다.

이와 관련하여 일본 야요이시대의 조사례는 주목된다. 즉 야요이 거점취락에서 원격지에서 가져온 토기가 발견되는 예가 많아 거점취락 부근에 입지하는 한시적인 소규모취락에는 비재지의 물자를 거점취락을 통해서 반입된 것으로 보는데 이러한 예가 재분배와 관련된다고 하겠다[96].

요컨대 지석묘군의 입지, 상석의 크기, 매장주체부, 유물 등의 제측면에서 탁월한 적량동 집단은 근·원거리 교역에 대한 주도권을 갖고 재분배기능을 행사한 것으로 판단된다.

셋째, 세습제도는 최고의 위세품인 비파형동검의 누세대적 부장에서 추론할 수 있다. 예컨대, 같은 친족집단의 공동묘지로 파악되는 적량동 지석묘군[97]은 6세대 이상 같은 묘역을 사용했고 각 구역마다 하나씩의 동검이 확인되고 있다. 부연하면, 적량동 지석묘군은 6구역으로 구분되는데 각 구역의 묘곽군을 한 세대 집단의 무덤으로 보고 1세대를 30년으로 계산하면 약 200년간에 걸쳐 묘역이 조성된 것으로 추정할 수 있다[98]. 요

---

96) 佐々木憲一, 2000, 「日本考古學에 있어서 古代國家論」, 『東亞細亞의 國家形成』, 第10 回 百濟研究 國際學術會議, pp.111~124.

97) 이영문·정기진, 1992, 『여천 적량동 상적 지석묘』, 전남대학교박물관.

98) 적량동 지석묘군은 조사 전에 이미 적지 않은 훼손이 있었기에, 실제로는 훨씬 많은 무덤이 있었고 그 만큼 묘역의 지속기간도 더 길었을 것으로 판단된다.

컨대, 당시 최고의 위세품인 비파형동검이 하나의 지석묘군에 누세대적으로 부장된 것은 족장의 지위가 세습되었음을 뒷받침하는 것이다.

그리고 일부 지석묘의 매장주체부는 성인을 신전장하기에는 너무 작아 세골장이나 굴신장, 또는 어린아이의 매장을 위한 것으로 해석되었는데, 지석묘에 성인이 아닌 어린아이가 안치되었다는 것은 부모의 사회적 신분이 자식에게 상속되었음을 의미한다[99].

나주 판촌리와 광주 충효동에서는 이중석실이 조사되었는데 부부가 함께 묻혔거나 母子관계에 있는 무덤으로 해석된다. 상당한 노동력이 투입되는 지석묘에 아이가 묻힐 수 있는 사회는 사회적 신분이 성취된 지위라기보다는 귀속된 지위로 얻어진 신분이었을 것이다[100]. 실제로 화장된 인골이 춘천의 중도 지석묘에서 출토되었는데, 인골의 분석 결과 병을 앓고 있던 4~8세 가량된 女兒로 확인되었다[101].

Timothy Earle은 族長社會를 단순족장사회와 복합족장사회로 구분하고 있다[102]. 즉 단순족장사회는 수천 정도의 인구를 가진 정치체제로, 조그만 마을들과 이들 마을들과 정치적으로 연결되는 중심정체체의 두 단계의 위계를 보이는 계층사회이다. 복합족장사회는 수만명의 정치체이며, 세 단계의 정치적 위계질서를 보이는 발달된 계층사회이다.

---

99) 최몽룡, 1981, 「전남지방 지석묘사회와 계급의 발생」, 『한국사연구』 31, pp.1~14.

100) Choi, M.L., 1984, *A Study of the Yongsan River Valley Culture-The Rise of Chiefdom Society and state in Ancient Korea*, Dong Song Sa, Seoul.

101) 최몽룡, 1985, 「춘천중도와 의성탑리 출토 인골-세습신분제사회의 반영-」, 『민석 홍박사 회갑기념사학논총』, pp. 697~705.

102) Timothy Earle, 1991, 「The Evolution of Chiefdoms」, 『Chiefdoms : Power, Economy and Ideology』, Cambridge University Press. pp.1~15. ; 최몽룡, 1997, 「티모시 얼의 족장사회의 진화」, 『도시 · 문명 · 국가』, 서울대학교 출판부, pp.56~65.

　전남동부지역, 특히 여수반도 지석묘사회는 단순족장사회로 판단되는데, Earle의 단순족장사회 이론을 援用해 보자. 중심정치체로서의 적량동과 주변 촌락(오림동, 화장동, 봉계동, 평여동 등)으로 구분되는 2단계의 계층사회를 상정해 볼 수 있다. 이러한 상하 관계 설정은 당시의 최고 위신재인 비파형동검을 근거로 파악한 것인데, 다수(7점)의 비파형동검을 부장한 적량동과 1~2점을 부장한 여타 주변 마을로 구분된다. 그리고 이러한 중심정치체와 주변마을에도 각기 석검이 부장되는 하위마을이 산재하고 있다. 예컨대 적량동 주변에 월내동 상촌 지석묘에서는 석검이 출토되고 있고, 화장동 대통 지석묘 주변의 화장동 화산 지석묘에서도 석검이 출토되고 있다.

　이와 관련하여 족장사회단계의 구체적인 공간적 범위에 대해 살펴보자.

　이종욱은 족장사회단계인 사로 6촌이 대개 10㎞ 내외를 농경활동의 공간으로 구성되었다고 파악한 바 있다.[103] 이는 바로 한반도 지역의 지석묘 대밀집 지역의 분포 범위와 일치한다. 이러한 지석묘의 분포 범위는 지석묘 축조집단이 생계자원을 구하던 생활 범위에 해당할 것이다. 그런데 지석묘 축조집단이 족장사회의 단계에 이른 집단이었다고 생각한다면 지석묘에 묻힌 피장자는 적어도 공간적으로 직경 10~15㎞ 정도 범위가 되는 사회에서 상층 신분을 유지하면서 상당한 권력을 행사한 자였을 것이다. 그렇다면 지석묘의 대밀집지역의 범위는 해당 지석묘 축조집단의 생활범위이면서도 한편으로는 지석묘에 묻힌 피장자집단의 권력이 미치는 통치영역이면서 세력범위였을 것으로 파악된다[104].

---

103) 이종욱, 1999, 『한국의 초기국가』, 아르케, pp.135~151.
104) 유태용, 2003, 『한국 지석묘 연구』, 주류성, p.441.

상기한 바와 같이 족장사회단계의 지석묘 축조집단의 세력범위가 10~15㎞인 점은 시사하는 바가 크다. 즉 이 세력 범위는 공교롭게도 여수 적량동을 중심으로 한 비파형동검이 출토된 지석묘 분포권역과 일치하고 있다. 같은 맥락에서 적량동 지석묘 축조집단의 정치적 영향력이 미치던 범위로 추정할 수 있는데, 동시에 적량동 집단의 경제적 활동 범위이자 재분배가 이루어지는 공간적 범위라고 볼 수 있다.

한편, 支石墓 上石 이동에 따른 노동력 동원 규모에 대해 살펴보자. 적량동 지석묘군의 상석들은 지석묘 군집 단위별로 보면 여수반도에서 가장 큰 편에 속한다. 이 가운데 가장 대형의 상석(2호)은 50톤을 상회하고 있어 오늘날의 1~2개 면의 노동력이 동원되어야 한다[105]. 이러한 노동력 동원 규모는 거의 후대의 邑落의 범위와 일치하고 적량동을 중심으로 한 비파형동검의 분포 범위와도 일치한다. 적량동 2호 지석묘는 묘곽이 없어 무덤이라기보다는 集團의 權威나 富를 상징하는 記念物로 판단된다. 기념물 건립에 들어간 노동력이 조직화된 집단의 크기를 대변해 준다는 견해[106]는 주목할 만하다.

비파형동검을 매개체로 한 적량동과 주변 촌락의 범위가 곧 읍락의 원초적인 모습이라고 볼 수 있다. 다시 말하면 지석묘사회는 중심 촌락을 중심으로 주변 촌락이 결합되는 양상을 보이기 시작하여 읍락이 형성되어가는 과도기로 보면 될 것이다. 이 지역은 우리나라에서도 위신재가 가

---

105) 한 사람이 100kg의 상석을 옮긴다고 가정하면(이영문, 2002, 『한국 지석묘사회 연구』, 학연문화사, pp.326~330), 50톤의 상석을 이동하는 데 소요되는 인력(장정)은 500명이다. 한 世帶를 구성하는 인원수를 5명으로 본다면, 50톤의 상석 이동과 관련된 주민 수는 2,500명에 달한다.

106) Timothy K. Earle, 1987, 「Chiefdoms in Archaeological and Ethnohistorical Perspective」, 『Annual Review of Anthropology』 16, pp.279~308.

장 뛰어나고 발굴조사가 많이 이루어져 동검의 분포로 단순족장사회를 유추할 수 있는 특수지역이다. 구 여천시 일원의 단순족장사회를 비교적 용이하게 설정할 수 있는데 반해 보성강유역이나 영산강유역은 그러한 위신재가 상대적으로 미약하다. 따라서 여천시 일원을 특수지역으로 본다면 전남지방의 단순족장사회로의 진입시점도 동일하지 않을 것으로 판단된다. 하지만 지석묘집단 내에서도 계급차가 확연히 구분되는 동촌리 단계에는 거의 모든 지역이 단순족장사회단계에 포함된 것으로 보인다.

최성락은 지석묘사회 전체가 족장사회라고 말할 수 없더라도 청동기시대 후기 전반부(비파형동검 유입)에 이르면 지석묘사회가 서서히 복합화되었다고 볼 수 있으며 세형동검이 사용되던 후기 후반부에는 완전히 족장사회단계로 진입하였다고 파악한 바 있다[107].

요컨대 전남지역에서 비파형동검문화기에 가장 선진 지역이었던 적량동 일대를 족장사회로 진입한 초기 단계로 본다면, 세형동검문화기의 소형 관옥이 다량 출토된 보성 동촌리 단계에는 족장사회가 일반화되었다고 볼 수 있다.

물론 적량동 지석묘군에서 보성 동촌리 지석묘 단계로 넘어가는 과도기의 모습이 일부 보이기는 한다. 즉 7호 지석묘에서는 독립되고 거대한 기반식 지석묘가 별도로 위치하며 비파형동검이 1점 출토되어 집단에서 벗어나려는 개인의 의도가 엿보인다. 현재까지 보성 동촌리 지석묘 같이 집단에서 완전히 독립된 개인묘는 여수반도에서 확인되지 않는다. 차후 발굴조사에서 확인될 가능성은 있다.

적량동을 중심으로 한 2단계의 계층사회를 포괄하는 범위는 1~2개 면

---

107) 최성락, 1997, 「전남지방에서 복합사회의 출현」, 『한국고대국가형성론』, 서울대학교출판부, pp.117~154.

에 걸쳐 있다. 이는 후대의 읍락의 범위와 거의 일치한다. 이러한 여수반도 지석묘 축조 시기의 중심지와 관련하여 마한시대 이후의 여수반도 중심지에 대해 살펴보자.

여수는 천관우[108]에 의해 馬韓 54개국 중 爰池國으로 비정된 바 있는데, 그 중심지가 적량동이 포함된 구 여천시 일원이므로 계기적으로 연결된다. 그리고 삼국시대 이후에는 2군데의 중심지가 있는데, 백제시대의 원촌현(구 여천시 일원)과 돌산현(화양면 일대)이다[109]. 이 가운데 백제시대의 원촌현으로 비정되는 곳은 고려시대 이후 여수반도의 치소인 석창성과 지근거리에 위치한다. 삼일면을 포함한 구 여천시 일원이 마한·백제시대에 걸쳐 중심지 혹은 치소였다고 판단되기에 지석묘 사회와의 연계성이 보인다[110]. 아울러 고려시대 이후 여수반도의 치소인 석창성과 통일신라시대의 봉계동토성과 백제시대의 선원동토성이 구 여천시에 위치하고 있어 주목된다[111]. 이와 관련하여 여수반도에서 구 여천시 지역이 가장 밀집된 지석묘군과 위신재가 확인되고 있는 것은 우연이 아닐 것이다.

요컨대 삼국시대 이후에 여수반도의 2군데의 중심지(구 여천시, 화양면 일대)는 그 원류가 지석묘사회까지 거슬러 올라가는 것으로 판단된다. 다만, 여수 동북부지역이 더 상위의 중심지여서 족장사회로의 진입도 상대적으로 빨랐다고 볼 수 있다.

---

108) 천관우, 1979, 「마한제국의 위치시론」, 『동양학』 9집 ; 1989, 『고조선사·삼한사연구』, 일조각, pp.373~423.

109) 조원래, 1992, 「순천시의 연혁」, 『순천시의 문화유적』, 순천대학교박물관, pp.3~19.

110) 석창성과 인접하고 구 여천시 권역인 여수 화장동유적에서는 철기시대 주거지가 80기 이상 조사된 바 있다(최인선·이동희·조근우·이순엽, 2002, 『여수 화장동유적Ⅱ』, 순천대학교박물관).

111) 최인선·박태홍, 2003, 『여수시의 산성』, 순천대학교박물관.

VI. 結 論

이상과 같은 내용을 요약해 보면 다음과 같다.

지석묘가 밀집된 여수반도에서 1개 권역은 대체로 1개 洞里와 일치하는 경우가 많으며, 권역별로 1개의 중심되는 지석묘군과 수개의 소군집 지석묘가 결합되어 있다. 중심적인 지석묘군은 상대적으로 다수 군집이고 부장유물이 풍부한 편이다. 1개 면별로는 3~5개소의 밀집지석묘군이 있는데, 대개 일정한 거리(3㎞ 내외)를 유지하고 있어 주목된다. 이렇게 구분되는 개별 집단은 상호 별개의 단위집단이 조성한 묘역으로 판단되며, 권역별 단위 집단 간에도 우열이 확인되어 서열화된 친족집단임을 시사하고 있다. 권역별로 대형의 기반식 지석묘나 입석이 권역 경계 지점에 자리하여 농경의 본격화에 따른 집단적 토지 공유를 상징하는 거석기념물로 기능했던 것으로 추정된다.

지금까지 전남동부지역에서 발굴조사된 지석묘는 대개 청동기시대 송국리형 주거지를 파괴하면서 축조된 중복 관계를 보여주고 있어 청동기시대 중후기에 축조된 지석묘가 다수를 차지할 것으로 판단된다. 실제로 장기간에 걸쳐 밀집되어 축조된 여수 화동리 지석묘군의 절대편년이 기원전 5세기부터 기원전 2·1세기에 해당하여 주목된다.

여수반도에서는 약 20개소의 지석묘군이 발굴조사되었다. 지석묘의 수·상석 무게·입지·부장유물 등을 분석해 보면, 대개 지석묘의 수가 많아 집단이 크고 상석이 대형이며 입지가 곡간 평지나 구릉의 하단부에 자리잡은 집단이 부장유물이 풍부한 중심적인 집단으로 추정된다. 다만, 개별 상석의 크기와 부장유물은 상호 일치하지 않는 경우가 있어 상석의 규모와 부장유물의 관계에서는 개별 상석보다는 지석묘군 전체를 검토하여야 한다. 다시 말하면 집단별로 어느 정도 크기의 상석을 옮길 수 있는

지는 그 집단의 위상을 대변해 준다고 할 수 있다.

우리나라 지석묘사회의 발전단계에 대한 견해는 평등사회론과 계급사회론으로 양분된다. 본고에서는 이러한 학설들을 비교 검토하면서 여수반도에 적용하여 논의를 전개하였는데, 결론적으로 지석묘사회는 족장사회에 진입하였다고 볼 수 있다.

지석묘사회가 평등사회였다고 주장하는 학자들은 지석묘 출토 부장품 가운데 사회적 계층화를 가리키는 유물이 없다는 점을 근거로 삼고 있으며, 지석묘가 집단 구성원들이 자발적으로 참여한 협동작업에 의해 축조되었으며 일반주민들의 무덤으로 사용되었을 것으로 보고 있다.

그런데, 여수반도의 지석묘에서는 사회적 계층화를 나타내는 위신재로서 동검, 옥, 석검 등이 빈출하고 있고, 지석묘군집 내에서도 가장 중심이 되는 분묘에서 비파형동검, 옥, 마제석검 등이 출토되어 주변의 다른 분묘와 뚜렷하게 구분이 되고 있다.

한편, 모든 성원들이 지석묘를 그들의 묘제로 사용했다는 주장에도 동의할 수 없다. 전국에서 가장 밀집된 지석묘 분포를 보이는 전남지방에서도 지석묘의 피장자 비율이 전체인구 가운데 10~20% 정도이므로 지석묘군의 피장자는 富와 權威가 있는 일부 계층에 한한다고 볼 수 있다. 이러한 맥락에서 전남지방에 비해 지식묘가 훨씬 더 희소한 타 지방의 경우, 지석묘의 피장자는 족장과 그 가족으로 한정해 볼 수 있다는 결론에 도달한다.

그런데, 우리나라에서 지석묘가 가장 밀집된 전남지방의 지석묘 피장자가 모두 족장과 그 가족만의 무덤인가에 대해서는 재고의 여지가 있다. 즉 전남지방의 모든 지석묘가 족장과 그 가족들의 분묘는 아니고, 부장품과 지석묘의 구조 및 위치가 특이한 것만 족장계층의 분묘에 해당되므로 지석묘 중에서도 서열이 있다는 것이다.

전남지방의 지석묘가 다른 지방에 비해 특이하게 많은 것은 상대적으로 가장 늦은 시기까지 지석묘가 축조되었고, 다른 지역에서 빈출되는 청동기시대의 석관묘나 옹관묘 · 토광묘 등이 드물어 전남지방에는 지석묘만이 주묘제로 사용되었을 것이라는 점을 들 수 있다.

청동기시대에 지석묘–석관묘–토광묘 순으로 신분적인 차이를 주장하는 견해가 있으나 이러한 구분은 전남지방에 비해 지석묘가 상대적으로 적고, 타묘제(석관묘 · 옹관묘 · 토광묘)가 비교적 많이 확인된 충청 · 전북 · 영남지역에서나 가능할 것이다.

이에 반해, 청동기시대 묘제로서 지석묘만 주로 확인되는 전남지방에서는 그러한 구분이 곤란하므로, 지석묘군 내에서 별도로 구분을 시켜주어야 한다. 즉 타지방에서 지석묘(석관묘)를 상층에, 석개토광묘 · 토광묘 · 옹관묘 등을 중층에, 무덤이 없는 일반민을 하층으로 간주하듯이, 여수반도를 포함한 전남지방에서는 상층뿐만 아니라 그 바로 아래 계층도 지석묘를 사용하였고, 다수의 하층만 무덤이 없었던 것으로 보인다. 요컨대, 여수반도의 지석묘 피장자 가운데 상석이나 매장주체부가 크고 위세품이 부장된 경우가 上層으로, 석곽이 비교적 작으면서 부장품이 없거나 빈약한 경우가 中層으로, 지석묘에 피장되지 못하는 다수의 계층이 下層으로 각기 자리매김했다고 볼 수 있다. 아울러 이 3계층은 각기 三韓時代의 大人, 下戶, 生口와도 일정한 관련성이 있을 것으로 보인다.

그리고, 족장사회의 특징으로 서열화된 친족집단 · 재분배경제 · 세습제도 등을 들 수 있는데, 이러한 양상을 파악해 볼 수 있는 가장 적절한 곳이 적량동 지석묘군을 중심으로 한 여수반도의 동남부지역이다.

시루를 통해서 본 고구려·백제의 식생활 시론
-중부지역 유적을 중심으로-

정태은*

Ⅰ. 머리말

인류의 식생활은 도구제작의 향상과 함께 발전되어 왔다. 도구를 제작하고 불을 사용함으로써 음식을 가공 및 조리할 수 있게 된 것이다. 이후 농경의 도입은 종래의 수렵·어로와 같은 채집활동에 비해 식생활을 안정시키고 다양한 음식문화를 발전시키는 데 큰 기여를 하게 되었다[1].

---

* 국립경주문화재연구소.
1) 崔夢龍, 「農業革命」, 『都市의 起源』, 백록출판사, p.52.

‘옛 사람들이 무엇을 어떻게 먹고 살았는가?’ 하는 문제는 많은 연구자들이 관심을 갖는 분야이다. 고고학 유적이나 유물들, 각종 문헌이나 기타 여러 가지 방법을 통해서 옛 사람들이 생활했던 당시의 자연환경과 농경 및 어로행위의 흔적들을 찾아가는 연구는 식생활 또는 음식문화가 어떠하였는가를 밝히기 위한 과정이라 할 수 있다[2].

토기 역시 식생활과 관련이 깊은 유물이다. 토기는 재료, 형태, 크기, 제작방법 등이 다양한 만큼, 그 쓰임새 역시 다양하다. 그 용도를 밝힐 수 있는 자체의 속성(attribute)으로는 토기가 갖고 있는 형태, 크기, 재질(태토 성분), 소성온도 등이 있고, 그밖에도 출토 유구의 성격, 내부저장물유체의 분석, 민족지자료와의 비교 등을 통해 알 수 있는 방법이 있다[3]. 우리가 보통 ‘발(鉢)’, ‘호(壺)’, ‘완(盌)’, ‘배(杯)’ 등의 이름으로 토기를

---

2) 고고학적인 연구성과와 관련된 대표적인 논저들을 살펴보면 다음과 같다.

崔夢龍, 1987, 「考古學上으로 본 韓國의 食文化」, 『斗溪李丙燾博士九旬紀念韓國史學論叢』, 지식산업사.

李弘鍾, 1997, 「韓國 古代의 生業과 食生活」, 『韓國古代史研究』12, 한국고대사학회 편.

安承模, 1998, 『동아시아 先史時代의 農耕과 生業』, 학연문화사.

金健洙, 1999, 『한국 원시 고대의 어로문화』, 학연문화사.

신숙정, 2001, 「우리나라 청동기시대의 생업경제」, 『韓國上古史學報』제 35號, 韓國上古史學會.

이준정, 2005, 「한반도 신석기시대의 생계경제양상에 대하여」, 『선사 고대의 요리』, 복천박물관 특별전 도록.

홍보식, 2005, 「삼한 삼국시대의 조리시스템」, 『선사 고대의 요리』, 복천박물관 특별전도록.

3) P.M. Rice는 토기의 기능(function)을 파악할 수 있는 방법에 대해 1) 문헌기록(written records), 2) 출토양상(archaeological context of recovery), 3) 민족지적 유추(ethnographic analogy)나 실험(experimental studies), 4) 잔존물분석(examining residues) 등이 있다고 하였고, 필자의 언급은 그의 견해를 바탕으로 하였다. 한편, Rice는 토기를 그 기능에 따라 크게 저장(storage), 가공(processing), 운반(transfer)의 3가지 용도로 설정하였고, 저장 기간, 가열여부, 원/근거리여부, 내용물의 성격(액체/고체 등) 등에 따라 21가지로 세분한 바 있다.

구분하는 것은 현재 사용되고 있는 용기들과 형태상의 유사성을 바탕으로 나누는 것이라 할 수 있고, '저장용기', '조리용기', '부장용기' 등으로 크게 나누는 것은 태토구성과 소성온도, 출토 유구, 내부 잔존물의 성격 등에 기인한 것이라 할 수 있다. 그러나 토기가 '누가, 언제 사용하였는지', '토기로 어떻게 조리를 하였는지' 등과 같은 실생활과의 관계 속에서 토기가 갖는 의미에 관한 연구는 그리 활발하게 이루어지지 못하였다.

그 이유는 현재까지 구석기시대 유적을 제외한 수많은 유적에서 출토 유물의 대다수를 점하고 있는 토기들에 관한 연구는 대부분의 연구자들이 편년을 내는 기준, 또는 유사한 토기들이 출토되는 유적지의 분포를 통한 이른바 '문화권(文化圈)'이나 영역 등을 밝히는 데 주로 집중되어 왔기 때문이라 생각된다.

그런데, 우리가 발견하고 분류해 온 여러 종류의 토기들 가운데 '시루'로 인식되는 토기가 있다. 시루는 저부의 구멍에 증기를 통과시킴으로써 음식재료를 찌는 용기이다. 구경이 넓고, 저부에 구멍이 뚫려져 있는 토기가 어떤 유적지에서 출토되면 발굴자들이 시루라고 대체로 인식한다. 그 이유는, 등장 이래 현재에 이르기까지 시루는 형태에 있어 다른 기종에 비해 큰 변화가 없었기 때문이라 생각된다. 다시 말하면, 다른 토기들에 비해 그 용도가 비교적 명확하다 할 수 있다.

지금까지 시루에 관한 연구는 1990년대 들어 이해련(李海蓮)[4]에 의해서 본격적으로 시작된 이래, 김건수[5], 홍보식(洪潽植)[6], 오후배(吳厚培)[7], 박

P.M. Rice, 1987, 『Pottery Analysis』, The University of Chicago Press, pp.208 ~ 212.

4) 李海蓮, 1993, 「영남지역의 시루에 대하여 - 三國時代를 中心으로」, 『博物館研究論集』 2, 부산직할시립박물관.

경신(朴敬信)[8] 등에 의해 진행되었다. 이들의 연구는 시루의 저부에 뚫려 있는 구멍을 비롯하여 기형, 파수 형태 등 시루가 갖고 있는 속성들을 이용한 편년이나 지역별 형태차이들을 파악하는 데 주력하다가 근자에 들어 식생활을 복원하는 데 연구의 초점을 맞추는 경향을 보여왔다. 특히 시루와 자비용기(煮沸用器)[9], 저장용기 등, 주거지 내(노지 주변)에서 발견된 토기들의 기능을 밝힌 김건수의 연구 이후 식생활 복원에 관한 관심들이 기존에 비해 서서히 높아져 갔음을 알 수 있다.

이외에도 시루에 관한 주목할 만한 연구에는 신종국(申鍾國)[10]과 장상교[11]의 연구가 있다. 신종국의 연구는 엄밀히 시루에 관한 연구라고만은 할 수 없으나 풍납토성 발굴에서 출토된 토기들을 비롯, 한강 및 임진강 유역 유적들의 토기들을 종합적으로 검토하여 편년함으로써 한성백제 토

---

5) 金建洙, 1997, 「住居址出土 土器의 기능에 관한 試論 – 호남지방의 주거지를 중심으로」, 『湖南考古學報』 5輯, 湖南考古學會.

6) 洪潽植, 2000, 「연질옹과 시루에 의한 지역권 설정 – 3세기대 한강 이남지역을 대상으로」, 『韓國古代史와 考古學』김정학박사 송수기념논총, 학연문화사.
　　洪潽植, 2005, 「삼한 삼국시대의 조리시스템」, 『선사 고대의 요리』부산복천박물관 특별전도록.

7) 吳厚培, 2002, 『우리나라 시루의 考古學的 硏究』, 단국대학교석사학위논문.

8) 朴敬信, 2003, 『한반도 중부이남 토기시루의 전개』, 숭실대학교석사학위논문.

9) 김건수는 노지 주변에서 사용된 토기를 발형토기, 장란형토기, 호 시루로 구분하였다. 그는 토기를 직접 불에 올려서 사용하였을 때 나타나는 현상은 검게 그을리거나 적생으로 변하며, 불을 직접 맞았던 부분이 땅속에 묻혔다 출토되면 불 맞은 부분의 박리가 심하게 나타난다고 하였다. 이런 현상이 보이는 토기는 장란형토기와 발형토기 뿐이므로 이들을 내용물을 끓이는 용도인 '자비용(煮沸用)'으로 이용하였을 것으로 보았다. 본고에서 언급한 자비용기는 그 견해에 따른 것이다.
　　金建洙, 1997, 「住居址出土 土器의 기능에 관한 試論 – 호남지방의 주거지를 중심으로」, 『湖南考古學報』 5輯, 湖南考古學會, pp.158~159.

10) 申鍾國, 2002, 「百濟土器의 形成과 變遷過程에 대한 硏究 – 漢城期 百濟 住居遺蹟 出土 土器를 中心으로」, 성균관대학교석사학위논문.

11) 장상교, 2003, 「시루의 형태와 이용양상」, 『생활문물연구』9호, 국립민속박물관.

기의 형성과 변천상을 밝히는 데 기여하였다. 그는 편년을 하기 위한 기초작업으로 토기형태 및 제작기술 등에 따라 그 기능을 분류하였다. 그에 따르면 토기는 일상용기와 고급용기, 그리고 상위 고급용기로 분류될 수 있고, 시루는 일상용기에 해당한다고 하였다. 한편, 장상교는 민속학 자료를 이용하여 시루로 조리할 수 있는 떡을 비롯한 음식물에 관해 검토함으로써 유물 자체의 특성에 매몰되기 쉬운 연구경향에서 벗어나 실용기로서 시루가 갖는 특성들에 대해 살펴볼 수 있는 여지를 제공하였다.

본고에서는 그간의 연구성과를 바탕으로 삼국시대의 시루 이용이 갖는 의미에 대해 살펴보고자 한다. 즉, 앞서 밝힌 대로, 실용기로서 시루가 일반적으로 음식물을 찌는 데 이용되었을 것이라는 점[12]에 대해서는 연구자들마다 대체로 공감하는 사항이지만, 시루를 '누가, 언제 이용하였는지', '시루를 이용한 음식은 주로 무엇이 있는지' 등에 대해서는 구체적인 연구가 부족한 편이었다고 할 수 있다. 필자는 이렇게 시루를 이용한 고대의 식생활 문화의 일면을 관찰해 보고자 발굴된 주거유적 내의 시루출토 양상과 문헌 및 민속학적 자료를 검토해보고자 한다. 이를 진행시키기 위해 그 대상을 삼국시대 전기에서 중기까지라 할 수 있는 서기 1~6세기 한강유역의 고구려와 백제 유적 17개소 내에 위치한 주거지로 한정하였다. 당시의 한강유역은 백제와 고구리의 각축지역으로서 양국의 수도가 위치하였거나 직접적인 영향을 미쳤던 지역이었다고 할 수 있다. 또한 유적 및 토기와 같은 유물들로 살필 수 있는 고구려와 백제의 문화는 여러 가지로 상이한 측면이 있다. 이는 한강유역이라는 제한된 지역적 범위 내에서 고구려와 백제문화라는 2가지 문화를 상호비교 할 수 있는 이점이

---

12) 기존의 연구에 의하면 시루를 분묘의 부장용이나 옹관묘의 일부로 이용된 경우도 있으나 필자는 그러한 경우를 제외하고 음식물조리와 관련한 시루 이용에 관해 살펴볼 것이다(주 27참조).

있다[13]. 최근 풍납토성과 아차산 보루 등과 같은 유적들이 발굴되고 있어 한성백제와 고구려의 모습을 파악할 수 있는 단서들이 나타나고 있어, 시루를 이용한 당시의 식생활에 대하여 살펴보는 것도 전혀 불가능한 것이 아니라는 판단을 내렸다.

그리고, 대상을 주거지로 한정한 이유는 주거지는 어떠한 성격의 유적이 되었던 간에 다른 유구들에 비해 조리와 가장 많은 관련을 맺고 있기 때문이다[14]. 이와 같은 상황 하에서, 연구방법으로서 다음과 같은 사항에 대하여 검토해 보았다. 1) 시루가 갖는 기본적 특징 및 고구려·백제시루의 특징에 관해 검토함으로써 대상의 성격을 명확히 하고자 하였다. 2) 검토대상 지역인 한강 및 임진·한탄강유역에 위치한 유적들을 개괄하고 그 성격을 구분해 보았다. 3) 시루와 관련을 맺고 있는 제 요소인 자비용기와 노(爐)시설, 그리고 주거 형태 및 면적을 시루 출토 주거지와 출토되지 않은 주거지로 나누어 비교하여 보았다. 4) 시루의 용량을 측정 및 분석하여 인적(人的)인 요소와 어떠한 관계가 있는지 살펴보았다. 5), 6) 시루 및 조리용기, 그리고 식생활에 관해 언급한 고문헌과 고분벽화 및 현대민속자료 등을 검토하여 고대인들의 시루 이용이 어떠하였는지 추론할 수 있는 근거가 무엇이 있는지 살펴보았다. 항목 1)~4)는 고고학 발굴과 연구 성과를 바탕으로 시루 이용의 일상성(日常性) 여부를 파악한 것이고, 5)와 6)은 주로 어떠한 여건 속에서 이용되었는지에 대한 검토가 될

---

13) 본고에서는 신라의 유적에 대한 검토는 일단 제외하였다. 그 이유는 한강유역에 신라유적들이 있다 하더라도 통일 전의 유적인지 후의 유적인지 밝히는 것이 쉽지 않았고, 통일 이후의 유적까지 포함시킨다면 시간적 범위가 너무 넓어지기 때문이었다.

14) 한편, 토기의 용량분석과 관련된 부분에 있어서는 출토양상보다는 토기 자체의 성격과 관련되기 때문에 출토맥락이 불분명한 것들, 즉 주거지가 아닌 발굴자 임의의 그리드나 트렌치 출토 유물도 포함시켰다.

것이다. 이렇게 고고학 자료를 해석하는 데 있어 민족지 자료를 아울러 활용하는 것을 'ethnoarchaeology[15]', 즉, '민족지 고고학(民族誌 考古學)', 또는 '민속고고학(民俗考古學)[16]'이라고 할 수 있고, 이러한 민속고고학적인 접근은 삼국시대 당시 고구려와 백제의 토기의 기능 및 식생활의 일면을 유추 및 고찰하는 데 도움이 되리라 생각한다.

---

15) 'ethnoarchaeology'에 대하여 W. Oswalt는 '고고학상 나타나는 유물의 해석에 있어 민족지적인 유추현상이 뒷받침되는, 다시 말하여 고고학에 민족지학적인 자료를 결합하여 연구하는 인류학의 새로운 경향'으로서 정의내렸고, 최성락은 '고고학 자료들을 설명하기 위해 현존하는 인간들의 행위를 관찰하여 물질적인 자료와의 상호 관계를 연구하는 고고학의 한 분야'라고 정의하였다. 이를 통해 고고학의 기원이나 배경이 무엇이었는가 하는 문제에 따라 양자의 입장이 차이가 남을 알 수 있는데, 우리나라 고고학의 현실에서 어떠한 입장에서 연구에 임해 나가야 하는지에 대해서는 보다 더 이론적인 연구와 논의가 있어야 할 것으로 보인다. 필자는 일단, '고고학 자료들을 민족지 자료를 활용하여 해석'한다는 양자 간의 공통점을 바탕으로 논의를 진행해 가고자 한다. 다만, 연구대상으로 삼고 있는 1~6세기의 삼국시대와 현대는 약 1500년~2000년이라는 엄청난 시간적 공백이 있음으로 하여 삼국시대의 고고학자료를 현존하는 인간들의 민족지자료만으로 해석하는 데에는 무리가 있으므로 양자를 이어줄 수 있는 연결고리로 당시의 상황을 설명해 주는 고문헌과 고분벽화와 같은 자료들도 민족지자료로서 활용하기로 한다.
崔夢龍, 「民俗考古學」, 『都市의 起源』, 백록출판사, p.55.
崔盛洛, 『고고학 입문』, 학연문화사, pp.32~33.

16) 현재 우리가 사용하는 '민속학'은 민간전승을 의미하는 용어인 'folklore'란 말을 번역하여 사용하고 있다. W.J. Thoms에 의하면 원래 민간에 전해지고 있는 전통적인 신앙, 전설, 풍속, 생활양식, 관습, 종교의례, 미신, 민요, 속담 등 서민들이 지녀온 모든 전승지식을 의미하는 말로 folklore를 사용하고 있다. 이는 민족의 사회와 문화현상을 파악하여 각 민족을 이해하려는 민족학(ethnology)과 가까운 학문이라 할 수 있는데, 민족학이 타민족 특히 문명도가 낮은 민족에 대해 조사 연구하는 경향이 있다면 민속학은 문명사회에 있어서 민간에 전해 내려오는 각종 생활습속 및 관념을 연구하는 학문이라 할 수 있다. 이러한 개념을 받아들인다면 '민속고고학'과 '민족지고고학'은 구분되어서 사용돼야 할 필요가 있다고 생각되나 아직 그에 대한 충분한 논의가 이루어지지 않은 만큼 현대의 민속자료를 활용하고 있는 본고에서는 구분없이 '민속고고학'이란 명칭을 사용하고자 한다.
林桂弘, 2004, 『增補 韓國民俗學槪論』, 형설출판사, pp.17~18.

II. 시루의 특징

시루는 우리나라의 경우, 청동기시대 후기부터 본격적으로 등장하고 있다고 알려져 있다.[17] 이는 농경이 당시인들의 생업과 식생활에 큰 영향을 미치기 시작한 때와 어느 정도 맞물려 있다고 보여진다. 그러한 시루는 다른 용기와 구별되는 형태상의 특징을 갖는다.

먼저, 그 기본적인 특성을 살펴보면,

1) 음식재료를 증기를 이용해 찌기 위해서는 바닥에 구멍이 뚫려 있어야 한다. 이는 시루를 다른 용기와 구별할 수 있는 가장 중요한 특징이라 할 수 있다. 콩나물 재배를 위한 시루라 할지라도 물을 부었을 때 밑으로 원활히 빠지기 위해서 구멍이 뚫려 있다.

2) 저경에 비해 구경이 넓다. 이는 내용물을 넣고 꺼낼 때, 그리고 상태

---

17) 시루의 기원에 대해서 암사동 신석기시대 유적내 유구에서 출토된 저부에 구멍이 뚫려 있는 빗살무늬토기를 보고자들은 이른바 '시루형 토기(그림 Ⅰ-1)'로 분류하였지만 필자가 보기에 시루로 사용되기에는 구멍의 크기도 너무 작을 뿐만 아니라 유사한 발견예도 나타나지 않아 시루로 보기 어렵다. 한편, 이해련을 비롯한 몇몇 연구자들은 청동기시대의 무문토기 가운데 저부에 원형의 구멍이 하나 뚫려 있는 무문토기(이른바 단공토기)를 시루의 시원적인 형태로 추정하였으나 이에 대한 반론 역시 거센 편이다. 일례로 박경신은 ① 기형상 대체로 동중위가 최대경을 가진 세장한 옹형으로 자비용기와 결합이 용이하지 않은 점, ② 파수가 없어 자비용기와의 결합 및 해체가 어려운 점 등을 들어 단공토기를 시루의 시원형으로 보는 데 무리가 있다고 지적하고 있다. 다만 자비용기와의 결합에 의해 생성된 마모흔이나 결합할 수 있는 자비용기와의 관계 등을 좀 더 관찰할 필요가 있다고 하였다. 필자는 박경신의 지적의 타당성을 인정하고, 연구대상으로 삼은 시기 및 지역은 여러 개의 구멍이 뚫려 있는 파수가 부착된 시루들이 이미 '시루의 전형'으로서 기능하고 있으므로 시루의 범위에서 일단 제외하였다.
國立中央博物館, 1999, 『岩寺洞 Ⅱ』.
李海蓮, 1993, 「영남지역의 시루에 대하여 - 三國時代를 中心으로」, 『博物館研究論集』2, 부산직할시립박물관, p.39.
朴敬信, 2003, 『한반도 중부이남 토기시루의 전개』, 숭실대학교석사학위논문, p.7.

를 확인하기 쉽게 하기 위한 것으로 추측된다. 그러한 형태의 그릇이라면 일명 '심발(深鉢)'이나 '동이', '완(椀)', '옹(甕)'과 같은 것들이 있을 것이다. 오후배는 시루의 기형을 '심발형', '동이형', '옹형', '완형', '호형(壺形)', '대부형(臺附形)'의 6가지로 분류한 바 있다. 그도 지적했듯이 시루는 별도의 기본형태가 있는 것이 아니라 각종 토기를 제작하면서 바닥에 구멍을 뚫으면 시루가 된다 할 수 있다[18]. 그러나, 구경이 저경보다 넓지 못한 '호형'과 같은 시루는 고체 상태의 내용물을 꺼내는 데 상당히 어려움이 있을 것이므로 실용기로서의 시루의 기능을 하기에는 적합하지 않을 것이다.

3) 동체에 파수가 부착되어 있는 경우가 많다. 이용자가 열로 인해 뜨거워진 동체를 운반하기에 좋도록 실용성을 강조한 것이다. 이와 아울러 파수를 부착하는 위치를 표시해 주는 횡선이 돌려져 있는 경우가 있다.

4) 구연부나 동체에 별도의 장식이 되어 있지 않다. 구연부가 직립하거나 외반하는 경우가 있으나 장식적 의미라기보다는 기능과 관련되어 있는 듯하다. 특히, 구연부가 외반하는 시루가 많은 이유는 천과 같은 것으로 뚜껑을 덮을 때 새끼줄 등으로 고정시키기 위한 기능을 하였을 것으로 생각되는데, 시루를 덮는 용도의 뚜껑이 출토되지 않는 이유 또한 천이나 나무, 또는 돌을 덮개로 사용하였기 때문으로 보인다[19].

---

18) 吳厚培, 2002, 『우리나라 시루의 考古學的 研究』, 단국대학교석사학위논문, p.5.

19) 현대에 떡을 만드는 경우를 살펴보면, 솥 위에 시루를 얹고 그 틈새를 김이 나가지 않게 쌀가루 또는 밀가루를 개어서 끈처럼 눌러서 막는다. 이를 '시룻번'이라 하는데, 떡을 제대로 만들기 위해서 김이 새는 것을 최대한 막아야만 한다면 뚜껑을 사용하지 않고 개방한 상태에서 떡을 만들지는 않았을 것이다. '시룻번'을 당시에도 사용하였는지는 기벽에 붙은 유기물질에 대한 검사를 해 보아야 하겠으나 시룻번을 사용하지 않았다 하더라도 김이 새는 것을 막기 위해서는 당시의 사람들도 최소한 뚜껑은 덮어야 한다는 사실을 알고 있었을 것으로 보인다.
한복진 외, 1998, 『우리가 정말 알아야 할 우리음식 백가지』, 현암사, p.282.

5) 시루는 단독으로는 사용할 수 없다. 보통 실용적인 목적으로 시루를 이용할 경우, 아랫부분을 받히는 용기가 필요하다. 음식물을 찌기 위한 경우나 콩나물을 재배하기 위한 경우 모두 아래를 받히는 용기가 있어야 이용이 가능하다[20]. 또한 시루와 자비용기를 직립시키기 위한 부뚜막 시설이 있으면 편리하다[21](삽도 1 참조[22]).

이상과 같은 특징들, 그리고 앞서 시루연구자들이 밝힌 성과들을 바탕으로 한강유역에서 출토되는 고구려와 백제의 시루를 살펴보면 그 특징들(삽도 2~4)은 다음과 같다.

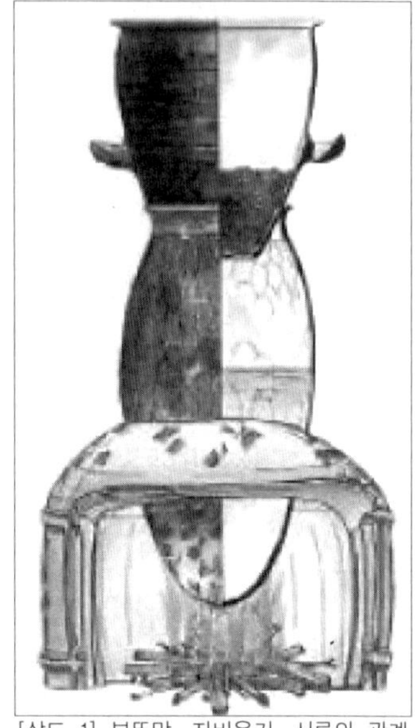

[삽도 1] 부뚜막, 자비용기, 시루의 관계 모식도(출전 : 국립중앙박물관 도록 『겨레와 함께 한 쌀』)

1) 고구려와 백제의 시루 대부분 동체에 파수가 부착되어 있다. 몇몇 예외가 있기는 하지만, 백제의 시루들은 이른바 '우각형 파수(牛角形 把手)'를, 고구려의 시루들은 '대상파수(帶狀把手)'를 하고 있다. 이러한 파

---

20) 중국의 경우, 시루에 해당하는 용기로는 '증(甑)' 외에 '언(甗)'이라는 용기가 있다. 이 '언'은 '증(甑)'과 '정(鼎)'을 결합한 형태로 '언' 만으로도 내용물의 가열이 가능하다. 언은 중국 신석기시대, 은(殷), 주(周)대의 제기로 이용된 바 있으나 우리나라에서는 발견예가 없고, 다만 김해 대성동 24호분에서 대각이 붙은 이른바 '대부형(臺附形) 시루가 출토된 바 있으나 중국의 언과는 형태면에서 무관한 것으로 보인다.
吳厚培, 2002, 『우리나라 시루의 考古學的 研究』, 단국대학교석사학위논문, p.6.
21) 시루 이용에 있어 부뚜막이 필수적인 요소인지는 Ⅳ장에서 검토하기로 한다.
22) 시루와 자비용기와의 관계를 볼 수 있는 대표적인 예가 경기도 화성 발안리 유적에서 시루가 호 위에 얹혀 있는 상태로 출토된 것이 있다.

수형태는 시루뿐만 아니라 백제 및 고구려의 파수부착 토기들이 갖는 특징이라 할 수 있다.

2) 저부를 보면 백제시루는 원저, 평저 등 다양한 형태가 등장하지만 고구려의 것들은 대다수가 평저의 형태를 하고 있다.

3) 저부에 뚫린 구멍의 형태에 있어서 백제시루는 원형의 구멍이 불규칙적으로 뚫려 있는 경우, 원형구멍을 중심으로 원형구멍이 뚫려 있는 경우, 원형구멍을 중심으로 반원형 또는 삼각형의 구멍이 뚫려 있는 경우 등 다양한 구멍들이 나타나지만 한강유역에서 출토되는 고구려시루는 원형의 구멍을 중심으로 거의 같은 지름의 원형 구멍이 등간격으로 5~7개 뚫려 있다[23]. 백제와 고구려 모두, 지역적인 성격 등을 감안하더라도, 대체로 시간이 흐름에 따라 '작은 구멍 → 큰구멍' 으로 변화하는 경향을 보인다. 즉, 증기의 투과를 용이하게 하여 찜기로서의 시루의 기능을 보다 발전시켰다고 생각할 수 있고, 내용물이 밑으로 빠지지 않도록 하기 위해 짚이나 천으로 '시루밑' 을 제작하여 사용하였음을 보여주고 있다고 할 수 있다[24].

---

23) 백제시루의 경우, 후술할 풍납토성을 비롯한 대상지역에서 출토된 시루들로 선후관계를 파악해 보면, 대체로 소형의 원형구멍이 뚫려 있는 경우(포천 영송리출토 시루)에서 원형+삼각형, 원형+반달형, 대 · 소형의 원형구멍이 뚫려 있는 경우(풍납토성 등)로 변천해 나가는 것을 알 수 있다. 한편, 고구려시루의 경우, 작은 구멍이 조밀하게 뚫려 있는 경우(북창 대평리, 지경동 1호분)에서 정제된, 유사한 크기의 구멍이 등간격으로 뚫려 있는 경우(한강유역)로 나눌 수 있는데, 전자의 경우는 3~5세기 전반, 후자는 5세기 후반으로 편년되고 있다.
국립문화재연구소, 2001, 『풍납토성 I-현대연합주택 및 1지구 재건축 부지』, pp.550~555.
崔鍾澤, 2003, 「高句麗 土器의 編年에 대하여」, 『고구려고고학의 제문제』제27회 한국고고학전국대회발표문, 韓國考古學會, pp.43~44.

24) 고구려유적 출토 시루 가운데 항목 1)~3)에 위배되는 예외적인 것이 있다. 이른바 '포탄형' 의 동체에 원저를 하고 있고, 파수도 없으며, 작은 삼각형 구멍이 네 개가

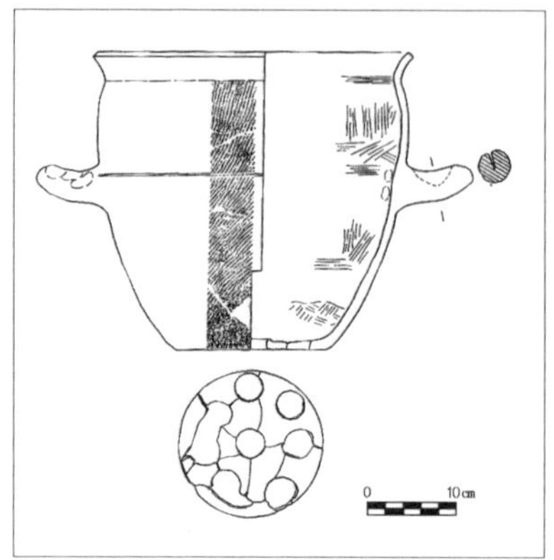

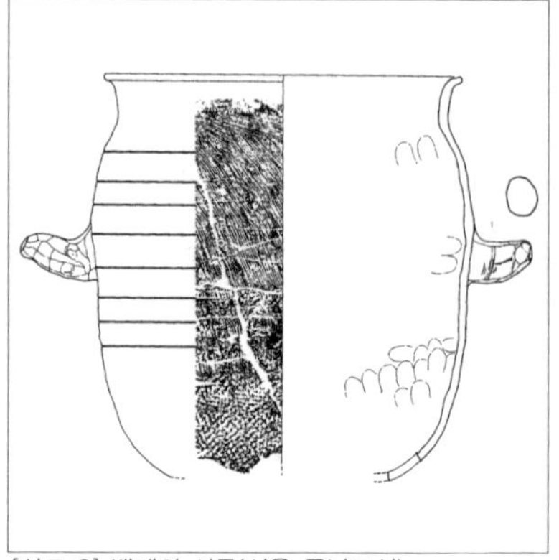

[삽도 2] 백제의 시루(이천 설성산성)   [삽도 3] 백제의 시루(서울 풍납토성)

4) 백제시루는 동체에 격자문, 승석문 등의 타날흔(打捺痕)이 남아 있다. 타날은 두드림으로써 태토 속에 남아 있는 공기를 제거하는 것이다. 이는 소성시 기포에 의한 토기의 터짐을 방지하고 성형 후 접합부위의 결합력을 증대시켜 고온에서 형체가 일그러지는 것을 방지하는 효과를 내는 한편, 두드리는 도구에 새겨진 무늬가 토기 외면에 규칙적으로 남아 장식적인 효과를 내기도 한다[25]. 반면, 고구려시루는 물레를 돌린 흔적을 제외하고는 별도의 타날흔이 시문되어 있지 않다. 때린 흔적 대신 '암문

뚫려 있는 토기가 아차산 제4보루 유적에서 출토되었다(그림 Ⅰ-21). 보고자들은 저부에 구멍이 뚫려 있음으로 인해 시루로 분류하고 있으나 다른 기능이 있었을 것으로 추정하고 있다. 필자 또한 동체에 비해 구멍의 크기가 너무 작아, 시루라면 다른 것들과 기능상의 차이가 있었을 것으로 보고 있으나 명확한 것은 알 수 없다. 추후 고구려 유적들이 좀 더 조사되어 유사한 예가 더 나타나야 그 성격을 규명할 수 있을 것으로 본다. 본고에서는 이 시루를 예외적인 것으로 보고 용량분석 대상에서 제외시켰다.

임효재 外, 2000, 『아차산 제4보루 - 발굴조사 종합 보고서』, 서울대학교박물관.

梁時恩, 2003, 「漢江流域 高句麗土器의 製作技法에 대하여」, 서울대학교 석사학위논문, p.35.

25) 崔聖愛, 2002, 『風納土城 出土 土器의 製作類型과 變化에 대한 一考察』, 한양대학교 석사학위논문, pp.29~30.

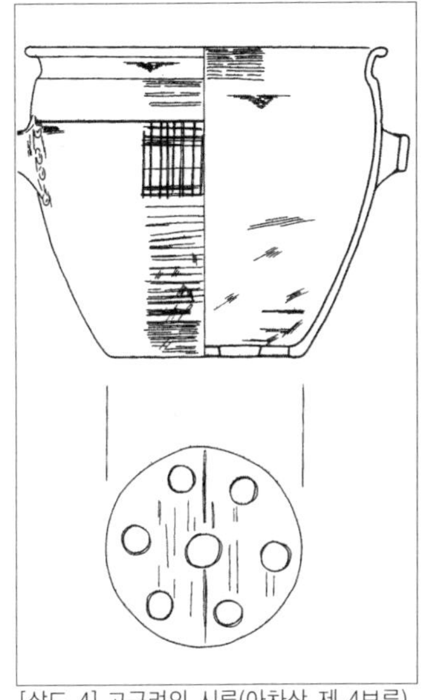

[삽도 4] 고구려의 시루(아차산 제 4보루)

(暗文)'이라 하여 단단한 도구로 누르거나[押捺], 새긴[陰刻] 문양이 횡방향, 종방향으로 또는 양자를 합한 격자형 등으로 시문되어 있으나 두드러져 보이지는 않고 기벽 일부에만 나타나는 경우가 많다[26]. 이는 백제와 고구려의 제작기술상의 전통이 서로 달랐음을 인식하게 해 주는 부분이라 할 수 있다.

5) 재질에 있어 고구려와 백제의 시루는 연질이라는 공통점이 있다. 이는 시루가 출토되는 유적 및 유구에서 공반되는 자비(煮沸)용기라 할 수 있는 심발형토기 및 장란형토기 등의 특성과 유사하다고 할 수 있는데, 이 자비용기들이 고화도의 경도에서 구워지지 않은 이유는 내열성을 갖추기 위해서라 할 수 있다[27]. 시루 또한 불에 직접 닿지는 않지만 열과 관계를 갖는 만큼 내열성을 갖추기 위해서는 연질이 적합하였을 것으로 보인다.

---

26) 梁時恩, 2003, 「漢江流域 高句麗土器의 製作技法에 대하여」, 서울대학교 석사학위논문, p.42.

27) 1000~1200℃의 고화도에서 구워진 토기들은 흡수율이 낮고 물을 부으면 깨어져 버리는 특성이 있어 액체류 저장을 위해 제작되었다고 생각할 수 있으며 600~900℃ 정도의 저화도 토기들은 흡수율이 낮아 액체류를 저장하기에 부적합하므로 곡물류 저장이나 조리용으로 파악할 수 있다. 또한 토기의 소성온도를 통하여 제작기술의 발전정도도 관찰할 수 있는데, 우리나라 빗살무늬–민무늬토기의 소성온도는 550~870℃ 사이, 철기시대 이후의 토기는 800~1000℃ 혹은 그보다 더 높지만 조선시대의 초벌구이토기도 1000~1100℃를 넘지 않는 것으로 파악하고 있다,
金健洙, 1997, 「住居址出土 土器의 기능에 관한 試論 – 호남지방의 주거지를 중심으로」, 『湖南考古學報』 5輯, 湖南考古學會, p.152.
崔夢龍 外, 1998, 『考古學研究方法論 – 自然科學의 應用』, 서울대학교출판부, p.113.

6) 항목 5)와도 관련이 있고, 앞으로도 차차 살펴보겠으나, 다수의 연구자들이 인식하고 있는 내용이므로 미리 언급해 두고자 한다. 백제와 고구려시루의 출토양상을 살펴보면, 그 시루를 받히기 위해 받침용기가 공반 출토된다(삽도 1 참조). 백제의 경우, 심발형 및 장란형토기가 시루와 공반 출토되는 경우가 많으며, 고구려는 토기 대신 철제 솥이 공반되는 경우가 있다.

본고에서는 위와 같은 특징들을 바탕으로 한강유역의 고구려와 백제시루의 주거지내 출토양상에 대해 살펴봄으로써 조리용기와 조리시설 및 그것들을 담고 있는 주거공간과 시루와의 관계를 검토해보고자 한다. 이는 시루 이용이 삼국시대 당시에 어떠한 의미를 갖고 있었는지 파악할 수 있는 근거를 마련해 줄 수 있을 것으로 생각된다. 그런데 각 보고서들에서 보고된 상당수의 시루들은 그 특성들이 명확하지 않은 경우가 있다. 다시 말하면, 보고서상에서 기술된 토기들 가운데 동이나 발, 옹 등과 구별이 어려운 구연부나 동체부, 그리고 파수들이 시루로 보고된 예가 있다. 이것들은 보고자 나름의 정황에 따라 시루로 분류될 수도 있겠으나, 모든 이들이 수긍할 만큼의 명확한 기준이 서 있는 것은 아니며, 몇몇 연구자들 또한 이 점에 공감하고 있다[28]. 따라서, 시루가 갖고 있는 가장 기본적인 특징인 저부의 구멍을 확인할 수 없는 토기들은 시루에서 일단 제외시켰다. 이에 대한 문제는 신중하게 접근해야 할 필요가 있으므로, 저부가 아닌 동체부나 구연부 등을 보고 시루를 판단하는 문제에 있어서는 보다 명확한 기준이 제시될 때까지 차후의 과제로 미루기로 한다.

---

28) 吳厚培, 2002, 『우리나라 시루의 考古學的 硏究』, 단국대학교석사학위논문 p.3.
  梁時恩, 2003, 「漢江流域 高句麗土器의 製作技法에 대하여」, 서울대학교 석사학위논문, p.9.

Ⅲ. 유적별 검토

기존의 연구에 따르면, 시루가 출토되는 유적지는 주거지(住居址)나 성곽(城郭), 패총(貝塚), 건물지(建物址), 사지(寺址), 요지(窯址), 분묘(墳墓) 등 다양한 편이다. 그러나 한강유역을 중심으로 한 중부지방에서 분묘의 부장품으로 발견된 예가 아직까지는 나타나지 않고 있다.

앞으로 조사가 진행됨에 따라 다른 지방에서와 마찬가지로 분묘의 부장품으로 출토될 가능성은 충분히 있다고 볼 수 있으나, 본고에서는 실생활과 관련된 기능을 살펴볼 것이므로 부장품이나 옹관 등으로 이용된 예는 제외할 것이다.

이러한 상황 하에서, 먼저 대상지역인, 한강, 남한강, 북한강, 임진 · 한탄강유역 내에서의 백제와 고구려 주거유적들이 어떠한 것들이 있는지 살펴보았다(삽도 5). 보고서가 간행된 몽촌토성과 미사리유적 등 17개 유적을 선정하였는데, 토축(土築)이나 석축(石築)과 같은 인위적인 방어 시설[29]의 존재 여부에 따라 크게 성곽유적, 일반 주거지유적(마을유적)의 두 가지 범주로 크게 나눌 수 있었다. 이러한 대규모의 방어시설의 존재에 따라 그 안에서 생활하는 사람들의 성격 또한 차이가 있을 것으로 생각되었기 때문이다. 이러한 유적지들은 1~6세기, 즉 기존 원삼국시대 유적지

---

29) 방어시설에는 환호, 토루, 목책, 석축 등이 있다. 그 가운데 환호는 토루나 목축, 석축 등에 비해 방어의 효율성 면에서 비효과적이고 내구연한이 짧아 방어와 경계표시라는 상징적 의미를 겸하는 역할을 한다는 지적이 있다. 필자는 그 견해를 받아들여 방어시설에서 일단 환호를 제외하였다. 이에 따라 미사리유적과 같이 환호가 발견되었다 하더라도 토루나 목책, 석축 등과 같은 시설이 나타나지 않은 유적들은 일단 일반 마을유적으로 분류하게 되었다.
권오영, 2002, 「방어취락의 발전과 토성의 출현」, 『강좌 한국고대사 제 7권 – 촌락과 도시 –』, 가락국사적개발연구원, p.64.

1. 몽촌토성	10. 춘천 중도유적
2. 풍납토성	11. 여주 연양리유적
3. 하남 미사리유적	12. 횡성 둔내유적
4. 용인 수지유적	13. 중원 하천리유적
5. 의정부 민락동유적	14. 파주 주월리유적
6. 구의동유적	15. 포천 영송리유적
7. 아차산 제4 보루	16. 포천 성동리유적
8. 아차산 시루봉 보루	17. 포천 자작리유적
9. 이천 설성산성	

[삽도 5] 한강유역 백제 · 고구려 주요유적 분포도

로 편년되었던 1~3세기 유적들과 4세기 이후의 백제유적들은 백제유적으로, 나머지 유적들은 고구려유적으로 분류가 가능하다[30].

---

30) 서기 1~3세기는 시대구분에 관한 문제에 있어 고고학계에서는 '원삼국시대', '김해시대', '웅천기' 등으로, 문헌사학계에서는 '성읍국가시대', '삼한시대' 등의 명칭을 사용해 왔다. 이는 『三國史記』 초기 기록을 불신하여 고구려, 백제, 신라의 '삼국시대'를 4세기 이후로 보는 관점이었다. 그러나 근래 풍납토성을 비롯한 유적들이 발굴되면서 『三國史記』 초기 기록을 신뢰하여 종래의 '원삼국시대'를 '삼국시대 전기'로 파악하여야 한다는 견해가 힘을 얻고 있다. 본고에서는 그 견해를 따랐다.
崔夢龍, 1987, 「韓國考古學의 시대구분에 대한 약간의 提言」, 『崔永禧先生華甲紀念私學論叢』, 탐구당.

성곽(城郭)이란 말은 내성(內城)을 의미하는 '성(城)'과 외성(外城)을 의미하는 '곽(郭)'을 통틀어 의미하는 말[31]로 그 건축목적에 따라 도성(都城)과 관방(關防)시설, 위치에 따라 평지성과 산성, 건축자재에 따라 토성(土城)과 석성(石城) 등으로도 분류가 가능하다. 본고에서는 그 건축목적에 따라 일단 도성유적과 관방유적으로 분류하였다. 그러한 성격차이는 규모나 내부시설, 내부에서 생활하였던 이들의 성격차이 또한 반영하였을 것이다. 먼저, '도성(都城)' 유적은 '왕이 평상시 거주하는 궁성과 관부 및 그 주위를 에워싼 성곽(城郭)으로, 정치, 경제, 사회, 문화의 중심역할을 하였던[32]' 것으로 파악되는 유적이다. 한편, '관방(關防)' 유적이라는 말은 '국경을 방비[33]' 하는 유적이라는 의미를 갖고 있는데, 방비의 대상이 굳이 국경이 아니라 하더라도 그 말에서 군사적인 용도를 강하게 반영하고 있음을 알 수 있다. 그러한 점들을 감안해 볼 때 도성유적과 관방유적은 다음 [표 1]과 같은 공통점과 차이점을 갖는다고 생각할 수 있을 것이다.

이러한 차이점이 있음에도 불구하고 성격을 구분하기 어려운 유적은 몽촌토성이라 할 수 있다. 많은 연구자들도 주지하듯이, 몽촌토성은 백제의 도성으로서 그 기능을 하고 있었음이 분명하지만 고구려의 점령 이후에도 동일한 기능을 하였을시는 보다 면밀힌 검토가 필요하다. 따라서 본고에서는 몽촌토성을 백제의 경우에는 도성으로, 고구려의 경우에는 관방유적으로 파악하였다. 이러한 점 등을 감안하여 필자는 도성 및 관방유적 7개소, 즉 몽촌토성, 풍납토성, 파주 주월리유적, 이천 설성산성, 구의동유적, 아차산 제 4 보루, 아차산 시루봉 보루의 내부 주거유적에 대해

---

31) 서울특별시사편찬위원회, 2004, 『서울의 성곽』, p.14.
32) 國立文化財研究所, 2001, 『韓國考古學事典』, p.290.
33) 서울특별시사편찬위원회, 2004, 『서울의 성곽』, p.456.

[표 1] 도성(都城)과 관방(關防)유적의 성격비교

공통점	성벽과 같이 외적으로부터 침입을 막기 위한 시설이 되어 있음			
	건설 및 유지, 관리에 있어 국가 공권력과 같은 막강한 힘이 개입			
차이점	기본성격			
	도성	정치, 경제, 사회, 군사 등 각 방면의 중심지 역할	관방	군사적인 목적에 비중이 높음
	입 지			
	도성	주로 평지, 즉 물자와 인원의 소통 및 왕래에 유리한 곳에 위치	관방	평지, 산 등 군사적인 필요성이 있는 곳이면 어떠한 곳이든 위치가능
	거 주 자			
	도성	그 지역의 통치자(왕)와 이를 지지, 수행(귀족, 관료)하는 이들에서부터, 서민에 이르기까지 다양한 이들이 거주	관방	군인들과 같이 전투 및 방어를 수행할 수 있는 이들과 이들을 직접적으로 지원하는 이들이 거주

검토를 실시하였다.

사실, 대상지역인 한강유역과 임진·한탄강유역에만 해도 고구려와 백제의 관방시설이라 할 수 있는 산성 및 보루유적은 상당수에 달하나 조사보고서가 간행된 유적 대부분이 지표조사 및 시굴조사의 범위를 벗어나지 못한 실정이다. 그나마 발굴조사되어 현재 보고서가 간행되었던 관방유적으로는 이천 설봉산성과 설성산성, 포천 반월산성, 구의동 유적, 아차산 제 4 보루, 아차산 시루봉 보루의 6개소에 불과하였다. 그 중 이천 설봉산성이나 포천 반월산성은 후대의 교란으로 인해 성 내부의 주거시설을 파악할 수 없어서[34] 일단 주거지 분석에서 제외하였다. 나머지 유적들은 일반 마을유적으로 분류하였다.

이상과 같이 주거유적들을 정리한 것이 [표 2]와 같다.

---

34) 박경식 外, 2004, 『이천 설성산성 2·3차 발굴조사 보고서 - 본문 - 』, 단국대학교 매장문화연구소, 이천시, p.395.

[표 2] 각 유적별 국가, 성격 및 존재시기

유 적 명	국 가	성 격	분석주거지수	보고자 추정시기
몽촌토성(별표1)[35]	백제·고구려	도성(관방)	15	3~5세기
풍납토성(별표2)[36]	백제	도성	18	기원전 1~5세기
파주 주월리(별표6)[37]	백제·고구려	관방	16	3~5세기
이천 설성산성(별표12)[38]	백제	관방	13	4~5세기
구의동유적(별표17)[39]	고구려	관방	1	5~6세기
아차산 제4보루(별표15)[40]	고구려	관방	7	5~6세기
아차산 시루봉 보루 (별표16)[41]	고구려	관방	10	5~6세기
하남 미사리(별표3)[42]	백제	일반 마을	41	2~5세기
용인 수지(별표4)[43]	백제	일반 마을	6	4~5세기
의정부 민락동(별표8)[44]	백제	일반 마을	3	5~6세기
춘천 중도(별표7)[45]	백제	일반 마을	2	1~2세기
여주 연양리(별표5)[46]	백제	일반 마을	7	3~4세기
횡성 둔내(별표12)[47]	백제	일반 마을	8	1~2세기
중원 하천리(별표14)[48]	백제	일반 마을	2	기원 전후
포천 영송리(별표13)[49]	백제	일반 마을	5	기원 전후
포천 성동리(별표9)[50]	백제	일반 마을	4	3세기 중반무렵
포천 자작리(별표10)[51]	백제	일반 마을	2	4~5세기
계	17		160	

---

35) 몽촌토성발굴조사단, 1985, 『夢村土城發掘調査報告』.

　金元龍 外, 1987, 『夢村土城 − 東北地區發掘調査報告書』, 서울대학교박물관.

　金元龍 外, 1988, 『夢村土城 − 東南地區發掘調査報告書』, 서울대학교박물관.

　국립문화재연구소, 2004, 『서울올림픽미술관건립부지발굴조사보고서』.

36) 國立文化財研究所, 2001, 『풍납토성 I − 현대연합주택 및 1지구 재건축 부지』.

37) 李仁叔 外, 1999, 『坡州 舟月里 遺蹟』, 경기도박물관.

38) 박경식 외, 2004, 『이천 설성산성 2·3차 발굴조사 보고서』, 단국대학교매장문화재연구소, 이천시.

39) 구의동보고서 간행위원회, 1997, 『한강유역의 고구려요새 − 구의동유적 발굴조사 종합보고서』.

40) 임효재 外, 2000, 『아차산 제 4보루 − 발굴조사 종합 보고서』, 서울대학교박물관.

41) 임효재 외, 2002, 『아차산 시루봉 보루 − 발굴조사 종합보고서』, 서울대학교박물관, 서울대학교인문학연구소, 구리시·구리문화원.

표에서 보는 바와 같이, 한강 및 임진·한탄강 유역에 위치한 17개소의 주거유적 가운데 성곽유적은 7개소, 일반 마을유적이라 할 수 있는 주거유적은 10개소에 달했다. 이 중 고구려 유적은 몽촌토성을 비롯하여 5개소였는데 모두 군사적 목적을 띤 관방유적이었다. 이는 고구려유적들이 도성, 관방, 일반마을유적 등 다양한 성격을 갖는 백제유적에 비해 그 성격이 제한되어 있음을 알 수 있다.

유적분포가 이러한 양상을 보이는 이유는 다분히 정치적인 상황과 결부지어 생각할 수 있을 것이다. 즉, 백제는 기원전후한 시기에 한강유역을 근거지로 건국하여 근 500년간을 성장해 나갔으므로, 다양한 문화적 양상을 보이는 유적지들이 많았던 반면, 압록강 및 대동강유역을 근거지로 성장해 간 고구려는 한강유역으로 본격적으로 진출하였던 것이 5세기 중엽부터였고, 6세기 중엽 신라 진흥왕의 점령 때까지 불과 100년 내외의 점유기간을 가졌다는 점이다. 고구려의 한강유역 진출은 군사행동의 형태로 나타났다고 보아야 할 것이다. 이러한 당시의 정치적 상황이 현재의 유적분포를 만들어 낸 주요한 원인이라 할 수 있을 것이다.

---

42) 渼沙里先史遺蹟發掘調査團, 1994, 『渼沙里』 2~5권.
43) 李南珪 外, 1998, 『龍仁 水枝 百濟 住居址』, 한신대학교박물관.
44) 崔夢龍 外, 1996, 『議政府 民樂洞遺蹟 – 試掘 및 發掘調査 報告書』, 서울대학교박물관·한국토지공사서울지사.
45) 國立中央博物館, 1980~84, 『中島』 I~V.
46) 國立中央博物館, 1998, 『驪州淵陽里遺蹟』.
47) 元永煥 外, 1984, 『屯內』, 강원대학교박물관.
    白弘基 外, 1997, 『橫城 屯內 住居址』, 강릉대학교박물관, 횡성군.
48) 尹容鎭, 1984, 「中原 荷川里 F地區 遺跡發掘調査 報告」, 『忠州댐 水沒地區 文化遺蹟發掘調査 綜合報告－考古·古墳分野 II』, 忠北大學校博物館.
49) 金秉模 外, 1995, 『영송리 선사유적』, 한양대학교박물관, 포천군.
50) 李仁叔 外, 1999, 『抱川 城洞里 마을 遺蹟』, 경기도박물관.
51) 宋滿榮 外, 2004, 『抱川 自作里遺蹟 I – 긴급발굴조사 보고서』, 경기도박물관.

IV. 관련 유물과 유구 검토

시루가 삼국시대 당시 어떻게 사용되었는가를 파악해 보기 위해서는 출토 유구와 공반유물에 대한 검토가 무엇보다도 중요하다. 어떠한 유물이 일상적으로 사용된 것인지, 특수한 경우에 사용된 것인지, 사용자들이 어느 정도의 경제적, 사회적 수준을 갖추었던 이들이었는지 등을 살펴보려면 그 유물이 출토된 유구는 어떠한 성격(주거지, 묘지 등)을 갖고 있는 것인가, 유구의 규모(면적)는 어떠한가, 주로 어떠한 유물을 사용하고 있었는가(공반유물) 등을 고찰하여야 할 것이다. 본고에서는 시루가 누구에 의해, 어떠한 경우에 사용되었는가를 살펴보기 위해 시루와 직접적으로 관련을 갖고 있는 유물 및 유구인 일명 '자비용기'와 노지와의 관계, 나아가 시루가 출토된 주거지들이 전체 주거지들에서 어떠한 양상으로 출토되는지 등을 살펴보기로 한다.

1. 자비용기(煮沸用器)와의 관련성

II장에서 밝혔듯이, 시루가 조리용기로서 활용되기 위해서는 아랫부분을 받히는 용기가 반드시 필요하다. 주거시 유구 내에서 시루가 어떠한 의미를 갖는지를 살펴보기 위해서는 얼마나 빈번하게 사용되었는가를 검토해 볼 필요가 있다. 즉, 대상지역과 시대에 거주했던 사람들이 시루를 이용하여 만든 떡을 비롯한 찜음식이 일상적으로 섭취할 수 있는 음식이었는지를 파악하기 위해서는 유구 내의 출토양상 및 다른 토기들과의 관계가 어떤지를 밝히는 것이 필수적이라 생각하였다. 그래서 본고에서는 거주 및 취사행위와 직접적인 관련을 갖는 것으로 보이는 주거지를 대상으로, 주거지 내에서 출토된 토기들은 그 주거지에서 사용되었다는 가정하에 주거유적 내 시루출토 빈도를 검토하였다. 일단, 한 유적 내에 나온 전체 주거지의 수, 조리용기 또는 자비용기로 구분할 수 있는 발형토기 및 장란형토기가 출토된 주거지의 수, 그리고 발형토기 및 장란형토기와 아울러 시루가 공반되어 출토된 주거지의 수로 나누어 이를 집합으로 설정하여 각 집합 간의 관계를 살펴보았다.

다음과 같은 집합의 포함관계에 대한 가정이 가능했다.

설정된 집합의 관계 = 전체 주거지 ⊃ 자비용기 출토 주거지 ⊃ 자비용기 및
시루 출토 주거지

[표 3] 조리용기들의 각 유적별 주거지내 출토빈도

유적명		전체 주거지(100%)	자비용기출토 주거지(%)	자비용기 및 시루출토주거지(%)
성곽유적	몽촌토성	15	5(33)	3(20)
	풍납토성	18	9(50)	2(11)
	이천 설성산성	13	4(28.6)	0(0)
	구의동유적	1	1(100)	1(100)
	아차산 제4 보루	4	2(50)	2(50)
	아차산 시루봉 보루	4	3(75)	3(75)
	파주 주월리	16	10(62.5)	4(25)
계	7	71	34(47.9)	15(21.1)
일반마을유적	하남 미사리	41	26(63.4)	3(7)
	용인 수지	6	5(83)	2(33)
	의정부 민락동	3	3(100)	0(0)
	춘천 중도	2	2(100)	2(100)
	여주 연양리	7	5(71)	1(14)
	횡성 둔내	8	6(75)	1(12.5)
	중원 하천리	2	2(100)	0(0)
	포천 영송리	5	2(40)	0(0)
	포천 성동리	4	2(50)	1(25)
	포천 자작리	2	1(50)	1(50)
계	10	80	54(69.3)	11(13.8)
총계	17	151	88(58.3)	26(17.2)

이상과 같이 현재까지 파악된 17개 유적의 151개 주거지[52] 내에서 발 장란형토기, 즉 자비용기 출토 주거지는 88기, 시루 · 발 · 장란형토기가 모두 출토된 유구는 26기였다. 그러나 자비용기 및 시루 출토 주거지는 자비용기 출토 주거지에 포함되므로, 자비용기만 출토된 주거지는 62기 로 전체 41. 1%, 자비용기 및 시루 출토 주거지를 포함시켰을 때, 58. 3% 의 수치가 나타났다. 자비용기와 시루 출토 주거지의 비율은 17. 2%로 순 수 자비용기 출토 주거지에 비해 현저히 적은 결과를 얻을 수 있었다. 이 는 시루가 각 가정마다 일상적으로 사용되지 않고 있었음을 의미하며, 그 에 비해 도성 및 관방유적이 일반 마을유적에 비해 비교적 출토 유구의 빈도가 높은 것은 아차산 보루와 같은 유물의 보존상태가 다른 유적에 비 해 좋은 점도 있겠으나 시루가 마을유적에 비해 좀 더 빈번하게 사용되고 있었음을 추정할 수 있는 근거가 될 수 있을 것으로 본다.

2. 노(爐)와의 관련성

불은 음식을 가공 및 조리하기 위해서 필요한 조건 가운데 하나이다. 음식물을 담는 데 필요한 토기가 시간이 가면서 그 제작방식이 발전하고 종류가 다양해졌던 것과 마찬가지로 불을 통제하기 위한 노(爐) 역시 다 양한 양상으로 발전하여 왔다.

---

52) 필자가 검토한 주거지의 수는 모두 160기(주거지 158기+야외노지 2기)이나 본 절 에서 151기로 파악하였다. 이는 아차산 제 4 보루와 시루봉 보루에서 출토된 토기 들이 구체적으로 어느 건물지에서 출토되었는지 알기 어려워 서로 가장 인접해 있 는 건물지들끼리 단위로 묶어(별표 15, 16 참조) 이를 반영한 결과 때문이다.
임효재 外, 2000, 『아차산 제 4보루 – 발굴조사 종합 보고서』, 서울대학교박물관.
임효재 외, 2002, 『아차산 시루봉 보루 – 발굴조사 종합보고서』, 서울대학교박물 관, 서울대학교인문학연구소, 구리시 · 구리문화원.

본 절에서는 대상 주거지 내에서 발견되었던 노지의 출토양상과 아울러 시루가 출토된 주거지의 노지는 어떠한가를 살펴봄으로써 시루를 이용해 음식을 제조하기 위한 시설에는 어떠한 것이 적절한지 검토하고자 한다.

지금까지 주거지 발굴조사에 의해 밝혀진 노 시설은 크게 4가지로 나뉠 수 있다. 근래 몇몇 연구자들에 의해 여러 가지 형태의 시설들이 분류된 바 있지만, 본고에서는 이를 종합하여 불길에 대한 통제방식에 따라 다음과 같은 분류기준을 마련하였다[53].

· A형 : 특별한 시설이 없이 지면에 소토만 있는 경우(일명 '무시설식(無施設式)')

· B형(평면적 통제방식) : 불길 주변으로 돌이나 점토로 시설을 한 형태, 즉 불길을 통제하는 시설을 하였으나 불길의 윗부분이 노출되는 형태(일명 '위석식(圍石式)', '판석식(板石式)', '부석식(敷石式)', '적석식(積石式)' 노 시설 등이 해당)

· C형(입체적 통제방식) : 불길 윗부분을 덮으면서, 배연시설을 갖춘 형태(일명 '터널식', '부뚜막식' 등이 해당)

· D형 : 한 주거지 내에 서로 다른 형태의 노 시설이 있는 형태(A+B, A+C, B+C)

이러한 분류기준을 바탕으로 대상지역 전체 주거지와 시루 출토 주거지들의 노지양상을 살펴본 것이 [표 4]이며 이를 종합한 것이 [삽도 6]과 같다.

[삽도 6]의 그래프를 통해 시루가 출토되는 주거지의 노지들은 전체 주거지에서 나타나는 노지들의 양상에 비례해서 나타남을 알 수 있었다.

---

53) '위석식', '판석식'과 같은 노 시설에 대한 명칭 및 분류는 취락연구회 편, 2004, 『竪穴住居址調査方法論』, 춘추각, pp.54~58의 내용을 바탕으로 하였다.

즉, 자비용기를 지지할 수 있는 부뚜막과 같은 별도의 시설이 발견되지 않는 주거지에서도 시루가 출토된다는 점이 주목된다. 이는 다음과 같은 해석이 가능하다.

첫째로, 시기의 차이에 기인하는 바가 크다고 할 수 있다. 둔내와 중도의 주거지와 같이 다른 유적에 비해 상대적으로 이른 시기에 존재했던 유

[표 4] 한강 및 임진 · 한탄강유역 백제 · 고구려 유적 내 주거지들의 노 시설

유적명		노 형태, ( )는 시루 출토 주거지						
		A형	B형	C형	D형	?	없음	계
성곽유적	몽촌토성	2(2)	4	5(2)		2(1)	2	15(5)
	풍납토성	1	3	5(1)	1(1)	7	1	18(2)
	파주 주월리	4(2)		7(3)		4	1	16(5)
	이천 설성산성			12		1		13(0)
	구의동			1(1)				1(1)
	아차산 제4보루			5(5)			2	7(5)
	아차산 시루봉보루			6(6)			4	10(6)
계	7	7(4)	7	41(18)	1(1)	14(1)	10	80(24)
비율(%)		8.8(16.7)	8.8(0)	51(75)	1.3(4.2)	17.5(4.2)	12.5(0)	100(100)
일반마을유적	하남 미사리	6(1)	3(1)	15(1)	3	7	7	41(3)
	용인 수지		3(2)	2			1	6(2)
	의정부 민락동			2	1			3(0)
	춘천 중도		1(1)		1(1)			2(2)
	여주 연양리	1	3(1)	1	2			7(1)
	횡성 둔내		6(2)		1	1(1)		8(3)
	중원 하천리		2					2(0)
	포천 영송리		3	1			1	5(0)
	포천 성동리			1(1)		2	1	4(1)
	포천 자작리			1(1)			1	2(1)
계	10	7(1)	21(7)	23(3)	8(1)	10(1)	11	80(13)
비율(%)		8.75(7.7)	26.3(53.8)	28.8(23.1)	10(7.7)	12.5(7.7)	13.8(0)	100(100)
총계	17	14	28	64	9	24	21	160
	(5)	(7)	(21)	(2)	(2)	(0)	(37)	
비율(%)		8.8	17.5	40	5.6	15	13.1	100
		(13.5)	(18.9)	(56.8)	(5.4)	(5.4)	(0)	(100)

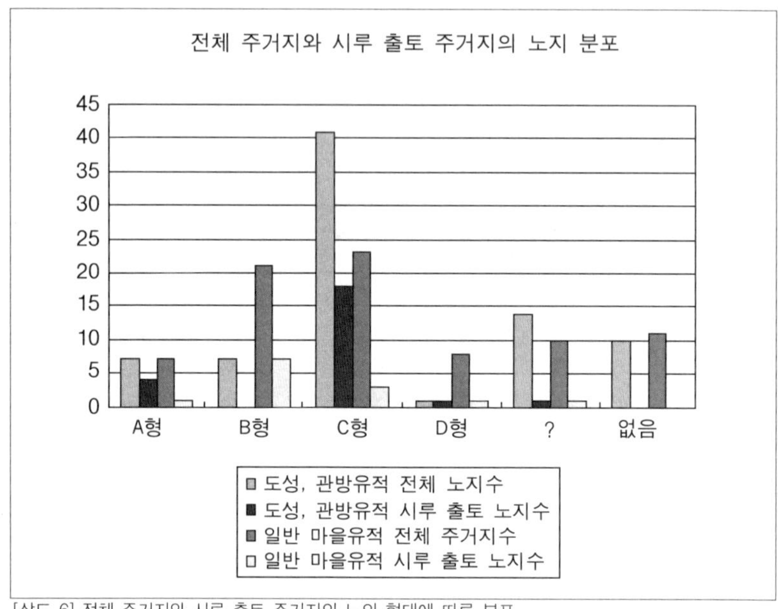

[삽도 6] 전체 주거지와 시루 출토 주거지의 노의 형태에 따른 분포

적에서는 첨저형의 장란형토기가 존재하지 않고 평저형의 심발형토기만이 자비용기로 사용되었음을 볼 때 부뚜막이나 터널식 노와 같이 지지할 수 있는 시설이 없어도 사용이 가능하다.

둘째로, 주거지 사용자들의 조리방식의 차이에 기인하였을 가능성이 있다. 한반도 중부지역에서 부뚜막은 미사리, 연양리 유적 등과 같이 서기 2세기 즈음에 본격적으로 사용되는 시설이라 할 수 있다[54]. 그 이후에 등장하는 주거지들에도 여러 형태의 노 시설이 나타나는데, 이는 가정마다 노 시설의 차이에 따라 사용하는 토기들이 달랐을 수도 있었음을 의미한다 할 수 있겠다. 즉, 부뚜막과 같은 노가 설치되어 있는 가정에서는 장란형토기와 심발형토기를 모두 사용할 수 있었을 것이고, 그렇지 않은 가

---

54) 李炯周, 2001, 『韓國 古代 부뚜막施設 研究』, 충남대학교 석사학위논문, pp.21~22.

정에서는 심발형토기를 주로 사용하였을 것이다. 이 부분은 자비용기와 노와의 관계를 별도로 살펴보아야 할 필요성이 있을 것으로 생각된다.

셋째로, 주거공간의 기능과 관련되었을 가능성이 있다. 대상지역에서 발견된 주거지들이 모두 일상생활에 이용된 가정집은 아니었을 것이다. 설성산성이나 구의동, 아차산 보루들과 같은 군사적 목적만을 갖는 관방 유적이 아닌 일반 마을유적이라 하더라도 거주를 위한 주거공간이 아닌 창고나 임시거처 등이 있을 수 있다. 미사리 KC 032호 주거지[55]나 몽촌 토성 88-2호 주거지[56]의 경우 보고자들도 일상생활이 아닌 다른 용도를 갖고 있었을 것으로 추정하였는데, 창고와 같은 보관을 전담하였거나 공공성과 관련된 기능을 갖는 공간으로서 사용하고 있었을 가능성을 생각할 수 있을 것이다.

3. 주거 형태 및 면적과의 관련성

옛 사람들이 생활하였던 공간이라 할 수 있는 주거유구는 다양한 형태와 면적을 갖는다. 주거지들이 다양한 형태로 나타나는 것은 시간의 흐름에 따른 건축기술의 발달, 주거 생활자들의 기호와 생활수준, 건물의 용도 등의 차이에 기인한 것이라 할 수 있다. 그렇다면 한강유역의 백제와 고구려 유적에서 발견된 주거지들은 주로 어떠한 형태와 면적을 갖는지, 그리고, 시루가 출토된 주거지들은 어떠한 특징들이 있는지 살펴본다면 시루를 이용한 사람들이 어떠한 성격을 갖고 있는가를 파악하는 데 도움이 될 것이라 생각한다. 여기에서는 몽촌토성을 비롯한 17개 유적, 158기

---

55) 渼沙里先史遺蹟發掘調査團, 1994, 『渼沙里 5』, p.135.
56) 金元龍 外, 1988, 『夢村土城－東南地區發掘調査報告書』, 서울대학교박물관, p.33.

의 주거지를 대상으로 전체적인 주거지양상과 시루 출토 주거지의 양상을 비교해 보기로 하였다. 먼저 평면형태에 따라 주거지의 양상과 시루 출토 주거지의 양상을 살펴보았다. 주거지의 형태는 유적을 조사하였던 보고자들과 연구자들에 따라 다양하게 분류되어 왔는데 이를 참고하여 크게 수혈건물과 지상건물의 2가지로, 수혈건물을 다시 5가지로 세분하여 모두 6가지로 나누어 보았다[57].

· **원형계통** : 주거지의 평면형태가 원형을 하고 있는 형태이다. 보고서상에서 지름으로 규모를 언급한 것들을 말한다.

· **타원형계통** : 주거지의 평면형태가 타원형을 하고 있는 형태이다.

· **방형계통** : 주거지의 평면형태가 방형을 하고 있는 형태이다. 기존의 방형, 장방형, 말각방형, 말각장방형 등이 해당된다.

· **凸자형계통** : 방형주거지에 출입시설이 돌출되어 있는 형태이다

· **呂자형계통** : 凸자형주거지에 비해 보다 돌출된 출입시설을 갖고 있거나 별도의 시설을 갖추어 呂자형태를 나타내는 형태이다

· **지상건물** : 수혈을 이루지 않고 지상에 건물을 짓는 형태로 적심(積心)이나 석렬(石列) 등으로 나타난다.

---

57) 주거지의 평면형태에 대한 기존 분류는 방형, 장방형, 말각방형, 말각장방형, 凸'자형, 呂세자형, 원형, 타원형 등으로 설정되어 있었다. 이에 오세연은 말각방형과 말각장방형은 의도적으로 각을 죽인 것이 아니라면 당시의 주거구조 복원에 중요하지 않은 요소일 수 있으므로 방형으로 묶어 보았고, 凸자형과 呂자형 또한 방형계통으로 보되 출입시설의 유무에 따라 순수방형과 凸자형, 呂자형으로 나누었다. 필자는 그의 견해를 바탕으로 주거지 형태를 분류하였다.
오세연, 1995, 『중부지방 원삼국시대 문화에 대한 연구 – 주거양상을 중심으로』, 서울대학교석사학위논문, pp.13~16.

시루를 통해서 본 고구려 · 백제의 식생활 시론 | 557

이러한 기준을 바탕으로 대상지역 전체 주거지와 시루출토 주거지들의 형태양상을 살펴본 것이 [표 5]이며 이를 종합한 것이 [삽도 7]과 같다.

주거지의 양상을 살펴보면, 방형계와 凸자형계 주거지가 조사된 전체

[표 5] 한강 및 임진 · 한탄강 유역 백제 · 고구려 유적 내 주거지들의 형태분포

유적명		주거지 형태, ( )는 시루 출토 주거지							
		원형계	타원형계	방형계	凸자형계	呂자형계	지상건물	?	계
성곽유적	몽촌토성		2	8(2)	2(1)	1(1)	2(1)		15(5)
	풍납토성			3	13(2)			2(1)	18(3)
	파주 주월리	2		4(2)	3(2)			5	14(4)
	이천 설성산성	3	6					4	13(0)
	구의동						1(1)		1(1)
	아차산 제4보루						7(4)		7(4)
	아차산 시루봉보루						10(4)		10(4)
계	7	5(0)	8(0)	15(4)	18(5)	1(1)	20(10)	11(1)	78(21)
비율(%)		6.4 (0)	10.3 (0)	19.2 (19)	23.1 (23.8)	1.3 (4.8)	25.6 (47.6)	14.1 (4.8)	100 (100)
일반마을유적	하남 미사리	6(1)	11(1)	13	8(1)	2		1	41(3)
	용인 수지		1	4(1)	1(1)				6(2)
	의정부 민락동		3						3(0)
	춘천 중도			2(2)					2(2)
	여주 연양리	2		4(1)	1				7(1)
	횡성둔내			2(2)	1(1)	1		4	8(3)
	중원 하천리			2					2(0)
	포천 영송리			1	2	1		1	5(0)
	포천 성동리		4(1)						4(1)
	포천 자작리			1		1(1)			2(1)
계	10	8(1)	19(2)	29(6)	13(3)	5(1)	0(0)	6(0)	80(13)
비율(%)		10 (7.7)	23.8 (15.4)	36.3 (46.2)	16.3 (23.1)	6.3 (7.7)	0 (0)	7.5 (0)	100 (100)
총계	17	13 (1)	27 (2)	44 (10)	31 (8)	6 (2)	20 (10)	17 (1)	158 (34)
비율(%)		8.2 (3)	17.1 (5.9)	27.8 (29.4)	19.6 (23.5)	3.8 (5.9)	12.7 (29.4)	10.8 (3)	100 (100)

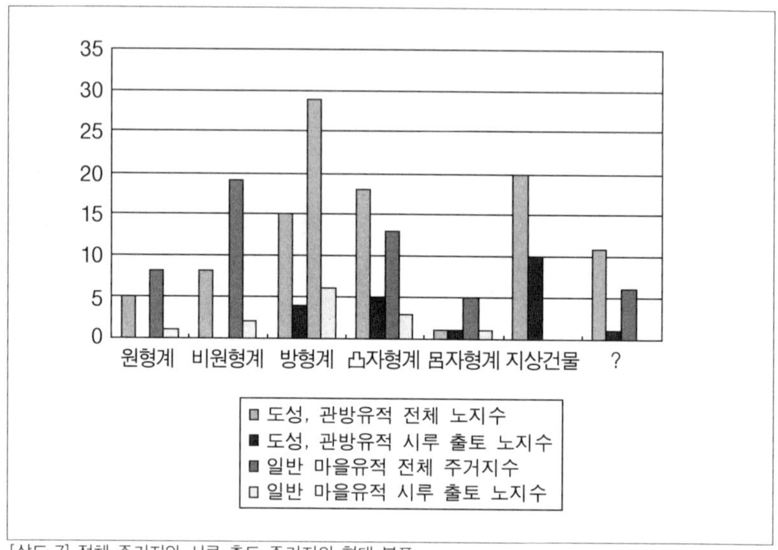

[삽도 7] 전체 주거지와 시루 출토 주거지의 형태 분포

주거지들 가운데 가장 많은 비중을 차지하고 있었으며, 시루가 출토된 주거지들 역시 유사한 양상을 보였다. 단, 예외적으로 분포에 있어 3위를 차지하고 있는 타원형계 건물에 비해 적은 양상을 보이고 있는 지상건물에 있어 시루 출토 주거지수가 많은 것은 그 유적들이 구의동과 아차산의 보루들로서 유적의 보존상태가 상당히 양호하였기 때문이라 생각된다.

다음으로 주거지의 면적에 대해 살펴보기로 한다. 주거지의 면적은 이를 사용했던 이들의 생활수준이나 건물의 기능을 가늠하는 데 중요한 단서를 제공한다. 만약, 한 유적 내에 여러 기의 주거지들이 있다고 가정할 경우, 면적이 넓은 주거지에 살았던 사람이 보다 생활수준이 높았거나, 다른 주거지들과는 다른 용도로 사용되었을 것으로도 추정할 수 있다. 조사된 158기의 주거지 중 122기의 주거지에 대해 그 면적을 계산하여 보았다. 원형주거지의 경우 πr(반지름)^{2}을, 나머지 유구들에 대해서는 장축×단축(길이×폭)의 기본 공식을 활용하여 주거지들의 대략의 면적을 계산하여 보았다[58]. 주거지 면적에 따른 전체 주거지의 분포와 시루출토 주거지의 분포를 정리한 것이 [표 6]이며, 이를 종합한 것이 [삽도 8]과 같다.

[표 6] 한강 및 임진 · 한탄강유역 백제 · 고구려 유적 내 주거지들의 면적분포

| 유적명 | 주거지 면적(단위 ㎡), ( )는 시루 출토 주거지 ||||||||||||||
	1~10	10.1~20	20.1~30	30.1~40	40.1~50	50.1~60	60.1~70	70.1~80	80.1~90	90.1~100	100.1 이상	200.1 이상	?	계
성곽유적　몽촌토성	1	3(1)	4(2)	2	1(1)	2(1)							2	15(5)
풍납토성			1	2(1)	5	1	2	2(1)					5(1)	18(3)
주월리		1		2(1)	1		1(1)				1(1)		8(1)	14(4)
설성산성	1	4			2	1			1				4	13(0)
구의동					1(1)									1(1)
4보루			1		2(1)			1(1)		1	1(1)	1(1)		7(4)
시루봉보루		1(1)	3(1)	1(1)									1	4(3)	10(6)
계　7	2	9(2)	9(3)	7(3)	12(3)	4(1)	3(1)	3(2)	1	1	2(2)	2(1)	23(5)	78(23)
비율(%)	2.6 (0)	11.5 (8.7)	11.5 (13)	8.9 (13)	15.4 (13)	5.1 (4.3)	3.8 (4.3)	3.8 (8.7)	1.3 (0)	1.3 (0)	2.6 (8.7)	2.6 (4.3)	29.5 (21.7)	100 (100)
일반마을유적　하남 미사리	5	9	8(1)	8(1)	2	2(1)		1	1		1		4	41(3)
용인 수지				5(1)		1(1)								6(2)
의정부 민락동	2		1											3(0)
춘천 중도			1(1)										1(1)	2(2)
여주 연양리			1		2			1(1)					3	7(1)
횡성 둔내				2(2)		1					1(1)		4	8(3)
중원 하천리				1					1					2(0)
포천 영송리			2		1								2	5(0)'
포천 성동리		2	2(1)											4(1)
포천 자작리			1								1(1)			2(1)
계　10	7 (0)	11 (0)	16 (3)	16 (4)	5 (0)	4 (2)	0 (0)	2 (1)	2 (0)	0 (0)	2 (1)	1 (1)	14 (1)	80 (13)
비율(%)	8.8 (0)	13.8 (0)	20 (23)	20 (30.8)	6.3 (0)	5 (15.4)	0 (0)	2.5 (7.7)	2.5 (0)	(0)	2.5 (7.7)	1.3 (7.7)	17.5 (7.7)	100 (100)
총계　17	9 (0)	20 (2)	25 (6)	23 (7)	17 (3)	8 (3)	3 (1)	5 (3)	3 (0)	1 (0)	4 (3)	3 (2)	37 (6)	158 (36)
비율(%)	5.7 (0)	12.7 (5.6)	15.8 (16.7)	14.6 (19.4)	10.8 (8.3)	5.1 (8.3)	1.9 (2.8)	3.2 (8.3)	1.9 (0)	0.6 (0)	2.5 (8.3)	1.9 (5.6)	23.4 (16.7)	100 (100)

58) 呂자형 주거지에 대해서는 주공간의 면적과 부공간의 면적을 별도로 계산하여 이를 합산하는 방법을 취하였다.

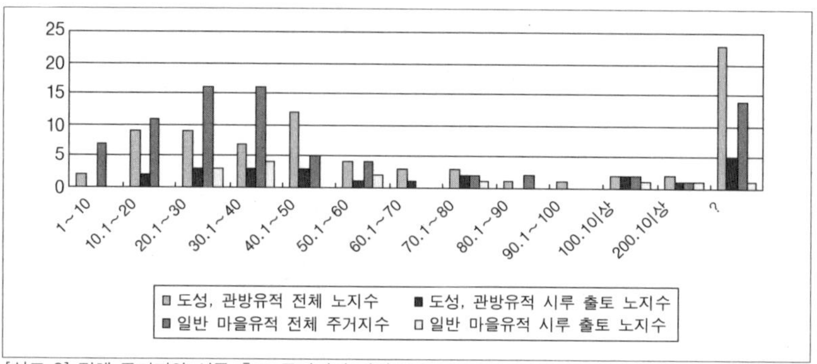

[삽도 8] 전체 주거지와 시루 출토 주거지의 면적 분포

각 주거지들의 면적을 계산하여 본 결과, 1~10㎡대에서부터 200㎡ 이상에 이르기까지 다양한 면적 분포를 보이고 있었음을 알 수 있었다. 전체적으로 그 중 10~20㎡대에서부터 40~50㎡대의 주거지가 가장 많았고, 시루 출토 주거지 역시 그러한 분포에 발맞추어 일정한 비례관계에 있음을 보여주었다. 그러나 주거지들이 면적이 좁아질수록 시루가 출토된 주거지와 그렇지 않은 주거지 간의 차이가 심했고, 주거지 면적이 넓어질수록 출토 주거지와 출토되지 않은 주거지 간의 격차가 적음을 알 수 있었다. 그 점은 일반 마을유적으로 분류된 유적에서 특히 눈에 띄었다. 다시 말하면 주거지가 넓어질수록 시루가 출토될 가능성이 높다는 점은 당시 생활하였던 주민들의 생활수준과 연관관계를 갖는 것으로 생각된다.

이상으로 한강유역 주거유적에 있어 시루와 연관된 조건들이라 할 수 있는 자비용기와 노 시설, 주거공간의 전체적인 양상을 시루출토와 관련하여 살펴보았다. 먼저, 발형토기 및 장란형토기와 같은 자비용기들에 비해 시루의 출토빈도는 절반에도 미치지 못하였다. 이는 시루가 출토되는 주거지가 그렇지 않은 주거지에 비해 적었다는 점을 의미하는 것이다. 또한 시루 이용을 가능케 하는 조리시설인 노(爐) 시설에 있어서도 부뚜막이 필수적인 요소는 아님을 밝힐 수 있었다. 이는 시루를 받히는 용기인

발형토기 및 장란형토기와 노와의 관계가 어떠한가를 보다 심층적으로 살펴보아야 할 것으로 보인다. 한편, 주거지 형태에 있어 시루 출토 양상은 특정 형태에 큰 관계없이 고른 양상을 보임으로써 주거지의 형태와 큰 관계가 있어 보이지는 않는다.

그러나 일반 마을유적 내 주거지의 면적에 있어서 면적별 주거지의 분포와 시루 출토 주거지의 분포가 대체로 비례관계를 보이기는 하지만 넓은 주거지로 갈수록 시루의 출토 빈도가 높아지고 있는 경향을 볼 수 있었다.

그렇다면, 시루는 누가 소유하고 있었다고 할 수 있을까? 당시 사람들의 소유관념과 행태에 대해 밝히는 것은 상당히 어려운 문제임에는 분명하다. 그러나 지금까지 검토해본 결과, 설성산성의 나-C확-3트렌치의 1호 토광과 같이 별도의 저장시설에 가지런히 보관하였다는 점이나 몽촌토성 88-2호 주거지와 같이 노지가 특별히 시설되어 있지 않은 주거지, 즉 일상생활이 이루어지지 않았을 것으로 보이는 주거지 내에서 시루가 출토되었다는 점 등을 볼 때, 관방유적과 같은 특수한 성격을 갖는 곳에서는 시루가 관용물품(官用物品)에 포함되고 있었을 것으로 생각된다. 한편, 일반 마을유적에서는 2가지 가능성을 생각해 볼 수 있을 것이다. 하나는 경제력을 보유한 개인에 의해 소유하였을 가능성, 즉 그의 집이나 그가 소유한 창고에 보관하고 있었을 가능성이다. 다른 하나는 마을 공동으로 소유하고 있었을 가능성이다. 그러면서 동제(洞祭)와 같은 마을 공동행사에 사용하거나 일생의례(一生儀禮)[59]와 같이 시루가 필요한 가정이 발생하면 그때마다 대여해서 사용하는 방식을 갖고 있었을 것으로 추정된다. 앞서 언급하였던 미사리 KC 032 주거지 등이 그러한 예라고 생각된다. 이러한 점을 보다 명확히 하려면 주거지의 기능문제와 생활수준에 따른 주거지 이용자들의 사회 내에서의 위치문제 등을 보다 심층적으로 검토하여야 할 것으로 보인다.

V. 시루의 용량 분석

토기의 용량(capability)은 그 토기가 어떻게 이용되었는지를 알 수 있게 해주는 단서를 제공한다. 토기에는 무엇인가를 담았을 것이고, 그 내용물의 종류, 양, 저장기간, 사용자 집단의 성격 등에 따라 용량 또한 달랐을 것으로 생각할 수 있다[60]. 최몽룡(崔夢龍)[61]은 여주 흔암리에서 출토된 청동기시대 무문토기들의 부피를 산출하여 그 형태와 부피에 따라 독, 항아리, 바리, 사발 등의 기종을 분류해 낸 바 있다. 한편, 북한의 변사성[62]도 신석기시대 주민들의 생활과 문화를 파악하기 위해 토기들의 용량을 산출하여 이용하기도 했다. 여기서는 각 유적에서 출토된 완형, 또는 완형으로 복원 가능한 시루들을 대상으로 그 용량을 계산하여 얼마 정도의 곡물을 넣어 그에 따라 산술적으로 몇 명 정도의 인원이 음식을 섭취할 수 있었을까 고찰해 보고자 한다. 하나의 유적 및 유구 내에서 몇 명의 인원이 생활하였는지를 파악해 보기 위해서는 유적 및 유구의 면적을 비롯한 다양한 조건들을 검토해야 하겠으나, 이 방법 역시 그 조건들 중 하나로 도움을 줄 수 있을 것으로 생각하여 시루를 크게 2가지 유형으로 나누

---

59) 일생의례는 Ⅶ장에서 언급할 것이다.

60) P.M. Rice, 1987, 『Pottery Analysis』, The University of Chicago Press, p.225.

61) 崔夢龍, 1987, 「驪州 欣岩里 先史聚落址의 性格」, 『三佛金元龍敎授停年退任紀念論叢』, 일지사.

62) 변사성, 1988, 「우리나라 신석기시대 질그릇에 관한 연구」, 『고고민속논문집』11, 과학백과사전출판사.

어 용량(類似容量)을 계산하였다[63].

1. 역(逆)원뿔대형(Frustum : A형)

원뿔의 꼭지점 부분을 자른 원뿔대를 거꾸로 뒤집은 형태로 평저의 일명 '심발형(A1형 : 백제, 삽도 2, 삽도 9)'과 '동이형(A2형 : 고구려, 삽도 4, 삽도 10)' 시루가 이에 해당한다.

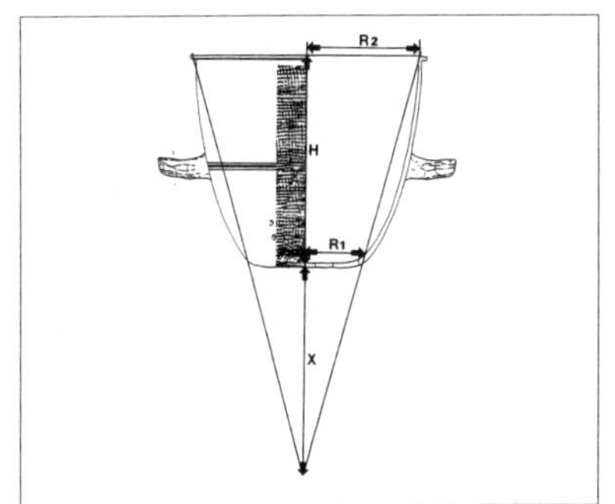

[삽도 9] A1형 시루 용량측정 모식도
(예 : 서울 풍납토성 출토 시루)

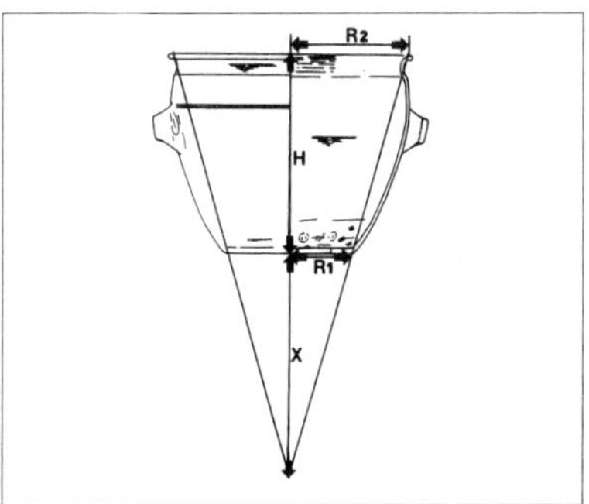

[삽도 10] A2형 시루 용량측정 모식도
(예 : 아차산 시루봉 보루 출토 시루)

산출공식과 모식도[64]는 다음과 같다.

---

63) Rice는 토기의 용량을 내기 위해 적용할 수 있는 기본 도형의 틀을 구형(sphere), 타원형(ellipsoid), 달걀형(ovaloid), 원통형(cylinder), 원뿔형 또는 원뿔대형(cone 또는 frustum)으로 구분하였다. 본고에서 측정한 용량은 그가 설정한 기준에 따라 시루에 응용한 것이다.
P.M. Rice, 1987, 『Pottery Analysis』, The University of Chicago Press, p. 221.
64) 모식도는 회전체인 원뿔을 평면화한 것이다. 그리고 [삽도 9]와 [삽도 10]에서 R1의 위치는 동일하게 저경으로 간주하였다.

· 저경 : 2r1,

· 구경 : 2r2,

· 높이 : h

· 가상원뿔(저경의 연장선으로 만든 원뿔)의 높이 : x

· 저경의 반지름 : r1,

· 구경의 반지름 : r2

r2 : r1 = x + h : x

∴ x = r1h / r2 − r1 이고, 원뿔의 부피는 1/3 (= 3.14)r^2h 이므로,

· S(시루의 부피) = A{가상원뿔 + 원뿔대로 가정한 시루 :

$$1/3 \ (r2) \ (x + h)\}$$

$$-a\{가상원뿔 : 1/3 \ (r1) \ h\}$$

cm^3($1cm^3$ = 0.001ℓ)라 할 수 있다. 이를 다시 정리하면,

· S(시루의 부피) = $1/3\pi h(r1^2 + r1r2 + r2^2)$와 같다[65].

2. 원통형(Cylinder : B형, 삽도 3, 삽도 11)

구경과 저경의 비율이 1 : 1 또는 주요 저장부분이 원통형을 갖춘 원저시루로 백제시루의 일부가 이에 해당한다.

산출공식과 모식도는 다음과 같다.

---

65) P.M. Rice, 1987, 『Pottery Analysis』, The University of Chicago Press, p. 221.

· 저경(또는 동체 구경) : 2r

· 높이 : h

∴ S(시루의 부피) = $r^2\pi h$ ㎤ 라 할 수 있다.

대상유적에서 산출이 가능한 완형 시루와 그 용량은 다음과 같다. 단 앞서 밝힌 바와 같이 용량 계산의 대상으로 선정된 시루는 유적 내의 특정 유구 내에서 출토된 것이 아니라 하더라도 A 또는 B형에 해당하는 것이면 모두 포함시켰다([표 7]).

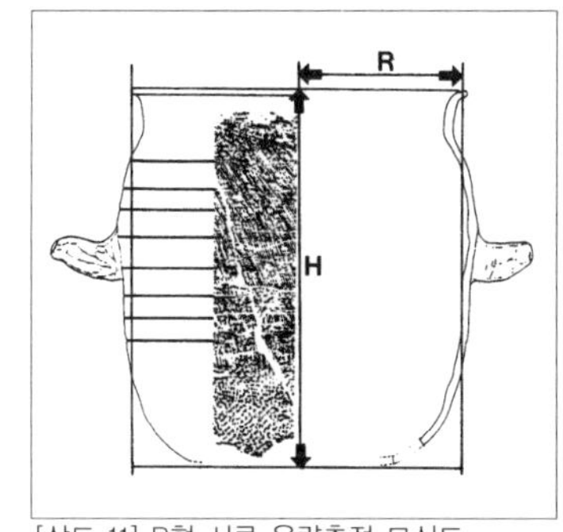

[삽도 11] B형 시루 용량측정 모식도
(예 : 풍납토성 출토 시루)

[표 7] 대상지역 주요 유적 내 완형시루의 용량(길이 : ㎝, 부피 : ℓ)

번호	출토유적	도면	형태	구경	높이	저경	부피
1	풍납토성(가-2주거지)	그림 I -32	B	32	36	(원통 30)	28.9
2	풍납토성(S5W1)	그림 I -31	A1	31	29.2	14.8	12.5
3	풍납토성(가-동트렌치)	그림 I -33	A1	24	20.5	16	6.5
4	몽촌토성(88-4저장공)	그림 I -4	A1	35	25	14	12.5
5	몽촌토성(88-방형유구)	그림 I -3	A1	38	30	18	19.2
6	몽촌토성(88-4저장공)	그림 I -2	B	24	22.5	23	9.3
7	몽촌토성(88-1저장공)	그림 I -5	A2	49.2	27.4	25.5	31
8	몽촌토성(88-5저장공)	그림 I -6	A2	37	27	23	19.4
9	몽촌토성(11-6 백제층)	그림 I -7	A1	27	24.5	13.2	8.1
10	구의동유적	그림 I -9	A2	28.8	16.7	11.3	5.6
11	구의동유적	그림 I -8	A2	38.2	24.5	20.3	17
12	아차산 시루봉 보루(N4W1)	그림 I -10	A2	34.4	28.9	18.2	16.2
13	아차산 시루봉 보루(S4E2)	그림 I -11	A2	34	27.2	18	14.9
14	아차산 시루봉 보루(S7W4)	그림 I -12	A2	24	21.3	9	4.9
15	아차산 시루봉 보루(S8W2)	그림 I -13	A2	24	23.5	10.8	7.4
16	이천 설봉산성(II확-2트렌치)	그림 I -14	A1	33.5	34.1	15	16.6
17	이천 설성산성(나C3-10토광)	그림 I -15	A1	35.1	33.8	17	18.8
18	이천 설성산성(나B5-5토광)	그림 I -16	A1	30.4	26.5	16	11.5

번호	출토유적	도면	형태	구경	높이	저경	부피
19	이천 설성산성(나B2-5토광)	그림 I -17	A1	30.4	24.2	10.6	8.6
20	파주 주월리유적(96-7주거지)	그림 I -18	B	32	33.7	17 (원통 30)	23.8
21	파주 주월리유적(96지표수습)	그림 I -19	B	32.8	18.2	(원통 30)	12.9
22	파주 주월리유적(한대-2주거지)	그림 I -20	A1	26.8	28.5	14	9.6
23	아차산 제4보루(S8W1)	그림 I -22	A2	34	30.8	17.6	16.6
24	아차산 제4보루(S7W2)	그림 I -23	A2	35	23.1	15	12
25	아차산 제4보루(S3E1)	그림 I -28	A2	45.4	41	21.8	37.8
26	아차산 제4보루(N1W2)	그림 I -24	A2	42.4	31.9	20.8	30
27	아차산 제4보루(S7W2)	그림 I -26	A2	31.8	22.9	11.8	9.1
28	아차산 제4보루(N3E1)	그림 I -27	A2	38.2	26	16.8	16.2
29	아차산 제4보루(N3W1)	그림 I -25	A2	26.1	23	11	6.6
30	하남 미사리유적(KC-32주거지)	그림 I -29	A1	30.8	31.5	17.2	14.6
31	가평 마장리유적	그림 I -30	B	29	29	(원통 30)	20

현재까지 조사한 완형시루는 31점이며 A1형은 11점, A2형은 15점, B형은 5점이다. 계산을 마친 시루들의 용량 분포는 [표 8]과 [삽도 12]와 같다.

[표 8] 대상유물들의 용량 분포

용량(ℓ)	0~5	6~10	11~15	16~20	21~25	26~30	31~35	36~40	계
백제(A1,B)	0	5	5	4	1	1	0	0	16
고구려(A2)	1	4	2	5	0	1	1	1	15
계	1	9	7	9	1	2	1	1	31
비율(%)	3	29	23	29	3	6	3	3	100

지금까지 시루를 형태별, 국가별로 구분하여 그 용량을 측정하고 용량별 분포를 파악하여 보았다. 이상의 표 및 그래프에서 알 수 있는 사항은 시루들의 주요 부피들이 6~20ℓ 에 집중되어 있다는 점이며, 나머지 것들은 거의 20ℓ 이상 되는 대용량이다. 다시 말하면 6~20ℓ 범위의 시루들

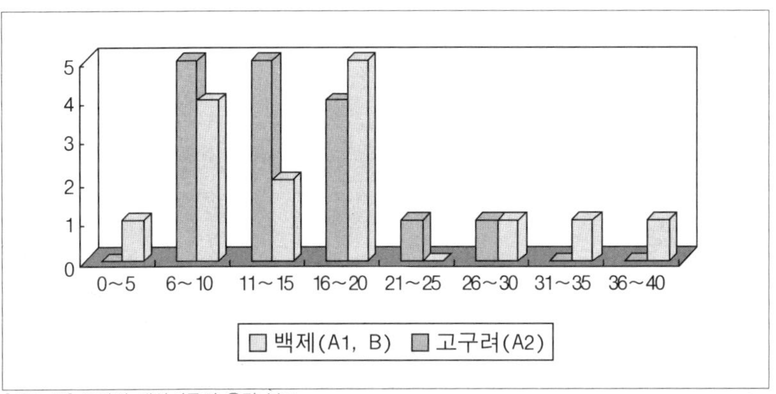

[삽도 12] 국가별 대상시루의 용량 분포

이 다른 것들에 비해 주로 사용되었다고 추론할 수 있다. 또한, 구경 및 저경, 그리고 높이 및 용량 모두 제각각이라는 점은 시루를 제작하는 데 있어 도량형을 이용한 '규격화'가 있었다기보다는 당시의 제작자가 조리와 운반의 편리성을 고려하여 제작하였음을 알 수 있었다. 또한, 개인이 휴대하기에는 무리가 있다는 점을 알 수 있었다.

그렇다면 시루를 이용하여 음식을 했을 경우에는 어떠하였을까? 우리는 보통 물이나 불을 이용하여 음식을 만들 때, 재료를 용기 가득 채우면 물과 열에 의해 팽창되어 흘러넘친다는 것을 경험을 통해서 알고 있다. 마찬가지로 당시인들 역시 필자가 계산한 부피 그대로 음식 재료를 용기에 담지는 않았을 것이고, 음식이 넘치지 않도록 용기의 절반이나 그 이상 많이 넘지 않는 범위 내에서 재료를 담았을 것이다.

그래서 본고에서는 앞서 대상으로 삼았던 시루들의 용량의 2/3를 넘지 않는 범위로 임의로 가정하고 그 용량을 다시 한번 설정해 보았다.

[표 9]의 가정대로 위의 시루로 쌀을 가지고 밥이나 떡을 짓는다고 가정해 보면, 멥쌀 100g은 약 110㎖[66]이고, 가장 작은 14호 시루에 넣을 수 있는 쌀의 양은 약 3200g, 즉 3.2kg 정도라 할 수 있다. 한 끼 필요한 쌀의

[표 9] 대상 시루들의 용량의 2/3(번호는 [표 7]과 동일, 부피 : ℓ)

번호	1	2	3	4	5	6	7	8	9	10
용량	19	8.3	4.3	8.3	12.7	6.1	20.5	12.8	5.3	3.7
번호	11	12	13	14	15	16	17	18	19	20
용량	11.2	10.7	9.8	3.2	4.9	11	12.4	7.6	5.7	15.7
번호	21	22	23	24	25	26	27	28	29	30	31
용량	8.5	6.3	11	7.9	25	20	6	10.7	4.4	9.6	13.2

양이 약 150g[67] 즉, 165㎖ 정도라고 한다면, 3.2kg의 14호 시루를 한 끼 밥으로 먹을 수 있는 인원은 약 20여 명 정도라 할 수 있다. 만약 떡으로 만들었을 경우, 찐 쌀을 치면 칠수록 조직이 치밀해져서 부피가 줄어들므로, 같은 양이라고 했을 시 밥으로 했을 때보다 더 많은 인원에게 배분될 수 있다. 그런데, 고구려의 관방유적인 구의동과 아차산 제 4보루유적에서 발굴된 무기들과 시설, 그리고 문헌자료 등의 검토를 바탕으로 당시 그 유적의 주둔 인원을 검토해 본 결과, 구의동 유적에는 약 10여 명, 아차산 제4보루 유적에는 100여 명의 인원이 주둔하고 있었다는 연구결과[68] 가 나와 주목된다. 그 유적에서 출토된 시루들의 용량이 평균 16.8ℓ 이고

---

66) 필자는 메스실린더를 이용, 가정에서 흔히 식용하는 일반미(백미)의 부피를 측정하였다.

67) 澤田吾一, 1927, 『奈良朝時代民政經濟の數的研究』, 富山房.
　　李弘鍾, 1997, 「韓國 古代의 生業과 食生活」, 『韓國古代史硏究』12, 한국고대사학회 편, p.33에서 재인용하였는데, 인용문에는 143g으로 되어 있다.
　　한편, 영양학자들에 의하면, 쌀의 열량이 100g 당 현미가 351kcal, 백미는 365kcal이므로 하루에 필요한 열량을 쌀로만 보충하려면 백미 450~600g 정도가 필요하다고 하였다. 즉, 하루 3끼를 먹는다고 하면 한 끼에 150~200g 정도 소요된다 할 수 있다. 현대의 기준으로도 큰 차이가 없다고 판단되어 본고에서는 최소량인 150g을 따랐다.
　　한복진 外, 1998, 『우리가 정말 알아야 할 우리음식 백가지』, 현암사, p.53.

68) 임효재 外, 2000, 『아차산 제 4보루 - 발굴조사 종합 보고서』, 서울대학교박물관, p.241.

다시 2/3선에서 계산하였을 때 평균 11ℓ 가 나온다. 다시 구의동 유적 시루의 평균 용량(2/3)은 7.5(약 45명)ℓ , 아차산 제 4 보루유적 시루의 평균 용량(2/3)은 약 12ℓ (약 73여 명)로 앞서와 같은 계산방식으로는 실제 주둔인원으로 보고된 인원수와 차이가 남을 알 수 있었다. 즉, 시루의 용량을 바탕으로 계산한 인원수는 그 유적의 인원수가 몇 명이었음을 증명해줄 수 있는 구체적인 근거가 되지는 않는다. 유적 내에서의 거주인원산출과 관련한 문제는 토기와 각종 유물의 양, 유구 및 유적의 면적 등 다양한 조건들이 검토되어야 하겠다. 다만, 앞서 검토했던 시루라는 용기가 갖고 있는 용량의 특성상, 많은 인원이 필요하거나 모이는 곳에 보다 적합하다는 것을 알 수 있었다.

VI. 국가별 관련문헌 및 벽화자료의 검토

앞서의 검토에서 언급하였던 대로, 시루와 그것을 이용해서 만든 음식들이 일반 서민들을 포함하는 다수의 사람들의 주식으로 기능하지 않아 식생활에 전반적인 영향을 미치지는 않았다고 한다면, 어떠한 경우에 주로 시루를 이용되었겠는가?

앞서 출토 양상이나 용량을 통해 시루는 많은 인원이 모이거나 필요한 곳에 주로 이용되었을 것으로 추정한 바 있다. 그러한 경우라고 하면, 1) 세시풍속을 포함한 각종 제의, 2) 대규모 토목 공사, 3) 군사행동의 3가지 정도로 생각해 볼 수 있다. 앞서의 고고학적 검토를 보완해 보고자, 대상 시대에 관한 문헌 및 벽화와 같은 자료들을 활용하여 당시의 식생활에 시루가 어떠한 위치에 있었는지 살펴보기로 한다. 검토할 수 있는 자료에는 『삼국사기(三國史記)』나 『삼국유사(三國遺事)』, 『삼국지 위지 동이전(三國

志 魏志 東夷傳)』 등과 같은 문헌자료와 안악 3호분과 같은 고구려 벽화 등이 있을 수 있겠다.

고구려와 백제를 살펴보기에 앞서 다음의 글을 주목해 볼 필요가 있다.

'수로왕의 17대손인 급간 갱세(賡世)가 조정의 뜻을 받들어 그 제전(祭田)을 관리하며 해마다 술과 단술을 빚고 떡과 밥, 다과 등 여러 가지 음식으로 제사지내기를 그치지 않았다[69].'

앞서 밝혔던 문헌들에는 고구려와 백제의 제사음식으로 구체적으로 무엇이 사용되었는지는 구체적으로 언급되어 있지 않기 때문에, 일단 위의 『삼국유사(三國遺事)』 「가락국기(駕洛國記)」에서와 같은 제사음식이 고구려와 백제에도 유사하게 존재하였을 것이라는 가정이 필요하다. 그리고 나면 고구려와 백제의 제사음식과 제사의 의미 등에 대해 고찰하기가 보다 용이할 것으로 보인다.

1. 고구려

고구려의 식생활을 살펴볼 수 있는 자료로는 『삼국지 위지 동이전(三國志 魏志 東夷傳)』, 『삼국사기(三國史記)』 등의 문헌자료와 고분에 그려진 벽화 등이 있다.

먼저, 『삼국지 위지 동이전(三國志 魏志 東夷傳)』과 『삼국사기(三國史記)』에 공통적으로, 매년 10월 하늘에 제사를 지내는 '동맹(同盟)'을 언급

---

69) '王之十七代孫賡世級干 祇稟朝旨 主掌厥田 每歲時釀醆 設以餅飯茶菓庶羞等奠' 『三國遺事』「紀異」 제 2 駕洛國記.

하고 있다[70]. 그리고 『삼국사기(三國史記)』에는 이른바 『고기(古記)』를 인용하여 '항상 3월 3일에 낙랑의 언덕에 모여 사냥하는데, 돼지와 사슴을 잡아 하늘과 산천에 제사지냈다[71]'는 내용도 있다. 이러한 내용으로 비추어 한 해를 단위로 일정시기에 관습적 · 주기적으로 거행되는 세시풍속(歲時風俗)적 성격의 의례들이 자주 있었다고 할 수 있다. 그 외에도 『삼국사기(三國史記)』 등에 소개되어 있는, 국가의 수호신인 주몽을 비롯한 시조묘 제사들이 많았던 것으로 알려져 있다[72].

한편, 『삼국사기(三國史記)』 대무신왕(大武神王) 4년(21)조에 '솥(鼎)으로 밥을 짓게 하여 일군(一軍)을 배불리 먹일 수 있었다[73]'는 것으로 보아 고구려는 일찍이 쇠솥을 이용하여 밥을 지을 수 있는 능력이 있었음을 보여준다. 한강유역의 고구려 유적 내에서 출토된 쇠솥들은 이러한 문헌기록의 신빙성을 뒷받침해주는 좋은 자료가 된다.

또한, 『삼국지 위지 동이전(三國志 魏志 東夷傳)』에 '음식을 저장할 줄 알며 술을 잘 빚는다[74]'는 기사는 각종 행사들에 술이 사용되었을 개연성을 높여주며, 이는 시루가 이용되었음을 추정해 볼 수 있는 근거가 된다 할 수 있다[75].

한편, 문헌 이외에도, 고분에 그려져 있는 벽화들을 살펴보면, 평양에 위치한 일명 「동수묘(冬壽墓)」로 일러진 인악 3호분은 4세기에 축조된 것

---

70) '以十月祭天 國中大會 名日同盟', 『三國志 東夷傳』, 高句麗.
　　'後漢書云 … 二十月祭天大會 名日東盟', 『三國史記』, 卷 第 三十二 祭祀.
71) '高句麗 常以三月三日 會獵樂浪之丘 獲猪鹿 祭天及山川', 『三國史記』, 卷 第 三十二 祭祀.
72) 정구복 외, 2003, 「삼국 및 통일신라시대 세시풍속 연구」, 『한국세시풍속자료집성』, 국립민속박물관, pp.429~431.
73) '… 有鼎 使之炊 … 因得作食 飽一軍', 『三國史記』卷 第 十四 大武神王.
74) '…善藏釀', 『三國志 東夷傳』, 高句麗.
75) 술의 제조방법에 대해서는 Ⅶ장에서 살펴볼 것이다.

[삽도 13] 평양 안악 3호분 벽화

으로 추정되고 있는데, 동측실에 식생활과 관련된 부분이 있어 주목된다(삽도 13). 동측실에는 우물, 부엌, 육고칸, 외양간과 마굿간, 디딜방아 등이 그려져 있다. 동벽에 부엌을 그려 놓은 것을 보면 한 여인이 부뚜막 위의 커다란 용기 속의 내용물을 국자(또는 주걱)로 젓고 있다[76]. 부뚜막에 솥으로 추정되는 볼록한 부분이 있는 것으로 보아 시루로 볼 수 있다[77]. 한편, 곡식을 분쇄하기 위해 디딜방아를 사용하였다고 보면, 어떠한 재료와 형태, 그리고 맛을 갖춘 것인지는 알 수 없다 하더라도 떡 또는 그와 유사한 형태의 음식물을 만들어 먹었다는 추정이 가능하다.

또한, 남포에 위치한 약수리 고분 내의 전실 동벽(삽도 14)에 그려진 방앗간과 부엌에 관해 묘사된 내용 역시 안악 3호분과 유사한 모습이다[78]. 두 고분벽화는 부엌과 방앗간이 그려져 있다는 공통점이 있음을 알 수 있다. 이 벽화들은 당

[삽도 14] 남포 약수리 고분 벽화

---

76) 편찬위원회 편, 1990, 『조선유적유물도감 - 고구려편 3』권 5, p.33.

77) 周永河, 2003,「壁畵를 通해서 본 高句麗의 飲食風俗」,『高句麗研究』17輯, 고구려연구회, p.122.

78) 편찬위원회 편, 1990, 『조선유적유물도감 - 고구려편 4』권 6, p.30.

시 피장자들의 경제적 수준을 추정케 하는 것임을 알 수 있다.

위와 같은 자료들로 비추어 보았을 때, 고구려는 일찍부터 쇠솥을 이용하여 밥을 지어 먹었다는 것을 알 수 있다. 한편, 시루를 이용한 음식은 앞에서 언급한 고분의 피장자와 같이 왕이나 관료와 같은 사회의 지배계층을 형성하고 있는 사람들을 중심으로, 그리고 각종 연중행사를 비롯한 의례시에 주로 이용되었을 가능성이 높았음을 짐작케 한다.

2. 백제

백제인들의 식생활과 관련하여 소개되어 있는 자료들은 고구려에 비해 더욱 적은 편이다. 다만 『주서(周書)』, 「이역전(異域傳)」 백제조에 '토지는 낮고 습하고 기후는 온난하다. 오곡[79]과 각종 과일, 그리고 야채와 술, 식

---

79) 五穀은 시대와 지역마다 다르게 정의되어 왔기 때문에 구체적으로 무슨 곡물을 의미하는지는 알 수 없다. 『三國志』, 「弁辰」조에 '땅이 비옥하여 오곡과 벼를 심기에 좋다(土地肥美 宜種五穀及稻…)'라고 한 것으로 보아 오곡에는 벼를 넣지 않은 것으로 보인다. 다만 본고에서는 김기섭의 견해에 따라 麻·黍·稷·麥·豆였을 것으로 파악하고자 한다.
의정부 민락동유적에서 확인된 백제 경작유구에서 식물규산체분석을 실시한 결과 수수를 비롯한 곡품유체들이 확인되어 참고가 된다. 한편, 『三國史記』「百濟本紀」에 있어서 벼농사와 관련된 부분이나 경기도 여주 흔암리, 하남 미사리, 평양 남경유적과 같은 대상지역 또는 인접한 유적지에서 쌀이나 보리 등의 곡물이나 토기의 볍씨자국 등이 수습되었던 것으로 미루어 稻도 오곡과 아울러 주요한 작물이었을 것으로 보이는데, 백제와 고구려가 점유하였던 당시에도 벼농사가 이루어졌을 것으로 추정된다.
金起燮, 2003, 「百濟人의 食生活 試論-재료와 조리를 중심으로」, 『百濟研究』제 37輯, 충남대학교 백제연구소.
崔夢龍, 1987, 「考古學上으로 본 韓國의 食文化」, 『斗溪李丙燾博士九旬紀念韓國史學論叢』, 지식산업사.
崔夢龍 外, 1996, 『議政府 民樂洞遺蹟 - 試掘 및 發掘調査 報告書』, 서울대학교박물관·한국토지공사 서울지사.

혜, 음식, 반찬 및 의약품 등은 중국과 거의 같다[80]’ 라고 하였으며, ‘그 나라의 왕은 사계절의 중간 달에 하늘과 오제의 신에게 제사를 지내고 매년 네 번 그들의 시조 구대의 사당에 제사지낸다[81]’ 라고 하였다. 또한 『삼국사기(三國史記)』에 『책부원구(冊府元龜)』의 기사를 인용한 내용 가운데 ‘매년 네 철의 가운데 달[四仲之月]에 왕이 하늘과 오제(五帝)의 신에게 제사지냈다. 그 시조 구태(仇台)의 묘를 나라의 도성에 세우고 일년에 네 번 제사지냈다[82]’거나, ‘동명묘에 배알했다[83]’는 등의 기사들은 백제 역시 고구려와 마찬가지로 각 분기(分期)나 그 밖의 단위로 세시풍속과 관련된 행사나 시조제사 등을 지냈음을 알 수 있다[84]. 이러한 기사를 바탕으로 생각할 수 있는 것은 백제인들 역시 고구려와 마찬가지로 시루에 대한 직접적인 언급은 없었을지라도, 시루를 이용하여 밥과 떡, 술 등을 조리 및 제조할 수 있는 능력을 소유하고 있었음을 알 수 있다. 특히 기후가 온난하고 습하다는 내용을 통해 백제지역(또는 한강유역)에 벼농사가 발달하였다는 점을 알 수 있는데 이는 한강유역 점령 이전의 고구려에 비해 농산물이 풍부하였다는 것을 생각할 수 있고, 따라서 섭취하는 음식 또한 다양하였다는 것을 의미한다.

신숙정, 2001, 「우리나라 청동기시대의 생업경제-경기도를 중심으로 한 시론-」, 『韓國上古史學報』제35호, 韓國上古史學會.

80) ‘土田下濕 氣候溫暖 五穀雜果菜蔬及酒醴餚饌藥品之屬 多同於內地’, 「周書」, 「異域傳」 (百濟).

81) ‘其王以四仲之月 祭天及五帝之神 又每歲四祠其始祖仇台之廟’, 「周書」, 「異域傳」(百濟).

82) ‘百濟海以四仲之月 王祭天及五帝之神 立其始祖仇台廟於國城 歲四祠之’, 「三國史記」 「雜志」第 1 , 「冊府元龜」에서 재인용.

83) ‘… 謁始祖東明廟’, 「三國史記」「雜志」第 1(祭祀).

84) 삼국시기가 되어 정치조직이 체계화되고 왕권이 강화되면서 천신을 정점으로 한 제의가 왕실에 의해 이루어지게 되었다고 할 수 있다. 崔光植, 2001, 「韓國 古代의 天神觀」, 「韓國 古代史의 再照明」, 신서원, p.73.

한편, 인접한 지역이나 국가의 자료를 일부 살펴보는 것도 도움이 될 것이다. 신라의 경우, 『삼국사기(三國史記)』에 '... 내가 듣건데 성스럽고 지혜로운 사람은 이[齒]가 많다고 하니 떡을 물어서 시험해보자'하니 유리의 잇금[齒理]이 가장 많았으므로...[85]'라는 대목이나, 『삼국유사(三國遺事)』에서 죽지랑(竹旨郎)이 부하를 위해 떡[舌餅]과 술을 갖고 떠났다는 내용[86], 진표율사(眞表律師)가 상원원년(上元元年 : 760) 쌀 20말을 쪄서 말려 양식을 삼고 전북 부안으로 갔다는 기록[87]을 보면 시루가 이용되고 있었음을 짐작할 수 있다. 앞의 2가지 이야기는 떡과 관련된 내용인데 떡을 주로 식용하였던 사람들이 주로 왕이나 귀족과 같은 지배계층이었음을 추측할 수 있으며, 세 번째 진표율사가 쌀을 쪄서 양식을 삼아 먼 거리를 갔다는 기록은 원거리 행군이나 전쟁을 수행하는 등 음식섭취가 용이하지 않은 군인들이 밥이나 죽에 비해 밀도가 높고 휴대가 간편한 찐 떡과 같은 음식물을 비상식량으로 삼았을 것으로 보아도 큰 무리가 없을 것이다[88]. 이는 원거리 이동의 결과로 건설된 고구려의 군사시설인 몽촌토성, 구의동유적, 아차산 보루 등에서 시루가 빈번하게 출토되었던 것과도 관련을 지어 생각할 수 있다.

한편, 중국의 경우, 중국 고대의 식생활을 파악하는 데 도움이 될 수 있는 주요한 저서로는 『예기(禮記)』와 『제민요술(齊民要術)』 등을 들 수 있다. 『예기(禮記)』는 선진(先秦)에서 한초(漢初)에 이르는 유학자들의 논설을 후한(後漢)의 정현(鄭玄)이 모아 주석을 달아 편찬한 책이다. 이 『예기

---

85) '吾聞聖智人多齒 試以餅噬之 儒理齒理多...'『三國史記』,「新羅本紀」제 1(儒理尼師今).

86) '...乃以舌餅一合酒一缸, 卒(牽)左人而行...'『三國遺事』「紀異」제 2(孝昭王代 竹旨郎).

87) '於上元元年庚子 燕二十斗米 乃乾爲粮 詣保安縣 入邊山不思議房...'『三國遺事』「義解」제 5(關東楓岳鉢淵 藪石記).

88) 적은 부피로 휴대가 간편하고, 오래 놓아두어도 다시 먹을 수 있는 떡이라면 인절미를 생각할 수 있는데, 인절미에 관해서는 Ⅶ장에서 서술할 것이다.

(禮記)』의 「내칙(內則)」편에는 당시의 제사음식을 비롯한 음식 및 배치방법 등 식생활에 대해 엿볼 수 있는 내용들이 소개되어 있는데, 시루와 관련있는 음식이라 할 수 있는 밥[飯], 떡[餌 · 瓷], 술[醴] 등이 언급되어 있다. '밥에는 기장밥, 피밥, 쌀밥, 조밥, 흰 기장밥, 메조밥이 있는데 익은 후에 거둔 것과 익기 전에 거둔 것이 있다[89]' 라고 하는 부분을 통하여 다양한 재료로 밥을 지어 먹었을 것으로 추정된다[90]. 또한 쌀과 아울러 피, 조, 기장 등이 쌀과 아울러 기술되어 있는 점은 이 곡물들도 당시 주요 작물로 인식되고 있었음을 알 수 있다. 그리고 술 및 떡과 관련된 내용을 보면, '마실 것의 중례(重醴)에는 도례(稻醴)의 청조(淸糟), 서례(黍醴)의 청조, 양례(粱醴)의 청조가 있다. 또는 죽[酏]으로 만든 것과 기장죽[黍酏]으로 만든 단술이 있으며, 장(漿)과 물[水], 매장(梅漿 : 醷), 남(濫 : 미숫가루물)이 있다. 그리고 술[酒]에는 청주와 백주가 있으며 음식에는 구이(糗餌)와 분자(粉瓷)가 있다[91]' 고 하였다. 이 부분은 곡류로 만들 수 있는 각

---

89) '飯黍 稷 稻 粱 白黍 黃粱稰穛' 『禮記』「內則」제 12 본 기사에 나온 곡류들은 '오곡(五穀)'과 관련이 있는 것으로 보이는데, 언급된 곡류에 관한 명칭은 일단 번역서의 명칭에 따랐다.
　　權五惇 譯解, 2003, 『禮記』, 홍신문화사.

90) 중국의 화북(華北)이나 하북(河北) 지방에서는 현재까지도 '노반(撈飯)'이라 하여 곡물을 끓여낸 후 시루에서 쪄내는 취사법을 사용하고 있다. 우리나라 삼국시대 당시에도 노반과 같은 취사방식이 있었는지는 구체적으로 밝혀지지 않았다. 다만 현재 우리가 정월 대보름에 즐겨먹는 약식(그림 Ⅱ-11)을 통해 그 전통이 있었음을 추정할 수 있을 뿐이다. Ⅳ장에서 필자가 기술했던 대로, 시루는 출토량이 그리 많지 않은 것으로 보아 그 취사방식이 존재하였다고 하더라도 일상적이지는 않았을 것이며, 쇠솥이 등장하게 되면서 사라져 갔을 것으로 생각된다.
　　장징(張競), 박해순 譯, 2002, 『공자의 식탁 - 중화요리 4000년의 문화사』, 뿌리와 이파리, pp.34~35.

91) '飮 重醴 稻醴淸糟 黍醴淸糟 粱醴淸糟 或以酏爲醴 黍酏 漿 水 醷 濫 酒 淸白 羞糗餌粉瓷'.
　　權五惇 譯解, 2003, 『禮記』, 홍신문화사, p.249.

종 음료와 밥을 제외한 음식들에 대한 소개라 할 수 있다. 음료의 종류 가운데 단술이라 하는 '예(醴)'와 술인 '주(酒)'가 구분되어 있는데, 제조에 있어 '주'가 '예'에 비해 어려운 점에 비추어[92] 볼 때, 시루를 이용한 '주(증류주)'는 일상성이 '예'에 비해 떨어진다고 할 수 있다. 그리고 '구이'와 '분자'는 떡이라 할 수 있다. 이는 쌀이나 콩가루를 반죽해서 찌거나, 굽거나 지져서 먹었을 것으로 보인다. 한편, 『제민요술(齊民要術)[93]』은 중국 후위(後魏)대의 사람인 가사협(賈思勰)이 6세기 중엽에 간행한 농서이다. 필자가 이 책을 주목하게 된 이유는 이 책의 간행시기가 연구대상으로 삼은 시기에 해당되고, 고양이란 지역 역시 현대의 산동성(山東省)으로서 지리적으로 근접한 고구려, 백제와 환경적인 유사성 및 교류가 있었을 것으로 생각되기 때문이다. 『제민요술』에는 포(脯), 갱(羹) 등 모두 15가지의 식품 조리 및 가공에 대한 방법이 소개되어 있다. 그 가운데 시루를 이용하였을 것으로 판단되는 조리법으로는 증(烝) · 부(魚)와 종(稯), 반(飯) 등이 있다. 증은 육류, 어패류, 채소류 등을 증기로 찌는 조리법이고, 부는 이것을 먼저 지진 다음 양념을 섞어서 다시 찌거나 또는 삶아 익힌 다음 다시 지지는 등 두 가지 방법을 거치는 조리법[94]이다. 종은 기장밥이나 찰밥을 나뭇잎 또는 풀잎에 싸거나 대나무에 넣어 삶거나 쪄서 익힌 음식이다. 반면 떡에 해당하는 병(餅)은 곡물을 이용하여 죽을 쑤어 발효시키기, 굽기, 튀기기, 기름에 지지기 등으로 소개되어 있다[95]. 이는 우리가 보통 떡하면 갈아서 가루낸 곡식을 시루에 쪄서 먹는 것으로 생각하는 것과 차이가 있다. 앞서 『예기(禮記)』에서 언급한 '구이'와 '분자' 역

---

92) 金尙寶, 1997, 『한국의 음식생활문화사』, 光文閣, p.223.
93) 윤서석 外 譯 , 1993, 『齊民要術 – 식품 · 조리 · 가공편 연구』, 민음사.
94) 윤서석 外 譯 , 1993, 『齊民要術 – 식품 · 조리 · 가공편 연구』, 민음사, pp.193~204.
95) 윤서석 外 譯 , 1993, 『齊民要術 – 식품 · 조리 · 가공편 연구』, 민음사. pp.239~256.

시 반죽한 곡물을 시루에 쪘다기보다는 기름에 지지거나 불에 구워 먹는 음식이었을 가능성이 보다 크다고 할 수 있겠다. 중국의 음식체계와의 관계 속에서 고구려와 백제의 음식들에 대해 생각을 해 보았을 때, 고구려와 백제 역시 중국의 증, 종, 병과 같은 음식들을 일부 알고 있었을 가능성이 높으나, 중국으로부터 이러한 것들을 수용하는 과정에서 조리방식들이 혼합되었거나 그 여건에 맞게 변화되어 나갔을 것이다. 다시 말해, 시루에 있어서 중국은 밥이나 육류, 어패류, 채소류 등을 찌는 용도로, 반면 우리나라는 현재 우리가 쉽게 접할 수 있는 분쇄한 곡식을 시루에 찌는 것을 기본으로 하는 떡(甑餠)으로 발전되어 나왔을 것으로 생각한다.

Ⅶ. 민속자료를 통해서 본 시루 이용 음식(떡) 검토

시루 또는 그를 이용한 음식을 생각할 때 보통 떡을 연상한다. 사실, 시루는 떡을 찌는 용도 이외에도 다양하게 이용될 수 있다. 그러나 시루 하면 보통 떡을 연상하는 이유는 현대의 시루에 있어 가장 빈번하게 사용되는 예가 바로 떡을 찌는 데 사용되기 때문이라 생각한다.

오후배[96]는 시루의 용도에 대해 실용적 용도와 의례적 용도로 나누어, 실용적 용도로 음식물을 찌는 용도와 잿물 및 증류주 제작, 콩나물 재배를 들었고, 비실용적 용도로는 옹관의 한 부분으로 사용되는 경우, 부장품의 하나로 사용되는 경우, 분묘 내부의 제사용, 소형 모형으로 이용하는 경우 등을 들었다. 한편, 장상교[97]는 시루의 이용방식과 관련하여 시루

---

96) 吳厚培, 2002, 『우리나라 시루의 考古學的 研究』, 단국대학교석사학위논문, pp.57~63.

를 이용하여 만들 수 있는 떡과 그 떡들이 조리되는 세시풍속 등에 대하여 살펴본 바 있다.

앞서 문헌자료 등을 통해서 삼국시대의 시루와 각종 제의 행사 등이 서로 관련이 있었음을 살펴보았는데, 본 장에서는 가장 보편적인 시루제조 음식인 떡이 언제, 어떠한 일에 이용이 되는지 현대의 민속자료를 갖고 살펴봄으로써 고대의 식생활을 살펴 볼 수 있는 간접적인 접근[98]을 하고자 한다.

'굿이나 보고 떡이나 먹는다', 또는 '떡 본 김에 제사 지낸다', '남의 떡에 설 쉰다' 등과 같은 속담들[99] 또한 떡의 비일상성(非日常性)을 추정할 수 있는 단적인 근거가 된다고 하겠다.

필자는 본 장에서, 조리방식과 세시풍속, 일생의례 등으로 구분하여 그에 해당되는 떡의 종류에 대해 살펴보았다.

1. 조리방식에 따른 분류

떡의 비일상성(非日常性)을 추론하기 위해서는 그 조리방식에 대한 기본적인 이해를 먼저 하여야 할 필요가 있다고 생각한다. 우리나라의 떡은 조리방식에 따라 찐떡, 친떡, 지신떡, 삶아 건진떡, 발효 후 찐 떡으로 5가지[100]로 나누어 볼 수 있다. 그 가운데 시루를 이용하여 제조한 떡은 찐떡과 친떡, 발효 후 찐떡이라 할 수 있다.

---

97) 장상교, 2003, 「시루의 형태와 이용양상」, 『생활문물연구』9호, 국립민속박물관, pp.8~12.

98) C. Renfrew 外, 1998,『Archaeology – Theories Methods and Practice』, Thames and Hudson, p.178.

99) 趙昌淑, 1976, 「韓國의 餠餌類 考」, 『건대학술지』20輯, pp.344~345.
   임동권, 2002, 『속담 사전』, 민속원, p.52, p.99.

가) 찐떡[甑餠]

쌀가루를 시루에서 쪄서 익힌 떡을 총칭한다. 제조과정은 대체로 쌀가루에 물기를 뿌려 섞은 다음 고운 체에 다시 쳐서 가루에 습기가 고르게 배도록 한 상태에서 시루에 쪄서 만든다. 종류로는 붉은팥시루떡(삽도 12, 그림 Ⅱ-13), 설기떡(그림 Ⅱ-1), 켜떡, 송편(그림 Ⅱ-2) 등이 있다. 이 중에 송편은 다른 떡들과는 달리 쌀가루를 반죽하여 모양을 빚어 만드는 차이가 있다.

나) 친떡[搗餠]

멥쌀가루를 쪄서 친 떡을 '흰가래떡' 또는 '절편(그림 Ⅱ-4)'이라 하고, 찹쌀을 낟알채로 쪄서 쳐서 만든 떡을 '인절미(그림 Ⅱ-3)'로 통칭한다. 절편은 표면에 참기름을 바르고 인절미에는 콩고물, 껍질 벗긴 팥고물, 녹두고물 등을 묻힌다. 인절미나 절편은 칠 때 어떠한 재료를 같이 첨가하느냐에 따라 쑥절편, 쑥인절미 등으로 세분될 수 있다. '잡아당겨 끊는 떡'인 인절미(引截米, 引切餠)에 관한 기록은 조선시대의 조리서인 『음식디미방』에서 처음 나타났다 한다[101]. 그러나 인절미라는 명칭을 사용하지 않았다 하더라도, 그와 같은 친떡을 먹었을 것으로 보이는 기록들은

---

100) 조리방식에 따라 떡을 구분하는 방법에 대해서는 학자들마다 다양한 의견이 있다. 윤서석은 시루떡류, 도병류, 단자병류, 기타 등으로 구분하였고, 강인희는 찌는 떡, 치는 떡, 빚는 떡, 지지는 떡으로 구분하고 있다. 그리고 황혜성은 시루떡과 물편으로 나누었다. 필자가 보았을 때, 이는 명칭의 차이일 뿐 제조과정상 큰 차이가 있어보이지는 않는다. 필자는 기본적으로 강인희의 분류방식을 따르되 그들의 명칭을 종합하여 병기하기로 한다.

김경아 외, 1991, 「한국 떡류에 관한 문헌적 고찰」, 『가정학연구』7호, 명지대학교, p.24.

고려대학교민족문화연구원, 2001, 『한국민속의 세계 -의생활·식생활』3, pp,404~407.

곳곳에서 나타난다. Ⅴ장에서 '잇자국을 내기 위해 떡을 물어 보았던' 『삼국사기(三國史記)』 기사가 사실이라면, 그 떡은 다른 떡들에 비해 부스러기가 발생하지 않고 찰기가 있는 인절미나 절편과 같은 류, 즉 친떡이었을 가능성이 높다. 또한, Ⅳ장과 Ⅴ장에서 필자가 군인들이 원거리를 행군하거나 전투가 벌어졌을 시와 같이 취사가 어려운 상황에 비상식으로 떡을 먹었을 가능성이 있음을 언급하였는데, 그에 해당하는 떡류가 바로 이 종류였을 것으로 생각된다. 앞서도 밝혔지만, 이 떡은 재료를 침으로써 조직이 치밀해지고 부피가 줄 뿐만 아니라, 고물을 일부러 묻히지 않는 한, 부스러기가 발생하지 않기 때문에 휴대 및 저장[102]이 용이하다.

다) 지진떡[油煎餅]

찹쌀가루, 밀가루 등을 물에 개어 기름에 지져 만든 떡으로 찹쌀가루를 물로 개어서 둥글납작하게 모양을 만들어 지진 화전(花煎, 그림 Ⅱ-5)과

---

101) 심영현 外, 1999, 「식이섬유소를 첨가한 인절미의 texture와 저장특성」, 『자연과학논문집』11집, 서울여자대학교, p.75.

102) 떡은 가공직후에는 점성도가 증가하는 호화(糊化)상태가 되어 부드러워 맛과 촉감이 좋고 소화가 잘되지만 시간이 지나면 전분 분자 간에 수소가 결합하여 결정화되고, 전분 분자 사이의 물분자가 빠져나와 분리되는 노화(老化, retrogradation)현상을 겪는다. 즉, 그대로 놓아두면 떡이 딱딱하게 굳는 것을 볼 수 있는데, 이 중 인절미를 비롯한 친떡류는 굳어진 상태에서도 불을 가하면 다시 먹을 수 있다. '인절미 속에 엿을 한치만큼 꽂아 두었다가 만화(慢火)로 엿이 녹게 구워서 아침마다 먹는다'는 기록과 현대에도 굳어진 인절미를 주로 불에 구워 먹는 것은 재활용하기 위해 다시 찌는 과정보다는 단순하므로 휴대성과 저장성에 있어 다른 떡이나 음식물에 비해 용이하다. 그러므로 비상식과 관련된 떡류라면 친떡이 유력했을 것으로 보인다.
朴美子, 1997, 「떡의 노화에 영향을 주는 전분의 특성에 관한 연구」, 『産業開發研究』제5집, 공주대학교, pp.46~47.
안동장씨 원저, 황혜성 편, 『음식디미방』, 한국인서출판사.
이철호 外, 2003, 『한국식품학입문』, 고려대학교출판부, p.163에서 재인용.

그 화전에 밤, 팥, 대추 등으로 속을 넣어 오므린 부꾸미(그림 Ⅱ-6), 차수수가루를 개어 얄팍하게 부치고 안에 팥을 넣어 반으로 접는 차수수전병, 찹쌀가루를 반죽하고 대추, 깨, 유자 등으로 속을 넣어 지진 주악(그림 Ⅱ-7) 등이 있다.

라) 삶아 건진 떡(경단)

찹쌀가루를 물에 반죽하여 둥글게 빚어서 끓는 물에 삶아 건져 고물을 묻힌 떡으로 어떠한 고물을 넣느냐에 따라 콩가루경단(그림 Ⅱ-8), 밤경단, 계피경단 등으로 나눌 수 있다.

마) 발효 후 찐 떡(酏餠)

쌀가루에 술을 넣고 반죽하여 발효시켜 부풀려서 찐 떡으로 증편(蒸片, 그림 Ⅱ-10)이 대표적이다. 증편은 찌는 방법과 고명, 그리고 술맛이 풍기는 새콤하고 달착지근한 맛이 특징이다. 술을 사용하기 때문에 다른 떡보다 빨리 쉬지 않아 여름에 주로 먹는다. 증편을 만들 때는 밑술을 만드는데, 멥쌀가루로 묽게 죽을 쑤어 차게 식히고 누룩가루를 물에 타서 저어 가라앉힌 후 발효시킨다. 이 밑술에 쌀가루를 넣어 반죽한 뒤 시루에 넣고 고명을 얹어 찐다.

앞서도 밝혔듯이, 언급한 떡의 종류 가운데 시루를 이용하여 만드는 떡은 찐떡과 친떡, 발효 후 찐떡이 있고, 시루를 이용하지 않고 만드는 떡은 지진떡과 경단이라 할 수 있다. 그 외에도 곡물의 가루를 이용하지 않고 만든 떡에는 약식이 있다. 결국 어떠한 종류의 떡이 되었건 간에 밥이나 죽과 같은 주로 끓이는 음식류에 비해 조리방법이 복잡하고 번거롭다는 점을 그 특징으로 말할 수 있다. 즉, 떡을 만들기 위해서는 찌거나 지지는, 즉 열을 가하는 과정만이 있는 것이 아니라 그 전후에 반드시 재료의 분쇄(가루만들기, 떡치기)가 이루어져야 하기 때문에 밥이나 죽을 만드는 과정에 비해 보다 많은 노력이 들었을 것이다. 이는 곧 조리과정상에서 떡이라는 음식이 갖는 비일상성에 대해 추론하는 것을 용이하게 한다.

2. 세시기(歲時記)에 따른 분류

세시풍속은 한 해를 단위로 일정한 시기에 관습적 · 주기적 · 전승적 · 반복적 · 의례적으로 거행되는 행동양식 또는 생활행위라 할 수 있다. 다른 말로 '연중행사(年中行事)'라고 하는 것은 일년이라는 시간축을 중심으로 자연환경 및 생활 등이 반복되는 근거를 마련하기 때문이다[103].

떡은 월별, 계절별로 다양한 양상으로 제조되어 왔다. [표 10]은 각 시절을 대표하는 세시풍속과 그 때 먹는 절식(節食)을 소개하고 있는데, 대체로, 19세기 홍석모(洪錫謨)가 저술한 『동국세시기(東國歲時記)[104]』에서 언급한 내용들을 담고 있다([표 10]참조).

[표 10] 연중 각종 세시풍속과 주요 절식[105]

계절	월	세시풍속	주요풍속	시절음식
봄	1	설날	차례 · 세배 · 설빔 · 덕담	떡국
		정월대보름	동세 · 줄다리기 · 지신밟기 · 달맞이 · 달집태우기	약식(오곡밥) · 복쌈 · 귀밝이술 · 부럼
	2	머슴날(노비일)	–	송편
		영등제	풍신제	–

---

103) 정구복 외, 2003, 「삼국 및 통일신라시대 세시풍속 연구」, 『한국세시풍속자료집성』, 국립민속박물관, p.419.
　　최운식 외, 2004, 『한국 민속학 개론』, 민속원, p.55.
104) 洪錫謨 外, 1991, 「東國歲時記」, 『朝鮮歲時記』, 동문선.
105) 최운식 外, 2004, 『한국 민속학 개론』, 민속원.

계절	월	세시풍속	주요풍속	시절음식
	3	삼월삼짇날	화전놀이 · 각시놀음	화전(花煎) · 수면(水麵) · 산떡(쑥떡)
		한식	성묘 · 개사초(改沙草)	–
여름	4	사월초파일	관등놀이(燈夕)	쑥버무리(쑥떡) · 느티떡
	5	단오	머리감기 · 그네뛰기 · 씨름 · 단오제 · 단오굿	수리떡 · 약떡
	6	유두	유두천신(流頭薦新)	유두면 · 건단 · 수단 · 상화병(霜花餠)
		삼복	탁족(濯足)	개장국 · 삼계탕
가을	7	칠석	길쌈 · 걸교(乞巧) · 쇄서폭의(曬書曝衣)	밀국수 · 밀전병
		백중	호미씻이 · 들돌들기	밀전병 · 밀개떡 · 호박부침 등
	8	추석	차례 · 성묘 · 소놀이 · 원놀이 · 가마싸 · 강강술래	송편 · 백주(白酒) · 황계(黃鷄) · 토란국 · 녹두나물
	9	중구	성주차례	국화전(菊花煎) · 화채 · 국화주
겨울	10	상달고사	성주고사	시루떡 (붉은팥시루떡 · 백설기)
	11	동지	팥죽뿌리기	팥죽
	12	제석	묵은세배 · 수세(守歲) · 나례(儺禮)	세찬(歲饌 : 흰떡)

위에 언급한 시절음식들 가운데 무엇보다도 떡이 높은 비중을 차지하고 있음을 알 수 있다. 그 중 몇 가지를 살펴보면 다음과 같다.

가) 송편(그림 II-2)[106]

송편은 2월 한식과 노비일, 8월 추석 때 먹는 떡이다. 2월 노비일의 송편은 농한기가 끝날 무렵 노비에게 잘 대접하여 새해 농사를 잘 지어 달라는 의미라고 할 수 있다. 또 8월 추석의 송편은 햇곡식을 추수할 수 있어서 조상들에게 감사하는 의미로서 차례상에 진설하는 떡이다. 이처럼 송편에는 절기에 따라 격려와 감사의 의미가 깃들어 있으며, 이는 풍농(豊農)을 소망하는 마음이 담겨 있다.

나) 느티떡[107]

느티떡은 4월 초파일에 조리하여 즐기는 음식이다. 사월 초파일 무렵이 되어 새싹이 돋는 느티나무의 싹으로 멥쌀가루와 섞어서 찐 설기떡을 만들어 향과 색을 즐기며 먹었다. 이 떡은 바쁜 농번기이지만 절일을 맞아 잠시 휴식을 즐기며 기력을 재충전하기 위한 절식이다.

다) 수리떡(수리취떡, 그림 II-4)[108]

단오의 시절음식으로 쑥잎을 따다가 찌고 멥쌀을 씻어 하룻밤 담가 두었다가 소금을 넣어 빻아 가루로 만든다. 쑥잎 찧은 것을 가루 속에 넣어 반죽을 하여 가래떡처럼 비벼 수레바퀴 모양의 떡살을 찍어 잘라낸다.

라) 수단(그림 II-9)[109]

물에 떡이 들어 있다는 뜻의 수단(水團)은 쌀가루나 밀가루를 빚어 콩알만하게 삭세 씌어 꿀물에 넣어 띄운 음료를 말한다. 유월 유두와 칠월 칠석에 먹는 음식으로, 이때쯤에 보리와 밀 등의 햇곡식과 참외, 오이, 수

---

106) 장상교, 2003, 「시루의 형태와 이용양상」, 『생활문물연구』9호, 국립민속박물관, p.9.

107) 장상교, 2003, 「시루의 형태와 이용양상」, 『생활문물연구』9호, 국립민속박물관, p.9.

108) 김경아 외, 1991, 「한국 떡류에 관한 문헌적 고찰」, 『가정학연구』7호, 명지대학교, p.28.

박 등의 청과가 나온다. 이때 나온 산물을 가지고 조상께 올리면서 앞으로의 농사가 잘 되기를 빌며 먹는 절식(節食)이라 할 수 있다. 떡을 넣는 수단 외에도 햇보리를 삶아 오미자국에 띄워 먹는 보리수단 역시 이 시기의 절식이다.

마) 붉은팥시루떡(삽도 15, 그림 II-12)[110]

이 시루떡은 10월 상달고사에 이용되는데, 이는 한 해의 수확에 감사하는 의미로 제상을 차려 신에게 드리는 고사떡이다. 고사떡은 붉은팥으로 고물을 하는데, 이는 붉은색이 악귀를 쫓는다는 믿음에 의한 것이다. 이때 이용되는 시루떡은 시루째로 대문이나 장독대 등에 놓는데 이를 '치성시루'라고 한다. 고사떡은 가내의 평안을 기원하는 의미가 담겨 있다. 한편, 잔치 등에는 붉은팥 대신 흰팥이나 녹두, 깨 등의 고물을 쓰기도 한

① 불린 쌀 건지기	② 쌀가루 체에 내리기	③ 붉은 팥고물 만들기
④ 시루떡 켜켜로 안치기	⑤ 시루떡 찌기	⑥ 모판에 쏟은 팥시루떡

[삽도 15] 붉은팥 시루떡 제조과정(출전 : 한복진 외, 『우리가 정말 알아야 할 우리음식 백가지』)

---

109) 한복진 외, 1998, 『우리가 정말 알아야 할 우리음식 백가지』, 현암사, pp.359~360.
110) 장상교, 2003, 「시루의 형태와 이용양상」, 『생활문물연구』9호, 국립민속박물관, pp.9~10.
　　한복진 외, 1998, 『우리가 정말 알아야 할 우리음식 백가지』, 현암사, p.283.

다.

3. 일생의례(一生儀禮)에 따른 분류

한편, 그밖에도 한 개인이 태어나서 죽을 때까지 겪게 되는 일생의례시에도 많은 떡을 먹는다. 일생의례(一生儀禮)는 한 사람이 기자(祈子)에서부터 관혼상제(冠婚喪祭)에 이르기까지 일생을 통하여 반드시 거치는 각종 의례를 말한다[111]. 각각의 의례를 통과할 때마다 이용되는 음식은 독특한 의미가 부여되며, 여기에서 떡은 개인의 무병장수와 부귀 등의 염원을 담고 있다. 주요한 몇 가지를 살펴보면 다음과 같다.

가) 백설기(그림 II-1)[112]

멥쌀가루에 소금 또는 설탕과 같이 간을 하기 위한 첨가물 이외에는 아무것도 넣지 않고 쪄내는 떡으로 주로 탄생 및 성장과 관련있는 삼칠일, 백일, 첫돌에 등장하는 의례음식이다. 백색은 재앙과 악귀를 막는 주술색으로 벽사의 색이자, 아기가 희고 깨끗하게 자라라는 기원이 담겨져 있다.

나) 오색송편[113]

백일, 첫돌, 책례 등에 이용되는 의례음식이다. 백설기와 마찬가지로

---

111) 비슷한 말로 서구에는 '통과의례(rite of passage)'란 표현이 있다. 이 말은 장소, 상태, 사회적 지위, 연령 등의 변화에 따른 의례를 가리키는 말로 일생 동안 치르는 의례뿐만 아니라 일정한 장소를 드나들 때 행하는 의례나 , 세시의례까지 포함하는 개념의 말로 쓰인다.
최운식 외, 2003, 『한국 민속학 개론』, 민속원, p.133.
112) 한복진 외, 1998, 『우리가 정말 알아야 할 우리음식 백가지』, 현암사, pp.286~287.

주로 성장기 의례에 이용되는 음식으로서 멥쌀가루로 흰색, 오미자로 붉은 색, 치자로 노란 색, 쑥으로 푸른색, 송기로 자주색을 낸 송편이다. 이 때 송편은 두 종류로 만든다고 한다. 하나는 속을 꽉 차게 만드는데, 이는 학문이 꽉 차서 훌륭한 사람이 되라는 기원이 담겨 있다고 한다. 다섯은 동서남북 사방과 중앙을 합친 수이자 여성 상징의 짝수 2와 남성 상징의 홀수 3을 합친 수로서 완전과 보편성을 상징한다. 오색송편도 이와 같은 의미를 두고 오행(五行), 오덕(五德), 오미(五味)와 마찬가지로 만물과 조화를 이루며 살아가라는 기원이 담겨 있다.

다) 봉치떡[114]

혼례시 납채에 이용되는 음식이다. 납채는 신랑집에서 신부집으로 함을 보내는 절차이다. 봉치떡은 찹쌀가루와 붉은 팥을 이용하여 조리한다. 이 때 찹쌀을 두 켜만 안치고 중앙에 대추 일곱 개를 방사형으로 올린다. 봉치떡의 재료를 찹쌀로 하는 것은 부부의 금실이 찰떡처럼 화목하라는 의미이며, 떡을 두 켜로 올리는 것은 부부 두 사람만을 상징하는 것이다. 붉은 팥고물은 액을 피하고 잡귀의 범접을 막아내는 뜻이고, 대추와 밤은 결실을 뜻한다. 이때 사용하는 시루는 붉은 팥과 같은 의미에서 붉은 오지시루를 이용하는데 이것을 봉치시루라고 한다.

지금까지 각종 의례시[115]에 제조되는 떡에 대해 살펴보았다. 이외에도 시루를 이용하여 만들 수 있는 음식으로는 증류주의 제작이 있을 수 있다. 증류주의 제조과정을 간략히 살펴보면, 누룩 만들기 – 고두밥 짓기 –

---

113) 장상교, 2003, 「시루의 형태와 이용양상」, 『생활문물연구』9호, 국립민속박물관, p.10.

114) 이성우, 2004, 『韓國食生活의 歷史』, 수학사, pp.175~176.

전술 빚기(발효) - 소주 내리기[116](삽도 16) 등의 과정을 겪는다. 여기서 고두밥 짓기는 쌀을 씻어 불려서 시루에 담아 쪄 내어 고르게 펴서 그늘에서 식히는 과정이다. 필자가 언급하였던 대로 이 과정에서 시루가 반드시 필요하다. 이 부분은 증류주를 제조하는 경우가 아닌 발효주를 제조하는 경우에도 마찬가지다. 누구나 대체로 인식하듯이, 전통술은 제조에 있어 떡보다도 더 많은 노력과 시간이 필요하다. 다시 말하면, 고대의 술 또

[삽도 16] 전통주 제조과정(출전 : 한복진 외, 『우리가 정말 알아야 할 우리음식 백가지』)

---

115) 이외에도 전쟁을 수행하는 군인들에 의해서도 제례가 있었을 것으로도 보이는데, 참고할 만한 것으로 종로구 숭인동에 위치하고 있는 보물 제 142호인 관왕묘(동묘)는 임진왜란 당시 승전을 관우 신령의 힘이 컸다고 생각하여 감사의 예를 올리기 위해 건립한 사당이다. 현재 관왕묘는 서울 외에도 안동과 성주, 남원 등지에 있으며 현재에도 관우신에 대한 제례를 지내고 있다. 이러한 것으로 미루어 삼국시대 당시에도 승전에 대한 기원 및 축하행사시에도 제의가 있었을 것으로 보인다.
국립민속박물관, 2003, 『한국의 제사』, p.56.
116) 한복진 외, 1998, 『우리가 정말 알아야 할 우리음식 백가지』, 현암사, p.419.

한 특별한 의례나 행사가 있을 때 이용되었다고 생각할 수 있다. 다만, 술을 증류하여 받아내기 위해서는 소주고리 역시 필요한 도구이며, 삼국시대 당시에도 술을 빚기 위한 용도로 별도의 시루와 소주고리 또는 그와 유사한 형태 및 기능을 갖는 용기 역시 존재하였을 것으로 보이나, 아직까지 고고학적으로 국내에서는 양조를 하였을 것으로 추정되는 유구 및 유물의 존재가 확인되지 않고 있는 만큼 시루에 있어서도 양조(釀造)용과 제병(製餠)용 시루를 구분하기는 당장은 어려운 문제이다. 그러나 이렇게 떡이나 술과 같이 시루를 이용해서 만드는 음식들은 평소에 상용(常用)하던 음식들이 아니라, 시절음식 및 일생의례와 관련된 음식이라는 점을 알 수 있다.

VIII. 맺음말 - 삼국시대 시루 이용과 제사상 복원 -

지금까지 증기를 이용해 음식물을 찌는데 사용되는 용기인 시루가 삼국시대에 갖는 의미에 대하여 고구려와 백제시루의 특징, 유구내 관련유물인 자비용기 및 노 시설과의 관계, 주거공간과의 관계, 완형시루의 용량분석, 삼국시대 고구려와 백제 및 주변지역의 식생활과 관련한 문헌과 고분벽화, 현대민속자료에서 나타나는 시루이용 음식인 떡이 갖는 성격 등을 통해 살펴보았다.

결론적으로, 삼국시대의 시루는 일상생활에 이용되는 조리용기가 아닌 보다 특수한 상황 하에서 이용된 용기라는 점을 파악할 수 있었다.

고구려와 백제의 시루가 갖는 형태적인 특성에 있어 공통적으로 지적할 수 있는 것은 모두 구멍이 여러 개 뚫려 있으며, 시간이 갈수록 그 각각의 구멍 크기 또한 커진다는 것을 알 수 있었는데, 이는 당시의 사람들이 구멍과 증기의 투과(透過) 간의 관계를 파악하고 있었다는 점을 생각할 수 있고, 또한 음식재료가 밑으로 빠지지 않게 하기 위해서 짚이나 천으로 시루밑을 제작하여 사용하고 있었음을 보여주는 근거가 된다고 할 수 있다. 또한, 고구려와 백제 대부분의 시루가 파수를 갖고 있었다는 점 역시 공통적인 특성이라 할 수 있었다. 이러한 점들은 당시의 시루가 저장을 비롯한 다른 용도로 전용하거나 겸용할 수 없는 시루만의 고유한 용도로 특성화 되고 있었음을 보여준다고 할 수 있다.

이러한 시루가 갖는 기본적인 특징을 바탕으로 한강유역상의 고구려 백제 유적에서 시루가 출토되는 주거지에 대해 검토해 본 결과, 시루는 조리시에 이용될 수 있는 일명 '자비용기'인 심발형토기와 장란형토기에 비해 출토 유구의 빈도에 있어 현저히 적다는 점을 발견할 수 있었다. 시루는 조리를 위해서는 개체 독자적으로 기능할 수 없으므로 다른 자비용기와 같이 출토된 유구만을 검토대상으로 삼았는데, 시루의 사용 정도가 다른 용기들에 비해 적었음을 알 수 있었다. 또한 대상 주거지의 노지형태, 주거지 형태 및 면적과의 관련성을 살펴본 결과, 노 시설에 있어서는 부뚜막과 같은 별도의 지지시설이 반드시 필요한 요소는 아니었으며, 주거형태 또한 시루 출토 주거지와 그렇지 않은 주거지 사이에 큰 관련성, 즉 시루가 특정 형태의 주거에서 많이 출토된나는 깃과 같은 점을 찾기는 어려웠다. 그러나 면적은 일반 마을유적에 있어 대체로 넓은 주거지로 갈수록 출토 빈도가 높았다는 점을 밝힐 수 있었다.

한편, 완형복원이 가능한 고구려와 백제시루 31점을 대상으로 그 용량을 분석해 본 결과 6~20ℓ 에 해당하는 시루들이 다수를 점하고 있었고, 20ℓ~30ℓ 이상 되는 것들도 많이 나타나는 점으로 미루어 이용 대상의 성격을 추정할 수 있었다. 즉, 많은 인원이 모이거나 필요한 곳에 사용되었다는 점을 알 수 있었다.

이렇게 일상적이지 않고, 많은 인원이 모이거나 필요한 경우이라고 하면 대체로 마을이나 국가, 군대 단위의 의례나 군사행동 등에 대해 생각해 볼 수 있다. 『삼국사기(三國史記)』, 『삼국유사(三國遺事)』, 『삼국지 위지 동이전(三國志 魏志 東夷傳)』을 비롯한 삼국시대 당시를 언급한 각종 문헌이나 고구려 안악 3호분, 약수리 고분과 같은 벽화들을 살펴보았을 때, 고분의 경우, 피장자가 일반인들에 비해 신분적·계급적으로 우월한 위치에 있는 사람들이었고, 제의 및 술[酒]에 관한 문헌기록들을 살펴보았을 때 시루는 세시의례와 같은 각종 공동체적인 제의시에 직접적으로 사용되었거나 그와 관련한 시절음식 제작, 군인들의 비상식과 같은 특수한 경우에 이용되고 있었음을 알 수 있었다. 한편, 『제민요술(齊民要術)』과 같은 중국의 생활 및 음식관련 문헌을 통해서 당시의 중국과 현대 우리나라의 음식문화가 차이가 남을 알 수 있었다. 이는 시루를 사용하여 음식을 만드는 문화가 한반도에 전래되어 정착하는 과정에서 변화가 일어났음을 알 수 있었다.

시루를 활용한 음식들의 비일상성(非日常性)에 대해 민속자료를 이용하여 검토해 본 결과, 현대 우리가 먹는 떡이나 술 역시 각종 세시풍속(歲時風俗)이나 관혼상제(冠婚喪祭)등에 보다 더 큰 의미가 부여되고 있었음을 알 수 있었다. 이는 본 연구의 대상이 되었던 시기에도 큰 차이는 없었을 것으로 보인다.

이상과 같은 사항으로 알 수 있는 것은 대상지역과 시기 내에서의 식생활에 있어서, 시루를 이용한 떡이나 밥짓기가 일상화되었던 것은 아니라는 것이다. 시루는 도성이나 마을, 군사주둔지에서의 공공의례나 세시풍속, 전승의 기원이나 축하 및 대규모의 토목공사가 필요하였을 때에 특수하게 이용되었던 의례용기로서, 그리고 시절음식 제조와 관련이 있었고, 또 한편으로는 군사주둔지와 관련하여서는 군인들의 비상식 마련에 이용되었을 가능성이 있음을 알 수 있다. 따라서 이 시루는 국가나 마을 등지에서 일정정도 사회적·경제적 지위를 갖춘 이들이었거나 군수물자를 담당하던 이들, 또는 마을 공동소유였을 것으로 이해된다.

아울러, 이러한 사항과 관련하여 당시의 제사상을 복원한다면, 다음과 같은 형태의 제사상이 마련되었을 것으로 추정된다. 첫째로,『삼국사기』,『삼국유사』 등의 기록들을 참고한다면, 음식물이 담긴 시루와 희생제물(통째로 놓여졌거나 머리나 다리 같은 신체의 일부)만으로 구성된 제사상이 있을 수 있다. 둔내나 영송리와 같이 토기의 기종이 호와 옹 등으로 제한된 곳, 다시 말하면 고배와 같은 현대의 제기와 유사한 형태의 토기들이 나타나지 않은 대상 유적 내에서 차릴 수 있는 형태라 할 수 있다. 이는 이른 시기의 제사상 형태라고 할 수 있고, 도성지역에 비해 경제적, 문화적 수준이 뒤떨어진 시골마을에서 나타날 수 있는 제사상의 형태라고도 볼 수 있다. 둘째로, 첫 번째 사항에 고배 및 삼족배와 같은 각종 현대의 제기와 유사한 형태의 그릇들을 첨가하여 제사상을 차린 경우를 들 수 있다. 물론, 제사의 성격과 대상, 주최자가 어떠한가에 따라 제사상에 진설(陳設)되는 그릇과 음식의 종류와 양은 달라질 수 있을 것으로 생각된다(그림 12, 13 참조).

이상과 같이 삼국시대의 시루가 갖는 의미에 대하여 살펴보았고, 이에 덧붙여 당시의 제사상에 대해 간단하게나마 복원을 시도해 보았다. 고대인들의 생활에 대한 보다 충실한 복원을 하려면 관련된 많은 부분들을 해결하여야 할 것으로 보인다. 자비용기와 그들을 이용할 수 있는 시설인 노지와의 관계, 저부에 구멍이 하나 뚫려 있는 이른바 '단공토기(單孔土器)'들을 시루의 시원으로 볼 수 있는가에 관한 문제, 횡성 둔내, 광주 신창동, 해남 군곡리 등에서 출토된 초소형토기들의 용도문제, 풍납토성 경당지구유적, 부안 죽막동, 부천 고강동유적 등과 같은 이른바 '제사유적'

들에 대한 해석문제, 주거지들의 기능문제, 주거지 거주자들의 사회 내에서의 성격 및 위치문제 등이 검토되어야 할 과제라고 생각된다.

그리고 무엇보다도, 토기의 기능을 파악하는 데 있어 필요한 것은 토기 내부토의 성분에 대한 분석과 각 유적에서 출토된 유기물질에 대한 분석이라 할 수 있는데 이러한 성과들이 축적된다면 당시 조리방식과 식생활 풍속 복원, 더 나아가 사회의 풍속과 구조 등에 관한 연구를 보다 심층적으로 진행시킬 수 있을 것으로 보인다.

[별표 1] 몽촌토성 유적

유 구 명	형 태	면 적 (장축×단축, ㎡, 단위 m)	노 지	토 기(출토여부)		
				시루	조리용기 (발,장란형호)	기타토기
85–1 주거지	방형계	11.6	A	O	O	O
85–2 주거지	타원형계	34.4	X	X	X	O
85–3 주거지	방형계	24.8	B	X	X	O
87–1 주거지	방형계	58.6	C?	O	O	O
87–2 주거지	방형계	56.1	B	X	X	O
87–3 주거지	타원형계?	잔존 60	B	X	X	O
87–4 주거지	방형계	29.7	X	X	X	O
87–5 주거지	방형계	7.7	B	X	X	X
88–1 주거지	방형계	15	C	X	O	O
88–2 주거지	呂자형계	24	A	O	O	O
88–3 주거지	凸자형계?	?	?	X	X	X
88–4 주거지	凸자형계	25	C?	O	O	O
89–적심건물지	지상건물	45	?	O	X	O
89–온돌건물지	지상건물	11.5	C	X	X	X
B–1 주거지	방형계	38	C	X	O	O
계	15			5	5	12
비율(%)	100			33	33	80

[별표 2] 1997년 국립 문화재연구소 조사 풍납토성 유적

유 구 명	형 태	면 적 (장축×단축, ㎡, 단위 m)	노 지	토 기(출토여부)		
				시루	조리용기 (발,장란형호)	기타토기
가–1 주거지	凸자형계	59.2	?	X	O	O
가–2 주거지	凸자형계	71.3	C	O	O	O
가–3 주거지	凸자형계	66.5	C	X	O	O
가–5 주거지	凸자형계	78	C	X	X	O
가–6 주거지	방형계	49.4	A	X	X	X
가–7 주거지	凸자형계	45	C	X	O	O
가–8 주거지	凸자형계?	49.6	X	X	X	X
가–9 주거지	凸자형계?	42.3	C	X	O	O
가–10주거지	凸자형계?	?	?	X	X	X

유 구 명	형 태	면 적 (장축×단축, πr², 단위 m)	노 지	토 기(출토여부)		
				시루	조리용기 (발,장란형호)	기타토기
가-11주거지	방형계?	?	B	X	O	O
나-1 주거지	凸자형계?	35.6?	?	X	X	O
나-2 주거지	凸자형계?	62.4	?	X	X	O
나-3 주거지	凸자형계?	?	?	X	X	O
나-4 주거지	방형계	49	B?	X	O	O
나-5 주거지	凸자형계?	31.5	?	O	X	O
나-6 주거지	凸자형계?	30	B	X	O	O
나-7 주거지	?	?	?	X	X	O
나-8 주거지	?	?	D	O	O	O
계	18			3	9	15
비율(%)	100			17	50	83

[별표 3] 하남 미사리 유적
(* 한-한양대, 서-서울대, 고-고려대, 숭-숭실대)

유 구 명	형 태	면 적 (장축×단축, πr², 단위 m)	노 지	토 기(출토여부)		
				시루	조리용기 (발,장란형호)	기타토기
85-1 주거지	방형계	11.6	A	O	O	O
한-1 주거지	呂자형계	88	D	X	O	O
한-4 주거지	타원형계	11.5	A	X	O	O
한-6 주거지	방형계	48	B	X	O	O
한-7 주거지	타원형계	38.5	A	X	X	O
한-12 주거지	원형계	5.7	A	X	X	O
한-13 주거지	凸자형계	110	D	X	X	O
한-14 주거지	방형계	5.8	B	X	X	O
한-15 주거지	원형계	8	A	X	X	O
서A-2 주거지	타원형계	19	C	X	O	O
서A-4 주거지	타원형계	19.6	?	X	O	O
서B-1 주거지	원형계	32	B?	O	O	O
서B-2 주거지	凸자형계	14.8	C	X	O	O
서B-3 주거지	타원형계	31	?	X	O	O

유구명	형태	면적 (장축×단축, πr², 단위 m)	노지	토기(출토여부)		
				시루	조리용기 (발,장란형호)	기타토기
고88-1 주거지	방형계	25.5	C	X	O	O
고003 주거지	방형계?	?	X	X	X	O
고008 주거지	凸자형계	47	X	X	X	O
고009 주거지	凸자형계	51.8	X	X	X	O
고010 주거지	凸자형계	34.4	D	X	O	O
고013 주거지	원형계	20.4	C	X	O	O
고014 주거지	凸자형계	73.3	?	X	O	O
고016 주거지	방형계?	?	?	X	X	O
고019 주거지	원형계	28.3	C	X	O	O
고020 주거지	방형계	17.2	A	X	O	O
고022 주거지	방형계?	?	?	X	X	O
고024 주거지	?	13.8	X	X	X	O
고026 주거지	타원형계	25	C	X	O	O
고027 주거지	방형계?	?	?	X	X	O
고028 주거지	원형계	7.1	X	X	X	O
고029 주거지	타원형계	16.2	X	X	X	X
고032 주거지	타원형계	28.9	A	O	O	O
고033 주거지	呂자형계	38.3	X	X	O	O
고035 주거지	타원형계	24.3	C	X	O	O
고038 주거지	타원형계	31.5	C	X	O	O
고040 주거지	凸자형계	55.3	C2	O	O	O
숭A-7 주거지	凸자형계	30.6	?	X	X	O
숭B 1 주거지	타원형계	32	C	X	O	O
숭B-2 주거지	凸자형계	20.5	C	X	O	O
숭B-3 주거지	방형계	16.7	C	X	O	O
숭B-4 주거지	방형계	18.2	C	X	O	O
숭B-5 주거지	방형계	21.8	C	X	O	O
숭B-6 주거지	방형계	3	C	X	O	O
계	41			3	26	40
비율(%)	100			7.3	63.4	97.6

[별표 4] 용인 수지 유적

유구명	형태	면적 (장축×단축, πr², 단위 m)	노지	토기(출토여부)		
				시루	조리용기 (발,장란형호)	기타토기
1-1 주거지	방형계	31	B	O	O	O
1-2 주거지	凸자형계	56	B	O	O	O
1-3 주거지	타원형계	35	X	X	O	O
1-4 주거지	방형계	39	C	X	O	O
2-1 주거지	방형계	32.3	C	X	O	O
2-2 주거지	방형계	34.3	B	X	X	X
계	6			2	5	5
비율(%)	100			33	83	83

[별표 5] 여주 연양리 유적

유구명	형태	면적 (장축×단축, πr², 단위 m)	노지	토기(출토여부)		
				시루	조리용기 (발,장란형호)	기타토기
1 주거지	원형계?	?	A	X	O	O
2 주거지	방형계	22.8	D	X	O	O
6 주거지	방형계	73	B	O	O	O
7 주거지	원형계	?	B	X	X	O
10 주거지	방형계	45.4	B	X	O	O
11 주거지	방형계?	?	D	X	O	O
12 주거지	凸자형계	44	C	X	O	O
계	7			1	5	7
비율(%)	100			14.3	71.4	100

[별표 6] 파주 주월리 유적
(경 - 경기도박물관, 한 - 한양대)

유구명	형태	면적 (장축×단축, πr², 단위 m)	노지	토기(출토여부)		
				시루	조리용기 (발,장란형호)	기타토기
경96-3 유구	?	?	?	X	X	O
경96-4 주거지	방형계	?	?	X	O	X
경96-7 주거지	凸자형계	154	C	O	O	O

유 구 명	형 태	면 적 (장축×단축, πr², 단위 m)	노 지	토 기(출토여부)		
				시루	조리용기 (발,장란형호)	기타토기
경96-8 주거지	?	?	C	X	O	O
경97-2 주거지	방형계?	?	?	X	O	O
경97-4 주거지	원형계	41	C	X	O	O
경97-9 주거지	?	?	X	X	X	O
경97-10주거지	?	?	?	X	X	O
경97-12주거지	방형계?	?	A	O	O	O
경97-13유구	?	?	A	X	O	O
경97-15주거지	원형계	18.5	A	X	O	O
한 1 주거지	凸자형계	68.4	C	O	O	O
한 2 주거지 (고구려,백제)	방형계	31.8	A	O	X	O
한 3 주거지	凸자형계	31.4	C	X	O	O
한 1 부뚜막			C	X	O	O
한 2 부뚜막			C	O	O	O
계	16			5	10	15
비율(%)	100			31.3	62.5	93.8

[별표 7] 춘천 중도 유적

유 구 명	형 태	면 적 (장축×단축, πr², 단위 m)	노 지	토 기(출토여부)		
				시루	조리용기 (발,장란형호)	기타토기
1 주거지	방형계	27	D	O	O	O
2 주거지	방형계	?	B	O	O	O
계	2			2	2	2
비율(%)	100			100	100	100

[별표 8] 의정부 민락동 유적

유 구 명	형 태	면 적 (장축×단축, πr², 단위 m)	노 지	토 기(출토여부)		
				시루	조리용기 (발,장란형호)	기타토기
F-1주거지	방형계	8.7	D	X	O	O
H-1주거지	방형계?	23	C	X	O	O
H-2주거지	방형계	8.9	C	X	O	O
계	3			0	3	3
비율(%)	100			0	100	100

[별표 9] 포천 성동리 유적

유 구 명	형 태	면 적 (장축×단축, πr², 단위 m)	노 지	토 기(출토여부)		
				시루	조리용기 (발,장란형호)	기타토기
1 주거지	타원형계	21	?	X	X	O
4 주거지	타원형계	17.6	X	X	O	O
7 주거지	타원형계	13.3	?	X	X	O
9 주거지	타원형계	20.4	C	O	O	O
계	4			1	1	4
비율	100			25	25	100

[별표 10] 포천 자작리 유적

유 구 명	형 태	면 적 (장축×단축, πr², 단위 m)	노 지	토 기(출토여부)		
				시루	조리용기 (발,장란형호)	기타토기
1 주거지	방형계	21.3	X	X	X	O
2 주거지	呂자형계	211.2	C	O	O	O
계	2			1	1	2
비율(%)	100			50	50	100

[별표 11] 횡성 둔내 유적

유 구 명	형 태	면 적 (장축×단축, πr², 단위 m)	노 지	토 기(출토여부) 시루	토 기(출토여부) 조리용기 (발,장란형호)	토 기(출토여부) 기타토기
84-1 주거지	방형계	154	?	O	O	O
84-2 주거지	방형계?	35	B	O	O	O
84-3 주거지	凸자형계	40	B	O	O	O
나-1 주거지	?	?	B	X	O	O
나-2 주거지	呂자형계	55.6	D	X	O	O
나-3 주거지	?	?	B	X	O	O
나-4 주거지	?	?	B	X	O	O
나-5 주거지	?	?	B	X	O	O
계	8			3	6	8
비율(%)	100			37.5	75	100

[별표 12] 이천 설성산성 유적

유 구 명	형 태	면 적 (장축×단축, πr², 단위 m)	노 지	토 기(출토여부) 시루	토 기(출토여부) 조리용기 (발,장란형호)	토 기(출토여부) 기타토기
1 주거지	?	?	C	X	X	O
2 주거지	타원형계	48	C	X	O	O
3 주거지	타원형계	84	C	X	O	O
4 주거지	타원형계?	48.6	C	X	O	X
5 주거지	타원형세	56.3	C	X	O	O
6 주거지	?	?	C	X	X	X
7 주거지	타원형계	13.5	C	X	O	O
8 주거지	?	?	C	X	X	O
9 주거지	원형계	19.6	C	X	X	O
11 주거지	?	?	C	X	X	X
12 주거지	원형계?	9	C?	X	O	O
13 주거지	타원형계	14.7	C	X	X	X
14 주거지	원형계	13.8	?	X	O	O
계	13			0	4	9
비율(%)	100			0	28.6	64

[별표 13] 포천 영송리 유적

유구 명	형 태	면 적 (장축×단축, πr², 단위 m)	노 지	토 기(출토여부)		
				시루	조리용기 (발,장란형호)	기타토기
1 주거지	?	?	C	X	O	O
2 주거지	呂자형계	?(대형)	X	X	X	O
3 주거지	凸자형계	24.3	B	X	X	O
4 주거지	방형계	26.4	B	X	X	O
5 주거지	凸자형계	48	B	X	O	O
계	5			0	2	5
비율(%)	100			0	40	100

[별표 14] 중원 하천리(F 지구) 유적

유구 명	형 태	면 적 (장축×단축, πr², 단위 m)	노 지	토 기(출토여부)		
				시루	조리용기 (발,장란형호)	기타토기
1 주거지	방형계	87.15	B	X	O	O
2 주거지	방형계	32.5	B	X	O	O
계	2			0	2	2
비율(%)	100			0	100	100

[별표 15] 아차산 제 4 보루 유적

유구 명	형 태	면 적 (장축×단축, πr², 단위 m)	노 지	토 기(출토여부)		
				시루	조리용기 (철호, 부, 심발형토기)	기타토기
1 건물지	지상건물	95.5	C2			
2 건물지	지상건물	26.6	X	O	O	O
5 건물지	지상건물	42.5	C			
3 건물지	지상건물	573.8	C3	O	O	O
6 건물지	지상건물	150	C4	O	X	O
4 건물지	지상건물	48	X	O	X	O
7 건물지	지상건물	75	C2			
계	4			4	2	4
비율(%)	100			100	50	100

[별표 16] 아차산 시루봉 보루 유적

유구명	형태	면적 (장축×단축, πr², 단위 m)	노지	토기(출토여부)		
				시루	조리용기 (철호, 부, 심발형토기)	기타토기
1 건물지	지상건물	36.4	C			
2 건물지	지상건물	30	C2	O	O	O
3 건물지	지상건물	?	X			
4 건물지	지상건물	?	C			
5 건물지	지상건물	17.2	C	O	O	O
6 건물지	지상건물	?	X			
7 건물지	지상건물	?	X			
8 건물지	지상건물	25.2	C3	O	O	O
9 건물지	지상건물	21	C			
대형건물지	지상건물	704	X	X	X	O
계	4			3	3	4
비율(%)	100			75	75	100

[별표 17] 구의동 유적

유구명	형태	면적 (장축×단축, πr², 단위 m)	노지	토기(출토여부)		
				시루	조리용기 (철호, 부, 심발형토기)	기타토기
1 건물지	지상건물	44.2	C	O	O	O
계	1			1	1	1
비율(%)	100			100	100	100

[그림 1] 한강유역 고구려·백제 유적 출토 완형 시루(축척부동)

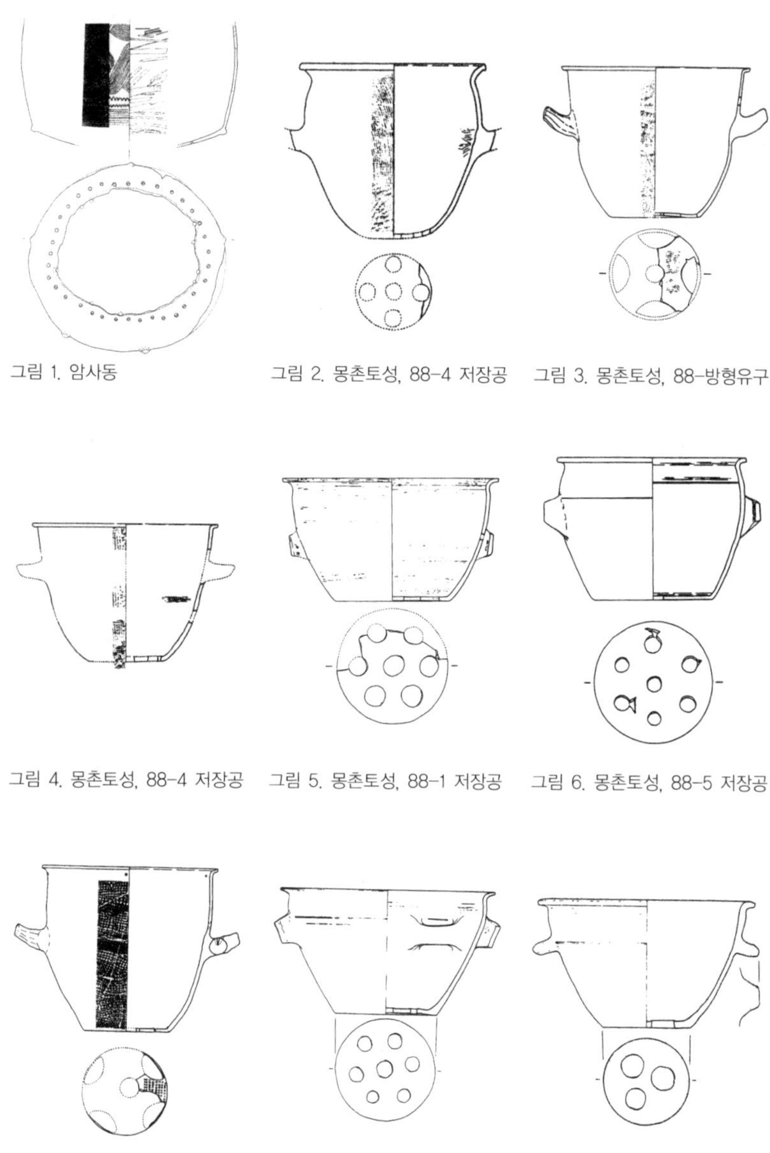

그림 1. 암사동　　　그림 2. 몽촌토성, 88-4 저장공　　　그림 3. 몽촌토성, 88-방형유구

그림 4. 몽촌토성, 88-4 저장공　　　그림 5. 몽촌토성, 88-1 저장공　　　그림 6. 몽촌토성, 88-5 저장공

그림 7. 몽촌토성, 11-6 백제층　　　그림 8. 구의동　　　그림 9. 구의동

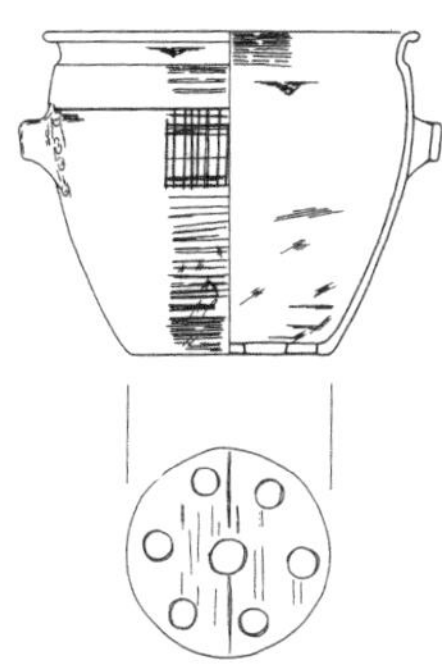

그림 10. 아차산 시루봉 보루, N4W1

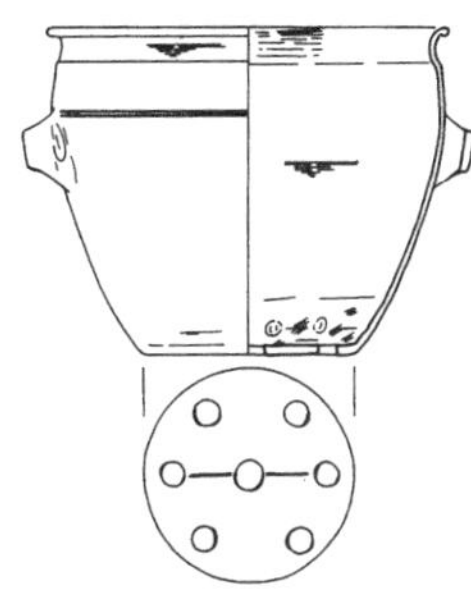

그림 11. 아차산 · 시루봉 보루, S4E2

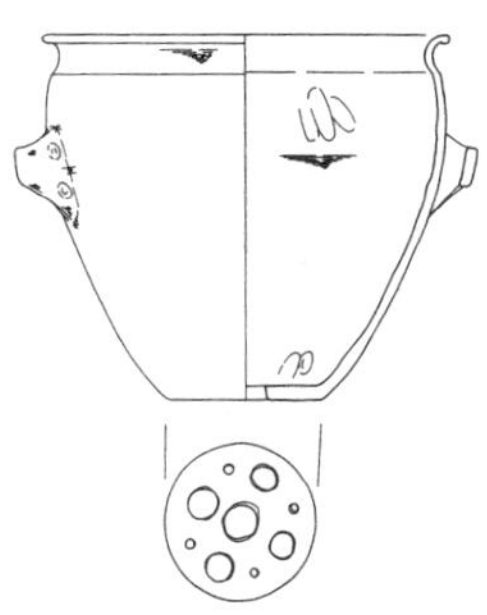

그림 12. 아차산 · 시루봉 보루, S7W4

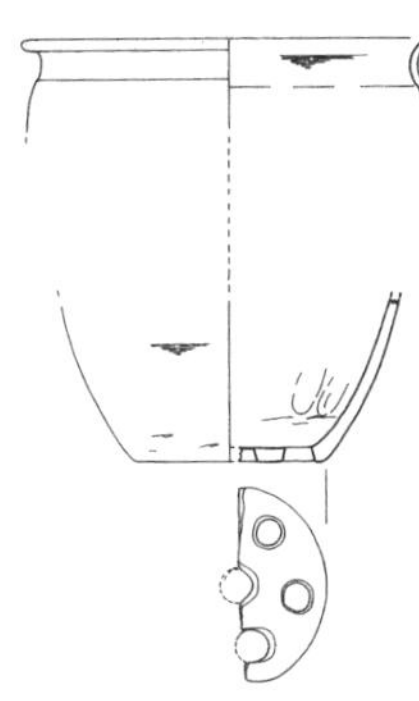

그림 13. 아차산 시루봉 보루, S8W2

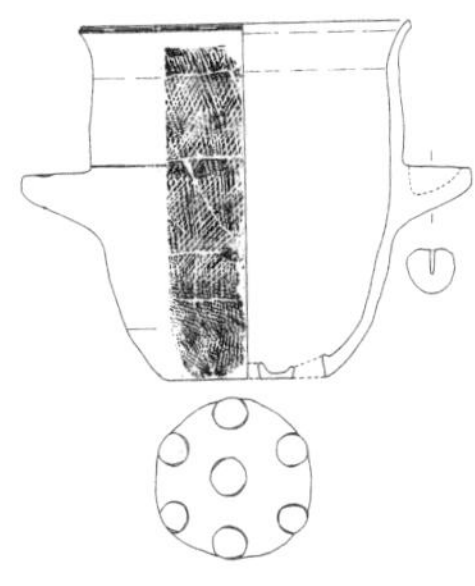

그림 14. 이천 설봉산성, II확-2 트렌치

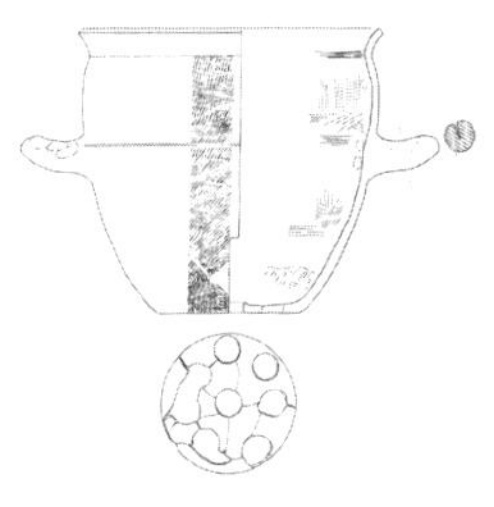

그림 15. 이천 설성산성 나C3-10토광

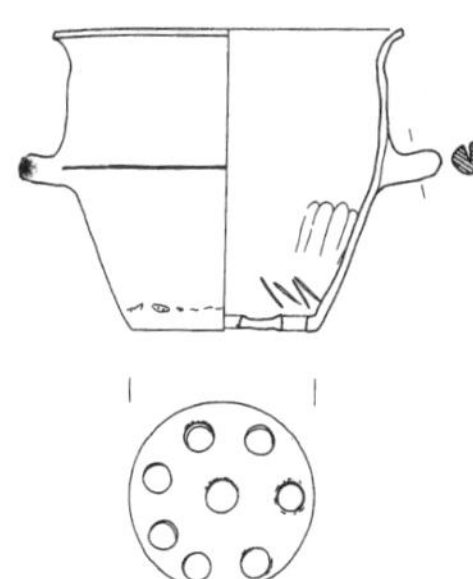

그림 16. 이천 설성 산성, 나B5-5토광

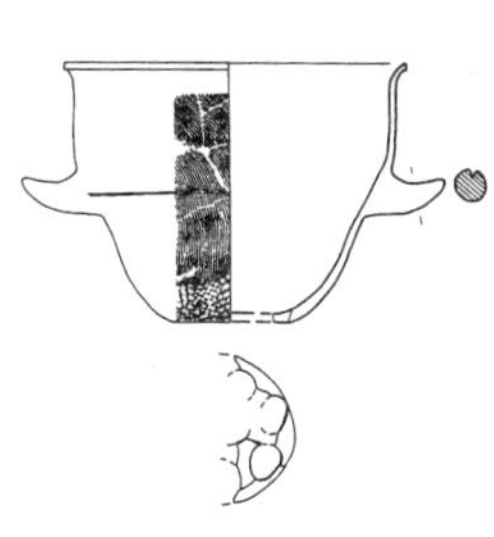

그림 17. 이천 설성산성, 나B2-5토광

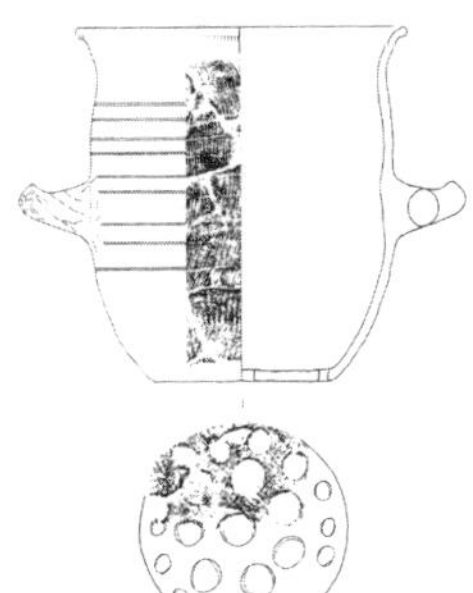

그림 18. 파주 주월리, 96-7 주거지

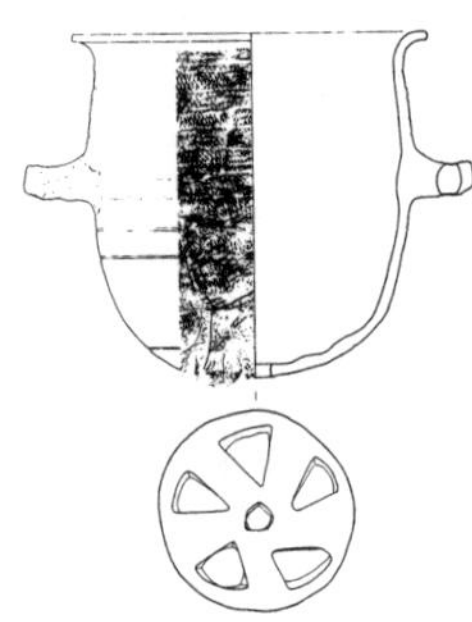

그림 19. 파주 주월리, 96 지표
수습

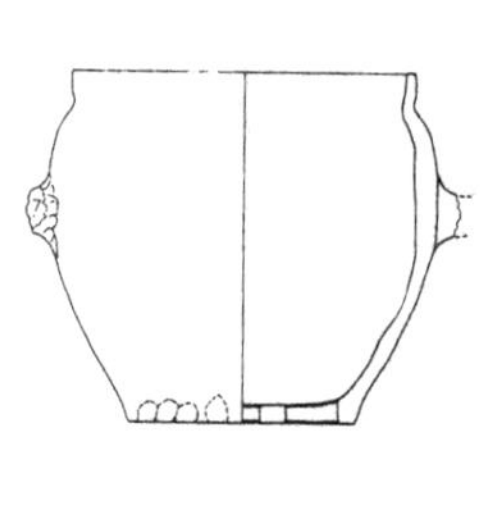

그림 20. 파주 주월리, 한대-2
주거지

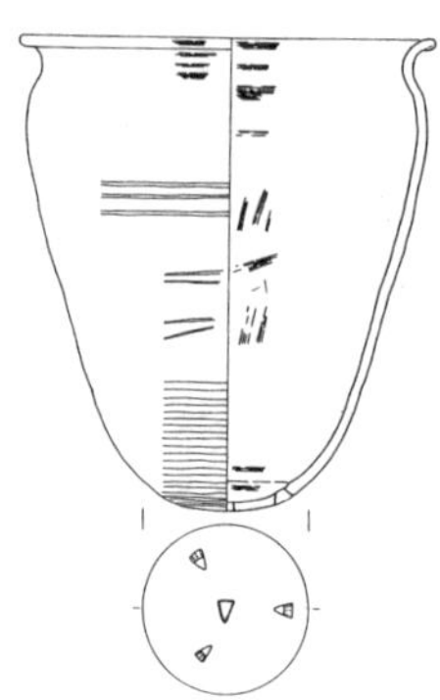

그림 21. 아차산 제 4 보루,
S6E1

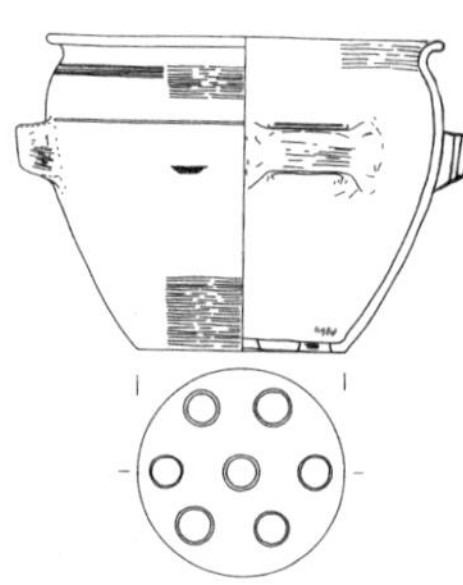

그림 22. 아차산 제 4 보루,
S8W1

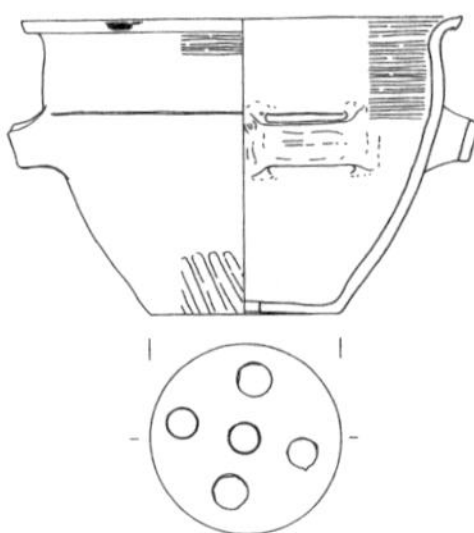

그림 23. 아차산 제 4 보루,
S7W2

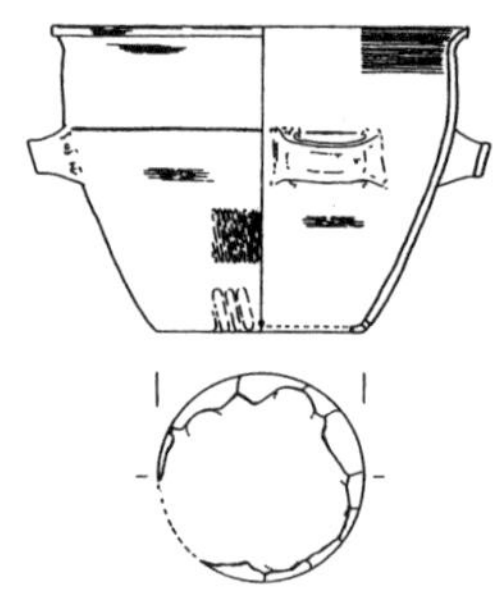

그림 24. 아차산 제 4 보루,
N1W2

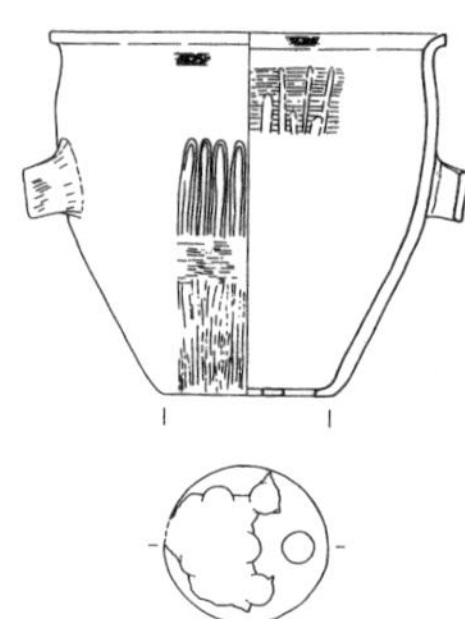

그림 25. 아차산 제 4 보루,
N3W1

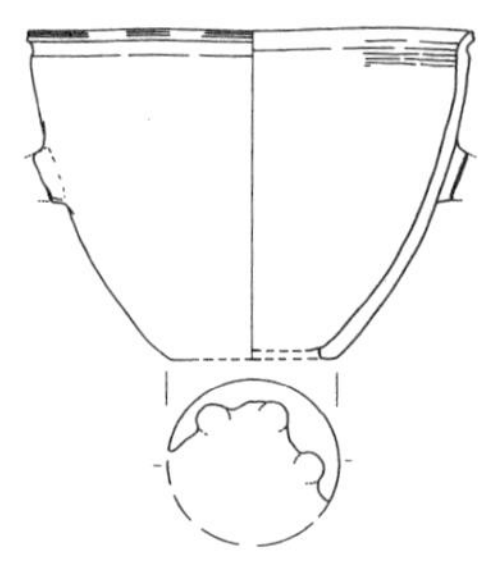

그림 26. 아차산 제 4 보루,
S7W2

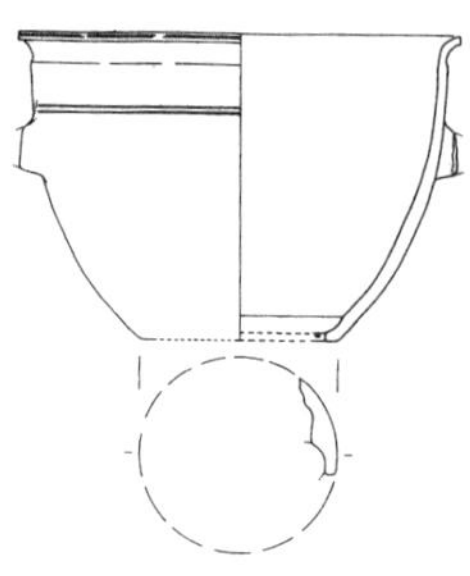

그림 27. 아차산 제 4 보루,
N3E1

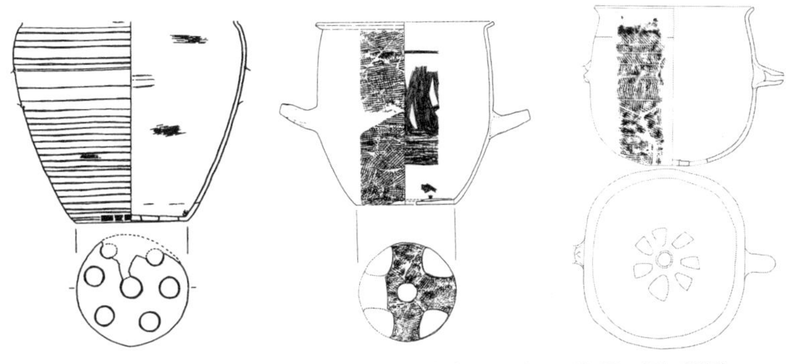

그림 28. 아차산 제 4 보루, S3E1

그림 29. 하남 미사리, KC-32 주거지

그림 30. 가평 마장리

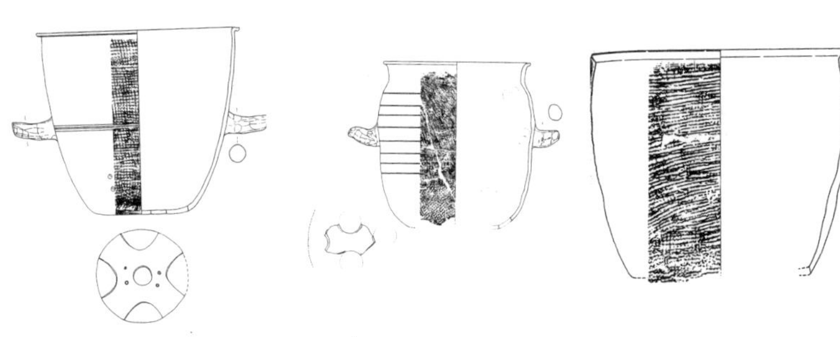

그림 31. 풍납토성, S5W1

그림 32. 풍납토성, 가-2주거지

그림 33 풍납토성, 가-동트렌치

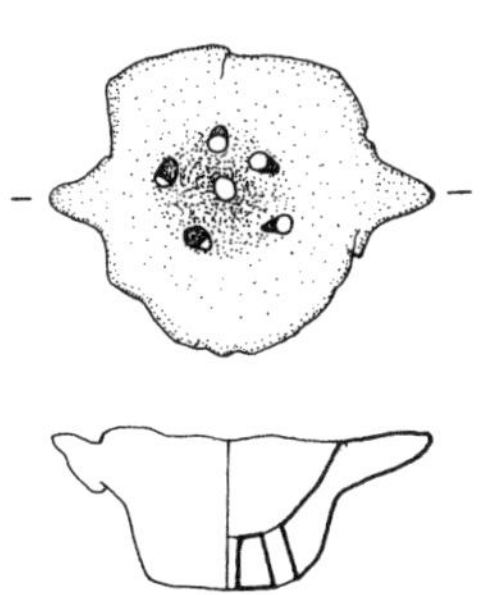

그림 34. 횡성 둔내

[그림 II] 세시풍속 · 일생의례 등에 이용되는 각종 떡들

그림 1. 백설기

그림 2. 송편

그림 3. 인절미

그림 4. 절편(수리떡)

그림 5. 화전

그림 6. 부꾸미

그림 7. 주악

그림 8. 경단

그림 9. 떡수단

그림 10. 증편

그림 11. 약식

그림 12. 현대 고사상과 붉은팥시루떡

그림 13. 현대 제사상

신라의 국가 형성 시기의 재검토
- 영남지역 고분 분석을 중심으로 -

강봉원*

I. 서론

신라 국가 형성 시기는 한국 고고학 및 역사학계에서 중요한 쟁점들 중의 하나이다. 본고에서는 이 문제의 해명을 위해서 기존 한국사 및 고고학계에서 논의되고 있는 국가 형성에 대한 편년 안(案) 일별하여 보고 경상남·북도 지역에서 발굴 조사된 고분들을 이용하고자 한다. 신라 국가 형성 시기는 이미 오래 전부터 한국학 연구자들 즉, 한국과 일본의 역사학 및 고고학자들에 의해서 수없이 많이 다루어진 주제로 진부한 연구과제로도 생각할 수 있다. 현금까지 신라의 국가 형성 시기에 대하여 많은 견해가 제시되어 대체로 4세기 후반 내물왕대라고는 하지만 이 연대에

———————

* 경주대학교 문화재학부 교수.

대한 불만도 다소 제기되어 한국의 고고학계나 역사학계에서 일반적으로 수용될 수 있을 신라의 국가 형성 시기는 제대로 정립되어 있지 않다고 해도 과언이 아닐 정도이다. 아울러 이 문제는 여전히 논쟁의 여지가 있는 것이 사실이다. 예를 들면, 한국의 각급 학교 현행 국사 교과서에는 신라의 국가 형성 시기를 『삼국사기』 신라본기와 『삼국유사』의 왕력의 내용을 근거로 신라 B.C. 57년, 고구려 B.C. 37년, 그리고 백제 B.C. 18년이라고 되어있다. 다른 한편, 교과서 한 쪽에 주를 달아 실질적으로는 고구려의 국가 형성이 가장 이르고 그 다음이 백제, 마지막으로 신라가 국가 단계의 사회에 이르렀다고 기술되어 있는 실정이다. 구체적으로 아직도 한국의 국사 교과서에는 고구려 태조왕(53~121 혹은 146?), 백제 고이왕(234~286), 신라 내물왕(356~402)대에 국가 단계의 사회에 이르렀다고 되어 있다.

그러나 1970년대 이래 역사학 및 고고학계에서 역사 자료의 다른 각도에서의 해석 혹은 새로운 고고학적인 자료의 발굴을 토대로 일반적으로 삼국, 구체적으로는 신라의 국가 형성 시기를 앞당겨 잡는 견해가 많이 제시되었다. 이러한 사실은 신라 나아가서는 삼국의 국가 형성 시기 규명이 어려운 것이어서 학계에서 쉽게 결론을 내릴 수 있을 성질의 것이 아니라는 것을 단적으로 나타내 주는 것이기도 하다. 우리 학계에서 신라 국가 형성 시기에 대한 이러한 이원적인 견해를 언제까지 지속하여야 할 것인가. 어쩌면 『삼국사기』 및 『삼국유사』에 삼국 건국의 절대연대가 제시되어 있기 때문에 차제에 어떠한 연구 작업이 수행되더라도 국가 형성 시기에 관한 한 이 절대 연대들을 결코 도외시 할 수 없는 것이 이 분야 연구가 내포하고 있는 원천적인 문제가 아닌가 생각된다. 그렇다고 해서 국가 형성의 시기 문제를 도외시하거나 언제까지나 회피할 수는 없는 실정이다.

신라 국가 형성 시기에 대해서는 이미 선학들이 이루어 놓은 연구 성과가 있고(이병도·김재원 1959), 국사 교과서에 그대로 반영되고 있는 것은 사실이다. 그러나 1970년대 중반 이후 한반도 각 지역에서 발굴 조사가 양적으로 팽창하여 많은 유적지가 조사되어 예기치 않았던 유물들도 많이 출토되었다. 이러한 고고학 자료에 착안하여 급기야 선학들이 제시해 놓은 신라 나아가서는 삼국의 국가 형성 시기가 부적절하고 더 오래되었을 것이라는 주장들이 많이 나오게 되었다. 사실 필자도 한반도 고대 국가의 형성 시기를 선학들이 제시한 것보다 더 오래되었을 것이라고 생각했던 사람들 중의 하나였다.

그러나 필자는 외국에서 고고학 공부를 하면서 국가의 개념과 정의 그리고 이를 고고학적으로 면밀하게 검증하는 절차를 배우는 과정에서 과거 한국 고대 국가 및 그 형성 시기에 대하여 가지고 있었던 전반적인 생각이 다소 바뀌게 되었다. 보다 더 중요한 것은 국가 형성 시기의 연대가 더 오래되었다거나 덜 오래되었거나가 아니고 몇 가지의 고고학 자료를 가지고 피상적으로 연대를 결정한다는 것이 오류를 범할 수 있다는 생각을 가지게 된 것이다. 역사학이나 고고학을 연구함에 있어서 연대 그 자체를 밝히는 것이 궁극적인 목적이 되어서는 안되지만 그럼에도 불구하고 연대를 밝히는 작업을 결코 소홀히 해시는 안된다. 필자는 이 논문에서 신라 국가 형성의 연대가 반드시 옳다고 주장하기 보다는 결론을 도출하는 논리적인 과정을 보여주고자 한다.

이 연구를 진행시키기 위하여 특히 신라 및 그 인근 지역이었던 경상남·북도 일원에서 발굴 조사된 3~5세기에 해당되는 분묘들을 주 대상으로 삼아 분묘의 구조와 분묘에서 출토된 부장품들을 분석의 주 대상으로 삼는다. 특히 1970년대 이래 영남지역의 신라 및 신라 인근 지역에서 발굴된 분묘를 외형적인 측면(분묘 축조 시 노동력)과 또 분묘에서 출토된 각종 중요한 부장품들을 통계학적으로 분석하여 신라의 국가 형성 시기를 고고학적인 측면에서 고찰하여 보기로 하겠다. 이 논문에서는 신라 국가 형성 시기를 앞당겨 보려고 하는 학자들이 제시한 문헌 자료나 고고학 자료를 해석함에 있어서 다소 주관적인 요소와 피상적인 자료의 해석이 있다는 것을 규명하여 신라의 국가 형성 시기를 지나치게 이르게 잡는 경향이 있음을 고찰하여 보기로 한다. 특히, 과거 선학들이 문헌을 바탕으로 신라가 중앙 집권 체제를 갖추고 실질적으로 국가 형성을 이룬 시기를 내물왕대(356~402)로 제시하여 놓은 연대를 고고학적인 자료를 이용하여 검증하여 보는 것이 이 논문의 주안점이다.

II. 신라 국가 형성 시기 연구의 문제점과 필요성

현금까지 한국의 역사 및 고고학계에서는 신라의 국가 단계 사회로의 발전에 대하여 아주 분분한 가설들이 많이 제시되어 있으나 이들을 대체로 네 가지로 압축시킬 수 있다. 첫째로, 『삼국사기』의 내용을 대체로 긍정적으로 평가하여 신라의 국가 형성 시기를 기원전 57년 혹은 그 이전으로까지도 소급하여 보려고 하는 경향이 있다(이종욱 1982, 1999). 둘째로, 기원전 57년은 아니지만 적어도 내물왕대 이전으로 보아야 한다는 주장이 있다(김정배 1986; 신형식 1984, 1985). 셋째로, 이병도 · 김재원(1959) 이래 전통적으로 내물왕대로 보는 견해가 있다. 그리고 마지막으로 일본인들의 경우에는 이것보다 훨씬 더 늦게 신라 국가 형성시기를 잡아 6세기 혹은 7세기까지로 보는 경우도 있다. 위에서 언급한 바와 같이 한국의 각급 학교 국사 교과서에는 신라의 국가 형성을 『삼국사기』의 기사 내용과 대비시켜 신라가 삼국 중 가장 일찍 국가 단계 사회로 형성하였다고 하면서도 실질적으로는 고구려, 백제, 그리고 신라의 순서로 발전하였다고 하고 있다. 그리하여 국사 교과서의 국가 형성 시기에 대한 내용과 역사학자들 혹은 고고학자들의 일반 전문 서적의 내용에 상당한 차이가 있는 바 이 문제를 좀더 주도 면밀하게 연구하여 시정해야 할 필요가 있다고 생각한다. 이 논문에서 네 가지의 설에 대하여 지면의 제약상 일일이 다 알아보지는 않고 신라가 내물왕대에 국가 단계 사회로의 발전을 보았다는 데에 초점을 맞추기로 하겠다.

신라의 국가 형성 시기 그 자체를 연구하는 것도 한국의 고고학이나 역사의 발전을 위해서 중요하다. 그러나 국가 형성 '시기' 그 자체를 규명하는 것이 궁극적인 목적이 아니고 신라사회가 어느 시점에서 사회 계층의 분화가 심화되어 정치적으로 '국가' 단계의 사회로 성장하였을 것인가 하는 역사적인 배경을 규명하는 것이다. 그리하여 신라 국가 형성 시기를 밝히는 것은 더 심오한 역사적인 배경을 규명하는데 있어서 하나의 출발점을 제공하는 것으로 '목적'이 되어서는 안되고 '수단'이 되어야 하는 것이다. 그리하여 신라의 국가 단계 사회로의 전환 시점을 정확하게 밝히게 되면 이것을 토대로 '어떤 요인' 혹은 '과정'에 의하여 혈연을 기반으로 한 단순한 족장적(族長的) 성격을 띤(소위, chiefdom-족장사회) 정치 조직체에서 복잡다단한 성치·사회 조직체로 발전하게 되었을 것인가를 해명하여 볼 수 있다.

보통 한국 고대사 연구에서 국가의 형성은 '건국'이라는 표현을 많이 사용하고 또 문헌 기록에 등장하는 건국 신화와 관련하여 지극히 짧은 시간에 이루어진 현상으로 간주하는 경향이 농후하다. 단군신화 이래 신라 박혁거세 신화, 금관가야국의 김수로왕에 관한 이야기, 혹은 고구려 시조 동명성왕과 백제의 시조 온조왕의 설화와 같이 특정한 부족이 한 곳에서 다른 곳으로 이주를 하면서 정치 조직체가 형성되었다는 것을 고찰하였던 것을 그 예로 들 수 있다. 그러나 복합사회로서 족장사회(chiefdom)라든가 특히 국가 단계의 사회는 비교적 넓은 지역을 아우르고 많은 인구를 기본적으로 가지고 있어야 하는 것이기 때문에 이들의 사회가 순식간에 탄생한다는 것은 애당초 있을 수 없는 일이다. 과거 서구 고고학 및 인류학자들도 연구 대상의 한 정치조직체가 Service(1962)가 제시하여 놓은 무리사회(bands), 부족사회(tribes), 족장사회(chiefdoms), 국가(states) 중 어느 단계에 이르렀는가를 연구한 경향이 많았다. 그러나 1960년대 중반 이후 소위 신고고학자들(New Archaeologists)은 이러한 경향을 체크-리스트(check-list) 고고학이라고 비판하면서 하나의 정치조직체가 반드시 무슨 단계에 이르렀는가를 규명하는 것보다 '어떤 과정'을 통하여 족장사회 혹은 국가 단계의 사회에 도달하였는가로 연구의 초점이 바뀌어져야 한다고 주장하였다. 그 결과 서구의 고고학계가 이러한 연구방향으로 전환하게 되었고 신고고학을 '과정주의 고고학'(processual archaeology)이라고도 부르고 있는 것이다.

그리고 국가의 개념과 정의를 어떻게 설정하는가에 따라 신라의 국가 형성 시기는 보는 사람에 따라 소급할 수도 있고 더 늦추어 볼 수도 있게 되는 것이다. 예를 들어 한국 학자들의 경우 신라의 국가 형성 시기를 다소 앞당겨 보려고 하는 경향이 있다(김원룡 1968; 신형식 1984:70, 1985:31; 천관우 1976:46). 반면 일본학자들의 경우 상당히 늦추어 보려고 하는 경향이 농후하다는 것은 다 알고 있는 사실이다. 또 일본학자들은 신라의 국가 형성 시기를 늦추어 보려고 할 뿐만 아니라 자국의 국가 형성 시기에 대해서도 상당히 보수적이어서 7세기로 비정하는 경우도 있다는 것을 볼 수 있다.

한국의 사학자나 고고학자들이 신라의 국가 형성 시기를 올려 잡으려고 하는 시도에 대해서 필자는 전혀 반대의 견해를 가지고 있지 않다. 그러나 그 내용을 들여다보면 즉시 적지 않은 문제가 내포하고 있다는 것을 알게 된다. 가장 중요한 것은 한반도에서 고대 국가 형성의 시기가 이르다는 것에 대하여 지나치게 집착하여 문제의 본질이 다소 흐려져 버렸다는 것이다. 가령 예를 들자면 신형식(1984:70)은 "...종래 주장되어 오던 태조왕·고이왕·내물왕을 전후로 고대 국가가 성립되었다는 논리는 정치 기사의 입장에서는 타당성이 없다"고 주장하며 신라 국가 형성 시기를 올려 잡아야 한다는 뜻을 비치고 있다. 더욱이 그는 "...고고학 자료와 문헌과의 결부를 통해 『삼국사기』 초기 기록에 신빙성을 줄 때, 격렬한 기마전투를 바탕으로 한 파사왕대의 고대 국가 성립은 음미할 만하다. 따라서 필자는 내물왕대를 신라 역사의 일대 전환점으로는 볼 수 없다는 입장이다"(신형식 1985:31)라고 하였다. 그리하여 그는 "...특정한 왕의 업적에서 국가 성립의 계기를 찾을 것이 아니라, 신라 초기부터 뚜렷한 국가의 모습을 찾을 수 있다"라고 주장하면서 『삼국사기』 신라본기의 내용을 참고하여 파사왕대(80~111 A.D.)에 고대 국가의 성립이 이루어지지 않았을까 추정하고 있다(신형식 1985:31~32). 여기에서 지적되어야 할 문제점은 『삼국사기』의 구체적인 사료를 제시하기는 하였지만 이 내용을 외국학자들의 국가의 개념이나 정의에 대한 추상적인 것들, 예를 들면 '다수의 인원 동원에 따른 군대 조직의 필요성'이나 '무력의 합법적 사용과 중앙집권제' 등을 『삼국사기』 문헌의 기록과 막연히 결부시켰을 뿐이지 이들을 구체적으로 천착(穿鑿)한 것은 아니어서 크게 설득력이 있다고는 보이지 않는다.

김정배(1986:66)의 경우 물질적인 증거를 다소 제시하기도 하였다. 즉, 그는 기원 후 1세기경으로 편년이 되는 김해패총이나 웅천패총에서 발굴된 많은 양의 철기 유물은 "우리로 하여금 고대 국가 성립의 경제적 배경이 지나칠 만큼 완벽하다는 인상을 주는 것이다"(김정배 1986:66)라고 강조하면서 "삼국시대에서 고대 국가를, 그것도 내물왕이나 고이왕 같은 연대에서 찾을 하등의 이유가 없으며, 중국 측에 서는 입장이 결코 한국 고대 국가의 성립 기준이 될 수 없는 것이다"(김정배 1986:66~67)라고 주장하고 있다. 그러면서 "고대 국가 기원은 결코 삼국시대에서 찾을 것이 아니라 그 이전 단계에서 구하는 것이 순리라는 결론에 도달하게 되는 것이다"(김정배 1986:67)라고 하면서 국가의 기원을 고조선에서 찾을 수 있다고 주장하였다(김정배 1986:68). 또 이우태(1997:73)는 "과거에는 신라의 실질적인 건국 연대를 내물 마립간으로 보는 견해도 있었을 만큼 이 시기는 정치·사회적인 대변혁의 시기라고 보아도 좋을 것이다"라고 하여 내물왕대를 신라 국가 형성 시기라고 간주하는 것은 과거의 일이며 더 이상 타당성이 없다는 것을 간접적으로 시사하고 있다. 이러한 주장들은 과거 선학들의 신라 국가 형성에 대한 견해를 전면 부인하는 것이며 그 시기를 더 앞당겨 보아야 한다는 견해인 것이다.

여기에서 몇 가지 문제점이 노정되어 있다. 필자가 애당초 선학들의 신라 국가 형성 시기에 대한 견해를 옹호하고자 하는 것은 아니지만 나름대로의 합당한 근거를 제시하였다. 우선 선학들은 비록 중국 측 사료이기는 하지만 『태평어람(太平御覽)』 사이부 신라조(四夷部 新羅條)에 인용된 『진서(秦書)』의 기사에 등장하는 신라 사절단의 내용과 또 『삼국유사』 왕력에 의하면 내물왕대에 왕호로 간주 할 수 있는 '마립간'이라는 칭호를 사용하였다는 기사를 근거로 중앙집권 정치체제로의 전환을 시사하는 점을 거론하였다. 실제로 이들 사료와 또 '마립간' 칭호에 대한 해석만 가지고 신라 국가 형성을 논한다는 것이 다소 부족한 감이 없지는 않다. 그러나 김정배(1986)의 경우 한반도에서 최초의 고대 국가 형성 시기가 이르다는 것에 지나치게 집착하다보니 고조선이 최초로 국가 단계에 이른 정치 조직체였다는 것을 강조하기만 하였지 구체적으로 그 시기가 언제쯤인지 밝히지 않고 있다. 보다 더 중요한 것은 신라의 국가 형성 시기가 대략 언제쯤이었을 것인가에 대한 본인의 견해를 제시하지 않고 있다. 선학들의 역사 해석에 대한 반론을 제기하고 새로운 논지를 주장하기 위해서는 이보다는 더 신빙성 있거나 설득력이 있는 문헌 자료 혹은 고고학 자료를 제시하여야 함에도 불구하고 이러한 것이 결여되어 있다. 김정배(1986)가 물질적인 증거로 제시한 김해패총과 웅천패총에서 출토된 많은 양의 철기가 실제로 기원전후 한반도에 철기 문화가 존재하였다는 것을 뒷받침하는 것은 사실이다. 또 이것을 근거로 '막강한 군대와 경제적인 기반 유지'를 막연히 추정하였지만 이들 고고학 자료와 신라의 국가 형성과는 밀접한 관계가 있어 보이지 않는다. 나아가 이들 고고학 자료들을 면밀하게 분석하여 그 결과를 토대로 신라 국가 형성 시기를 논한 것도 아니어서 실질적으로 검증 된 것은 아무 것도 없다. 김정배(1986)가 고조선에서 한반도 최초의 국가 형성을 구하는 것과 유사한 견해가 다른 학자에 의하여 제시된바 있으며(최몽룡 1985, 1999:203~279), 필자 또한 고조선의 국가 형성 문제에 대해서는 김정배와 거의 유사한 견해를 가지고 있어 여기에서 문제가 되지 않는다.

그러나 보다 더 중요한 것으로 우리가 직접적으로 관심이 있는 부분은, 한반도의 북부지역에서 그러한 정치조직체가 빌진하고 있을 당시 한반도의 남부지역에 있었던 삼한, 좀더 구체적으로는 신라에서는 어떠한 수준의 정치조직체가 있었고 그들은 언제쯤 국가 단계의 사회로 발돋움하였는가 하는 것이다. 김정배(1986)는 신라 국가 형성 시기에 대한 선학들이 제시한 견해를 채택하지 않고 선학들이 제시한 신라 내물왕대보다는 훨씬 빠를 것이라고 주장하였다. 그러면 김정배는 구체적인 문헌 기록 및 고고학적 자료를 바탕으로 과연 '언제' 신라 혹은 백제가 국가 단계의 사회로 형성되었는가에 대한 본인의 견해를 제시하여야 한다. 그러나 위에

서 언급한 대로 그의 저서에는 신라 국가 형성 시기에 대한 선학의 연대
관을 부정하고 최초의 국가 단계 사회로 볼 수 있을 고조선의 국가 형성
시기에 대해서는 설명하였지만 신라나 백제의 국가 형성에 대한 본인의
구체적인 것은 물론이고 대략적인 연대관 조차도 전혀 제시되어 있지 않
다.

이것과 직접적으로 관련되어 있는 또 다른 한가지의 문제점을 알아보
기로 하겠다. 김정배(1986)는 똑같은 저술에서 삼한사회의 정치 발전 단
계에 대한 본인의 견해를 피력하였다. 즉, 그는 『삼국지』 위서 동이전의
삼한 조에 등장하는 대국과 소국의 호수와 그와 관련하여 마한과 변·진
한 각 국의 평균 인구수가 만 명 정도에 이르러 "일반적으로 삼한의 사회
가 군장사회(chiefdom) 단계에 속한다"(김정배 1986:148)고 주장하였다.
이러한 그의 주장은 똑같은 저서의 여러 곳에서 반복·기술되어 있는 것
이 관찰된다. 특히 국가 수준의 발전 단계와 직접적으로 관련이 있다고
생각하며 Gordon Childe가 제시한 Urbanism의 열 가지 기준을 열거
하면서 삼한사회에서의 '문자 사용의 결여,' '도시의 부재,' 그리고 '소
규모의 인구수' 등을 제시하면서 "삼한사회는 군장사회의 단계이지 국가
단계의 사회는 아니라고" 결론을 내리고 있다(김정배 1986:145~153). 그
런데 중요한 것은 이현혜(1991:106)가 적절하게 지적한 바와 같이 "각 요
소에 대한 문헌이나 고고학 자료들을 이용한 구체적인 비교 검토를 실시
하지 않았다"는 것이다. 이현혜(1991:107)는 계속해서 김정배가 "실증적
검토 과정"을 거치지 않은 부분을 거론하고 있는 바 일리가 있는 지적이
라고 생각한다.

위에서 언급한 바와 같이 김정배(1986)가 한반도에서 초기 국가 형성
시기를 위만조선으로 잡으면서도 삼한사회에 대해서는 그 시기를 다소
늦추어 잡고 있는 점은 의문이 많이 가는 대목이다. 더욱이 김정배가 선

학들이 신라와 백제의 국가 형성 시기를 내물왕과 고이왕으로 각각 비정한데 대하여 시기를 너무 늦춰 잡은 것이라고 주장하면서 이를 수용 할 수 없다는 자세를 견지하였다. 그러므로 본인의 논리대로라면 삼한사회이지만 신라와 백제의 초기 단계인 사로국(斯盧國)과 백제국(伯濟國)이 국가 단계 사회로 발전하였을 가능성이 있을 수도 있을 터인데 삼한사회를 일괄적으로 군장사회 단계로 비정함으로써(김정배 1986:145~153) 논리적으로 맞지 않는 결과를 초래하였다. 여기에서 우선 김정배의 편년 안의 부재를 지적하지 않을 수 없다. 김정배가 주장하는 삼한사회의 존재 시기는 대략 언제부터 언제까지인가, 또 위에서도 의문을 제기하였지만 신라와 백제의 국가 형성 시기가 선학들이 제시한 그것보다 이르다면 얼마나 이른가가 전혀 언급이 되어 있지 않은 것은 큰 문제점으로 간주된다. 결국 구체적인 문헌 자료의 제시도 없고 고고학적 증거의 제시가 있기는 하나 실질적으로는 피상적인 것에 불과하고 나아가 그것들을 체계적인 분석의 결과를 토대로 하지 않고 논리를 전개하다 보니 정말 중요한 연구 과제 즉 구체적인 신라 혹은 백제의 국가 형성 시기에 대한 견해는 전혀 제시된 적도 없고 해명되지도 않은 채 남아 있는 것이다.

그러한 의미에서 한국학 연구자들이 신라의 국가 형성 시기를 규명함에 있어서도 바로 이와 같은 연구 과제의 방향이 확실하게 설정이 되어 있어야 한다. 하나의 정치 조직체가 국가 단계 사회에 이르는 과정은 복잡다단할 뿐만 아니라 오랜 시간을 거쳐서 이루어진 결과라는 것을 어느 정도 인식을 하기만 한다면 어느 특정한 지역에서 분묘나 생활유적이 발굴되고 그곳에서 다소 귀중한 유물이 나온다고 하여 이 분묘와 유물이 바로 국가 단계 사회의 존재를 방증(傍證)하는 물질적인 증거라고 간주하지는 않을 것이다. 적어도 족장사회(chiefdom)나 국가의 존재를 주장하기 위해서는 동시대의 동일한 정치집단에 의해서 통치되거나 지배를 받던 지역의 경계 내에서 주거 형태, 분묘 형태, 혹은 하위와 상위 행정 조직 간의 유기적인 관계를 밝힐 수 있는 자료가 수집되고 분석되어야 한다(예를 들면, 강봉원 1993).

본고에서는 우선 경주 지역에서 발굴 조사된 각종의 분묘들을 외형적인 규모와 내부에서 출토된 유물들의 수와 질을 고찰하여 이들이 시간이 지나면서 어떻게 변해갔는가를 고찰하여 신라의 국가 형성시기가 언제였는가에 대한 견해를 제시하도록 하겠다.

III. 고고학 자료와 분석

이 논문에서 다루어야 할 구체적인 고고학 자료에 대해서 설명하기 전에 먼저 문헌의 기록인 『삼국사기』와 구체적으로는 신라본기의 내용에 대한 약간의 입장 정리가 필요하다고 생각한다. 『삼국사기』의 사료의 가치성과 그 신빙성에 관해서는 과거 많은 선학들의 연구가 있어 왔으나 아직도 『삼국사기』가 내포하고 있는 문제들이 명쾌하게 해결된 것은 아니다. 필자는 『삼국사기』의 전반적인 기록에 관해서는 일단 긍정적인 자세를 취하고 있는 바이다. 그러나 중요한 것은 필자는 이 『삼국사기』의 내용을 모두 긍정적으로 평가하는 것은 아니고 관심 있는 특정한 부분에 대하여 가설을 세울 수 있는 근거(sources of hypotheses)로 높이 평가하고 있다는 것이다. 즉, 『삼국사기』의 내용 중의 일부를 이용하여 가설을 세우고 고고학적인 자료를 이용하여 이것을 검증하여 볼 수 있다는 것이다. 그리하여 검증이 가능한 내용은 신빙성이 있는 것이고 그렇지 않은 것은 신빙성이 없는 것으로 취사선택 할 수 있는 여지를 마련 할 수 있다는 것이다. 이 논문에서는 『삼국사기』 신라 관계 기사를 많이 이용하는 것은 아니지만 이 논문의 논리 전개상 필요한 부분에 대해서 완전히 부정하거나 또 전적으로 수용하는 것이 아니고 그것을 고고학 자료 분석의 결과와 연계시킨 보조적인 수단으로 간주하여 참고한다는 것을 밝혀 둔다.

국가 단계 사회 존재의 파악을 위해서 많이 이용되는 고고학 자료는 정치적 혹은 종교적 중심지와 관련한 주거지역의 유형, 기념비적인 건축물, 기능적 분화와 도시와 도시간의 상호 의존도, 그리고 분묘 자료이다. 한국의 경우 국가 형성 시기를 규명하는데 도움을 줄 수 있는 주거지역의 발굴이나 기념비적인 건축물은 그다지 많지 않아 이들 자료를 이용하는 것은 거의 불가능하다. 일부 기념비적인 건축물이 남아 있기는 하나 청동기시대의 지석묘 혹은 선돌 등은 시기적으로 너무 이르러서 국가 이전 단계인 족장사회 수준과 논의되어야 하기 때문에 적절하지 않다. 또 첨성대혹은 기타 불교 유적지 등은 신라가 이미 국가 단계로 발전한 이후에 건축되었으므로 고려의 대상에서 제외되어야 한다. 그리하여 한국의 고고학 현실에서 가장 일반적으로 그리고 보편적으로 이용할 수 있는 것은 분묘 자료이다. 분묘 자료를 이용하여 이를 주거지 유형(settlement patterns)과 연결시키는 것도 가능하며 실제로 이러한 개념을 이용한 논문도 등장하고 있다. 국가 단계 사회 파악을 위한 고고학적 접근 방법에 대해서는 다른 논고에서 비교적 소상하게 다루어 놓았으므로(강봉원 1999:355~370), 여기서는 생략하고자 한다. 그 중에서 특히 분묘는 일반적으로 분묘 축조에 소요되는 노동력과 관련하여 외형적인 규모와 내부에서 출토되는 여러가지 부장품들의 양과 질이 선사나 역사시대인들의 사회 조직을 연구 조사하는 데 중요한 단서를 제공하기 때문에 동서양을 막론하고 많은 고고학자들의 지대한 관심의 대상이 되어 오고 있다(최몽룡 1981; Binford 1971; Braun 1979; Brown 1987; Chapman et al. 1981; Choi 1984; Goldstein 1980; Kang 1991, 1995; O'Shea 1984;

Pearson et al. 1989; Peebles 1974; Saxe 1970; Tainter 1978). 분묘가 중요한 고고학 자료로 광범위하게 이용이 되는 것은 분묘에 매장된 주인공과 그에 수반된 유물들은 주인공이 살아 생전에 누렸을 정치, 사회, 경제적인 지위를 상당 부분 반영하고 있을 것이라고 추정하고 있기 때문이다(Nelson 1995:599; Peebles 1971:68).

장례 의례 분석에서 중요한 전제 조건(assumptions)들 중의 하나는 한 사람이 살아 있을 때의 정치·경제·사회적인 지위의 높고 낮음이 죽음에 이르러서 분묘에 그대로 반영이 된다는 것이다. 예를 들면 일반적으로 한 개인이 살아생전에 정치·경제·사회적 지위가 높으면 높을수록 그 사람이 죽었을 때 무덤의 내부에 넣는 부장품의 질과 수도 다르고 또 무덤을 축조하는 데 많은 노동력도 들어가고 신분이 낮은 사람에게는 그 반대의 결과가 나타난다는 것이다. 가령 위세품(威勢品)으로서 먼 곳에서 수입되어 온 물건이나 호화찬란한 유물들이 정교하거나 시간과 노력이 많이 들어간 큰 고분 안에서 출토되고 또 동시대의 것으로 간주되는 분묘의 규모가 왜소하고 부장품도 제대로 안치되지 않았다면 이 사회의 구조는 계층화된 조직이었다는 것을 잘 반영해 준다. 또 호화찬란한 분묘의 주인공은 지배계층, 반대로 빈약한 분묘의 주인공은 일단 피지배 계층으로 보아 크게 무리가 없을 것이다.

그러나 다른 한편 일부 고고학자들이 고분 축조에 들어 간 노동력과 고분의 주인공이 생존할 당시의 사회적 지위와 관련이 없을 가능성도 배제할 수 없다는 지적도 있다(Braun 1981:410~412; Goldstein 1981:55~56; O'Shea 1984:17~18; Ucko 1969:267~268). 그러나 신라 고분의 경우에는 고분 축조의 노동력과 고분 안에 들어 있는 부장품의 질과 수는 고분 안에 묻힌 주인공의 생존시의 정치·사회적인 위치와 대략 일치한다고 보아도 되는 것으로 수용되고 있다(Pearson et al. 1989). 이러한 추론은 『삼국사기(三國史記)』 잡지(雜志) 제2에 기록되어 있는 복색(服色), 거기(車騎), 기용(器用), 그리고 옥사(屋舍) 조(條)를 보고 내릴 수 있다. 이 내용을 보면 신라가 국가 단계 사회로 성장하는 과정에서 백성들의 신분이 성골과 진골, 6두품에서 4두품에 이르기까지 엄격하게 구분되고 그 신분에 따라 일상생활의 물질적인 측면에 상당한 제약이 있었다는 것을 잘 알 수 있다. 동서(同書)에 분묘에 관한 조항을 따로 마련하여 두지는 않았지만 위의 내용을 토대로 분묘 축조 시에도 신분에 따른 여러 가지 제약이 있었다는 것을 미루어 짐작할 수 있겠다.

그리고 4세기에서 6세기 사이 신라 분묘의 경우 분묘 축조에 소요되는 노동력과 정치사회 계층과의 사이에 긍정적인 상관 관계(positive correlation)가 있다는 연구 결과가 나와 있다. Pearson et al.(1989)에 의하여 실시된 신라지역 분묘 분석의 결과가 이를 단적으로 잘 말하여 준다.

우리는 cluster 통계 분석에 의하여 추론한 결과 노동력 소모의 수준과 사회적 지위가 일반적으로 일치한다는 것을 발견하였다: 보다 더 정교한 매장의례(즉, 목곽 안에 목관이 들어 있고 부장품의 수가 평균보다 더 높으며, 그리고 큰 봉분)는 서열이 높은 계층 그룹과 상관 관계가 있있다.

We found a general agreement between levels of energy consumption and social status inferred from the cluster analysis, showing that the more elaborate burial treatment (i,e., presence of a wooden coffin inside the wooden frame, higher average numbers of grave goods, and larger grave mounds) were associated with the higher rank groups.[Pearson et al. 1989:36~37]

그러므로 신라에서 정치·사회적으로 지위가 높은 경우 분묘 의례에 있어서 규모가 크거나 혹은 다른 일반적인 분묘 구조와는 구별된다든지 혹은 부장품의 수와 질이 다르다는 것이 예상되는 것이다. 그리하여 만약에 신라에서 족장사회(chiefdom)에서 국가 단계 사회로의 전환이 있었다면 이러한 현상이 분묘 의례에 반영되어 있어야 한다는 것이다. 나아가 분묘 시설과 부장품의 차원에서 가장 현저한 변화가 발생하였던 시기를 신라 국가 단계 사회의 형성시기로 간주할 수 있다는 것이다.

1. 고분 규모의 분석과 해석

분묘 문화에 대한 이와 같은 연구 배경 및 전제 조건을 염두에 두면서 이 논문에서 신라의 국가 형성 시기를 고찰하는 데 있어서 영남지역 신라의 중심지 및 기타 인근 지역에서 발굴 조사된 고분과 고분에서 출토된 유물들을 검토하여 보고자 한다. 이 논문에서 표본으로 추출한 고고학 자료는 26개 유적지에서 발굴 조사된 464개의 분묘 자료이다. 이 중에서 1968년 의성 대리에서 발굴된 것을 제외하면 모두 1970년대 중반 이후에 발굴 조사되어 보고된 것들이다. 여기에서 표본으로 이용된 것들 중에는 도굴도 되고 파괴된 것들도 있기는 하지만 발굴 조사가 체계적이고 조직적으로 이루어진 것들이고 발굴보고서 또한 성실하게 작성된 것들로서 신뢰도가 높은 것들이다(표 1). 표본 추출을 하는데 있어서 신라의 중심지인 경주만이 아니고 그 주변에 있는 지역들을 고르게 안배하였다(그림 1). 이것은 신라를 위요한 독립 정치조직체들 특히 가야 제국(諸國)들은 신라와 지리적으로 인접하여 있으면서 그들이 정치적인 성장을 하는 과정에서 신라와 상호 교류를 하는 등 불가분의 관계에 있었기 때문에 이들의 고고학적 자료들도 표본에 포함시키는 것이 중요하다고 생각하기 때

[표 1] 이 논문에서 이용된 고고학 유적지

순번	유적위치	연 대	고분 표본 수	참고 문헌
1	경주 구정동	B.C.2~1A.D.	1	최병현 1992:40
2	경주 입실리	B.C.2~B.C1	1	최병현 1992:39
3	경주 죽동리	B.C.2~B.C1	1	최병현 1992:41
4	경주 평리	B.C.2~B.C1	1	최병현 1992:40~41
5	영천 어은동	B.C.1~1A.D.	1	윤무병 1987:153~158
6	경주 조양동	B.C.1~3A.D.	3	최종규 1979a, b, 1981, 1982, 1983
7	의창 다호리	B.C.1~1A.D.	28	이건무 외 1989, 1991
8	대구 만촌동	1~2A.D.	1	윤무병 1987:173~180
9	김해 양동리	1~3A.D.	26	문화재연구소 1989
10	창원 도계동	1~5A.D.	15	박동백 · 추연식 1987
11	부산 노포동	2~3A.D.	27	윤병용 1986
12	대구 팔달동	2~4A.D.	21	윤용진 1993
13	합천 저포리	2~6A.D.	51	정영화 외 1987
14	경주 황성동	3A.D.	1	이건무 · 김홍주 1985
15	경주 인왕동	3~5A.D.	14	엄영식 · 황용훈 1974
16	경주 황남동	3~6A.D.	51	이은창 1975, 1980; 윤세영 1975;김정학 · 정징원 1975;김정학 외 1980; 윤용진 1975
17	경주 정래동	4 A.D.	3	최종규 1983
18	의성 대리	4~5A.D.	2	김기웅 1968
19	마산 현동	4~5A.D.	32	이성주 · 김형곤 1990
20	경산 임당동	4~5A.D.	34	권이구 외 1991
21	의성 장림동	4~5A.D.	13	윤용진 1981
22	지산동 고령	4~5A.D.	26	고령읍 1979
23	안동 조탑동	4~5A.D.	6	진홍섭 1975
24	경주 월성로	4~5A.D.	52	경주국립박물관 외 1990
25	김해 예안리	4~6A.D.	46	부산대학교 박물관 1993
26	부산 복천동	5A.D.	7	정징원 · 신경철 1983, 1990;부산시립박물관 1992
합계			464	

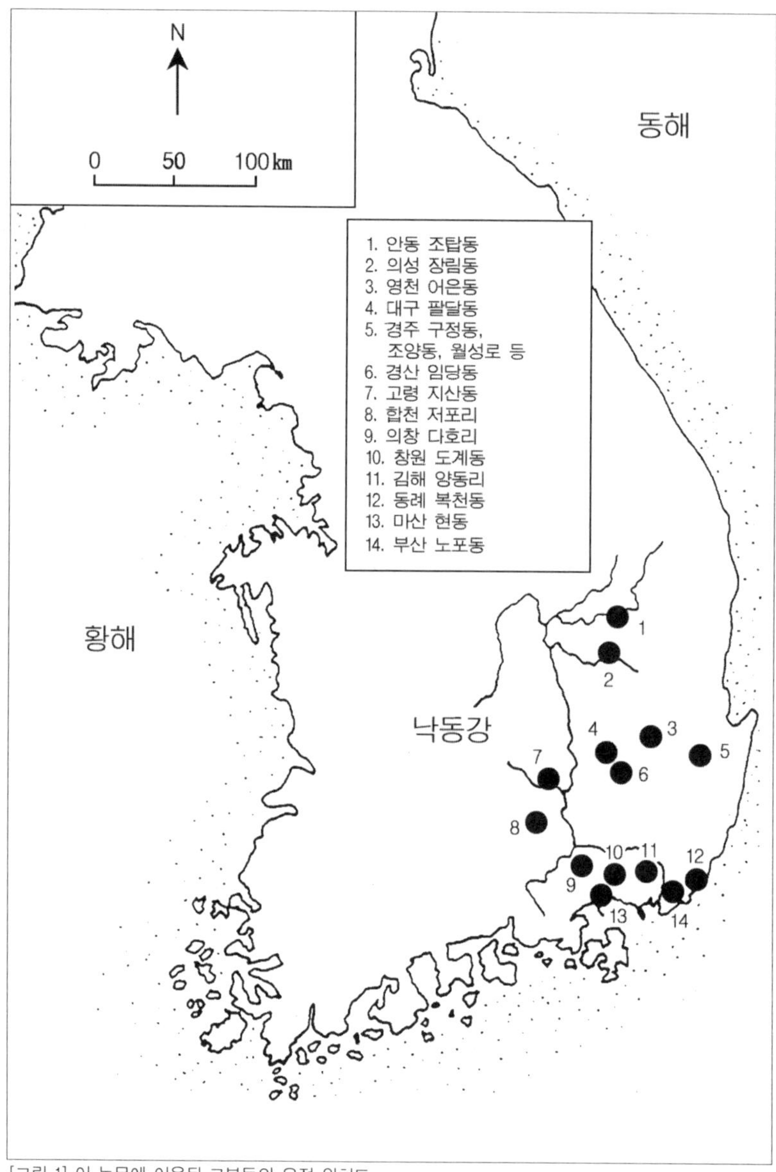

[그림 1] 이 논문에 이용된 고분들의 유적 위치도

문이다. 『삼국사기』 신라본기에 의하면 원래는 독립 소국이다가 기원 후 1~2세기 이후에 신라의 영토로 편입된 정치조직체들을 포함시키는 것은 광범위한 신라 영역에서 고고학 자료를 고찰한다는 의미에서 중요하다.

더 중요한 것으로 사전에 알아두고 있어야 할 것은 필자의 논지를 입증하는데 있어서 유리하게 작용 할 수도 있을 자료 해석에 대한 왜곡을 최소화하기 위하여 경주지역에서 발굴 조사된 왕릉 급 분묘, 예를 들면 금관총, 서봉총, 호우총, 천마총, 그리고 황남대총 등은 의도적으로 표본에서 제외하였다는 사실이다. 만약 이들을 모두 표본에 넣어서 분석을 실시한다면 이 왕릉들에 대한 편년과 관련하여 신라의 국가 형성 시기는 당연히 늦은 것으로 되어 필자의 논지를 그대로 입증하여 주게 된다. 그러므로 이렇게 논란의 소지가 있는 진원지를 애초에 제외시켰다는 것을 염두에 두어야 할 필요가 있다.

발굴 조사된 고분들의 편년은 필자가 독자적으로 실시한 것은 없고 발굴보고서를 그대로 따랐거나 발굴보고서에 연대를 언급하지 않았을 경우(예를 들면, 경주 월성로 고분), 관련 고고학자들이 개별 논문에서 제시한 편년 안을 그대로 수용하였다. 모든 발굴보고서에 의하면 탄소연대측정에 의해서 얻어진 편년은 하나도 없고 전체 464개 고분 중에서 고분의 형식(240기, 51.7%), 토기(159기, 34.3%), 고분의 형식과 층서 관계(34기, 7.3%), 동경(8기, 1.7%), 중국 동전(1기, 0.2%), 그리고 확실하지 않은 것(22기, 4.7%)으로 토대로 편년이 이루어져 있다. [표 1]에서 보는 바와 같이 표본으로 추출된 고분들의 연대는 기원전 2세기에서 기원 후 6세기에 이르는 것이다. 이 중에서 기원전 2세기와 기원 후 6세기에 해당하는 고분은 경우에 따라서 직접적으로 사용이 되지 않은 표본들도 있을 수 있다는 것을 미리 밝혀 둔다. 표본으로 추출된 고분들의 고고학적 속성들 중에서 자료를 직접적으로 다룬 것들은 분묘의 길이, 폭, 그리고 깊이와 이들을 곱하여 얻은 고분의 크기(size)와 용적(volume)이다. 부장품들 중에서는 귀중품 혹은 위세품(威勢品)이라고 생각되는 금, 은, 금동, 그리고 옥으로 제작된 각종 유물 그리고 철정(鐵鋌)의 수를 중요한 변수로 다루었다.

국가단계의 사회는 다양한 사회계층의 분화를 의미하기 때문에 이러한 요소가 고고학적 유적지인 분묘에 반영되어 있다는 것이다. 이것은 일반적으로 정치·사회·경제적으로 높은 신분을 가진 사람들은 생존하였을 때와 마찬가지로 죽어서도 이에 합당한 대우를 받기 때문에 일반사람들과는 차별이 있다는 것을 전제로 한 것이다. 그리하여 분묘를 축조하는데 소요되는 노동력과 분묘 속에 부장되는 부장품의 종류와 수 그리고 질에서 신분의 높고 낮음의 차별을 관찰할 수 있는 것이다. 이러한 현상을 파악하기 위하여 자료로 이용된 분묘의 평균 크기와 분묘의 용적(volume)에 대한 표준편차가 시간이 지나면서 어떻게 변해갔는지를 검토하여 계층 간에 분화가 심화되었을 시기를 알아보고자 시도하였다. 부장품의 경우 모든 것을 전부 다 검토하는 것이 아니고 고위 신분을 짐작 할 수 있게 해주는 철정, 금, 은, 옥 등 귀중 유물들의 평균 수와 표준편차를 분묘의 규모를 검토하는 방법과 똑같이 적용하여 분석해 보기로 한다.

분묘 자료를 기초적인 통계학의 원리를 적용하여 신라지역 분묘의 크기가 시간이 지나면서 어떻게 변하는지 그리고 특히, 무덤들 간의 표준편차가 언제부터 심화되는지를 고찰하여 본다. 이러한 분석의 결과는 신라 사회계층의 분화가 심화되면서 '언제' 국가의 단계로 발전하게 되었을 것인가를 추정케 하여 준다. 이 고고학 자료 분석의 결과를 다시 역사학적인 자료와 비교 검토하여 보고 신라의 국가 형성 시기에 대한 결론을 도출하기로 한다.

이 논문에 이용된 전체 고분 464기 중에서 고분 크기(가로×세로)의 이용이 가능한 표본 334기 중에서 가장 작은 고분의 크기는 0.3㎡, 가장 큰 고분은 43.5㎡, 고분의 평균 크기는 4.36㎡이고, 표준 편차는 4.18㎡이다. 또 고분의 용적(가로×세로×깊이)이 가장 작은 것은 0.1㎥, 가장 큰 것은 91.1㎥, 평균은 5.22㎥, 표준 편차는 10.9㎥이다(표 2). 이 표에서 다소 문제가 있는 것은 기원 후 1세기와 2세기에 해당하는 분묘로서 표본 수가 너무 적거나 아예 없는 경우도 있다. 이것은 이 시기의 고분이 아직 많이 발굴되지 않은 것이 가장 큰 이유라고 할 수 있겠다. 그러나 아래에서 볼 수 있듯이 이 시기의 불충분한 고분 자료가 본 논문의 연구 결과에 크게 영향을 미치는 것은 아니다.

이렇게 표본으로 추출된 고분들의 규모가 시간이 지나면서 어떻게 변화하였는가를 시각적으로 나타내기 위하여 [표 2]의 내용을 근거로 고분 크기와 용적의 평균과 표준편차를 대상으로 그래프를 그렸다(그림 2·3). [그림 2]에서 볼 수 있듯이 무덤 크기의 평균은 기원전 1세기에서 4세기까지 오르락내리락 하다가 5세기에 들어서면서 오히려 4세기보다 미세하나마 감소해 가는 경향을 보이기까지 한다. 표준편차의 경우 기원 후 1세

[표 2] 고분의 크기와 용적에 대한 통계 표

(단위: 크기 ㎡, 용적 ㎥)

연대	고분의 표본 수(기)		크기		용적	
	크기	용적	평균	표준편차	평균	표준편차
1 C B.C.	25	25	2.42	0.70	3.32	2.89
1 C A.D.	2	0	3.4	0.71	0.0	0.00
2 C A.D.	12	6	5.43	2.68	3.52	1.87
3 C A.D.	77	47	4.14	2.1	2.55	2.0
4 C A.D.	102	50	4.86	3.16	5.96	8.08
5 C A.D.	116	48	4.6	6.27	9.55	19.47

주의: 0 인 경우 해당 사항 없거나 자료가 이용 불가능 한 경우임. 고분의 표본 수에서 크기와 용적에서 차이가 나는 것은 유구가 훼손되어서 깊이를 제대로 알 수 없는 경우는 제외되었기 때문이다.

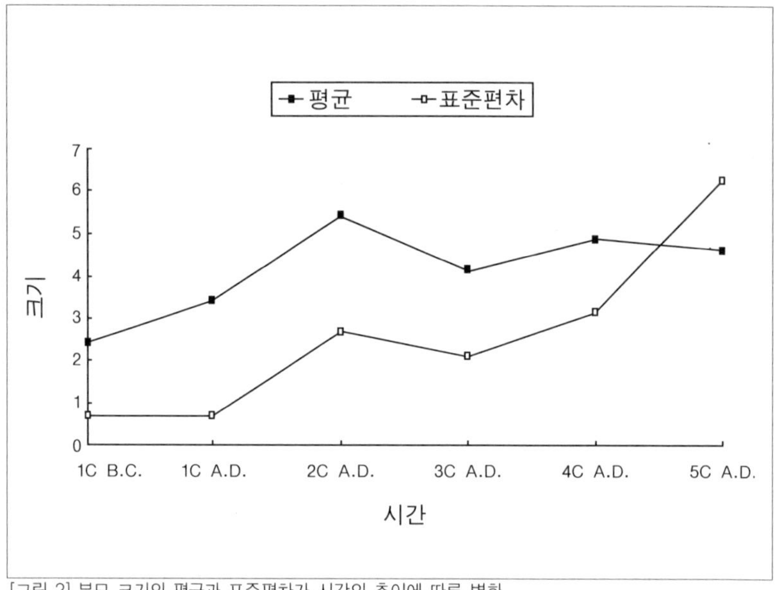

[그림 2] 분묘 크기의 평균과 표준편차가 시간의 추이에 따른 변화

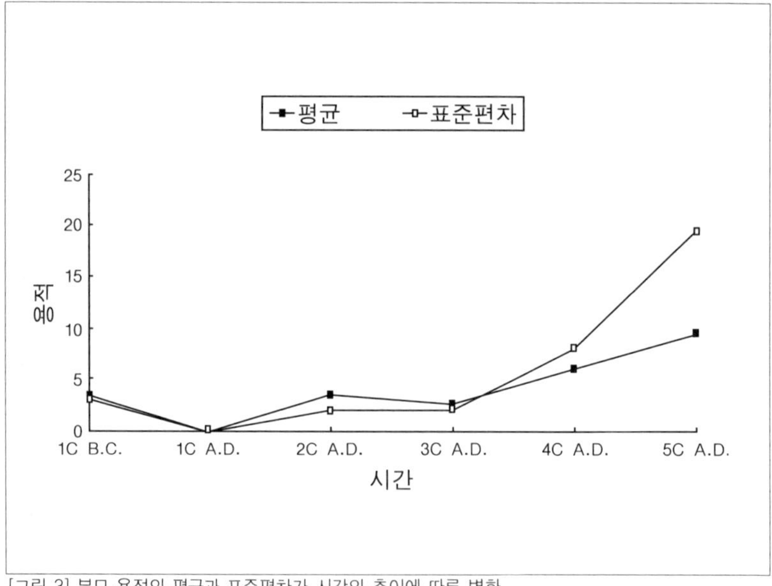

[그림 3] 분묘 용적의 평균과 표준편차가 시간의 추이에 따른 변화

기에서 2세기까지 아주 조금씩 커져간다. 기원 후 1세기에서 2세기 사이에 약간의 차를 보이기는 하지만 이는 위에서 언급한 바와 같이 표본의 수가 너무 적다는 문제가 있어서 뭐라고 설명하기 힘들다. 표준 편차는 2세기에서 3세기로 넘어가면서 약간 감소하였다. 그러다가 3세기에서 4세기 사이에 약간의 증가를 보이다가 4세기에서 5세기 사이에 아주 현격한 차이를 보여주고 있다.

[그림 3]에서 고분 용적의 평균과 표준편차가 시간이 지나면서 어떻게 변화해 갔는가를 관찰하는 데에서도 [그림 2]와 유사한 경향을 보여주고 있다. 고분의 평균 용적이 시간이 지나면서 일단 증가 추세를 보여주고 있다. 표준편차의 경우도 미세한 증가 추세의 경향을 보이다가 3세기에서 4세기에 증가하고 특히 4세기에서 5세기 사이에 아주 급격하게 차가 커져 간 것을 볼 수 있다. 고분과 고분들 사이의 규모를 고찰함에 있어 특히 표준편차가 이렇게 현격한 차이를 보인다는 것은 바로 이 시기에 이 지역 주민들 내부에 정치·사회적으로 급격한 변화가 있었음을 시사하는 것으로 간주할 수 있다.

필자가 위에서도 언급하였듯이 왕릉 급의 고분은 통계학의 기술적인 차원에서 극단적이거나 혹은 예외적인 자료(outliers)로 간주하여 이들을 의도적으로 제외하였다. 필자가 이들을 표본에 넣었다면 왕릉 급의 분묘가 늦어도 5세기경에는 많이 축조되었을 것이므로 표준편차는 훨씬 더 크게 될 것이고 필자가 아전인수(我田引水)격인 해석을 할 수 있다. 필자가 의도적으로 대형의 신라 고분들을 표본에 포함시키지 않았기 때문에 필자의 고분 표본에서 계산해 낸 고분의 평균 크기와 Pearson et al.(1989:16)에서 제시한 제시한 고분의 평균 크기 사이에 상당한 차이가 있다. Pearson et al.(1989:16)은 세 개의 확연히 구별되는 묘광 크기의 부류를 제시하였다: 작은 고분 12㎡(86.6%); 중간 크기 고분 14~22㎡

(7.6%); 그리고 큰 고분 24~32㎡(5.3%). 그리하여 Pearson et al.(1989)의 가장 작은 고분 그룹의 평균 고분 크기가 12㎡임에 비하여 필자가 표본으로 추출한 고분의 평균 크기는 4.36㎡에 불과하여 양자 간에 많은 차이가 있음을 쉽게 알 수 있다.

신라 고분의 규모에 대한 필자의 기초 통계, 특히 표준편차의 변화에 의하면 4세기와 5세기 초 즉, 내물왕대(356~402)에 주목할 만한 사회 변화가 발생하였다는 것을 보여주어 신라가 국가단계 사회로 성장하였다는 것을 강하게 시사한다. 이 시기나 혹은 이보다 약간 이른 시기를 즈음해서 거대한 봉분을 가진 고분 즉, 적석목곽분이 신라의 중심지역인 경주에 축조되기 시작한 것으로 생각된다.

2. 유물의 분석과 해석

이 논문에서 표본으로 추출한 고분 안에서 출토한 유물들에 대해서도 고분 분석과 유사한 기초 통계 조사를 실시하였다. 위에서 언급한 바와 같이 고분 안에 부장된 여러가지 유물들 중에서 위세품으로 간주될 수 있을 종류들을 대상으로 분석을 하였는데 그 유물의 종류는 옥, 철정, 금동제 유물, 은, 그리고 금제품들이다. 이러한 종류의 유물들은 기원후 3세기 이전으로 편년되는 고분에서 보고된 것들이 없다. 그리하여 기원후 2세기까지로 편년되는 고분들은 모두 고려의 대상에서 제외되었다. 3세기로 편년되는 고분들에서조차도 사실 많은 수량의 위세품들이 출토된 것은 아니다. 그러나 시간의 추이에 따라 고분에 매납(埋納)된 위세품의 경향을 고찰하기 위하여 검토의 대상에 포함시켰으며 이들을 표로 정리하였다(표 3).

[표 3] 3세기와 5세기 사이로 편년되는 고분에서 출토된 위세품에 대한 통계 표

연대	유물의 재질(材質)									
	옥		철정		금동		은		금	
	평균	표준편차	평균	표준편차	평균	표준편차	평균	표준편차	평균	표준편차
3C A.D. (표본수=89)	0.79	1.99	–	–	–	–	–	–	0.90	0.42
4C A.D. (표본수=137)	0.42	2.04	0.38	2.33	0.18	1.17	0.04	0.19	0.65	2.48
5C A.D. (표본수=145)	0.68	6.35	1.10	6.99	0.17	0.58	0.08	0.56	1.08	10.88

주의 : – 인 경우 해당 사항 없거나 자료 이용이 불가능 한 경우임.

위의 표에서도 알 수 있듯이 편견을 가능한 한 최소화하기 위하여 왕릉급의 고분을 표본에서 의도적으로 제외한 결과 위세품의 부장품들인 많은 수의 옥과 금이 파악되지 않았다. 그러나 비록 많은 수는 아니지만 금과 옥제품의 부장품들이 3세기부터 고분에 부장되기 시작하였고 철정, 금동제품, 그리고 은제품은 4세기가 되어야 부장되기 시작하였다는 것을 알 수 있다.

이러한 현상을 보다 명료하게 보여주기 위하여 [표 3]을 토대로 그래프를 그려보았다(그림 4 · 5). 그래프는 옥과 금만을 대상으로 하고 철정, 금동, 그리고 은의 경우에는 3세기로 편년되는 고분에서 출토되었다고 보고된 것이 없어서 이들을 대상으로는 그래프를 그리지 않았다. 그림에서 볼 수 있듯이 모든 유물들의 평균은 시간의 변화에 크게 증감하는 경향을 관찰할 수 없다. 그러나 옥, 철정, 그리고 금제품 유물들의 표준편차는 시간이 지나면서 아주 급속하게 증가하는 경향을 보여주고 있다. 옥의 경우 평균 유물 수는 5세기까지 지속적으로 낮게 나오지만 표준편차에서 4세기에서 5세기 사이에 현격하게 증가하는 것을 알 수 있다(그림 4). 철정의 경우 평균수가 옥보다는 다소 많지만 전반적으로 미미한 편이나 표준편

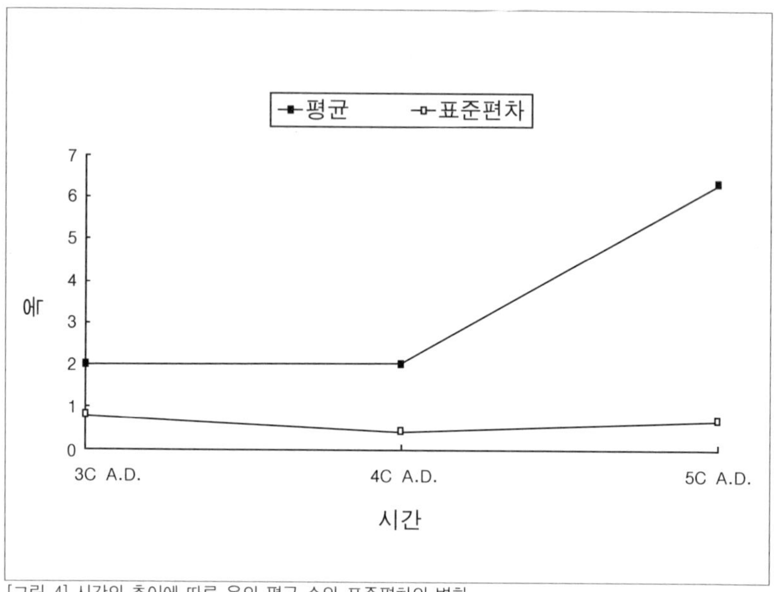

[그림 4] 시간의 추이에 따른 옥의 평균 수와 표준편차의 변화

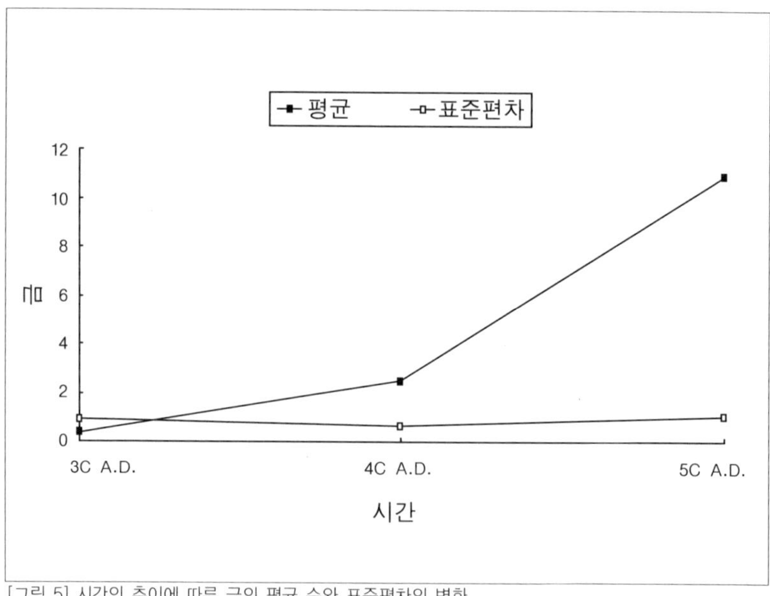

[그림 5] 시간의 추이에 따른 금의 평균 수와 표준편차의 변화

차에 있어서는 옥과 아주 흡사한 경향을 보여 주고 있다. 철정과 은의 경우 3세기에 해당하는 자료가 없어서 그래프를 그리지 않았으나 [표 3]을 통해서 알 수 있다. 금의 경우도 철정과 거의 유사한 패턴을 보여 주고 있는데 특히 표준편차는 세 가지 유물 중에서 가장 높은 10.88을 보여 주고 있다(그림 5).

이러한 전반적인 양상은 초기 고분들의 표본들 중에서는 고분들 사이에 큰 차이를 보이지 않기 때문에 3세기 말까지는 신라 사회 내에서 정치·사회적 분별이 그다지 확연하지 않았다는 것을 시사한다. 그러나 4세기부터 매장 문화에 있어서 변화가 뚜렷이 감지되어 사회 계급 분화의 폭이 상당히 넓어져 가는 징후를 보여준다. 5세기에도 신라 사회 구성원들 사이의 정치·사회적 계층의 차는 계속 증가하는 것을 보여준다. 이렇게 부장품들에 있어서 위세품들의 표준편차가 시간이 지남에 따라 급속하게 변화하는 것은 고분 축조에 소요되는 노동력과 직접적으로 관련되어 있는 고분 규모 분석의 결과와도 잘 일치한다.

이상에서 아주 기초적인 것이지만 신라 분묘의 외형적인 규모에 대한 자료의 분석과 고분에서 출토된 위세 유물에 대한 기초 통계적 자료를 정리하여 분묘와 부장품들의 평균과 표준편차가 시간이 지나면서 어떻게 변해 갔는가를 알아 보았다. 이러한 분석의 결과를 토대로 신라 정치 사회가 4세기와 5세기 사이에 급격한 변화가 이루어졌다는 것을 알게 되었다. 이것은 신라가 바로 이 시기에 국가의 단계로 성장 발전하였다는 것을 시사한다고 생각한다. 이 연대는 과거 선학 특히 실증사학으로 대표할 수 있는 이병도·김재원(1959)이 제시한 연대, 즉 신라 내물왕대와 부합한다는 것을 알 수 있다. 그러므로 신라의 국가 형성 시기는 신라 내물왕대(356~402)에 이루어진 것으로 결론을 내린다.

IV. 요약

　신라 국가 형성 시기에 대하여 고고학 자료를 이용하여 검토하여 보았다. 고고학이나 역사 연구에 있어서 편년의 중요성을 아무리 강조하여도 지나치지 않다. 그러나 편년은 궁극적으로 인간 사회의 문화 변천을 연구하는데 있어서 하나의 출발점이 되어야 하며 그 자체가 목적이 되어서는 안된다. 신라 국가 형성 시기에 대하여 그간에 많은 논고가 있어 왔으며 『삼국사기』의 건국신화와 결부시켜 그 시기를 이르게 잡기도 한다. 반면 실질적인 신라 국가 형성은 내물왕대로 늦추어 잡는 경우도 있고 어떤 경우 더 후대로 잡는 경우도 있어 학계에서 일반적으로 수용 할 수 있을 연대의 제시는 없었다. 근래 들어와 일부 역사 및 고고학자들이 전반적으로 신라 국가 형성 시기와 관련하여 『삼국사기』의 기록을 적극적으로 수용하려고 하는 경향이 농후해지고 있다는 것을 알아보았다. 그러나 신라의 국가 형성 시기가 이르다고 주장하는 논고를 보게 되면 구체적인 문헌이나 고고학적 근거가 없고 있더라도 자료가 충분하지 않거나 혹은 면밀한 분석이 결여되어 크게 설득력이 있는 것이 아니어서 여전히 논쟁의 여지가 많다는 것을 알 수 있다.

　이 논문에서 중점적으로 부각시키고자 한 점은 구체적인 고고학 자료를 수집하여 분석하고 그 결과를 토대로 신라 국가 형성 시기를 결론으로 도출하고자 한 것이다. 특히, 기초 통계학의 개념을 적용해서 고고학 자료를 분석하고 그 결과를 해석하여 과거 신라 사회의 신분 계층 변화의 분기점에 대한 고찰을 실시해 보았다. 통계학적 방법론은 아직 한국 고고학과 역사학계에서 빈번하게 채용되는 것은 아니다. 물론 통계학을 막연히 적용하는 그 자체가 결코 학문의 자동적인 발전을 가져오는 것은 아니며 부작용을 초래할 가능성을 전혀 배제할 수 없다. 하지만 적어도 서구에서 일상적으로 사용되고 있는 통계학을 한국학 연구, 구체적으로는 신라사 연구에 적용하여 방법론상의 전환점을 마련할 계기를 가져올 수 있다는 점에서 차제에 적극적인 이용을 권장할 만하다. 통계학의 이용이 한국학 연구에 있어서 기존의 연구 방법론을 부지불식간에 구태의연하게 사용하거나 혹은 애당초 특정한 방법론이 결여되어 피상적인 수준의 해석에 그쳐 한계에 도달한 연구 과제에 새로운 방향이나 해결점을 모색할 수도 있다는 점을 이 논문에서 제시하여 보았다. 이 논문에서 논의된 방법론과 논지가 신라 및 고구려, 백제의 국가 형성 시기의 규명에 다소나마 기여하게 되기를 기대한다. 이러한 노력의 결과가 집적된다면 역사학이나 고고학의 선행 작업인 연대 파악만이 아니고 한국학 연구의 궁극적인 발전과 고고학이 지향하는 '과거 인간 행위의 연구' 발전에도 다소의 도움이 있으리라 기대한다.

■참고문헌■

강봉원, 1993, 「성읍국가에 대한 일고찰」, 『선사와 고대』 3, pp.127~154.

______, 1999, 「한국 고대 복합사회 연구에 있어서 신진화론의 적용문제 및 '국가' 단계 사회 파악을 위한 고고학적 방법론」, 『한국 고대 국가 형성론: 고고학 상으로 본 국가』(2쇄), 최몽룡·최성락 편저, 서울대학교출판부, pp.333~377.

경주국립박물관·경북대학교박물관·경주시, 1990, 『경주 월성로 고분군』.

고령읍, 1979, 『대가야 고분 발굴조사 보고서』. 고령읍.

권이구·양도영·김용성·강유신·김상익, 1991, 『경산 임당 지역 고분군 Ⅰ: 조영동 1A 지역』, 영남대학교박물관.

김기웅, 1968, 「의성대리고분 발굴조사 보고」, 『사학연구』 20, pp.87~109.

김원룡, 1968, 「삼국시대의 개시에 관한 일고찰」, 『동아문화』, 7, pp.1~33.

김정배, 1986, 『한국 고대의 국가기원과 형성』, 고려대학교출판부.

김정학·정징원, 1975, 「미추왕릉지구 제 10구역 황남동 제 110호 고분 발굴조사 보고」, 『경주지구 고분 발굴 조사 보고서 제 1집』, 문화재연구소편, 문화재관리국 경주사적 관리사무소, pp.153~262.

김정학·정징원·임효택, 1980, 「미추왕릉지구 제 7지구 고분 발굴조사보고」, 『경주지구 발굴 조사 보고서 제 2집』, 문화재연구소편, 문화재관리국 경주사적 관리사무소, pp.9~130.

문화재연구소, 1989, 『김해 양동리 고분: 발굴 조사 보고서』, 문화재연구소.

박동백·추연식, 1987, 『창원 도계동 고분군』, 창원 국립대학교 박물관.

부산대학교박물관, 1993, 『김해 예안리 고분군』, 부산대학교 박물관.

부산시립박물관, 1992, 『동래 복천동 53호분』, 부산시립박물관.

신형식, 1984, 『한국 고대사의 신연구』, 일조각.

신형식, 1985, 『신라사』, 이화여자대학교출판부.

엄영식·황용훈, 1974, 『경주 인왕동 19·20호 발굴조사 보고서』, 경희대학교박물관.

윤무병, 1987, 『한국 청동기 문화 연구』, 예경출판사.

윤병용, 1986, 「부산 노포동 고분 2차 발굴 조사 개요」, 『한국고고학보』 19, pp.129~135.

윤세영, 1975, 「미추왕릉지구 제9구역(A호 파괴 고분) 발굴조사보고」, 『경주지구 고분 발굴 조사 보고서 제 1집』, 문화재연구소편, 문화재관리국 경주사적관리사무소, pp.67~151.

윤용진, 1975, 「미추왕릉지구 제 9구역(A호 파괴 고분) 발굴조사보고」, 『경주지구 고분 발굴 조사 보고서 제 1집』, 문화재연구소편, 문화재관리국 경주사적관리사무소, pp.7~66.

_____, 1981, 『의성 장림동 폐고분군』, 경북대학교 박물관.

_____, 1993, 『대구 팔달동 유적』, 경북대학교 박물관.

이건무·김홍주, 1985, 「경주 황성동 유적 발굴조사 보고」, 『한국 국립박물관 고고학연구 보고서』, ⅩⅦ, 국립박물관 편집, 국립박물관, pp.63~102.

이건무·이영훈·윤광진·신대곤, 1989, 「의창 다호리 유적 발굴 진전 보고(Ⅰ)」, 『고고학지』 1, pp.5~174.

______________________________, 1991, 「의창 다호리 유적 발굴 진전 보고(Ⅱ)」, 『고고학지』 3, pp.5~111.

이병도·김재원, 1959, 『한국사』고대편, 을유문화사.

이성주·김형곤, 1990, 『마산 현동 유적』, 창원 국립대학교 박물관.

이우태, 1997, 「나제동맹의 결성과 정치적 발전」, 『한국사』 7: 삼국의 정치와 사회 Ⅲ-신라·가야, 국사편찬위원회 편, 탐구당, pp.61~76.

이은창, 1975, 「미추왕릉지구 제 10구역 황남동 제 110호 고분 발굴조사보고」,

『경주지구 고분 발굴 조사 보고서 제 1집』, 문화재연구소편, 문화재관리국 경주사적 관리사무소, pp.289~396.

______, 1980, 「미추왕릉지구 제 4지구 고분군(황남동 미추왕릉 전지역 A지구 발굴조사보고」, 『경주지구 발굴 조사 보고서 제2집』, 문화재연구소편, 문화재관리국 경주사적 관리사무소, pp.131~340.

이종욱, 1982, 『신라국가형성사연구』, 일조각.

______, 1998, 「한국 초기국가 형성·발전 단계론의 인류학 이론 수용과 그에 대한 비판의 문제」, 『한국상고사학보』 29, pp.109~141.

이현혜, 1991, 「한국사연구상에 나타난 진화론적 시각」, 『현대 한국사학과 사관』, 노태돈·홍승기·이현혜·이기백·이기동 공저, 일조각, pp.84~120.

정영화·양도영·김용성, 1987, 『합천 저포 고분 A 발굴 조사보고』, 영남대학교 박물관.

정징원·신경철, 1983, 『동래 복천동 고분군 Ⅰ』, 부산대학교 박물관.

____________, 1990, 『동래 복천동 고분군 Ⅱ』, 부산대학교 박물관.

진홍섭, 1975, 『조탑동 고분군 발굴조사 보고서』, 이화여자대학교 박물관.

천관우, 1976, 「삼한의 국가형성」(상), 『한국학보』 2, pp.2~46.

최몽룡, 1981, 「전남지방 지석묘사회와 계급의 발생」, 『한국사연구』 31, pp.1~14.

______, 1985, 「고대국가 성장과 무역: 위만조선의 예」, 『한국 고대의 국가와 사회』, 역사학회 편, 일조각, pp.57~76.

______, 1999, 「위만조선」, 『한국 고대국가 형성론: 고고학상으로 본 국가』(2쇄), 최몽룡·최성락 편저, 서울대학교출판부, pp.203~279.

최병현, 1992, 『신라고분연구』, 일지사.

최종규, 1979a, 「경주 조양동 고분 발굴 개보」, 『박물관신문』 96, 국립박물관, p.2.

______, 1979b, 「경주 조양동 고분군 2차 조사 발굴 개보」, 『박물관신문』 100, 국립박물관, p.3.

______, 1981, 「경주 조양동 고분군 3차 조사 발굴 개보」, 『박물관신문』 114, 국립박물관, p.4.

______, 1982, 「경주 조양동 고분군 제 4차 조사 발굴 개보」, 『박물관신문』 126, 국립박물관, p.4.

______, 1983, 「중기고분의 성격에 대한 약간의 고찰」, 『부대사학』 7, pp.1~45.

Binford, Lewis R.

1971, Mortuary Practices: Their Study and Their Potential. In *Approaches to the Social Dimensions of Mortuary Practices*, edited by James A. Brown, pp. 6~29. Memoirs of the Society for American Archaeology, No. 25. Society for American Archaeology.

Braun, David P.

1981, A Critique of Some Recent North American Mortuary Studies. *American Antiquity* 46:398~416.

Brown, James A.

1987, Quantitative Burial Analysis as Interassemblage Comparison. In *Quantitative Research in Archaeology*, edited by M. Aldenderfer, pp.294~308. Sage Publications, Newbury Park.

Chapman, Robert, Ian Kinnes, and Klavs Randsborg (editors)

1981, *The Archaeology of Death*. Cambridge University Press, New York.

Choi, Mong-Lyong

1984, *A Study of the Youngsan River Valley Culture: The Rise of Chiefdom Society and State in Ancient Korea*. Dong Sung Sa, Seoul.

Goldstein, Lynne

1981, One-dimensional Archaeology and Multi-dimensional People: Spatial Organisation and Mortuary Analysis. In *The Archaeology of Death*, edited by Robert Chapman, Ian Kinnes, and Klavs Randsborg, pp. 53~69. Cambridge University Press, New York.

Kang, Bong Won

1991, *A Megalithic Tomb Society in Korea: A Social Reconstruction*. Unpublished M.A. thesis, Department of Anthropology, Arizona State University, Tempe.

1995, The Role of Warfare in the Formation of the State in Korea: *Historical and Archaeological Approaches*. Unpublished Ph.D. dissertation, Department of Anthropology, University of Oregon. Eugene.

Nelson, Ben A.

1995, Complexity, Hierarchy, and Scale: A Controlled Comparison Between Chaco Caynon, New Mexico, and La Quemada, Zacatecas. *American Antiquity* 60:597~618.

O' Shea, John M.

1984, *Mortuary Variability*: An Archaeological Investigation. Academic Press, New York.

Pearson, Richard, Jong-Wook Lee, Wonyoung Koh, and Anne Underhill

1989, Social Ranking in the Kingdom of Old Silla, Korea: Analysis of Burials. *Journal of Anthropological Archaeology* 8:1~50.

Peebles, Christopher S.

1971, Moundville and Surrounding Sites: Some Structural Considerations of Mortuary Practices II. In *Approaches to the Social Dimensions of Mortuary Practices*, edited by James A. Brown, pp. 6~29. Memoirs of the Society for

American Archaeology, No. 25. Society for American Archaeology.

1974, *Moundville: The Organization of a Prehistoric Community and Culture*. Unpublished Ph.D. dissertation, Department of Anthropology, University of Michigan, Ann Arbor.

Saxe, Arthur Alan

1970, *Social Dimensions of Mortuary Practices*. Unpublished Ph.D. dissertation, Department of Anthropology, University of Michigan, Ann Arbor.

Service, Elman R.

1962, *Primitive Social Organization: An Evolutionary Perspective*. Random House, New York.

Tainter, Joseph A.

1978, Mortuary Practices and the Study of Prehistoric Social Systems. In *Advances in Archaeological Method and Theory*, vol. 1, edited by Michael B. Schiffer, pp. 105~141. Academic Press, New York.

Ucko, Peter J.

1969, Ethnography and Archaeological Interpretation of Funerary Remains. *World Archaeology* 1:262~280.

附加口緣臺附長頸壺를 통해 본 新羅의 漢江流域 進出

강진주*

Ⅰ. 머리말

　　신라는 진흥왕 14(553)년 한강유역에 진출[1]하여 풍부한 인적·물적 자원을 바탕으로 삼국통일이라는 위업을 달성할 수 있었다. 삼국통일 과정 속에서 백제·고구려 그리고 당과의 치열한 접전을 벌였는데, 그 흔적은 한강유역에 산재한 삼국의 유적에서 확인되고 있다. 그러나 대부분 백제·고구려·신라의 유물이 함께 발견되어 신라의 유적과 유물은 주목받지 못하고 해당 유적의 하안을 설정해 주는 자료로서 이용되고 있다. 더

―――――――

* 경기도박물관 연구원.

1) 『三國史記』 卷 4, 眞興王 14年條,

　　"秋七月 取百濟東北鄙 置新州 以阿湌武力爲軍主".

구나 한강유역에서 신라의 성장과정이나 문화적 발견을 알려주는 직접적인 사료가 영세하여 한강유역의 신라유적에 대한 선후관계나 상관관계가 명확히 밝혀지지 않는 한계를 보이고 있다. 따라서 한강유역 신라문화를 이해하기 위해서는 고고학적 자료에 의존할 수 밖에 없으며 그 중에서 가장 많은 분량을 차지하는 토기가 주목된다.

한강유역에 신라토기가 유입된 시기는 신라가 한강유역에 진출한 이후이므로 6세기 중엽경으로 볼 수 있다. 이 시기의 대표적인 기종으로는 고배, 개, 부가구연대부장경호 등이 있다. 이 중 부가구연대부장경호는 고배나 개와 달리 6세기 이후 등장하는 횡구·횡혈식 고분에 부장되기 시작하는 기종으로 통일기에는 인화문이 시문되고 동체가 주판알과 같은 형태를 한 부가구연대부장경병으로 변화된다. 이처럼 한강유역에서 부가구연대부장경호가 존속한 기간은 6세기 중엽부터 7세기 중엽까지로 볼 수 있다. 이 시기에 신라는 한강유역에서 전쟁을 치르고 있을 때였으므로 부가구연대부장경호가 출토된 유적은 군사적 요충지로 판단된다. 또한, 각 고분에서 확인되는 유물의 양상이 다르게 나타나고 있어 축조세력이 달랐음을 추정해 볼 수 있다. 그리고 부장기로만 알려져 있던 부가구연대부장경호가 산성에서도 확인되고 있어 부장 외에 다른 용도로도 사용된 것을 알 수 있다.

따라서 이 글에서는 부가구연대부장경호의 출토사례를 알아보고 형식분류를 통하여 그 특징을 추출해보고자 한다. 또 유적이 위치하는 지역과 역사적인 배경을 검토하여 신라가 한강유역에 진출했을 때의 상황을 살펴보고자 한다. 이를 통해 아직까지 시작단계에 불과한 한강유역의 신라유적과 유물에 대한 연구를 진행하는데 조그마한 자료로 이용될 수 있기를 기대한다.

II. 出土事例

　한강유역에서 부가구연대부장경호가 출토된 유적으로는 고분과 산성이 있다. 고분유적으로 파주 성동리고분군, 용인 보정리고분군, 여주 상리·매룡리고분군 등이 있으며 산성유적으로는 용인의 할미산성과 이천의 설봉산성이 있다. 여기에서는 유물이 출토된 유적에 대해 살펴보도록 하겠다.

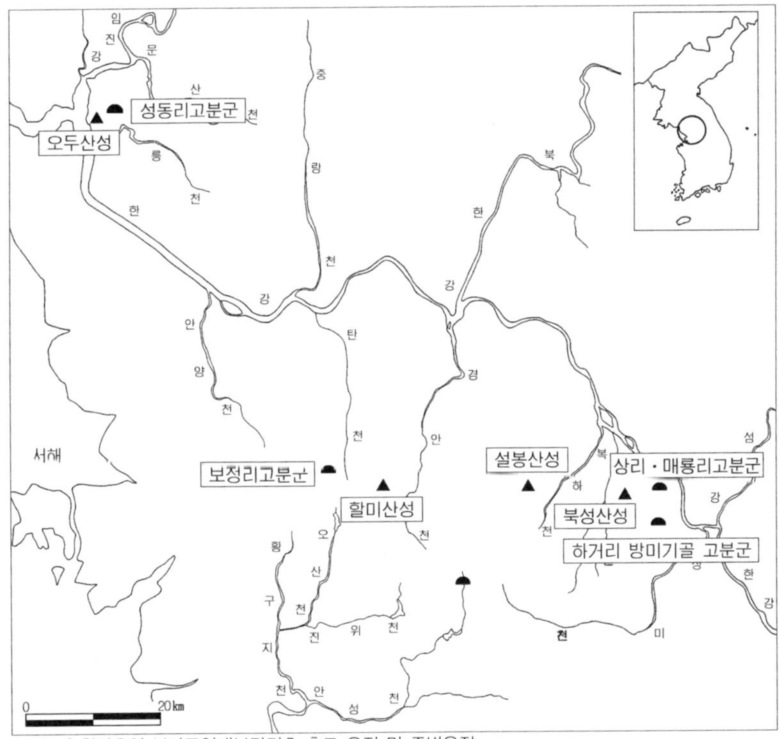

[도면 1] 한강유역 부가구연대부장경호 출토 유적 및 주변유적

1. 파주 성동리고분군

　파주 성동리고분군은 파주군 탄현면 성동리에 위치한다. 유적은 해발 150m 정도 되는 능선에서 북서쪽으로 분기한 능선의 사면 일대에 분포한다. 유적의 서쪽으로 1㎞ 정도 떨어진 곳에 오두산성이 위치해 있으며, 남쪽으로 2㎞ 떨어진 곳에 통일신라시대 고분군인 법흥리고분군이 자리 잡고 있다. 1990년대 초, 통일동산 조성사업을 위해 경희대학교, 고려대학교, 전북대학교가 조사지역을 나누어 발굴하였다[2]. 신라고분은 경희대학교와 전북대학교 조사한 지역에서 각각 9기씩 총 18기가 확인되었다. 묘제는 횡구식 석실, 수혈식 석실, 횡구식 석곽묘 등이 있으며 이 중 횡구식 석곽묘가 주로 축조되었다.

　조사된 분묘는 대부분 다음과 같은 특징을 갖고 있었다. 우선 장축방향이 등고선과 평행되게 축조되었으며 평면형태는 남북을 장축으로 하는 장방형이다. 길이가 4m가 넘는 것도 있으나 대부분 1.4~3m 사이이며 폭은 0.5~1.9m로 다양하다. 조사 당시 대부분 동벽은 지압에 의해 밀려 내경하고 있었으며, 서벽은 붕괴가 심한 상태였다. 유물은 북벽과 가까운 부분에서 확인되었고 두향은 북쪽이었을 것으로 추정된다. 대부분이 판상의 할석을 평적하였고 입구는 남단벽에 위치한다.

　유물은 고배, 반구형 개, 호, 병, 부가구연대부장경호 등 토기가 주류를 이루며 소량의 금속류와 철제류도 출토되었다. 특히 금동관과 청동제 요패가 확인되어 성동리 고분군에 매장된 사람의 신분적 위치를 가늠할 수 있다. 유물로 보아 유적은 6세기 중후반경에 축조된 것으로 보이며 인화

---

2) 경희대부설 고고미술사연구소 외, 1992, 『통일동산 및 자유로 개발지구 발굴조사 보고서』.

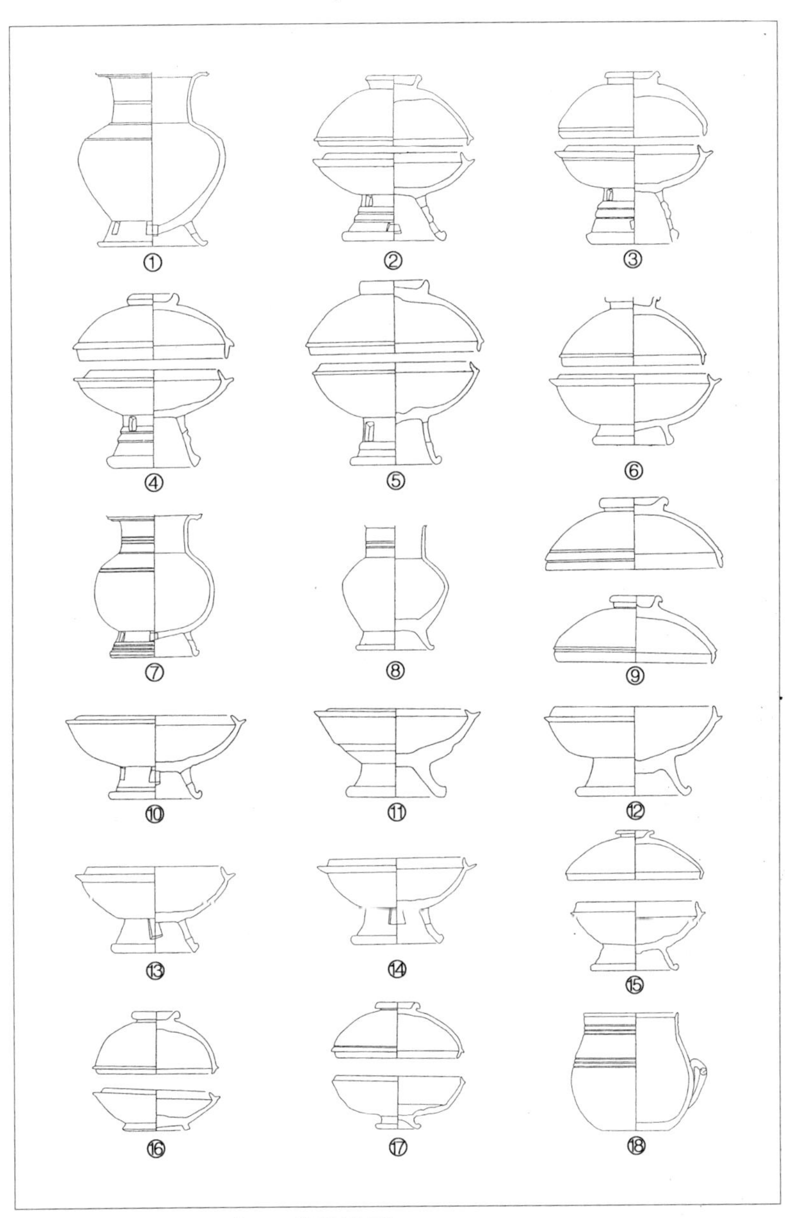

[도면 2] 파주 성동리고분군 출토 토기류(축척부동)
(①~⑥ 경희대 석실 2호 / ⑦~⑫ 경희대 석실 3호 / ⑬~⑱ 전북대 석실분)

문토기가 없는 것으로 보아 하안은 7세기 초로 판단된다. 이는 신라가 6세기대에 이미 한강이북지역까지 진출한 사실을 보여주는 중요한 자료로 평가된다.

유적은 인근의 오두산성[3]과 긴밀한 관계를 갖고 있을 것으로 추정된다. 이 산성은 수로를 이용해 적이 한강유역으로 진입하는 것을 막는 중요한 역할을 하였는데, 백제 한성기에는 백제의 최전방 방어선이었다. 또한, 오두산성은 고구려와 백제의 치열 접전이 벌어진 관미성으로 비정되고 있으며[4] 백제의 대중국항로 관문이 있었다는 견해[5]도 있어 그 중요성을 짐작할 수 있다.

2. 용인 보정리고분군

용인 보정리고분군은 용인시 구성면 보정리에 있는 해발 186m의 소실봉에 위치한다. 2001년 지표조사 당시 100여 기의 고분이 잔존할 것으로 추정되었으며 이후 토지박물관, 기전문화재연구원, 한국문화재보호재단 등에 의해 발굴조사가 진행되었다[6]. 토지박물관 조사지역에서는 6호분에

---

3) 오두산성은 1992년에 성벽의 일부 구간만을 조사하여 유적의 자세한 성격은 파악할 수 없었다(경희대학교 고고 미술사연구소, 1992, 『鳥頭山城』I).

4) 尹日寧, 1986, 「關彌城 位置考」, 國民大學校 碩士學位論文.

5) 申瀅植, 1992, 「新羅의 發展과 漢江」, 『韓國史研究』77, 韓國史研究會, 44쪽.

6) 한신大學校博物館, 2002, 『용인 보정리 고분군 지표조사 보고서』.
   세종대학교박물관, 2002, 『용인 수지빌라트 신축공사부지 문화유적 지표조사 보고서』.
   한국토지공사 토지박물관, 2003, 「용인보정리고분군 발굴조사 지도위원회의 자료」.
   한국문화재보호재단, 2005, 「신갈-수지간 도로 확 포장공사 예정구간 문화유적발굴조사 3차지도위원회자료」.
   畿甸文化財研究院, 2005, 『龍仁 寶亭里 소실遺蹟 -試·發掘調查 報告書-』.

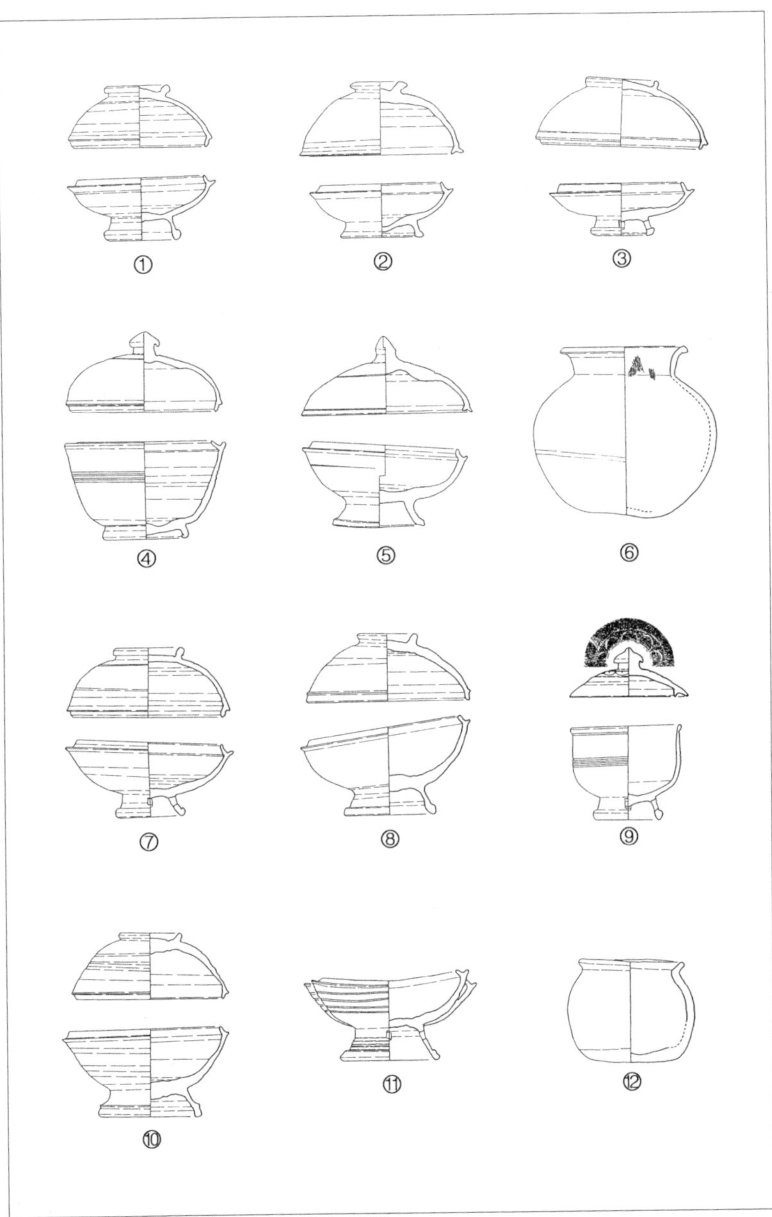

[도면 3] 용인 보정리고분군 출토 토기류(축척부동)
(①~⑥ 2-1호 석실분 / ⑦⑧ 5호 석곽묘 / ⑨~⑫ 6호 석실묘)

서 6세기 후반으로 편년되는 부가구연대부장경호와 단각고배가 출토되었다.

기전문화재연구원의 발굴 조사지역에서는 삼국에서 조선시대까지의 다양한 분묘가 확인되었다. 이 중 삼국~통일신라시대로 보이는 석곽·석실묘는 22기가 조사되었다. 분묘의 대부분이 해발 85~100m 정도 높이의 남동사면에 위치하며, 횡구식 석실묘가 16기, 소형 수혈식 석곽묘 6기, 연도가 달린 횡혈식 석실묘 1기 등이 확인되었다. 평면형태는 장방형이고, 벽면과 시상대는 할석만 사용하거나 할석과 천석을 혼용하여 축조하였다. 횡구식 석실분은 대부분이 등고선과 평행하며, 소형 수혈식 석곽묘는 모두 등고선과 직교하고 있다. 유물은 16기에서 토기류, 철제류, 과대금구, 방추차 등이 확인되었다. 이 중에서 토기류가 주를 이루며 개와 고배가 50% 이상을 차지하고 있다. 조성시기는 6세기 후반~7세기 초반으로 판단된다.

또한, 한국문화재보호재단이 도로 확·포장을 위해 조사한 소실봉의 동단에서는 인화문토기가 출토되는 고분 5기가 확인되어 소실봉에는 삼국시대부터 통일신라까지 고분이 축조되었음을 알 수 있다.

3. 여주 상리·매룡리고분군

상리·매룡리고분군(이하 매룡리고분군)은 여주군 여주읍에 위치하는 황학산(해발 175.3m)의 북쪽 가지능선에서 동쪽으로 뻗어 나온 나지막한 구릉의 하단부에 해당한다. 고분군의 북쪽으로는 남한강이 동에서 서로 흐르고 있다.

이 유적은 일제 강점기부터 알려졌으며 1987·1994·1997·1999년 등에 걸쳐[7] 조사되었는데, 이후 1994년과 1997년에는 상리 일대에 위치한

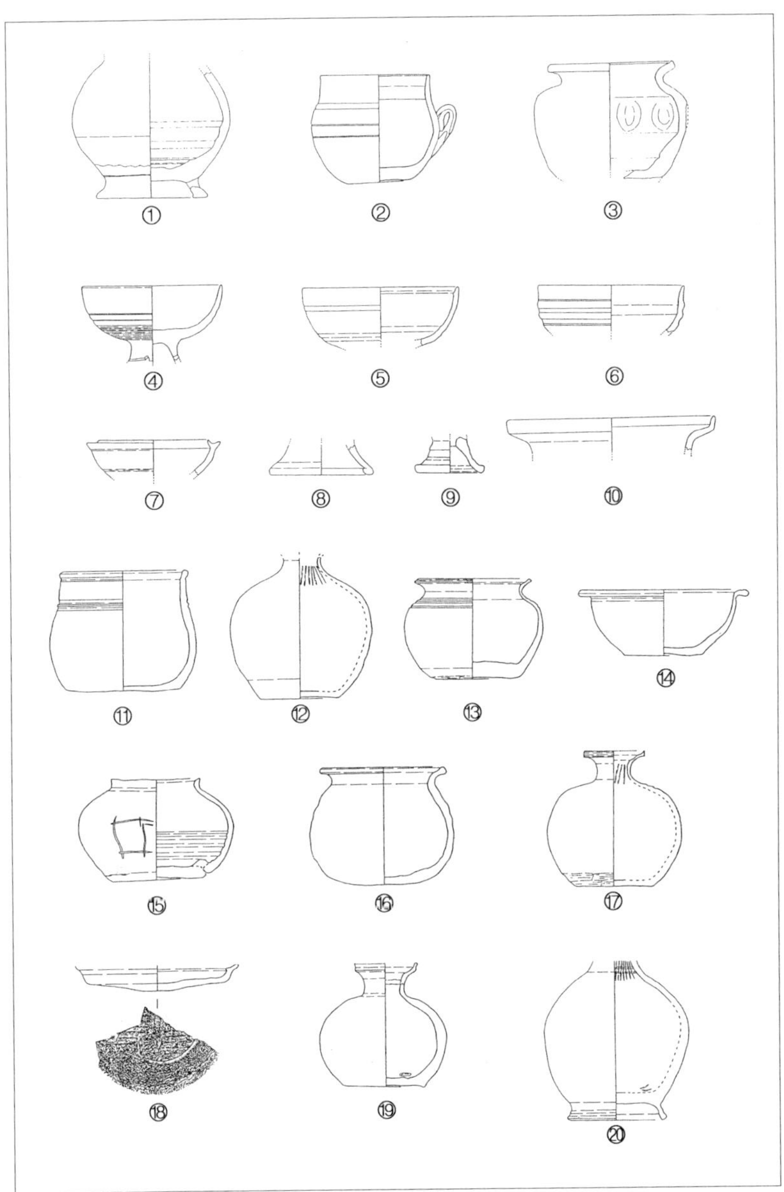

[도면 4] 여주 상리·매룡리고분군 출토 토기류 (축척부동)
(①~③ '99기전 3지역 35호분 / ④~⑩ '99기전 지표 수습 / ⑪⑫ '99기전 1호 석실 / ⑬⑭ '99기전 5호 석실 / ⑮~⑰ '99기전 6호 석실 / ⑱~⑳ '99기전 8호 석실)

고분군이 조사되었다. 최초에 알려진 고분의 수는 최대 196기였으나 1999년 정밀지표조사에서는 139기로 보고되었다[8].

발굴된 고분은 모두 34기로 횡혈식 석실묘와 횡구식 석실·석곽묘가 있다. 횡혈식 석실묘는 횡장방형으로 연도가 전벽의 가운데에 위치하고 있어 평면형태가 'T'자형을 띤다. 석실 내부에는 할석으로 만든 시상대가 좌우 양쪽에 배치되었으며 그 위로 석침이 확인되었다. 횡혈식 석실묘는 주로 상리 일대에서 확인되었다.

횡구식 석곽묘는 대부분 장방형 할석으로 네 벽을 쌓았다. 입구는 남쪽 단벽에 위치하며 시상대는 할석과 천석을 혼용하여 높게 만들었다. 머리는 주로 입구의 반대쪽인 북쪽에 두었던 것으로 추정된다.

많은 수의 고분이 발굴된 것에 비하여 출토된 유물은 빈약한 편이다. 이는 이미 고분군이 오래전부터 지속적으로 도굴이 자행되었으며 도굴되지 않은 고분의 경우도 경사면에 위치해 파괴된 채 방치되어 고분의 훼손이 심하였기 때문이다. 부장된 유물은 토기류가 다수를 차지하나 고배나 개보다는 호와 병이 주류를 이루고 있다. 이외에 장신구인 금동관편과 이식 등도 있다.

4. 여주 하거리 방미기골 고분군

이 유적은 여주군 여주읍 하거리 방미기골(이하 하거리고분군) 산 40번

---

7) 1987년 한림대학교 매룡리 용강골 고분군에서 9기가, 1994·1997년 상리 고분군에서 각각 7기와 10기가, 2000년에는 기전문화재연구원에 의해 8기가 발굴조사 되었다 (翰林大學校博物館, 1988, 『驪州 梅龍里 용강골 古墳群 發掘調査 報告書』; 2001, 『여주 상리 고분』; 畿甸文化財研究院, 2000, 『驪州 上里 梅龍里 古墳群 精密地表調査報告書』).
8) 畿甸文化財研究院, 2000, 앞의 보고서.

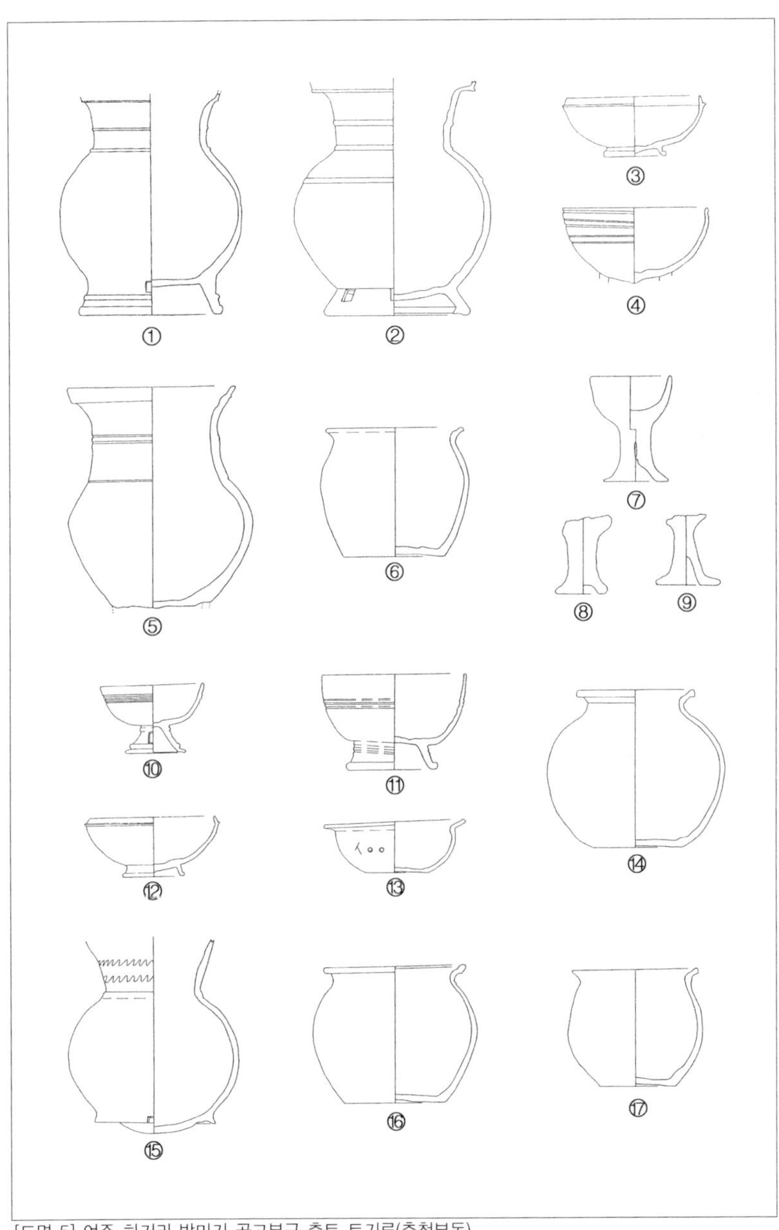

[도면 5] 여주 하거리 방미기 골고분군 출토 토기류(축척부동)
(① 24호 소형 석곽 / ②~④ 25호 석실 / ⑤~⑨ 28호 석실 / ⑩~⑭ 29석실, ⑮~⑰ 32호 석실)

지 일원에 위치하고 있다. 고분군은 해발 82~100m에 이르는 산의 완만한 남사면에 자리잡고 있다. 삼국~조선시대에 이르는 분묘 63기가 확인되었는데[9], 이 중 삼국시대 고분은 모두 37기로 횡혈식 석실묘·횡구식 석곽묘가 주류를 이룬다. 연도는 중앙부에 위치하는 것과 좌우편재로 나뉘는데 중앙에 위치한 것이 많다. 평면형태는 장방형이 가장 많고 세장방형과 방형도 확인된다. 대부분 시상대가 설치되어 있으며, 주로 2개가 확인되나 일부 3개가 마련된 것도 있다.

유물은 토기류, 금동제 태환, 세환이식, 청동방울, 도자 등이 있다. 고배와 대부장경호 등과 같은 신라토기가 출토되는 것은 5기이며, 이외에 다른 고분에서는 심발형 토기와 유사하게 생긴 연질의 평저 호가 주로 부장되었다. 신라토기라고 하더라도 그 형태가 정형화되지 못한 것이 대부분이다. 때문에 인근의 매룡리 고분군과 같이 축조 주체에 대한 이견이 대립되고 있다[10].

5. 용인 할미산성

할미산성은 용인의 구성면과 포곡면의 경계에 위치한 할미산의 정상과

---

9) 경희대학교중앙박물관, 1999, 『여주 하거리 방미기골 고분』.

10) 여주의 고분군은 축조 세력을 신라 또는 백제로 보는 견해가 대립되고 있다. 대체로 신라로 보는 경향이 많은데 이에 대한 논고로는 '金元龍, 1974, 「百濟初期古墳에 대한 再考」, 『歷史學報』62, 歷史學會'와 '강현숙, 1996, 「백제 횡혈식석실분의 전개과정에 대하여」, 『한국고고학보』34, 한국고고학회'가 있다. 그리고 상리·매룡리 고분군의 조사자인 기전문화재연구원의 김성태는 고분의 축조세력을 신라에 새로 입 편입된 재지세력인 '新民'으로 보았다(畿甸文化財硏究院, 2000, 앞의 책). 이에 반해 하거리고분군의 발굴을 주도한 강봉원은 출토된 토기를 백제계로 보았다(姜奉遠, 2000, 「한강 유역 횡혈식 석실분의 성격-여주지역을 중심으로」, 『先史와 古代』15, 韓國古代學會).

그 남쪽 능선 일부를 둘러싼 테뫼식 석축산성이다[11]. 평면형태는 남북을 장축으로 하는 불규칙한 형태의 타원형이다. 해발고도는 349m이며 전체 둘레는 651m이다. 동벽에서 배수시설과 보축성벽이 확인되었으며 유물은 4점의 철제류를 제외하고는 모두 토기류만이 출토되었다. 토기는 총 302점으로 부가구연대부장경호를 비롯한 고배, 개, 완, 호 등이 주류를 이루고 있다. 대부분 잔편이기는 하나 신라토기만이 출토되어 생활유적에서의 기종 활용을 살펴보는데 중요한 자료를 제공하고 있다. 유적의 경영시기는 부가구연대부장경호와 단각고배가 확인되는 것과 달리 인화문이 시문된 편이 없는 것으로 보아 대략 6세기 말에서 7세기 초로 추정된다.

이 유적은 진흥왕 29년(568) 백제와 고구려의 공격으로 북한산주의 치소를 남천정으로 옮기게 되었을 때 남천주의 외곽 방어를 담당했던 유적으로 추정된다. 이는 광주산맥 남쪽에 위치한 할미산성에서 남천정이 소재한 이천까지 별다른 자연 방어선이 확인되지 않아 광주산맥이 제공하는 천혜의 방어선을 지키기 위해 사용된 것으로 여겨진다. 그러나 604년 북한산주가 다시 설치되면서 남천주의 외곽방어를 담당했던 할미산성은 그 역할을 다하고 군사적 효용성이 감소되어 폐기된 것으로 판단된다.

할미산성이 축조되었을 무렵부터 용인에는 신라 왕경 혹은 그 주변지역에서 사민된 사람들이 머물렀던 것으로 여겨진다. 이는 출토유물의 양상이 경주를 비롯한 그 주변지역에서 출토되는 토기들과 크게 다르지 않기 때문이다. 그리고 보정리 고분군과 할미산성은 직선거리상으로 6~7㎞ 정도 밖에 떨어지지 않아 두 유적의 축조세력 간에 대한 관련성을 유추해 볼 수 있다. 더욱이 출토된 유물의 양상이 유사한 것으로 보아 비슷한 시

---

11) 경기도박물관, 2005, 『용인 할미산성』.

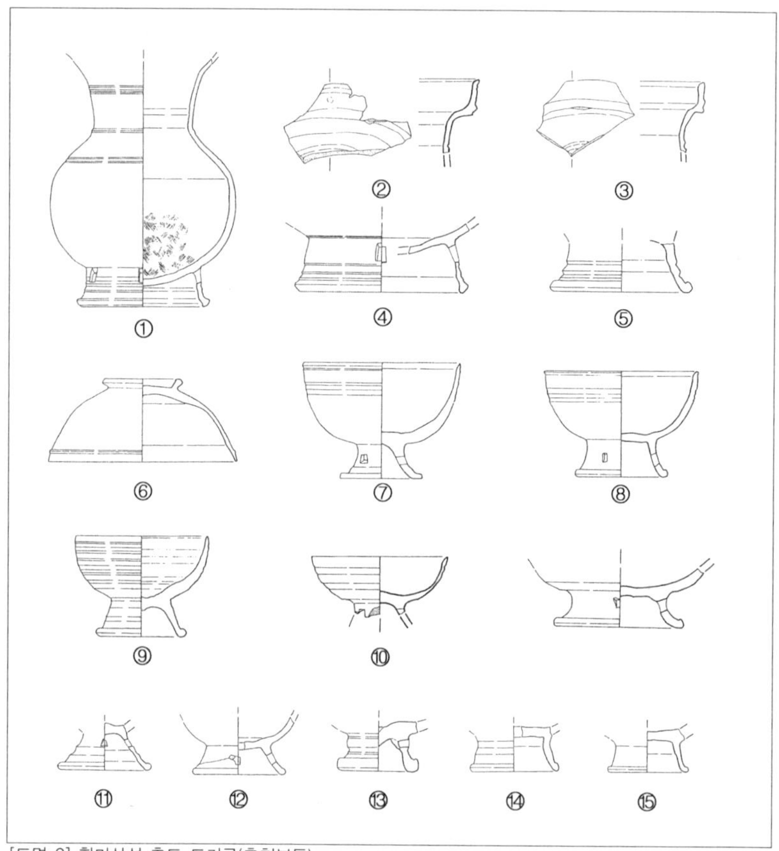

[도면 6] 할미산성 출토 토기류(축척부동)

기에 축조된 것으로 생각된다. 이 두 유적은 그동안 통상적으로 알려져 있는 신라 북진 경로에서 벗어나 있어 신라 북진기에 대한 새로운 이해가 필요할 것으로 보인다.

6. 이천 설봉산성

설봉산성은 경기도 이천시 사음동의 설봉산 정상에서 북동쪽으로 약

700m 정도 떨어진 봉우리(해발 394.3m)에 축조된 테뫼식 석축산성이다[12]. 전체 둘레는 1,079m로 삼국시대의 성 중에 비교적 큰 규모에 속한다. 이 성은 관고리성지 또는 무안산성이라고도 불린다.

성내에서는 저장구덩이와 저수시설이 발굴되었고 서문지 등에서 몽촌토성이나 풍납토성에서 출토되는 고배와 유사한 유형이 고배가 다수 발견되어 설봉산성이 백제에 의해 초축된 석성으로 추정되고 있다.

신라토기는 서문지 4~5층에서 6세기 후반으로 편년되는 고배와 개 그리고 동문지 상단 및 성내 전역에서 단각고배류와 인화문토기가 확인되었다. 유적의 경영하한은 咸通 6년(865)명 벼루의 출토를 통해 9세기 중엽으로 추정할 수 있다.

이천에는 진흥왕 5년에 설치한 南川停이 주둔해 있었는데, 이와 관련하여 설성산성과 함께 설봉산성이 주목되었다[13]. 남천정은 신라의 서쪽 국경을 수비하는 동시에 한강유역으로 진출하는 주력부대였다. 이 유적은 동쪽으로 이천에서 여주까지, 동남쪽으로 장호원까지 조망된다. 서남쪽은 설봉산 정상부에 막혀 보이지 않으므로 부성 1이 설치되었다. 부성 1에서 200m 떨어진 봉우리에 부성 2를 축조하였다. 부성 2에서는 석실분 1기가 확인되었는데, 6세기 중후반경에 해당되는 신라 고배와 반구형 개가 출토되었다. 고분은 사람이 머무는 곳에는 위치하지 않으므로 부성 2는 신라가 이천을 장악하기 전에 축조한 것으로 보이며 신라는 이를 활용하지 않았던 것으로 여겨진다.

---

12) 단국대학교 중앙박물관, 1999, 『이천 설봉산성 1차 발굴조사 보고서』.
　　단국대학교 매장문화재연구소, 2001, 『이천 설봉산성 2차 발굴조사 보고서』.
　　　　　　　　　　　　　　　　　, 2002, 『이천 설봉산성 3차 발굴조사 보고서』.
13) 徐榮一, 1999, 「利川 雪城山城에 대한 考察」, 『史學志』32, 檀國史學會.

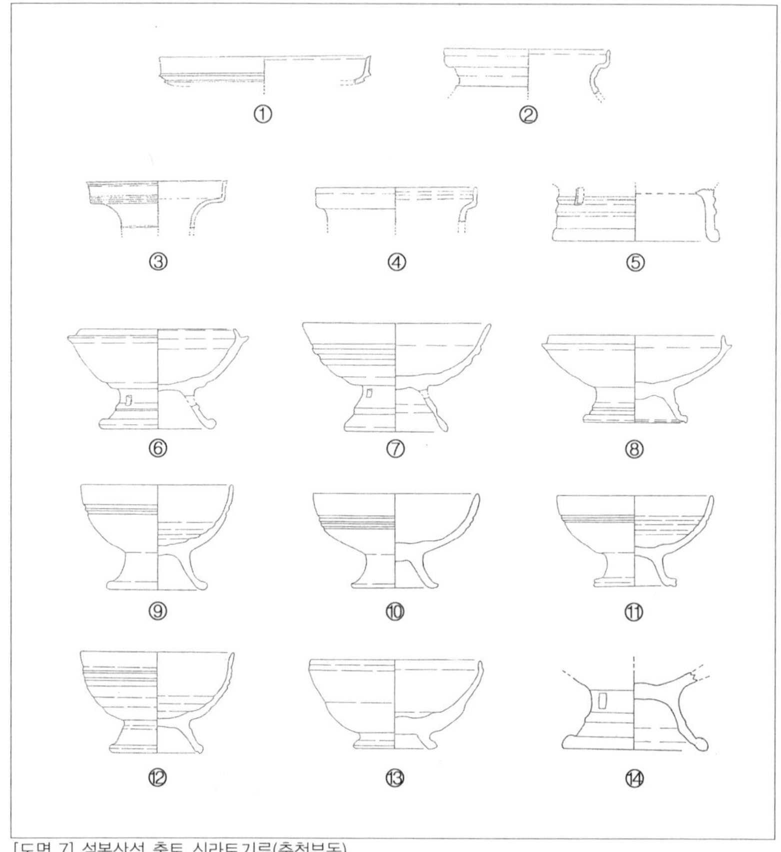

[도면 7] 설봉산성 출토 신라토기류(축척부동)

Ⅲ. 型式別 土器分析

부가구연대부장경호는 그 명칭에 맞게 구연이 한 번 꺾인 후 조성되었으며 저부에는 대각이 달려 있다. 세부적으로 보면, 구연은 사선으로 외반하거나 직립하였고 부가구연은 수평하거나 사선으로 올라간 형태가 있다. 대각에는 방형 혹은 사다리꼴 모양의 투창이 이단 혹은 일단으로 뚫려있고 각단은 돌출되거나 외반된 형태가 주류를 이룬다. 경부가 발달되었으며 최대경이 동체에 있어 동체 지름이 구경이나 저경보다 크다.

이러한 형태의 유물이 한강유역에서 출토된 곳은 앞서 언급한 바와 같이 고분유적 4개소, 산성 2개소로 모두 6개소이다.

부가구연대부장경호는 6개 유적에서 파편을 포함해 20여 점이 출토되

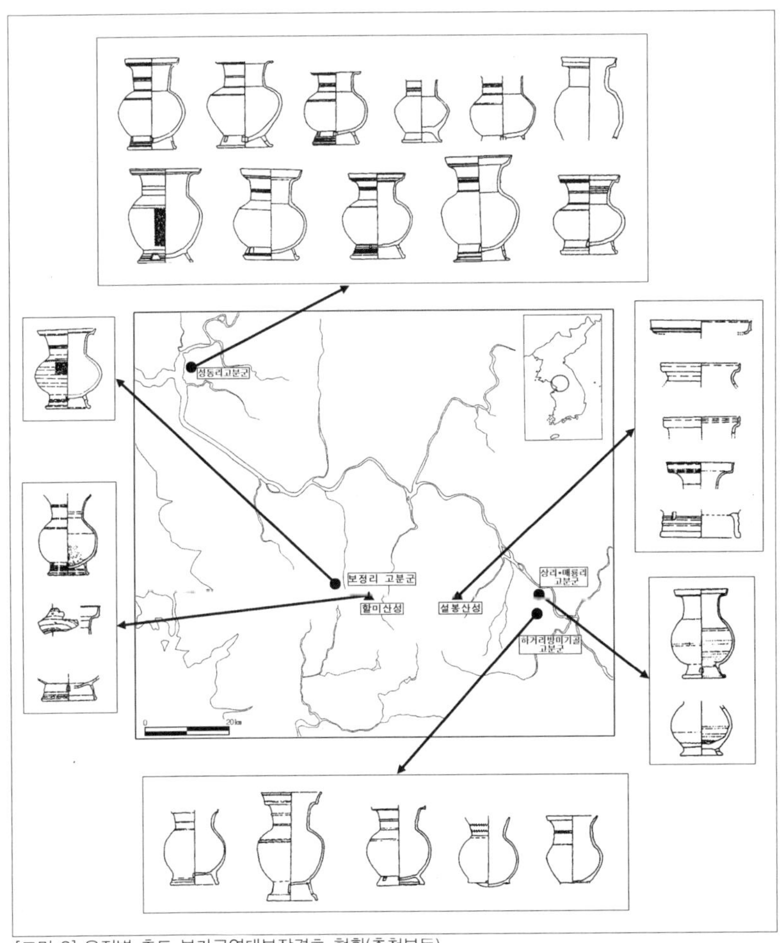

[도면 8] 유적별 출토 부가구연대부장경호 현황(축척부동)

었다. 이 중 파주 성동리 고분군에서 11점이 출토되어 가장 많은 수를 차지하고, 여주 하거리 고분군에서는 5점, 여주 매룡리 고분군과 보정리 고분군에서는 각각 2점과 1점이 출토되었다. 할미산성에서는 구연부만 결실된 유물이 1점을 비롯한 부가구연부편와 대각편이, 설봉산성에서는 서문지 5층과 칼바위 부근에서 구연부와 대각이 편으로 수습되었다.

여기에서는 파편과 보고서가 발간되지 않아 속성을 파악하기 어려운 것을 제외하고 완형 혹은 기형이 복원되는 것을 대상으로 형식을 분류하고자 한다. 완형은 9점으로 성동리 고분군에서 6점, 보정리 고분군과 매룡리 고분군, 방미기골 고분군 등에서 각각 1점씩이 확인된다.

부가구연대부장경호의 형식은 먼저, 대각에 투창이 이단이냐 일단이냐에 따라 Ⅰ형과 Ⅱ형으로 나누었다. 대체로 투창은 시간이 흐르면서 이단에서 일단으로 변화하는 것으로 보고 있기 때문이다. 이단 투창은 전북대에서 발굴한 성동리 석곽 1호묘에서 발견된 것이 유일하다. 돌대를 경계로 상단에는 4개의 투창이 아래에는 상단보다 작은 2개의 투창이 배치되어 있다. 이단 투창이 있는 1점을 제외한 Ⅱ형에 해당되는 것은 8점이다.

또한, 부가구연대부장경호는 시간이 지날수록 크기가 작아지고 동체부가 편구화되는 특징이 있으며, 통일기 양식이 되면 동체가 주판알과 같은 형태를 띤 부가구연대부병으로 변화하는 것으로 판단된다. 즉, 전체 높이와 동체경 그리고 구경이 시간의 변화를 민감하게 반영하는 것으로 여겨진다. 따라서 형태적 속성의 변화를 알아보기 위해서 유물의 높이, 동체경, 구경 등 제반 속성을 수치로 정리하면 다음 [표 1]과 같다.

[표 1]를 보면 대체로 최대경이 구경보다 크게 나타나고 있는데, 최대경과 구경이 만나는 도면 9-②는 최대경이 동체의 상방에 위치하고 있다. 도면 9-③~⑤는 높이가 20㎝ 이상이고 구경과 최대경의 차이가 5㎝ 이하인 것으로 최대경이 동체 가운데 위치하며 완만한 곡선을 보이고 있

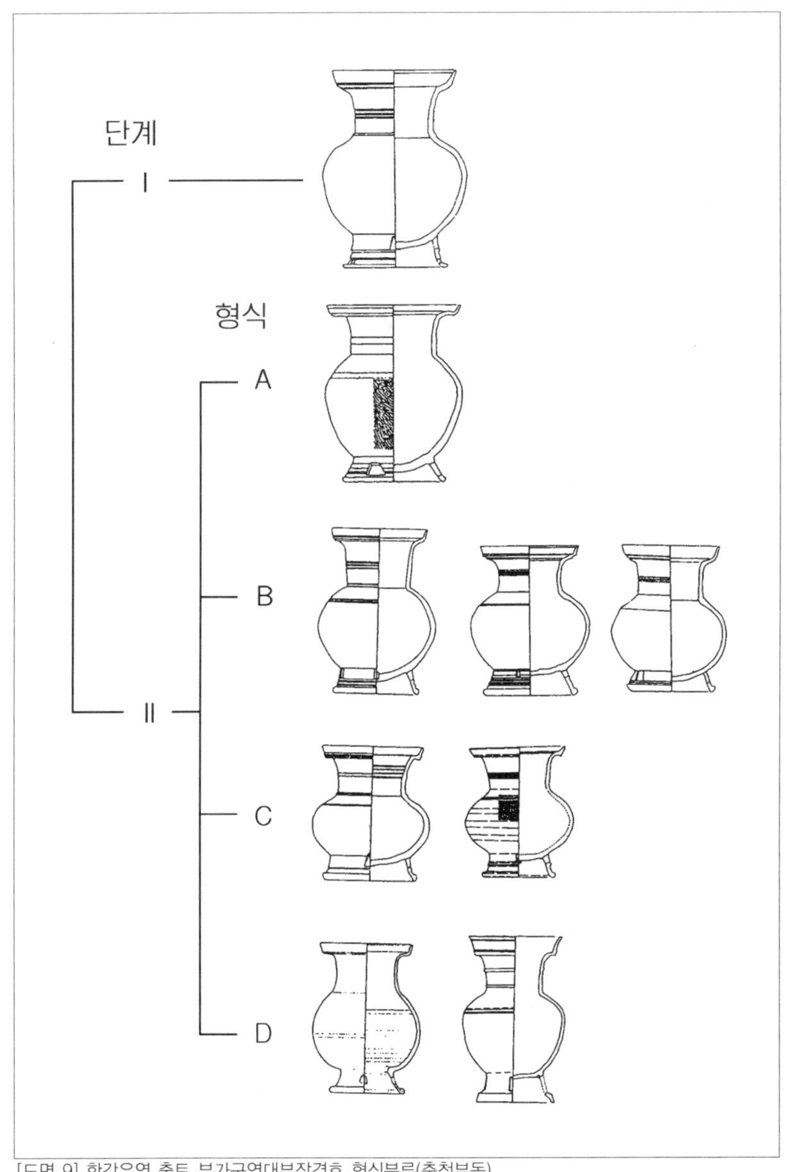

[도면 9] 한강유역 출토 부가구연대부장경호 형식분류(축척부동)
(①⑥ 성동리고분군 전북대 1호 석곽묘 / ②④⑤ 성동리고분군 전북대 석실분 / ③ 성동리고분군 경희
대 2호 석실분 / ⑦ 보정리고분군 5호 석곽묘 / ⑧ 상리·매룡리 고분군 3지역 35호분 / ⑨ 하거리
방미기골 고분군 26호 석실분)

[표 1] 부가구연대부장경호 속성일람

속성	Ⅰ형	Ⅱ형							
		A식	B식			C식		D식	
	도면9-①	도면9-②	도면9-③	도면9-④	도면9-⑤	도면9-⑥	도면9-⑦	도면9-⑧	도면9-⑨
높이	26.4	25.7	27.8	24.8	23.5	18.6	17.8	21.2	26.4
구경	17	19.7	16.6	17.1	15.8	14.4	13.3	13.5	15.3
최대경	20.6	20.3	20.3	20.2	19.1	17.4	15.1	15.8	16.8

다. 도면 9-⑥ · ⑦은 높이가 20㎝ 이하이며 구경과 높이 차가 4.5㎝이다. 그러나 기고가 20㎝ 이상인 것은 구경과 높이의 차가 6㎝ 이상이다. 따라서 동체가 주판알과 같이 불룩한 형태를 보이고 있다. 도면 9-⑧ · ⑨는 높이가 20㎝ 이상이면서도 구경과 최대경의 차이가 2㎝ 안쪽인 형태이다. 이러한 특징으로 각각 도면 9-②는 A식, 도면 9-③ · ④ · ⑤번은 B식, 도면 9-⑥ · ⑦번은 C식, 도면 9-⑧ · ⑨는 D식으로 분류할 수 있다.

　Ⅱ-A식(도면 9-②)은 성동리고분군의 전북대 석실묘와 구연이 결실된 경희대 석실 2호묘 출토품이 있다. 이는 대각이 사방향으로 뻗고 각단은 밖으로 살짝 돌출되어 있다. 투창은 4개 내지 5개로 사다리꼴형태이며 크기도 큰 편이다. 구연은 한 번 꺾여 사선으로 짧게 외반되었다. Ⅱ-B식(도면 9-③ · ④ · ⑤)에는 성동리고분군 경희대 석실 2 · 3호묘과 석곽 6호묘, 전북대 석실분과 석곽 6호묘, 용인 할미산성 출토품 등이 있다. 대각은 사선으로 내려와 각단이 밖으로 둥글게 돌출된 형태이며 구연은 한 번 꺾여 직립된 형태를 띠고 있다. 대각에는 돌대가 있으며 돌대 위에 방형의 투창이 뚫려있다. Ⅱ-C식(도면 9-⑥ · ⑦)은 동체의 가운데 부분이 도드라지게 나온 형식으로 성동리고분군 석곽 1호묘와 보정리 고분군 5호묘 등에서 확인된다. 구연은 한 번 꺾여 사방향으로 외반되었는데, 꺾인 부분이 아래로 약간 내려와 있다. 이외에 Ⅱ-A~C식에 해당되는 부가구연대부장경호는 모두 회색 혹은 회청색을 띠고 경질로 소성되었으며

치밀한 태토를 가졌다. 또 경부에 2~3개, 견부와 경부에 1개, 견부에 1~2개의 횡선이 돌아가는 공통점이 보이고 있다.

Ⅱ-D식(도면 9-⑧·⑨)은 높이가 20㎝ 이상이나 구경과 최대경의 차이가 나지 않아 동체가 홀쭉하게 표현되거나 최대경이 아래로 처져 있는 것이다. 세부적인 형태를 보면, 구연이나 대각이 결실된 편에는 각단이 밖으로 완전히 말아올려 둥글게 처리한 것, 안쪽으로 돌출된 것, 꺾여 사선으로 내려오는 것 등이 있다. 이 형식에 속하는 것은 남한강유역에 입지하는 여주 하거리 고분군과 매룡리 출토품이 있다. 또한, 매룡리 출토품은 연질로 소성된 특징이 보이며, 하거리 방미기골에서 확인된 것은 경질이나 태토에 굵은 사립이 섞여 거친 느낌을 주는 것이 대부분이다. 이는 일반적인 부가구연대부장경호가 잘 수비되어 치밀한 태토에 경질로 소성되는 것과는 다른 특징을 보여주는 것이다. 또, 동체 기면이 완만한 곡선을 그리고 경부나 견부에 횡선이나 돌대가 확인되지 않는 것도 있다. 이처럼 Ⅱ-D식은 앞에서 보이는 Ⅱ-A~C식과는 다른 독특한 형태를 보이고 있다.

이상의 내용을 통해 형태적 속성변화를 그래프로 나타내면 [표 2]와 같다. [표 2]의 ①~⑥은 성동리고분군, ⑦은 매룡리 고분군, ⑨는 하거리 고분군 출토품이다.

한강유역에서 출토된 부가구연대부장경호는 위에서 본 바와 같이 Ⅰ, Ⅱ형으로 나뉘고 다시 Ⅱ형에서 4개의 식으로 나뉘는 것을

[표 2] 부가구연대부장경호 속성비교

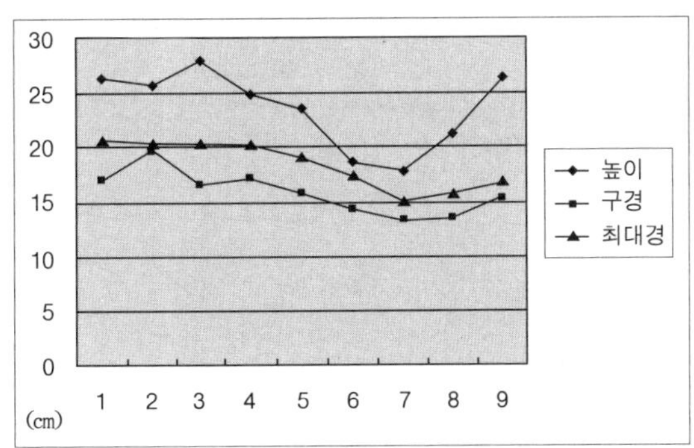

알 수 있다. 이에 대한 변화양상을 설정해 보면, 대각의 투창은 신라 후기에 이르면 이단에서 일단으로 변화된다고 알려져있다. 이에 따라 이단 교호 투창인 전북대 석곽 1호묘(도면3-①)에서 출토된 부가구연대부장경호가 Ⅱ형보다 이른 시기의 것으로 추정될 수 있다. 하지만 짧은 대각을 2단으로 구획하고 하단 투창이 상단 투창에 비해 1/2도 안되는 크기로 뚫린 것으로 보아 일단투창으로 가는 과도기적인 성격으로 판단된다.

Ⅱ형은 A~D식 등 모두 4개식으로 나뉘어지는데, 이 중 A식은 성동리 고분군 석실분이 큰 석실분에서 출토된다는 점과 배신과 대각의 비율이 1:1인 이단교호투창고배가 동반된다는 점에서 Ⅱ형 중 가장 이른 시기의 형식으로 추정된다. 그리고 이 기종이 시기가 지날수록 동체가 편구형화 되고 크기가 작아지는 특징을 갖고 있다고 할 때[14] 높이가 20㎝ 이하이고 동체가 불룩한 형태인 C식은 A식보다 늦은 시기에 부장된 것으로 추정된다. 또 동체부가 편구화가 되려면 동체 상부에 있던 최대경이 동체 중앙으로 내려와야 한다. B식은 최대경이 동체 중앙으로 내려오고 편구화되지 않았다는 것에서 A식보다는 느리고 C식보다 빠른 것으로 상정할 수 있다. 따라서 부가구연대부장경호는 A→B→C으로 변화된다는 것을 알 수 있다. 한편, D식은 일반적인 부가구연대부장경호와 다른 형태적 특징을 보이고 있어 변화양상을 추정해 보기 어렵다.

Ⅳ. 地域的 特性 檢討

한강유역에서 부가구연대부장경호가 출토된 유적은 6세기 중후반에서

---

14) 홍보식, 2003, 『新羅 後期 古墳文化 硏究』, 춘추각, 67~71쪽.

7세기 초엽으로 편년되며 대부분 고분유적에 해당된다. 위에서 나누어 본 형식분류에 따르면 가장 이른 형식에 해당되는 Ⅰ형이 성동리고분군에서 발견되었다. Ⅰ형에 해당되는 부가구연대부장경호 외에도 한강유역에서는 드물게 이단교호투창의 고배도 확인되고 있어 한강유역에 소재하는 신라유적 중에서 비교적 빠른 시기에 해당된다. 신라가 한강유역에 진출할 당시가 6세기 중엽경으로 여겨지므로 이 유적은 아무리 빨라도 6세기 중엽 이후에 축조되었다고 볼 수 있다. 고분의 축조가 이 시기에 이루어졌다면, 신라는 한강유역에 진출한 이후 가장 먼저 이곳을 중심으로 한 지역에 사람들을 사민시켜 영역화했던 것을 추정할 수 있다. 그리고 이 지역이 한강 이북이라는 지리적 여건을 볼 때 신라는 비교적 빠른 시간 안에 한강유역을 잠식하였던 것으로 여겨진다. 성동리 고분군과 바로 인접해서는 관미성으로 비정[15]되는 오두산성이 위치해 있다. 이 산성은 한강과 임진강의 합류지점에 위치해 있어 수로를 통해 내륙으로 진출하고 서해를 통한 대외교류가 가능한 곳에 입지해 있다. 백제 한성기에는 백제의 최전방 방어성으로서 남하하려는 고구려와 치열한 접전을 벌였으며, 신라가 이 지역을 장악한 뒤에는 수로를 통해 들어오려는 적을 막고 북쪽으로 진출하는데 중요한 역할을 담당했다. 따라서 성동리 고분군이 오두산성과 함께 군사적 요충지에 위치하는 것으로 보이 오두산성에 주둔해 있던 군과 밀접한 관련이 있었을 것이다. 또한 이들은 과대와 금동관 그리고 토기류의 양상으로 볼 때, 신라의 사민정책으로 인해 이주된 사람들이었을 가능성이 높다.

　보정리 고분군에서는 Ⅱ-C식에 해당하는 부가구연대부장경호가 출토

---

15) 尹日寧, 1986, 앞의 논문.
　　徐榮一, 1998, 앞의 논문, 83쪽.

되었다. 편구화가 진행된 것으로 보아 성동리 고분군에서 확인되는 것보다는 늦은 형식에 해당된다. 그러나 이 유물이 출토되었으므로 보정리고분군 역시 신라가 한강유역에 진출한 초기에 축조된 유적으로 볼 수 있다. 보정리고분군과 인접해서는 거의 같은 시기에 축조된 할미산성이 위치해 있다. 할미산성에서는 조사를 통해 부가구연대부장경호를 비롯하여 고배, 개, 완, 호 등이 확인되고 인화문토기가 한 점도 발견되지 않아 유적의 하안은 통일이전으로 보고되었다. 이 성은 그동안 알려진 신라 북진로에서 벗어나 있어 그 기능을 확언하기 어려우나 신라가 고구려의 침입에 의해 주의 치소를 이천의 남천정으로 옮겼을 때 남천정의 외곽지역을 방어하는 역할을 담당한 것으로 여겨진다. 인화문 토기가 출토되지 않는 것은 주의 치소가 다시 북한산주로 옮겨가면서 그 효용성이 낮아져 기능이 쇠락했기 때문으로 여겨진다. 하지만 보정리 고분군이 위치한 소실봉에서는 8세기 이후에도 고분이 축조되는 것으로 보아 이 지역에 지속적으로 사람들이 상주했음을 알 수 있다.

성동리 고분군과 보정리 고분군에서 출토되는 토기류는 신라의 왕경과 그 주변지역에서 확인되는 것과 유사하고 그 시기도 빨라 신라인에 의한 직접적인 유입이 있었을 것으로 판단된다. 한강유역에는 왕경 사람들보다는 가야계 사람들이 이주해왔을 가능성이 있는데, 이는 신라가 처음 한강유역을 점령했을 때 가야 왕족인 김무력을 군주로 하였다는 기록에서 찾아볼 수 있다. 신주의 설치와 가야계 주민의 사민은 복속지역의 백제와 고구려민의 기반을 와해시키고 피정복민인 가야계 주민의 불만을 잠재우려는 의도에서 취해졌을 것이다. 이에 따라 한강유역에서는 가야계 주민들과 기층민이 어우러져 신라 중앙과는 차별적인 문화를 형성했을 가능성이 있다.

여주 지역의 고분군에서 출토된 Ⅱ-D식에 해당되는 유물은 부가구연에 대각이 있기는 하나 동체의 곡면이 둔해 견부가 없이 전체적으로 홀쭉한 형태이다. 세부적으로 보면 구연이 길게 외반되고 각단은 편평하거나 내경하고 있다. 또한, 연질로 소성되거나 경질이어도 태토에 굵은 사립이 들어가 있어 거친 느낌이다. 이러한 토기를 만든 사람들은 신라토기를 익숙하게 만드는 장인집단이 아니었을 가능성이 있다. 즉, 태토의 수비상태나 기형이 정연하지 않는 모방한 수준의 유물이 확인되는 것으로 여겨진다. 함께 동반되는 유물도 호와 병이 주류를 이루고 있어 한강유역에 소재하는 다른 고분군과 뚜렷한 차별성이 있다. 그래서 이곳은 신라 왕경이나 그 주변지역에서 사민된 사람들이 피장되었을 것으로 보이지 않는다. 또 이러한 현상이 남한강유역에 해당되는 여주지역의 고분군에서만 확인되고 있어 재지적인 성격이 강한 것으로 판단된다[16]. 신라는 일찍이 복속지역민까지 하나의 왕민으로 포괄하는 정책을 펴고 있었으므로 여주에 머물러 있던 기층민을 새로이 신라로 편입했던 것으로 여겨진다. 때문에 신라의 문물이 직접적인 것이 아닌 간적접으로 들어오면서 신라 진출 초기에 이와 같은 현상을 보인다고 하겠다.

파주와 용인에 위치한 고분군과 마찬가지로 여주의 고분군도 가까운 거리에 북성산성이 위치해 있다. 북성산성은 신라 骨乃斤停의 초기 설치 지역으로 비정되는 유석이나[17], 여주지역은 영남지방과 한강을 잇는 교통

---

16) 매룡리고분군 발굴조사자는 이 지역의 고분군의 축조세력을 신라 진출 이후 새롭게 신라로 편입된 백제계주민인 新民으로 추정하였다(기전문화재연구원, 2000, 『여주 상리·매룡리 고분군 정밀지표조사보고서』, 142~144쪽).

17) 북성산성은 여주지역의 중심부에 위치하고 사방 조망권이 넓고 주변지역에 신라고분군이 밀집분포하고 있는 점이 비정의 근거이다. 여주와 양주의 경계에 있는 婆娑城에서 신라유물이 출토되어 骨乃斤停으로 보기도 하는데 군사조직인 정이 정세따라 이동하는 특징이 있는 것을 감안하면 660년 이후에는 婆娑城으로 이동 설치되었을 가능성이 있다(백종오·오강석, 2004, 「驪州地域 城郭의 特徵과 時代別 變遷」, 『年報』8, 京畿道博物館, 48쪽).

로로 소백산맥 이남에서 추풍령과 계립령을 넘어 충주지역을 거쳐 여주, 이천, 광주를 지나며 서해로는 이천에서 안성을 거쳐 평택일대의 아산만에 이르는 교통로의 결절지에 해당한다. 이렇듯 한강유역과 서해로 연결되는 교통로가 공히 여주지역을 거치게 되어있으며, 여주를 관류하는 남한강은 수운을 이용한 편리한 교통로를 제공하고 있다. 이처럼 여주지역은 내륙수운과 남북육상교통의 요지에 해당됨으로 신라 진출 초기부터 중요하게 활용되었을 것이다.

고분유적 이외에 한강유역에서는 산성에서도 부가구연대부장경호가 발견된 것이 특징적이다. 용인 할미산성에서는 산성내 가장 높은 지대의 평탄지에서 거의 완전한 개체로 확인되었다. 이 기종이 주로 고분에 부장된다는 점, 출토된 곳이 산성에서 가장 높은 지대라는 점, 구연부 훼기습속이 있는 점 등으로 보아 제의와 관련된 유물로 판단된다. 또한, 완형은 아니나 설봉산성에서도 부가구연부편이 확인되었는데, 이는 모두 제의유구로 추정되는 칼바위 주변지역에서 수습되었다. 칼바위 주변지역에서는 토제로 만든 인물상과 토제마, 철제마 등이 출토되었다. 특히 북쪽에 접해 8각 제단지가 존재하고 있어 고대부터 이 일대를 중심으로 제의 의식을 행했던 것으로 추정된다[18].

이처럼 한강유역 산성에서 부가구연대부장경호가 출토된 경우, 할미산성과 같이 산성내 가장 높은 평탄지이거나 설봉산성과 같이 제의유구 주변이었다. 유물로 보아 시기는 대략 6세기 후반에서 7세기 초반 정도로 여겨지는데, 이때는 신라가 북쪽으로 진출하기 위한 전쟁을 수행하고 있었으므로 승리를 염원하는 제의가 이루어졌을 것이다. 부가구연대부장경호는 이 제의의 제기로서 사용되었으며 산성에서도 제의가 이루어졌던

---

18) 단국대학교 매장문화재연구소, 2001, 앞의 보고서, 485~486쪽.

것을 알 수 있다. 통일기 이후가 되면 행정적인 치소의 역할을 담당했던 규모가 큰 산성에는 8각·9각의 건물지가 만들어진다. 이러한 예로는 설성산성과 이성산성 등이 있는데, 8각·9각의 건물지는 제의와 관련된 구조물로 보고 있다. 8각·9각의 건물지에서 출토되는 유물들은 모두 통일기 이후로 편년된다. 따라서 초기에는 할미산성과 같이 북쪽의 가장 높은 곳이나 설봉산성과 같이 높고 큰 바위가 있는 곳에서 제의행위가 이루어지다 통일 이후에는 8각·9각과 같은 제의의식을 행하기 위한 구조물을 만들어 제의가 행해진 것으로 생각된다. 제의 성격도 통일되기 이전에는 전쟁에서의 승리를 염원했다면, 통일 이후에는 풍요와 자연재앙으로부터의 무사안녕을 비는 것[19]으로 변화된 것으로 추정된다.

이외에 한강유역에서 출토된 부가구연대부장경호의 특징은 훼기습속이 보인다는 것이다. 유적과 형식에 관계없이 구연 혹은 대각이 인위적인 타격에 의해 결실된 채 확인된다. 고분의 경우 석실이나 석곽 내에서 결실된 부분이 확인되지 않는 것으로 보아 부장되기 이전에 이미 훼손된 것으로 보여진다. 또 할미산성 출토품에서도 구연부를 인위적으로 타격하여 훼손한 흔적이 관찰되었다. 이에 따라 신라의 제의에서는 제기로 쓰였던 토기의 구연 혹은 대각을 훼기하는 의식이 있었다고 하겠다.

V. 맺는말

이상과 같이 부가구연대부장경호 출토 유적의 성격의 규명과 형식분류를 통한 시기설정을 통해 한강유역에 신라가 진출했을 때의 상황을 살펴

---

19) 한양대학교, 1988, 『이성산성 3차 발굴중간보고서』, 152쪽.

보았다. 출토 유적은 신라의 북진과 관련하여 인적·물적 자원의 이동이 편리한 지역에 위치해 있다. 고분군과 산성이 인접해 있고 축조시기도 비슷한 것으로 보아 군사적으로 중요한 지역에 먼저 거점을 확보했던 것으로 여겨진다.

또한, 신라가 한강유역에 진출하는 과정 속에서 횡혈·횡구계 고분도 함께 유입되었는데, 그러나 그 안에 부장되는 유물이 지역에 따라 상이한 점이 관찰된다. 부가구연대부장경호의 형식분류를 통해 볼 때, 파주와 용인지역에 위치한 고분군이 유사하며 여주지역은 기형과 태토, 소성도에서 많은 차이가 있다. 동반되는 유물도 파주와 용인의 고분군에서는 고배나 개가 많은 수를 차지하는 반면 여주지역의 고분군에서는 호와 병이 주류를 이루고 있다. 이러한 차이는 축조 세력이 달랐음을 보여주고 있다. 한강유역에 사민된 세력은 신라가 한강유역에 진출했을 때 가야계 왕족인 김무력을 군주로 삼았다는 것에서 가야계 유민이었을 가능성이 높다. 파주와 용인지역의 위치한 고분군 출토 유물이 신라 왕경과 인근 지역의 양상과 유사한 것으로 보아 가야계 사람들에 의해 축조된 것으로 여겨진다. 즉, 가야계 주민을 이곳에 사민시켜 지방지배를 공고히 했던 것으로 판단된다. 하지만 유물에서 다른 양상을 보이는 여주와 같은 지역은 기존의 선주민을 흡수하여 신민화하였던 것으로 추정된다.

이외에 성곽에서 부가구연대부장경호가 발견되어 산성에서 제의가 이루어진 것을 알 수 있다. 유물은 제의의 제기로서 기능한 것으로 여겨지는데, 이는 주로 고분에 부장되고 출토된 곳이 산성내 가장 높은 평탄지나 제의유구 주변이기 때문이다. 제의는 시기적으로 볼 때 승리에 대한 염원을 위해 행해졌을 것으로 판단된다.

■참고문헌■

『三國史記』

京畿道博物館, 2005, 『龍仁 할미山城』.

경희대학교 고고미술사연구소 외, 1992, 『통일동산 및 자유로 개발지구 발굴조사
        보고서』.

경희대학교 고고미술사연구소, 1992, 『鳥頭山城』Ⅰ.

경희대학교박물관, 1999, 『여주 하거리 방미기골 고분』.

기전문화재연구원, 2000, 『여주 상리·매룡리 고분군 정밀지표조사 보고서』.

_________________, 2005, 『용인 보정리 소실유적 -시·발굴조사 보고서-』.

단국대학교 매장문화재연구소, 2002, 『이천 설봉산성 3차 발굴조사 보고서』.

단국대학교 중앙박물관, 1999, 『이천 설봉산성 1차 발굴조사 보고서』.

_________________, 2001, 『이천 설봉산성 2차 발굴조사 보고서』.

세종대학교박물관, 2002, 『용인 수지빌라트 신축공사부지 문화유적 지표조사 보
        고서』.

_________________, 2004, 『여주지역의 역사와 문화유적』.

忠北大學校 中原文化研究所, 1999a, 『處仁城, 老姑城, 寶蓋山城』.

_________________, 1999b, 『용인의 옛성터』.

한국토지공사 토지박물관, 2003, 「용인보정리고분군 발굴조사 지도위원회 자료」.

翰林大學校博物館, 1988, 『여주 매룡리 용강골 고분군 발굴조사 보고서』.

한신大學校博物館, 2002, 『용인 보정리 고분군 지표조사 보고서』.

漢陽大學校博物館, 1991, 『二聖山城 -3次 發掘調査中間報告書-』.

경기도사편찬위원회, 2003, 『경기도사』2 고대편.

국사편찬위원회, 1994, 『한국사』8 삼국의 문화.

金元龍, 1994, 『新羅土器』, 열화당.

徐滎一, 1999, 『新羅 陸上 交通路 研究』, 학연문화사.

신형식, 2004, 『新羅通史』, 주류성.

이한상, 2004, 『황금의 나라 신라』, 김영사.

崔夢龍 外, 1993, 『한강유역사』, 민음사.

최몽룡·김경택, 2005, 『한성시대 백제와 마한』, 주류성,

崔秉鉉, 1992, 『新羅古墳研究』, 一志社.

洪潽植, 2003, 『新羅 後期 古墳文化 研究』, 春秋閣.

姜奉遠, 2000, 「한강 유역 횡혈식 석실분의 성격-여주지역을 중심으로」, 『先史와 古代』15, 韓國古代學會.

白種伍, 2006, 「신라 북진기 할미산성의 고고학적 검토」, 『新羅史學報』6, 新羅史學會.

백종오·오강석, 2004, 「驪州地域 城郭의 特徵과 時代別 變遷」, 『年報』8, 京畿道博物館.

徐榮一, 1998, 「漢江以北의 城址와 新羅의 防禦體系-坡州 地域을 中心으로-」, 『文化史學』10, 韓國文化史學會.

______, 1999, 「利川 雪城山城에 대한 考察」, 『史學志』32, 檀國史學會.

______, 2003, 「漢城 百濟의 南漢江水路 開拓과 經營」, 『文化史學』20, 韓國文化史學會.

______, 2005, 「5~6世紀 新羅의 漢江流域 進出과 經營」, 『博物館紀要』20, 檀國大學校 石宙善紀念博物館.

성재현, 2002, 「淸州地域 出土 新羅土器의 編年研究」, 高麗大學校 碩士學位論文.

申瀅植, 1992, 「新羅의 發展과 漢江」, 『韓國史研究』77, 韓國史研究會.

윤명철, 2001, 「한강 고대 강변방어체제 연구(1)-한강하류지역을 중심으로-」,

『鄕土서울』61, 서울特別市史編纂委員會.

______, 2004, 「고대 한강 강변방어체제 연구 2- 서울지역을 중심으로-」, 『鄕土
서울』61, 서울特別市史編纂委員會.

尹相悳, 2001, 「6~7世紀 新羅土器 相對編年 試論」, 서울大學校 碩士學位論文.

尹日寧, 1986, 「關彌城 位置考」, 國民大學校 碩士學位論文.

윤형원, 2002, 「서울 한강유역의 신라 분묘와 출토유물」, 『고고학』1-1, 서울경기
고고학회.

李道學, 1987, 「新羅의 北進經略에 관한 新考察」, 『慶州史學』6, 동국대학교 국사학
회.

李昊榮, 1984, 「高句麗 新羅의 漢江流域 進出 問題」, 『史學志』18, 檀國史學會.

林相先, 2001, 「新羅時代 서울지역 經營」, 『鄕土서울』61, 서울特別市史編纂委員會.

崔秉鉉, 1987 「新羅後期樣式土器의 成立 試論」, 『三佛金元龍敎授停年退任紀念論叢-
考古學篇 1』, 일지사.

______, 1997, 「서울 江南地域 石室墳의 性格 -新羅 地方石室墳 硏究(1) -」, 『崇實史
學』10, 崇實大學校 史學會.

皇甫 慶, 1999, 「新州 位置에 대한 硏究」, 『白山學報』53, 白山學會.

______, 2007, 「考古學的으로 본 漢江流域 新羅文化의 成立과 發展硏究」, 世宗大學
校 博士學位論文.

高麗時代 平瓦製作法의 變遷에 관한 一研究
- 驪州 元香寺址 出土品을 中心으로 -

윤용희*

目　次

Ⅰ. 머리말

기와는 양질의 점토를 재료로 하여 기와 바탕흙[素地]을 만들고, 이를 일정한 제작틀[瓦桶]을 사용하여 성형(成形)한 후, 가마[窯]에 넣어 소성(燒成)한 점토소성품이다. 기와의 종류는 지붕에서의 위치 및 형태에 따라 암·수키와[平瓦], 막새기와[瓦當], 마루기와 등으로 나눌 수 있는데, 그 중 가장 많은 수량을 차지하며, 기본이 되는 기와는 암키와와 수키와

---

* 국립부여박물관 학예연구사.

이다. 기와는 점토가 가지는 고유한 특성[가소성(可塑性, plasticity)]과 아울러 소성과정에서 방수성(防水性), 방화성(防火性), 내구성(耐久性)의 성질을 얻게 되는데, 이는 목조건물을 유지하고 보존하는데 중요한 역할을 한다. 이런 기능적 특성과 함께 기와는 건물의 외관을 돋보이게 하고, 권위와 부를 표현하는 상징적 역할을 한다. 따라서 기와의 사용에는 일정한 규제가 있었던 것으로 사료되며, 기와 제작에는 일정 수준의 기술력과 경제력이 요구되었기 때문에 기와의 생산은 주로 왕궁이나 사찰 같은 국가적 조영사업의 일환으로 시작되었다. 우리나라에서 기와의 사용은 선사시대 토기제작기술을 바탕으로 직접적으로는 낙랑을 통하여 중국으로부터 영향을 받았을 것으로 생각되며, 삼국시대 및 고려, 조선시대에 이르기까지 계속 발전하여 새로운 근대건축술이 보편화될 때까지 널리 사용되었다.

고고학적인 면에서 기와는 역사시대 건축유적지에서 가장 많이 출토되는 유물로서 건축유구의 시기, 규모, 형태, 격식 등을 판단하는데 기준이 되는 중요한 자료이다. 특히 처마 끝을 장식하는 막새기와는 시대와 지역에 따라 문양이 다양하게 변화하기 때문에 일찍부터 많은 연구자들의 주목의 대상이 되어 왔다. 이에 비해 암·수키와로 이루어진 평기와는 수량과 기능면에서 가장 기본이 되는 기와임에도 불구하고 상대적으로 뒤늦게 연구가 이루어져 온 것이 사실이다. 그렇지만 최근 역사시대 건축유적에 대한 발굴조사가 활발해지고 출토되는 평기와의 양이 크게 늘어남에 따라 평기와에 대한 기본적인 이해 없이는 유적의 성격을 정확하게 파악하고 조사방향을 올바르게 설정할 수 없다는 인식이 널리 확산되게 되었다. 이러한 주·객관적인 요소의 변화는 평기와 연구의 진전에 중요한 계기가 되었다.

평기와에 관한 본격적인 연구논문이 발표된 것은 1980년대 들어서이다.[1] 이후 90년대로 접어들면서 학위논문이나 각종 저서 및 발굴보고서를 통하여 평기와에 대한 심층적인 연구 성과물들이 꾸준히 제출되었고, 이러한 흐름은 현재까지도 계속 발전적으로 진행되고 있는 것으로 생각된다.[2] 최근의 연구경향을 두 가지로 요약하면, 먼저 연구 범위에 있어서 고구려, 백제, 신라의 삼국시대부터 통일신라, 고려에 이르기까지 평기와의 문양과 제작기법 등의 특성이 각 시대별, 지역별로 체계적이고, 심층적으로 연구되고 있는 점을 들 수 있다. 이러한 연구 범위의 확대는 앞으로 우리나라 평기와의 통시적인 발전과정에 대한 전체적인 조망이 머지 않았음을 예견해준다. 다음으로 연구방법 면에서 평기와의 일면(一面), 즉 외면(外面)의 문양을 분류하고, 배열하는 것에서 더 나아가 기와의 전면(全面)에서 관찰되는 기와제작의 흔적을 종합적으로 분석하고, 수치화함으로써 객관적이고, 종합적인 자료를 얻어내고자 하는 시도가 늘어나

---

1) 서오선, 1985, 「한국 평와 문양의 시대적 변천에 대한 연구」, 충남대학교 대학원 사학과 석사학위 논문.

장경호 · 최맹식, 1986, 「미륵사지 출토 기와 등문양에 대한 조사연구」, 『문화재』 19, 문화재관리국.

허미형, 1989, 「통일신라기 평와에 대한 연구」, 한양대학교 대학원 사학과 석사학위 논문.

2) 김성구, 1992, 『옛기와』, 대원사.

최태선, 1993, 「평와제작법의 변천에 대한 연구」, 경북대학교 대학원 고고인류학과 석사학위 논문.

최정혜, 1996, 「고려시대 평기와의 편년연구」-문양형태를 중심으로-, 경성대학교 대학원 사학과 석사학위 논문.

서봉수, 1998, 「포천 반월산성 기와의 속성분석과 제작시기」, 단국대학교 대학원 사학과 석사학위 논문.

최맹식, 1999, 『백제 평기와 신연구』, 학연문화사.

백종오, 2001, 「경기북부지역 성곽출토 고구려 평기와 연구」, 단국대학교 대학원 사학과 석사학위 논문.

김병희, 2001, 「안성 봉업사지 출토 고려전기 명문기와 연구」, 단국대학교 대학원 사학과 석사학위 논문.

고 있다는 점이다. 이러한 시도는 평기와의 문양에 대한 일면적, 미술사적 인식에서 평기와 제작방법의 분석을 통한 옛기와[古瓦]의 복원(復元)이라는 방향성과 개별 유적에서 출토된 자료를 상호 비교함으로써 지역 간 기술교류, 문화권 설정, 생산-분배-소비의 유통관계 등 공간적인 연구가 가능할 것임을 시사한다.

본 논문은 기전문화재연구원이 1999년과 2000년에 걸쳐 1차 발굴 조사하였던 경기도 여주군 점동면 원부리 소재 원향사지(元香寺址)에서 출토된 평기와 1544점을 분석한 논문[3]을 기초로 작성되었다. 여주 원향사지는 강원도 영월의 흥녕사지(興寧寺址)에 남아 있는 '징효대사보인탑비(澄曉大師寶印塔碑)'[4]에 새겨진 기록을 통하여 통일신라 말 9세기 진성여왕대에 이미 창건되었으며, 당시 유행하였던 선종(禪宗)의 영향을 받은 사찰이었을 것으로 짐작된다. 비문 내용의 일부를 소개하면 다음과 같다.

"…〔光啓〕二年 師避地於尙州之南 暫栖鳥嶺 當此之時 本山果遭兵火 盡爇寶坊 大師預卜吉凶 以免俱焚之難. 眞聖大王 御宇之二年也, 特遣溟州僧正 釋浦道 東宮內養 安處玄等 遠降綸言 遙祈法力, 仍以陰竹縣 元香寺 永屬禪那別觀.…"[5]

"…〔광계〕2년(886) 대사는 상주의 남쪽으로 피난 가서 鳥嶺에 잠시 머물렀다. 이 때를 당하여 본산(獅子山 興寧寺)이 과연 병화를 만나 귀한 절이 불타 버렸으니, 대사께서 미리 길흉을 점쳐 함께 불타는 재난을 면한 것이다. 진성대왕이 나라를 다스

---

3) 윤용희, 2001, 「남한강유역 출토 고려전기 평기와 고찰」-여주 원향사지 출토기와의 분석을 중심으로-, 성균관대학교 대학원 사학과 석사학위 논문.
4) 비문은 924년(신라 경명왕 8)에 왕명에 의해 최언위가 지었으며, 비석의 건립은 그로부터 20년 후인 944년(고려 혜종 1)에 세워졌다.
5) 남동신 원문교감, 1996, 「흥녕사징효대사보인탑비」, 『역주 나말여초금석문』 상, 혜안.

린 지 2년(888년)에 명주승정 석포도와 동궁내양 안처현 등을 특별히 파견하여 멀리 말씀을 내리고 멀리서 법력을 빌었다. 그리고 음죽현[지금의 음성(陰城) 일대] 원향사를 영원히 선나별관에 속하게 하였다.…"[6]

비문의 내용에 따르면 원향사는 적어도 진성여왕대인 9세기 말 이전에 이미 존재하였던 것으로 보이며, 따라서 888년(진성여왕 2) 이전에 이미 창건된 사찰로서 '원향사(元香寺)'라는 사명으로 사찰이 운영되었음을 알 수 있다. 발굴조사 과정에서 인화문토기 및 통일신라기 유물이 적지 않게 출토되고 있어 비문의 내용을 뒷받침한다. 따라서 문헌과 출토 유물로 보아 원향사의 창건 시기는 통일신라시대까지 소급될 것으로 생각된다. 그렇지만 발굴조사 결과에 따르면[7] 발굴과정에서 출토되는 청자류, 도기류, 기와류 등의 유물은 거의 대다수가 고려시대로 편년되는 것들이어서 통일신라 말에 창건된 원향사는 고려시대에 중흥을 이루고, 번창하였던 것으로 판단된다. 또한 원향사는 고려시대 전체 기간과 조선시대에 이르기까지 존속되었을 것으로 조사 과정에서 출토된 일부 고려 후기 및 조선시대 유물을 통해 추정될 수 있지만, 출토된 유물의 상당 부분은 고려 전기에 집중되고 있으므로, 유적의 중심 연대는 13세기 이전의 고려 전기로 판단된다. 한편 유구 조사 과정에서 유직의 중심이 되는 건물지에서는 20㎝ 두께의 불에 탄 와적층(瓦積層)이 확인되었으며, 불에 탄 기와들 속에서 중국 송대(宋代) 동전인 '지화원보[至和元寶(1054~1055년)]'[8] 1점이 출토되었다. 이는 원향사가 11세기 중반 이후의 어느 시기에 화재 혹은

---

6) 남동신 역주, 1996, 「흥녕사 징효대사 보인탑비」, 『역주 나말여초금석문』 하, 혜안.
7) 기전문화재연구원, 2000, 「여주 원향사지 발굴조사 지도위원회 자료」.
　　　　　　　　　　　, 2001, 「여주 원향사지 2차 발굴조사 지도위원회 자료」.
8) '至和' 宋 仁宗 33년~34년간의 年號.

병화를 입었을 가능성을 시사하며, 이후 고려 초기에 번창했던 원향사가 사세의 축소 및 쇠락의 길로 접어들었을 것이라는 가정을 뒷받침한다. 이에 대해서는 Ⅵ장에서 부연 설명하겠다.

이상 비문 기록 및 발굴조사 결과를 토대로 원향사지의 창건 시기인 통일신라 말기부터 전성기(고려 전기), 쇠퇴기(고려 중기 이후)까지의 변화과정을 간략히 살펴보았다. 이러한 시간적 배경을 참고로 본고에서는 원향사지에서 출토된 평기와의 통일신라 말기에서 고려시대까지의 변화과정을 제작과정의 변천을 중심으로 고찰해보고자 한다. 본고의 서술체계는 출토된 평기와의 본격적인 분석을 위한 사전 전제로서 지금까지 확인된 평기와 제작의 일반적 과정을 살펴보고(Ⅱ장), 평기와의 제작흔적의 관찰 대상으로서 주요한 속성 분석 기준을 설정하였다(Ⅲ장). Ⅳ장은 본고의 본론에 해당되며, Ⅲ장에서 제시된 분석 기준에 따라 원향사지 출토 평기와의 제작법상의 특징을 서술하였다. Ⅴ장은 통일신라시대에서 고려시대로 넘어오는 과정에서 두드러지게 나타나는 평기와 제작기법의 변화과정을 부각시키기 위하여, 통일신라 평기와의 특징과의 비교검토를 시도하였다. 이를 위해 본고에서는 이미 연구되어 발표된 바 있는 허미형과 서봉수의 논문[9]을 참고하였다. Ⅵ장은 Ⅴ장까지의 검토 내용을 정리하면서 고려시대 평기와 제작법을 일반화하여 시론적으로 제시하고자 하였으며, 또한 이러한 고려시대 평기와 제작법이 정형화되는 배경을 역사적으로 고찰하고자 하였다. Ⅶ장은 결론에 해당된다.

---

9) 허미형, 위의 글.
　서봉수, 위의 글.

II. 평기와 製作의 一般的 過程

고려시대 평기와 제작법에 대해 전하는 문헌은 없으며, 이를 확인하는 방법은 유물에 남아 있는 제작흔적의 관찰을 통해 간접적으로 추정하는 고고학적인 방법만이 가능할 뿐이다. I 장에서 연구사를 정리한 바와 같이 평기와를 분석한 논문들이 1980년대 들어 몇몇 연구자들에 의해 제출되고는 있으나, 기와 제작공정에 대한 전반적인 이해가 부족한 상태에서 기와 표면에서 관찰된 제작흔적을 부분적으로 언급하는 것에 그치고 있다. 이처럼 많은 제한이 따르는 고고학적인 분석 방법의 한계를 보완하는 방법 중 하나는 현재 운영되고 있는 전통기와 생산 공장에서의 참여관찰을 통해 기와제작법을 시간을 거슬러 역으로 추론하는 것이라 할 수 있다. 이에 대해 2권의 연구서[10]가 발간되었는데, 이는 기와연구자들의 평기와의 제작방법에 대한 전반적인 관찰 능력 및 이해력을 제고하는 계기가 되었다. 위의 두 연구서에서 보고된 내용을 토대로 기와 제작과정 중 기와의 재료가 되는 소지를 다루는 과정에서 제작흔적을 남길 것으로 가정되는 상황을 단계적 공정으로 재구성하면 다음과 같다.

【준비단계】

채토, 점토준비.

【성형단계】

점토판 부착, 1차 조정(상면), 1차 정면(외면),

---

10) 국립중앙과학관, 1994, 『전통과학기술 조사연구(Ⅱ)』-대장간, 옹기, 기와-.
  국립문화재연구소, 1996, 『중요무형문화재 제91호 제와장』.

1차 타날(외면), 2차 정면(외면), 2차 타날 (외면), 2차 조정(상면, 외면),

건조장으로 운반, 와통에서 분리(하면), 1차 분리선(측면), 1차 건조,

뒤집기(상면), 2차 분리선(측면), 3차 조정(내면, 외면, 하면), 2차 건조,

분2할, 4차 조정(측면, 내면, 외면),

저장소로 이동, 3차 건조.

【소성단계】

가마에 적재, 소성.

　위에 정리한 것처럼 기와 제작과정은 크게 준비과정, 성형과정, 소성과정의 3단계로 나뉘며, 그 중 기와의 형태나 제작흔적을 많이 남기는 것은 성형단계이다. 다시 성형과정은 크게 점토판 부착→타날성형→정면 및 조정→건조→분할의 일반적인 과정을 거치게 되며, 각각의 공정에는 1차에서 많게는 4차까지의 세부적인 성형·정면·조정공정이 있다.

　이상 현존 전통기와 생산 공장에의 참여관찰은 평기와 제작공정에 대한 전반적인 이해를 제고하는 계기가 되었다. 또한 기와 표면에서 관찰되었던 여러 흔적이 어떠한 과정에서 발생하는 것인지에 대해서도 한층 세부적이고도 심층적인 이해에 접근하는 것이 가능하게 되었다. 그렇지만 우리가 관찰한 기와 제작공정은 어디까지나 현재의 시점이며, 그것을 과거의 제작공정으로 그대로 환원시킬 수는 없다. 또한 현존 제작공정에 대한 참여관찰을 통해 우리 스스로 가정한 평기와 제작의 일반적 과정 하나하나를 기와 표면에서 모두 관찰하고 복원한다는 것은 불가능하다. 결국 우리가 할 수 있는 것은 유적에서 출토된 유물로서의 평기와를 관찰하는 것이며, 이를 분석하고, 유물이 출토되는 맥락과 연관지어 고찰하는 것은 고고학자의 몫이다. 바로 이 지점에서 자료의 취사선택이 결정되며, 유물

을 직접 관찰하고, 관찰된 특징 중 중요하다고 판단되는 것들을 속성화하여 분석하는 연구자들 나름의 기준이 개발되어 왔다. 이에 대해서는 다음 장에서 다루기로 한다.

Ⅲ. 평기와 製作痕의 觀察과 屬性分析

평기와에 대한 연구가 제작기법적인 면에서 체계적으로 본격 연구되기 시작한 것은 1990년대에 들어서이다. 앞 장에서 이미 밝힌 바와 같이 평기와 제작공정에서 기와 표면에 가장 많은 흔적을 남기게 되는 것은 성형과정이며, 그 중에서도 타날과정, 정면 및 조정과정, 원통형의 날기와를 낱장의 기와로 분리하는 분리과정이 연구자들의 주목을 받아 왔다. 우리가 여기에서 유의해야 할 것은 관찰된 내용을 연구의 기준이 되는 속성으로 취사선택하는 과정인데, 여기에는 연구자마다의 연구 목적 달성을 위한 주관적 판단이 개입된다는 점이다. [표 1]에서 확인되는 것처럼 평기와의 분석에는 연구자에 따라 매우 다양한 기준이 제시되고 있음을 알 수 있다. 이는 연구자마다 강조하고자 하는 속성에 차이가 있기 때문이며, 연구 대상이 되는 기와의 시대 및 지역에 차이가 있기 때문이다.

최태선은 전국적인 범위를 대상으로 하기 때문에 공통적인 속성을 분석하기 위해서는 분석단위를 줄일 수밖에 없었을 것으로 보인다.

서봉수는 기와의 속성을 분석함에 있어 통계적 방법에 따른 분석단위의 표준화에 무게를 두었기 때문에 분석단위를 최대한 세분화하였을 것으로 생각된다.

최맹식은 공주·부여지방의 백제기와만을 대상으로 하였기 때문에 상대적으로 내면의 분석에 중점을 두었다.

[표 1] 평기와의 관찰 속성 비교

	최태선	서봉수	최맹식	백종오	윤용희
외 면	타날판 크기 타날방향 단위문양	문양 선문 홈간격 시문구 크기 타날방향 타날방법 물솔질 문양눌림 2차시문 길이 2차시문 방향	문양 두드림도구 크기 두드림도구 모양 타날방향	문양구성 문양크기 문양눌림 박자크기 타날방향 타날방법	문양 타날판 크기 타날방법 **정면방법**
내 면	와틀종류 단부정면	와통 마포흔 크기 단부조정 물솔질 분할선 유무	통쪽흔적 눈테흔적 포목흔적 승석흔적 소지형태	와통종류 모골너비 내면승문 마포크기 마포갯수 단면조정	**정면방법** 조정방법
측 면		분리방법 분리형태	와도처리 방법	분할형식 분리흔적 귀접이	분할방법 **분할깊이**
상·하 면		문양형태 타날방향 선문 홈간격			
기 타		기와종류 두께 색깔 연·경질		단면두께 모서리두께 색깔	두께 색조 경도

백종오는 경기북부지역의 성곽에서 출토된 고구려기와만을 대상으로 하였기 때문에 고구려기와의 특징을 부각시키기 위해 선행 연구자들이 파악하였던 속성 외에 몇 가지 새로운 기준 (모골너비, 마포갯수, 분할형식, 귀접이, 단면두께 등)을 적용하여 세부적으로 분석하였다.

본고에서는 선행 연구자들이 적용하였던 분석단위에 대한 검토결과를 토대로 고려시대 기와의 특징을 잘 보여주지 못하는 것으로 판단되는 속성을 분석 기준에서 제외시키고, ① 문양, ② 타날판크기, ③ 타날방향, ④ 내면 조정방법, ⑤ 측면 분할방법, ⑥ 두께, ⑦ 색조, ⑧ 경도 등 기존 연구자들이 제시하였던 8가지 속성을 적용하였다. 또한 기존의 연구자들이 중시하지 않았던 ⑨ 외면 정면방법, ⑩ 내면 정면방법, ⑪ 측면 분할깊이의 3가지 속성을 추가로 적용하여, 모두 11가지 속성을 기준으로 분석하였다.

Ⅳ. 元香寺址 出土 평기와의 製作法 檢討

원향사지 출토 평기와에 대한 분석 결과는 이미 논문의 형식으로 제출된 바 있다.[11] 이 논문에서는 다음과 같은 방법에 따라 출토된 평기와를 분석하였다.

먼저 앞 장에서 제시된 바대로 평기와 표면에서 관찰되는 제작흔적 중 고려시대 평기와의 특징을 잘 보여주는 것으로 판단되는 11가지 속성을 기준으로 평기와 1554점의 개제별 분석 지료를 만들었다. 다음으로 이를 문양별로 승문, 선문, 격자문, 사격자문, 어골문, 집선문의 6가지 주문양으로 나누고, 이를 다시 문양형태 및 문양구성에 따라 모두 35가지의 문양으로 세분하였다.(표 2 참조) 다음으로 6가지 주문양의 흐름에 따른 속성 변화가 뚜렷하게 나타나는 5가지 주요 속성을 대비하여 모두 10가지의 형식으로 분류하였다.(표 2 · 3 · 4. 참조) 분류된 10가지 형식은 앞의

---

11) 윤용희, 위의 글.

[표 2] 문양의 종류

종류				암키와	수키와	개체수(%)
무문				245	91	336
소계				**245**	**91**	**336(21.6)**
승문				1	0	1
소계				**1**	**0**	**1(0.1)**
선문	단독형	단조식		7	6	13
		직선식		8	11	19
		사선식		7	3	10
		횡선식		0	1	1
		복합식	직선+사선	4	2	6
소계				**26**	**23**	**49(3.2)**
격자문	단독형	태선식	정방형	5	0	5
		세선식	정방형	3	1	4
			장방형	2	1	3
소계				**10**	**2**	**12(0.8)**
사격자문	단독형	태선식	정방형	30	14	44
			마름모형	2	0	2
		세선식	정방형	33	0	33
	복합형	태선식	종선문	50	0	50
			화문	2	0	2
소계				**117**	**14**	**131(8.4)**
어골문	단독형	비대칭식	태선식	42	40	82
			세선식	6	9	15
		대칭식	대칭식	56	11	67
			'畓' 명1	15	14	29
			'畓' 명2	63	7	70
	복합형	비횡대식	격자문	24	4	28
			격자문(장방형)	18	1	19
			사격자문	204	52	256
			사격자문(마름모형)	14	0	14
			중호문	56	0	56
			격자문+화문	16	0	16
			'仰天祈福' 명	242	0	242
			'元香寺瓦匠僧順文' 명	9	2	11
			'元香寺' 명	14	1	15
		횡대식	사격자문	30	0	30
			중호문+기하문	4	0	4
			국화문	45	0	45
			연화문	2	0	2
소계				**860**	**141**	**1001(64.4)**
집선문	단독형		집선문	10	0	10
			'卍' 명	14	0	14
소계				**24**	**0**	**24(1.5)**
계				**1283**	**271**	**1554(100)**

[표 3] 5가지 속성과 문양의 대비

	타날판크기			측면분할방법			측면분할깊이			내면정면방법		내면조정방법	
	단판	중판	장판	완전	외측	내측	1/2	1/2~1/5	1/5	물손질	물솔질	깎기	물손질
승(단독식)	◎												
선(단조식)	◎			◎	◎		◎				◎	◎	◎
선(직선식)	◎			◎		◎	◎	◎		◎	◎	◎	◎
선(사선식)	◎			◎		◎	◎	◎		◎		◎	◎
선(횡선식)	◎			◎			◎						
선(복합식)	◎					◎	◎	◎		◎	◎	◎	◎
격(태정격)	◎							◎		◎			◎
격(세정격)	◎						◎				◎	◎	
격(세장격)		◎		◎				◎		◎		◎	◎
사(태정사)			◎	◎			◎		◎	◎	◎	◎	
사(태마사)			◎					◎					
사(세마사)			◎					◎		◎			◎
사(선문복)			◎					◎		◎			◎
사(화문복)			◎					◎		◎			
어(태선식)			◎		◎			◎		◎	◎	◎	◎
어(세선식)			◎		◎			◎		◎	◎		
어(대칭식)			◎	◎		◎		◎		◎	◎		◎
어(향1)			◎			◎		◎			◎		◎
어(향2)			◎			◎			◎		◎		◎
어(정격복)			◎			◎	◎				◎		◎
어(장격복)			◎			◎		◎			◎		◎
어(사격복)			◎			◎		◎		◎			◎
어(사마복)			◎					◎			◎		◎
어(중호복)			◎					◎		◎			◎
어(격화복)			◎						◎		◎		
어(앙천)			◎					◎			◎		◎
어(순문)			◎			◎		◎		◎			◎
어(원향)			◎			◎		◎		◎	◎		◎
어(사격횡)			◎						◎		◎		◎
어(중기횡)			◎						◎		◎		◎
어(국화횡)			◎						◎		◎		◎
어(연화횡)			◎					◎		◎		◎	
집(단독식)			◎					◎			◎		◎
집(만)			◎				◎				◎		◎

[표 4] 5가지 속성에 따른 형식의 분류

형식	문양	타날판	분할방법	조정방법	정면방법	분할깊이	개체수
I Aa	승문 · 선문	단판	완전분할	깎기	–	–	31점
I Ab	격자문	중판	완전분할	물손질	–	–	1점
I Bb	선문	단판	외→내	물손질	–	–	1점
I Cb	선문 · 격자문	단판	내→외	물손질	–	–	29점
II Aa	사격자문	장판	완전분할	깎기	–	–	14점
II Ab	어골문	장판	완전분할	물손질	–	–	1점
II Ba	어골문	장판	외→내	깎기	–	–	4점
II Bb	어골문	장판	외→내	물손질	–	–	47점
II Cb1y	사격자문 어골문 · 집선문	장판	내→외	물손질	물손질	1/2~1/5	1010점
II Cb2z	어골문	장판	내→외	물손질	물솔질	1/5미만	80점

속성별 검토에서 보여지는 문양 변화의 흐름과 기존의 연구에서 제시된 내용을 검토하여 각각의 형식 간의 상대적 선후관계를 설정하였고, 모두 4단계의 발전단계를 설정하였다.(표 5 · 6 참조) 또한 동시기의 남한강 유역 사찰유적인 안성 봉업사지 출토 '명문기와' 중 '병진(丙辰)'명(956년, 광종 7) 기와와 '신유(辛酉)'명(961년, 광종 12) 기와[12]를 문양 및 제작기법 측면에서 원향사지 출토 평기와와 비교하여 상호 간의 유사성을 근거로 편년설정의 기준을 제시하였다.(표 7 · 8 참조)

이상의 분석을 토대로 원향사지 출토 평기와의 문양 및 제작방법상의 특징을 설명하면 다음과 같다.

---

12) 이에 대한 연구는 김병희의 위의 글 참조.

[표 5] 문양에 따른 기와 형식의 분포

		ⅠAa	ⅠAb	ⅠBb	ⅠCb	ⅡAa	ⅡAb	ⅡBa	ⅡBb	ⅡCb1y	ⅡCb2z
1	승(단독식)	◎									
2	선(단조식)	◎		◎							
3	선(직선식)	◎			◎						
4	선(사선식)	◎			◎						
5	선(횡선식)	◎									
6	선(복합식)				◎						
7	격(태정격)				◎						
8	격(세정격)				◎						
9	격(세장격)		◎								
10	사(태정사)					◎					
11	사(태마사)									◎	
12	사(세마사)									◎	
13	사(선문복)									◎	
14	사(화문복)									◎	
15	어(태선식)							◎	◎		
16	어(세선식)								◎		
17	어(대칭식)						◎			◎	
18	어(향1)									◎	
19	어(향2)									◎	
20	어(정격복)									◎	
21	어(장격복)									◎	
22	어(사격복)									◎	
23	어(사마복)									◎	
24	어(중호복)									◎	
25	어(격화복)									◎	◎
26	어(앙천)									◎	
27	어(순문)									◎	
28	어(원향)									◎	
29	어(사격횡)										◎
30	어(중기횡)										◎
31	어(국화횡)										◎
32	어(연화횡)									◎	
33	집(단독식)									◎	
34	집(만)									◎	

[표 6] 기와 제작기법 발전 4단계

	형 식	개체수 (%)	문양 종류	제 작 기 법		특 징
1단계	I Aa	31점 (2.5%)	승문 선문	타날판	단판	통일신라 제작기법 전통
				분할방법	완전분할	
				내면조정	깎기	
				내면정면	–	
				분할깊이	–	
2단계	I Ab I Bb I Cb II Aa II Ab II Ba II Bb	97점 (8.0%)	선문 격자문 사격자문 어골문	타날판	단판, 중판, 장판	과도기적 단계
				분할방법	완전, 내측, 외측	
				내면조정	깎기, 물손질	
				내면정면	–	
				분할깊이	–	
3단계	II Cb1y	1010점 (82.9%)	사격자문 어골문 집선문	타날판	장판	고려시대 제작기법 정형화 (발전 1단계)
				분할방법	내→외	
				내면조정	물손질	
				내면정면	물솔질	
				분할깊이	1/2~1/5	
4단계	II Cb2z	80점 (6.6%)	어골문	타날판	장판	고려시대 제작기법 약식화 (발전 2단계)
				분할방법	내→외	
				내면조정	물손질	
				내면정면	물솔질	
				분할깊이	1/5미만	

[표 7] 봉업사지 출토 명문와의 문양과 제작기법

	문양종류	타날판크기	타날방향	분할방법	내면정면	분할깊이
'丙辰' 명 956년 (광종7)	사격자문 (세마사)	장판	횡방향	내→외	물손질	1/2~1/5
'辛酉' 명 961년 (광종12)	사격자문 (선문복)	장판	횡방향	내→외	물손질	1/2~1/5

[표 8] 기와 제작기법 발전단계의 편년설정

	1단계	2단계	3단계	4단계
특징	통일신라적 전통	과도기적 특징	제작기법의 정형화	제작기법의 약식화
편년	8~9세기	9세기말~10세기초	10세기중반 ~11세기중반	11세기후반 ~12세기

먼저 문양을 살펴보기로 하자. 원향사지 출토 평기와의 문양은 크게 승문, 선문, 격자문, 사격자문, 어골문, 집선문의 6가지 주문양으로 나눌 수 있으며, 세부적으로는 문양형태 및 문양구성에 따라 35가지로 파악된다. 그 중 가장 두드러지는 것은 어골문으로 1001점의 개체가 확인되었다. 어골문은 전체 1554점의 기와 중 64.4%를 차지하며, 무문을 제외한 유문와 1218점 중에서는 82.2%를 차지하는 것으로서 매우 높은 점유율을 보이고 있다. 기존의 연구 결과에서는 공통적으로 어골문이 고려시대의 대표적인 문양이며, 고려시대 기와를 특징짓는 중요한 요소임을 지적하고 있다.[13] 최근의 연구사례에 의하면, 어골문은 고려시대에 발생한 것이 아니고 이미 통일신라시대에 출현하는 것으로 밝혀지고 있다. 그렇지만 통일신라시대에 어골문이 유행한 것으로 보기는 어려우며, 어골문이 고려시대에 대유행하였던 대표적인 문양임은 분명하다. 따라서 원향사지에서 어골문 기와가 유난히 매우 높은 점유율(82.2%)을 보이는 것은 원향사가 활발하게 경영되었던 중심연대가 고려시대일 것이라는 추정을 가능케 한다. 다시 말해서 원향사는 통일신라시대에 소규모 사찰로 창건되었지만

---

13) 서오선, 위의 글.
　　장경호 · 최맹식, 위의 글.
　　김성구, 위의 책.
　　최태선, 위의 글.
　　최정혜, 위의 글.
　　김병희, 위의 글.

고려시대에 들어 대규모로 중창되었을 가능성이 높다는 점을 시사해준다 하겠다. 또한 어골문은 수량에서뿐만 아니라 문양의 세부적인 분류에 있어서도 18종으로 가장 많은 종류를 보이고 있는데, 이는 고려시대 기와가 어골문 단계에 이르러 매우 다양해지고 있음을 나타낸다. 이러한 문양의 다양화는 여러 문양이 복합적으로 시문되는 것과 관련지어 생각해 볼 수 있다.

다음으로 가장 분명한 변화과정을 보여주는 것은 타날판의 크기이다. 분석 결과 원향사지 출토기와에서 타날판의 변화는 문양의 변화와 정확하게 일치하는 것으로 나타났다. 타날판의 크기에 따른 문양의 분포는 단판은 승문·선문·격자문, 중판은 격자문 12점 중에서 3점, 장판은 사격자문·어골문·집선문으로 명확하게 정리된다. 단 격자문의 경우 개체수가 12점에 불과하므로 다른 사례가 추가 확인될 가능성도 있다. 중판의 구분은 최태선의 연구[14]에서 처음 제시되었으며, 본 연구에서도 이를 적용하였으나 단판과의 구분 기준이 모호한 점이 있고, 반드시 단판→중판→장판의 발전단계를 거쳤다고 보기는 어려우므로 논리적 중간단계로서 중판이라는 단계를 반드시 설정해야 할 필요는 없는 것으로 생각된다. 또한 중판으로 분류된 개체수가 단 3점에 불과하므로 지역에 따라서는 오히려 단판에서 비약적으로 장판으로 발전하였을 가능성도 있는 것으로 판단된다. 한편 타날판 크기가 커지는 것은 문양과 관련하여 생각해 볼 수 있다. 앞서 문양에 대해 살펴본 바와 같이 승문과 격자문은 타 문양과 복합된 예가 없고 선문의 경우도 복합선문의 비율이 낮은 편이다. 그렇지만 사격자문과 어골문은 단독문양보다는 타 문양과 복합되어 시문되는 경향이 두드러지는데, 이러한 경향은 결국 사격자문과 어골문이 모두 장

---

14) 최태선, 위의 글.

판의 타날판에 의해 제작되는 것과 관련지어 설명될 수 있다. 타날판의 크기, 정확히 말하면 타날판의 면적이 넓어지는 것은 문양 표현을 위한 공간이 확대되는 것을 의미하며, 넓어진 문양대 위에서 와공들은 기존의 문양에서 벗어나 새로운 문양 표현을 시도하였던 것으로 생각해 볼 수 있다.

다음으로 뚜렷한 속성은 측면 분할방법과 내면 정면방법이다. 이 2가지 속성은 타날판 크기의 변화만큼 명확하지는 않지만 측면 분할방법의 경우, 선문 일부에서 나타나는 내→외 방향 분할을 예외로 하면 수키와는 대체로 어골문 중 대칭식을 기준으로 완전분할의 방식은 선문 · 격자문에 주로 나타나고, 내→외 방향 분할은 사격자문 · 어골문 · 집선문에서 주로 사용되었다. 또한, 외→내 방향의 분할이 드물기는 하지만 선문 일부와 어골문 일부에서 나타난다는 점도 간과할 수 없다. 이를 정리하면, 선문과 격자문에서는 주로 완전분할이 선호되다가 어골문이 타문양과 복합되기 이전의 초기 형식인 단독형의 태선식 · 세선식 · 대칭식에서 선문 · 격자문에 주로 나타나는 완전분할과 외→내 방향의 분할방법이 일부 사용되다가 복합어골문이 등장하는 단계에서 완전히 내→외 방향의 분할로 전환되는 것으로 볼 수 있다.

내면 조정방법은 깎기 조정과 물손질 조정으로 나누었는데, 물손질 조정이 문양 대부분에 걸쳐 사용된 보편적인 방법임에 비해 깎기 조정은 어골문 중 태선식을 기준으로 선문 · 격자문에 주로 나타난다. 이를 정리하면, 내면 조정방법은 깎기 조정이 어골문 태선식에 일부 보이기는 하지만 적어도 복합어골문 이후 단계에서는 소멸하며, 이후에는 모두 물손질에 의한 조정만이 사용된 것으로 생각된다.

측면 분할깊이는 1/2 이상, 1/2~1/5, 1/5 미만으로 구분하였는데, 1/2 이상 깊게 분할한 것이 사격자문 · 어골문 · 집선문 일부를 제외하면 대체로 선문과 격자문에서 나타나고, 1/2~1/5은 여러 문양에 두루 나타나며, 1/5 미만으로 얕게 분할한 것은 사격자문·어골문 일부를 제외하면 대체로 어골문 중 횡대식에서만 관찰되어 위의 내면 정면방법과 어느 정도 일치하는 결과를 보인다. 따라서 측면 분할방법은 어골문에만 적용되는 분류 기준인 것으로 보이며, 어골문 중에서 비교적 늦은 형식인 횡대식이 나타나는 것과 관련이 있는 것으로 생각된다.

이상 원향사지에서 출토된 평기와의 특징을 문양과 제작기법상 타날판 크기, 측면 분할방법, 내면 정면방법, 내면 조정방법, 측면 분할방법의 5가지 속성을 중심으로 살펴보았다. 5가지 주요 속성을 상호대비하면 모두 10가지의 형식(形式)으로 분류되는데, 각각의 형식을 배열하여, 상대적 선후관계를 설정하면, 원향사지 평기와 제작기법의 발전 4단계 가설을 설정할 수 있다.(표 8 참조) 발전 4단계를 설명하면 다음과 같다.

1단계는 승문과 선문에서만 나타나며, 단판의 타날판으로 성형하였고, 와도로 측면을 1~3회 분할하였으며, 내면을 깎기 조정한 형식이다. 문양과 제작기법의 측면에서 통일신라적 전통이 강하게 나타난다.

2단계는 승문이 사라지고, 선문·격자문·사격자문·어골문에서 고루 나타나는데, 특히 어골문은 어골문과 타문양이 복합되지 않은 순수어골문에서만 나타나는 것이 특징이다. 타날판 크기에서 단판·중판과 장판, 측면 분할방법에서 완전분할과 외→내 및 내→외 방향 분할, 내면 조정방법에서 깎기와 물손질이 혼재되는 양상을 나타낸다. 기와 제작기법이 타날판 크기에서 단판 장판, 측면 분할방법에서 완전분할 내측 방향 분할, 내면 조정방법에서 깎기 물손질로 변화하는 큰 흐름의 중간단계로 생각되며, 고려시대적인 기와제작 기법이 정형화하기 이전의 과도적 단계로 설정할 수 있다.

3단계는 문양에 있어 사격자문·어골문·집선문이 같이 나타나는데, 어골문 중에서도 어골문과 타문양이 결합된 복합어골문이 주류를 이루며, 명문와가 나타나는 것이 특징이다. 제작기법적 측면에서는 타날판 크기에서 장판의 타날판, 측면 분할방법에서 내→외 방향의 분할, 내면 조정방법에서 물손질 조정, 내면 정면방법에서 물손질 정면, 측면 분할깊이에서 기와 두께의 1/2~1/5 범위라는 고려시대적인 기와 제작기법이 정형화되는 시기로 설정할 수 있다.

4단계는 문양에 있어 어골문 중 횡대식에 해당하며, 타날판 크기, 측면 분할방법, 내면 조정방법에서 3단계와 같지만 내면 정면방법에서 물솔질 정면으로의 변화가 뚜렷하고, 측면 분할깊이에서도 기와 두께의 1/5 미만으로 약식화되는 경향이 강한 것이 특징이며, 고려시대 기와 제작기법 발전의 2단계로 설정할 수 있다.

다음으로는 위에서 설정된 원향사지 평기와 제작법의 발전단계에 시간성을 부여할 필요가 있다. 이를 위해 동시기의 사찰유적인 안성 봉업사지(奉業寺址)에서 출토된 명문와(銘文瓦) 중 연대를 알 수 있는 평기와와 원향사지 출토 평기와를 문양과 제작기법적 측면에서 비교·검토하였다. 봉업사지 출토 명문와 중에서 원향사지 출토품과 문양 및 제작기법에서 동일한 유물은 '병진(丙辰)' 명 기와와 '신유(辛酉)' 명 기와로서 그 연대는 '병진' 명 기와는 956년(광종 7)에 해당하고, '신유' 명 기와는 961년(광종 12)에 해당한다. '병진' 명 기와의 문양은 세선식의 마름모형 사격자문(세마사)이며, '신유' 명 기와의 문양은 선문이 복합시문된 사격자문(선문복)으로서 원향사지 출토 평기와의 발전단계 중 3단계에 해당하는 것으로 보인다. 또한 제작기법에 있어서도 타날판 크기, 타날 방향, 분할방법, 내면 정면, 분할 깊이의 5가지 측면에서 동일한 양상을 보여준다.(표 7·8

참조) 앞서 살펴본 바와 같이 원향사지 출토 평기와의 발전 3단계는 다음과 같은 특성을 나타낸다. 원향사지 출토 평기와 제작기법 3단계의 특징은 다음과 같다.

문양에 있어 사격자문 · 어골문 · 집선문이 같이 나타나는데, 어골문 중에서도 어골문과 타문양이 결합된 복합어골문이 주류를 이루며, 명문와가 나타나는 것이 특징이다. 제작기법적 측면에서는 타날판 크기에서 장판의 타날판, 측면 분할방법에서 내→외 방향의 분할, 내면 조정방법에서 물손질 조정, 내면 정면방법에서 물손질 정면, 측면 분할 깊이에서 기와 두께의 1/2~1/5 범위이다. 그리고 3단계는 개체수에 있어 전체 기와의 65%를 차지하므로 원향사지 출토 기와를 대표하는 형식이라고 할 수 있으며, 원향사지의 중창과 관련이 있는 것으로 보았다. 또한 이러한 대규모의 사찰 중창과 관련하여 고려시대 평기와 제작기법의 정형화가 이루어지는 것도 3단계에 이루어지는 것으로 추정하였다. 그런데 봉업사지에서 출토된 '병진'명 기와와 '신유'명 기와의 연대가 각각 956년(광종 7)과 961년(광종 12)이므로, 원향사지 출토 평기와의 발전 3단계, 즉 고려시대 평기와의 제작기법이 정형화되는 시기는 고려 초 광종대를 전후한 시기인 10세기 중반경으로 추정된다.

V. 統一新羅時代 기와와의 比較檢討

앞 장에서는 원향사지 출토 평기와를 속성별로 분석하여 원향사지 평기와의 문양과 제작기법적 특징이 언제, 어떻게 변천해 나갔는지에 대해 검토하였다. 이 장에서는 원향사지 출토 평기와 분석에서 드러난 고려시대 평기와 제작법의 두드러진 특징을 부각시키기 위하여 통일신라시대 평기와의 특징과 비교·검토코자 한다. 이에 대한 비교는 이미 조사되어 연구결과가 보고된 바 있는 포천 반월산성[15]과 하남 이성산성[16] 출토 평기와를 대상으로 하였다. 이들 유적에서 출토된 평기와와 원향사지에서 출토된 평기와를 비교함으로써 통일신라시대 평기와와 고려시대 평기와의 공통점과 차이점을 살펴보고, 이를 통해 고려시대 평기와의 특징에 대한 일반화를 시도하고자 한다.

이성산성에서 출토된 통일신라시대 평기와의 특징은 다음과 같이 보고되었다.

첫째, 무문은 거의 없고 격자문, 승문, 어골문 등 유문와가 대부분이다.
둘째, 격자문, 승문, 어골문, 기타 문양 중 격자문이 82%로 가장 높다.
셋째, 수키와는 모두 무단식이며, 유단식 기와는 발견되지 않았다.
넷째, 수키와의 측면 분할방법은 내→외 방향이며, 원통형 와통이다.

반월산성에서 출토된 통일신라시대 평기와의 특징은 다음과 같이 보고되었다.

첫째, 문양은 대부분 선문이며, 무문의 비중은 극히 적다.
둘째, 시문구(타날판)의 크기는 단판의 범주에 속한다.
셋째, 타날 방향은 사선 방향의 타날이 주로 사용되었다.
넷째, 와통은 모두 원통형 와통이 사용되었다.

---

15) 서봉수, 위의 글.
16) 허미형, 위의 글.

다섯째, 측면 분할방법은 내→외 방향으로 분할되었다.

여섯째, 내면 단부 조정(내명 조정방법)은 기와 하단에 1~2㎝ 정도 짧게 조정되었다.

이상 통일신라시대 평기와의 특징으로 지적된 내용들과 원향사지 기와의 특징을 비교하면 다음과 같다.

외면 문양의 경우 통일신라시대 평기와는 선문과 격자문이 대다수를 차지하지만 원향사지 출토 평기와에서 선문은 3.2%, 격자문은 0.8%로서 적은 양에 불과하며, 어골문의 비율이 64.4%로 대다수를 차지한다. 즉, 어골문이 평기와의 주문양으로 채택되어 보편적으로 사용된 것은 고려시대임을 잘 보여준다. 또한 통일신라 평기와에서는 무문의 비율은 없거나 극히 적은 것으로 보고되고 있지만 원향사지 출토 평기와 중 무문의 비율은 21.6%를 차지하는 점도 특징인데, 이는 고려시대 들어 기와 내·외면을 물손질 정면하는 것이 보편화됨에 따라 문양이 없어지는 것과 관련지어 생각해볼 수 있다.

타날판의 크기는 반월산성 출토 평기와의 경우 모두 단판만이 사용되었으나 원향사지 출토 평기와는 선문에서는 단판만이 사용되었고, 격자문에서는 단판과 중판이 혼용되었으며, 사격자문, 어골문, 집선문에서는 모두 장판의 타날판이 사용되었다. 타날판 크기를 비교하였을 때 원향사지 출토 평기와에서 장판의 타날판에 의한 기와 제작은 사격자문에서 처음 사용되었으며, 어골문의 출현과 함께 보편적으로 사용된 것으로 판단된다. 따라서 타날판 크기의 확대, 즉 장판의 타날판의 사용은 고려시대 평기와 제작법의 큰 특징 중 하나임을 알 수 있다.

타날 방향은 반월산성 출토 평기와의 경우 사선 방향이 대부분이지만 원향사지 출토 평기와의 경우 횡방향 타날이 98.8%로 거의 모든 경우에 사용되었다. 타날 방향은 타날판의 크기와 관련이 깊은 것으로 생각된다. 다만 단판을 사용한 선문 기와에서도 횡방향 타날의 비율이 높은 것은 원향사지 기와의 지역적 특성 등을 고려해 다시 검토되어야할 사항이라 생각된다.

측면 분할방법은 이성산성 출토 평기와는 모두 내→외의 방향이고, 반월산성 출토 평기와는 2점을 제외하면 모두 내→외의 방향으로 나타난다. 원향사지 출토 평기와에서는 내→외의 방향이 89.6%로 가장 많이 사용되었다. 이는 문양의 변화에 따른 측면 분할방법에서 내→외 방향 분할의 흐름을 보여주는 것으로 생각된다. 그렇지만 원향사지 출토 평기와의 선문에서 외→내의 방향이 1점 나타나는 것은 특이하다 할 수 있으며, 특히 어골문에서도 외→내 방향의 분할이 39점에서 확인되므로 와도의 방향과 시간성과의 관계는 과도기의 설정 등을 고려하면서 좀 더 검토되어야 할 것으로 생각된다.

내면 조정방법은 반월산성 출토 평기와의 경우 조정을 하지 않거나 짧게 깎기 조정한 것이 많지만 원향사지 출토 평기와는 깎기 조정을 한 예가 8.5%로 적게 나타나며, 물손질 조정을 한 예가 84.7%로 많이 나타난다. 특히 어골문에서는 그 비율이 90.6%로 대부분을 차지하므로 고려시대에 들어 물손질에 의한 평기와의 내면 조정이 점차 많아짐을 보여준다.

이상 반월산성과 이성산성에서 출토된 통일신라시대 평기와와 원향사지에서 출토된 평기와를 문양, 타날판 크기, 타날 방향, 측면 분할방법, 내면 조정방법의 5가지 속성으로 나누어 비교하였다. 상호비교를 통해서 도출되는 고려시대 기와의 일반적 특징을 다음과 같이 제시할 수 있다.

문양에 있어 고려시대 평기와에서는 통일신라시대에 유행하였던 선문과 격자문이 급격히 줄어들었으며, 사격자문은 과도적으로 계속 사용되었던 것으로 보인다. 또한 어골문의 경우 기와 제작의 정형화와 함께 고려시대 전반에 걸쳐 크게 유행하였음을 알 수 있다.

타날판의 길이 및 타날 방향은 사격자문에 이르러 장판의 타날판이 사용되기 시작하면서 어골문의 출현과 함께 고려시대 기와 제작의 정형화가 이루어지면서 장판의 타날판에 의한 횡방향의 타날이 보편화된 것으로 보인다.

측면 분할방법은 선문과 격자문의 경우 내→외, 외→내 방향이 혼용되었으나 고려시대 어골문의 유행과 함께 어골문에서 다시 내→외 방향이 많아지면서 내→외의 방향이 보편화되는 것으로 생각된다. 그렇지만 어골문 일부에서도 여전히 외→내의 방향이 남아 있는 예가 확인되므로 측면 분할방법에서 분할 방향의 변화가 정확히 시간성을 반영한다고 보긴 어렵다.

내면 조정방법은 선문의 경우를 제외하곤 격자문, 사격자문, 어골문, 집선문 모두 물손질에 의한 조정이 더 많다. 또한 선문의 경우 조정을 하지 않은 경우가 44.9%로 많지만 어골문은 대부분(94.6%) 조정을 한 것으로 나타나므로 기와의 내면을 조정하는 것은 고려시대에 이르러 보편화된 것으로 보인다.

VI. 高麗時代 평기와 製作法의 成立과 歷史的 背景

앞의 Ⅳ장에서는 원향사지 출토 평기와를 분석하여 평와제작법의 발전 단계를 4단계로 나누어 문양과 제작기법상의 타날판 크기, 분할 방법, 내면 조정, 내면 정면, 분할 깊이의 주요한 5가지 속성이 뚜렷하게 변화하는 단계인 3단계를 고려시대 평기와 제작법이 정형화되는 단계로 설정하였다. 또한 봉업사지 출토 명문와와 비교·검토함으로써 발전 3단계의 시기문제를 고려 초 광종대를 전후한 10세기 중반~11세기 중반으로 편년하였다. 본고에서 설정된 고려시대 기와 제작기법이 정형화되는 단계로 설정된 평와제작법 발전 3단계는 본 연구의 핵심적인 주제로서 단순히 시기설정뿐만 아니라 그러한 기술적 변화를 가져온 사회적 배경은 무엇인가에 대해 의문을 가지지 않을 수 없다. 이러한 기술적 변화는 결국 기와를 직접 생산하였던 장인집단(匠人集團)의 성격에서 찾을 수밖에 없는 것으로 생각된다. 즉, 고려시대 들어 문물이 정비되면서 생산조직이 재편되는 과정에 대한 검토를 통하여 단서를 찾아 나갈 수 있을 것으로 생각된다. 이와 관련하여 고려시대 장인집단, 그 중에서도 기와 제작과 관련이 깊은 건축공장(建築工匠)의 역사에 대한 연구 성과[17]가 건축학계에서 제출되어 있어 참고가 된다. 이 글을 토대로 고려시대 영선조직(營繕組織)의 제도사적 배경을 살펴보면 다음과 같이 정리할 수 있다.

고려 초기에 왕권이 확립되는 과정에서 중앙의 지배체제에 대한 정비를 추진하게 되는데, 관제(官制)에 있어 수(隋)·당(唐)의 제도를 많이 수용하였다. 중앙에는 행정기구로서 3성(省) 6부(部)를 누었는데, 6부가 설치되는 것은 성종 원년(981년)일 것으로 추정된다. 고려의 관청영선조직(官廳營繕組織)은 수·당의 관제에 따라 6부 중 공부(工部)와 그 산하의 장작감(將作監)이 중심이 되었다. 이것은 통일신라시대에 관청 영선조직이 왕실의 직접적인 지배를 받았던 것에 비해 고려시대에는 하나의 행정기구로서 행정조직 속에 제도적으로 편제되었음을 의미한다. 또한 고려시

---

17) 김동욱, 1993, 『한국 건축공장사 연구』, 기문당.

대에는 공장안(工匠案)이라는 장적제도(帳籍制度)를 실시하여 장인들을 체계적이고 효율적으로 관리·사역시킬 수 있었다. 이렇게 중앙 행정관부에 편입된 고려시대 관청 영선조직은 11세기 중반의 문종대(1076년)에 이르러 다시 크게 정비되는데 중앙 관청영선에 장기간 복무하는 관공장에 한하여 녹봉(祿俸)이 지급되었으며, 공장 중 일부에 대해서는 무산계(武散階) 관료가 될 수 있는 제도가 마련됨으로써 신분상승을 꾀할 수 있었다.

이상 제도사적 측면에서 살펴본 바와 같이 고려 전기에 생산조직이 중앙 행정관부를 중심으로 재편되는 981년(성종 1)에서 1076년(문종 30)의 약 100년의 기간 동안 장인집단의 전반적인 사회적 처지가 제도적으로 개선되는 새로운 조건이 형성되었던 것으로 생각된다. 이러한 사회적·제도적 변화는 기와가 제작된 이래 오랜 시간 동안 개별적 혹은 계기적으로 축적되었던 장인집단의 기술력을 보다 조직적·지속적으로 집약시키는 발판이 되었을 것으로 생각해볼 수 있다. 이러한 사회적 분위기는 적어도 경정전시과(更定田柴科)가 시행되는 문종대인 11세기 말까지는 지속되었을 것으로 생각되며, 이 기간 동안 건축기술에 있어서도 큰 발전이 있었을 것으로 사료된다. 이러한 흐름은 와공집단(瓦工集團)에도 영향을 끼쳤을 것으로 생각되며, 이들 와공집단이 표준화된 제작공정에 의한 대량생산이라는 새로운 시대의 요구에 맞추어 기와 제작기법을 꾸준히 개선해 나감으로써 고려시대 기와 제작기술의 정형화가 이루어진 것으로 생각된다. 이 시기는 원향사지 평기와의 발전단계 중 3단계에 해당한다. 3단계에 나타나는 기와 제작기법의 정형화(복합어골문의 유행, 장판의 타날판 사용, 내면의 물손질 정면, 내면의 물손질 조정, 측면 분할시 내외 방향의 분할, 분할 깊이에 있어 기와 두께의 1/2~1/5 범위의 분할)의 기본적 성격은 대량생산체제에 맞는 효과적이고 표준화된 제작기술의 통일로 이야기되어질 수 있다. 이러한 일련의 과정은 약 100년의 기간 동안 꾸준하게 진행되었으며, 이것은 앞서 3단계에 대한 편년설정(10세기 중반~11세기 중반)과 일맥상통하는 결과로 생각된다. 이와 관련하여 원향사지에서 출토된 명문와를 검토할 필요가 있다. 원향사지에서는 이와 관련되어 의미를 갖는 유물이 출토된 바 있는데, 바로 '원향사와장승순문(元香寺瓦匠僧順文)'명 기와이다. 명문의 내용은 원향사 불사에 와장으로 참가했던 승려(僧侶) 순문(順文)의 법명이 기록된 것으로 와장은 곧 대장(大匠)으로 와공의 대표를 뜻하는 직책(職責)명이며, 승은 승려로서의 신분을 나타낸다. 이로 미루어 당시 와공집단으로 승장조직(僧匠組織)이 존재하였으며, 순문을 대표로 하는 승장조직의 조직적 참여를 통해 사찰 조영이 이루어진 것으로 해석된다. 즉, 고려 초기 중앙집권체제 정비시 공부 혹은 장작감에 설치된 관청영선조직 이외에 별도로 지방에 사찰에서 직접 운영하던 승장조직이 존재하였을 가능성이 있다는 점을 보여준다. 이것은 승장조직을 자체적으로 운영할 만큼 당시 원향사에 관여했던 세력의 경제력이 컸다는 것을 의미하는 것으로 보아도 될 것이다.

한편 구체적으로 본고의 배경이 되고 있는 원향사의 지리적 배경과 관련된 호족세력의 동향과 원향사의 창건 및 중건과정에 따르는 건축활동 등과 관련된 평기와 제작 수요의 발생과 변천과정 등을 좀 더 입체직으로 조망을 할 필요가 있다.

먼저 지리적 측면에서 원향사지는 경기도 여주군 점동면 원부리에 위치한다. 이 일대는 고려시대에 음죽현(陰竹縣)이라 불리던 곳으로 남한강의 지류인 청미천(淸渼川)을 통하여 남한강의 중류지역으로 진출할 수 있는 지리적 여건을 갖추고 있다. 이를 중심으로 남쪽은 남한강의 상류지역으로서 지금의 충주시 일대와 연결되며, 서쪽은 죽산천(竹山川) · 안성천(安城川) 일대로서 현재의 안성시 일원과 연결된다. 북쪽은 남한강이 북서류하여 경안천(京安川)과 합류되면서 현재의 하남·광주 일대와 연결된다. 수계를 중심으로 알아본 바와 같이 남한강 유역은 대하천을 따라 물자의 수송 및 문화의 유입이 유리한 천혜의 지리적 조건을 갖추고 있으므로 삼국시대부터 조선시대에 이르기까지 사찰 및 관방유적을 중심으로 많은 문화유적이 분포하고 있다. 특히 이들 유적의 중심연대는 통일신라 말~고려 초기에 집중되어 있는데, 이것은 고려 건국의 중추세력이었던 지방호족세력의 지역적 기반이 이 지역을 중심으로 하나의 축을 형성하고 있었음을 대변한다. 이처럼 남한강일대는 통일신라 말~고려 초기에 걸쳐 이 지역을 실질적으로 지배하였던 지방호족을 중심으로 중앙문화와 지방문화가 결합된 지역적 특색을 보여준다고 할 수 있다. 역사적으로도 남한강을 수계로 하는 경기남부·충북 충주·강원 원주 일대는 삼국시대부터 고구려의 남하와 신라의 한강유역 진출을 위한 중요한 길목으로서, 이를 차지하기 위하여 삼국은 치열한 각축을 벌였다. 신라는 진흥왕대(540~576년)에 한강유역으로 진출한 이후 적어도 진성여왕대(887~897년)까지 약 350년간 이 지역에 대한 패권을 장악하였다. 그러나 신라가 쇠퇴하면서 전국 각지에서 농민봉기가 일어나게 되고, 이러한 사회적 혼란을 틈타 신라왕실의 통치권 내에 있던 지방세력들은 독자적인 경제적 기반과 군사력을 바탕으로 성주(城主) 혹은 장군(將軍)을 자처하며 할거하였다. 고려에 의한 후삼국의 통일 이후에도 이들 호족(豪族)들에 의한 지방지배는 계속 이어졌으며, 고려 초기의 정치사는 왕실과 호족세력 간의 이해관계에 따른 연합과 대립을 중심으로 전개되었음은 주지의 사실이다. 신라 말~고려 초에 남한강 일대의 지방세력은 통일신라시대의 중원경(中原京)이었던 충주를 중심으로 원주[北原京], 안성[竹州] 일원에 커다란 세력을 형성하였다. 고려가 후삼국을 통일하는 과정에서 남한강 일대의 지방세력을 끌어들이는 것은 매우 중요한 과제였으며, 실제로 고려의 통일은 이 지역에 기반을 둔 호족세력, 특히 충주 유씨(劉氏)의 귀부(歸附)와 협력에 힘입은 바가 크다. 당시 충주, 죽주(안성), 제주(제천), 음죽(음성) 일대는 충주 유씨의 세력권이었던 것으로 알려지고 있다. 원향사지의 지리적 위치는 당시의 이러한 세력 분포와 무관하지는 않을 것으로 판단된다.

다음으로 원향사와 관련이 있을 것으로 보여지는 호족세력은 '징효대사보인탑비'의 음기를 통해서 짐작할 수 있다. 비문의 일부를 다시 한 번 소개하면 다음과 같다.

"…〔光啓〕二年 師避地於尙州之南 暫栖烏嶺 當此之時 本山果遭兵火 盡爇寶坊 大師預卜吉凶 以免俱焚之難. 眞聖大王 御宇之二年也, 特遣溟州僧正 釋浦道 東宮內養 安處玄等 遠降綸言 遙祈法力, 仍以陰竹縣 元香寺 永屬禪那別觀.…"18)

"…〔광계〕2년(886) 대사는 상주의 남쪽으로 피난 가서 烏嶺에 잠시 머물렀다. 이 때를 당하여 본산(獅子山 興寧寺)이 과연 병화를 만나 귀한 절이 불타 버렸으니, 대사께서 미리 길흉을 점쳐 함께 불타는 재난을 면한 것이다. 진성대왕이 나라를 다스린 지 2년(888년)에 명주승정 석포도와 동궁내양 안처현 등을 특별히 파견하여 멀리 말씀을 내리고 멀리서 법력을 빌었다. 그리고 음죽현[지금의 음성(陰城) 일대] 원향사를 영원히 선나별관에 속하게 하였다.…"19)

비문은 924년(경명왕 8)에 왕명에 의해 최언위가 지었으며, 비석의 건립연대는 고려 초기인 944년(혜종 원년)이다. 징효대사 절중(折中)은 900

---

18) 남동신, 위의 책.
19) 남동신, 앞의 책.

년(효공왕 4)에 입적하였는데, 징효대사 사후 44년만에 고려 왕실의 후원에 힘입어 제자들에 의해 영월 흥녕사에 비석을 세운 것은 사자산문이 다시 중흥하는 계기가 되었을 것으로 생각되는데,[20] 이런 맥락에서 원향사도 사자산문에 속하는 선종사찰로서 중창되었을 가능성이 높은 것으로 판단된다. 비문의 음기에는 당시 비석건립에 참여한 단월세력(檀越勢力)의 명단이 기록되어 있어 참고가 된다. 사자산문의 단월세력은 아직 왕위에 오르기 전인 정종[王堯], 광종[王昭] 등 왕실혈족과 광주[王規], 명주[王景·王廉], 충주[兢達] 지방의 유력호족으로서, 이들의 후원에 힘입어 888년에 병화를 입으면서 위축될 수밖에 없었을 사자산문은 비석의 건립과 더불어 다시 중창될 수 있었던 것으로 추정된다. 비석 건립에 참여한 정치세력의 지역적 분포로 볼 때 주로 명주와 충주세력이 가장 큰 영향력을 행사하였을 것으로 생각된다.[21] 충주지역에서 가장 큰 세력은 충주 유씨이다. 충주 유씨는 광종의 외척세력으로서 고려 초기 광종대에 아직 왕권이 확립되지 못하고 있을 때, 당시 막강한 세력으로서 왕실을 위협하던 광주, 패강진, 서경 세력을 견제하는 강력한 지방세력으로서 중앙정계에 진출하였다. 이들의 세력범위는 충주지역에만 국한된 것이 아니라 경기·강원도 일대까지 영향력을 행사한 것으로 보이는데, 지리적으로 보아 원향사는 이들의 세력권내에 포함되었을 가능성이 있다. 한편 명주세력은 두 가지 계통의 세력이 존재한다. 하나는 왕순식(王順式) 계열로서 신라 말에 중앙에서 지명주군주사(知溟州軍州事)의 관직을 받아 파견된 군사집단으로 훗날 왕건에게 귀부함으로써 고려사회에 편입된다. 다른 하나는 왕예(王乂) 계열의 재지세력(在地勢力)으로 군사적인 힘으로는 왕

---

20) 박정주, 1992, 「신라말·고려초 사자산문과 정치세력」, 『진단학보』 77.

21) 김혜완, 2000, 「보원사 철불의 조상」-고려 초 원주철불과 관련하여, 『사림』 제14호, 수선사학회.

순식 계열에 못 미치지만 오랜 토착적 기반을 통하여 영향력을 행사하였던 것으로 보인다. 흥미로운 점은 당시 유력 호족은 예외없이 선문(禪門)과 깊은 연관을 맺고 있었는데, 이들의 출신이 다르듯이 이들과 관련된 선문의 기반도 달랐다는 점이다. 왕순식 계열은 구산선문 중 사자산문(獅子山門)과 관련이 있고, 왕예 계열은 굴산문(崛山門)과 관련이 있는 것으로 알려져 있다.[22] 고려왕조가 성립된 이후 이 두 세력의 명암은 엇갈리는데, 왕순식 계열은 왕건으로부터 직접 왕씨(王氏) 성(姓)을 하사받으면서 고려 초기부터 일찍 중앙관계에 진출하여 재경세력화(在京勢力化)하나 이들에 대한 기록이 후대에 더 이상 나오지 않는 것을 보아 왕권 확립 과정에서 숙청되었을 가능성이 높다. 이는 왕순식이 친신라계열로서 왕건세력에게 초기에 비협조적이었고, 이러한 감정은 재경세력화한 이후에도 여전히 남아있었을 것으로 추정되므로, 그들이 가진 막강한 군사력은 왕실에 매우 위협적이었을 것이라고 생각해 볼 수 있다. 따라서 왕권이 확립되는 초기에 표적이 되었다고 생각해 볼 수 있다. 반면 왕예 계열은 후대에도 후손들이 과거를 통하여 중앙관계에 진출하는 등 그 명맥을 유지해 나갔던 것으로 보인다. 이들의 흥망에 따라 이들이 속한 선문도 그 명운을 달리 했을 가능성이 있다. 결국 비문의 내용대로 사자산문과 관련이 있는 것으로 보이는 원향사의 운명도 왕순식 계열의 몰락에 따른 사자산문의 쇠락과 맥을 같이 한다고 생각해 볼 수 있다.

이상 남한강 일대에 위치하는 원향사의 지리적 조건과 주변 호족세력의 분포 및 관련된 선문과의 관계를 '징효대사보인탑비'의 음기 및 역사학계의 관련 연구 성과를 요약하여 살펴보았다. 이러한 당시의 역사적 배

---

22) 김갑동, 1990, 『나말여초의 호족과 사회변동 연구』, 고대민족문화연구소 민족문화연구총서 45.

경을 바탕으로 원향사의 창건으로부터 폐사에 이르기까지의 과정을 구성하고, 이를 본 연구의 주제인 원향사 출토기와와 관련하여 정리하면 다음과 같다.

【1단계】(8~9세기)

'징효대사보인탑비'의 비문에 의하면 원향사는 적어도 888년(진성여왕 2) 이전에 창건된 것이 확실하다. 1단계는 비문에 기록된 888년을 기점으로 이전 시기에 해당하는 통일신라시대에 존재하였던 창건가람의 시기로서 기록으로 미루어 원향사는 왕실의 영향하에 있었던 것으로 생각할 수 있다. 그렇지만 이 시기의 가람은 2차례에 걸친 발굴조사에서 확인되지 않았던 것으로 판단된다. 창건가람의 위치와 관련하여서는 조사지역 서북쪽의 현재 밭으로 사용되고 있는 평탄대지를 주목할 필요가 있다. 이 지역에서는 경작과정에서 탄생불 형태의 금동불이 수습된 바 있기 때문에 과거 사역의 일부였을 가능성이 매우 높다고 할 수 있다.

이 시기의 유물로 볼 수 있는 것은 승문 기와 1점을 비롯한 선문기와 30점이며, 인화문토기 1점도 이 시기의 유물로 볼 수 있다. 단판의 타날판으로 성형하였고, 와도로 측면을 1~3회 분할하였으며, 내면을 깎기 조정한 형식이다. 문양과 제작기법의 측면에서 통일신라적 전통이 강하게 나타난다.

【2단계】(9세기 말~10세기 초)

비문에 기록된 '징효대사에게 888년 진성여왕이 원향사를 영원히 선나별관에 속하게 하였다'는 기사와 관련되는 시기이다. 일반적으로 나말여초기로 불리우는 시기로서 신라 말 진성여왕대의 정치적 혼란과 각지에서의 농민반란을 업고 지방세력이 왕실의 지배를 벗어나 각지에 세력권을 형성하던 시기로서 대표적인 인물은 궁예와 견훤이다. 신라왕실이 당시 사상계를 주도하였던 선종을 포섭함으로써 지방세력의 일부를 흡수하려는 움직임은 당시로서 매우 절박한 과제로서 생각되며, 원향사가 신라왕실의 직접적인 영향에서 선종계열의 사찰로 변화해 나가는 것이 이 시기로 추정된다. 이 시기의 가람은 발굴조사된 지역 중 북쪽의 3호 건물지와 그 주변이 중심이 되었을 것으로 생각된다.

이 시기에 해당하는 기와는 모두 97점이다. 2단계에서는 승문이 사라지고, 선문·격자문·사격자문·어골문이 고루 나타나는데, 특히 어골문은 어골문과 타문양이 복합되지 않은 순수 어골문만이 나타나는 것이 특징이다. 타날판 크기에서 단판·중판과 장판, 측면 분할방법에서 완전분할과 외→내 및 내→외 방향 분할, 내면 조정방법에서 깎기와 물손질이 혼재되는 양상을 나타낸다. 기와 제작기법이 타날판 크기에서 단판→장판, 측면 분할방법에서 완전분할→내측 방향 분할, 내면 조정방법에서 깎기→물손질로 변화하는 큰 흐름의 중간단계로 생각되며, 고려시대 기와 제작기법이 정형화하기 이전의 과도적 단계로 설정할 수 있다.

【3단계】(10세기 중반~11세기 중반)

고려왕조의 성립기로 후삼국의 분열을 통합한 고려가 새로운 왕조를 세우면서 적극적인 호족융합과 불교계를 통한 사상의 정비에 나서던 시기로서 개경을 비롯한 전국 각지에서 사찰조영이 활발하게 이루어졌다. 원향사지와 관련하여서는 944년(혜종 1)에 영월 흥녕사지에 징효대사보인탑비가 건립되어 전란으로 위축되었던 사자산문이 이 시기에 부흥하였을 것으로 짐작된다. 또한 고려왕실의 호족포섭책의 일환으로 지방에 사찰을 세움으로써 호족세력을 회유하는 한편 이를 통해 왕실과의 연계를 유지하려 하였을 것으로 사료되며, 원향사지의 중창도 이 시기에 이루어졌을 가능성이 크다. 이 시기에는 이번 발굴조사에서 확인된 대부분의 건물지가 새로 들어서거나 중수되면서 조사지역 북쪽의 추정목탑지를 중심으로 하는 기본적인 가람배치가 구성되었을 것으로 생각된다. 또한 점차 중심사역의 범위가 남쪽으로 확대되면서 6호·7호 건물지의 중요성이 커졌을 것으로 추정된다.

이 시기에 해당하는 기와는 모두 1010점으로 전체의 65%를 차지할 만큼 비중이 높다. 문양에 있어 사격자문·어골문·집선문이 같이 나타나는데, 어골문 중에서도 어골문과 타문양이 결합된 복합어골문이 주류를 이루며, 명문와가 나타나는 것이 특징이다. 제작기법적 측면에서는 타날판 크기에서 장판의 타날판, 측면 분할방법에서 내→외 방향의 분할, 내면 조정방법에서 물손질 조정, 내면 정면방법에서 물손질 정면, 측면 분할 깊이에서 기와 두께의 1/2~1/5 범위라는 고려시대적인 기와 제작기법이 정형화되는 시기로 설정할 수 있다.

【4단계】(11세기 후반~12세기)

왕권이 안정되고 고려사회가 문벌귀족사회로 나아가는 시기로서 고려문화의 전성기로 일컬어지는 시기이다. 원향사가 이 시기에도 활발하게 경영되었음은 7호 건물지에서 출토된 50여 점의 청자접시 일괄유물을 통하여 추정할 수 있다. 또한 이 시기에 해당하는 평기와가 3호 건물지에서 단 1점도 확인되지 않았고 주로 6호·7호 건물지와 조사지역 가장 남쪽의 담장지에서 많이 확인되었다. 따라서 이 시기에는 남쪽 지역에서 비교적 활발한 불사가 있었고, 이것은 가람의 중심사역이 점차 남쪽으로 이전되는 것을 뜻하는 것이 아닌가 하는 추측을 하게 한다.

이 시기에 해당하는 기와는 모두 80점으로 적은 편인데, 앞서 살펴본 바와 같이 사자산문의 성쇠와 관련하여 대규모의 불사가 진행되지는 않은 것으로 짐작할 수 있다. 이 시기의 기와는 문양에 있어 어골문 중 횡대식에 해당하며, 타날판 크기, 측면 분할방법, 내면 조정방법에서 3단계와 같지만 내면 정면방법에서 물솔질 정면으로의 변화가 뚜렷하고, 측면 분할 깊이에서도 기와 두께의 1/5 미만으로 약식화되는 경향이 강한 것이 특징이며, 고려시대 기와 제작기법 발전의 2단계로 설정할 수 있다.

VII. 맺음말

본 연구에서는 고려시대 사찰유적인 여주 원향사지에서 출토된 평기와를 형식 분류하고, 그것을 발전단계별로 편년함으로써 고려시대 평기와 제작기법이 정형화되는 과정을 밝히고자 하였다. 연구사적인 측면에서 본 연구는 기존에 주로 행해졌던 평기와 외면의 문양을 중심으로 제작기법의 일면에 대해 단편적으로 언급하는 경향에서 더 나아가 고려시대 평기와의 문양과 제작기법에 대한 집중적인 분석을 통하여 고려시대 평기와의 특징과 변화과정을 밝히고자 하는 시도였다고 할 수 있다.

본 연구에서는 이러한 문제의식을 바탕으로 여주 원향사지에서 출토된 평기와에 대한 속성 분석을 통하여 고려전기 평기와의 특징과 변화과정을 검토하고자 하였다. 이를 위해 기와 표면에서 관찰되는 다양한 특징 중 11가지를 주요 속성으로 분석하였다. 분석 결과를 바탕으로 중요한 5가지 속성을 기준으로 이를 대비시켜 10가지의 형식으로 유형을 설정하였다. 다시 10가지 유형을 발전단계별로 상대적인 순서를 정하여 4단계의 발전단계를 설정하였다. 또한 동시기의 남한강유역 사찰유적인 안성 봉업사지에서 출토된 명문기와와의 비교를 통하여, 원향사지에서 출토된 평기와의 편년설정을 시도하였다. 또한 통일신라시대 유적인 포천 반월산성과 하남 이성산성에서 출토된 통일신라시대 평기와와의 비교·검토를 통하여 고려시대 평기와의 특징을 부각시키고자 하였다.

본 연구에서 1차적 연구 과제로 삼았던 고려시대 기와 제작기법이 정형화되는 시기는 10세기 중반~11세기 중반인 것으로 생각된다. 고려시대 기와 제작기법이 정형화되는 것은 약 100년에 걸친 긴 기간 동안 와공집단에 의해 점진적으로 이루어졌다고 볼 수 있다. 그 계기를 본 연구에서는 고려 초 성종대에 중국식의 3성 6부의 중앙행정관부를 설치할 때, 건축활동과 관련이 있는 관청영선조직이 6부 중 공부와 그 산하인 장작감에 편입되는 것으로 보았다. 또한 공장안의 마련, 계속 이어지는 전시과 제도의 시행과정에서 공장들에게 일정한 녹봉이 지급되고, 일부에게는 무산계 관료로 진출할 기회가 주어지는 등 이전 시기에 비하여 경제적·신분적인 안정을 제도적으로 보장되었던 당시의 시대적 배경과 관련하여 고찰할 필요가 있음을 제시하였다. 이러한 상황은 적어도 문종대인 1076년의 경정전시과 시행에 이르기까지 계속되는 것으로 생각된다.

다음으로 고려시대 기와의 일반적 특징은 4단계의 발전단계 중 고려시대 기와 제작기법이 정형화되는 것으로 보았던 3단계의 특징으로 설명될 수 있다.

문양에 있어 사격자문·어골문·집선문이 같이 나타나는데, 어골문 중에서도 어골문과 타문양이 결합된 복합어골문이 주류를 이루며, 명문와가 나타나는 것이 특징이다. 제작기법적 측면에서는 타날판 크기에서 장판의 타날판, 측면 분할방법에서 내→외 방향의 분할, 내면 조정방법에서 물손질 조정, 내면 정면방법에서 물손질 정면, 측면 분할깊이에서 기와 두께의 1/2~1/5 범위라는 고려시대적인 기와 제작기법이 정형화되는 시기로 설정할 수 있다. 이외에도 기타 속성으로 기와의 두께가 두꺼워지고, 색조는 회색 계통이 많으며, 경도에 있어서 연질보다 경질이 차지하는 비중이 크다는 점도 고려시대 기와의 특징으로 지적할 수 있다.

　마지막으로 원향사가 존재하던 당시의 시대적 배경을 남한강 일대에 위치하는 원향사의 지리적 조건과 주변 호족세력의 분포 및 관련된 선문과의 관계를 '징효대사보인탑비'의 내용과 기존의 역사학계의 연구 성과를 참고로 하여 살펴보았다. 원향사는 고려시대 음죽현이라 불리던 지역에 위치하므로, 당시 이 일대에서 가장 큰 세력을 형성하고 있던 충주 유씨의 세력권에 포함될 가능성이 높은 것으로 생각된다. 충주 유씨는 고려 왕실의 외척으로 일찍이 태조대부터 중앙에 진출하였으며, 광종대에 왕권을 안정시키는 데에 큰 역할을 하였을 것으로 여겨진다. 충주 유씨가 원향사와 관련되었을 것이라는 점은 '징효대사보인탑비'의 음기에 유긍달(劉兢達)을 비롯한 이들 세력의 명단이 다수를 차지하는 데서 알 수 있다. 한편 음기에는 명주세력의 이름도 많이 보인다. 명주세력은 둘로 나뉘는데 하나는 신라 출신의 왕순식 계열로 사자산문과 관련이 있고, 다른 하나는 재지세력인 왕예 계열로 굴산문과 관련이 있다. 고려 초기에 왕예 계열은 명주에 남아 계속 명맥을 유지하지만 재경세력화한 왕순식 계열은 곧 제거되는 것으로 보인다. 이들 세력의 성쇠는 이들이 속한 선문에도 영향을 끼쳤을 것으로 생각되는데, 왕순식 계열이 몰락할 때 사자산문도 어느 정도는 타격을 받았을 것으로 생각된다. 이러한 논지에 의하면, 888년에 진성여왕에 의해 선종사찰로 변화하였던 원향사는 함께 쇠락의 길로 접어들었을 가능성도 있다고 생각된다. 원향사지에 대한 발굴조사에서 출토된 유물의 중심연대가 11세기~12세기이고 고려 중기 이후의 유물이 출토 비중이 높지 않은 것은 이러한 사정을 반영하는 것으로 사료된다.

　이상 원향사지 출토 평기와의 분석을 중심으로 고려시대 기와의 특징을 살펴보고, 원향사와 관련된 각종 기록을 토대로 역사적 고찰을 시도하였다. 원향사지라는 단일 유적에서 출토된 기와에 대한 분석만으로 고려시대 전반의 문제를 짚어본다는 것은 어려운 일임에 틀림없다. 그렇지만 문헌 자료가 극히 부족한 유적에 대한 연구를 진행함에 있어, 발굴조사를 통하여 출토된 유물에 대한 연구를 통하여 유적의 성격을 파악하고, 이를 문헌기록과 비교 · 검토함으로써 유적 및 유물에 담겨진 역사적 의미를 도출하는 과정은 역사시대의 고고학 연구에서 반드시 염두에 두고 진행하여야 할 과제이다. 또한 이러한 접근방법은 문헌에 기록되지 않은 새로운 자료의 발굴과 이에 대한 연구를 통해 연구의 지평을 넓혀준다는 점에서 역사연구의 새로운 가능성을 보여주는 것으로 생각된다.

그렇지만 꾸준히 증가 추세에 있는 새로운 자료를 고고학적으로 의미 있는 자료로 되살려내기 위해서는 방법론적 측면에서 많은 수정 · 보완이 요구된다. 특히, 분석 대상이 되는 속성인 새로운 분석 단위[23]를 지속적으로 발견하고, 보다 정교한 분석방법[24]의 개발을 통하여 고려시대 기와의 체계적인 연구를 위한 분석틀이 보다 통일성을 갖추고, 발전된 형태로 제시될 필요가 있다.

---

23) 최근 발표된 논문 「안성 봉업사지 출토 고려전기 명문기와 연구」(김병희, 2001)에서는 본 논문에서 제시한 분류 기준 외에도 마포흔의 개수, 윤철흔 유무 등의 분류 속성이 제시된 바 있다.

24) 특히 계측단위 및 계측방법의 통일성, 계량적 수치에 대한 검증 및 개발 등은 매우 중요한 문제로 생각된다.

■참고문헌■

1. 史料

『三國史記』, 상·하, 을유문화사, 1983.

『三國遺事』, 을유문화사, 1994.

『高麗史節要』, 국사편찬위원회, 1977.

2. 報告書

경기도박물관, 1998,「안성 봉업사지 발굴조사 지도위원회의 자료」.

경기도박물관, 2001,「안성 봉업사지 2차 발굴조사 지도위원회의 자료」.

국립부여문화재연구소, 1996,『미륵사』Ⅱ 유적발굴조사보고서.

기전문화재연구원, 2000,「여주 원향사지 발굴조사 지도위원회의 자료」.

_______________, 2001,「여주 원향사지 2차 발굴조사 지도위원회의 자료」.

단국대학교 매장문화재연구소, 2001,『포천 반월산성 5차 발굴조사보고서』.

단국대학교 사학과, 1995,『포천 반월산성 지표조사보고서』.

_______________, 1996,『포천 반월산성 1차 발굴조사보고서』.

_______________, 1997,『포친 반월산싱 2차 발굴소사보고서』.

단국대학교 중앙박물관, 1998,『포천 반월산성 3차 발굴조사보고서』단국대학교
        중앙박물관 제22책.

문화재관리국 문화재연구소, 1989,『미륵사』유적발굴조사보고서Ⅰ.

충북대학교 선사문화연구소, 1992,『중부내륙고속도로 문화유적지표조사보고서』.

한양대학교 박물관, 1987,『이성산성』발굴조사중간보고서.

_______________, 1988,『이성산성』2차발굴중간보고서.

_______________, 1991,『이성산성』3차발굴중간보고서.

________________ , 1992, 『이성산성』 4차발굴중간보고서.

________________ , 1998, 『이성산성』 5차발굴조사보고서.

________________ , 2000, 『이성산성』 8차 발굴조사보고서.

3. 學位論文

김병희, 2001, 「안성 봉업사지 출토 고려전기 명문기와 연구」, 단국대학교대학원 사학과 석사학위논문.

백종오, 2001, 「경기북부지역 성곽출토 고구려 평기와 연구」, 단국대학교대학원 사학과 석사학위논문.

서봉수, 1998, 「포천 반월산성 기와의 속성분석과 제작시기」, 단국대학교대학원 사학과 석사학위논문.

서오선, 1985, 「한국 평와문양의 시대적 변천에 대한 연구」, 충남대학교대학원 사학과 석사학위논문.

정진호, 2000, 「남한강유역의 사찰의 입지와 배치에 대한 연구」 −고려시대의 사찰을 중심으로−, 서울대학교대학원 건축학과 석사학위논문.

최정혜, 1996, 「고려시대 평기와의 편년 연구」 −문양형태를 중심으로−, 경성대학교대학원 사학과 석사학위논문.

최태선, 1993, 「평와제작법의 변천에 대한 연구」, 경북대학교대학원 고고인류학과 석사학위논문.

허미형, 1989, 「통일신라기 평와에 대한 연구」, 한양대학교대학원 사학과 석사학위논문.

4. 著書

이기백 · 이기동, 1995, 『한국사강좌』 I -고대편, 일조각.

국립문화재연구소, 1996, 『중요무형문화재 제91호 제와장』.

국립중앙과학관, 1994, 『전통과학기술 조사연구』(Ⅱ) -대장간, 옹기, 기와-.

국사편찬위원회, 1983, 『한국사론』 2 -고려.

___________, 1988, 『한국사론』 18 -고려사의 제문제.

___________, 1990, 『한국사론』 20 -고려시대의 불교.

___________, 1993, 『한국사』 12 -고려왕조의 성립과 발전.

___________, 1993, 『한국사』 13 -고려전기의 정치구조.

___________, 1993, 『한국사』 14 -고려전기의 경제구조.

___________, 1994, 『한국사』 16 -고려전기의 종교와 사상.

___________, 1996, 『한국사』 11 -신라의 쇠퇴와 후삼국.

김갑동, 1995, 『나말여초의 호족과 사회변동 연구』, 고대민족문화연구소 출판부.

김동욱, 1993, 『한국 건축공장사 연구』, 기문당.

김성구, 1993, 『옛기와』, 대원사.

김영태, 2000, 『한국불교사』, 경서원.

박용운, 1990, 『고려시대사』 상 · 하, 일지사.

변태섭, 1996, 『한국사통론』 4정편, 심영사.

이기백, 1997, 『한국사신론』 신정판, 일조각.

이인철, 1993, 『신라정치제도사연구』, 일지사.

이재창, 1993, 『한국불교사원경제연구』, 불교시대사.

전기웅, 1996, 『나말여초의 정치사회와 문인지식층』, 혜안.

정청주, 1996, 『신라말고려초 호족연구』, 일조각.

차하순 외, 1995, 『한국사시대구분론』, 소화.

최근영, 1999, 『통일신라시대의 지방세력 연구』, 신서원.

최맹식, 1999, 『백제 평기와 신연구』, 학연문화사.

추만호, 1992, 『나말여초 선종사상사 연구』, 이론과 실천.

한국고대사연구회, 1995, 『한국사의 시대구분』 -고대·중세, 신서원.

한국사연구회, 1987, 『한국사연구입문』 제2판, 지식산업사.

한국역사연구회, 1996, 『한국역사입문』 2 -중세편, 풀빛.

한기문, 1998, 『고려사원의 구조와 기능』, 민족사.

5. 論文

김대식, 2000, 「고려 성종대 3省6部制의 도입과정」, 『사림』 제14호, 성균관대학교
　　　수선사학회.

김수태, 1989, 「고려초 충주지방의 호족」 -충주유씨를 중심으로-, 『충청문화연
　　　구』 제1집, 한남대학교 충청문화연구소.

＿＿＿, 1997, 「신라말·고려전기 청주김씨와 法相宗」, 『중원문화논총』 제1집, 충
　　　북대학교 중원문화연구소.

김춘실, 1999, 「신라말·고려전기 청주지역의 불교문화」 -법상종과의 관련을 중
　　　심으로-, 『중원문화논총』 제2·3합집, 충북대학교 중원문화연구소.

김현길, 1990, 「충주지역의 역사지리적 배경」, 『국사관논총』 제16집, 국사편찬위
　　　원회.

김혜완, 2000, 「普願寺鐵佛의 彫像」 -고려초 원주철불과 관련하여-, 『사림』 제14
　　　호, 성균관대학교 수선사학회.

남동신 원문교감, 1996, 「興寧寺澄曉大師寶印塔碑」, 『역주 나말여초금석문』 (상),
　　　혜안.

박상득, 1990, 「소백산맥지역의 교통로와 유적」 -충주와 연결되는 교통로를 중심
　　　으로-, 『국사관논총』 제16집, 국사편찬위원회.

서성호, 1992, 「고려전기 지배체제와 工匠」, 『한국사론』 27, 서울대학교 출판부.

신호철, 1995, 「신라말 고려초 歸附豪族의 정치적 성격」, 『충북사학』 제8집, 혜안.

______, 1997, 「고려의 건국과 鎭州 호족」 -진주 임씨의 역할을 중심으로-, 『중원문화논총』 제1집, 충북대학교 중원문화연구소.

______, 1999, 「궁예와 왕건과 청주호족」-고려 건국기 청주호족의 정치적 성격-, 『중원문화논총』 제2 · 3합집, 충북대학교 중원문화연구소.

장경호 · 최맹식, 1986, 「미륵사지 출토 기와 등문양에 대한 조사연구」, 『문화재』 19, 문화재관리국.

정명호, 1995, 「製瓦匠에 관한 연구」, 『사학지』 제28집, 단국대학교 사학회.

정영호, 1969, 「신라 獅子山 興寧寺址 연구」, 『백산학보』 제7집, 백산학회.

허흥식, 1975, 「고려시대의 國師 · 王師제도와 그 기능」, 『역사학보』 제68집, 역사학회.

홍승기, 1975, 「고려시대의 工匠」, 『진단학보』 제40집, 진단학회.

개성의 문화유산 현황과 보존·관리

장호수[*]

目　次

I. 개성의 규모와 지역범위

개성은 경주·부여·서울, 평양과 함께 우리나라를 대표하는 역사도시 가운데 하나이다. 평양은 서울과 마찬가지로 오래 전에 현대도시로서의 기능을 갖추면서 옛 모습이 바뀌고 역사도시로서의 면모를 잃은 것이 많지만, 개성은 아직 잘 남아 있는 것으로 알고 있다. 더구나 개성은 경주와 마찬가지로 단일왕조의 오랜 역사를 간직하고 있으므로 문화유산으로서의 가치는 그만큼 중요한 것이다.

개성은 공식기록으로는 서기 919년에서 1392년까지 고려왕조의 도읍으

---

* 충청북도 문화재연구원 부원장.

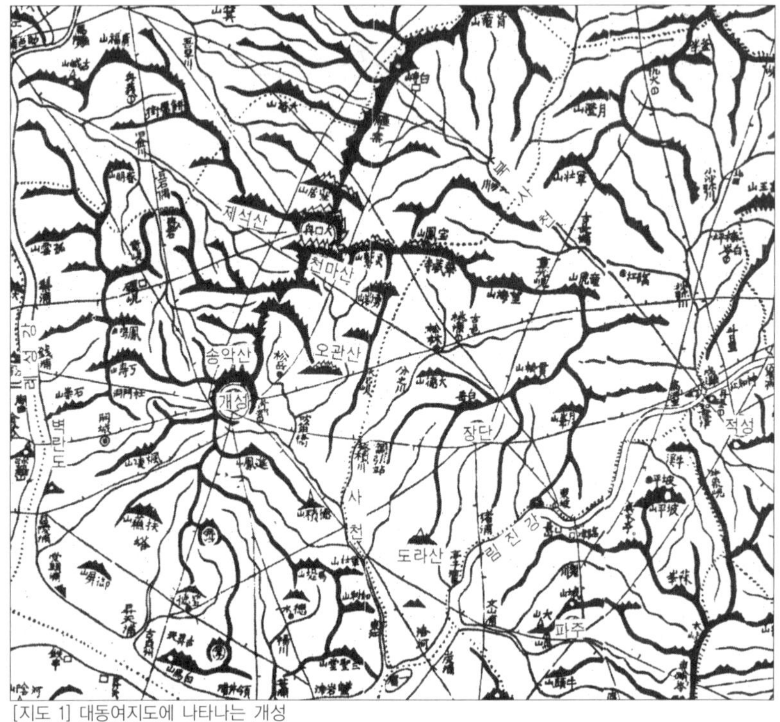

[지도 1] 대동여지도에 나타나는 개성

로 있었던 것이나, 실제로는 고려가 나라를 세우기에 앞서 궁예가 쌓은 발어참성이 서기 896년부터 있었고, 조선이 나라를 세운 뒤에도 태종 5년 (1405)까지 개성에 머물렀던 것으로 보면, 개성이 도읍지로서 구실을 한 것은 고려정부가 강화에 들어가 있던 39년을 빼고도 509년이 된다.

개성의 역사와 문화유산을 주제로 할 때 개성의 지역범위는 마땅히 나라의 도읍로서 기능하던 곳을 아우르는 범위가 될 것이다. 고려의 도읍으로서 개경은 고려 초기까지는 황성(皇城)을 중심으로 하였고, 현종 때 나성(羅城)을 쌓아 나성을 경계로 하여 그 안쪽에 주요 시설들이 배치된 것으로 파악된다. 개경의 행정조직은 부 · 방 · 리(部坊里)로 편성되었고, 현종 15년에 나성 내부지역은 5부 35방 344리의 체제를 갖추어 개경의 도시

계획이 마무리되었다. 나성 밖으로는 주요 교통로를 따라 거점이 마련되었을 것이므로 이곳 또한 개경의 범위에 들어온다. 개성의 지역범위를 논할 때 강줄기와 산을 경계로 지리범위를 정한다면, 넓게는 예성강을 경계로 동쪽과 임진강의 서북쪽으로, 북쪽으로는 천마산과 국사봉, 제석산을 경계로 그 남쪽을 말한다. 현재의 행정구역으로 보면 개성직할시 관할구역으로 직할시 안에 개성시·개풍군·판문군·장풍군 등으로 나뉘어 있다.

개성의 문화유산은 개성 외곽을 둘러싸고 있는 나성(羅城)의 안팎으로 나누어 살펴 보아야 한다. 나성 안쪽은 고려시대의 행정중심지로서 궁궐, 관아, 사원, 교육시설 등 공공건물과 시장(시전 : 市廛)을 비롯한 도시 기능에 필요한 시설들이 있던 곳이며, 나성 밖에는 각종 산업시설(토기·자기·기와 가마터 등)과 무덤(왕릉·일반무덤), 불교사원들이 있었다. 나성안팎에 일반 주거가 밀집되어 있었던 것은 말할 필요도 없겠다.

II. 개성의 문화유산 현황

1. 개성의 도시형성 및 변화과정과 유산(遺産)

가. 형성기 : 고려 도읍기(896) ~ 강화 천도(1232)

궁예가 나라를 세우고 개경에 발어참성을 쌓을 때부터 시작하여 고려가 도읍을 정하고 성곽, 궁궐을 조영하며 나라의 기틀을 다지는 때로부터 몽골의 침입을 피하여 강화도로 천도하는 시기까지를 개성의 첫 단계인 형성기로 본다.[1] 고려도경은 고려 초기 개성지역의 상황을 알 수 있는 1차 자료로서 중요하며, 당시의 궁궐과 전각, 사원 등에 관한 정황을 살필 수 있다. 고려도경에 '일반 백성의 살림살이에 대한 기록을 보면 궁성 내부에도 민가는 벌집과 개미구멍과 같다고 하여 작은 움막 정도의 것이며 부유한 집에 다소 기와를 덮었으나 열에 한두 집뿐'이라고 하였다.[2]

조선 후기의 기록인 「중경지(中京誌)」에는 '고려 때 살림집이 즐비하게 늘어서서 오정문에서 후서강까지 비오는 날에도 비를 맞지 않고 건물의 추녀밑을 따라 시내로 들어왔다'고 한다. 나성 내부의 상황이 매우 조밀한 주거형태였던 것을 알 수 있게 하며, 유적과 유물이 땅 속에 많이 남아 있을 것으로 짐작된다. 이 시기에는 세 차례에 걸쳐 궁궐이 훼손, 복구되는 과정을 겪었다. 그에 관하여 현종 2년(1011) 거란이 침입하여 궁궐, 태묘, 민가들이 모두 불타고 왕이 나주로 피해 다니며 어려움을 겪게 되고, 뒤에 개성을 수복하고 난 뒤 나성을 쌓은 것과 인종 4

[사진 1] 위성에서 바라본 개성지역

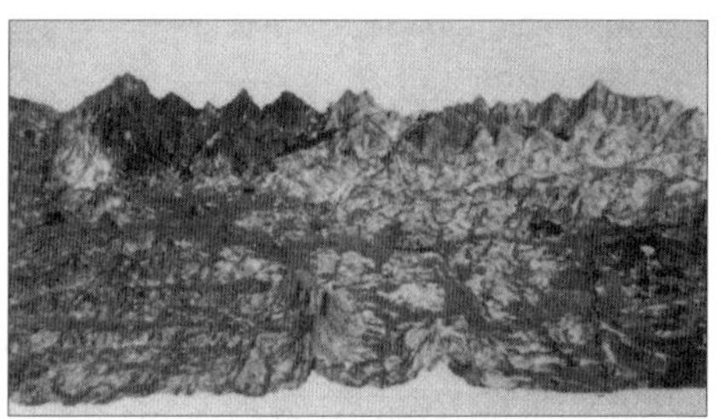

[사진 2] 위성에서 바라본 개성지역의 지세

---

1) 이 시기의 사정을 전하는 기록으로는 서긍(徐兢)의 『선화봉사고려도경(宣和奉使高麗圖經)』과 『고려사(高麗史)』가 있다.

2) 『高麗圖經』 卷三. 王城雖大磽确山龍地不平曠故其民居形勢高不如蜂房蟻穴誅茅爲 蓋僅庇風雨其大過兩椽比富家稍置瓦屋然十緣一二耳舊傳惟娼優所居揭長竿以別良家今聞不然蓋其俗淫祠鬼神亦厭勝祈禳禱鄭刻之具耳

년(1126)에는 이자겸 · 척준경의 반란으로 궁궐이 불타고 왕이 도망을 가며, 명종 원년(1171) 화재로 궁궐이 모두 불에 탔다는 기록이 있다.

나. 수난기 : 강화 천도기(1232~1271)

고려 정부가 몽골의 침입을 받아 강화도에 들어가 있는 동안, 수도 개경을 비롯하여 전국이 초토화되는 과정을 겪었다. 고려사의 기록을 보면 1232년 몽골 군대가 흥왕사를 공격하여 대장경 판당이 불에 타고, 미륵사와 공신당이 파괴된 것을 알 수 있다. 또한 후릉(厚陵) · 예릉(睿陵) · 지릉(智陵)이 도굴되거나 파괴되었고, 세조와 태조의 재궁(梓宮)을 강화도로 옮겨야 했다. 1258년에 개경으로 돌아오기 위한 준비과정으로서 궁궐과 관료들의 가옥을 수리하게 하였다는 기사로 미루어 보면 궁궐은 물론 민가 가옥들까지 거의 모두 파괴된 정형을 알 수 있다. 이 시기에 개경은 30년 넘게 버려진 도시였으며, 전란의 피해로 거의 제모습을 찾기 어려운 상황이었다.

다. 회복기 : 개경 환도(1271) ~ 한양 천도(조선 태종 5년, 1405)

강화에서 개경으로 돌아오기 위하여 궁궐과 가옥을 수리하는 과정은 고려사에 일부 기록으로 남아 있어 확인할 수 있나. 하시반 공민왕 10년(1361) 홍건적의 침입으로 왕궁이 불타고 백골이 둔덕을 이룰 정도로 피해가 컸다. 이 때문에 고려 궁궐은 다시 원상태로 회복되지 못하였고, 조선 왕조로 넘어간 듯 하다.

라. 정체기 : 조선시대

조선 건국 이후 한양으로 수도가 옮겨진 뒤의 개경은 차차 폐허화되어 유적으로 남아 있게 된다. 조선시대 전기에 이곳을 여행하고 남긴 기록에서 그러한 사실을 확인할 수 있다.[3] 조선시대 전 기간에 걸쳐 개성유수부와 관련되는 곳을 제외하면 개성 지역은 별다른 관심의 대상이 아니었다. 『동국여지승람』 고적(古蹟)편에서 다루고 있는 궁전(宮殿), 누정(樓亭), 단묘(壇廟), 사원(寺院) 등도 이미 터만 남아 있는 상태로 과거의 자취가 되었다.

다만 고려왕릉에 대해서는 정부 차원의 관리제도가 마련되고 있었다.[4] 조선왕조실록에는 고려왕릉 관리에 관한 기록들이 자주 눈에 띈다. 영조는 전조제릉금표수교(前朝諸陵禁標受敎)를 여러 능이 있는 지방관들에게 보내어 전조 왕릉의 금표 안에서의 행위를 엄격히 제한하도록 하였다. 그에 앞서 현종 3년(1662)에는 고려왕릉 주변에서 경작과 목축행위를 금하도록 하고, 고려 태조 왕릉은 특히 2백보를 한도로 금표를 세우기도 하였다. 순조 18년(1818)에는 개성유수가 고려 왕릉을 일제 조사하여 57기를 확인한 것으로 보고하였다.[5]

마. 파괴 · 수탈기 : 일제강점기 ~ 한국 전쟁

일제 시기의 개성은 제국주의자들에 의한 문화침략 피해를 가장 많이

---

3) 이 시기의 상황을 알 수 있는 문헌들은 『조선왕조실록(朝鮮王朝實錄)』, 『신증동국여지승람(新增東國輿地勝覽)』, 『고려고도징(考慮古都徵)』, 『송도지(松都誌)』, 『속록(續錄)』, 『강도지(江都誌)』를 비롯해 『유송도록(遊松都錄)』, 『송경록(松京錄)』, 『유관서록(遊關西錄)』, 『와유록(臥遊錄)』 등 조선 전기의 기행문들이 있다. 허흥식, 2000, 「조선 전기 기행문으로 본 개경의 유적화 과정」, 『고려시대연구Ⅱ』, 한국정신문화연구원.

4) 조선 왕조 개국 이후 1세기가 지나고 국가의 기틀이 안정되면서 정통성을 강화하기 위하여 고려를 비롯한 전대 왕릉을 지켜야 한다는 양성지(梁誠之)의 건의가 있었고, 그를 실현하기 위한 노력이 있게 된다.

5) 조선시대에 고려왕릉에 대한 관리정책의 자세한 내용은 다음의 글을 참조.
장호수, 2000, 「개성지역 고려왕릉」, 『한국사의 구조와 전개–하현강교수정년기념논총』, 혜안.

받은 곳 가운데 하나이다. 일제에 의하여 유적 도굴과 유물 수탈 및 석조 미술품 등의 반출이 자행되었는데, 이들은 고려왕릉을 비롯한 무덤들을 조사하면서 그 안에 들어있던 유물들을 가져가고, 왕릉급 무덤에 대해서만 그나마 아주 간단한 보고서 형태의 기록만 남겨 놓았다.

고려왕릉에 대한 피해는 고종 43년(1906) 현릉을 파헤치는 일로부터 시작되었다. 또한 개풍군 부소산에 있는 경천사탑을 일본 도쿄에 가져갔다가 파손이 심하여 복원을 할 수 없게 되어 서울로 되돌려 보내기도 하였다.[6] 이 시기에 개성보승회(開成保勝會)라는 단체가 1912년에 설립되어 문화유산보호 활동을 전개한 것으로 알려진다. 보승회는 유물을 수집하거나 민간인으로부터 기증받아 1916년에 만월대 입구에 진열관을 만들어 전시하였으나, 그나마 오래지 않아 자취도 없이 사라지고 말았다고 한다.[7] 그 뒤로 1930년에 개성부 승격을 기념하여 개성박물관이 개관하였고, 1946년에는 국립박물관 개성분관으로 개관하였다. 현재 개성 고려박물관은 고려 성균관 건물에 들어 있다.[8]

한편 철도와 도로 건설에 따라 나성을 비롯한 유적들이 훼손되었을 것으로 짐작되며, 도시화가 진행되면서 역사유산들이 많은 부분에서 피해를 입고 있었다. 만월대 주변의 풍경을 묘사한 다음과 같은 글에서 역사유산과 주변 풍경들이 어떻게 비뀌고 있었는지를 짐작할 수 있나.

---

6) 이 시기의 상황을 알 수 있는 자료들은 고유섭의 『송도고적(松都古蹟)』을 비롯해 『조선고적도보(朝鮮古蹟圖寶)』, 『조선고적조사보고(朝鮮古蹟調査報告)』, 『조선보물고적조사자료(朝鮮寶物古蹟調査資料)』 등 일본 사람들에 의한 조사보고서들이 있다.

7) 고유섭, 1936, 「高麗舊都 開城의 古蹟－개성보승회 부활에 즈음하여」(조선일보 1936.9.29~30).

8) 고려박물관은 1989년 9월 5일에 개관하였다. 고려 성균관 18개 동 가운데 3개 동(대성전, 동무, 서무)에 진열실을 갖추고, 1,000여 점의 고려시대 유물을 전시하고 있다.

"왼쪽으로 헐어져 가는 고적에 새로 민가들이 들어서는 것을 보고, 오른쪽으로는 과수원의 붉은 사과를 보면서 가을빛에 풍기는 인삼향기를 만끽하며 만월대로 들어선다"(고유섭의 글 '송도고적 순례' 에서 쉬운 말로 고쳐 옮김).

다행히 한국 전쟁 시기에는 다른 지역에 비하여 상대적으로 피해가 적었던 것으로 나타난다. 아마도 개성은 휴전회담이 있던 곳이라 무력충돌이 적었던 이유 때문일 것이다. 개성지역의 역사유적 피해상황은 완전히 파괴된 건물 5건, 부분 파괴된 건물 6건으로 확인되었다. 개성 남대문과 만월대, 성균관, 숭양서원, 대흥산성 등이 피해를 받았다.[9]

바. 변형기 : 휴전(1953) ~ 현재

이 시기를 변형기로 보는 것은 전후 각종 개발사업 과정에서 문화유산들이 다른 곳으로 이전되거나 역사 문화유산들이 복구 개건되는 과정에서 원형이 변질되는 사례들을 볼 수 있기 때문이다. 사회주의 건설과정에서 문화유산의 해석과 복원에 관련되는 이념 문제들도 적지 않게 나타난다. 불일사탑을 이전 복원한 것이나, 고려 태조 현릉의 복구 개건 사례를 통해 확인할 수 있다.[10]

---

9) 허태선, 2001-3, 「문화재를 파괴략탈한 미제의 죄행」, 『민족문화유산』, 조선문화보존사.
리성순, 2002-1, 「당의 현명한 령도밑에 개성지구의 역사유적들을 복구하기 위한 투쟁」, 『력사과학』.
10) 이 시기의 상황을 알 수 있는 문헌자료들은 『조선유적유물도감』, 『우리나라역사유적』, 『빛나는민족문화유산(박동진, 1987, 조국사)』, 『고려태조 왕건(김은택, 1996, 과학백과사전종합출판사)』, 그리고 『조선고고연구』, 『력사과학』 등 학술지에 실린 조사보고서들이 있다.

2. 개성지역 문화유산 분포상

가. 유적·유물 분포상

현재까지 확인된 개성일대의 유적·유물들을 살펴보면 현 행정구역으로 개성시와 그 서쪽의 개풍군 일원에 주로 분포하는 것으로 나타나고, 동쪽의 장풍군, 판문군에서 발견된 것은 많지 않다.

개성일대에서 유적·유물이 확인된 곳은 북한에서 공식 발표한 자료에 따르면 148곳이다.[11] 개성시에 67곳, 개풍군에 35곳, 장풍군에 10곳, 판문군에 26곳이다. 시대와 종류에 따라 나누어보면 고려시대 무덤(왕릉, 고분군 포함) 30여 곳, 절터(불상, 불탑 등 포함) 40여 곳, 궁궐 성곽 15곳, 고대국가 시기 유적·유물 11곳, 청동기시대 유물(세형동검 등) 출토지 8곳, 조선시대 유적 18곳, 그밖에 시대가 뚜렷하지 않은 유적·유물이 몇 곳에서 나왔다. 조선시대 유적으로는 정자, 사당, 절터, 비석, 서원 등이 있다.

장풍군과 판문군에 유적이 많지 않은 것은 남북접경지대에 있어 조사가 제대로 이루어지지 않았기 때문이라 여겨진다. 임진강과 사천 일대는 고대 국가 시기로부터 교통로로서 중요한 곳이므로 고대의 유적·유물이 발견될 가능성이 있고, 선시시대 유적도 많을 것으로 예상된다. 또한 개풍군 일대에도 예성강으로부터 개경에 이르는 주요 길목으로서 보다 많은 유적이 나타날 것으로 기대된다. 역사 기록에 따르면 개경 일대에 불교사원이 70여 개가 있었고, 왕릉은 29기가 있어야 하고, 그밖에 왕족의 무덤을 합하면 왕릉급의 무덤도 더 있어야 한다. 개성일대에 남아있는 고

---

11) 궁성희, 2000, 「조선력사유적유물지명표(북반부편20,21)」, 『조선고고연구』2000-1,2 사회과학출판사.

려 돌칸흙무덤(석실분/石室墳)들의 분포상은 [표 1]과 같다.[12]

[표1] 개성일대 돌칸흙무덤

지구	번호	능 이름	소재지	비정
개성 성안	1	온혜릉	개성송악동	원창왕후무덤
	2	순릉	〃	2대 혜종 무덤 추정
서 북 지 구	3	현릉	개성 개풍군 해선리	태조 왕건 무덤
	4	태릉	〃	대종무덤
	5	선릉	〃	8대 현종 무덤
	6–7	선릉떼 2릉, 3릉	〃	?
	8	고릉	〃	25대 충렬왕비 무덤
	9	공민왕 현릉	〃	32대 공민왕 무덤
	10	정릉	〃	공민왕비 무덤
	11–17	7릉떼	〃	?
	18–19	월로동1릉, 2릉	〃	?
	20	명릉	개성 개풍군 연릉리	29대 충목왕 무덤
	21–22	명릉떼 2릉, 3릉	〃	?
	23	서구릉	〃	?
북 부 지 구	24	헌릉	개성 상거리	4대 광종 무덤
	25	소릉	개성 룡흥리	24대 원종 무덤
	26–29	소릉떼 2–5릉	〃	?
	30–32	랭정동 1–3릉	〃	?
	33	동구릉	〃	?
동 부 지 구	34	경릉	개성 판문군 선적리	11대 무종 무덤
	35–36	경릉떼 2–3릉	〃	?
	37	후릉	개성 장풍군 월고리	22대 강종 무덤
	38	건릉	〃	안종 무덤
	39	원릉	〃	현종왕후 무덤
	40–41	고읍리 1–2호	개성 장풍군 고읍리	?
남 부 지 구	42	안릉	개성 개풍군 고남리	3대 정종 무덤
	43	강릉	개성 판문군 진봉리	6대 성종 무덤
	44	양릉	개성 개풍군 고남리	20대 신종 무덤
	45	수락동 1호 무덤	〃	?
	46	유릉	개성 개풍군 오산리	16대 예종 무덤
	47	총릉	〃	30대 충정왕 무덤
	48	영릉	개성 판문군 판문읍	5대 경종 무덤
	49	법당방 무덤	개성 개풍군 전재리	?

---

12) 한인덕 · 김인철 · 송태호, 2002, 『평양일대의 벽돌칸무덤, 고려무덤, 삼국시기 마구에 관한 연구』, 사회과학출판사.

나성 밖 산지와 구릉에는 일반 무덤도 많이 있을 것이다.[13] 개성지역의
유적과 유물은 아직 제대로 조사된 것이 아니므로 앞으로 계속 조사가 이
루어져야 한다. 이제까지 밝혀진 고려시대 유적·유물들을 유형에 따라
살펴보면 성곽, 궁궐·관아 건축, 능묘(능·민묘), 불교문화유산으로서

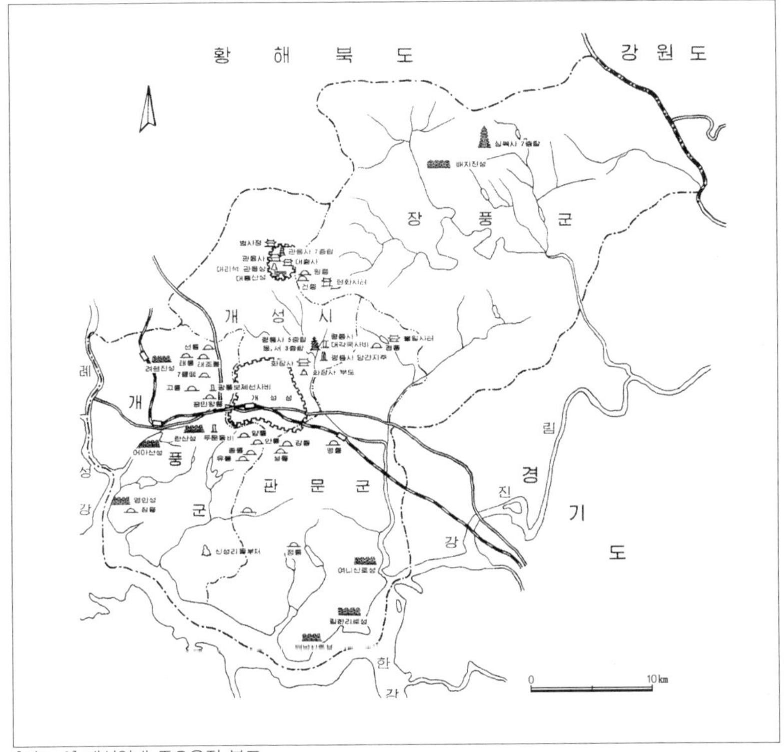

[지도 2] 개성일대 주요유적 분포

13) 「고려사」에 개경 4대문 밖에는 신민(臣民)의 조상 무덤들이 있는데, 꼴 베는 자들이
    해롭게 하고 사냥하는 자들이 불을 지르며 나물밭을 만들거나 갈아 곡식을 심기도
    하니 무덤이 있는 곳에 산지기를 두어 잘 보호해야 한다는 기록이 있는 것으로 보
    아 나성 바깥지역에 귀족이나 평민들의 무덤이 많았던 것을 알 수 있다. 「고려사」
    권 제85 지 제39 형법2 금령(禁令)

절터, 사원건축, 미술공예품, 과학기술 교육과 관련되는 성균관, 첨성대, 선죽교, 낙타교 등이 남아 있다. 현존하는 고려 건축물로는 대흥산성 안에 있는 관음사 대웅전과 승방이 있다. 조선시대 민가 건축으로는 고려동과 자남동 일대 한옥촌 보존거리에 남아있는 전통건축물들이 있다.

나. 발굴조사 성과

일제 시기에 개성지역에서는 두문동 민묘[14]와 수락암동 벽화고분[15]을 수습발굴한 적이 있고, 광복 이후 1947년에는 개성군 법당방(法堂坊)에서 고려 무덤 8기를 수습발굴하면서 벽화무덤 1기를 확인하였다.[16]

광복 이후 북한에서는 고조선-고구려-고려로 이어지는 역사계승의식을 세우기 위해 고려시대 유적에 대한 조사와 정리를 진행하였고, 고려 수도 개성지역은 문화재로서도 중요 관리대상이 되었다. 고려 왕궁터인 만월대를 발굴 정리하고, 태조 왕건릉은 새로 크게 고쳐 지었다. 공민왕릉도 새롭게 단장하고, 그밖에 고려시대 유적·유물들을 정비함에 큰 힘을 기울였다. 개성지역에서는 주로 고려시대 유적에 대한 발굴조사가 이루어졌다. 발굴조사의 목적은 정비를 위한 기초조사로서 주로 이용되고 있다. 개성일대에서 발굴한 고려시대 유적으로는 왕건릉을 비롯한 몇 기의 왕릉, 만월대, 불일사터, 적조사터, 영통사 그리고 평민들의 무덤인 고

---

14) 『朝鮮古蹟調査報告』, 朝鮮總督府, 1916.

15) 수락암동 벽화고분은 1916년에 발견되었다. 깬돌로 네벽을 쌓고 판자돌로 천장을 덮은 돌방무덤으로 네벽에 회를 바르고 방위에 따라 사신도(四神圖)와 십이지상을 그렸다. 關野貞, 『朝鮮美術史』.

16) 개성 장단군 율서면 법당방에서 국립박물관이 조사하였다. 당시에는 38선 남쪽에 있어 남쪽땅이었던 관계로 서울의 국립박물관이 개성분관과 함께 조사한 것이다. 고려시대 무덤 8기를 조사하였으나 모두 도굴된 것이고 그 가운데 한 기(2호무덤)은 벽화가 그려 있는 것이다. 벽화는 네 벽에 십이지상과 천장에 일월성신을 그렸다. 이홍직, 1954, 『한국고문화론고』, 을유문화사.

남리 움무덤유적이 있다.[17)]

- 궁궐터 발굴

만월대는 고려왕궁이 있던 곳으로서 개성 성안에 있는 궁성과 황성을 이르는 말이다. 고려왕궁은 모두 125만 평방미터 크기이고, 그 가운데 궁성은 39만 평방미터가 된다. 궁성에는 왕의 궁전이 있었고, 궁성을 둘러싸고 있는 황성 안에 중앙관청들이 자리하고 있었다. 고려사 지리지 기록에 따르면 황성은 모두 200칸이며, 대문이 20개가 있었다고 하나, 현재 문터도 제대로 남아 있는 것은 없다.

만월대는 본디 후삼국시기 태봉국의 왕궁이 있던 곳으로 철원에서 이곳으로 도읍을 옮기어 발어참성을 쌓고 8년 동안 지냈던 곳이다. 고려가 나라를 세운 뒤 이곳을 이용하여 성을 고치고 새로 쌓아 919년에 왕궁을 지었다. 이후 공민왕 10년(1361) 홍건적에 의해 화재를 당할 때까지 강화 천도 기간을 빼고는 만월대에서 나라를 다스렸다.

만월대를 살펴보기 위해서는 먼저 개성성의 구조를 알아둘 필요가 있다. 개성성은 북쪽의 송악산을 주산으로 하여 동쪽의 부흥산과 덕암봉, 서쪽의 지네산, 남쪽의 룡수산을 이어 나성(羅城)을 쌓았다. 나성은 발어참성을 기반으로 일부 손질하여 완성한 것이다. 중심 건축물은 궁성 안에 지었고, 궁성을 둘러싼 황성, 황성 외곽에 다시 내성을 쌓아 방어에 충실

---

17) 고남리유적은 정종 안릉을 조사하면서 확인되었고 발굴조사를 통하여 150여 기의 움무덤이 드러났다. 고남리 소재지에서 동쪽으로 700m쯤 떨어진 룡수산남쪽 비탈에 자리하고 있다. 고려 전기간을 통하여 조영된 무덤들이며 껴묻거리로는 청자, 숟가락 등 청동제품, 동전들이 있다. 신분이 높지 않는 사람들의 공동 무덤구역이다. 김인철, 1996, 「고남리일대에서 드러난 고려평민무덤에 대하여」, 『조선고고연구』.

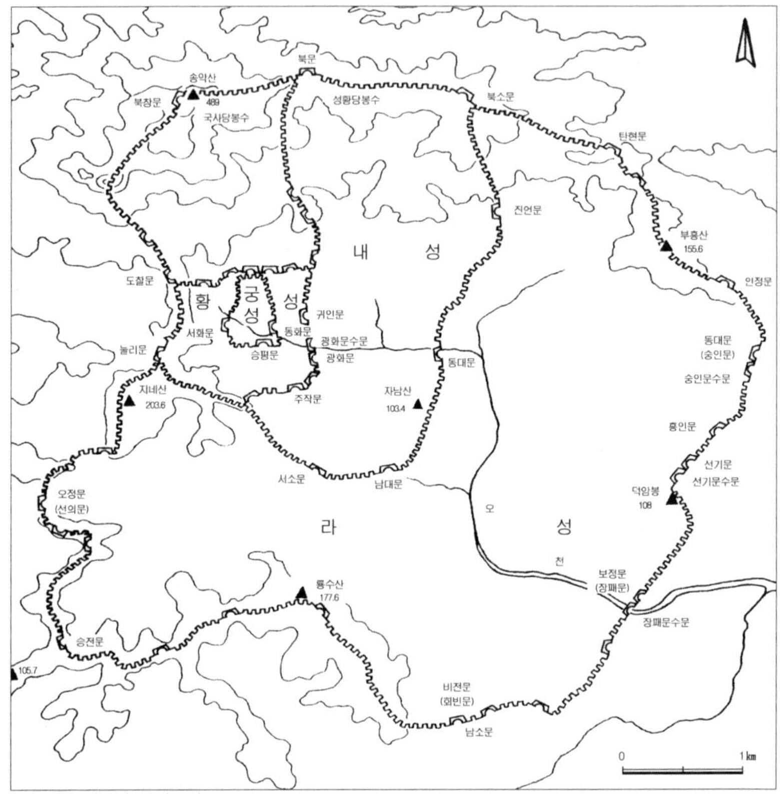

[지도 3] 개성성 평면그림

한 구조를 이루고 있다. 만월대는 궁성 북쪽 일부가 광복 이후 미군 주둔 기간의 병원 건설예정지역으로서 터닦기 공사가 진행되면서 일부 파괴된 적이 있고, 한국전쟁 동안 폭격에 의해 크게 피해를 보았으나, 1953년 전쟁 복구기간에 중요한 건물터들이 정비되었다.[18)

만월대는 두 차례 발굴조사가 이루어졌다. 1973~74년에는 만월대 서북부 건축물자리를 발굴하여 건덕전, 선정전, 려정궁(동궁), 내전자리들을

---

18) 박동진, 1987, 『빛나는 민족문화유산』, 조국사.

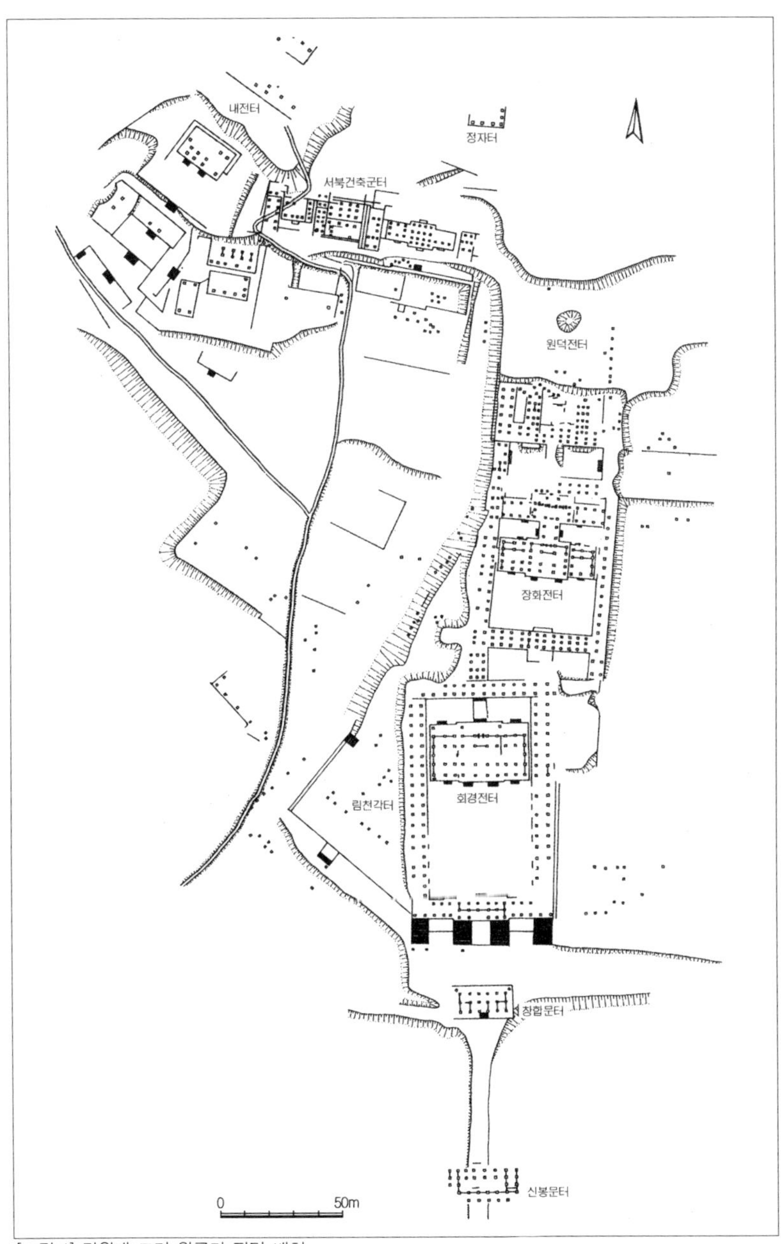

[그림 1] 만월대 고려 왕궁터 평면 배치

찾아 정비하였다.[19] 발굴조사에서는 문화층이 4개가 있음을 확인하여 고려왕궁이 4번 불탄 적이 있었다는 기록을 확인할 수 있었다. 1985년에는 만월대 동쪽의 연못과 지하 하수도 시설물에 대한 발굴조사로 동화문(궁성동문)과 귀인문(황성 동문) 사이에 있던 연못에 대한 확인조사를 하였다.[20]

만월대에 남아 있는 건물터와 발굴조사를 통해 확인된 내용은 고려사, 고려도경 등 역사기록들과 견주어 보면 대체적인 윤곽을 알 수 있다.[21] 궁성의 정문은 승평문(昇平門)으로 남쪽에 있었으나, 현재 남아있지 않다. 승평문을 지나 좌우에 있던 동락정도 터를 찾을 수 없고, 앞뜰을 흐르던 광명천과 그 위를 지나는 돌다리도 지금은 볼 수 없게 되었다. 궁성은 현재 남쪽의 신봉문터로부터 북쪽의 원덕전터까지 그 자취를 알아볼 수 있다. 신봉문을 지나 창합문을 거쳐 가파른 계단을 오르면 회경전(會慶殿)과 장화전(長和殿)터가 당시의 화려한 자태를 알려주듯 거대한 건물터로 남아 있다. 회경전 서쪽에는 임천각터가 남아 있고, 서쪽에는 건덕전, 내전터를 비롯한 왕이 일상 생활을 하던 공간으로 건물터 일부만 남아 있다. 회경전과 장화전이 만월대의 중심건축이었는데, 서로 이어진 건물이면서 중심축이 일직선에 놓이지 않고 4° 정도 동쪽으로 기울어 있다. 이는 신봉문에서 창합문에 이르는 길도 조금 틀어져 있는 것과 함께 궁궐건축으로서 계획된 조영으로 본다면 중요한 의미가 있는데, 중국과 다른 자생풍수의 관점으로 풀이되기도 한다.[22] 자연지세에 의지하여 지형을 살려

---

19) 정찬영, 1989, 「만월대 유적에 대하여(1)」, 『조선고고연구』.
20) 개성발굴조, 1986, 「개성만월대의 못과 지하 하수도시설물에 대한 조사발굴보고」, 『조선고고연구』.
21) 앞의 주 3)의 책, 第4卷, 第5卷, 第6卷.
22) 최창조, 1998, 『최창조의 북한문화유산 답사기』, 중앙M&B.

건물을 앉히는 것이 중국과는 다른 우리의 특징으로 보는 것이다. 원덕전 뒤에는 장령전이 있었고 그 뒤에 후원(後苑)이 있었으나, 현재는 정자터만 일부 남아 있다.

만월대 고려왕궁 유적을 통해 고려왕궁의 짜임새는 고구려와 발해의 전통을 이은 것으로 볼 수 있다. 궁궐의 짜임새와 건축물의 평면구조가 고구려 평양성이나 발해 상경용천부 궁성과 같기 때문이다. 개성 부근에서는 기와를 구웠던 가마터들이 여러 곳에서 나와 궁궐을 비롯한 건축에 필요한 자재를 생산했던 것으로 나타난다. 예성강가의 월개가마터, 개풍군 선적리 늘목동의 판적 가마터, 적항, 지표 가마터 유적 등이 대표적으로 남아 있다.[23]

- 절터 발굴

개성지역에는 고려 건국 이후 창건된 절이 많았다. 「高麗古都徵」에는 개경 인근에 60여 개의 사찰이 있었던 것으로 나타난다. 당시 개경지역의 절은 종교적 기능과 정치 · 사회적 기능이 있었다. 종교 기능으로서는 왕실에 관련된 의식과 국가를 위한 행사를 주관하는 것이 주를 이루나, 그 밖에 귀족들을 위한 절도 있었다. 국가 행사를 위한 절들은 불교행사 뿐 아니라, 팔괸 · 연등 같은 행사를 열기도 하였다.

개성지역의 절터에 대한 조사는 1948년에 국립박물관에서 실시한 흥왕사터와 1959년 북한과학원 고고학연구실의 불일사터, 그리고 뒤를 이어 령통사, 현화사, 광통보제사터 등이 있다.[24] 불일사터는 개성에서 서남쪽 약 12km 떨어진 판문군 선적리 보봉산 남쪽 불일동에 있다. 고려 광종 2

---

23) 문화보존연구소, 1983, 『우리나라력사유적』, 과학백과사전출판사.
24) 리창언, 2002, 『고려유적연구』, 사회과학출판사.

년(951)에 광종이 어머니 류씨(고려 태조의 부인)를 위해 세운 절이다. 문종 20년에는 대각국사 의천이, 숙종 4년에는 원명국사 증엄이 각각 수구(受具)한 곳으로 이름이 높았고, 규모도 컸던 곳이다. 저수지 건설로 수몰되는 지역으로 되어 1959년 6월 16일부터 열흘동안 북한과학원 고고학 및 민속학 연구소 고고학연구실에서 발굴조사하였다.[25]

절터는 동서로 230m, 남북으로 175m 되는 긴 네모꼴의 한 단 높은 대지 위에 자리하고 있으며, 석축으로 구획하여 크게 세구역으로 나누고, 다시 작게는 다섯 구역으로 나뉜다.[26] 가운데 구획에는 남쪽 끝에 3개의 문터가 있고 양쪽 문터로부터 강당 서쪽에 이르는 회랑터, 그 안에 5층석탑과 금당, 그리고 강당터가 일직선상에 놓여 있으며, 금당터는 탑의 지면보다 약 2m가 높다. 강당 서북쪽 뒤편에는 사리단을 마련하여 동서 40m, 남북 33m크기의 돌담장으로 둘러쌓고 옆면돌에는 천인상을 새기고 네모서리에 사천왕상을 세워 놓았다. 동쪽 구획에는 강당을 비롯한 여러 채의 건물터와 돌우물, 수조 등이 있다.

가람배치로 보면 금당 앞에 5층탑을 세운 일탑식이다. 5층탑은 1960년 봄에 개성 시내로 옮겨 내성동 공원 안에 다시 세웠다. 탑의 전체 높이는 7.94m(머리부분은 없음), 기단높이 2.3m, 제1탑 몸 높이는 98㎝로 탑을 옮길 때 제1층과 2층 탑 몸 안에서 20여 개의 작은 탑들과 작은 단지, 불경 및 천조각, 유리병, 청자 등이 나왔다. 탑은 금동, 청동, 돌로 만들었고 크기가 각기 다르다. 이들 유물은 개성 고려박물관과 중앙력사박물관에서 보관하고 있다.

---

25) 전주농, 1963, 「불일사지(佛日寺址)」, 『고고학자료집』3, 사회과학출판사.
26) 한용걸 · 문병철, 1995, 「고려불일사의 터자리 복원에서 제기되는 몇가지문제」, 『조선고고연구』.

– 왕릉 및 무덤 발굴

개성지역 고려왕릉 가운데 발굴조사를 통해 내부구조가 확인된 것은 모두 17기가 된다.[27] 일제시대에 조사한 것으로는 명종 지릉이 있고, 1970년대 후반부터 북한학계에서 조사한 것은 1978년에 정종 안릉, 예종 유릉, 신종 양릉, 안평공주 고릉, 충정왕 총릉, 1982년에 7릉떼의 1~6릉, 1993년에 태조 현릉(顯陵)과 온혜릉(溫鞋陵), 1994년에 서구릉을 각각 발굴조사하였다. 또한 공민왕 현릉(玄陵)과 왕비 정릉(正陵)은 일제시기에 훼손되었던 것을 1956년에 다시 발굴 정리하였다. 그밖에 1978년에 고남리에서 130여 기의 움무덤과 1994년에 고읍리무덤떼를 발굴한 것이 있다.[28] 움무덤은 고려시대 평민계층의 무덤으로서 앞으로 개성 나성 외곽지역에서 많이 발견될 것으로 예상된다.

III. 문화유산 복구 개건 사업

1. 개성지구 역사유적 복구사업

개성지역에서 전쟁기간에 파괴된 역사유적들은 1953년부터 복구사업이 시작되었다. 개성 남대문과 만월대를 비롯한 고적들은 귀중한 역사유적이므로 아직 생활이 어렵더라도 원상대로 복구해야 한다는 교시가 있었고, 그에 따라 개성 시민과 군인들이 동원되어 복구작업을 한 것으로 알려진다.[29] 남대문, 만월대에 이어 성균관과 숭양서원, 대흥산성, 박연폭

---

27) 김인철, 2002, 『고려무덤발굴보고』, 사회과학출판사.

28) 리창언, 2002, 『고려유적연구』, 사회과학출판사.
  김인철, 2002, 『고려무덤발굴보고』, 사회과학출판사.

포와 그리고 관음사 일대에 대한 정비가 이루어졌다. 1980년대 후반에는 안화사와 령통사에 대한 정비복원이 실시되었고, 1992년에는 태조 왕건 현릉에 대한 대대적인 정비가 시작되었다. 그밖에 문래(문익점의 손자)무덤, 황진이 무덤, 연암 박지원 무덤 등에 대한 복구 개건사업이 있었다.

2. 태조 현릉 복구 개건

고려왕릉에 대한 보수정비는 몇 차례 있었으나, 기본구조는 바뀌지 않

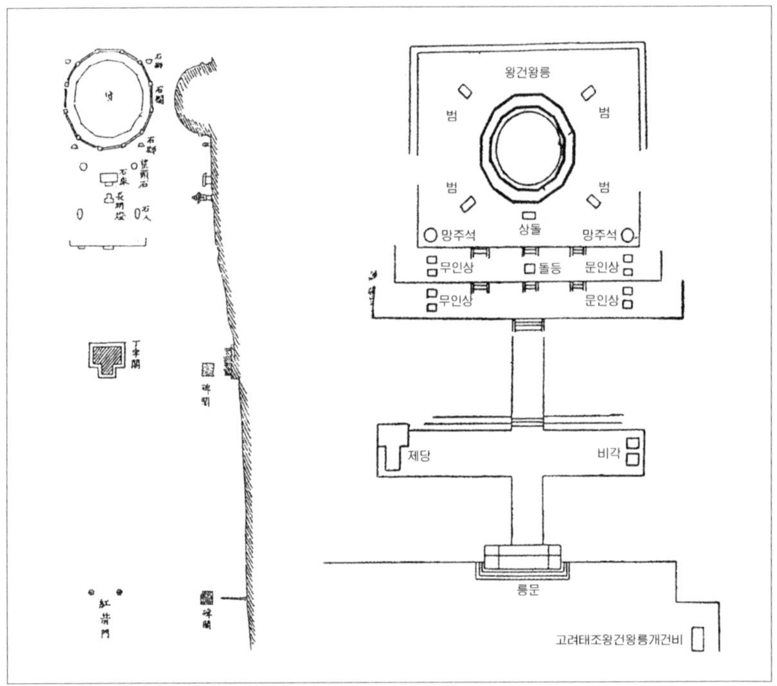

[그림 2] 태조 현릉 원모습(왼쪽)과 복구개건 뒤 모습(오른쪽)

---

29) 리성순, 앞의 글.

고 옛모습을 지켜온 것으로 판단된다. 그러나 태조 현릉은 1992년부터 1994년까지 새로 고쳐 오늘의 모습으로 만들고 무덤 앞에 개건비를 세웠다. 개건비는 높이 6.8m이며, 앞면에는 '고려태조왕건왕릉개건비(高麗太祖王建王陵改建碑)'라는 글자가 금빛으로 새겨져 있다. 현릉의 개건 과정에서 무덤 중심부와 그 앞 첫째 단에 있는 상석·망주석·장명등은 원래 위치에 두었으나 둘째와 셋째 단의 석물·

[사진 3] 태조 현릉 원모습(조선유적유물도감) 고려편에서

[사진 4] 태조 현릉 복구개건 뒤 모습(민족문화유산) 2002-1호에서

정자각·비각들은 모두 제위치가 아니고 새로 만들어 세운 것들이다. 무덤 병풍석 역시 새로 만들었고, 12지상을 새긴 원래 병풍석들은 무덤 안길에 넣어 보존하고 있다. 무덤 입구의 능문은 솟을대문 형식으로 크게 세워 놓았다. 능문을 지나 마당에 들어서면 왼쪽에는 정자각, 오른쪽에는 비각이 2개 있다. 정자각 안에는 왕건의 화상을 비롯하여 고려시대 사람들이 외적과 싸우는 모습을 그린 그림들이 전시되어 있다.

무덤 구역은 세단으로 만들고, 둘째 단과 셋째 단에는 문인상과 무인상을 각각 2구씩 좌우로 배치하였다. 문인상은 고려 건국 이후의 문필가들로 왕건을 도운 신하를 조각한 것으로서 위로부터 차례로 최언휘, 왕유,

최지몽, 김부를 형상화한 것이다. 무관상은 위로부터 유금필, 신숭겸, 배현경, 대광현을 나타내며, 고려 창건 당시 공을 세운 사람들과 북방개척에 이바지한 사람들을 새겨 놓은 것이다. 문·무인상에서 눈여겨 볼 것은 신라의 마지막 왕인 김부와 발해의 마지막 왕세자인 대광현을 형상화한 것이다. 이는 고려가 신라와 발해를 모두 아우르는 최초의 진정한 통일국가를 이룩한 것으로 보려는 북한의 역사인식 체계를 반영하고 있다고 할 수 있다.

3. 문화유산 복구 개건 사업의 방향

역사 문화유산을 복구하는 것은 원형을 보존 전승하기 위한 수단이다. 북한의 고고학과 문화유산 보존관리 정책을 살펴보면 광복 이후 1970년대 전반에 이르기까지 학술조사를 근거로 객관적인 자료에 바탕을 둔 원상복구 차원의 정비사업이 진행되었다. 그러나 1990년대 초반에 이르러 문화유산을 복구하는 과정에서 새로운 모습으로 변형시키는 경우를 보여주고 있다. 그 대표적인 사례는 태조 현릉을 비롯하여 단군릉과 동명왕릉에서 볼 수 있다.[30] 개건 과정에서 본디 모습과는 전혀 다른 새로운 모습을 띠게 된다. 이들 무덤에 특별한 관심을 쏟는 것은 역사 계승 의식에서 고조선-고구려-고려로 이어지는 정통성을 확립하려는 뜻으로 문화유산을 활용하는 정책의 표현이다.

북에서는 민족 문화유산 계승사업을 강화하기 위한 새로운 원칙이 1993년에 제시되었는데, 그 내용은 다음과 같다.[31]

---

30) 동명왕릉은 1993년 5월 14일, 왕건왕릉은 1994년 1월 31일, 단군릉은 1994년 10월 11일에 각각 개건 준공하였다.

민족문화유산은 민족의 넋과 슬기의 상징이며, 조상 대대로 창조 계승되는 것으로 문화유산을 계승 발전시켜 애국주의 사상 고양 및 사회주의 민족문화 건설에 바탕이 되게 하고, 문화유산을 민족제일주의의 중요한 징표로서 민족의 단일성을 고수하고 민족화합의 수단이 될 수 있도록 한다. 민족 문화유산 계승은 앞 세대가 이룩한 유산을 디딤돌로 삼아 진보적이고 인민적인 것을 이어받아 새 생활의 요구에 맞게 발전시키는 것이 사회주의 민족문화 건설이며, 이는 민족문화 발전의 일반 법칙이라고 하였다. 따라서 민족문화 건설에서 복고주의와 허무주의를 배격하고, 주체성의 원칙과 노동계급성의 원칙, 역사주의 원칙을 철저히 고수할 것을 강조하였다.[32]

위와 같은 방향에서 문화유산 계승은 새 시대 요구에 맞는 새로운 형식을 요구하며 왕건 왕릉의 경우 첫 통일국가인 고려의 창건자로서 왕건의 업적을 평가하여 우리 시대의 왕릉을 개건하였다는 것이다.[33] 왕건왕릉 개건비의 마지막 부분에는 다음과 같은 내용을 담고 있다.

"…… 하여 선조의 업적 빛나고 고려의 위용 비낀 듯 태조왕릉 웅장하게 꾸려졌으

---

31) "민족문화유산을 옳게 계승발전시키기 위한 사업을 개선강화할데 대하여"- 최고인민회의 제9기 제6차 회의 결정(1993.12.10)내용 전문은 로동신문 1993.12.11, 1면 참조.

32) 이와 같은 원칙은 이미 1970년대 초반에 "민족문화유산 계승에서 나서는 몇 가지 문제에 대하여"(1967.2.17.김일성연설문)에서 제시되었고, 「조선민주주의인민공화국사회주의헌법」(1972.12.28 최고인민회의)에 "국가는 사회주의적 민족문화건설에서 제국주의의 문화적 침투와 복고주의적 경향을 반대하며 민족문화유산을 보호하고 그것을 사회주의적 현실에 맞게 계승발전시킨다"는 내용으로 수용되었다.

33) 리기동, 1995, 「위대한 령도자 김정일동지의 현명한 령도밑에 력사유적유물을 발굴 보존하기 위한 우리 인민의 투쟁」, 『력사과학론문집』 18.

34) 김은택, 1996, 「고려태조 왕건」, 과학백과사전 종합출판사.

니, 오랜 세월 묻혀 있던 고려의 통일기상 로동당시대에 자랑 떨치게 되었어라. 전설 같은 미덕과 탁월한 령도 비문에 새겨 후손만대에 길이 전하노라".[34]

우리나라 최초의 통일국가인 고려의 기상을 이어 오늘에 다시 재현해 보자는 뜻이 담겨 있다. 문화유산을 일정한 목적을 위하여 활용하는 것은 문화재 보존관리 정책과는 일정한 거리가 있다고 보여진다. 문화재는 원형대로 보존하는 것을 최고의 가치로 삼는 것이 요즘 어느 나라에서나 볼 수 있는 현상이다. 문화유산은 그 시대의 역사와 문화와 정신을 나타내고 있기 때문에 그를 통해 시대상을 들여다 볼 수 있는 가장 좋은 도구이다. 역사해석과 문화재 복원은 별개의 문제일 것이다.[35]

IV. 개성의 개발계획과 문화유산 보존·관리의 방향

개성 개발계획은 현재 크게 세 가지로 공업단지 조성, 배후 신도시 건설, 그리고 역사지구의 자원을 활용하는 관광개발 계획이 진행되고 있다. 아직 사업이 실행 단계에 접어든 것은 아닌 것으로 보이며, 개발 예정지역은 공업단지와 배후도시는 판문군 일원, 관광개발은 개성시를 포함하는 지역으로 되어 있다. 공단지역은 이제까지 확인된 바로는 문화유산이 그리 많지 않은 곳이나 조사에 따라서는 더 나타날 가능성도 있다. 공단 조성은 위치 선정에서 먼저 경제성, 편리성을 생각해야 하겠지만 그에 못지 않게 문화와 환경을 그르치지 않도록 사전조사가 충실히 이루어져야 할 것이다.

---

35) 장호수, 2000, 「북녘의 고고학과 문화재관리」, 백산자료원.

새 도시를 만드는 것은 공단조성과 함께 필요할 것이며 개성을 보존하기 위해서도 적절한 방안이 될 수도 있다. 역사도시를 지키기 위해 주변 지역에 새 도시를 만드는 것은 어느 나라에서나 볼 수 있는 일이다. 문제는 규모와 위치에 관한 것인데, 현재 계획하고 있는 위치와 규모가 적정한지에 대해서는 충분한 연구와 검토를 거쳐 결정되어야 할 것이다. 아직 문화유산 분포 현황도 정확히 알지 못하는 상황에서 섣불리 결정할 일은 아닐 것이다. 도시 건설에 따르는 도로망 등 인프라 구축과 배치 계획은 문화유산 보존에 최우선을 두고 계획되어야 한다. 또한 나성으로부터 충분한 거리를 확보하는 것도 중요하며 현대 도시와 옛 정취가 조화되어야 하고 지형 변경을 최소화하여 자연친화적인 도시가 되도록 해야 한다. 개성 주변의 현 지형은 곧 고려시대로부터 현재까지 살아오며 이루어진 역사문화환경이기 때문이다.

한편 새 도시 건설에 따른 옛도시의 공동화 현상을 막기 위해 옛도시 재생계획을 세워 살아있는 도시로 만들어야 하는데 이는 관광계획과도 맞물려 있는 문제이다. 관광개발은 개성지역 문화유산을 적극 활용하기 위해 중요한 사업이 될 것이지만, 관광개발 계획을 세우기 위해서는 먼저 개성의 문화유산의 제모습을 찾는 작업이 필요하다. 그리고 나성 내부지역을 고려시대의 도시계획을 바당으로 복원하는 방안이 있다. 그러기 위해서는 앞서 충분한 조사가 이루어져야 하며, 나성 내부지역 보존과 관련하여 철도와 도로망에 대한 고려도 필요하다. 더불어 터만 남아 있는 유적들을 어떻게 복구할 것인지에 대해서도 장기계획에 의해 추진되어야 할 사안이다. 이와 함께 예성강 포구의 옛모습과 개경에 이르는 옛길을 회복할 수 있다면 더없이 좋은 자원이 될 것이며, 개성과 강화를 연계하는 것도 생각해 볼 문제이다.

개성은 2001년 5월 유네스코 세계유산으로 잠정 등록된 상태이다. '개성의 역사유적(Historical Relics in Kaesong)'이라는 이름으로 개성 나성, 만월대, 성균관, 전통 가옥지구, 왕건릉과 공민왕릉, 관음사, 안화사, 현화사, 불일사탑 등이 선정되었다. 하지만 나성 안팎의 중요한 유산들을 포함하고는 있지만, 나성 내부의 보다 넓은 지역을 묶어 '개성역사유적지구'로 등록하는 방안이 바람직할 것이며, 나아가 고려시대 개경의 중심지를 제대로 보존하는 길이 될 것이다.

　개성지역 개발이 2천만 평이나 되는 넓은 지역을 대상으로 한다면 마땅히 개발에 필요한 도시기본계획(Master Plan)이 있어야 할 것이다. 공업단지와 새 도시, 그리고 역사자원을 매개로 한 관광개발 등 도시의 기능과 관련하여 기본계획에는 전체 토지 이용계획이 있어야 하기 때문이다. 그러기 위하여 개발지역과 보전지구(환경·역사·문화)를 가르는 지역, 지구 계획이 먼저 나와야 한다. 그런 연후에 그에 따르는 법적, 제도적 장치가 마련되어야 하는데, 개발계획 수립시 전문가집단에 의한 연구와 자문은 필수로 이루어져야 한다. 개발과 보존의 갈등을 줄이고 미래지향의 지속가능한 개발전략을 세우기 위해 개성 개발계획은 문화가 발전의 중심에 자리할 수 있도록 해야 한다.

경기도의 고고학

편저자 / 최몽룡

발행인 / 최병식

발행처 / 주류성 출판사

인쇄일 / 2007년 2월 14일

발행일 / 2007년 2월 28일

등록일 / 1992년 3월 19일 제 21-325호

주소 / 서울특별시 서초구 서초동 1305-5

TEL / 02-3481-1024(대표전화)

FAX / 02-3482-0656

HOMEPAGE / www.juluesung.co.kr

E-MAIL / juluesung@yahoo.co.kr

값 30,000원

ISBN 978-89-87096-79-7 93910